本书为 2023 年度安徽省社会科学创新发展研究课题攻关项目"长三角一体化背景下安徽职业教育高质量发展策略研究"（2023CX545）成果之一。

基于长三角教育现代化监测评估的安徽教育发展研究

汪开寿　杨　翚　著

合肥工業大學出版社

图书在版编目(CIP)数据

基于长三角教育现代化监测评估的安徽教育发展研究/汪开寿,杨昺著.
合肥:合肥工业大学出版社,2024. -- ISBN 978 - 7 - 5650 - 6537 - 8

Ⅰ. G527.54

中国国家版本馆 CIP 数据核字第 20240KF077 号

基于长三角教育现代化监测评估的安徽教育发展研究

汪开寿　杨　昺　著　　　　　　　　　　责任编辑　郭娟娟

出　版	合肥工业大学出版社	版　次	2024 年 12 月第 1 版
地　址	合肥市屯溪路 193 号	印　次	2024 年 12 月第 1 次印刷
邮　编	230009	开　本	710 毫米×1010 毫米　1/16
电　话	人文社科出版中心:0551 - 62903200	印　张	27.5
	营销与储运管理中心:0551 - 62903198	字　数	524 千字
网　址	press.hfut.edu.cn	印　刷	安徽联众印刷有限公司
E-mail	hfutpress@163.com	发　行	全国新华书店

ISBN 978 - 7 - 5650 - 6537 - 8　　　　　　　　定价:79.00 元

如果有影响阅读的印装质量问题,请与出版社营销与储运管理中心联系调换。

长三角教育公共服务供给新需求
（代序）

新时代经济与社会发展和公民个体对教育公共服务供给的需求发生了深刻变革，迫切需要推进教育供给侧改革，构建科学合理、充满活力、富有效率的现代教育体系。教育公共服务体系构建是衡量一个国家和区域文明发展程度的重要指标。有关部门印发的《长三角教育现代化指标体系（试行）》，设立"现代教育体系"一级指标，共3个监测维度：教育普及融通程度、教育服务多元供给能力、公共教育服务均等程度。这既体现了经济社会和公众个体对教育的多层次、多样化需求，又充分展示了现阶段党和国家的教育政策导向；既具有直面矛盾的问题导向，又有倡导性的价值追求和国际趋势的瞄准靶向。

构建优质均衡的基本公共教育体系，打造全国基础教育区域样板示范

长三角基础教育要"提优"，当务之急是扩大优质教育资源供给，提高教育普及程度，提高人口素质，在全国确立基础教育的标杆。长三角教育现代化教育普及程度监测点，如学前教育毛入园率、义务教育巩固率、高中阶段教育毛入学率等指标是年度教育事业统计的传统指标。我国2021年学前教育毛入园率为88.1%、九年义务教育巩固率为95.4%、高中阶段毛入学率为91.4%，目前长三角各省份的这几项指标均达到或超过全国。对未来5年监测目标的设定必须在全国适度超前并与国际接轨；长三角区域2025年上述三项监测目标值分别为大于90%、99%、大于95%，与经济合作与发展组织（OECD）国家5年前（2016年）学前教育毛入园率、小学五年续读率以及高中阶段教育毛入学率（83.2%、97.5%、108.5%）大体接近或赶超，达到全国区域最高发展水平，体现了与发达国家或发达的国际经济体相接近的目标。指标的设定对现阶段长三角各地不断提升各级教育普及水平具有引导性。

政府是教育公共产品的主要供给者，在教育服务供给中发挥着主导作用，必须强化政府新型公共教育的统筹、兜底与质量保障作用，这是基本公共教育服务现代化水平考量的试金石。长三角区域的公共教育服务均等程度监测维度，包括普惠性幼儿园覆盖率及公办园在园幼儿占比、域内义务教育优质均衡发展水平及通过国家认定县（市、区）的比例、进城务工人员随迁子女就读公办义务教育学校（含政府购买服务的民办学校）比例、融合教育资源覆盖率及残疾儿童少年接受 15 年教育的比例等四个监测点。指标体系选取国家强力推动的重大政策举措如义务教育优质均衡发展水平县的国家认定等；选取解决群众最关心、最直接、最现实的，与切身利益密切相关的教育热点难点问题，如目前长三角区域同样存在学前教育布局不合理、公办幼儿园的数量远远不能满足适龄幼儿有同等入托机会的问题，普惠性幼儿园覆盖率及公办园在园幼儿占比等监测指标，引导长三角各地不断提升公共教育服务均等程度。

构建融合开放的职业教育体系，培育充满活力切入经济的区域教育动力源

教育体系的融合是长三角教育现代化监测评估的重要方面，指标体系设立了普职融通"中高职学生升入高一级学校的生源质量、校企合作（师生实习实训要求达成）水平指数"两个监测点和融合教育资源覆盖率（选取特殊教育与基础教育的融合）一个监测点，重点监测长三角区域的各级教育普及水平及普通教育与职业教育之间的融通程度，促进普通教育与职业教育之间实现更通畅的衔接。

现代教育体系必须打破类型和层次之间的壁垒，实现教育与经济社会的互动，形成纵向贯通、横向互联的教育通道。打破教育"直通车"不通、"立交桥"不交的弊端，长三角理应先行。建立职教与普教合作机制，要在普通教育中加强职业启蒙教育，引导学生做好职业生涯规划。在现代职业教育体系框架下，根据经济与社会发展和全体社会成员自身发展的全面需要，提高中高职学生升入高一级学校的生源质量，完善"五年一贯制""高本贯通"等培养形式，打通职业学校教育发展通道。大力推进产教融合，推行校企双主体育人的中国特色学徒制。

提高教育服务多元供给能力，完善服务全民的终身学习教育体系

教育服务多元供给能力维度，监测长三角区域教育向各类学习者提供教育服务的供给水平和多样化水平，包括校外教育服务成效、老年教育参与程度、非全日制学历教育毕业生比例、从业人员终身职业技能培训参与程度、学分银行覆盖率五个监测点。这些监测指标反映了教育体系的开放度和学习型社会建设的成效。

针对公共教育实际供给无法满足民众日益增长需要的状况，长三角区域教育理应变革供给方式，培育包括校外教育等新型教育服务业态，提供基于全学习过程的精准、个性化教育服务，实现多元主体供给、有效供给、个性化供给和持续供给。对国民教育体系进行了空间和时间上的延伸，扩大成人教育公共服务供给如非全日制学历教育自学考试本专科、成人高考本专科规模等，更大范围提供终身职业技能培训、社区教育、休闲教育等。满足不同群体多元化学习需求，线上学习和线下学习相互融合，学习形式多样、学习时段自主，在学习课程上衔接，建立学制转换机制，健全终身学习成果认证制度，设立学分银行。要完善服务全民终身学习的教育体系，多渠道扩大终身教育资源。针对国务院办公厅印发的《老年教育发展规划（2016—2020年）》"到2020年，全国县级以上城市原则上至少应有一所老年大学，50%的乡镇（街道）建有老年学校，30%的行政村（居委会）建有老年学习点"的要求，长三角教育现代化监测对诸如此类的目标将作达成度评价。

（原刊于《中国教育报·理论周刊》，2022年3月24日）

目　录

第四编　安徽教育现代化对策研究

第一编　教育现代化的历史经验与逻辑理路

第一章　教育现代化的历史起源与演变进程

教育现代化 18 世纪发源于欧洲，逐渐演变为全球教育发展的总体趋势。教育现代化研究脱胎于现代化研究，现代化起源于工业化，故许多学者认为工业化也是教育现代化的起源。教育现代化作为一种历史现象，其发生发展有其特定的历史条件。教育现代化起源于国民教育制度①，从历史的角度观察，早期教育现代化进程与工业化进程呈现明显的错位现象，普鲁士、法国、美国的教育现代化走在世界前列；工业革命的发源地英国不是教育现代化最先发国家，甚至因其保守主义传统呈现出缓慢和渐进特征。② 随着科技发展和全球工业化推进，教育现代化与工业化逐渐走向同频共振，甚至成为工业化的关键推动力。

一、教育现代化溯源

尽管西方各国教育从传统向现代转型的直接原因各不相同，文艺复兴、宗教改革、启蒙运动作为欧洲三大近代思想解放运动，推动了西方传统教育向国家化、普及化转变，促进了西方国家国民教育制度的建立，进而直接或间接影响了世界其他地区的教育发展进程。

14 至 16 世纪，文艺复兴运动从意大利发端并席卷欧洲。中世纪晚期，工场手工业和商品经济的发展促使资本主义关系形成，罗马教廷日益腐朽衰落，新兴

---

① 李立国．探寻教育现代化的历史源头——兼论工业化不是教育现代化的起点［J］．清华大学教育研究，2003（04）：81．

② 高书国．国家学习　中国教育现代化演进叙事（1840—2049）［M］．广州：广东高等教育出版社，2021：7-24．

资产阶级要求发展新的社会文化。人文主义者以复兴古希腊、罗马文化为旗帜，倡导人性解放和思想自由，反对经院哲学和禁欲主义，崇尚积极乐观的现实人生，打击了中世纪天主教神权至高无上的地位。人文主义思想延伸到了教育领域，便产生了人文主义教育思潮，如维多利诺提出教育的最终目的是培养精神、身体、道德充分发展的人；伊拉斯谟认为一个国家的主要希望在于它对青年的适当的教育，提倡个性自由、和谐发展的世俗教育和教学；拉伯雷推崇知识和注重培养全面发展的人等。人文主义者反对僧侣主义教育，把身心和谐发展作为培养目标；将平民子弟纳入教育对象，扩大了教育的受众；提倡人文之学，在学校教育中增加了历史、哲学、文学、自然、物理、地理、音乐、美术等学科；反对经院枯燥教条的学风，鼓励学习者发挥思考力和主动性。[①] 人文主义教育思潮和实践打破了宗教的、特权的、僵化的中世纪教育传统，现代教育自此萌芽。

16 世纪至 17 世纪中叶，宗教改革在德国爆发并波及欧洲各地。马丁·路德宣扬"因信称义"，即对上帝的信仰建立在信徒对《圣经》的独立阅读和理解上，打破了罗马教皇的神权统治，也加剧了德意志内部分裂。英格兰、北欧各国等中央集权君主国家，自上而下进行改革，建立国家教会，国王取代教皇成为教会首脑。瑞士、尼德兰、法国南部等地区，宗教改革表现为群众运动，资产阶级进一步壮大，甚至诞生了欧洲第一个资产阶级共和国——荷兰。随着新教传播，德语、英语等民族语言版的《圣经》大量发行，"因信称义"催生了新的教育需求，打破了教会对知识的长期垄断。新教重视普及教育并把办学作为传教的手段之一，路德主张国家在所有城镇农村设立公费学校；加尔文则明确提出应由国家实施免费和普及的教育，并领导了日内瓦城普及与免费教育实践，日内瓦学校模式后来在苏格兰、荷兰、北美产生了深远影响。[②] 新教与天主教的纠纷激化了神圣罗马帝国的内部矛盾并导致了欧洲三十年战争，战争的结果是签订了《威斯特伐利亚和约》，瓦解了天主教会所主导的政教体系，欧洲大陆国界得以划定，民族国家的观念进一步加强。

18 世纪，启蒙运动发源于英国，以法国为中心，传播到欧洲其他地区和美洲。启蒙运动认为封建专制和天主教禁锢了人们的思想，追求政治民主、权利平等和个人自由，提出了一整套政治纲领和社会改革方案，为资产阶级革命作了思想准备和舆论宣传，直接为法国大革命和美国独立战争提供了理论框架。启蒙思想家的核心思想是"理性崇拜"，认为借助教育可以传播知识、培育理性，培养

---

① 刘朝晖，扈中平. 对西方教育现代化历程的回顾与思考 [J]. 比较教育研究，1998（05）；7-8
李日兰. 为什么说人文教育是近代教育的开端 [J]. 教育理论与实践，2006（07）；1-3.
② 李立国. 宗教改革与西方教育现代化的起源 [J]. 清华大学教育研究，2003（06）；67-72.

新人就能重新建设一个合理的社会，如伏尔泰提出教育的目标是培养健全理性的自由人，爱尔维修主张学习科学知识的重要性，狄德罗提倡强迫的义务教育，卢梭认为需要通过教育来强化国民的民族认同和热爱。理性崇拜和民族主义的结合推动了国民教育理论的形成，拉夏洛泰的《青年人的学习计划》、米拉波的《国民教育工作》、雷佩尔提的《创建国民教育体系的计划》、塔列兰的《教育改革计划》、孔多塞的《法国公共教育组织计划纲要》等，均关注教育与民族、国家之间的关系，提出了国家办学、实行一定程度的免费教育、塑造合格国民等原则。① 法国的启蒙教育思想传播到欧洲其他地区、北美，为法国教育现代化乃至西方教育现代化提供了理论基础。

可见，文艺复兴、宗教改革、启蒙运动是一脉相承的资产阶级思想解放运动，从"关注人的价值"到"启迪人的理性"再到"实现人的权利"，这些要求投射到教育领域，使教育的目标、对象、内容、组织方式、功能都发生了改变，加上科学革命的冲击和影响，体现出民族化、国家化、世俗化、普及化、科学化等现代教育的特征，最终形成了国民教育思想并被付诸实践。从政治上看，文艺复兴动摇了罗马教廷的神权统治，宗教改革促进了民族主义和民族国家的发展，启蒙运动推动了资产阶级革命和民族解放运动，后两者直接催生了一批民族国家，民族国家的建立或者说强有力的政权正是实践国民教育理论、建立国民教育制度的保证和前提。

二、教育现代化的历程

本研究采用何传启教育现代化两大发展阶段作为理论参照，第一次教育现代化指从农业社会的教育向工业社会的教育转变，第二次教育现代化指从工业社会的教育向知识社会的教育转变。根据教育现代化的产生、扩散、加速推进，将其进程分为18世纪至19世纪50年代、第二次工业革命和两次世界大战期间、第二次世界大战之后三次浪潮，第三次浪潮仍在推进中。为更好呈现教育现代化发展的方向和特点，在回顾每个历史时期教育现代化的演变时，选取若干具有典型性的国家且侧重于正面典型；较早开始建立国民教育制度的国家为先发国家，反之则是后发国家，发展中国家都属于后发国家。本研究将在第三、四章专门回顾和分析中国教育现代化的历程与经验。

---

① 刘钦腾. 启蒙理性抑或民族主义——18世纪法国国民教育思想起源探寻［J］. 集美大学学报，2009（04）：37–42. 王智慧. 论公民教育与思想政治教育的关系［J］. 思想理论教育，2011（08）：42.

（一）教育现代化第一次浪潮

18 世纪起，在西欧和北美掀起了教育现代化浪潮。欧洲经历了三大近代思想解放运动，国民教育理论构建了教育现代化的意识形态，民族国家的建立提供了教育现代化的前提[①]，国民教育制度的建立成为欧美教育现代化的起点。[②]

德国的教育现代化始于普鲁士统一德意志大业的推进。德意志长期处在四分五裂的状态。普鲁士国王认识到教育在打破对法国的文化崇拜、训练军队和官吏、塑造统一民族精神方面的重要作用，实施了一系列教育改革。1717 年弗里德里克·威廉一世颁布法令，规定初等教育是国家的事务，开始推行义务教育。1787 年，普鲁士成立国家教育委员会，推行实科教育和师范教育，宣扬本民族的语言、历史和文化，最早建立起国民教育制度。1806 年普鲁士战败，成为法兰西帝国的属国。德国知识分子要求建立教化全体国民的教育制度，培养全体国民的民族意识和爱国精神，以摆脱法国奴役、实现国家统一，哲学家费希特为此发表了一系列告德国民众的演讲。1809 年起，洪堡领导教育改革，初等教育方面，强化小学四年教育，义务教育惠及所有阶层的子女；中等教育方面，发展实科中学和文实中学，开始形成重视职业教育的传统；高等教育方面，创建柏林大学，提倡学术自由、教授治校、教学与科研相统一，现代大学在德意志各邦国如雨后春笋涌现；另外，成立了一批工程应用类的高等学校，初步显现科技教育体系雏形。1837 年，教育家福禄贝尔创办第一所幼儿园并践行其学前教育思想，推动了德国和世界幼儿教育事业的发展。1850 年颁布《学校法》，确立初等学校教师为国家公职人员。

法国的教育现代化始于法国大革命。启蒙教育思想家主张建立完整的国民教育体系，大革命时期出现了塔列兰法案、孔多塞法案、雷佩尔提计划等教育改革方案，要求国家举办世俗性质的学校，剥夺教会对教育的管理权。立宪派、吉伦特派、雅各宾派执政期间推行相应教育改革，因掌权时间短暂效果并不明显。《1791 年宪法》规定，应设立和组织面向全体公民的公共教育体系并在所有人必不可少的科目教学中实行免费教育，为之后的教育改革奠定了基础。1795 年，法国颁布《教育法》，规定在每个县建立 1 所小学，每 30 万人建立 1 所中心学校。1802—1808 年，拿破仑颁布《关于公共教育的基本法》《关于创办帝国大学的法令》《关于帝国大学条例的政令》，规定由帝国大学统辖国家教育行政管理，全国划为 29 个大学区，建立起包含小学、中学、专门学校、大学院在内的正规

---

① 朱旭东. 西方早期教育现代化的比较研究 [J]. 清华大学教育研究，1999（02）. 97-100.

② 李立国. 探寻教育现代化的历史源头——兼论工业化不是教育现代化的起点 [J]. 清华大学教育研究，2003（04）. 81.

教育体系和中央集权的国家教育管理体制。1830 年，政府规定每个超过 6000 人口的乡镇建立 1 所国立中学，法国成为第一个建立国立中学体系的国家。1833 年颁布《基佐法案》，规定每一个乡村设立 1 所初级小学，每一个城市设立 1 所高级小学①，大力发展初等教育和师范教育，初步建立起国民教育制度。

美国的教育现代化始于独立战争。美国作为殖民地和移民国家，独立前移植欧洲主要是英国的教育经验，实行教会和慈善家办学。1776 年《独立宣言》发布，它提出的自由、平等、博爱成为美国公共教育的哲学基础。1779 年杰弗逊向弗吉尼亚议会提交《知识普及法案》，主张实施三年普及免费教育。韦伯斯特、米契尔、布朗等倡导美国精神，认为教育应担负起形成民族共同体的使命。18 世纪 80 年代，联邦政府通过《土地条例》《西北条例》，以赠地的形式为各州兴办学校提供财政支持。1791 年《人权法案》将教育的发展划归为州的职权，确立了教育领导管理的分权制。19 世纪二三十年代，工业化和城市化进程加快，政治民主进一步发展，移民浪潮为经济发展注入新活力。社会发展也带来了一系列问题，如缺乏合格的工人、贫困、犯罪等城市病频发，不同群体存在文化冲突，人民缺乏基本政治素养等。人们要求通过公共教育塑造民族认同感、培养美国公民和高素质的劳动工人。19 世纪 30 至 60 年代，在贺拉斯·曼、巴纳德等人的领导下，美国各州兴起公立学校运动。1852 年马萨诸塞州颁布《义务教育法律》，规定 8～14 岁的儿童每年必须上学 12 周，征收地方教育税用于开办公立学校、普及义务教育，各州纷纷效仿，逐步建立国民教育制度。

俄国的教育现代化始于叶卡捷琳娜二世教育改革。18 世纪后半期俄国资本主义获得发展，俄国统治者深受启蒙思想影响，为摆脱落后追赶西欧先进国家，在政治、经济、教育等方面推行一系列西化改革。沙皇俄国在君主专制政体下推进教育现代化，具有效仿欧洲先发国的明显特征。叶卡捷琳娜二世 1786 年颁布《俄罗斯帝国国民学校章程》，首次为国民教育立法，奠定了俄国现代教育体制的基础；设置五年制和两年制的国民学校；培养国民学校教师；重视读写算基本技能和实用学科；推动男女教育权利平等，开设专门的女子学校等。亚历山大一世 19 世纪初建立了欧洲第一个国民教育部，颁布《国民教育初步规章》《大学章程》和《大学附属学校章程》，建立起学校体系和管理体制；亚历山大二世颁布《俄罗斯帝国大学章程》《初等国民教育章程》《文科中学和中学预备学校章程》等一系列学制改革法令，促进了各级各类教育发展。

英国的教育现代化始于第一次工业革命后期。英国长期奉行自由主义，注重

---

① 胡艳. 从西方国家的经验看影响教师教育模式变革的因素［J］. 教师教育研究, 2009（01）: 73.

社会发展的连续性，政治变革和教育变革都体现出渐进式特征。① 教育长期秉持宗教团体和慈善家办学传统，政府只发挥适度的协调和干预作用。19 世纪，工厂取代家庭作坊成为主要生产组织形式，劳动力从农村向城镇聚集，机械化生产要求劳动者具备基本的识字算数能力、掌握一定的系统科技知识，教会学校和师徒模式不再满足社会生产和经济发展需求。1823 年伦敦机械学院成立，向各行各业的工人、技师提供经费，让他们学习物理、化学知识并接受技术培训，1840年这类学校在英国超过了 300 所。1832 年议会改革后确立了渐进式发展模式，英国政府意识到需要提高全体国民的文化素质，开始推动教育世俗化、国家化。1833 年议会通过《教育补助金法案》，用立法手段干预教育，首次为初等教育拨款，这是国家管理教育事务的开始。② 1839 年，政府成立枢密院教育委员会，管理监督教育补助金的分配和使用。19 世纪上半叶，贝尔-兰卡斯特导生制在一定程度上解决了当时英国初等教育师资不足的问题，推进了初等教育的发展。

（二）教育现代化第二次浪潮

第二次工业革命和两次世界大战期间，先发国家教育现代化继续深化，实施义务教育并延伸义务教育年限，加强职业技术教育，发展中等教育、高等教育和学前教育，逐步确立较完备的公共教育体系和管理体制。随着资本主义世界市场形成和全球工业化推进，教育现代化在欧洲、美洲扩散并波及亚洲。

美国 1862 年通过《莫雷尔法案》，向各州拨付土地，各州用经营土地获得的收益设置农业和工业学院，各州都成立了州立大学（即"赠地学院"），高等职业教育获得极大发展。1873 年，圣路易市教育局长威廉·哈里斯创办了美国第一所公立幼儿园，随后三十年公立幼儿园在一般城市中迅速普及。1909 年，在俄亥俄州哥伦布市最早出现初级中学，初级中学运动兴起，中学划分为初、高两个阶段成为发展趋势。1917 年美国国会通过《史密斯修斯法案》，联邦政府提供资助，鼓励高中开设职业课程，促进了中等职业教育发展。1918 年，美国教育协会中等教育改造委员会提交报告《中等教育的基本原则》，确立"6—3—3"学制，将综合中学确立为中学发展的主要类型，为 20 世纪美国中学的改革指明了方向。③ 1919 年，基本上在各州普及了初等义务教育。

英国 1870 年颁布《福斯特教育法案》，实施初等义务教育，在全国划分学区，国家继续拨款补助教育并设置公立学校，建立起由国家税收支持并由国家监督管理的国民教育制度。1902 年，议会通过《巴尔福教育法案》，要求建立地方

---

① 褚宏启. 历史上英国教育现代化进程的渐进式特征 [J]. 比较教育研究，2000（03）：59.
② 谢勇旗. 工业革命前后英国职业教育的发展 [J]. 职业技术教育，2009（10）：90-93.
③ 王晓阳. 美国教育现代化的历史经验及其启示 [J]. 教育发展研究，2008（12）：65-66.

教育局并将中等教育纳入国民教育体系，实行国家统一领导与地方分权自治相结合，大大促进了英国中等教育的发展。1918 年颁发《费舍法案》，规定 5～14 岁为义务教育阶段、小学一律免费，初步确立包括幼儿学校、小学、中学和职业学校的公共学校系统，促进国民教育向上和向下延伸。1922 年，工党提出普及中等教育的施政目标。二战后期，英国认识到教育滞后是国家衰落的原因。1944 年议会通过《巴特勒教育法案》，设立教育部，完善中央和地方合作型教育行政管理体制；规定向 5～15 岁的儿童提供免费的义务教育，确立涵盖初等、中等和继续教育的公共教育制度。

普法战争失败后，法国把失败归咎于普鲁士国民教育的胜利，开始效仿德国推行义务教育。1881—1882 年颁布《费里法案》，强调国民教育的义务性、世俗性和免费性原则，要求对 6～13 岁的所有儿童实施强迫的义务初等教育，加强职业技术教育和科学教育，发展女子世俗教育。1886 年颁布《戈博莱法》，将幼儿园和儿童班纳入法国"实行初等教育的小学"范围之中。1896 年颁布《国立大学组织法》，在全国建立 17 所具有文、理、法、医四科的综合性大学。1902 年颁布《莱格法案》，强调古典科学和现代学科地位同等、人文教育与实科教育并重，确立了法国中等教育课程改革模式。1919 年通过《阿斯蒂埃法案》，将职业教育纳入法国公共教育体系，被称为法国历史上的"职业技术教育宪章"。20 世纪 30 年代实现中学教育免费。

1871 年德意志统一。1872 年俾斯麦政府颁布《普通学校法》，规定 6～14 岁的青少年必须接受八年义务教育，同时指出德国正在向工业国转变，鼓励开办职业学校和成人业余补习学校，不满 18 岁的在职青年接受职业补习教育。19 世纪末，德国基本普及了义务教育，双元制职业教育初现雏形。1870—1914 年间，德国从以农业为主的国家转变为以工业为主的国家。1919 年《魏玛宪法》出台，规定公共小学、初高级中学一律向所有人开放；大学是国家的机构；科研和教学自由并受到法律的保护；学校教师须接受高等教育等。通过有关法律草案，规定了职业教育义务。魏玛共和国时期，建立了以公立为主的教育体制，基本普及了免费的义务教育，约 2/3 的青年接受了相应的职业教育，高校产生了大量科学研究成果并转化为生产力，教育发展为德国培养了大量的科技人才，促进了德国制造业迅猛发展和经济腾飞。[①] 直至 20 世纪 30 年代，德国作为全球教育和学术中心，被许多国家模仿和学习。

---

① 胡劲松.20 世纪上半叶的德国教育现代化进程［J］.华南师范大学学报（社会科学版），2005（03）：105-112.

日本的教育现代化始于 1868 年明治维新。黑船事件后，日本被迫打开国门，自立图强成为迫切要求。明治政府以天皇名义宣布《五条誓文》，在政治、经济、文化、教育领域开展全盘西化的明治维新改革，开启工业化和现代化的道路。1872 年颁布《学制令》，把全国分为 8 个大学区，实行中央集权管理体制；实施四年制义务教育，发展普通中学，开办 10 类实业学校，每个大学区设立 1 所大学；由于政府财政困难推行效果不佳。1879 年至 1885 年开展"教育令""修改教育令"等改革试验，1886 年颁布《帝国大学令》《小学校令》《中学校令》《师范学校令》《诸学校通则》等，以立法的形式建立了国民教育体系。19 世纪 80 年代，日本进入产业革命时代，经济发展进一步促进教育发展。1890 年以天皇名义颁布《教学敕语》，在日本近代教育史上起到了教育基本法的作用。1894 年颁布《实业教育国库补助法》，国库每年支出 15 万日元，补助公立工业学校、农业学校、商业学校、徒弟学校和实业补习学校等。1900 年颁布《改正小学校令》，实施免费的初等义务教育。1907 年颁布《再改正小学校令》，废除私立小学，全部改为公立，义务教育年限延长为六年。1908 年，义务教育就学率为 97.8%。①

（三）教育现代化第三次浪潮

二战结束后，世界局势发生深刻变化。老牌资本主义国家在战争中受到削弱，亚洲、非洲、拉丁美洲、大洋洲的民族解放运动持续推进，新的民族国家纷纷建立，冷战开始后全球逐渐发展为两大对立阵营。与此同时，以原子能技术、航天技术、电子计算机技术的应用为代表，第三次科技革命继续深化，经济与科技竞争更加激烈，加剧了国家间的不平衡。世界各国为了在国际竞争中赢得一席之地，均把实现现代化作为战略目标并付诸行动，现代化运动成为世界性潮流。教育在培养劳动力、维护国家安全、争取和保持国际优势地位方面的作用日益凸显，教育竞争成为国家竞争的重要方面，教育现代化问题逐渐受到关注。

20 世纪五六十年代，以美国经济学家舒尔茨为代表，人力资本理论引发了世界性的关注和研究。人力资本作为现代经济增长的重要因素，指劳动者的知识、技能及劳动能力，教育投入对人力资本形成起到关键作用。在"投资教育=经济增长"的思想引导下，各国政府加大教育投资力度，第一次有意识地在国家层面强力推进教育现代化，世界教育现代化运动在全球范围兴起，发达国家更加注重普及高等教育、加强科技教育，发展中国家则侧重于扩大教育规模并移植发

---

① 徐雪英. 教育现代化的不同演变路径——欧美、日本与中国模式的比较［J］. 江南大学学报，2007（04）：105-106.

达国家教育经验。20 世纪 70 年代以来，电子计算机的广泛应用使生产方式发生巨大变革，信息时代到来，知识经济产生，人类社会由工业社会向知识社会转变，教育向服务终身学习和知识创新转型，先发国家进入第二次教育现代化阶段。

全球化深刻影响了教育现代化的走向。世界各国在经济、政治、社会、文化等方面联系更加紧密，教育发展呈现出全球化特征。环境污染、气候变化、文化冲突、贫富差距、军事战争、恐怖主义等全球性问题日益增多，教育应当在解决全球性问题方面积极作为、服务全人类社会可持续发展逐渐成为全球共识。在联合国教科文组织等国际教育组织的倡导下和全球教育界的共同推动下，自 20 世纪 70 年代起，《学会生存——教育世界的今天和明天》《教育——财富蕴藏其中》《世界全民教育宣言：满足基本学习需要》《特殊需要教育行动纲领》《反思教育：走向全球共同利益》《教育 2030 行动纲领》等影响全球教育发展的重要文本陆续发布，终身教育、全民教育、全纳教育三大教育思潮发展为全球教育实践，学习型社会、教育公平、个性化教育、世界公民教育等成为教育现代化的新趋势，全世界各国各民族之间的教育交流、对话、合作持续深化，互学互鉴日益频繁，教育要素的流动更加自由，教育全球化成为教育现代化的突出特征。①

美国在二战后普及了中等教育，义务教育年限达到十二年左右，为维持世界头号强国地位，高度重视高等教育和科技教育。1957 年苏联人造卫星发射成功震惊世界，美国各界把批评的矛头指向教育落后。1958 年颁布实施《国防教育法》，加强数学、自然科学、现代外语"新三艺"教育，加强研究生教育，增加对高等学校的财政资助。国防部及相关机构投入大量经费，支持高校在军事领域、基础科学等方面的技术研发。② 中产阶级的扩大、民权运动及女权运动的推进使高等教育需求普遍增长。1965 年《高等教育法》颁布，为接受后中等教育的学生提供普遍性的资助。③ 美国高等教育迎来了快速发展的黄金时期，建立了世界上第一个大众化的高等教育系统。1976 年出台《终身学习法》，在世界上首次专门为终身教育立法。20 世纪 80 年代，公立教育质量问题在美国引起广泛关注。1994 年克林顿总统签署《2000 年美国教育目标法》，实施全民精英计划，要求各州建立课程标准和测试体系。2001 年小布什签署教育改革方案《不让一个

---

① 唐盈盈. 终身教育·全民教育·全纳教育——对战后三大国际教育思潮的剖析［J］. 教育与教学研究，2009（06）：14-16.

② 於荣，张斌贤. 繁荣与调整：战后美国高等教育发展的历史轨迹［J］. 清华大学教育研究，2017（04）：21-24.

③ 魏建国. 美国《高等教育法》修订与高等教育财政改革［J］. 北京大学教育评论，2008（04）：15.

孩子掉队》，培养面向 21 世纪的具有较高创新能力及全面素质的劳动力，在学术标准和评价体系上更加严格。2009 年奥巴马签署《美国恢复和再投资法》，教育领域投入超过 1000 亿美元，用以加强儿童早期教育、提升教师和教育质量、扩大教育公平、加强高等教育等。

日本二战后先后颁布《教育基本法》《学校教育法》等，以清除军国主义、推进教育民主化为宗旨开展全面教育改革。① 实施九年义务教育，确立"6—3—3—4"学制，按照"一府县一大学"原则调整高等教育布局。② 20 世纪 50 年代起，制定《产业教育振兴法》，对职业教育提供财政支持；修改《职业训练法》，提出终身训练的理念；逐渐形成了由职业高中、高等专科学校、短期大学、科学技术大学构成的职教体系。③ 20 世纪 70 年代，日本基本普及了九年义务教育，职业教育、高中教育、高等教育获得了迅速发展，进入了世界经济大国之列。1984 年，临时教育审议会首次提出面向 21 世纪日本教育的总体设想，要求建立一套适应国际化、信息化的终身学习体系。④ 1990 年日本高等教育进入普及化阶段，入学率达到 36.3%⑤；同年颁布《生涯学习振兴法》，继美国之后对终身教育进行立法。2001 年，为适应国际竞争和少子化形势，实施 21 世纪教育新生行动计划，加强对日本学生个性化、创造性、国际化、信息化方面的培养。高等教育方面，先后启动 21 世纪卓越中心计划、全球卓越中心计划、全球顶级大学计划，提升科技创新能力和国际竞争力。

德国战后开启教育发展的黄金时代。1959 年联邦政府提出《关于普通教育的改革和统一的总纲计划》，聚焦中等教育改革，大力发展实科中学和文实中学，前者为社会输送大批训练有素的劳动力，后者为高等教育培养高素质后备人才。20 世纪 60 年代起，大力发展高等职业教育，颁布《青少年劳动保护法》《联邦职业教育法》《企业基本法》《职业教育促进法》，明确职业教育的经费、师资、办学形式等问题，调动企业、行业和社会力量参与职业教育的积极性，形成了享誉全球的双元制职业教育。1971 年颁布《联邦教育促进法》，对大学生提供一定

---

① 刘幸，姜星海，钟秉林．日本战后人口变迁与教育变革的关系研究［J］．教育科学研究，2021（12）：68-73．
② 王爱芬．论二战后日本高等教育的改革历程与发展特点［J］．教育理论与实践，2004（05）：34-36．
③ 李文英．战后日本职业教育的发展与特点［J］．职业技术教育，2009（25）：79-83．
④ 江海燕．教育现代化的理论和实践探索［M］．北京：中国社会科学出版社，2019：110-115．
⑤ 王爱芬．论二战后日本高等教育的改革历程与发展特点［J］．教育理论与实践，2004（05）：34-36．

资助,高等教育规模剧增。① 1973 年颁布《教育综合计划》,确立从学前教育到高等教育的教育体系,促进普通教育和职业教育融合发展。为适应知识经济和信息化时代到来,陆续实施"关于在学校教育和职业训练中开展信息技术教育""在高等教育领域开展信息技术教育"等计划;政府大力推动产学研合作,大学科研机构发达,极大地促进了科技进步。

法国自 20 世纪 50 年代末起,以现代化和民主化为主导思想,进行了比较彻底的教育改革。先后出台《教育改革法》《法国学校体制现代化建议》等,延长义务教育年限至十年,取消双轨制管理体制,确立统一的小学和初中,建立职业教育高中和技术高中;实施中小学课程改革,现代语言、数学、自然课程成为核心课程;鼓励师生、家长、社会参与学校管理。颁布《高等教育方向法》《高等教育法》,明确高等教育要面向全民族并服务经济和科技发展,形成包括大学、大学校、大学技术学院、大型科学文化教育机构等类型的高等教育体系。② 1989年颁布《教育指导法》,明确教育是国家第一重点。20 世纪 90 年代聚焦基础教育,公布《课程宪章》,强调课程编制以学生为中心,对学科体系进行纵向贯通和横向融通的综合改革。③ 进入新世纪后,法国将"为了全体学生成功"作为改革目标,2004 年出台《学校未来的导向与纲要法》,明确了提供全民终身教育服务、加强共同生活的教育与训练、将欧洲意识融入学校教育、着眼于未来科技与经济的发展、培养富有竞争力的公民等政府工作的优先重点,从而确立了法国未来的教育发展方向。当前,法国实施十四年义务教育,职业教育向深度转型,继续推进高等教育与科技创新体系融合和变革。④

英国 1965 年发布《罗宾逊教育报告》,要求扩大高等教育规模。政府升格了40 余所技术学院并新建大学,向高校加大投入,实施"免费+助学金"政策,高等教育毛入学率在 20 世纪 70 年代达到 15%,实现由精英教育向大众化转变。⑤ 20 世纪 60 年代颁布《产业训练法》《就业与培训法》,明确企业在职业教育和训练中的责任。20 世纪七八十年代,推行综合中学运动,逐步废除了三轨制中学教育体制,在公立中学充实技术课程和职业课程。⑥ 颁布《1988 年教育改革法案》,义务教育阶段实行统一的国家课程和国家测试,将技术课程列为 10 门基础

① 王德峰,邓和平. 战后德国教育与社会发展浅议 [J]. 高等教育研究,1999(03):94-97.

② 张丽. 现代化冲击下的法国教育 [J]. 史学月刊,2003(12):79-86.

③ 王晓辉. 简评法国的《课程宪章》[J]. 课程·教材·教法,1994(06):53-56.

④ 刘敏. 法国以教育改革推动国家振兴 [N]. 中国教育报,2023-07-06.

⑤ 姚文清. 教育公平——战后英国高等教育大众化及其启示 [J]. 长春工业大学学报(高教研究版),2007(03):91-94.

⑥ 实言. 战后英国教育改革实践对我们的启示 [J]. 外国教育资料,1999(02):7-8.

课程之一，强化考试和质量监控；规定企业和政府共同创办以技术教育为导向的城市技术学院。① 新旧世纪交替之际，发布《追求卓越的学校教育》《学习的时代》，把教育改革的重点集中到教育质量、终身学习等范畴。

20 世纪 60 年代以后，发展中国家反思过度追求发展速度和规模的误区，强调改革传统教育、适当吸收借鉴别国经验，更加注重发挥自身优势，建立符合本国实际并具有本国特点的现代教育体系，并将与经济社会发展的适切性作为教育发展的重要衡量标准。② 中国等金砖国家、新加坡、韩国在借鉴发达国家教育经验的同时，结合本国国情推进教育改革发展，教育现代化实现了历史性跨越，甚至在某些方面引领全球教育发展潮流。对广大发展中国家来说，农业社会的教育同时向工业社会和知识社会的教育转变，两次教育现代化同时发生，同时包括第一次、第二次教育现代化的内容。

韩国实施"教育先行"战略。20 世纪 50 年代受美国影响，复制欧美先发国的教育模式，加大教育投入、扩大高等教育规模，不仅未促进经济发展反而加剧了失业，被媒体抨击为"大学亡国论"。③ 20 世纪 60 年代起，韩国政府制定了一系列的五年经济发展规划，并将教育作为经济发展规划的组成部分，教育和经济呈现同频共振的发展态势。20 世纪 60 年代发展劳动力密集型出口工业，缩减了许多学术性大学，以扫盲和普及初等教育为教育改革的重点，1965 年韩国女学生的小学入学率为 97%。20 世纪 70 年代发展资本集约型的重化工业，颁布《产业教育振兴法》，遵循"优先发展职业技术教育"的原则，取消中等教育考试，1979 年中等教育入学率达到了 90%。20 世纪 80 年代发展技术密集型产业，重新扩大高等教育规模，1985 年大学升学率为 34.2%。21 世纪以来，为适应数字时代和人工智能时代，2011 年提出"智慧教育战略"；2013 年发布《国情课题实践规划》，将"幸福教育、培养创造性人才"设定为教育政策的目标。④

新加坡仅仅用 30 多年就基本实现了教育现代化，取得了举世瞩目的教育成就。1965 年独立后，确立"教育立国"方针和"培养好人，培养有用的公民"教育目标，不断加大教育投入，强力推进教育现代化。1969 年在普及小学教育的基础上，加强中等学校的职业教育，普通中学修业 2 年后进行分流。1972 年成

---

① 黄日强，胡淑坤，孙菲. 战后英国发展职业教育的基本经验 [J]. 武汉职业技术学院学报，2010 (02)：87-90.

② 江海燕. 教育现代化的理论和实践探索 [M]. 北京：中国社会科学出版社，2019：10-16.

③ 冯增俊. 亚洲"四小龙"办教兴邦的基本经验以及对中国教育现代化的启示 [J]. 比较教育研究，1995 (02)：2.

④ 卢心然. 韩国经济发展中的教育改革研究综述 [J]. 东南大学学报（哲学社会科学版），2022 (06)：178-180.

立国家生产力局和生产力训练学院，每年拨款 1000 多万新元用于培训企业员工。1979 年确立"教育必须配合经济发展"方针，为适应国家经济向技术和知识密集型转变，加快发展高等教育。从 20 世纪 80 年代开始，新加坡教育经费投入每年增加 20% 以上，越发重视教育投入与产出的关系。1990 年总理发表教育报告《新的起点》，提出要加强国民教育的根基，每个青年人都有机会享受至少十年的高素质教育，教育发展由"速度"向"质量"转变。加强职业技术教育和培训，推广"教学工厂"和"混合型学徒计划"。强调高等教育为生产服务，重视科技教育及成果转化。1997 年，为迎接 21 世纪知识经济全面到来，提出"思考型学校、学习型国家"作为未来教育发展方向。教育部确定了 21 世纪能力框架，包括公民素养、全球意识和跨文化技能，批判性和创造性思维，沟通、合作和信息技能。2003 年颁布义务教育法案，实施十至十一年的义务教育。①

---

① 王建梁，卢宇峥. 新加坡教育现代化：背景、进程及经验［J］. 比较教育学报，2020（04）：29-41.

第二章　教育现代化的理论分析与国际启示

教育现代化研究起源于西方现代化理论，几乎所有现代化理论的研究者都把教育视为现代化社会的重要方面和推进社会现代化的关键力量。深化教育现代化研究，厘清教育现代化的理论逻辑，探寻和借鉴教育现代化的国际经验，对推进教育现代化实践、建设教育强国有着重要的价值。

一、现代化理论简介

学术界对于"现代化"的研究兴起于第二次世界大战后。20 世纪五六十年代，经典现代化理论发展起来，以帕森斯、罗斯托、英格尔斯等为代表，把现代化视作西方工业文明在世界范围内推广的过程，内容主要包括：现代化指 18 世纪工业革命以来人类社会从传统农业社会向现代工业社会转变的全球性过程，也是发展中国家追赶资本主义发达国家的发展过程[①]；现代性是对现代化发展结果的理论描述，指在技术、政治、经济和社会发展诸方面处于先进水平的国家所具有的特征[②]，包括经济工业化、政治民主化、社会城市化、文化理性化等；发展中国家可以通过引进西方的资本、技术、制度和文化价值观念来实现现代化。[③]

随着全球现代化的推进和发展中国家的崛起，经典现代化理论的局限性逐渐凸显，依附理论、世界体系理论、新比较政治经济学理论、后现代主义理论、新现代化理论兴起[④]，指出世界现代化的发展道路具有多样性，打破了"西方中心主义"的价值立场，并对现代性进行批判性反思，为不同国家和地区进一步思考和深化现代化实践提供了丰富的理论资源。如认为现代化是人类社会发展的历史过程，包括政治、经济、社会、生态、文化等诸多方面的变化[⑤]；现代性和传统

---

① 罗荣渠．现代化新论——世界与中国的现代化进程（增订本）［M］．北京：商务印书馆，2004：17-18.

② 刘尧．对教育现代化若干问题的思考［J］．上海教育科研，1999（05）：18.

③ 郑金洲．教育现代化与教育本土化［J］．华东师范大学学报（教育科学版），1997（03）：1-11.

④ 王志强．教育现代化理论：嬗变与思考［J］．国家教育行政学院学报，2013（10）：50．喻聪舟，温恒福．现代化理论视角下教育现代化问题研究述评［J］．现代教育管理，2018（00）：14-19.

⑤ ［意］艾伯特·马蒂内利．全球现代化 ——重思现代性事业［M］．李国武，译．北京：商务印书馆，2010．0.

性不是完全对立的，二者可以共存，传统性可以转变为现代性的积极因素①；现代化指向一种理想的状态，将人类及世界的安全、发展和完善作为努力目标，包括工业化、城市化、教育水平、富裕程度、社会动员程度、多样化的职业结构等。②

20世纪七八十年代，在日益复杂的国际环境和多极化趋势下，为了研究和帮助不发达国家和地区采取多样化道路实现工业化和现代化，联合国教科文组织逐步形成"内生性发展理论"，其基本内容包括：强调发展的内生性即依靠自我内在动力，强调以人为中心的发展，强调发展内容的整体性和协调性，强调"人类的文化本性"和传统价值标准在发展中的作用，强调发展模式的多样性，强调发展的实验性。③

我国学者何传启在1998年提出"第二次现代化理论"④，该理论已成为世界现代化研究和现代化科学的重要理论之一。他认为，现代化指18世纪工业革命以来人类社会所发生的深刻变化，包括从传统社会向现代社会、传统经济向现代经济、传统政治向现代政治、传统文明向现代文明转变的历史过程及其变化；它既发生在发达国家的社会变迁里，也存在于后进国家追赶先进水平的过程中；从农业时代向工业时代的转变是第一次现代化，从工业时代向知识时代的转变是第二次现代化。⑤

本研究从历史范畴理解现代化，即现代化指18世纪工业革命以来人类社会从传统社会向现代社会转型的深刻变化，分为从农业社会向工业社会转变、工业社会向知识社会转变两个阶段⑥，包括保持、追赶和达到世界先进发展水平的持续过程。

现代化表现在政治、经济、文化、生态和人的发展等各个领域。在经济上，从自然经济、小农经济转变为工业经济、商品经济、市场经济；在政治上，从等级社会、专制社会转变为公民自由平等，政治运行和社会管理的基本形式从人治转变为民主化、法治化；在文化上，从宗教崇拜、道德教化、礼仪规约转变为理性精神和科学至上；在生态上，从人受制于自然转变为天人对立、人类中心主义；在人的发

①　戴木才.世界现代化理论研究综述［J］.长安大学学报（社会科学版），2023（01）：6.
②　［美］塞缪尔·P·亨廷顿.变化社会中的政治秩序［M］.王冠华，刘为，等译.北京：生活·读书·新知三联书店，1989：30.
③　徐辉.内源发展与中国教育现代化［J］.教育科学，1998（01）：1-5.
④　何传启.知识经济与第二次现代化［J］.科技导报，1998（06）：3-4.
⑤　何传启.现代化概念的三维定义［J］.管理评论，2003（03）：10.
⑥　中国现代化战略研究课题组.中国现代化报告2003——现代化理论、进程与展望［M］.北京：北京大学出版社，2003：24.

展上，从"依赖性的人"转变为"独立性的人"，人的主体性不断张扬。①

二、教育现代化的概念

国内外学术界对"教育现代化"概念尚无统一界定，但达成了一些共识，如教育现代化是现代化在教育领域的表现，包括教育的世俗化、国家化、理性化、专业化、民主化、科学化、法治化和普及化等方面，教育现代化对社会现代化起到重要促进作用。20世纪80年代以来，中国学者对"教育现代化"的研究丰富了我国乃至国际教育现代化理论研究。国内学术界对"教育现代化"的界定总体上分为四类。

一是过程说。顾明远认为，教育现代化是指传统教育向现代教育转化的过程，转化是通过对传统教育的选择、改造、继承与发展来实现，对传统教育中优秀的东西进行继承和发扬以符合时代的要求。② 冯增俊从广义和狭义两个角度解释：广义的教育现代化是从适应宗法社会的封建的旧教育转向适应大工业民主社会的现代新教育的历史过程，是大工业运动和科技革命的产物，是一切有关进行现代教育的改革和发展的总称；狭义的教育现代化指新独立的落后国家如何学习发达国家、推动本国教育现代化从而达到先进国家教育发展水平的问题。前者是宏观历史性发展，后者是比较教育学家倡导的理论和运动。③ 何传启认为，教育现代化是18世纪以来的一种教育变迁和世界潮流，包括现代教育的形成、发展、转型和国际互动，教育要素的创新、选择、传播和退出，以及追赶、达到和保持世界教育先进水平的国际竞争和国际分化等；教育现代化分为两大阶段，第一次教育现代化是从农业社会的教育向工业社会的教育转变，主要内容是普及初等义务教育、发展中等教育、职业教育和学前教育等；第二次教育现代化是从工业社会的教育向知识社会的教育转变，主要内容是普及高等教育和终身学习等；两次教育现代化的协调发展可视为综合教育现代化。④ 过程说实际上反映了认识教育发展的历史观。

二是特性说。褚宏启是特性说的代表人物。他认为，教育现代化是指与教育形态的变迁相伴的教育现代性不断增长的历史过程，教育现代性是现代教育一些特征的集中反映，它体现了教育现代化进程中教育呈现出的新特点和新性质，教育现代化的本质是教育现代性的产生和增长⑤；教育现代性是教育的某种"理想

---

① 冯建军．超越"现代性"的中国教育现代化：人的现代化视角［J］．南京社会科学，2019（09）：133-134.

② 顾明远．关于教育现代化的几个问题［J］．中国教育学刊，1997（03）：10-16.

③ 冯增俊．论我国教育现代化的基本任务及主要特征［J］．中国教育学刊，1995（04）：5-8.

④ 何传启．世界教育现代化的历史事实和理论假设［J］．教育学术月刊，2013（08）：3-8.

⑤ 褚宏启．教育现代化的起点与过程［J］．教育科学，1998（04）：4-6.

形态"，由人的现代化和社会的现代化的客观要求所决定，框架由教育的人道性、多样性、理性化、民主性、法治性、生产性、专业性、自主性所构成，并非所有教育形态的变迁代表教育现代性的增长；理解教育现代化的关键是理解教育现代性。① 王建梁、卢宇峥认为，教育现代化是指与国家现代化进程相匹配的教育系统的现代性不断增长的发展过程，并在研究中以识字率、平均受教育年限、各级教育的毛入学率等量化指标评估判断教育现代化的发展程度。② 其他许多学者在讨论教育现代化的特征时，认为教育现代化具有不同于传统教育的特性，且这些特性在不同的教育现代化发展阶段有所变化，区别在于是否把特性作为教育现代化的本质来认识和研究。

三是内容说。李铁映认为，教育现代化不仅指校舍和设备的现代化，首先是教育思想、教育观念的现代化以及教学内容、教学方法和教育手段的现代化。③ 杨东平认为，至少从教育规模数量及办学条件，教育制度，教育价值、思想和观念等三个层面理解教育现代化。④ 曹青阳认为，教育现代化是一项宏伟的社会系统工程，其主要内容包括教育观念、培养目标、教育结构、教育内容、教育条件装备、师资队伍、教育管理等方面。⑤ 郑金洲指出，教育现代化是教育整体上的深刻变革过程，这种变革远不限于教育手段、方法等方面，更应包括制度、组织行为、思想观念在内。⑥ 李锐认为，教育现代化包括硬件和软件建设，不仅指新建教育场所、维护和增加设施设备，更指教育思想、观念、制度、内容、方法、评价标准等方面的现代化。⑦ 内容说关注的是体现教育现代化特点的教育形态，可以理解为教育现代化概念的外延。

四是三维向度说。华中科技大学博士生蔡亮从公众、学者、国家三类价值主体及其价值立场出发，以基本词义、理论涵义和政策语义三维向度对"教育现代化"概念进行构建。公众使用的"教育现代化"侧重生活价值，指特定时空背景下教育的先进形态及达到先进形态的持续转变过程。学者使用的"教育现代化"侧重学理价值，蔡亮发展了何传启的过程说，从历史范畴、价值遵循、系统要素及发展

---

① 褚宏启．教育现代化的本质与评价——我们需要什么样的教育现代化［J］．教育研究，2013（11）：4-10.

② 王建梁，卢宇峥．新加坡教育现代化：背景、进程及经验［J］．比较教育学报，2020（04）：30.

③ 李铁映．社会主义现代化建设的奠基工程——认真学习、宣传和实施《中国教育改革和发展纲要》［J］．人民教育，1993（04）：12-16.

④ 杨东平．教育现代化：一种价值选择［J］．中国教育学刊，1994（02）：19-21.

⑤ 曹青阳．稳步迈向教育现代化［J］．教育研究，1995（03）：13-20.

⑥ 郑金洲．教育现代化与教育本土化［J］．华东师范大学学报（教育科学版），1997（03）：2-3.

⑦ 李锐．教育现代化与人的现代化略论［J］．教学与管理，1999（01）：6.

水平等方面界定这一发展过程，强调现代化以促进人的现代化为终极价值旨归、不断创新和自我超越等，可视为综合性的过程说。国家使用的"教育现代化"侧重发展价值，国家为满足对知识和人才方面的迫切需求进而实现民族国家的持续发展和创新，从实际国情出发所制定的追超发达国家教育水平的系列战略或政策话语表达，常以具体时空语境中的个性化方式呈现，体现各民族国家的独特意志。[①]

综上，我们可以大致梳理教育现代化的概念。教育现代化作为一种历史现象，自18世纪发生并发展至今，是指向理想状态的教育持续发展过程，是人类社会现代化在教育领域的表现，教育现代性是其本质特征并通过现代教育形态来体现；教育现代化以促进人的现代化为核心及价值取向，既反映个体对理想教育的需求，也体现实现理想教育的国家意志。

三、教育现代化的类型

按照不同的维度，可将教育现代化划分为不同的类型。

以空间维度来划分，可分为宏观意义上的世界教育现代化、中微观意义上的国家或区域教育现代化。世界教育现代化指全球教育向理想状态的教育持续发展的过程，包含了所有国家、民族、地区的教育现代化的整体进程。国家教育现代化指国家疆域范围内教育实现现代化的过程，如中国教育现代化、美国教育现代化。区域教育现代化是一定空间范围内教育实现现代化的过程，在思想观念、制度规范、内容方法、治理水平等方面表现出现代性和区域性特征。[②]"区域"是按照一定标准划分的空间单元，其内部通常具有政治、经济、文化等特殊联系。"区域"可以超越国家范围，比如拉丁美洲、西欧、东亚；也可以限制在国家内部，比如长三角、京津冀、粤港澳、成渝；可以覆盖较广阔的地理空间，比如中国东部地区、西北少数民族地区；也可以指较小的行政或经济社会单元，比如安徽省、合肥市、皖北地区。

以时间维度来划分，可分为先发型教育现代化、后发型教育现代化。先发型教育现代化具有自发性、盲目性和长期性，先发国没有成熟先例可以参考，教育现代化进程持续长达数百年、呈螺旋上升趋势，付出了较大的试误和探索成本；后发型教育现代化具有政府性、模仿性和高效性，后发国能够学习借鉴先发国的经验和教训，在理论和实践上更多体现为国家主义及对先发国教育发展水平的追赶，其教育现代化发展进程相对较快，表现出明显的后发优势；21世纪以来，

① 蔡亮. 论"教育现代化"概念的三维向度［J］. 当代教育论坛，2022（04），3-6.
② 王依杉，张珏. 中国式教育现代化的区域表达——长三角教育一体化的探索与实践［J］. 教育发展研究，2023（09），21.

世界教育现代化从后发国对先发国的单向学习转变为两者之间的双向互鉴。

引入联合国教科文组织"内生性发展理论",按时间和动力两个维度,可划分为先发内生型教育现代化、先发外生型教育现代化、后发内生型教育现代化和后发外生型教育现代化。先发内生型教育现代化以率先性和内生性为主要特点,现代化随着历史条件成熟自然而然发生并在曲折中发展,如德国、法国、英国;先发外生型教育现代化以模仿性和外生性为特点,教育现代化开始较早,通过模仿、学习和借鉴现代化先发国家来推进本土现代化,如美国、加拿大、俄国等;后发内生型教育现代化以后发性和主动性为特点,在外界压力下通过主动学习、探索、改革甚至革命来推动教育现代化,如苏联、中国、新加坡、韩国;后发外生型教育现代化以后发性和被动性为特点,教育现代化开始较晚,主要依靠外部力量及移植现代化先发国家经验来推动现代化,如日本、中国台湾、中国香港等。

四、教育现代化的国际经验与启示

(一)教育现代化和经济社会发展双向互动

作为全球性的教育发展事实和趋势,教育现代化呈现出一定的客观规律性。尽管对教育现代化的认识未及全貌,但历史证明,教育现代化和经济社会发展之间存在双向互动关系,教育现代化适应、服务且引领经济社会发展。

教育现代化发展分为两大阶段,每个阶段有其侧重点和特征。当经济社会由农业社会向工业社会转变,为了适应工业化对劳动力的要求、城镇化对市民的要求、现代民族国家对公民的要求,第一次教育现代化以国民教育制度建立为主要标志,以普及初等和中等教育、发展职业技术教育为主要任务,以规模扩张为主要发展方式,以法治化、制度化、专业化、标准化、科学化、民主化等为主要特征。当经济社会由工业社会向知识社会转变,为了适应知识经济对高质量人力资源的要求、国际竞争对人才竞争的要求、全球化对世界公民的要求,第二次教育现代化以建设学习型社会为主要标志,以普及高等教育、构建终身学习服务体系为主要任务,发展方式转变为规模与质量并重、效益优先,以信息化、开放化、个性化、国际化、创新化、高质量等为主要特征。

教育现代化有助于推动国家和地区的经济社会转型。美国教育学家卡扎米亚斯指出,"所有社会,在民族危机和重大事变时期之后都有过重大教育改组的尝试。"[1] 美国作为仅有200余年历史的国家,善于把握历史机遇,在独立初期、

---

[1]　[美]卡扎米亚斯,马西亚拉斯. 教育的传统与变革 [M]. 福建师范大学教育系,译. 北京:文化教育出版社,1981:231-232.

工业革命、南北战争和美苏争霸等关键时期，不断以教育变革推动社会进步和国力提升。法国在大革命后实践国民教育理论，通过教育塑造具备理性精神的新国民，巩固了资产阶级革命成果。日本自明治维新优先发展教育，为产业革命和国家发展储备了人才资源，不仅摆脱了西方侵略，也快速实现了向现代化转型。二战后德国着力发展双元制职业教育，推动产学研结合，为制造业输送了大量的科技人才，成为世界第三大经济体。新加坡和韩国借助教育现代化支撑工业化和外向型经济，经济实力和综合国力飞速增长，实现了从发展中国家到发达国家的跃升。

推进教育现代化总体上应与社会发展阶段及经济基础相匹配，针对劳动密集型、技术密集型、知识或创新密集型等不同类型经济发展阶段，发展相应类型的教育，追求投入和产出平衡，提高人才培养与人力需求的适配度，实现教育效益合理化。因人力资本的形成需要一定周期，教育效益的释放有滞后性，也应根据经济社会发展趋势适度超前发展教育。我国的教育现代化属于综合教育现代化，教育现代化应服务于第一次现代化，根据工业化、市场化的要求，追求教育普及化、标准化、科学化，促进教育治理民主化、法治化；还必须关注第二次现代化的发展方向，推动教育国际化、信息化、个性化、高质量，着重培养创新意识和能力，更好应对知识经济和全球化的挑战。

（二）教育现代化呈现多元发展模式

教育现代化是伴随着政治、经济、文化、社会现代化转型而发生发展的。不同国家和地区因政治经济条件、自然资源禀赋、文化传统及社会环境的差异，其教育现代化的起因、过程、结果呈现出不同的特点，教育现代化存在多样化发展模式。

欧美先发国家的教育现代化，总体上都遵循着教育发展巩固现代民族国家和适应工业化时代的逻辑，政治上以凝聚民族认同感、增强综合国力为目标，经济上以提高劳动力素质、促进经济增长为目标，逐渐建立起覆盖初等、中等、高等教育的国民教育体制。德法的教育现代化伴随着两国较量和大陆争霸推进，表现为"民族主义与专制霸权扩张的德法模式"。美国的教育现代化开始于锻造美国精神和民族共识，随着工业化、城市化、移民潮、民主化推进，表现为"工业化与社会控制的美国模式"。[①] 英国的教育现代化从工业革命后期开始，由政府循序渐进缓慢推进，表现为"自由主义与渐进改革的英国模式"。沙俄的教育现代

---

① 陈露茜. 西方各主要国家教育现代化的基本类型及其反思［J］. 终身教育研究，2023（01）：19-24.

化源于专制君主为了摆脱落后、模仿西欧采取的一系列改革措施，可谓"开明专制与西化改革的沙俄模式"等。

后发国家的教育现代化，多采取自上而下的改革，不同程度上学习和吸收外来先进经验，在较短的时期内建立起完整的现代教育体系，体现出强大的国家意志和行动力。日本、韩国、新加坡等东亚国家和地区的现代化，因其二战后取得的巨大逆袭和经济成功被称为"东亚模式"，在教育现代化方面有共性也有独特性。这三个国家国土面积都比较小，自然资源匮乏，曾经遭受资本主义强国的殖民或压迫，民族危机感强，文化具有较强的可塑性。日本在欧美政治、经济、文化强有力的冲击和影响下，服务"富国强兵、殖产兴业、文明开化"的国家目标，模仿和改造性移植欧美教育制度的实践相对成功且高效，可谓"外力推动与功利主义的日本模式"。① 新加坡、韩国教育现代化恰逢战后世界教育现代化运动的大潮兴起，在"教育立国"思想的指导下，吸收世界最新的教育发展理念和东西方教育精华，特别注重经费投入和教育为经济服务，对欧美现代教育制度进行了本土化改造、创新并获得巨大成功，可称之为"自主改革与教育立国的新韩模式"。

教育现代化作为世界范围各国教育发展不可逆转的趋势，具体到每个后发国家或地区，必须经过一个本土化的过程，不经过本土化的教育现代化就像无源之水和空中楼阁，必然是缺乏生命力和持久性的。在教育现代化进程中，本地传统与教育现代化并不是完全对立的关系，二者处于交叉互动的共存状态，有些传统本身包含现代因素和积极因素，有助于将现代化国际趋势转变为本土的教育实践。在全球化背景下推进教育现代化，需要正确处理共性与个性、现代与传统的关系，以开放的胸襟放眼世界，衡量先进经验与本地实际的适切性，适度学习借鉴外来经验并继承发扬本土教育的优秀传统，对本地本民族的教育进行创造性的扬弃和改造，因地制宜探索符合国情域情、体现民族自信和文化独特性的教育现代化道路。

（三）立法是推进教育现代化的重要保障

法治取代人治是现代社会的基本特征之一，法治化也是教育现代化的基本特征和重要保障。教育法律法规作为现代国家管理和发展教育的依据，规定了教育的根本属性、指导方针、主要任务、基本途径、发展目标、保障手段等，在维护教育的公平正义、促进教育民主化、普及各级各类教育、推进教育改革、提高教

---

① 徐雪英．教育现代化的不同演变路径——欧美、日本与中国模式的比较［J］．江南大学学报，2007（04）：105-106.

育质量等方面起到方向性、基础性的作用。

通过宪法、法案等形式确立政府对教育的主导权和管理权，是各国建立国民教育制度的基本做法。法国《1791年宪法》规定设立面向全体公民的公共教育体系，1833年通过《基佐法案》建立起国民教育制度；俄国1786年颁布《俄罗斯帝国国民学校章程》，奠定了俄国现代教育体制的基础；美国1791年通过《人权法案》，明确由州行使教育发展职权；英国1870年颁布《福斯特教育法案》，确立由国家监督管理国民教育；日本1886年颁布《帝国大学令》等一系列法令，以立法的形式建立了国民教育体系；德国1919年《魏玛宪法》最早规定了受教育权及以公立为主的教育体制。

各国通过教育立法推动各级各类教育发展和普及。美国通过《莫雷尔法案》《史密斯修斯法案》，推动高等和中等职业教育发展；德国1872年颁布《普通学校法》，推进八年义务教育和职业教育；法国先后颁布《费里法案》《戈博莱法》《国立大学组织法》，分别加强了义务教育、学前教育、高等教育，《阿斯蒂埃法案》更被称为职业教育的宪章；英国《巴尔福教育法案》大大促进了中等教育发展，《费舍法案》《巴特勒教育法案》促进了公共教育向幼儿教育、继续教育延伸；日本《实业教育国库补助法》促进了各类职业技术学校发展，20世纪初通过两次修订《小学校令》实现义务教育免费并延长至六年。

发达国家在二战后基本上都构建了较完备的教育法律体系。以美国为例，教育立法沿袭了一贯的实用主义精神，以律以致用为价值追求，不仅出台了《教育总则法》《教育修正法》《先行起步、经济机会和社区合作法》《初等和中等教育法》《职业教育法》《高等教育法》《残疾儿童教育法》《成人教育法》《终身教育法》等涉及教育各领域、多阶段的教育法律[1]，还特别注重以立法实施教育改革和解决实际问题，如《国防教育法》《儿童营养法》《应急学校援助法》《K-12网络安全法案》等。

教育立法不仅要符合法治的精神，还要具有时代性和开放性，即符合国家总体发展战略以及国际发展趋势。我国教育立法已初步形成了以宪法为基础，以教育法、义务教育法、职业教育法、高等教育法、民办教育促进法、教师法、家庭教育促进法、爱国主义教育法、学位法、学前教育法等10部专门教育法律为主体的社会主义教育法律体系，尚未出台高中教育、继续教育、终身教育、老年教育、教育投入与保障、国家考试等领域单行法，教育法律体系有待完善。当前教育立法应坚持以人的发展为重要依据，以"公平优质受教育权"为逻辑起点，

---

[1] 卢祖元. 中、美、日三国现代教育立法之比较［J］. 江苏高教，2002（05）：118-119.

基于政治体制、经济状况、文化传统、教育现状等，汲取国内外教育立法的相关经验，回应全球时代、数字时代、智能时代等对教育高质量发展的需求，着力构建中国特色的教育法律法规体系。①

（四）教育现代化为人的现代化服务

人是社会发展进步的决定性力量，社会现代化取决于人的现代化。教育是提高人的综合现代性的强有力的影响因素，是形成现代性的主要力量之一；家庭和学校教育也是造就现代人和扩大现代人比例的重要途径。② 教育现代化在根本上指向人，以提升人的现代性、培育现代人格为核心。"教育观念、行为、结构和制度的不断进化；教育内容、方法、手段和效率的不断进步；教育投入、过程、产出和环境的不断优化；教育形态、管理和方式的不断现代化等，都对人的现代化的速度和成效起着重要的保障和助推作用。"③

历史唯物主义对人的发展做了清晰界定，"人的依赖关系（起初完全是自然发生的），是最初的社会形式，在这种形式下，人的生产能力只是在狭小的范围内和孤立的地点上发展着。以物的依赖性为基础的人的独立性，是第二大形式，在这种形式下，才形成普遍的社会物质交换、全面的关系、多方面的需要以及全面的能力的体系。建立在个人全面发展和他们共同的、社会的生产能力成为从属于他们的社会财富这一基础上的自由个性，是第三个阶段。第二个阶段为第三个阶段创造条件。"④ 可见，人的现代化是独立性、全面发展及自由个性的实现。

教育现代化的历史就是促进人的现代化的历史。欧洲三大思想解放运动和科学革命深刻改变了人类对世界的认知及思维方式，宗教迷信衰落，民族主义兴起，教育现代化萌芽，教育从培养信徒和贵族转变为培养理性的人，人们开始摆脱神权的精神枷锁和政治统治。工业革命以来，科学技术成为第一生产力，理性精神发展为技术理性，教育以培养有素质的劳动力为主要任务，推动了工业化、城市化和市场经济发展，促使人们从自然和社会依附关系中解放出来，强化了人

① 李安琪. 经合组织国家教育立法的逻辑起点与结构特征——兼谈对我国教育法法典化的启示 [J]. 外国教育研究，2023（11）：123-125.

② ［美］阿历克斯·英格尔斯. 人的现代化 [M]. 殷陆君，编译. 成都：四川人民出版社，1985：231，237-239.

③ 张智. 人的现代化：内涵、动因、规律及经验——从历史唯物主义的视角看 [J]. 理论探讨，2016（02）：21.

④ 马克思，恩格斯. 马克思恩格斯文集（第8卷）[M]. 中共中央马克思恩格斯列宁斯大林著作编译局，编译. 北京：人民出版社，2009：52.

的主体地位①，人的主体性正是人的现代化最典型的表征，它包含的自主性、能动性、创造性、超越性在推动社会发展中起到了积极的作用。

在技术理性的支配下，教育以服务经济发展为旨归，追求效益最大化，呈现出一种工业化模式，把学生作为工业品进行标准化塑造，特别重视知识与技能的传授，导致千校一面、千人一面现象，极大地挫伤了师生的创造性和积极性。教育的根本任务是立德树人，教育现代化需要回归服务人的现代化的原点，以价值理性校正技术理性，在满足社会人力资本需要的同时，更加关注人的需求，重视学生个性发展、兴趣培养、情绪体验、人际交往和价值观生成等，促进人的科学素养与人文素养的融合发展，服务人自由而全面的发展。在知识经济、信息化、全球化背景下，找准国家现代化与人的现代化的的结合点，力求实现提升人性与提高人力的统一，培养文化素养、科技素养、信息素养的同时，传递伦理道德规范、人类命运共同体意识、文化价值观念，注重发展创新能力、批判性思维、合作与交流能力、自主发展能力等，服务 21 世纪人类自我发展和实现的内在需求。②

<hr />

① 冯建军. 超越"现代性"的中国教育现代化：人的现代化视角［J］. 南京社会科学，2019（09）：134.

② 范国睿. 教育现代化与人的现代化：基于高质量发展的思考［J］. 上海教育，2023（01）：43.

第三章　中国教育现代化的时代探索与世界价值

中国教育现代化的历程以新中国成立为分水岭，分为教育现代化萌芽和中国式教育现代化两大发展阶段。从鸦片战争后到新中国成立前为萌芽阶段，教育现代化在曲折中艰难发展。新中国成立后至今为中国式教育现代化阶段，经过七十余年，教育发展总体水平跃居世界中上行列，根据不同时期的政策重点和发展特点，可分为奠基时期、快速发展时期、教育强国时期。中国式教育现代化不仅驱动了中国的建设与发展，也为世界教育发展和人类社会进步作出了特有的贡献。

一、教育现代化的萌芽

中国的教育现代化始于洋务运动。两次鸦片战争失败后，一些士大夫和官僚主张"中学为体西学为用""师夷长技以制夷"，掀起了学习应用西方军事技术、生产技术、科学知识的洋务运动，开启了中国现代化的进程。为翻译西学和培养洋务人才，清政府举办了京师同文馆、上海同文馆、广东同文馆等，并开始向美国、法国、德国、英国等派遣留学生，这是中国教育现代化也是国际化的开端。洋务派创办了一批军事和技术学堂，如福州船政学堂、北洋水师学堂、南京陆军学堂、上海机械学堂、天津电报学堂、江西蚕桑学堂等；各地也纷纷兴办新型学堂，如上海的三等学堂和南洋公学、江苏的南菁高等学堂、福州的苍霞精舍、天津的蒙养东塾、河南的师范学堂等。普通和实业新型学堂的大量涌现表现了中国教育主动适应救国图存并向现代化转变。

19世纪末20世纪初，维新派认识到仅从器物层面学习西方不足以挽救危亡，开始宣传自由、民主、平等、博爱等启蒙思想，主张开发"民智"、培养"新民"、普及教育、效法资本主义国家建立近代学制，推动光绪帝改革科举制度、废除八股取士，直接或促进兴办了一批兼修中、西学的新式学堂。北洋大学堂、京师大学堂、山西大学堂等现代大学成立，开启了中国高等教育的现代化。1905年，中国历史上第一个正式颁布实施的学制《奏定学堂章程》（又称"癸卯学制"）施行，对学校系统、课程设置、学校管理作了具体规定，学校系统涵盖幼儿教育、初等教育、中等教育和高等教育，并首次出现"义务教育"的提法；同年宣布废除科举制度。1906年，学部颁布《强迫教育章程》十条，这是中国政府实施义务教育的第一道正式法令。

辛亥革命后，"中华民国"尽管政权频繁更迭，但历届政府均比较重视教育，以立法的方式构建起现代教育体系。南京临时政府先后颁布《普通教育暂行办法通令》《普通教育暂行课程之标准》《大学令》《强迫教育办法》《小学校令》《中学校令》《师范学校令》《专门学校令》《实业学校令》等一系列教育法规，废除以忠君、尊孔、读经为中心的封建教育制度；制定"壬子癸丑学制"，第一次规定男女有接受教育的平等权利，初步建立了资本主义性质的现代教育体系。[①] 1922 年北洋政府颁布《壬戌学制》，采用"6—3—3"分段，一直沿用到1949 年；1923 年颁布《中华民国宪法》，规定"中华民国"人民依法享有接受初等教育的义务。南京国民政府制定《改进全国教育方案》《小学法》《中学法》，颁布《实施义务教育暂行办法大纲》《教育宪法》等，要求改进高等教育、扩充职业教育、确立中小学规划布局、普及免费基本教育等。

1912 年至 1927 年，蔡元培、黄炎培、陶行知等教育家领导了新教育运动，众多欧美留学归来的知识分子和广大一线教师积极投身其中。教育调查社、中华职业教育社、新教育共进社、中华教育改进社和平民教育社等团体纷纷建立，创办了《新教育》《教育与职业》《平民教育》等杂志，传播了平民主义、自由主义、实用主义教育思想。[②] 中国教育家对西方进步教育思想进行了中国化的改造运用，陈鹤琴的活教育理论、梁漱溟的乡村建设理论、陶行知的生活教育理论、晏阳初的平民教育理论纷纷涌现，幼儿教育、乡农学校、平民学校等教育实验及一线教师民主化科学化的教学改革实验如火如荼地开展起来。新文化运动、五四运动与新教育运动同频共振，进一步促进了民主、自由、平等的教育观念深入人心，现代化的教育思想得以传播和实践。

中国共产党的教育方针规定了革命根据地教育的方向。1931 年 11 月，中国共产党领导人民制定了第一部宪法性文献——《中华苏维埃共和国宪法大纲》，规定"中华苏维埃政权以保证工农劳苦民众有受教育的权利为目的"[③]，从宪法的高度保障人民受教育权。1934 年，毛泽东同志在《第二次全国苏维埃代表大会上的报告》中指出，苏维埃文化建设的中心任务是厉行全部的义务教育、发展广泛的社会教育、努力扫除文盲、培养高级干部[④]，明确了教育在苏维埃文化建设中的地位和作用。1945 年，毛泽东同志在《论联合政府》中提出，"中国国民

①　王建梁，王银平.1910 年—1919 年的中国教育发展［J］.成人高教学刊，1998（04）：63-64.
②　汪楚雄."新教育运动"述论（1912—1927）［D］.武汉：华中师范大学，2006（5）：3-18
③　中华苏维埃共和国宪法大纲——一九三四年一月第二次全国苏维埃代人会通过［J］.江西社会科学，1981（S1）：123-125.
④　中央教育科学研究所.老解放区教育资料（一）［M］.北京：教育科学出版社，1981：20.

文化和国民教育的宗旨，应当是新民主主义的；就是说，中国应当建立自己的民族的、科学的、人民大众的新文化和新教育"①，指明了革命根据地教育的性质是新民主主义。

革命根据地教育实践奠定了新中国推进教育现代化的底色。教育为党的中心工作服务，强调党对教育事业的坚强领导，在各级各类干部学校、中小学、社会教育机构中建立党的组织，用马列主义、毛泽东思想、新民主主义思想武装头脑。坚持教育为工农服务，通过半日校、识字班、午学、夜校、俱乐部、读报组等灵活多样的方式组织群众学习。追求教育普及，如陕甘宁边区政府提出"实行普及免费的儿童教育""发展民众教育，消灭文盲"②，对 7 ~ 13 岁的儿童推行免费的强迫教育，广泛开展识字运动、戏剧运动、体育运动等民众教育。坚持教育与生产劳动相结合，将劳动列为必修课程，在其他课程中融入劳动教育；学校与附近的工厂、农场开展合作，向工人、农民宣讲生产知识，师生从事生产锻炼。③ 改变学校管理方式，发扬教学民主、学生自治。特别重视干部培养，在土地革命时期、抗日战争时期、解放战争时期，根据不同革命阶段对干部的需求，注重培养干部的革命精神、军事本领和管理才干；正规的干部学校不断发展并体系化，为根据地建设和革命胜利培养了大批高素质干部人才。④

中国的教育现代化萌芽于半殖民地半封建社会，教育寄托了国人培养英才、救亡图存的愿望和使命，由于长期处于外敌入侵、军阀割据、连年内战，教育现代化萌芽并缓慢发展。洋务派、维新派、清政府主政者、国民党政府、地方割据政权、各界教育人士等纷纷提出教育救国方案，中国共产党在革命根据地创造性地将马克思主义教育思想与中国实际相结合，这些教育实践反映了中国的有识之士从器物层面到制度体系层面、再到思想层面不断学习和探究外来文化和教育经验，从教育思想、内容、方法、制度上推动了中国传统教育不断解构、现代教育因素持续积累。

二、中国式教育现代化的推进

中国式教育现代化是中国式现代化的重要组成部分和基础性战略支撑，特指

① 毛泽东选集：第 3 卷 [M]．北京：人民出版社，1991：1083.

② 郑涵慧．抗日战争时期陕甘宁边区教育方针研讨 [J]．西北大学学报（哲学社会科学版），1984（02）：91.

③ 李永，任越．革命根据地关于教育与生产劳动相结合的探索 [J]．沈阳师范大学学报，2022（07）：94.

④ 袁玉芝，赵伽诺．培养干部为革命战争与革命根据地建设服务——土地革命后期至中共"七大"的教育方针政策研究 [J]．中国人民大学教育学刊，2022（09）：23-35.

新中国成立后中国共产党领导的中国教育实现现代化的历程[1]，通过中国共产党制定的教育政策、领导的教育实践和取得的教育成就来体现。

（一）奠基时期（新中国成立至 1976 年）

1949 年 12 月，第一次全国教育工作会议召开，确定了教育工作必须为国家建设服务、学校必须为工农开门的总方针[2]，以推广革命根据地教育经验和学习苏联经验为基本策略。1951 年政务院颁布《关于学制改革的决定》，1952 年教育部提出 10 年普及小学教育的目标。20 世纪 50 年代，大力发展初等教育和中等教育，改革高等教育，推行扫盲和业余教育。把普及农村小学教育作为教育普及的主要任务，允许农村小学采取半日制、早校、夜校等耕读小学方式提高就读率；积极办好高级中学、完全中学、工农速成中学等；推行苏联大学体制，开展大规模院系调整，高等学校全部改为公立并实施免费政策；开展扫盲教育，在全国范围开展识字运动；推行面向工人和农民的业余补习教育。

新中国成立时，四亿人口中有 80% 是文盲；学龄儿童入学率仅为 20% 左右，人均受教育年限 1.6 年。[3] 1956 年底，社会主义国民教育制度基本建立；全国高等学校在校生（包括研究生）40.8 万人，中等专业学校在校生 81.2 万人，普通中学在校生 516.5 万人，小学在校生 6346.4 万人，各级学校中的少数民族学生达到 343 万人；中等专业学校、普通中小学学生数已超过第一个五年规划规定的 1957 年目标，由于招生过多，许多学校出现师资和校舍不足现象。[4] 到 1957 年上半年，共计 2200 万人脱离文盲状态、160 万人达到高小和初中毕业文化程度[5]；1957 年，全国学龄儿童入学率达到 61.7%。[6]

1956 年 4 月，毛泽东同志作了《论十大关系》的报告，明确提出了要以苏联为鉴戒，社会主义建设道路和社会主义教育进入了独立探索阶段。20 世纪 50 年代后期到 70 年代中期，教育事业频繁受到政治运动的影响，扰乱了正常的教学秩序，但仍取得了一定进展。"文化大革命"后期基础教育获得了较快发展，1976 年全国幼儿园 442650 所、在园幼儿 1395.51 万人，小学 1044274 所、在校生 15005.52 万人，初中 131617 所、在校生 4352.94 万人，高中 60535 所、在校

---

① 贾永堂，李娜．中国式教育现代化的历史成就和主要经验［J］．高等教育研究，2022（12）：25.

② 李文．新中国 70 年社会治理取得显著成就的制度优势［J］．中国党政干部论坛，2019（12）：62.

③ 赵秀红．教育 70 年与共和国同向而行［N］．中国教育报，2019-09-04.

④ 中华人民共和国国家统计局．关于 1956 年度国民经济计划执行结果的公报［J］．统计工作，1957（08）：7.

⑤ 郝利国．新中国扫除文盲运动［J］．党的文献，2001（02）：73.

⑥ 赵秀红．教育 70 年与共和国同向而行［N］．中国教育报，2019-09-04.

生1483.64万人。① 多个省市地区适龄儿童入学率高达80%以上，初步建立了适应人口结构、覆盖城乡的教育体系，人民群众特别是农村地区人口接受教育的机会全面提升。② 1976年"文化大革命"结束，教育界开始拨乱反正。

（二）快速发展时期（恢复高考至2009年）

1977年全国高等学校招生入学考试制度恢复，教育事业回归正常发展轨道。十一届三中全会召开后，我国进入改革开放和社会主义现代化建设的新时期，在邓小平同志"科学技术是第一生产力"论断的基础上，科教兴国战略逐步发展并成为国家战略，教育进入依法治教、全面普及和改革发展时期。

一是构建中国特色社会主义教育法律体系。1980年至2002年，《中华人民共和国学位条例》《中华人民共和国义务教育法》《中华人民共和国教师法》《中华人民共和国教育法》《中华人民共和国职业教育法》《中华人民共和国高等教育法》《中华人民共和国民办教育促进法》先后颁布，为教育事业在法治轨道上顺利推进提供了保障。③

二是开展教育管理体制改革。1985年《中共中央关于教育体制改革的决定》明确基础教育"地方负责，分级管理"的原则，高等教育实行"中央、省（自治区、直辖市）、中心城市三级办学体制"④，将高度集中的教育管理权力下放到地方。1993年《中国教育改革和发展纲要》提出，逐步建立以政府办学为主、社会各界共同办学的体制。从20世纪90年代至2000年，随着高等教育结构布局调整和部委院校划转调整，形成了中央和省级政府两级管理、省级政府管理为主的高等教育管理体制⑤，专科高等教育设置权也下放到省级。2001年《国务院关于基础教育改革与发展的决定》明确了地方政府负责、分级管理、以县为主的农村义务教育管理体制。⑥

三是实施"两基"工程。1982年，《中华人民共和国宪法》规定普及初等义务教育和扫除文盲。《中华人民共和国义务教育法》《扫除文盲工作条例》先后

---

① 《中国教育年鉴》编辑部. 中国教育年鉴（1949—1981）［M］. 北京：中国大百科全书出版社，1984：1005.

② 高书国. 国家学习　中国教育现代化演进叙事（1840—2049）［M］. 广州：广东高等教育出版社，2021：111-112.

③ 方晓东. 教育五十年的巨大成就［C］. 纪念教育史研究创刊二十周年论文集（9）——中华人民共和国教育史研究，2009：241.

④ 何东昌. 中华人民共和国重要教育文献（1976—1990）［G］. 海口：海南出版社，1998：2286.

⑤ 余小波，刘潇华，黄好. 改革开放四十年：我国高等教育改革发展的基本脉络［J］. 江苏高教，2019（03）：1-8.

⑥ 国务院关于基础教育改革与发展的决定［EB/OL］.（2001-05-29）［2023-07-13］. https：//www. gov. cn/gongbao/content/2001/content_60920. htm.

颁布。1992 年党的十四大报告提出，到 20 世纪末基本扫除青壮年文盲、基本普及九年义务教育。从 1993 年开始，"两基"作为教育工作的重中之重，成为各级政府的教育行动。2000 年底，全国总体实现了"两基"目标。2004 年至 2007 年实施国家西部地区"两基"攻坚计划。2008 年，全国城乡全面实现了免费义务教育。2009 年，实现"两基"验收的县（市、区）占全国总县数的 99.5%，"两基"人口覆盖率达到 99.7%，小学学龄儿童净入学率达到 99.4%，初中阶段毛入学率达到 99%。[①]

四是探索建立中国特色职业教育体系。1980 年国务院批转教育部、国家劳动总局《关于中等教育结构改革的报告》，针对中等教育结构严重失衡问题，强调发展中等职业技术教育。1991 年《国务院关于大力发展职业技术教育的决定》第一次提出建立具有中国特色的职业技术教育体系。20 世纪 90 年代，在深化农村教育综合改革实践中产生了新的办学形式——县级职教中心，这类学校在 20 世纪初有 2000 所左右，成为我国农村地区职业教育的主阵地，在开发农村人力资源、农村劳动力转移和教育扶贫方面发挥了重大作用。1999 年《中共中央　国务院关于深化教育改革全面推进素质教育的决定》首次明确提出大力发展高等职业教育。[②] 2002 年和 2005 年，国务院两次召开全国职业教育工作大会，强调职业教育要与社会主义市场经济体制相适应、与生产劳动和社会实践紧密结合。2004 年起，实施四年"推进职业教育发展专项建设计划"，每年安排中央专项资金，支持 1000 个城市和县级中等职业学校建设。2005 年，全国中等职业学校共 14466 所、在校学生 1600.05 万人，高职（专科）院校共 1091 所、在校学生 712.9579 万人。[③] 从 2006 年开始，教育部、财政部联合实施"国家示范性高等职业院校建设计划"，重点建设一批优质高职院校并发挥其引领示范作用。

五是推进高等教育发展。学位条例颁布后，1982 年我国招收首批博士研究生，开始独立培养高层次专门人才。1983 年国务院批转教育部和国家计委《关于加速发展高等教育的报告的通知》提出，加快高等专科教育发展。20 世纪 80 年代中期以后，三级办学体制形成，一批适应区域经济发展和人才需求的市属院校快速发展起来；招生开始实施国家计划招生和计划外招生"双轨制"，高校经

① 2009 年全国教育事业发展统计公报［EB/OL］.（2010 - 08 - 03）［2023 - 10 - 14］. http://www.moe.gov.cn/srcsite/A03/s180/moe_633/201008/t20100803_93763.html.

② 中共中央　国务院关于深化教育改革全面推进素质教育的决定［EB/OL］.（1999 - 06 - 13）［2023 - 07 - 13］. https://www.nmg.gov.cn/zwgk/zfgb/1999n_5236/199907/199906/t19990613_309013.html.

③ 2005 年教育统计数据［EB/OL］.（2005 - 01 - 08）［2024 - 01 - 11］. http://www.moe.gov.cn/jyb_sjzl/moe_560/moe_1651/.

费渠道和办学自主权日益扩大。1993 年《民办高等学校设置暂行规定》颁布，民办高等教育迅速兴起。[①] 1995 年"211 工程"、1999 年"985 项目"先后开始实施，不断提高高等教育质量和国际竞争力。1999 年国务院批转教育部《面向 21 世纪教育振兴行动计划》，提出要有计划、有步骤地扩大高等学校招生规模。2002 年，普通高校招生 320 万人，高等教育毛入学率已达到 15%，正式进入大众化阶段。[②] 进入新世纪，启动"新世纪高等教育教学改革工程""高等学校本科教学质量与教学改革工程"。

（三）教育强国时期（2010 年尤其是党的十八大以来）

中共教育部党组在《求是》上撰文指出，"党的十八大以来，以习近平同志为核心的党中央高度重视教育工作，把教育摆在更加突出的优先发展战略地位，印发实施《中国教育现代化 2035》，开启了加快推进教育现代化、建设教育强国、办好人民满意的教育的历史新征程"。[③] 在习近平新时代中国特色社会主义思想引领下，中国正朝着教育强国目标和更高层次的教育现代化迈进。

一是推进教育治理现代化。完善社会主义教育法律制度规范体系，加快教育修法立法，修订教育法、义务教育法、职业教育法、民办教育促进法、高等教育法、学位法等，出台学前教育法，与教育行政法规、教育部门规章等共同构成具有中国特色、科学规范、运行高效的制度体系，保障教育治理有法可依。深化教育领域"放管服"和教育督导体制改革，扩大省级政府教育统筹权，督促省、市、县三级政府履行教育职责。规范多元化办学主体，强化学校章程建设，完善学校内部治理结构，健全学校自主发展、自我约束机制。推进管办评分离，理清政府、学校、家庭、社会四者关系，基本形成政府依法宏观管理、学校依法自主办学、社会有序参与、各方合力推进的治理格局。[④]

二是促进教育普及和公平。推进学前教育普及普惠，连续实施四期学前教育行动计划，2023 年普惠性幼儿园覆盖率达到 90.8%。加快义务教育均衡发展和城乡一体化，实施义务教育学校标准化建设等重大项目，2021 年全面实现了县域义务教育基本均衡。实施高中阶段教育普及攻坚计划，2023 年高中阶段毛入

① 高奇. 改革开放后教育的标志性改革与成就［J］. 中国职业技术教育，2010（28）：62.

② 扎根中国大地　奋进强国征程——新中国 70 年高等教育改革发展历程［EB/OL］.（2019-09-22）［2023-10-14］. http://www.moe.gov.cn/jyb_xwfb/s5147/201909/t20190924_400593.html.

③ 中共教育部党组. 奋力谱写新时代新征程教育改革发展新篇章［EB/OL］.（2022-09-16）［2023-10-09］. http://www.moe.gov.cn/jyb_xwfb/moe_176/202209/t20220916_661700.html.

④ 桑锦龙. 以教育现代化支撑中国式现代化：历史进程及发展主题［J］. 清华大学教育研究，2022（06）：10.

学率达到91.8%。深化招生改革,义务教育落实就近免试入学政策,实施重点高校面向农村和贫困地区专项计划。保障特殊群体受教育权利,适龄残疾儿童义务教育入学率超过95%,义务教育阶段随迁子女在公办学校就读和享受政府购买学位服务的比例达到90.9%。① 建立覆盖所有学段、所有学校、所有家庭经济困难学生的学生资助政策体系。实施农村义务教育学生营养改善计划,每年惠及3700万名农村学生。实施"特岗计划""优师计划"等,为中西部乡村学校和欠发达地区补充合格师资。

三是构建高质量教育体系。基础教育方面,出台《关于学前教育深化改革规范发展的若干意见》《关于深化教育教学改革全面提高义务教育质量的意见》《"十四五"县域普通高中发展提升行动计划》等,落实立德树人根本任务、促进学生全面发展,学前教育在普及普惠基础上追求安全优质,义务教育迈向优质均衡,普通高中多样化特色化发展。职业教育方面,印发《关于加快发展现代职业教育的决定》《国家职业教育改革实施方案》《关于推动现代职业教育高质量发展的意见》《关于深化现代职业教育体系建设改革的意见》,高位部署和系统推进职业教育改革工作,优化职业教育类型定位,构建更好服务经济社会发展的现代职业教育体系,增强职业教育适应性、吸引力和贡献度。高等教育方面,出台《统筹推进世界一流大学和一流学科建设总体方案》《关于新时代振兴中西部高等教育的意见》等,推进两轮"双一流"建设计划、高等学校基础研究珠峰计划,实施基础学科拔尖学生培养计划和"强基计划",全面提升服务国家战略能力、国际知名度和影响力;调整优化学科专业布局,深化"新工科、新医科、新农科、新文科"建设,高等教育从规模向内涵发展跃升。

四是实施教育现代化区域创新试验。为探索新时代区域教育改革发展新模式,《加快推进教育现代化实施方案(2018—2022年)》对接国家区域协调发展战略,在雄安新区、粤港澳大湾区、海南自由贸易试验区、长三角部署4项区域创新试验。雄安新区贯彻落实推进京津冀协同发展,立足疏解北京非首都功能,发展高质量基础教育和现代职业教育,加快引进疏解高校,高起点建设雄安大学,努力打造京津冀教育高地。粤港澳大湾区致力于建设世界领先水平的高等教育体系和国际教育示范区,深化体制机制改革和人才交流合作,强化高校科研协同创新,构建高等教育协同发展体系,推动高教相关人才、科技、信息等要素在区域内高效流动。海南省以自由贸易试验区和中国特色自由贸易港建设为契机,

---

① 中共教育部党组.奋力谱写新时代新征程教育改革发展新篇章[EB/OL].(2022-09-16)[2023-10-09].http://www.moe.gov.cn/jyb_xwfb/moe_176/202209/t20220916_661700.html.

扩大教育对外开放，深化教育供给侧结构性改革，创建国际教育创新岛，打造"留学海南"品牌，建设21世纪海上丝绸之路教育新航标，吸纳、聚集、培育全球一流教育资源。沪苏浙皖推进长三角教育一体化，加大区域内教育资源相互开放力度，搭建各级各类教育协作发展与创新平台，特别是构建了具有时代特点、中国特色的区域教育现代化指标体系及监测方法，为区域教育现代化提供制度性支持与保障，也为国家教育治理体系和治理能力现代化提供了可复制的区域经验。①

五是积极推进教育数字化转型。2012年，开展教育信息化试点工作，旨在促进信息技术在教育教学、教育管理和服务等方面的应用、支撑各级各类教育改革发展。先后印发《教育信息化十年发展规划（2011—2020年）》《教育信息化"十三五"规划》《教育信息化2.0行动计划》，推进"三通两平台"建设与应用，教育信息化水平显著提升。2020年新冠疫情期间，借助在线教学开展人类教育史上规模最大的教育数字化实验，全国53万所学校、2.8亿在校生、1732万专任教师实现"停课不停学"。2022年，启动教育数字化战略行动，截至2023年年底，国家智慧教育平台汇聚8.8万条中小学资源、1万多门职业教育精品课程、2.7万门高等教育优质慕课，链接51.9万所学校，直接服务1880万名教师和2.93亿名在校生；访问用户覆盖全球200多个国家和地区，浏览量超过367亿次。② 召开世界慕课与在线教育大会、国际人工智能与教育大会、世界数字教育大会、世界人工智能大会等，发布《世界高等教育数字化发展报告》《中国智慧教育发展报告》等，向全球介绍中国教育数字化的成就和经验。

六是打造教育对外开放新格局。出台《关于做好新时期教育对外开放工作的若干意见》《推进共建"一带一路"教育行动》《关于加快和扩大新时代教育对外开放的意见》等系列文件，教育高水平对外开放图景日益清晰。参与多边机制框架下的教育合作和全球教育治理，支持全球2030年可持续发展教育议程，与联合国教科文组织合作设立女童和妇女教育奖、孔子教育奖、亚太地区教育创新文晖奖等奖项，参与教育减贫、抗击疫情"安全返校行动"等国际项目。搭建国际高端教育合作平台，举办首届国际学习型城市大会、世界职业教育发展大

---

① 张珏. 推动构建中国特色教育治理体系——长三角教育现代化监测评估［N］. 中国教育报, 2022-07-28.

② 教育部：国家智慧教育平台累计注册用户突破1亿［EB/OL］.（2024-01-26）［2024-02-26］. http://www. moe. gov. cn/jyb_xwfb/xw_zt/moe_357/2024/2024_zt02/mtbd/202401/t20240129_1113178. html. 郑翅, 高毅哲. 数字教育 引领未来——我国教育数字化工作取得积极成效综述［N］. 中国教育报, 2024-01-30.

会、金砖国家教育部长会议等。实施"一带一路"教育行动，成立了150余家"一带一路"教育交流联盟，设立"丝绸之路"中国政府奖学金项目，在全球24个国家建立25个"鲁班工坊"。① 我国同181个建交国普遍开展了教育合作与交流，与159个国家和地区合作举办了孔子学院（孔子课堂），与58个国家签署了学历学位互认协议，76个国家将中文纳入国民教育体系②，现有中外合作办学机构和项目2400多个。打造教育对外开放新高地，聚焦服务国家重大发展战略，支持粤港澳大湾区建设国际教育示范区、长三角地区打造国际合作教育样板区和国际人文交流汇聚地、雄安新区打造教育开放新标杆、海南建设国际教育创新岛。③

三、中国式教育现代化的价值与贡献

新中国成立后，中国用七十年走完了先发国家两三百年的教育现代化历程，2020年教育基本实现现代化，充分彰显了社会主义制度的优越性。2012—2022年，我国教育强国综合指数由0.50提升到0.62，综合排名由第49位提升到第23位，在各国中进步最快，教育总体发展水平跃居世界中上列。④ 中国的教育现代化实践为全世界教育水平和全人类发展水平的提高作出了卓越贡献。

（一）为世界普及全民终身教育提供了中国担当

联合国教科文组织2006年发布的《全民教育全球监测报告》显示，2002年我国全民教育发展指数为0.954，在121个被监测国家中排名第38位，在世界9个人口大国中率先兑现全民教育的庄重承诺。⑤ 1984年以来，四川省巴中县、山东省五莲县、河南省西平县、新疆维吾尔自治区、全国妇女联合会、甘肃省天水市、青海省、云南省等先后被联合国教科文组织授予国际扫盲奖。2011年，全国小学学龄儿童净入学率达到99.79%、初中阶段毛入学率达到100.1%⑥，青壮

---

① "教育丝路"助力共建"一带一路"国家实现高质量发展［EB/OL］. （2023-10-08）［2023-10-15］. http：//news. china. com. cn/2023-10/08/content_116730261. html.

② 教育部：教育对外开放呈现新格局［EB/OL］. （2022-09-27）［2023-10-15］. http://www. moe. gov. cn/fbh/live/2022/54875/mtbd/202209/t20220927_665338. html.

③ 在新时代中奋进 在大变局中前行——"十三五"教育对外开放回顾［EB/OL］. （2020-12-22）［2023-10-15］. http：//www. moe. gov. cn/fbh/live/2020/52834/sfcl/202012/t20201222_506785. html.

④ 课题组. 建设教育强国：世界中的中国［J］. 教育研究，2023（02）：9.

⑤ 教育公平的中国之路［EB/OL］. （2019-09-20）［2023-07-13］. http：//www. moe. gov. cn/jyb_xwfb/moe_2082/zl_2019n/2019_zl69/201909/t20190920_399882. html.

⑥ 2011年全国教育事业发展统计公报［EB/OL］. （2012-08-30）［2023-07-13］. http://www. moe. gov. cn/srcsite/A03/s180/moe_633/201208/t20120830_141305. html.

年文盲率降到2%以下①，全面普及九年义务教育并扫除青壮年文盲，占世界人口1/5的中国实现全民教育，书写了人类教育史上的奇迹。

2023年，全国共有各级各类学校49.83万所，学历教育在校生2.91亿人；学前教育毛入园率为91.1%，九年义务教育巩固率为95.7%，高中阶段毛入学率为91.8%，高等教育毛入学率为60.2%，各级教育普及程度达到或超过中高收入国家平均水平。② 中国加大力度建设学分银行，构建终身职业技能培训体系，发展社区教育和老年教育，初步形成了规模巨大、类型齐全、层次合理、结构科学、互融互通的公共教育服务体系。为引领全球学习型社会建设，中国实施教育数字化战略，促进人人学习、时时学习、处处学习，国家智慧教育平台获联合国教科文组织教育信息化奖，全球数字教育发展指数从第24位跃升到第9位，服务全球学习者终身学习和可持续发展的能力持续增强。

（二）为世界人力资源开发提供了中国力量

中国优化职业教育、高等教育、继续教育供给，培养技能型、知识型、发展型劳动者，带动人力资源开发水平迈上新台阶。职业院校设置了1300余种专业和12余万个专业点，覆盖了国民经济各领域，为现代制造业、战略性新兴产业和现代服务业供给了70%以上的新增从业人员③；高校每年向经济社会输送1100万名毕业生，其中50%以上是理工农医类人才④；继续教育为各行各业培训上亿人次⑤。中国现有劳动年龄人口近9亿，平均受教育年限达到11.05年，新增劳动力平均受教育年限达到14年，接受高等教育人口达到2.5亿人，劳动力素质结构发生了重大变化。⑥ 2020人力资源强国竞争力评估报告显示，近20年来，中国人力资源竞争力爆发性增长，从2000年的第32位提升到2020年的第11位，超过荷兰、比利时、新西兰、瑞士等发达国家，上升幅度排名第一；高层次

---

① 人类教育史上的奇迹——来自中国普及九年义务教育和扫除青壮年文盲的报告［EB/OL］. (2012-09-10)［2023-07-13］. http：//www. moe. gov. cn/jyb_xwfb/s5147/201209/t20120910_142013. html.

② 2023年全国教育事业发展基本情况［EB/OL］. (2024-03-01)［2024-05-06］. http：//www. moe. gov. cn/fbh/live/2024/55831/sfcl/202403/t20240301_1117517. html.

③ 教育部. 中国职业教育发展报告（2012—2022年）［R］. 2022-08-23.

④ 深化教育综合改革　办好人民满意的教育——访教育部党组书记、部长怀进鹏［EB/OL］. (2023-08-01)［2024-08-06］. http：//www. moe. gov. cn/jyb_sy/sy_jyyw/202408/t20240802_1143873. html.

⑤ 健全服务体系为稳就业"搭桥铺路"［EB/OL］. (2023-02-09)［2023-10-15］. https：//news. gmw. cn/2023-02/09/content_36354924. htm.

⑥ 每年超500万STEM毕业生，全球领先！——读懂中国经济新优势［EB/OL］. (2024-04-01)［2024-08-06］. https：//www. gov. cn/yaowen/liebiao/202404/content_6942783. htm.

人才培养能力排名从第 43 位上升为第 4 位；中国人力资源整体进入中层次开发阶段。[①] 根据世界银行测算，中国人力资本对经济增长的贡献率超过 36%，有力支撑中国第二大世界经济体地位。

教育发展促进了人才红利的形成和释放。当前中国人才资源总量达到 2.2 亿人，其中技能劳动者突破 2 亿人、高技能人才超过 6000 万人，已成为全球规模最大、类别最全的人才资源大国。2022 全球人才竞争力指数显示，中国从 2019 年的第 45 位升至 2022 年的第 36 位，已经是全球最具人才竞争力的中高收入国家，在中高等教育质量、教育体系适应经济需求、终身学习、人才就业能力等方面表现优异。[②]

（三）为世界科技创新进步提供了中国智慧

随着新一轮科技革命和产业变革深入发展，高校成为全球战略科技力量的重要组成部分。中国高校承担了 80% 以上的国家自然科学基金项目、90% 以上的国家社会科学基金项目，获得了 60% 以上的国家自然科学奖、70% 以上的国家技术发明奖[③]；在量子通信、人工智能、脑科学、纳米科学等前沿领域取得了重要原创性成果；在载人航天、探月探火、深海深地探测、北斗组网、港珠澳大桥、超级计算机等一系列大国工程、重点领域中提供了关键技术。高校集聚了超过 40% 的两院院士和近 70% 的国家杰出青年科学基金获得者，在基础研究、前沿领域、战略领域等发挥领军人才作用和智力密集优势，有力支撑我国进入创新型国家行列，服务中国建设世界科学中心和创新高地。

中国利用教育主阵地为世界培养了数万名拔尖科技人才和数千万 STEM 人才。实施"珠峰计划""强基计划"，布局 288 个基础学科拔尖人才培养基地，吸引了 3 万余名优秀学生投身基础科学领域。推进"卓越工程师教育培养计划"，在 24 所工科高校成立国家卓越工程师学院，在北京、上海、佛山、东莞设立 4 家卓越工程师创新研究院，支持 1100 多所本科高校开设工程专业。[④] 在北京大学、上海交通大学等高水平大学建设 12 所未来技术学院，超常规、有组织培养

① 高书国，杨晓明. 东升西降：全球人力资源竞争力评价 2020 年总报告——中国即将进入人力资源强国行列 [J]. 现代教育管理，2022（02）：17-28.

② 全球人才竞争力指数：中国成为最具人才竞争力中高收入国家 [EB/OL]. （2022-11-03）[2023-10-10]. http://finance. sina. com. cn/roll/2022-11-03/doc-imqqsmrp4800371. shtml.

③ 构建高水平办学体系，培养复合型创新型人才 [EB/OL]. （2024-07-24）[2024-08-07]. http://theory. people. com. cn/n1/2024/0724/c40531-40284209. html.

④ 教育部：我国工程教育规模居世界第一，整体实力在世界第一方阵中靠前 [EB/OL]. （2022-05-17）[2023-10-26]. http://www. moe. gov. cn/fbh/live/2022/54453/mtbd/202205/t20220518_628489. html.

未来技术创新领军人才。据统计，中国 STEM 教育培养规模世界领先，每年毕业生超过 500 万人，全球一半以上的顶尖人工智能研究人员毕业于中国高校。2023年底，国际 STEM 教育研究所落户上海，体现了国际社会对中国 STEM 教育的充分肯定，将大大促进中国向世界分享科技创新人才培养的理念与模式。

（四）为世界教育现代化提供了中国范式

中国式教育现代化是中国式现代化的重要组成部分，是中国教育发展的独特道路。中国独立自主地探索和发展社会主义教育现代化，有选择地学习借鉴其他国家和地区的教育先进经验，在追求国际共性和世界水平的基础上，更注重彰显中华优秀教育传统和民族特性，摆脱了西方中心主义的现代化理论限制和路径依赖，并积极建设具有重要影响力的新的世界教育中心。

中国先后提出教育优先发展、科教兴国、教育强国战略，强化教育政策的连续性和系统性，凸显教育在社会主义现代化事业中的基础地位。中国注重在实践中探索和运用教育现代化规律，发挥举国体制的资源配置优势，坚定不移推行国家教育意志，通过顶层制度、阶段规划和专项计划，采取渐进式改革和教育持续创新，不断破除阻碍教育发展的体制机制障碍，由点及面、由易到难、由先行先试到区域协调发展、由基本实现现代化到总体实现现代化，稳步提升教育发展综合水平和世界竞争力。

中国秉持共建人类命运共同体的大国担当，开辟了一条符合发展中人口大国的教育现代化新路，在全球范围内证明教育现代化存在多种选择，为其他民族、地区和国家的教育现代化提供了中国范式和中国经验，对全球教育发展产生了历史性的影响。

第四章　中国式教育现代化的战略逻辑与主要经验

"中国式教育现代化"不是偶然的历史现象。中国共产党将教育作为治国理政的重要工作，坚持战略逻辑和实践逻辑相统一，不断探索并形成了适合中国国情的教育发展模式。厘清中国式教育现代化的政策脉络与发展逻辑，有助于增强建设教育强国的信念和信心，同时为广大发展中国家实现教育现代化贡献中国智慧和中国方案，为世界教育现代化提供中国视角和中国经验。

一、中国式教育现代化的战略逻辑

中国的现代化是党和国家意志的体现。[①] 中国共产党高度重视教育事业发展，在领导人民建设社会主义现代化国家的过程中，对"现代化"和"教育现代化"的探索和认识不断深化，与时俱进地发展教育现代化的思想，制定推进教育现代化的方针和政策，表现出明显的时代特点和深刻的战略思维。

（一）教育为国家建设服务

中国共产党对现代化的认识最早是和经济建设联系在一起的。1949 年 3 月，中共中央七届二中全会在西柏坡召开。毛泽东同志指明了新中国向现代化发展的历史趋势，"中国已经有大约百分之十左右的现代性的工业经济，这是进步的，这是和古代不同的""古代有封建的土地所有制，现在被我们废除了，或者即将被废除，在这点上，我们已经或者即将区别于古代，取得了或者即将取得使我们的农业和手工业逐步地向着现代化发展的可能性"[②]。1949 年 9 月 29 日，《中国人民政治协商会议共同纲领》提出人民政府文化教育工作的主要任务是，"提高人民的文化水平，培养国家建设人才，肃清封建的、买办的、法西斯主义的思想，发展为人民服务的思想"[③]。新中国成立后召开了第一次全国教育工作会议，确立了教育必须为国家建设服务、学校必须为工农开门的方针，体现了新中国成立初期我国教育的政策基点和基本职能。

---

① 杨文杰，张珏. 以教育现代化支撑与驱动国家现代化——兼论我国教育现代化的发展愿景 [J]. 教育发展研究，2021（03）：6.

② 毛泽东. 毛泽东选集：第 1 卷 [M]. 北京：人民出版社，1991：1430.

③ 建国以来重要文献选编：第 1 册 [M]. 北京：中央文献出版社，1992：11.

1953 年，我国实施国民经济发展第一个五年计划，教育事业也进入按照国家建设计划开展工作的新阶段。同年 11 月，中央人民政府政务院强调"我们的教育事业的基本任务是大力培养建设人才和逐步提高人民文化水平"，提出"发展和提高高等师范教育以适应国家建设的需要"。① 1954 年 3 月，全国文化教育工作会议提出，"继续贯彻整顿巩固、重点发展、提高质量、稳步前进的工作方针……大力培养国家建设所必需的各项人才，特别是有关工业建设的科学技术人才和管理人才"②。

1956 年社会主义改造基本完成，教育性质也从新民主主义转变为社会主义。同年 4 月，毛泽东同志作了《论十大关系》的报告，提出要以苏联为鉴戒，社会主义建设道路包括教育事业发展进入了独立探索阶段。同年 9 月，党的八大分析了我国社会主义事业发展的新形势，在《中国共产党章程》中明确建设现代化工业、农业、交通运输业和国防的总任务。1957 年 2 月，毛泽东同志在《关于正确处理人民内部矛盾的问题》中提出："我们的教育方针，应该使受教育者在德育、智育、体育几方面都得到发展，成为有社会主义觉悟的、有文化的劳动者。"③

（二）教育为社会主义现代化建设服务

1977 年，邓小平同志在科学和教育工作座谈会上提出，"要实现四个现代化，要赶超世界先进水平，究竟从何着手？看来要从科研和教育着手。一讲科研，就离不开教育。"④ 肯定了教育的重要作用，推动了教育系统拨乱反正。1978 年 4 月，邓小平同志在全国教育工作会议上提出，"教育事业必须同国民经济发展的要求相适应""提高教育质量，提高科学文化的教学水平，更好地为社会主义建设服务"⑤。党的十一届三中全会强调，要大力加强实现现代化所必需的科学和教育工作。1979 年邓小平首次提出"中国式的四个现代化"概念，中国特色社会主义现代化战略思路日益明晰。

从 20 世纪 70 年代后期到 90 年代，邓小平同志坚持"实现四个现代化，科学技术是关键，基础是教育"的核心思想，明确把科教发展作为发展经济、建设

---

① 周恩来. 中央人民政府政务院关于改进和发展高等师范教育的指示［J］. 人民教育, 1954（01）：5.

② 一九五四年文化教育工作的方针和任务［J］. 江西政报, 1954（12）：1-9.

③ 毛泽东. 毛泽东文集：第 7 卷［M］. 北京：人民出版社, 1993：226.

④ 引领科教领域的拨乱反正：1977 年科教工作座谈会［EB/OL］.（2015-02-12）［2023-09-12］. http：//dangshi. people. com. cn/n/2015/0212/c85037-26555906. html.

⑤ 1978 年 4 月 22 日，邓小平在全国教育工作会议开幕式上讲话［EB/OL］.（2016 - 09 - 09）［2023-09-12］. http：//cpc. people. com. cn/n1/2016/0909/c69113-28702564. html? ivk_sa = 1024320u&wd =&eqid = e2d357ac00000e6d000000046436a421.

现代化强国的先导，"科教兴国"战略在实践基础上日趋成熟。1992年党的十四大报告提出，把教育摆在优先发展的战略地位、努力提高全民族的思想道德和科学文化水平，是实现我国现代化的根本大计。1995年，《中共中央　国务院关于加速科学技术进步的决定》明确提出实施"科教兴国"战略。1997年，党的十五大把实施"科教兴国"战略写入全国党代会报告。2002年，党的十六大报告全面阐述了党的教育方针，即"坚持教育为社会主义现代化建设服务，为人民服务，与生产劳动和社会实践相结合，培养德智体美全面发展的社会主义建设者和接班人"。"服务社会主义现代化建设"成为教育发展的首要使命任务。

自20世纪80年代起，党和国家对教育事业的认识和战略定位从"教育为四个现代化服务"发展为同时关注教育本身的现代化。1983年，邓小平同志为北京景山学校题词："教育要面向现代化，面向世界，面向未来"（即"三个面向"），这是国家领导人第一次正式提出"教育现代化"。1985年，"三个面向"被写入《中共中央关于教育体制改革的决定》。1993年中共中央、国务院发布《中国教育改革和发展纲要》，将到2000年"各类专门人才的拥有量基本满足现代化建设的要求""实现教育现代化"纳入我国教育发展总目标。1999年中共中央、国务院发布《关于深化教育改革全面推进素质教育的决定》，指出"全面推进素质教育，要面向现代化、面向世界、面向未来。"2007年，党的十七大报告提出"提高教育现代化水平"的重要要求。这一系列政策文件体现了党和国家对教育现代化的高度重视。

（三）以"教育强国"支撑社会主义现代化强国建设

教育强国是中国创造的概念，是对教育现代化概念的中国化改造和创新，它既反映国家教育发展的现代化水平，也体现教育对国家建设、民族复兴的基础支撑作用。2010年，《国家中长期教育改革和发展规划纲要（2010—2020年)》首次提出要加快从教育大国向教育强国迈进，并把"基本实现教育现代化、基本形成学习型社会、进入人力资源强国行列"确定为战略目标。[1]

党的十八大以来，党中央把教育作为国之大计、党之大计，作出加快教育现代化、建设教育强国的重大决策。[2] 习近平总书记在党的十九大报告中提出，

---

[1]　国家中长期教育改革和发展规划纲要（2010—2020年）[EB/OL]．（2010-07-29）[2023-09-12]．http：//www.moe.gov.cn/srcsite/A01/s7048/201007/t20100729_171904.html.

[2]　习近平．扎实推动教育强国建设 [J]．当代广西，2023（18）：4-5.

"建设教育强国是中华民族伟大复兴的基础工程"①，将教育强国建设与民族复兴大业紧紧联系在一起，并作出"优先发展教育事业""加快教育现代化，办好人民满意的教育"的重大部署，为教育事业发展提供了根本遵循。2018 年，习近平总书记在全国教育大会上以"九个坚持"系统总结我国教育事业发展的经验，深刻回答了培养什么人、怎样培养人、为谁培养人这一根本问题，向全党全国发出了加快教育现代化的动员令，强调坚持中国特色社会主义教育发展道路，擘画了新时代教育改革发展的宏伟蓝图。2019 年，中共中央、国务院印发《中国教育现代化 2035》，这是我国首个以教育现代化为主题的中长期战略规划，从"两个一百年"奋斗目标出发，对标新时代中国特色社会主义建设总体安排，系统分析了教育强国建设的战略背景，明确教育现代化的重大目标、总体思路、战略任务、实施路径和保障措施，是新时代推进教育现代化、建设教育强国的纲领性文件，开启了教育现代化建设新征程。②

党的二十大深刻阐释中国式现代化的科学内涵、本质要求、重大原则、战略部署，明确提出以中国式现代化全面推进中华民族伟大复兴，为实现第二个百年奋斗目标指明了前进方向。党的二十大报告首次将"实施科教兴国战略，强化现代化建设人才支撑"作为一个单独部分，首次将教育、科技、人才统筹安排、一体部署，充分体现了教育的基础性、战略性地位和作用。③ 2023 年 5 月，习近平总书记在中央政治局第五次集体学习时强调，"建设教育强国，是全面建成社会主义现代化强国的战略先导，是实现高水平科技自立自强的重要支撑，是促进全体人民共同富裕的有效途径，是以中国式现代化全面推进中华民族伟大复兴的基础工程"④，并系统阐述了教育强国的本质特征、核心课题、重要任务和实践策略。2024 年 9 月，习近平总书记在全国教育大会上，以"思政引领力、人才竞争力、科技支撑力、民生保障力、社会协同力、国际影响力"全面概括教育强国的科学内涵与重大价值，要求正确处理教育强国建设面临的"五对重要关系"，体现了重大的理论价值和深远的战略谋划。

---

① 习近平：决胜全面建成小康社会 夺取新时代中国特色社会主义伟大胜利——在中国共产党第十九次全国代表大会上的报告［EB/OL］.（2017-10-27）［2023-09-12］. https：//www. gov. cn/zhuanti/2017-10/27/content_5234876. htm.

② 中共中央、国务院印发《中国教育现代化 2035》［EB/OL］.（2019-02-23）［2023-09-12］. https：//www. gov. cn/zhengce/2019-02/23/content_5367987. htm.

③ 加快建设教育强国（认真学习宣传贯彻党的二十大精神）［EB/OL］.（2022-12-21）［2023-09-12］. http：//theory. people. com. cn/n1/2022/1221/c40531-32590774. html.

④ 习近平主持中央政治局第五次集体学习并发表重要讲话［EB/OL］.（2023-05-29）［2023-09-12］. https：//www. gov. cn/yaowen/liebiao/202305/content_6883632. htm? device = app&eqid = eb971fc500 00693 b000000046475a66c.

纵观中国式教育现代化的政策脉络,从教育建国、科教兴国到教育强国,从教育为现代化服务、教育面向现代化到教育自身现代化且引领国家现代化,将教育事业提升到前所未有的战略高度,表明中国共产党对教育现代化与国家现代化、教育事业与中华民族伟大复兴大业、教育强国与现代化强国三对重要关系的理论思考和实践探索不断走向深化,体现了中国共产党对国家现代化和教育现代化规律的深刻洞察和科学运用。

二、中国式教育现代化的基本特征与主要经验

中国作为世界上最大的发展中国家和教育规模最大的国家,其教育现代化发生较晚,但在世界教育现代化格局中具有举足轻重的位置。回顾中国对教育现代化的探索和成就,分析梳理中国教育现代化的特征与经验,对发展中国家及后发教育现代化国家有着非常重要的参考借鉴意义。

(一)自觉内生性——坚持独立自主、自力更生发展教育

自觉内生是中国式教育现代化的基本特征。新中国成立前,由于半殖民地半封建社会性质和多种因素的影响,封建地主阶级、资产阶级改良派和革命派的教育改革未能给中国教育带来本质性改变,教育现代化发展非常缓慢而艰难,"在相当长一段时间内表现出一种内生动力过弱、外在拉动痕迹明显的特点"①。新中国成立后,中国人民重新掌握国家主权和民族命运,传统文化凝聚力、学习内驱力、社会转型动力、民族复兴理想交织在一起,共同构成推动中国式教育现代化的内生动力。

习近平总书记指出,"中国式现代化深深植根于中华优秀传统文化"。传统文化中积淀的民族精神涵养了民族自尊心和自豪感,增强了民族凝聚力,成为推动中国教育现代化的力量源泉。五千多年的中华文明史孕育了深厚的教育思想,为中国推进教育现代化提供了共同的心理基础和丰富的精神土壤。"重教尚学是中华民族世代传承的优良传统,是中华民族生生不息的内在动力"②。中华民族崇尚教育、善于学习,凭借学习创造了光辉灿烂的文明,中国曾长期屹立在世界最强大和富有的国家之列。人民群众当家做主后学习热情空前高涨,迫切要求学习先进的理论、技术、文化并将其转化为建设国家的本领和能力。

"走自己的路,是党的全部理论和实践立足点"③。中国有独特的历史、文

---

① 郑刚,宋晓波.自觉内生型:中国教育现代化的新特征[J].中国教育学刊,2023(05):9.
② 习近平.扎实推动教育强国建设[J].当代广西,2023(18):4.
③ 习近平:在庆祝中国共产党成立100周年大会上的讲话[EB/OL].(2021-07-15)[2023-09-15].https://www.gov.cn/xinwen/2021-07/15/content_5625254.htm.

化、民情，在经历短暂以苏联为师以后，中国开始独立探索教育现代化道路。中国共产党以辩证唯物主义和历史唯物主义为理论基础，坚持独立自主、自力更生的原则，将马克思主义与中国国情相结合、同中华优秀传统文化相结合。党领导人民坚持社会主义办学方向，充分发挥制度和文化优势，扎根中国大地办教育，有选择地学习借鉴先发国家经验，彻底摆脱了"外在拉动型"发展模式和"西方中心论"路径依赖，教育事业呈现日新月异的变化，表现出鲜明的中国特色。

随着社会主义建设推进，中国从传统社会向现代社会转型，从农业社会向工业社会和城市社会转型、从计划经济向市场经济转型，社会经济转型带来的城镇化发展、产业结构调整和人口结构变化，以及新一轮科技革命和知识经济的深入发展，对教育发展和人力资源供给提出了新的要求，拉动教育目标、体系、结构、布局调整，加快了教育现代化的进程。

（二）人民性——坚持教育发展依靠人民、成果惠及全体人民

习近平总书记指出，"人民性是马克思主义的本质属性"。人民群众是历史的创造者。社会主义教育事业需要从人民的教育需求出发，把"人民满意"作为价值追求和判断标准，凝聚全体人民的智慧，依靠全体人民发挥首创精神，调动全体人民更加积极投身中国式教育现代化实践。

新中国成立后，教育发展着重解决"有学上"的需求，通过扫盲运动、推进"两基"、扩大高中阶段和高等教育规模、建立资助帮扶制度等，各级各类教育普及水平大幅度提高。进入新时代，教育的主要矛盾转化为人民群众"上好学"的需求与教育发展不平衡不充分的矛盾。国家从公平与质量两个层面回应人民群众教育关切，出台了一系列政策和举措，"补短板""强弱项""做加法"，推进基本公共教育服务均等化，优化区域教育资源配置，不断缩小城乡、区域、学校、群体间教育差距。

在促进区域教育协调发展方面，中央财政教育转移支付资金 80% 以上用于中西部省份；在促进城乡一体化发展方面，统一城乡义务教育公用经费基准定额，实施义务教育薄弱环节改善与能力提升工程等[1]；在推进教育机会公平方面，落实进城务工人员随迁子女入学政策，完善家庭经济困难学生资助体系；在加强师资队伍方面，实施中西部欠发达地区优秀教师定向培养计划、农村学校教育硕士师资培养计划、特岗计划、"三区"人才计划教师专项、高校银龄教师支援西部计划等，不断优化欠发达地区、农村地区教师队伍结构，2018 年至 2023年中央财政累计安排 855 亿元，引导教师扎根农村、服务基层；在提升教育质量

---

[1]　孙和保. 促进优质均衡　实施扩优提质［N］. 中国教师报，2023-09-06.

方面，推动学前教育优质普惠发展、义务教育优质均衡发展、普通高中优质特色发展、职业教育提质增效和终身化发展、高等教育优质内涵发展、特殊教育优质融合发展。

教育发展成果更多更公平惠及全体人民，在促进共同富裕方面发挥了重要作用。教育脱贫攻坚战使贫困地区教育发生格局性变化，低收入群众子女受教育水平提高，有效阻断贫困代际传递；教育培训提高了脱贫群众致富能力，增强了脱贫地区内生发展动力，有力推动了乡村振兴；教育提高了高校毕业生和技术工人的就业质量和收入，促进中等收入群体规模扩大，优化了收入分配结构。人民共同享有教育发展带来的实实在在的好处，也共同创造了中国式教育现代化的巨大成就。

（三）政治性——坚持教育为党育人、为国育才

习近平总书记指出，要坚持教育为人民服务、为中国共产党治国理政服务、为巩固和发展中国特色社会主义制度服务、为改革开放和社会主义现代化建设服务[1]，高屋建瓴地揭示了中国式教育现代化鲜明的政治属性。教育是国之大计、党之大计。培养什么样的人、为谁培养人和怎样培养人是关系党和国家事业发展与前途命运的大问题。我国是中国共产党领导的社会主义国家，必须把培养社会主义建设者和接班人作为根本任务，培养一代又一代拥护中国共产党领导和我国社会主义制度、立志为中国特色社会主义奋斗终身的有用人才。[2]

中国共产党的领导是教育现代化的关键保障。1958 年 9 月，中共中央、国务院明确提出，"党的教育工作方针，是教育为无产阶级政治服务，教育与生产劳动相结合；为了实现这个方针，教育工作必须由党来领导""在一切学校中，必须进行马克思列宁主义的政治教育和思想教育"[3]。作为马克思主义使命型政党，中国共产党具有强大领导力。党团结带领全国人民经过几十年的持续探索，形成了党委统一领导、党政齐抓共管、部门各负其责的教育领导体制[4]，建立了党组织领导下的校长负责制，各级各类学校党组织建设高质量发展，党的教育方针全面贯彻落实到学校教育教学工作的各环节、全过程，教育事业发生了历史性格局性的变化。党牢牢把握对意识形态工作的领导权，引导全体师生在思想上政治上

---

① 习近平. 习近平谈治国理政：第二卷［M］. 北京：外文出版社，2018：377.

② 培养德智体美劳全面发展的社会主义建设者和接班人［EB/OL］.（2018-09-16）［2023-10-15］. http://www. moe. gov. cn/jyb_xwfb/xw_zt/moe_357/jyzt_2018n/2018_zt18/zt1818_pl/mtpl/201809/t20180919_349377. html.

③ 中共中央、国务院关于教育工作的指示［J］. 山西政报，1958（18）：1-6.

④ 习近平. 扎实推动教育强国建设［J］. 当代广西，2023（18）：6.

行动上同党中央保持高度一致，确保学生树立共产主义远大理想和中国特色社会主义共同理想。

　　党的十八大以来，习近平总书记特别重视和强调社会主义核心价值观和思想政治教育。教育战线推进大中小学社会主义核心价值观教育，更加注重厚植中国文化底色和民族基因，完善中华优秀传统文化、革命文化和社会主义先进文化教育，把爱国主义教育贯穿国民教育全过程，引导广大青少年树立民族认同感、自豪感和自信心，传承和弘扬民族精神。坚持用新时代中国特色社会主义思想铸魂育人，推进大中小学思想政治教育一体化建设，开发网络育人能力，提高思政课连贯性、针对性和吸引力。① 青少年理想信念坚定，中国特色社会主义道路自信、理论自信、制度自信、文化自信全面增强，正确的历史观、民族观、国家观、文化观牢固树立，体现了党对社会主义办学规律、教书育人规律、学生成长规律的精准把握。

（四）人本性——坚持教育促进和服务人的自由全面发展

　　习近平总书记指出，"现代化的本质是人的现代化""人，本质上就是文化的人，而不是'物化'的人；是能动的、全面的人，而不是僵化的、'单向度'的人"。人不仅是发展的手段，更是发展的目的。实现人的自由而全面的发展，是现代化的根本目标，也是马克思主义者追求的最高价值。人的全面发展，既包括个性、能力和知识的协调发展，也包括自然素质、社会素质和精神素质的共同提高。党和国家的教育方针和教育实践全面继承和发展了马克思关于人的全面发展学说，在中国式教育现代化的不同时期，将之作为发展教育事业的世界观和方法论。

　　1957 年，毛泽东同志提出，"应该使受教育者在德育、智育、体育几方面都得到发展"②，这一论断体现了马克思主义关于人的全面发展思想，对我国教育事业发挥了持久的指导作用。改革开放后，邓小平同志坚持和发展了德智体全面发展的方针，并提出培养有理想、有道德、有文化、有纪律的"四有"新人。2002 年，党的十六大报告把握素质教育的发展趋势，将"德智体全面发展"扩展为"德智体美全面发展"。习近平总书记在 2018 年全国教育大会上强调，"以凝聚人心、完善人格、开发人力、培养人才、造福人民为工作目标，培养德智体美劳全面发展的社会主义建设者和接班人，加快推进教育现代化、建设教育强国、办好人民满意的教育"，对中国式教育现代化坚持以人为本做了最高指示和

---

① 习近平. 扎实推动教育强国建设［J］. 当代广西，2023（18）：5.
② 毛泽东. 毛泽东文集：第 7 卷［M］. 北京：人民出版社，1993：226.

最佳诠释。2021 年新修订的《中华人民共和国教育法》将"德智体美劳全面发展"写入教育方针。

中国式教育现代化强调人在教育中的主体地位，将促进人的全面发展作为教育的价值重心，以培养全面发展的人为重要任务，大力发展素质教育，纠正片面的教育价值观或教育现象，指引和保障我国教育事业的健康发展。进入新时代以来，构建德智体美劳五育并举教育体系，加强思想道德教育和社会实践教育，注重强健学生体魄、形成健康审美情操，激发学生崇尚科学、探索未知的兴趣和创造性思维，多方面、全方位开发人的潜能和综合素质；尊重学生身心发展规律，构建学校家庭社会协同育人机制，形成学校积极主导、家庭主动尽责、社会有效支持的良好生态；树立科学的教育评价体系，引导全社会树立科学的人才观、成才观，扭转教育功利化倾向，克服唯分数、唯升学、唯文凭的错误导向，减轻过重的学业负担，促进学生身心健康；加强基础教育、职业教育、高等教育、继续教育贯穿衔接，构建服务全生命周期发展的学习型社会，为每个人创造更多自由度和可能性，形成人的发展与教育发展的良性互动。

（五）战略先导性——坚持教育优先发展、高质量发展

回顾人类文明史，世界强国无一不是教育强国，无一不把教育视为对未来的"战略投资"和持久繁荣的根本。党的十四大报告第一次指出必须把教育摆在优先发展的战略地位，正式开启国家意志层面的教育优先发展时代，此后在党和国家的重要报告和政策中被不断强调。

教育优先发展战略在很长一段历史时期内体现为增加教育投入，自 2012 年起我国财政性教育经费投入占 GDP 的比例已连续 11 年保持在 4% 以上。随着经济社会发展水平的提升，教育优先发展的内涵随之发生变化。党的十八大以来，教育优先发展集中体现为"三个优先"，各级党委和政府在经济社会发展规划上优先安排教育、财政资金投入上优先保障教育、公共资源配置上优先满足教育需要。2018 年 9 月，习近平总书记在全国教育大会上指出："坚持把优先发展教育事业作为推动党和国家各项事业发展的重要先手棋，不断使教育同党和国家事业发展要求相适应、同人民群众期待相契合、同我国综合国力和国际地位相匹配。"[①]"先手棋"体现了教育日益走向了党的中心工作地位，教育优先发展从

---

① 培养德智体美劳全面发展的社会主义建设者和接班人 [EB/OL]. (2018-09-16)[2023-10-15]. http://www.moe.gov.cn/jyb_xwfb/xw_zt/moe_357/jyzt_2018n/2018_zt18/zt1818_pl/mtpl/201809/t20180919_349377.html.

"投入优先"转变为"全局优先"。①

高质量发展是实现教育现代化的内在要求。我国已建成了世界上规模最大的教育体系，教育发展面临的主要问题是不充分不均衡的教育供给与人民群众教育期待之间存在落差。党的十八大以来，为满足人民优质化、多样化、个性化、终身化教育需求，教育从规模扩张转向更加注重质量提升，推进优质均衡的基本公共教育服务体系，打造职普融通、产教融合、科教融汇的现代职业教育体系，建设优质高效、创新导向的高等教育体系和优质灵活的终身教育体系，各级各类教育逐步实现协调发展、良性循环。

党的十九大作出"我国经济已由高速增长阶段转向高质量发展阶段"的判断，首次提出"高质量发展"的概念。2021年，习近平总书记在参加十三届全国人大四次会议青海代表团审议时强调，高质量发展不只是一个经济要求，而是对经济社会发展方方面面的总要求。② 教育兴则国家兴，教育强则国家强。教育领域相关政策表达从"提高教育质量"转变为"教育服务高质量发展""建设高质量教育体系""教育高质量发展"等。高质量发展成为各级各类教育的生命线，与中国式现代化相匹配的高质量教育体系加速构建，人口质量红利稳步拓展，教育服务国家战略和区域经济社会发展能力持续增强。

（六）可持续与开放性——坚持教育改革创新和对外开放

教育现代化是追赶和超越世界先进水平教育的过程，中国教育必须在保持中国特色的同时追求世界一流，这就要求要以开放的心态去推动教育发展，勇于破旧立新、善于对话合作。改革开放以来，中国教育对外开放走上健康发展道路，学习借鉴国外先进教育经验的同时，注重输出中国教育智慧和经验，在世界教育版图中的影响日益凸显。

从教育大国到教育强国是一个系统性跃升和质变，必须以改革创新为动力。③ 从1985年起，《中共中央关于教育体制改革的决定》《中国教育改革和发展纲要》《中共中央国务院关于深化教育改革全面推进素质教育的决定》《国家中长期教育改革和发展规划纲要（2010—2020年)》《中国教育现代化2035》等纲领性文件发布，多层次、多领域的教育改革不断深化。《中共中央关于全面深化改革若干重大问题的决定》明确了新时代深化教育领域综合改革的路线图，推

---

① 课题组. 坚持优先发展教育事业——习近平总书记关于教育的重要论述学习研究之九［J］. 教育研究，2022（09）：14-15.

② 习近平在参加青海代表团审议时强调：坚定不移走高质量发展之路 坚定不移增进民生福祉［EB/OL］.（2021-03-07）［2023-10-15］. https：//www.gov.cn/xinwen/2021-03/07/content_5591271.htm.

③ 习近平. 扎实推动教育强国建设［J］. 当代广西，2023（18）：6.

进育人方式、办学模式、资源配置、管理体制、评价机制、保障机制改革，不断释放教育创新发展活力。基于互联网、人工智能等新技术的迅速发展，教育领域加快数字化转型，纵深推进国家教育数字化战略行动，深化国家智慧教育平台应用，立足"教、学、管、评、研、训"等教育教学环节，构建线上线下深度融合的教育新模式，为个性化学习、终身学习、技能培训提供有效支撑，开辟了教育改革发展的新领域新赛道，提升了全民数字素养与技能，推动了学习型社会、学习型大国创建。党的二十届三中全会强调教育、科技、人才对中国式现代化的战略性、基础性支撑作用，提出"统筹推进教育科技人才体制机制一体改革"，为进一步深化教育综合改革指明了方向。

改革开放开辟了中国教育开放的健康道路，中国教育锚定世界先进目标，不断提升发展水平。十八大以来，中国以更加积极自信的姿态推进教育高水平对外开放，写好"走出去"和"引进来"两篇文章，加强同世界各国的互鉴、互容、互通，重视对国际优质教育资源的统筹开发，加快培养具有国际视野和全球竞争力的人才，逐步形成了更全方位、更宽领域、更多层次、更加主动的教育对外开放局面，成为推动全球教育进步的重要力量。中国持续推进"一带一路"教育行动，积极参与解决全民教育、教育减贫、教育治理等全球教育问题，践行终身教育、个性化教育、世界公民教育等世界教育新理念，推广中国优秀教育经验和成果，在世界坐标系中展现中国教育自信和特色。2021 年以来，习近平总书记着眼全球发展、安全和文明，提出"三大全球倡议"。中国教育作为和平的使者，致力于推动全球人才培养、科技进步、经济发展、文明互鉴，有力促进了全球可持续发展及共建共享共治的人类命运共同体建设。

第二编　长三角教育现代化进程安徽实证研究

第五章　安徽推进教育现代化的战略机遇与使命任务

党的十八大以来，以习近平同志为核心的党中央高度重视教育事业，教育优先发展的战略地位和先导作用日益凸显，教育现代化事业进入崭新的历史时期。安徽将教育视为塑造人力资源、培育发展动能的关键领域，正视教育发展面临的战略机遇与使命任务，探寻加快实现教育现代化的新基点和增长极。

一、教育现代化发展的战略机遇

（一）历史方位——中国特色社会主义进入新时代

习近平总书记在党的十九大上庄严宣布："经过长期努力，中国特色社会主义进入了新时代，这是我国发展新的历史方位。"这一重大政治判断，在中华人民共和国、中华民族乃至人类社会发展史上具有重大的里程碑意义。十九大报告以"三个意味着"和"五个时代"阐释这一新的历史方位的意义和内涵，并对第一个、第二个百年奋斗目标进行了承上启下的战略规划，吹响了决胜全面建成小康社会的冲锋号，开启了全面建成社会主义现代化强国的新征程。

进入新时代，我国社会的主要矛盾转变为人民日益增长的美好生活需要和不平衡不充分的发展之间的矛盾。中国共产党站在中华民族伟大复兴战略全局高度，统筹世界百年未有之大变局，贯彻以人民为中心的发展思想，全面推进依法治国，积极发展社会主义先进文化，大力推进生态文明建设，实行更加积极主动的开放战略，突出保障和改善民生，国家各项事业取得举世瞩目的重大成就，经济实力实现历史性跃升，共同富裕取得新成效，社会保障体系和医疗卫生体系更加完善，更好满足了人民经济、政治、文化、医疗、生态等方面需要。经过这十年的发展，教育普及水平实现历史性跨越，教育服务人的全面发展和社会全面进步的能力不断提升，群众教育获得感和幸福感显著增强。

党的二十大提出了新时代党的中心任务，即"团结带领全国各族人民全面建成社会主义现代化强国"①。中国式现代化是建设社会主义现代化强国的必然路径，教育作为对未来的"先期投资"，处在基础性、先导性、全局性地位，以教育现代化支撑引领中国式现代化是强国建设的基本要求。从世界历史和现实看，教育立国、科技立国是每个强国崛起的必然逻辑，人才则是国际竞争的核心。要在全球新一轮科技竞争、人才竞争中占据优势地位，必须加快培养科技创新拔尖人才、全面提高人力资源供给质量。二十大报告首次将教育、科技、人才进行"三位一体"单独列章、统筹安排、一体部署，明确建设教育强国是全面建成社会主义现代化强国的战略先导，体现了中国共产党对强国崛起规律的深刻洞察和把握。

中国式现代化是人口规模巨大、全体人民共同富裕、物质文明和精神文明相协调、人与自然和谐共生、走和平发展道路的现代化②，这五个基本特征为在新时代推进中国式教育现代化提供了根本遵循。"人口规模巨大"要求坚持公平正义的基本原则，"全体人民共同富裕"要求坚持保障民生的价值取向，"物质文明和精神文明相协调"要求坚持服务人的全面发展的宗旨意识，"人与自然和谐共生"要求坚持服务可持续发展的责任担当，"走和平发展道路"要求坚持美美与共天下大同的大国理想。中国式教育现代化要以教育强国建设的历史自信和道路自信，全面应对科技革命、产业变革和人才竞争的挑战，解决教育发展存在的差距、短板和弱项，实现新的系统性跃升和质变，发展具有中国特色、世界水平的现代教育，提交"教育何以强国"的时代答卷。

（二）政策红利——多重国家区域协调发展战略叠加

习近平总书记指出："不平衡是普遍的，要在发展中促进相对平衡。这是区域协调发展的辩证法。"③党中央、国务院继实施东部地区率先发展、西部大开发、东北全面振兴后，作出了促进中部地区崛起的重大决策。安徽作为中部六省之一，抢抓战略机遇，加快改革创新步伐，经济社会发生翻天覆地的变化，交通运输网络通达，生态环境质量改善，科技创新能力跃升，在国家战略全局中的位

① 习近平：高举中国特色社会主义伟大旗帜　为全面建设社会主义现代化国家而团结奋斗——在中国共产党第二十次全国代表大会上的报告［EB/OL］．（2022-10-25）［2023-10-15］. https：//www. gov. cn/xinwen/2022-10/25/content_5721685. htm.

② 陈鹏．中国式现代化是世界现代化理论和实践的重大创新［J］．人民论坛，2023（03）：29.

③ 习近平．推动形成优势互补高质量发展的区域经济布局［J］．实践（思想理论版），2020（01）：5.

置日益重要。习近平总书记对安徽发展寄予厚望，曾经三次亲临安徽考察，多次作出重要讲话、重要指示，为安徽发展把舵领航。①

促进区域协调发展，是实现全体人民共同富裕的现代化、全面建成社会主义现代化强国的必然要求。党的十八大以来，在习近平经济思想的指导下，党中央制定实施了一系列具有全局意义的区域重大战略。2013 年 9 月—10 月，习近平主席出访中亚和东南亚，提出共建"丝绸之路经济带"和"21 世纪海上丝绸之路"的重大倡议；2015 年 3 月，国家发展改革委等三部门联合发布《推动共建丝绸之路经济带和 21 世纪海上丝绸之路的愿景与行动》，将安徽的省会合肥纳入"内陆开放型经济高地"范围。2016 年 9 月，《长江经济带发展规划纲要》正式印发，围绕"生态优先、绿色发展"的基本思路，提出了"一轴、两翼、三极、多点"的格局，安徽位列十一省市、地处三极之一。2018 年 11 月，习近平总书记在首届中国国际进口博览会上发表主旨演讲，支持长江三角洲区域一体化发展并上升为国家战略②；2019 年 12 月，中共中央、国务院发布《长江三角洲区域一体化发展规划纲要》，安徽正式成为长三角一员。③ 2021 年 4 月，中共中央、国务院《关于新时代推动中部地区高质量发展的意见》明确，支持安徽积极融入长三角一体化发展，打造具有重要影响力的科技创新策源地、新兴产业聚集地和绿色发展样板区。④

安徽承东启西、连南接北，位于全国经济发展的战略要冲和交通枢纽，是中西部连接长三角的重要通道，拥有得天独厚的区位优势。放眼全国，安徽是唯一被"一带一路"倡议、长江经济带发展、中部地区崛起以及长三角一体化发展等多项战略覆盖的省份。⑤ 安徽深入贯彻落实习近平总书记重要指示精神，充分利用国家战略叠加带来的政策红利，在新一轮对外开放和区域协调发展中努力作为，不断提升发展质量。围绕国家四大战略的定位和要求，安徽发挥中欧班列、长江黄金水道等联通作用，加强国际产能合作和文化交流，持续提升对外开放水平；加强与中部其他省份的多层次合作，实施通道对接、产业互促、环保共治等

---

① 学习进行时｜谱写美好安徽新篇章——习近平总书记和安徽的故事［EB/OL］.（2024-10-18）［2024-10-25］. http：//www. xinhuanet. com/politics/xxjxs/20241018/3e0c35fff15343faa91cef466d1ee543/c. html.

② 习近平出席首届中国国际进口博览会开幕式并发表主旨演讲.［EB/OL］.（2018-11-05）［2023-11-27］. https：//www. gov. cn/xinwen/2018-11/05/content_5337594. htm.

③ 中共中央　国务院印发《长江三角洲区域一体化发展规划纲要》［EB/OL］.（2019-12-01）［2023-11-27］. https：//www. gov. cn/zhengce/2019-12/01/content_5457442. htm.

④ 中共中央　国务院关于新时代推动中部地区高质量发展的意见［EB/OL］.（2021-07-22）［2023-11-27］. https：//www. gov. cn/zhengce/2021-07/22/content_5626642. htm.

⑤ 本报特别报道组."强省"之问：安徽为什么能？［N］. 安徽日报，2023-10-30.

省际合作项目，深化合肥都市圈、皖江城市群与中原城市群、淮河生态经济带协同发展；优化重大生产力布局，推进皖江城市带承接产业转移示范区和皖北承接产业转移集聚区建设，构建链接长三角和中部地区的市场枢纽；推进生态文明建设"一号工程"，强化依法治江，建设水清岸绿产业优美丽长江（安徽）经济带，为长江经济带高质量发展作出贡献。①

（三）强劲势能——长三角一体化高质量发展

党和国家对长三角作出了"全国发展强劲活跃增长极""全国高质量发展样板区""率先基本实现现代化引领区""区域一体化发展示范区""新时代改革开放新高地"的战略定位，进一步优化改革开放空间布局。② 2020 年 8 月，习近平总书记在合肥主持召开扎实推进长三角一体化发展座谈会并发表重要讲话，明确指出"一体化的一个重要目的是要解决区域发展不平衡问题""必须深刻认识长三角区域在国家经济社会发展中的地位和作用"，要求长三角地区"紧扣一体化和高质量两个关键词抓好重点工作"。③ 2021 年 7 月，《长三角一体化发展规划"十四五"实施方案》提出，到 2025 年"长三角一体化发展取得实质性进展""科创产业、协同开放、基础设施、生态环境、公共服务等领域基本实现一体化"等主要目标。④ 长三角是我国目前唯一以"一体化"作为发展目标的战略区域，显著提升了安徽在国家发展战略全局中的位置，增强了安徽在区域范围内的资源配置能力，加快了安徽自身优势的转化和释放。

五年来，三省一市以"一体化"为战略举措、"高质量"为战略目标，推进一体化各项工作走深走实。建设合新高铁、滁宁城际、宁马城际铁路、芜湖马鞍山江海联运枢纽等一批重大合作项目；搭建上海市与六安市对口合作、中新苏滁高新区等省际产业合作园区、长三角自贸试验区联盟等一批重大合作载体；加快建设顶山—汊河、浦口—南谯、江宁—博望等省际毗邻地区新型功能区，"不破行政隶属、打破行政边界"协同发展新机制获国家发展改革委肯定；加快建设长三角 G60 科创走廊，设立人工智能产业基金、科技成果转化基金等，健全"产业联盟+合作示范园区"模式，探索区域产业和创新高质量协同发展路径。2023

① 在中国式现代化新征程上谱写更加壮丽的安徽篇章［EB/OL］.（2023-08-02）［2024-01-22］.https：//www.ah.gov.cn/zwyw/jryw/564253581.html.

② 中共中央 国务院印发长江三角洲区域一体化发展规划纲要［EB/OL］.（2019-12-01）［2023-11-27］.https：//www.gov.cn/zhengce/2019-12/01/content_5457442.htm.

③ 习近平总书记谋划推动长三角一体化发展纪事［EB/OL］.（2023-12-01）［2023-11-27］.https：//www.gov.cn/yaowen/liebiao/202312/content_6918100.htm.

④ 长三角一体化发展规划"十四五"实施方案［EB/OL］.（2021-10-10）［2023-11-27］.https：//yjt.ah.gov.cn/ztzl/zsjyjglzhn/ncwj/146124/41.html.

年，长三角区域经济总量突破 30 万亿元大关，与德国、日本相当，约占全国比重 24.2%，GDP 平均增速 5.65%；地区生产总值超过万亿元人民币的城市有 9 个，超过全国总数的三分之一；充分发挥了全国经济压舱石、高质量发展动力源的重要作用。长三角集成电路、生物医药、人工智能、新能源汽车等战略性新兴产业已形成优势集群；集成电路总营收占全国 60% 以上，与生物技术、制药相关的规模以上企业约占全国总量的一半，人工智能产业规模约占全国的 1/3，新能源汽车产量约占全国的 1/3。[①] G60 科创走廊对全国贡献度达 10%，对长三角支撑度达 30%，逐渐成为全球科技创新竞争合作的标志性区域。[②]

安徽借助一体化发展倍增效应，加快补齐欠发达地区短板，后发追赶势头强劲。印发《关于新时代支持大别山革命老区振兴发展的实施意见》，形成振兴发展革命老区新机制，打造大别山绿色发展合作区、长三角高品质红色旅游示范基地和康养基地；落实《皖南国际文化旅游示范区"十四五"建设发展规划》，统筹"大黄山"四市一体化发展，建设世界级休闲度假康养旅游目的地；以国家发改委《沪苏浙城市结对合作帮扶皖北城市实施方案》为契机，推动闵行—淮南、苏州—阜阳、宁波—蚌埠等 8 对结对城市（城区）同步出台合作帮扶方案。2023 年，沪苏浙在皖投资在建亿元以上项目 3789 个，占全省省外投资项目的 63.8%；皖北承接产业转移集聚区引进沪苏浙在建亿元以上项目到位资金 1962.3 亿元、增长了 27.5%[③]；安徽吸纳沪苏浙技术成交合同 7090 项，技术合同成交额 1061.49 亿元；长三角区域协同创新指数年均增幅达 11.17%，合肥协同创新能力在长三角 41 个城市中排第 5 位；阜阳、六安和宣城排名提升速度排在第 2、3、4 位，仅次于嘉兴。[④]

二、教育现代化发展的使命任务

（一）时代使命——以"教育强省"支撑"三地一区"

当前，新一轮科技革命和产业变革深入发展，全球产业链供应链调整重构，国家加快构建以国内大循环为主体、国内国际双循环相互促进的新发展格局。党

---

① 何书瑶. 发展攥指成拳　协同可感可知 [N]. 解放日报，2023-06-06.

② 长三角一体化这五年：勇当科技和产业创新先锋 [EB/OL]. (2023-12-05) [2024-02-27]. http：//zj. people. com. cn/n2/2023/1205/c186327-40666610. html.

③ 关于安徽省 2023 年国民经济和社会发展计划执行情况与 2024 年计划草案的报告 [EB/OL]. (2024-02-06) [2024-02-27]. https：//fzggw. ah. gov. cn/public/7011/149166331. html.

④ 2023 长三角区域协同创新指数发布 [EB/OL]. (2024-02-04) [2024-02-27]. https：// www. ah. gov. cn/zwyw/ztzl/zstjzsjythfz/ythcx/565302511. html.

的十八大以来，安徽深入学习贯彻习近平总书记考察安徽重要讲话指示精神，结合安徽发展实际，作出打造具有重要影响力的科技创新策源地、新兴产业聚集地、改革开放新高地、经济社会发展全面绿色转型区（后简称"三地一区"）战略部署。① 2023 年 7 月 26 日，安徽省委十一届五次全体会议审议通过《中共安徽省委关于坚定不移沿着习近平总书记指引的方向前进奋力走出新时代安徽高质量发展新路的决定》②，锚定"三地一区"战略定位，明确建设"七个强省"战略目标，"人民满意的教育强省"赫然在列，"坚持教育优先发展，在办好人民满意的教育上展现更大作为"是 11 项重点任务之一。

兴皖必先兴教。安徽历来高度重视教育，自 20 世纪 90 年代起实施科教兴皖战略，职教大省建设、高教强省建设取得明显成效。2011 年 2 月，中共安徽省委印发《安徽省中长期教育改革和发展规划纲要（2010—2020 年）》，充分肯定教育发展对推动全省经济发展、社会进步和民生改善作出的重要贡献，并明确提出"优先发展教育，提高教育现代化水平，对建设富强民主文明和谐的安徽具有决定性意义""欠发达地区要实现赶超发展，必须充分发挥人力资源的战略作用，必须强化教育和人才的先导性支撑"。③

近年来，安徽全力打造量子信息、聚变能源、深空探测三大科创高地，区域创新能力从 2018 年的全国第 10 位跃升至第 7 位，以芯屏器合为标识的新兴产业形成体系，新能源汽车、锂电池、太阳能电池等加快形成新质生产力，连续七年举办世界制造业大会、国际影响力日益提升，生态文明建设取得重大进展，经济实现从"总量居中、人均靠后"向"总量靠前、人均居中"的历史性转变，打造国内大循环重要节点、国内国际双循环战略链接正在加速实现。2023 年，GDP 达到 4.71 万亿元，增长 5.8%、高于全国 0.6 个百分点；战略性新兴产业产值占规上工业比重达到 42.9%；汽车产业全产业链营业收入突破 1 万亿元；光伏制造业营业收入 2967.4 亿元、跃升至全国第 3 位；获批国家级制造业创新中心累计达 3 家、居全国第 1 位；进出口总额达到 8052.2 亿元、总量居全国第 10 位；讯飞星火认知大模型进入全国人工智能研发领先行列。④

安徽正处于厚积薄发、动能强劲的上升时期。如何乘势而上、在新发展格局中实现更大作为，关键是人才，基础在教育。"七个强省"建设目标把"教育强

---

① 徐浩. 锚定"三地一区"建设"7 个强省"[N]. 安徽经济报，2023-07-29.
② 华铭，张海帝. 安徽提出今后 5 年建设"7 个强省"[N]. 中国改革报，2023-08-04.
③ 安徽省中长期教育改革和发展规划纲要 [N]. 安徽日报，2011-02-28.
④ 2024 年政府工作报告 [EB/OL].（2024-01-28）[2024-02-27]. https：//www.ah.gov.cn/zwyw/ztzl/jjlh2024/lhdt/565300981.html.

省"提到了前所未有的战略高度，"人民满意"反映社会主义教育事业的价值取向，"教育强省"要求教育发展水平处在全国前列，"教育优先发展"体现教育支撑引领现代化美好安徽建设的核心功能。"教育强省"既是目标也是手段，既是教育发展的理想也是强省建设的保障。建设教育强省，必须强化教育战略先导地位，发挥重大科技创新策源地、关键核心技术攻关主战场、高质量人才供给蓄水池作用，一体推进教育强省、科技强省、人才强省建设；推动教育链、人才链、产业链深度融合，服务支撑制造强省、农业强省建设；践行习近平生态文明思想、习近平文化思想，加强绿色教育、社会主义文化教育，注重徽文化传承，服务安徽生态竞争力和文化软实力提升，支撑生态强省、文化强省建设。

（二）光荣任务——长三角率先实现教育现代化

在国家教育政策导向层面，长三角教育现代化被确定为推进全国教育现代化的排头兵和试验田。2019年2月，中共中央、国务院印发《中国教育现代化2035》，明确"到2035年总体实现教育现代化，迈入教育强国行列"的战略目标，提出"一地一案，分区推进""协调推进区域教育现代化"等具体要求。中共中央办公厅、国务院办公厅印发《加快推进教育现代化实施方案（2018—2022年)》，在"推进教育现代化区域创新试验"重点任务里，明确提出"构建长三角教育协作发展新格局"。《长江三角洲区域一体化发展规划纲要》进一步提出，长三角要"率先实现区域教育现代化"。

作为国家重要的科技创新策源地、人才集聚高地和教育现代化发展先行区，长三角承担推进教育、科技、人才"三位一体"融合发展和先行先试的光荣使命，长三角率先实现区域教育现代化对于推进中国式现代化具有重要示范意义。2023年12月6日，教育部在同济大学召开长三角教育现代化暨长江教育创新带人才培养与科技创新合作体建设工作推进会，要求教育系统立足区域重大战略谋划工作，更好服务长江经济带高质量发展、长三角一体化发展，表明区域改革"综合性"特征更为明显，从侧重单一经济领域实质性地向教育等领域拓展，有力推进了长三角教育一体化、现代化进程。

从安徽教育发展实际看，党的十八大以来，安徽深入贯彻习近平总书记关于教育的重要论述，落实立德树人根本任务，深化教育领域综合改革，在全国承担多项教育改革发展先行先试的重大任务，培养模式、办学体制、管理体制、保障机制四个方面改革取得明显进展，人民群众对教育的满意度显著提高。长三角教育协同创新发展对安徽产生了明显的辐射带动作用，但我省教育发展仍不平衡不充分，不能完全适应经济社会发展需求和人民群众需要，同沪苏浙相比存在较大差距。教育观念方面，科学的教育观、质量观、人才观尚未在全社会形成共识；

教育体系方面，职普融通、产教融合、科教融汇、服务终身发展的现代教育体系尚不完备；均衡发展方面，区域、城乡、学校、群体间存在差距，皖北地区优质教育资源相对缺乏，基本公共教育服务均等化水平有待提升；教育治理方面，多元主体参与教育治理积极性不强，教育评价存在功利化倾向，治理体系和能力现代化水平有待提高；服务经济社会方面，人才培养与产业发展契合度不够，高端人才供给不足，教育支撑科技创新的潜力有待进一步释放。安徽加快补齐教育发展短板，既是艰巨使命也是光荣任务，对长三角率先实现教育现代化具有关键的意义。

在区域教育协作层面，长三角教育现代化监测评估是长三角教育一体化发展的关键领域，也是推进区域教育治理现代化的重要举措。在教育部指导下，三省一市锚定 2035 教育强国、教育现代化发展目标，共同研制《长三角教育现代化指标体系（试行）》。2021 年 4 月，教育部正式印发该指标体系，面向长三角经济社会发展需要，体现长三角教育发展阶段性特点、国际可比性及三省一市教育特色，旨在推动长三角率先实现教育现代化并为全国实现教育现代化探索科学路径。自 2021 年起，三省一市连续多年开展长三角教育现代化监测评估，采集具有多源异构特征的海量数据，动态监测长三角教育发展进程，评估教育政策实施成效，发挥监测评估导向作用，促进教育优质均衡发展。三省一市协同开展监测评估研究，形成年度长三角教育现代化监测评估总报告、三省一市分报告及相关咨政报告，开创了区域教育监测评价服务科学决策、精准施策的崭新模式，引导和促进了各级各类教育高水平发展，为建设教育强国、办好人民满意的教育作出了重要的贡献。

第六章 安徽推进教育现代化的路径选择与创新实践

作为人口大省、教育大省及相对后发教育现代化省份，在新一轮区域协调发展战略背景下，在国家教育现代化和教育强国历史进程中，如何缩小与发达地区的教育差距、加速实现教育现代化成为安徽面对的时代课题。安徽坚持科教兴皖战略，实施安徽教育现代化2035①，深度融入长三角教育一体化，扩大教育对外开放水平，着力构建现代教育体系，推进各级各类教育高质量发展。

一、落实立德树人根本任务，实施德智体美劳"五大行动"

安徽全面贯彻党的教育方针，坚持为党育人、为国育才。2020年11月30日至12月1日，中共安徽省委十届十二次全会在合肥召开，会议作出了实施德育铸魂、智育提质、体教融合、美育熏陶、劳动促进行动的决策，并将实施"五大行动"列入《安徽省国民经济和社会发展第十四个五年规划和2035年远景目标纲要》。2020年底，省委、省政府印发《关于全面加强新时代大中小学劳动教育的实施意见》，对安徽推进劳动教育进行了整体设计和全面部署。2021年12月14日，省政府在全国率先出台《实施德智体美劳"五大行动"全面提高育人质量工作方案》。2022—2023年，合肥市、淮北市相山区、安庆市岳西县、池州市青阳县等20个市县入选安徽省实施德智体美劳"五大行动"实验区。省财政设立"五大行动"奖补资金，激励实验区探索立德树人系统化落实机制，形成有示范引领价值、可推广、可复制的路径方法和特色经验。

心理健康教育是立德树人的基础性工作。2021年11月，省委教育工作领导小组印发《关于进一步加强学校心理健康教育和管理工作的意见》，从课程建设、咨询辅导、危机干预、家庭社会教育、网络监管等方面提出具体要求。同年12月，完善心理健康教育服务体系被纳入实施德育铸魂行动的重点任务。2023年11月，省教育厅等十七部门出台《全面加强和改进新时代学生心理健康工作若干举措》，提出完善源头预防制度等六类措施。省教育厅搭建全省大

---

① 2019年政府工作报告［EB/OL］.（2019-01-18）［2023-12-03］. https：//www. ah. gov. cn/public/1681/7965131. html.

中小学生心理健康教育信息化管理服务平台，成立学生心理健康教育指导和发展中心、心理健康教育专家指导委员会，加强对全省学生心理健康工作的统筹指导。

安徽加强顶层设计，贯彻落实国家关于生态文明教育和科学教育的部署，立足省域实际出台工作方案，积极回应绿色发展、创新发展对培养时代新人的新要求。2023 年 10 月，省教育厅印发《安徽省绿色低碳发展国民教育体系建设实施方案》，把绿色低碳理念纳入大中小学教育体系，培养引领绿色低碳发展的新一代青少年。2024 年 1 月，省教育厅等十六部门印发《安徽省关于加强新时代中小学科学教育工作实施方案》，提出改进学校教学与服务、拓展社会科学教育多元渠道、推进科学教育与相关改革衔接等措施，全面改进中小学科学教育质量，提升学习者科学素养和创新能力。

二、坚持公益普惠基本方向，提升基本公共教育服务均等化水平

为推进学前教育普及惠普发展，安徽压实市、县级政府学前教育发展责任，将其纳入教育职责督导考核体系，并从 2018 年起将学前教育促进工程列入省级民生项目。制定《安徽省学前教育深化改革规范发展攻坚方案》《安徽省"十四五"学前教育发展提升行动计划》，优化城乡学前教育布局，重点扩大农村地区、脱贫攻坚地区特别是大别山等革命老区、城市新增人口流动人口集中地区、城乡结合部学前教育资源，通过奖补等方式扩大普惠性民办幼儿园覆盖面，全面消除无证园。通过实施 4 期学前教育行动计划，全省累计新建、改扩建公办幼儿园 7619 所。推进"安心托幼"暖民心工程，全省共 2071 所幼儿园开设托班，9446 所幼儿园提供延时服务、惠及 70.36 万幼儿。开展全省幼儿园与小学科学衔接攻坚，实施幼儿园教育"小学化"专项治理，保教质量明显提升。

安徽持续改善义务教育学校办学条件，促进义务教育优质均衡和城乡一体化发展。2019 年 11 月，省人民政府教育督导委员会办公室出台《县域义务教育优质均衡发展督导评估指导性规划》，明确"2035 年全省县域义务教育优质均衡发展全覆盖"目标和"三步走"战略。2019—2020 年，全省投入资金65.4 亿元，完成 451 所乡村小规模学校和乡镇寄宿制学校达标建设。2021 年10 月，省教育厅、省发展改革委、省财政厅出台《关于深入推进义务教育薄弱环节改善与能力提升工作的实施意见》，涵盖全省 104 个县（市、区），实施时间五年，2022—2023 年投入资金 28.22 亿元。为适应新型城镇化背景下人

口发展形势，2023 年 12 月，省政府办公厅印发《关于优化城乡义务教育学校布局推进优质均衡发展的意见》，加快补齐脱贫地区、大别山革命老区和皖北地区义务教育短板。

为持续提升高中阶段教育普及程度和质量，安徽采取了一系列措施并注重发挥优质高中辐射带动作用。2017—2020 年，安徽以国家集中连片特困地区、国家和省扶贫开发重点县、皖北地区等教育基础薄弱、普及程度较低的地区为重点，实施高中阶段教育普及攻坚计划。2022—2023 年省级投入资金 31.26 亿元，持续改善普通高中学校办学条件。2022 年 3 月，省教育厅联合八部门出台《安徽省"十四五"县域普通高中发展提升行动计划》，实施县中托管帮扶工程，组织 4 所县中分别与中央美术学院、中国矿业大学、合肥工业大学 3 所部属高校签订托管帮扶三方协议；59 所县中与 28 所在皖高校建立托管帮扶关系①；各市教育行政部门组织区域内省示范高中等优质高中至少托管帮扶 1 所薄弱县中。国家引领、省级示范、地方为主的三级托管帮扶体系基本形成，县域普通高中整体办学水平显著提升。

安徽为保障特殊人群受教育权利和质量，以专项计划和机制建设为依托，推动特殊教育优质融合发展。2022 年，在实施两期特殊教育提升计划的基础上，省教育厅等七部门印发《安徽省"十四五"特殊教育发展提升行动计划》，明确到 2025 年初步建立高质量特殊教育体系，义务教育阶段特殊教育生均公用经费标准达到每生每年 7000 元以上。市、县进一步完善保障机制，加强基础设施建设和教师队伍建设，推进普通教育、职业教育与特殊教育有机融合，促进医疗康复、信息技术与特殊教育深度融合，发展特殊儿童与普通儿童融合教育模式，提高特殊教育的普及程度、融合水平和教育质量。

安徽高度重视全省基础教育协调发展和高质量发展。省委、省政府聚焦皖北基础教育洼地，推进皖北地区基础教育优质资源扩容工程，从省级层面加强统筹，采取资源导入、对口支援、管理输出等方式，引入沪苏浙及省内资源和经验，建设皖北地区新优质学校，全面提升基础教育资源配置水平，确保到 2030 年皖北地区基础教育质量达到全省平均水平。2024 年 4 月，省教育厅、省发改委、省财政厅联合印发《安徽省新时代基础教育扩优提质行动计划实施方案》，对学前教育优质普惠、义务教育优质均衡、普通高中优质特色、特殊教育优质融合发展提出了目标要求和工作措施。

---

① 钱桂仑. 锚定基点　聚焦关键　扎实推进基础教育扩优提质［J］. 人民教育，2024（07）：35-36.

三、突出职业教育战略位置，高位推进现代职业教育体系建设

2019 年，安徽省职业教育工作部门联席会议印发《安徽省职业教育改革实施方案》，明确完善职业教育和培训体系、健全职业教育制度和标准、促进产教深度融合校企协同育人、完善技术技能人才培养保障政策等措施。安徽在全国开展"五个率先"职业教育改革，首创省市统筹、以市为主的职业教育管理体制，建立省领导联系高职院校和技师学院制度，为全国职业教育改革发展贡献了安徽智慧。开展中职学校布局结构调整，各县集中力量办好 1 所上规模、高水平的优质学校，实现职业教育资源优化整合。出台《关于加强中小学职业启蒙教育的指导意见》，完善"职教高考"机制，探索职业教育长学制人才培养，培育职业本科教育，积极构建多教融通的现代职教体系。

安徽将服务区域经济社会需求作为职业教育方向定位。2021 年 10 月，省政府与教育部联合印发《关于整省推进职业教育一体化高质量发展加快技能安徽建设的意见》，在全国率先启动技能型社会建设。同年 11 月，省委教育工作领导小组印发《关于推动现代职业教育高质量发展的实施意见》，提出"打造安徽职业教育品牌"等重大政策措施。2022 年 12 月，在省级层面率先出台《安徽省实施〈中华人民共和国职业教育法〉办法》。2023 年，省委常委会议审议通过了《关于加快职业教育改革发展服务现代化美好安徽建设的意见》，强调职业教育在安徽现代化建设中的战略作用及改革方向。省委、省政府领导先后就学科专业结构调整、汽车人才培养、产业学院建设等作出一系列重要指示批示。

为推动终身教育健康发展，安徽在老年教育、继续教育、社区教育等方面进行了有益探索。2021 年安徽颁布实施全国第一部省级老年教育地方法规——《安徽省老年教育条例》；2022 年出台《安徽省"十四五"老年教育发展规划》；率先将"老有所学"纳入全省十大"暖民心"行动，累计建设各级各类老年学校 16800 所，基本建成省市县乡村五级老年教育体系，参与学习教育的老年人达到 336.6 万人。实施《安徽省终身教育学分银行"十四五"规划》，加快建设安徽省"学分银行"，设立 111 个学习成果认证服务中心[①]，形成不同学习成果认定、积累、转换的基本框架。构建终身学习和职业技能培训体系，推进"1+X"证书制度，全省 82 所高校开展高等学历继续教育，开放 300 多门服务乡村振兴、技能培训等主题精品课程，每年开展各类职业技能培训超过 90 万人次。大力发

---

① 何曼.同题共答 推动学分银行建设走深走实［J］.在线学习，2023（11）：48.

展社区教育，挂牌 9 所市级社区大学，100 个县（区）建立了社区教育三级网络。

安徽优化职业教育发展环境、推动产教深度融合，打造一体两翼发展新格局。先后出台《关于深化产教融合的实施意见》《安徽职业教育服务十大新兴产业高质量发展实施方案》《安徽省职业教育资源与重大产业匹配战略方案》《加快推进职业院校现代产业学院建设实施方案》《关于支持和规范发展股份制、混合所有制职业院校的指导意见（试行）》等文件，推进皖江经济带产教融合、皖北和大别山地区脱贫攻坚两类职业教育创新发展试验区建设①，带动各类资金投入近百亿。培育合肥（新站）高新技术产教联合体等 12 个省级首批市域产教联合体，建设全国智能装备行业、全国新能源与智能网联汽车智慧流通等 37 个行业产教融合共同体，建成 39 个产业学院，有力推动教育和产业体系人才、智力、技术、资本、管理等资源要素集聚融合、优势互补。

四、聚焦结构调整与内涵建设，推动高等教育高水平发展

安徽在全国率先出台《关于地方高水平大学立项建设分类发展的意见》，提出分类建设一批地方特色高水平大学、地方应用型高水平大学、地方技能型高水平大学，形成"科学定位、分类指导、多元发展、特色办学"的地方高等教育发展思路。为促进地方本科高校转型发展，省教育厅引导高校合理定位、提升质量、办出特色，分类建设 8 所地方特色高水平大学、9 所应用型高水平大学和 45 所技能型高水平大学，每个地市至少有 1 所地方技能型高水平大学，在全国率先建设现代应用型高等教育体系。②

在国家"双一流"建设的大背景下，2019 年，省教育厅启动高峰学科建设计划，在省属高校分别遴选出Ⅰ、Ⅱ、Ⅲ类高峰学科共 50 个。2020 年，省政府出台《安徽省高等学校高峰学科建设五年规划（2020—2024 年）》，要求服务国家战略需求和区域经济社会发展需求，瞄准世界一流和国内一流学科，建设一批基础学科、应用基础学科和应用学科等高峰学科。2022 年，省教育厅启动高峰培育学科建设计划，聚焦培养重点、优势产业链急需人才相关学科，共在 29 所高校立项建设应用型高峰培育学科 69 个、新兴交叉高峰培育学科 7 个，获支持经费 38 亿元，其中地方政府经费 23.5 亿元。

安徽首创高等教育高质量发展的部省合作新机制。2021 年 5 月，省政府与教

---

① 张岳．我省全面建设高素质产业工人队伍［N］．安徽日报，2020-12-20.
② 朱永国．安徽高等教育分类发展的探索与实践［J］．合肥学院学报，2022（02）：122-123.

育部联合印发《推动结构优化建设高质量高等教育体系共同行动方案》，采取部省联动、输造结合，在推进学科水平提升、专业产业对接等方面形成合力，引导不同类型高校科学定位、差异化发展，立足建设高等教育结构优化服务国家重大战略需求先行示范区，为全国探索可复制可推广的经验。省政府与北京师范大学、清华大学签署战略合作协议，在科学研究、科技攻关、人才培养、成果转化等方面开展合作；落实师范教育协同提质计划，推动北京师范大学、安徽师范大学对口帮扶阜阳师范大学；安徽大学等 4 所高校与中国人民大学签订战略合作协议。

安徽建立高校专业动态调整机制，优化高校区域功能定位与产业布局匹配度。2022 年，省政府印发《安徽省支持高校学科建设若干政策》《深化高校学科专业结构改革服务产业创新发展实施方案（2022—2025 年)》。2023 年，省教育厅会同有关部门先后出台《安徽省推动高校学科专业结构改革走深走实的若干举措》《安徽高校服务新能源汽车产业集群建设三年行动方案（2023—2025 年)》及《安徽省高校服务新一代信息技术等十大新兴产业人才培养行动方案》等。2022—2023 年，全省新增本专科专业点 818 个、停招撤销不适应经济社会发展的专业点 665 个、升级改造专业点 114 个。

安徽支持高校深度融入合肥综合性国家科学中心建设，引导高校发挥创新引领作用。2018 年 12 月，省教育厅印发《关于大力推进高校协同创新融入"四个一"创新主平台建设的意见》，组建原始创新、工业技术创新等 7 个合作委员会，鼓励安徽高校与科研院所、企业及长三角区域外省市高校的开放合作。中国科学技术大学、合肥工业大学等依托合肥综合性国家科学中心人工智能、集成电路、大健康等六大研究院，推进建设脑计划合肥中心、集成电路先进材料、医工融合医疗装备等前沿交叉研究平台；省属高校积极融入科大硅谷、工大智谷、中安创谷等科创平台建设。近年来，安徽为深化教育科技人才一体发展，加快建设安徽高等研究院，率先探索教育链、人才链、产业链、创新链四链高效联动，这也是全国仅有的 2 所区域高等研究院之一。安徽高等研究院立足主导产业和急需领域，按照点线面结合的思路，在全省布局"1+4+N"矩阵，依托人才共育和联合科研项目，组织安徽高校与省外及部属高水平大学、头部企业、科研机构合作，建设集实践教学、科研攻关、成果转化为一体的创新型高端平台，逐渐形成产教融合、科教融汇的安徽模式。2024 年，安徽高等研究院加快高层次拔尖创新人才培养，招收博士研究生 239 名、硕士研究生 496 人；聚焦关键领域技术突破，投入研发经费 17.46 亿元，服务 71 家企业，涉及新能源汽车、新一代信息技术和绿色健康等产业；推动产学研深度融合，立项 207 个项目，促成复旦大学、中国科学技术大学等 25 所部委高校与安徽企业协同创新。

五、顺应信息革命发展潮流，拓展教育数字化新赛道

安徽向来重视教育信息化工作。省政府先后出台《安徽省教育信息化中长期发展规划（2013—2020年）》《安徽省加快推进"互联网+"行动实施方案》。安徽以农村教育信息化为重点，加快建设"三通两平台"，缩小城乡数字鸿沟，优化教育资源配置，2018年顺利通过了国家教育信息化试点省验收。为进一步促进义务教育优质均衡发展，安徽教育信息化升级到2.0阶段，省政府办公厅出台《安徽省智慧学校建设总体规划（2018—2022年）》，整省推进智慧学校建设。各市县根据省级规划，制定本地智慧学校实施规划，形成"全省一盘棋"的发展格局。"十三五"期间全省投入教育信息化资金超过53亿元，累计投入约103亿元。2023年，安徽与沪苏浙共同签署《长三角教育数字化高质量发展合作共识》，加快长三角教育数字化转型并赋能一体化发展。

安徽省教育厅完善全省统一的教育数字化建设标准体系，加快数字基础环境建设和人才队伍建设。修订《安徽省普通中小学校信息化基本标准》，制定《安徽省智慧课堂等应用系统与省平台互联互通技术规范V2.0》等，建立"统一规划、统一设计、统一标准、统一平台、统一数据资源库"管理模式，实施智慧教学应用普及工程、乡村学校扶智攻坚工程等7项重点工程。[1] 为提升教师数字素养，实施"智慧徽师成长计划"，组织开展教育信息化领导力和教师信息化教学能力培训，仅2023年培训校长9000多人次、教师17.7万人次。

安徽丰富智慧教育应用场景，围绕智慧教学、智慧学习、智慧管理、智慧生活、智慧文化等领域，推动教育教学理念和方式变革。省级整合"皖教云""e会学"平台，链接国家智慧教育平台和市级智慧教育平台，形成纵向贯通、横向联通的智慧教育系统，为学校、师生、家长、管理和研究者提供多样化服务。[2] 全省中小学校建设智慧课堂班级数超过5万个、开课超过2700万节，通过全过程伴随式数据采集，为精准教学、因材施教提供智能化路径。职业院校建设约500个虚拟仿真实验教学中心，超过90%的职业教育教师开展线上线下混合式教学，探索运用虚拟仿真、数字孪生等数字技术和资源创设教学场景。高校推进数字化教学平台和教学资源建设，以数字化赋能教学改革、管理创新、环境优化、数据治理、资源应用等，有力支撑办学水平和人才培养质量持续提高。

---

① 闫明圣. 强化管理　突出应用　促进城乡义务教育优质均衡发展［J］. 教育与装备研究，2021（07）：7.

② 汪婷婷. 以教育数字化助推教育强省建设［J］. 教育文汇，2023（06）：4-6.

六、坚持人才第一资源，深化新时代教师队伍建设

2018 年 6 月，安徽省委、省政府在全国率先出台《关于全面深化新时代教师队伍建设改革的实施意见》，提出加强师德师风建设、振兴教师教育、理顺教师管理体制机制、提高教师待遇等政策措施，对深化新时代教师队伍建设改革作出总体部署。

安徽建立教师编制周转池制度，盘活全省教师编制存量。以"省级统筹、重点保障、动态调整、周转使用"为指导原则，中小学核定增加周转池编制 2.5 万名，实行市域内定期动态调整、县域内每年调整；高校核增周转池编制 1 万名，主要用于编制总量外急需引进的高层次人才。在合肥职业技术学院等 6 所高职院校、合肥学院（现名"合肥大学"）等 24 所本科高校开展试点工作，累计确定周转池编制 8546 名，获中央领导同志批示肯定、教育部专刊推介经验。

城乡中小学教师配置是推进城乡教育均衡发展的重点工作。安徽科学规划、发展省域教师教育，形成以 10 所师范院校为主体、30 所非师范院校为支撑的师范生培养体系。多途径拓宽中小学教师补充渠道，落实公费师范生和"优师计划""硕师计划"，累计招录 3159 人；实施定向培养乡村教师计划，累计为乡村小学输送 1.8 万余名师范毕业生；作为国家乡村中小学首席教师岗位计划试点省，为大别山等革命老区和贫困地区遴选首席教师 1895 名；实施"特岗计划"，为脱贫县区农村义务教育阶段学校招聘教师 4.6 万余名。① 开展中小学教师"县管校聘""无校籍管理"等改革，推动义务教育阶段校长教师交流轮岗，促进城镇优秀教师、校长向乡村学校、薄弱学校流动。2023 年 2 月，省教育厅等出台《新时代基础教育强师计划实施方案》，进一步夯实高素质专业化创新型中小学教师队伍建设。

安徽推进职业院校"双师型"队伍建设，建立职业院校引进人才"绿色通道"。出台省级中等职业学校教师专业技术资格条件、中高等职业院校"双师型"教师认定标准等系列文件，率先成立省级"双师型"教师认定指导机构，构建"引导—培训—认定—转化"教师培养和任用体系，为全国职业院校"双师型"队伍建设探索了路径。创新企业兼职教师评聘机制，省教育厅会同发改委等五部门印发《安徽省职业院校产业教授选聘办法》，首批 301 名科技创新人才、高技能人才和管理人才入选安徽省产业教授。

---

① 安徽省创新强师惠师举措 着力打造新时代高素质专业化教师队伍［EB/OL］.（2024－02－26）［2024－03－27］. http：//www. moe. gov. cn/jyb_xwfb/s6192/s222/moe_1743/202403/t20240301_1117685. html.

　　人才队伍是高校发展的核心竞争力。安徽注重发挥高校引才育才主体作用，助力高校打造人才强磁场和蓄水池。支持省属高校高层次人才引育工作，先后引进袁亮院士、李亚栋院士、王琦院士担任省属高校校长或名誉校长，柔性引进14 名国家级重点人才担任 11 所省属高校学术副校长。利用省政府与知名高校开展战略合作等机遇，吸引知名教授到省属高校任教、挂职。省教育厅实施省"百人计划""特支计划"、高校"领军骨干人才""优秀拔尖人才"等重大人才项目，2020 年以来自主培养 19 名"长江学者"。2023 年 5 月，省委组织部、省教育厅等印发《高校人才队伍高质量发展支持行动方案（2023—2025 年）》，实施中青年教师培养、高端人才引育、高水平团队建设、高层次人才奖补等项目，完善高校人才队伍建设支持体系。

七、服务国家重大区域协调发展战略，推进长三角教育一体化高质量发展

　　安徽全力落实国家战略，准确把握自身定位，充分发挥比较优势，积极融入长三角教育一体化发展格局，在改革创新、先行探路、区域协调发展等方面走出安徽新路、展现安徽作为。

（一）强化长三角教育协同发展顶层设计

　　安徽与沪苏浙协同成立了长三角教育一体化发展领导小组，由分管教育的副省（市）长任组长，教育部相关领导任特别顾问①，省（市）教育行政部门主要负责同志任成员，初步形成长三角教育一体化发展的领导统筹机制。2018 年至今，三省一市先后签署了《长三角地区教育更高质量一体化发展战略协作框架协议》、三轮长三角一体化教育协同发展三年行动计划，立足服务国家区域发展战略，明确高等教育、职业教育、干部师资、教育数字化、教育评价等重点领域，构建长三角教育协同新机制，携手打造全球卓越的教育区域创新共同体。2019年，安徽轮值主办了以"加强区域协同，推进教育现代化"为主题的第十一届长三角教育一体化发展会议，也是长三角一体化上升为国家战略后的第一次教育一体化发展会议，对进一步推动长三角教育一体化进程具有重要意义。2019 年10 月底，上海普陀、江苏苏州、浙江嘉兴、安徽芜湖四地教育局签署协议，成立长三角一体化四地教育联盟，建立战略合作协调推进机制，打造长三角一体化区域教育协作的"样板间"。

---

①　曹燕.长三角区域高等教育协同发展政策优化研究［D］.上海：华东师范大学，2020：130，56.

（二）推动基础教育协同联动发展

安徽依托校长教师培训联动平台、优质资源共建共享等加强与沪苏浙基础教育合作交流。三省一市采取"省际合作、多级联动、梯次培养"模式，以跨区域基础教育教师协作培养带动基础教育联动发展。安徽积极建设"五育融合"共享平台和示范基地，建设了20个辐射长三角地区的省级劳动教育基地；与沪苏浙共同成立中国长三角新劳动教育联盟，推动长三角劳动教育改革创新。市、县（区）通过托管、协作帮扶、开设分校等形式与沪苏浙开展合作。铜陵市与上海浦东新区、松江区、闵行区等建立教育合作机制，引进华东师范大学长三角数学拔尖人才培养基地，与沪苏浙知名学校共同发起成立"长三角教育一体化研究学校联盟"；滁州市南谯区与南京市浦口区开展深度交流合作，以组建教育联盟、成立校园文化共建合作体、举办校长论坛、派驻教育管理干部等形式，建立教育资源共享机制和定期交流互访机制；合肥市开展跨省域集团化合作办学；六安市部分中小学幼儿园与上海市学校"一对一"结对共建；淮南市、池州市、宣城市等引进沪苏浙优质教育资源等。

（三）推动职业教育协同错位发展

安徽致力于搭建职业教育一体化协同发展平台，探索长三角区域职业教育联动布局和错位发展。2018年，首批4个长三角地区联合职业教育集团落地。安徽牵头成立了长三角国际商务职业教育集团，围绕电子商务、跨境电商、呼叫客服、人工智能、服务外包、健康家政等特色产业打造人才培养基地；该职教集团现有成员206家，成员院校优化专业设置，共同制定人才培养方案，共建共享线上课程、线上线下混合式课程、社会实践课程、虚拟仿真实验教学课程、专业教学资源库等优质职教资源。安徽牵头组建长三角高职院校学前教育联盟，覆盖长三角46所高职院校，成员单位积极开展学前教育教学改革和开放交流，为区域学前教育创新发展和质量提升探索道路。安徽组织省内院校、企业加入电子信息、软件、智能制造等长三角区域性职教集团，牵头构建"433"协同发展创新平台，参与建设长三角产教融合智慧云平台，有力促进了区域内人才培养、校企合作、双创就业、社会服务协同发展。

（四）推动终身教育协同健康发展

安徽加快发展终身教育，与沪苏浙共同建设长三角地区学习型社会。安徽实施终身教育学分银行"十四五"规划，推进安徽省学分银行接入长三角一网通办平台。三省一市探索继续教育学习成果认定与转换方式，建成计算机信息管理、学前教育、大数据与会计、行政管理等8个本专科专业学习成果认定转换标准体系，开辟了教育评价改革新路径，初步形成学生校际流动与培养互认机制。

安徽参与实施长三角地区社区教育、老年教育协同发展三年行动计划（2019—2021年），认定滁州电大开放大讲堂等122个特色地方品牌项目；参与长三角市民终身学习体验基地创建、长三角社区教育优秀微课评比，池州老年大学等17个体验基地入选、"健身跑的呼吸与节奏"等50个微课获奖。三省一市共建上海金山·浙江嘉善·江苏吴江·安徽宣州·江苏江宁"社区教育助力乡村振兴"区域终身学习发展共同体，该项目获批国家首批实验点。

（五）推动高等教育协同创新发展

安徽深化跨区域高等教育合作，助力长三角优质高等教育资源流动和创新发展。省政府与上海交通大学、南京大学开展合作，为区域经济发展和高水平科技自立自强聚势赋能。省属高校与沪苏浙高校开展深度合作，如安徽大学与复旦大学聚焦"双一流"建设，围绕学科建设、人才培养、科学研究、人员交流、智库建设等开展密切合作；池州学院、安徽科技学院、安徽建筑大学等与南京信息大学金牛湖产教融合园区开展专升本联合培养；亳州市与上海中医药大学共建亳州学院中医药学院等；阜阳师范大学与苏州大学等开展共建互访和科研项目合作。在皖高校积极参与各类联合组织，如中国科学技术大学与沪苏浙高水平大学共同发起成立长三角研究型大学联盟；中国科学技术大学、安徽医科大学等高校联合倡议成立长三角医学教育联盟；合肥大学发起成立长三角应用型高等教育联盟；安徽工业大学、安徽理工大学加入长三角高等工程教育联盟、长三角高水平行业特色大学联盟等。2023年，安徽省教育厅联合沪苏浙教育行政部门等举办第三届中国高校科技成果交易会，350所省内外高校参展，2100余家"专精特新"、小巨人、龙头和链主企业、投融资机构和科技成果推广机构代表参会，展出科技成果11000余项，参展高校、参展成果、举办层级均达到历史之最，充分体现了长三角高等教育的科创实力。

（六）推动师资队伍协同优质发展

安徽参与搭建长三角教师发展平台，促进教育人才协同培养和辐射交流。三省一市依托长三角优秀师资培养联合体，建立5个培养基地，遴选240余所优质学校（幼儿园），为教师异地交流研修和跨区域挂职创造了条件。持续实施长三角中小学（含幼儿园、中职）名校长培训、骨干教师交流研修、访问学者计划及中小学优秀后备干部跨省市挂职等，形成了可复制的教育人才"跨地合作"培训经验。安徽牵头举办长三角民办高校校长高级研修班、长三角师范院校教师智慧教学大赛、长三角师范生教学基本功大赛，主办或联合承办长三角中小学名校长高峰论坛、长三角基础教育教师发展论坛、长三角基础教育校长发展高端论坛，积极培育长三角中等职业教育一体化发展名校长和名师工作室，稳步推进高校青年教师访学研修活动。截至 2023 年底，安徽依托长三角联合培养项目和优质资源，共培养中小幼学校优秀教师校长 862 人；皖北八市复制省级经验，选派 2416 名校园长、教师和教育管理干部赴沪苏浙结对城市交流培训，为基础教育优质资源扩容工程提供了坚实的人才支撑；省属高校从沪苏浙引进国家级人才和高水平专家，如陈诗一、朱红军、蔡国军、周慧芳等担任校领导，充实了安徽高校领军人才队伍。

（七）协同构建区域教育现代化质量保障体系

安徽省委办公厅、省政府办公厅《加快推进安徽教育现代化实施方案（2018—2022 年）》明确提出，联合开发区域教育现代化、教育质量评价指标体系并开展区域教育现代化水平评估。在教育部指导下，安徽省教育评价机构协同沪苏浙共同研制《长三角教育现代化指标体系（试行）》，连续三年组织开展长三角教育现代化监测评估安徽省数据采集和抽样调查，建立了省、市、县、校四级监测体系。长三角教育现代化监测评估安徽省分报告及多篇专题咨政报告立足监测评估数据，分析研究安徽教育现代化监测评估目标达成度、教育现代化指数，找准安徽省在长三角、全国教育现代化坐标中的方位并提出对策建议。安徽省分报告连续三年被教育部采纳印发，1 篇咨政报告获时任省委书记郑栅洁同志肯定性批示，充分发挥了监测评估对教育科学决策及各级各类教育质量提升的支撑作用。

（八）协同探索建设教育开放引领区

安徽向沪苏浙看齐、加强与发达地区合作，做好"走出去"和"引进来"两篇文章，学习国外优秀教育经验，展示安徽教育自信，扩大教育开放水平。安徽省教育厅协同沪苏浙教育厅（教委）国际合作交流部门每年召开长三角教育对外开放协作会，共同举办长三角国际产学研用合作会议。2021 年，安徽省教育厅在与德国下萨克森州科文部连续共同主办 16 届中德应用型高等教育研讨会的基础上，发起并与沪苏浙教育厅（教委）共同主办长三角双元制教育国际合作研讨会，围绕产教融合、校企合作、开放在线学习平台建设等主题形成创新理论成果。该会议逐步成为长三角国际教育对话、长三角一体化发展的品牌活动，为中国高等教育、职业教育高质量发展启智增慧、搭建平台，推动了"双元制"教育国际合作和应用型大学转型发展，在教育服务产业发展、深化教育对外开放方面发挥示范引领作用。

第七章　安徽推进教育现代化的发展成就与典型示范

　　长三角一体化发展上升为国家战略以来，安徽锚定长三角率先实现教育现代化目标任务，加快推进教育综合改革发展，追赶态势更加明显，从全国中后位次进入中等靠前位次。2023 年长三角教育现代化监测评估结果显示，安徽省教育现代化指数位居全国（31 个省/自治区/直辖市）第 13 位，为中高教育现代化指数省份，超过全国平均水平和中高收入国家平均水平，初步实现从规模到内涵转变、从数量到质量跨越，取得了历史性的发展成就。各地、各校深化教育现代化创新实践，为长三角、长江经济带、中部地区乃至全国教育改革发展探索科学路径，形成了一批可复制、可推广、可借鉴的教育现代化典型和经验。

一、安徽教育现代化的主要发展成就

（一）教育普及水平实现新突破

　　2023 年，全省各级各类学校共 2.1 万所，其中普通本科学校 46 所、高职高专 75 所、成人高等学校 6 所、中职学校 245 所、普通高中 676 所、初中 2763 所、小学 6218 所、幼儿园 11108 所、特殊教育学校 81 所。[①] 学前三年毛入园率从 2017 年的 85.9% 上升到 2023 年的 99% 以上，普惠性幼儿园覆盖率达 93.2%，基本化解 "入园难" "入园贵" "大班额" 现象，绩溪县、青阳县、黟县等 3 个县被教育部认定为全国学前教育普及普惠县；九年义务教育巩固率从 2017 年的 93.8% 上升到 2023 年的 98.0%，随迁子女在公办义务教育学校就读比例达 98.3%，全省适龄残疾儿童少年义务教育入学率达 96.41%；高中阶段毛入学率从 2017 年的 90.5% 上升到 2023 年的 93.0%；高等教育毛入学率从 2017 年的 47.7% 上升到 2023 年的 63.5%。[②] 可见，通过六年的发展，长期存在的辍学问

[①] 2023 年安徽省教育事业发展基本情况［EB/OL］.（2024-01-22）［2024-01-29］. http：//jyt. ah. gov. cn/ztzl/2024nslhjyxxfwzl/rdwt/40689869. html.

[②] "辉煌 40 年——安徽改革开放发展成就" 系列新闻发布会（第九场）［EB/OL］.（2018-12-12）［2023-12-10］. http：//jyt. ah. gov. cn/public/7071/39718544. html. 2023 年安徽省教育事业发展基本情况［EB/OL］.（2024-01-22）［2024-01-29］. http：//jyt. ah. gov. cn/ztzl/2024nslhjyxxfwzl/rdwt/40689869. html.

题得到根本性解决，学前教育普及普惠稳步推进，义务教育和高中阶段教育全面普及水平继续提高，高等教育实现了从大众化到普及化的历史性转变，各级教育普及程度达到或超过中高收入国家平均水平。

（二）教育改革发展取得新进展

一是基础教育在重点领域、改革项目中发挥了探路者和领头羊的重要作用。安徽率先在中西部地区实现县域义务教育基本均衡全覆盖，"无校籍管理"和校长职级制改革获全国教育改革创新特别奖；铜陵市被确立为全国 12 个基础教育综合改革实验区之一；滁州市凤阳县入选教育部完善普惠性学前教育保障机制实验区；合肥市庐阳区等 5 个县区被确定为全国义务教育优质均衡先行创建县（市、区），其中芜湖市繁昌区、黄山市徽州区、滁州市天长市已通过首批全国义务教育优质均衡发展县验收；合肥市、芜湖市繁昌区入选教育部义务教育教学改革实验区；淮北市第一实验小学、亳州市第十一中学等入选义务教育教学改革实验校；合肥市入选首批普通高中新课程新教材实施国家级示范区，合肥一中、六中、八中入选国家示范校；淮南市、合肥市瑶海区、黄山市徽州区入选全国中小学劳动教育实验区等。

二是职业教育凸显内涵式发展，产教融合走在全国前列。栗战书、孙春兰同志先后来安徽调研职业教育并给予充分肯定，2022 年安徽职业教育获国务院督查激励。安徽共有 5 所高职院校入选国家"双高计划"，82 种教材入选"十四五"首批职业教育国家规划教材，35 门课程入选职业教育国家在线精品课程，1个案例入选全国 16 个乡镇（街道）社区学校典型案例，获批 5 个全国职业院校技能大赛赛点。2023 年，职业院校获国家级教学成果奖 17 项，获全国职业院校技能大赛教学能力比赛一等奖 7 项、综合排名全国第三位，获全国职业院校技能大赛一、二等奖 120 项，获批全国"百姓学习之星"5 人、全国"终身教育品牌项目"5 个。安徽省、合肥市、科大讯飞集团分别入选国家首批产教融合型试点建设省份、城市和企业，合肥市、芜湖市入选国家级市域产教联合体，"城市出卷、院校答卷、产业阅卷"的产城互融共生模式入选国家 50 个产教融合典型案例，安徽大学集成电路产业学院、合肥大学大众学院等成为全国产教融合先进典型。

三是高等教育综合实力稳步提升，学科建设和科技创新均取得一定突破。中国科学技术大学等 3 所高校入选新一轮"双一流"建设高校，13 个学科入选世界一流建设学科，省属高校在第五轮学科评估中实现 A 类和 B+学科两个"零的突破"；2024 年 11 月科睿唯安公布的 ESI 数据显示，我省高校共有 2 个学科进入 ESI 排名前 1‰，6 个学科进入前 1‰，90 个学科进入前 1%。高校国家自然科学基金立项数连续 3 年以 10% 左右速度递增；根据 2024 年 10 月发布的自然指数排名，中国科学技术大学仅次于哈佛大学、位居全球高校第 2 位，安徽师范大学、合肥工业大学等 3 所高校也在全国内地高校 TOP100 榜单之列，其中省属高校安徽大学国内排名上升至第 47 位、国际排名上升至第 132 位，成长速度位居全国高校前列。全省布局建设的 13 个大科学装置中 11 个有高校参与；高校近六年主持和参与项目获国家科学技术三大奖超过 20 项，其中省属高校牵头项目获国家科技进步二等奖和国家自然科学二等奖各 1 项、实现"零的突破"。

（三）教育数字化转型达到新高度

安徽作为首批整省国家智慧教育平台试点，稳步推进教育数字化战略行动，在全国首批建成省级智慧教育平台，率先实现省级智慧教育门户与国家智慧教育平台互联互通；累计汇聚各类数据 6.3 亿条，资源存储量超过 1980TB，总浏览量超过 16 亿人次；全省共建设 12209 所智慧学校（含 2474 个教学点），实现城乡全覆盖。市县、学校积极探索数字技术、人工智能赋能教育教学，蚌埠市、淮北市濉溪县入选教育部"基于教学改革、融合信息技术新型教与学模式"实验区；蚌埠市获批国家级信息化教学实验区；合肥市、蚌埠市、安徽大学、安徽师范大学入选教育部第二批人工智能助推教师队伍建设试点；合肥市师范附属小学、蚌埠市蓝天路小学等 6 所学校入选教育部中小学人工智能教育基地；安徽机电职业技术学院等 25 所职业院校获批国家职业院校数字校园建设试点校；8 个区（县）、49 所学校入选"央馆人工智能课程""央馆虚拟实验""智能研修平台"应用试点。在疫情防控期间，教育行政部门组织 3500 余名骨干教师录制了 5000 余节优质线上课程，覆盖各学段、各学科，惠及全省 800 余万师生，充分展示了教育数字化工作成效。

（四）人力资源开发水平迈上新台阶

安徽人均受教育年限从 2017 年的 9.27 年提高到 2022 年的 9.63 年；每十万人口大专及以上受教育程度人数从 2017 年的 13554 人提高到 2022 年的 14220 人；在学研究生数从 2017 年的 57761 人提高到 2022 年的 111060 人、规模增长了近一倍。新时代十年，我省高等教育累计培养各类人才 324.8 万。近年来，职业院校年均向社会输送技术技能人才近 50 万人、70% 以上毕业生在本地就业，每年面向各类群体开展职业培训超过 90 万人次，仅 2023 年培养培训涉农技能人才超过 20 万人次。2023 届全省高校毕业生 48.46 万人，截至当年 9 月 1 日毕业去向落实率为 90.85%，实际就业毕业生留皖率为 71.56%。职业教育和高等教育的迅速发展扩大了高素质人才供给，拉长了新增劳动力受教育年限，进一步提升了劳动年龄人口综合素质，稳定、持续地为经济社会高质量发展提供人才支撑，推动安徽从人口大省向人力资源大省、强省转变。

（五）教育服务产业发展呈现新局面

安徽创新实施省市校企共建学科专业发展模式，学科专业群与产业集群、特色学科专业与新兴产业的契合度不断提高。经过多轮学科专业布局调整，省属高校紧密服务安徽省十大新兴产业专业点共 3682 个、占比为 64.9%；直接服务于十大新兴产业领域的高峰培育学科共 63 个，每个地市最少建设 2 个应用型高峰学科支撑当地产业发展。中、高职院校专业点分别为 2809 个和 3471 个，职业院校专业链基本全覆盖产业链；其中涉农专业点 452 个，全面服务农民就业创业、助力乡村振兴。近年来，安徽加快打造汽车产业"首位产业"，聚集了比亚迪、大众、奇瑞、蔚来、江淮、长安、汉马科技等 7 大整车企业①，构建"合肥—芜湖"双核联动、其他市多点支撑的一体化发展格局，合肥市被工信部批准为全国唯一新能源汽车产业链供应链生态体系建设试点市。针对建设世界级新能源汽车和智能网联汽车产业集群需要，全省高校立项建设了 21 个汽车类现代产业学院，服务新能源汽车产业专业点共计 2267 个、占比为 38.1%。

（六）教育对外开放形成新标志

安徽积极参与共建"一带一路"教育行动，提高教育开放水平。合肥学院（现名"合肥大学"）以"地方性、应用型、国际化"办学理念为指导，建成中德教育合作示范基地，探索形成一整套特色应用型高等教育模式，在教育部《中国新建本科院校质量报告》中被总结为"安徽现象、合肥模式"。2020 年，我省首个中美合作办学机构安徽大学纽约石溪学院成立，诺贝尔物理学奖获得者杨振宁受聘担任名誉院长，学院融合中美双方在科研和 STEM 学科方面的优势，开设应用物理学、应用统计学、数字媒体技术 3 个本科专业，标志着地方特色高水平大学建设和高等教育对外开放的新成果。近年来，安徽"职教出海"取得了初步成效。安徽职业技术学院泰国分校在乌隆他尼市揭牌，该校是我省职业院校在国外开办的第一所分校；芜湖职业技术学院、安徽国际商务职业学院在海外建立了 3 个"徽匠工坊"，打造"一带一路"国际化人才培养职教品牌。

二、安徽教育现代化的典型与经验

（一）以德育为引领，着力培养时代新人

安徽高度重视学校思想政治教育和社会主义核心价值观培育，推进"三全育

---

① 工弘毅.全省汽车产销快速增长［N］.安徽日报，2024-01-02.

人"综合改革试点省建设，率先成立全国首个省级教育安全与智慧思政大数据研究中心，连续多年将深化思政课改革创新、推进大中小学思政课一体化建设等列入重点工作。

安徽推进学校国防教育工作高质量发展。教育系统深入学习贯彻习近平总书记 2023 年 8 月勉励安徽省潜山野寨中学新考取军校同学们的重要回信精神，教育引导广大青少年学生关心国防、热爱国防、建设国防、保卫国防。进一步完善国防教育政策体系，促进大中小学国防教育相互衔接，各地各校将国防教育融入课程体系、人才培养体系和教育督导体系。组织开展"全民国防教育月"，推动学生军训工作规范化、制度化运行，开展中小学国防教育综合社会实践活动，在国家公祭日、烈士纪念日、清明节等开展祭奠英烈活动。建设全国中小学国防教育示范学校 187 所；近 3 年大学生和大学毕业生征兵比例位居全国前列；连续 5 年被评为全国兵棋推演大赛优秀赛区，2023 年获全国冠军；合肥十中海军航空实验班共向海军航空大学输送 77 名学子。野寨中学引领示范作用持续增强，2024 年军校录取人数由 2023 年的 20 人增至 51 人，被国防部点名表扬。

蚌埠市推进大中小学思政课一体化高质量发展。依托大中小学思政课一体化教学创新联合体，推动市域内教学研讨、集体备课常态化。挖掘地方特色研修研学资源，建设固镇县津浦铁路文化遗址公园、垓下遗址、蚌埠市博物馆、安徽创新馆等"大思政课"实践教学基地。强化优质教学资源供给，开发《小岗改革再出发》《不忘嘱托——追梦路上的大湾村》《传承弘扬铁军精神》等 30 余门课程。构建"大思政课"师资库，聘任二十大代表、全国人大代表、"改革先锋"、中国好人等 50 余人担任指导教师。在市内协同基础上，强化"手拉手"区域协作，以援疆建设为契机，与新疆理工学院马克思主义学院、新疆皮山县结对共建，汇聚思政工作合力。

安徽师范大学推进思政课改革创新、提质增效。学校在全省高校发起成立省高校课程思政教育联盟，率先发起设立"班级思政委员"，率先制定"行走的思政课堂"建设方案。开发习近平法治、经济、生态文明、文化思想等系列课程群，研制总书记"红色足迹"智慧云地图。建设可视化传播平台，开展"开新局·师大行""榜样师大人"专题宣传，《金寨映山红花海》等多部融媒作品登上主流媒体。搭建青春诗会、歌会、音乐会、故事会等青春思政课堂。打造"互动思政课"，开设"丙辉漫谈"，举办讲座 370 余场，撰写网络笔谈 50 余万字，纾解学生问题 1 万余条，累计受众 3000 多万人，师生毅行 5000 余公里，获评中国政研会思政工作典型案例。

蚌埠学院打造全景式育人场域。学校依托"组织、课堂、宣传、文化"四个阵地和"专业实践、社会实践、体育艺术实践、劳动实践"四个平台，打造

"专职思政队伍、兼职思政队伍、广大教职工队伍"三支队伍，形成"管理服务、帮扶助困、协同联动"三个保障体系，构建"4433"思想政治工作体系，营造深层浸润的"三全育人"工作格局。

黄山市徽州区呈坎镇中心学校继承和发扬乡土文化中的社会主义核心价值观。学校依托千年古村文化底蕴，统筹地方和校本资源，构建"尚礼"教育特色德育课程。从传统地方文化和教育实践中提炼出"一训三风"，即校训"明德、励学、求实、创新"，校风"团结务实，善教乐学"，教风"敬业严谨、爱生民主"，学风"勤学善思、好问笃行"。打造启蒙礼、尊师礼、感恩礼、敬畏礼、寻根礼"五礼"系列教育，培养崇德尚礼、儒雅温润、体健艺美的时代新人。

（二）深耕素质教育，服务学习者全面发展

安徽坚持五育并举，关注学生身心健康，培养学生德智体美劳全面发展和综合素养全面提升。素质教育凸显区域特色，科学教育、体育、美育、劳动教育、心理健康教育等形成一地一品或一地多品格局，在全省乃至长三角地区起到了良好的辐射引领作用。

合肥市包河区打造"一院、一中心、多基地"科学教育模式。区级建设青少年科学研究院、科学教师服务中心、青少年科技创新与劳动实践基地、高校科研院所科普基地，开展"科学家（精神）进校园"活动，特邀中国工程院院士龙乐豪等顶尖专家开设科普大讲堂；常态化开展人工智能、信息学、机器人等特色科普实践活动。通过"靶向引才"从中国科学技术大学、人民大学、南京大学等高校引进300余名应届毕业生，保障每所小学至少有1名硕士学历的科学教师。

淮南市学校体育工作走在全省前列。全市体育课程开足率、大课间体育活动率、一小时校园体育活动率始终保持100%；每年举办全市中小学生田径运动会、青少年阳光体育运动会、青少年校园足球联赛、U系列选拔赛等品牌赛事，开展形式多样的"奔跑吧少年"主题健身活动。建设国家级体育传统项目学校2所、省级体育传统项目学校15所，全国校园足球特色学校91所、足球特色幼儿园9所，国家级体育后备人才基地1个、省级体育单项后备人才基地2个。淮南二中女子足球项目近年来两次入围全国八强，多次获安徽省青少年女子足球冠军。

阜阳市深入挖掘传统文化中的美育元素。市级督促学校树牢"以美育人、以美化人、以美培元"理念，厚植美育土壤，完善"艺术基础知识基本技能+艺术审美体验+艺术专项特长"教学实践。学校将阜阳剪纸、太和清音、阜南柳编、临泉彩陶、颍山花鼓戏等纳入地方艺术特色课程；扎实开展"戏曲文化微宣讲""戏曲进课堂"活动，组织艺术团体进校园演出梆剧、曲剧、嗨子戏等；举办校园文化艺术展演、乡村少年宫合唱比赛等活动。6 所学校被授予"国家级优秀传统文化传承学校"称号。

合肥市瑶海区推进劳动教育"五大工程"。区级编制《瑶海区劳动教育指导手册》；整合青年创意田园等资源，在全省首创打造 15 分钟实践圈；在区青少年活动中心打造劳动教育园地，每学年组织 8 万余名学生参加 1 天劳动教育活动；制定活力家长评价手册，推进家校协同育人。学校建立"1+X"劳动课程体系，开发校本特色劳技课程 287 门，开辟劳动教育场地 82 个；构建学校劳动教育年度报告制度，将劳动教育纳入学生综合素质评价内容。

宿州市实施全方位、融合型心理健康教育。一体化建设"市—县—校"三级辅导中心（室），心理健康服务热线覆盖全市所有中心校（学区）。心理健康教育与各学科教学、班主任工作、班团队活动、校园文体活动、社会实践活动等有效融合联动，落实"一生一档""一生一策"。创新教育形式，开展"心护成长·与法同行"心理与法制教育进校园活动 20 场，举办预防未成年人犯罪心理微课 6 期、预防未成年人犯罪交流研讨会 6 场；部门协同举办线上辅导 84 场，开展家长课堂、亲子活动、户外拓展等 20 多场、吸纳 1000 多人参与。

（三）回应群众关切，优化教育资源供给

安徽大力推进教育公平，以义务教育、学前教育、特殊教育、老年教育为着力点，满足薄弱地区和特殊人群"上好学"的教育期盼。在全省推行中小学（含幼儿园）课后延时服务、实施"安心托幼""老有所学"暖民心工程，采取政府、家庭费用分担方式，提供质优价廉的教育服务。

安徽充分发挥国家义务教育质量监测诊断改进功能，支撑县域义务教育优质均衡发展。省级采用基础性描述、横向比较、纵向分析等多种方法，分学科、分年度梳理提取国家监测报告关键信息，明确我省及样本县优势和短板，分城乡地区、学科组进行监测报告分析解读。省、市、县三级协同推进整改工作，省教育厅成立督导、评估、基教、师资、教研等部门协作的工作专班，压实县级主体责任和市级监督责任，建立"监测诊断—结果应用—跟踪整改—督导提升"的闭环模式，推动县域尤其是农村地区义务教育"补短板""强弱项"。

芜湖市繁昌区率先通过国家义务教育优质均衡发展县验收。该区加大经费投入，改善城乡学校办学条件；增加义务教育学位供给，消除大班额现象；面向"双一流"高校引进高层次人才，解决音体美等学科专任教师紧缺问题。为破解师资不平衡难题，在全区实施教研协同，建设 44 个名校长、名督学、名班主任、

名师工作室，辐射带动教师 500 余人；打造 39 个学科研训项目包，每年开展研训活动 300 余场，助力全体教师专业成长。① 全区 25 所中小学形成各具特色的校园文化，其中 2 所入选全国优秀传统文化传承示范学校、全国国防教育示范学校，6 所入选全国青少年校园足球或校园篮球特色学校。

合肥市庐阳区率先探索学前教育组团式发展。依托省市一类公办园组成 7 个学前教育互动发展联盟，以公办园带动民办园，建立"管理同探索、教师同发展、文化同繁荣、质量同提高"机制；累计开展 4000 多项科学保教活动，形成"园际联合结对、区域联片组团、区外联谊交流"的组团共进发展模式；实施公办、民办幼儿园教师双向交流，累计互派教师 168 人、跟岗园长 16 人，覆盖全区 70% 以上园所。该区已实现"三园两覆盖"目标，即辖区适龄幼儿入就近园、放心园、优质园，老城区公办园全覆盖、区域内普惠园全覆盖。

合肥市蜀山区全力推进特殊教育融合发展。区教体局联合区民政局、卫健委、残联成立蜀山区特殊教育指导中心，统筹指导全区特殊教育工作；并将特殊教育纳入基础教育总体规划。2021 年 9 月，蜀山区特教学校正式招生运营，同时 80% 的普通学校接收特殊学生随班就读，各校执行"一生一案""一生一册"，有条件的学校进行"康教结合"。2022 年，该区户籍适龄残疾儿童少年共 419 人，入学 381 人，其中特殊教育学校和特教班就读 136 人、普通学校随班就读 229 人、送教上门 16 人，除特殊原因以外，全区适龄残疾儿童基本上接受义务教育。

宣城市课后服务从"全覆盖"走向"高质量"。2022 年，该市课后延时服务管理平台上线，提供政策发布、开课选课、课程评价、数据监管等功能，663 所中小学幼儿园、20655 名教师、244206 名学生数据及 11556 门课程信息全部进入数据库，在全省率先实现义务教育课后服务、幼儿园延时服务信息化管理一体化、全覆盖，小学课后服务学生参与率达 98% 以上。宁国市 2022 年率先在全省试点寒暑假"官方带娃"。广德市工业园区为服务园区用工稳定，弹性设置学生离校时间，实施特定群体"放心晚八点"，被新华社、《安徽日报》等多家媒体报道。

各地因地制宜实施"安心托幼"。亳州市谯城区以数字化提升托幼质量，将市幼儿园等 20 所公民办托幼机构、62 台摄像头监控设备接入区"一网共治"平台，实现"一网统揽、实景督查、云端调度"，推动托幼服务意识和服务水平不

---

① 教育部公布首批全国义务教育优质均衡发展县（市、区）名单 获批地方创建积累了哪些经验 [EB/OL]．（2024 - 05 - 08） [2024 - 05 - 09]．https：//china. cnr. cn/yaowen/20240508/t20240508_526697079. shtml.

断提升；开发"谯城区安心托幼"微信小程序，链接数字服务大厅、政府网站、融媒体客户端等，方便群众进行学校查询、问题咨询和报名预约等，实现一码在手、入托无忧。黄山市实施农忙早托惠民工程，发放 1.6 万余份《农忙时节早间托管服务致家长的一封信》，早间托管入园时间提前到早上 7 点，所需相关费用由区县统筹解决，惠及 3000 多个家庭，每天减免金额约 1.8 万元。

各地"老有所学"呈现多样化、高水平。马鞍山打造老年教育特色品牌，建立 55 个老年学校临时党组织，夯实"党建活动"第一阵地；开设 322 个线下教学班和 77 个线上教学班，筑牢"课程教学"第二阵地；组建舞蹈艺术团、合唱团、京剧团、书画研究院、摄影协会等社团，打造"成果展示"第三阵地；成立 97 个银发志愿服务团队，开展文明创建、生态环保、助教助学和关心下一代等活动，形成"志愿服务"第四阵地。六安市霍山县扩大优质老年教育资源，投资 2500 万元扩建县老年大学，在完全中学挂牌成立 4 所老年学校，建成 27 所养老机构老年学校（含教学点），推动老年教育不断向基层延伸；依托霍山开放大学开通霍山县老年远程教育网，注册学员人数达 5838 人，总访问量达 5 万余次，打通老年教育的"最后一公里"。

（四）创新强师惠师举措，打造高素质教师队伍

安徽针对教师结构性短缺问题，出台一系列改革措施，除了在全国率先实施教师编制周转池、中小学教师交流轮岗等以外，注重以数字化赋能中小学教师能力提升，发挥高校用人自主权和引才育才优势，教师结构不断优化、素质不断提高，人才规模不断扩大。

安徽省教育厅建立"政府主导、院所实施、域内共享"的中职教师能力发展智慧平台。首创"一平台支撑，五空间发展，三模式赋能，一评价驱动"的省域职业学校教师能力泛在发展体系，培育"泛在学习+泛在协作+泛在教研"教师发展模式，形成了"育研赛展评"教师能力发展的闭环链路。全省中职学校教师职业素养获得显著提升，中职学校获 2022 年国家级教学成果奖 6 项、位列全国第七位，较 2018 年增加了 200%；中职学校教学团队在 2023 年全国职业院校技能大赛教学能力比赛中获国家奖项 11 个，其中一等奖 5 个、位列全国第五位；在首届全国职业院校技能大赛思想政治教育课程教学能力比赛中等职业教育组获一等奖 3 个、占全国一等奖总数的 15%，位列全国第二位。

蚌埠市以人工智能助推教师队伍建设。市教育局以教育数字化"双区一点"建设为战略支点，把教育教学创新、教师管理与评价改革等作为重要试点方向。出台《中小学智慧课堂教学评价规范》，通过各类比赛、培训推进规范落地；融合应用智能工具，实现智慧课堂教学全流程的数字化评价和教学成效的智能化分析,"一键生成"教学评价报告;建设"因材施教大数据服务中心",实现本地扫描、云端阅卷、智慧批改;推送基于学情的个性化作业,打造"人机融合"的作业模式,辅助老师"精准教""高效研"。2023年,蚌埠市举办全国人工智能助推教师队伍建设试点交流活动,获教育部高度评价。

安徽医科大学开展"东南人才工程""四个一批"建设,构建省医学创新人才高地。学校加强海外引才引智,推进职务科技成果单列管理、尽职免责机制、成果赋权改革3个试点建设,给予国家级人才团队"一事一议"特殊支持;深化人才评价机制改革,突出创新价值、能力、贡献导向。2020年以来,学校累计投入人才经费6.3亿元,全职引进博士、副高级职称以上高层次人才734人,含2个"国家杰青"领衔的人才团队;自主培养9人入选国家级人才梯队,其中包括安徽省属高校首个"长江学者特聘教授""国家杰青"和"海外优青",加快形成"近悦远来"的人才工作新局面。学校共有国家级人才14人、省(部)级人才219人,拥有1个"全国高校黄大年式教师团队"和7个"安徽省115产业创新团队",专任教师中博士学位占比65.8%、高级职称占比45.2%,服务支撑高质量发展的综合效应持续增强。

(五)坚持需求导向,服务经济社会高质量发展

安徽教育尤其是高等教育瞄准国家区域重大发展战略和安徽"三地一区"战略目标,立足科创大省、制造业大省、农业大省、文化大省和生态大省等实际,坚持创新驱动、应用为本,以学科专业建设、人才培养、技术创新、社会服务为基本途径,服务安徽经济社会跨越式发展。

在科技创新方面,高校加快建设科技创新策源地和动力源,服务科技强省建设。高校在原始创新和关键技术突破上取得了丰硕成果,如中国科学技术大学"墨子号""祖冲之二号""九章二号""九章三号"领跑全球量子通信、量子计算领域;合肥工业大学助力神舟飞船、国产大飞机、探月工程、长征火箭等"大国重器";安徽大学多项核心技术搭载"高分五号""天问一号""蛟龙号""海马号";安徽工业大学助力长征七号遥五运载火箭成功发射;安徽理工大学攻克瓦斯全浓度利用世界性难题;安徽医科大学等联合攻关研制世界首台套医疗级无线智能超高清腔镜系统等。省属高校牵头实施多项国家级重大科研项目,如安徽医科大学获批科技部科技创新2030"脑科学与类脑研究"重大项目;安徽理工大学获批"深地工程多场耦合动力灾变试验仪"国家重大科研仪器研制项目[①];安徽大学牵头的"强光磁集成实验设施"入列国家"十四五"重大科技基础设

---

① 陈婉婉. 榜单三连增 高校聚焦需求做科研 [N]. 安徽日报,2023-11-03.

施备选项目；安徽工业大学新增 5 项国家级国防重点任务项目等。全省共 19 所高校入围 2023 年安徽省发明专利百强排行榜，合肥工业大学、中国科学技术大学、安徽理工大学、安徽工业大学、安徽大学跻身前十强。2023 全球高被引科学家名单中，安徽高校共有 46 名科学家入选。

在发展战略性新兴产业和传统产业转型升级方面，"双一流"高校发挥示范带动作用，加快培育新质生产力，服务制造强省建设。中国科学技术大学依托先进技术研究院培育企业 301 家，推进科大硅谷建设，形成国盾量子、科大讯飞等新兴产业集群，助力安徽打造量子中心、中国声谷等世界级产业地标。合肥工业大学聚焦新兴产业和未来产业发展，瞄准量子信息、集成电路、生命健康等前沿领域，有组织布局"智能+"新工科专业，服务传统产业转型升级；联合阳光电源、江淮汽车、巨一科技等行业龙头企业，共建国家级智能制造现代产业学院。安徽大学成立集成电路学院，构建"本—硕—博"人才培养体系，超八成研究生在长鑫、晶合、联发科技等省内重点企业就业；助力合肥获批国家首批集成电路战略性新兴产业集群、海峡两岸半导体产业合作试验区及建设全球第四大 DRAM 内存芯片厂。

在发展现代农业和乡村振兴方面，高校积极发挥人才和技术优势，服务农业强省建设。安徽农业大学强化技术集成与示范推广，18 项种养业提质增效关键技术入选农业农村部和省农业主推技术，示范推广"四新"科技成果 1750 项，技术支撑全省 60% 以上县域农业主导产业，服务创建 14 个国家级农业科技园区，推动 105 个县域农业主导产业和特色产业转型升级。安徽科技学院实施"一学院对接一县区"工程，建成 5 个省级乡村振兴协同技术服务中心和 29 个示范服务基地，向一线选派由 300 余名特派员组成的 15 个科技特派团；依托 4 个国家级科技小院，培育农业龙头企业 45 家、农业产业化联合体 7 家、农民专业合作社 483 家、家庭农场 425 家，实现粮食增产约 3.5 万吨，助力农民每年增收近 1 亿元。安庆职业技术学院面向革命老区农民开展技术培训，塑造了一批新农人典型，直接带动 2 万多农户，吸纳就业 3 万多人、间接受益 5 万多人，学员累计增收 1000 多万元；学校获批国家乡村振兴人才培养优质校。

在绿色创新发展方面，高校深度融入"长江经济带"生态保护利用，服务生态强省建设。安徽理工大学等 32 所本科高校设置新能源、储能、氢能、碳减排等绿色低碳发展相关专业点 85 个，芜湖职业技术学院等 13 所高职院校设置相关专业点 17 个，每年可培养相关人才近 1 万名。高校积极开展绿色生态科学研究，淮北师范大学建设绿色和精准合成化学及应用教育部重点实验室；安徽师范大学建立皖江流域退化生态系统的恢复与重建省部共建协同创新中心；安徽工业大学获批"碳中和未来技术学院"省级平台，参与组建安徽省碳中和产业协会等。

在徽文化传承和振兴方面，高校自觉为文化遗产保护、阐释、利用、开发等提供智力支持，服务文化强省建设。安徽建筑大学打好"建"字牌、做好"徽"文章，开展省级科技攻关课题"皖西地区传统建筑保护利用关键技术研究"，对金寨县域历史建筑进行全面梳理和测绘普查，完成140余栋历史建筑的测绘与保护工作，率先建立起"皖西历史建筑数据库"。合肥工业大学立项建设"徽州古村落数字化保护与传承创意安徽省重点实验室"，通过数字化技术平台健全徽州村落历史文化遗产保护体系，推动徽州传统村落文化的创意生产力转化。安庆师范大学推进徽学研究与传播，将桐城派研究与黄梅戏戏剧文化、皖南文旅融合研究相结合，聚焦应用型高峰学科建设，助力"大黄山"文旅创意产业内涵式发展。

第八章　安徽推进教育现代化的现实挑战与破解思路

　　世界之变、时代之变、历史之变正以前所未有的方式展开。[①] 技术革命和产业革命加快了全球政治经济格局的调整与重塑，也对教育发展提出更高的要求。安徽既要主动拥抱创新发展主旋律及教育强国建设历史使命，也要科学分析安徽省情和教育现状，努力将严峻挑战转化为后发优势和内在动力，推动教育可持续发展和高质量发展，教育现代化水平由追赶转向并轨和超越。

一、推进教育现代化面临的现实挑战

（一）人口发展趋势的挑战

　　近年来，随着经济社会发展，中国的人口结构出现了深刻变化。2022 年我国进入人口负增长轨道，60 周岁及以上人口占总人口的 19.8%。2023 年 5 月 5 日，二十届中央财经委员会第一次会议对我国人口发展新形势作出重要判断，指出"当前我国人口发展呈现少子化、老龄化、区域人口增减分化的趋势性特征"[②]。据预测，低生育率在短时期内将不会发生逆转，而 2035 年左右我国老年人口将突破 4 亿。

　　人口变化给教育带来前所未有的挑战。生育观念转变、养育负担过重导致了少子化现象，学龄儿童少年总量持续减少，学前教育和义务教育阶段学位总体供大于求。城市化进程加快，省域内人口从农村、中小城市向中心城市迁徙，跨省域人口流动则从欠发达地区流向长三角、珠三角地区；农村和县镇生源不断流失，义务教育迈向以城市教育为主体的时代，一线、新一线、强二线城市教育需求跳跃式增长，教育的普惠性、适恰度、多样化、高质量成为普遍追求，教育资源结构性不足问题加剧。家庭规模小型化、空巢家庭增多、生育率持续走低改变了中国老人以家族交往、隔代养育等为主的传统生活方式，进一步加剧老年人对社会生活及老年教育的需求。从长远看，学龄人口减少必然带来年轻劳动力减少

---

　　① 吴志成．深刻理解全人类共同价值的丰富内涵［J］．国际问题研究，2022（05）：14.
　　② 习近平主持召开二十届中央财经委员会第一次会议强调　加快建设以实体经济为支撑的现代化产业体系　以人口高质量发展支撑中国式现代化［N］．人民日报，2023-05-06.

的现实问题，如何提高劳动力素质、稳定劳动参与率，对加强终身教育和人力资源开发利用提出了迫切要求。

安徽人口变化符合全国整体趋势。二孩政策实施后，2017 年安徽出生人口数为 87.6 万，是 2000 年以来出生人口数最多的一年，2018 年起出生人口迅速下降；2022 年首次出现人口负增长，出生人口为 43.8 万，比 2017 年降低了 50%；2017—2022 年，常住人口中 65 岁及以上人口占比从 12.38% 上升到 15.8%，常住人口中城镇人口比重从 54.29% 上升到 60.15%。2017 年人口小高峰已转化为 2023 年小学入学潮，并将在 2030 年形成初中入学潮，义务教育迎来学位需求高峰；学前教育生源不断减少，学前教育学位需求逐渐下滑至谷底；农村人口向外迁移，学龄人口持续向省会和中心城市集中，如 2023 年合肥市增长 21.9 万人、领跑全国，未来学龄人口和学位供给情况更加复杂，农村学校面临空心化，城市则出现区域性、阶段性学位紧张。2023 年末，全省 60 岁及以上人口为 1285 万人，在总人口中占比 20.99%，人口老龄化程度超过全国平均水平，老龄教育需求旺盛。据统计，2023 年，全省幼儿园为 11108 所、比上年度减少 469 所，在园幼儿数为 180.3 万人、比上年度减少 24.0 万人、下降 11.7%；全省小学招生 80.4 万人，比上年度增加 4.6 万人；参与老年教育的人数为 312.3 万人，不到总数的三分之一。

通过 2023 年度长三角教育现代化监测评估发现，安徽省终身教育和基础教育供给尚未满足人口结构变化带来的新需求。"非全日制毕业生占当年高等教育毕业生的比例""从业人员继续教育参与率""学分银行覆盖率"均相对较低，"经常性参与教育活动的老年人占比"有待进一步提高。从抽样问卷调查来看，教师、家长对"基础教育资源均衡配置水平""入园难缓解情况""义务教育学校择校及学区房治理情况"的认可度在长三角地区处在中下游水平。

（二）新一轮科技革命的挑战

诺贝尔经济学奖获得者克劳迪娅·戈尔丁及劳伦斯·F. 卡茨在《教育和技术的赛跑》中剖析了美国经济领先的秘诀。美国在 1776—1876 年、1900—1940 年、1950—1970 年三个时期分别推进初等教育、中学教育和高等教育普及，而这三次教育变革恰好与前三次工业革命同向同行，教育发展适应了科技进步对劳动力供给的技能偏向性，为美国经济腾飞积累了雄厚的人力资本。从世界范围看，每一轮科技革命都伴随着教育体系的转型与升级，科技与教育呈现出相对清晰的二元互动关系，即教育为科技创新提供必要条件和智力支持，科技进步对人才结构规格的新需求驱动教育发生变革。[①] 教育供给侧能否匹配和反哺科技发

---

① 黄荣怀. 论科技与教育的系统性融合［J］. 中国远程教育，2022（07）：4-12.

展，决定了一个国家的经济发展和综合实力。

当前，以人工智能、量子技术、生命科学等为代表的颠覆性技术正在全球蓬勃发展，掀起新一轮科技革命，推动人类学习、生产、生活方式发生根本性变革。以 ChatGPT、SORA 等为代表的人工智能工具持续迭代，倒逼教育加快数字化转型，以适应培养数字人才和学生数字素养的要求。科技进步不断催生新业态、新模式，创新驱动产业转型升级速度明显加快。世界主要国家都在抢抓国际竞争制高点、谋求重构全球创新版图，创新能力已成为国际核心竞争力的关键因素。党的二十大报告指出，"高质量发展是全面建设社会主义现代化国家的首要任务"，紧接其后首次一体部署教育、科技、人才工作，体现了三者对社会主义现代化建设的基础支撑作用，极具战略意义和深远影响。高等教育作为教育、科技、人才的集中交汇点，是区域创新体系建设和区域产业优化升级的关键力量之一，也是促进区域经济社会高质量发展的重要推动力。

安徽省共有普通高校 125 所、成人高等学校 6 所，其中本科院校 47 所、仅占高校总数的 37.6%；74 所高校集中在合芜蚌地区，皖北、皖西经济欠发达地区缺乏优质高教资源；"双一流"建设高校 3 所，其中省属高校仅 1 所；"双一流"建设学科 13 个，跻身全国前列的重点学科较少；省属高校中仅有 9 所具有博士授权点；具有两院院士、国家"千人计划"、国家杰出青年基金、"长江学者"等国家级人才称号教师多集中在两所部属院校。通过 2023 年度长三角教育现代化监测评估发现，安徽省每十万人口在校大学生数在全国排第 17 位，每十万人口在校研究生数在全国排第 15 位、约为长三角地区整体水平的 53.3%，高校科研经费投入水平仅为上海市的 13.3%、江苏省的 51.4%、浙江省的 53.2%，"高校科技创新基础能力""高校发明创造能力""普通高校服务社会经济发展的能力"等与沪苏浙有较大差距。从抽样问卷调查来看，"教育链、人才链与产业链、创新链有机衔接程度"距离优良水平有一定差距；高校教师、学生对自己信息技术能力的评价与长三角地区整体水平有一定差距。可见，我省高等教育仍存在短板，高水平大学缺乏，高校布局不合理，省属高校学科建设水平总体不高，师生数字素养有欠缺，本科生及以上学历人才培养规模偏小，高层次人才数量与沪苏浙有较大差距，服务社会经济发展功能相对滞后，教育科技人才一体化发展程度有待提高等。

（三）长三角教育一体化发展的挑战

一体化是个综合性的概念，百度百科解释为"多个原来相互独立的主权实体通过某种方式逐步在同一体系下彼此包容，相互合作。一体化过程既涉及国家间经济，也涉及政治、法律和文化，或整个社会的融合，是政治、经济、法律、社会、文化的一种全面互动过程。"在实践中，"一体化"已经超越了国家间互动范畴，本质上是把两个或两个以上部分结合为一个整体并取得更大效益。从区域发展战略角度看，一体化是促进长三角地区协调均衡发展的重要举措，旨在通过促进区域内要素自由流动达到优化资源配置、合作共赢及高质量发展的目的，经济一体化是长三角一体化发展的核心①。

教育一体化是长三角一体化发展的重要组成部分和关键领域。知识与人力资本作为重要的经济要素，其自由有序流动有助于推进技术创新，进而推动经济繁荣。教育一体化服务于长三角一体化国家战略，为区域经济社会发展提供高水平人力资源、促进知识与技术的传播、创新和运用，同时解决区域内教育机会和质量不均衡的问题。教育一体化的目标不是同质化和平均化，而是实现高质量、特色化和区域协调发展。从教育一体化的实践主体来说，存在省级政府、市县级政府、学校（科研院所、企业）三种类型及相应的宏观、中观、微观三个层次，各方参与主体的利益诉求不同，跨省协调与合作难度较大。不同于经济一体化更多服从于市场调控，教育的公益属性和市场属性双重属性决定了政府在推进教育一体化进程中承担着重要责任。教育要素的流动既要遵循市场规律，也要遵循教育规律并兼顾公平正义。

从现实来看，三省一市尽管在推动教育一体化方面做了一些努力，如政府层面签订了教育一体化发展框架协议，高等教育和职业教育方面建立了联盟和教育集团，基础教育方面实施教师协同培训项目和交流合作，但各领域教育合作的形式较单一、政策协调性不强、资源共建共享力度不够、学校意愿和行动力参差不齐。有学者认为，长三角基础教育领域的合作无法突破行政区划限制；职业教育协同发展取得了一定进展，但由于体制、文化、利益等多重因素的交错作用，特别是"漏斗式竞合关系"的行政壁垒、"诸侯式差序格局"的经济鸿沟以及"松散式自由连接"的合作方式，制约了其高质量一体化发展。②从抽样问卷调查来看，安徽省"中小学优质课程资源共享覆盖率"距离"高满意度"的监测目标要求存在较大差距；"区域职业教育一体化协同发展平台建设成效"距离优良水平有一定差距。

二、破解教育现代化发展障碍的基本思路

（一）以人口变迁为契机，构建高质量终身教育体系

人口结构和分布变化不仅使未成年人口对教育资源需求总量减少，也催生了

---

① 孙斌栋. 长三角一体化高质量发展的理论与实践［J］. 人民论坛·学术前沿，2022（11）：45.

② 梅兵、桑标等编. 长三角教育现代化监测评估专题研究（第2辑）［M］. 上海：华东师范大学出版社，2024：35-38.

老年教育、职后教育、业余教育等新的教育需求。教育需要不断改进教育模式、更新教育内容、提高教育质量，以适应人口变化趋势和经济社会发展需求。教育承担着促进人口高质量发展的重要使命，人口变迁为安徽教育从规模扩张到高质量发展的战略转型提供深层次动力与历史机遇。

首先，打造"安心托幼""老有所学"民生工程升级版。教育应积极应对少子化、深度老龄化，立足服务人的终身发展和全面发展，重构终身教育体系。一体化设计和调整各级各类教育资源，将0～3岁婴幼儿和60岁以上老年人口纳入学龄群体，扩大优质托育和老年教育资源。大力发展普惠托育服务体系，推动建设生育友好型社会，提升育龄人口生育意愿。盘活过剩的学前教育资源，指导优质公办幼儿园向低龄化延伸，鼓励更多有条件的幼儿园提供托幼一体化服务；加大政府购买服务经费投入，扶持优质社会化托幼机构。大力补充老年教育缺口，实现老有所学、老有所乐。转化过剩的乡村小学等资源，发展老年大学，推动老年教育进社区；支持高校常态化开展老年教育服务，鼓励中小学节假日向老年群体开放校园设施；采取云端课堂和错时服务方式，提高老年教育参与率。

其次，大力发展义务教育优质均衡。推进县域内城乡教育一体化发展，建立与常住人口变化相协调的基本公共教育服务供给机制，推广合肥市城区学位预测预警与供给经验，多措并举保障公办学校学位供给，切实办好乡村小规模学校和乡镇寄宿制学校，解决"城镇挤、乡村弱"问题；推动县域内校长教师有序交流轮岗，实现优秀骨干教师在校际间均衡配置，适时试行"多校划片"政策，逐步消除"学区房""择校热"现象。深化新时代教育评价改革，完善综合素质评价体系，加强德智体美劳过程性评价，引导全社会树立科学的人才观、质量观，纠正升学率不良导向；继续推动义务教育阶段学校严格落实"双减"政策，加强对学科类、非学科类培训监督管理，提高课后服务规范化、科学化水平；完善家庭教育指导机制，统筹利用科普、文化、体育等方面的社会资源，服务青少年多元化、个性化发展。

再次，健全终身职业技能培训制度。加快发展多层次、多支柱职后教育体系，建立区域性职业技术教育、高等教育、继续教育统筹协调发展机制，探索培育产业大学、社区大学等高等教育新业态，满足职后人员提升学历和职业生涯发展的需求；加快制定不同类型学习成果认定和转化标准，实行职业资格证书、技能培训证书、学历证书等各类学习成果互认互换，推动安徽更好融入长三角地区终身教育体系建设，实现与全国学分银行互联互通；加强安徽开放大学建设，整合科学、文化、艺术、体育、卫生等教育资源，建立面向全民终身学习的公共数字服务平台；打破数字鸿沟，加强对弱势群体的信息技术培训，缩减地域和城乡之间的教育资源配置差异，推进人人皆学、处处能学、时时可学的学习型安徽建设。

（二）以新一轮科技革命为契机，发挥高等教育龙头作用带动教育科技人才一体化发展

高等教育是建设教育强国、建设教育强省的龙头。高等教育作为科技创新主阵地、高端人力资本生产者和拔尖创新人才筛选器[①]，应在新一轮科技革命中主动作为、勇立潮头，深化产教融合、科教融汇，推动教育链、人才链与产业链、创新链跨界全面融合，实现高等教育高质量发展，加速培育和发展新质生产力，以高等教育强省建设促进教育强省、科技强省、人才强省建设有效联动和效应叠加。

首先，优化高等教育布局与结构。服务区域重大生产力布局，探索具有安徽特色的"城校共生""产教城融合"。针对理工类高等院校布点不足，围绕我省十大新兴产业布局和承接产业转移需求，支持皖江高校布局建设工科类应用型高水平高校、加大理工科招生比例。针对皖北、皖西优质高等教育资源短缺，新增高校资源向其倾斜，建设高水平职业院校区域性集群和安徽知名工匠培养基地。[②] 针对本科高校占比较低，积极争取优质高职教育资源、独立学院合并转设组建职业本科院校；指导扶持师范类及医学类高专院校升格为本科层次。针对高水平大学数量较少，"一事一议""一校一策"加强"双一流"培育，持续支持行业特色、地方应用型、地方技能型高水平大学建设。

其次，深化学科专业结构改革。加快建设中国特色、世界一流的优势学科，建立 ESI 学科评价与激励机制；结合原始创新、产业发展、行业升级需求，继续开展高峰学科、高峰培育学科建设，支持省属地方特色高水平大学、应用型高水平大学加强基础学科、新兴学科、交叉学科建设；重点在现代农业、先进制造业、现代服务业、战略性新兴产业等技术技能人才紧缺领域，支持省属技能型高水平大学建设优势专业群。完善专业动态调整机制，引导高校增设本地区急需、空白的专业，如汽车智能技术、集成电路技术等；发展特色专业，加快发展徽学、诗学等特色学科；缩减或淘汰特色不鲜明、供给过剩的学科专业。围绕皖北和大别山革命老区振兴、大黄山世界级休闲度假旅游目的地建设，加快重点产业学科专业布局，支持皖北、六安市、安庆市高校谋划布局汽车及零部件、新能

---

① 张炜，王良，张维佳. 教育、科技、人才一体化统筹推进中国式现代化的科学内涵与多重逻辑 [J]. 北京教育，2023（10）：37.

② 解平. 服务区域经济社会发展，做好高校毕业生就业工作的思考与实践 [J]. 中国大学生就业，2023（01）：12.

源、新材料、绿色食品等学科专业群；支持皖南地区高校重点打造旅游、健康等学科专业群。

再次，推动高等教育数字化转型。出台高等教育数字化转型政策和指南，优化数字基础设施和安徽高等教育智慧教育平台建设，加速数字课程与教材开发，推动高校共建共享开放、安全、多元的数字教育资源。制定高校教师数字素养提升方案，实施高校数字徽师成长计划，发布数字课堂教学指导手册，提升高校教师数字教学技能。加大对传统专业数字化改造力度，把培养数字素养纳入人才培养方案，培养数字人才和数字技能。实施线上线下混合式教学改革，运用虚拟仿真、知识图谱、大数据、人工智能等数字技术，打造物理空间和数字空间融合互补的全新教育场域。以数字技术赋能评价改革，为学生提供个性化、精准化的学情分析和改进策略。打造高校、企业、科研院所数字伙伴关系，开展信息技术协同攻关，实现数字教育工具优化和效能升级。

最后，推进教育科技人才一体化发展。针对高等教育尤其是研究生培养规模偏小，贯通学历教育与非学历教育、职前教育与职后教育，增设研究生尤其是博士授权点，增加专业硕士、专业博士研究生招生计划；推动建立长三角研究生教育联盟，实行研究生指标单列和联合培养。针对省属高校高端人才较少，建立高层次人才录用绿色通道，加大对沪苏浙高层次人才的引进力度，利用"双一流"高校全球校友资源集聚高精尖缺人才；建立重点人才阶梯式支持机制，培育两院院士、国家级领军人才、行业专业领域旗帜。针对科技创新基础能力和发明创造能力不强，加大专项经费投入力度，支持高校加强国家实验室、全国重点实验室、大科学装置等国家级基地和平台建设，支持高校牵头建设省级以上工程研究中心；引导高校紧密关注产业发展、技术改革新趋势，加强与华为、京东方等进入全球 PCT 国际专利申请人排行榜百强的中国企业协同创新。针对"三位一体"协同效益不强，依托合肥综合性国家科学中心、长三角研究型大学联盟等，加快建设安徽高等研究院、卓越工程师学院、卓越工程师创新研究院等高能级平台；支持合肥建设杰出华人科学家创新中心，高质量建设科大硅谷，打造"高校科技成果交易大会"金字品牌；完善省属本科高校累计横向经费到账"赛马"机制，加快推进职务科技成果赋权改革；支持高校、科研机构与龙头企业设立一批高校技术转移机构、转化基地，以市场化方式建设共性技术研究院、产学研合作平台，通过科教协同、产教融合、有组织科研等形式，持续开展基础研究协同创新、关键核心技术协同攻关。

（三）以长三角教育一体化为契机，推动重点领域资源共享与协同发展

长三角教育一体化是长三角一体化发展的难点。教育一体化发展是全方位、多层次、宽领域的发展，是均衡教育资源、驱动良性竞争、实现区域整体教育高质量的发展。安徽与沪苏浙经济发展、教育发展水平差异较大，作为相对欠发达地区，安徽既要最大化利用沪苏浙优质教育资源和经验的辐射效应，也需要找准定位、挖掘潜能、练好内功，努力实现互学互鉴和双向输出，为长三角教育现代化贡献安徽力量。

　　首先，推动形成长三角教育一体化发展机制。长三角地区的教育联动关键在于发挥政府统筹和主导，强化政府之间的合作与互动。① 安徽应积极促成设立实体化的长三角教育一体化发展常设机构，三省一市教育行政部门派员常驻，常态化开展长三角教育一体化政策研究、工作调研、督查指导、经验推广等工作。政府部门合理进行行政干预，推动搭建各级各类教育联动平台，建立优质教育资源共享建设专项经费②，加强对跨省教育合作项目的支持、引导与绩效评估，适时给予差异化政策倾斜与经费支持，协调教育一体化各方参与者利益并激发其内生动力，形成"顶层助力、中层聚力、基础发力"的良性格局，实现"有组织的一体化、有标准的高质量、有实效的高水平"。安徽做好顶层设计和制度保障，积极"融圈进群"，在财政投入、学校设置、招生入学、学籍管理、课程教学、师资培养、就业升学等方面出台与沪苏浙政策衔接的相关措施，以政策协同打破行政边界，促进教育要素资源整合互补。

　　其次，推动教育重点领域、区域交流合作和协同发展。一是推动长三角中小学优质资源共建共享，建设优质均衡发展的基础教育高地。实施长三角 STEM 教育联合行动，发挥合肥和上海综合性国家科学中心、上海国际 STEM 教育研究所资源优势和辐射作用，加强区域中小学 STEM 课程开发、教师培训、研学考察、科创实践；深化皖北城市与沪苏浙城市结对合作帮扶机制，实现皖北地区基础教育优质资源扩容增量，补齐基础教育发展短板；搭建跨区域基础教育资源数字平台，协同开展优质课程和教学案例征集、评价、交流及推送，探索线上线下协同教研、联合备课、融合教学、多维评价；建设智能化教师研修平台，推动教师培养培训数字化转型，构建"影子校长、影子教师"等后备人才联合培养机制。二是推动区域职业教育一体化协同发展平台发挥实效，建立区域性多元参与的技术技能型人才协同培养体系。地方政府牵头建立职业教育联席会议制度，对接产业集群，统筹专业集群发展，调动行业企业、科研院所、职业院校、应用型本科

　　① 吴河江. 区域教育现代化的深层认识、有益探索与推进策略［J］. 中国教育学刊，2022（08）：50.

　　② 杨晓波. 长三角一体化背景下区域优质职业教育资源共享的现实困境与推进策略［J］. 职教通讯，2023（06）：100-105.

积极性；推广长三角生态绿色一体化发展示范区职业教育一体化发展经验，在三省一市毗邻地区推动跨省域中职招生和跨省域中高职贯通培养；依托职教集团、产业学院、企业学院建立一批高质量、具有示范带动性的办学实体，实行区域内专业动态调整、课程共建、学分互认、跨校选课、师生互访、实习实训基地共享等，推动教育资源、产业资源、企业资源有效配置与优势相融。

第三编　安徽教育现代化监测评估研究

第九章　长三角教育现代化监测评估安徽问卷调查研究报告（2022 年）

摘　要

2022 年 10 月—11 月，按照教育部《关于协助开展数据采集和抽样调查相关工作的通知》（教发司〔2022〕56 号）要求，安徽省组织参与了长三角教育现代化监测评估问卷调查工作，共抽取 3 个样本市、11 个样本县、24 所样本高校；发放中小学（含中职）学生问卷 153258 份，中小幼（含中职）家长问卷 185855 份，中小幼（含中职）教师问卷 34690 份，高校学生问卷 74879 份，高校教师问卷 4929 份，行业企业问卷 2022 份；超过 45.56 万人参与了调查，调查规模居长三角三省一市前列。本报告是在分析安徽省调查数据并与长三角区域进行比较研究基础上形成的成果，旨在通过逐一对比安徽省与长三角区域在各调查观测点上的数据，找准安徽省在长三角区域教育现代化坐标中的方位，总结安徽省教育现代化进程中的亮点和不足，结合安徽省情提出政策建议。

一、问卷调查反映的安徽教育现代化亮点

（一）安徽省家长对本地教育治理认可度较高

问卷调查家长对本地教育治理的认可度。

中小幼学生家长调查结果显示，安徽省 85.9% 的家长反馈"本地政府对教育工作很重视"，87.59% 的家长反馈"本地学校办学很规范"，94.66% 的家长反馈"孩子所在学校没有乱收费情况"，不到 10% 的家长反馈学校未提供一定时

长的课后教育服务，大部分家长认为校外学科类培训带来的经济负担有所减轻；均与长三角地区整体水平基本一致。

（二）安徽省中小学生品德行为表现优良

问卷对中小学生的爱国精神、环保意识、爱心捐款和敬老志愿服务等进行调查。

中小学生调查结果显示，安徽省91.35%的学生反馈所有或大部分同学会在升旗仪式时认真跟唱国歌，95.76%的学生反馈会主动将操场上的空饮料瓶扔进垃圾桶里，92.88%的学生表示愿意把零花钱捐给贫穷地区困难儿童，93.87%的学生表示愿意为敬老院老人服务；均与长三角地区整体情况基本一致。

（三）安徽省中小学生学业负担水平明显改善

问卷对小学生、初中生的睡眠时间、作业时间及负担，学校分班、成绩排名、排座位情况，学科类校外培训等进行调查。根据2018年教育部等九部门印发的《中小学生减负措施》，小学生每天睡眠时间不少于10个小时，初中生不少于9个小时；小学一、二年级不布置书面家庭作业，三至六年级家庭作业不超过60分钟，初中家庭作业不超过90分钟。

中小学生调查结果显示，安徽省8.43%的学生否认自己睡眠时间充足，优于长三角地区整体水平。安徽省7.3%的学生反馈作业时间超出国家规定，较2021年（12.9%）明显下降；7.74%的学生反馈存在分重点班、快慢班、实验班等情况，较2021年（12.6%）明显下降；10.24%的学生否认"我们班级没有对考试成绩进行排名"，较2021年（15.0%）明显下降；6.45%~6.88%的学生否认"我们班级不会根据学生成绩排座位""最近一年学校作业负担减轻了""最近一年所参加的学科类校外培训变少了"；均与长三角地区整体情况基本一致。

中小学生家长、中小学教师的调查结果与学生反馈相互印证。安徽省家长认为孩子睡眠时间充足的比例高于长三角地区整体水平；不到15%的家长否定"孩子学校里的学业负担减轻了""孩子参加学科类校外培训的负担减轻了"，与长三角地区整体情况基本一致。安徽省教师认同"双减"政策实施后学生学校内学业负担、学科类校外培训负担减轻的比例略高于长三角地区整体水平。

（四）安徽省学生劳动意识强、具备一定的生活劳动技能

问卷对学生的劳动意识、劳动技能进行调查。

中小学生调查结果显示，安徽省92.3%的学生认同"劳动岗位没有高低贵贱之分"，比2021年（84.7%）显著提高；93.14%的学生反馈"我在学校里能主动做好值日生工作"，比2021年（82.9%）显著提高；均与长三角地区整体情况基本持平。安徽省90%以上的学生反馈能够打理好自己的生活和学习，80%以

上的学生反馈在家经常做家务。

高校学生调查结果显示，近九成的学生认同"劳动素养是当代大学生核心素养不可或缺的内容"，83%左右的学生具备良好的职业平等意识和正确的劳动价值观，83.3%的学生反馈"我的同学们都能独立处理好个人生活事务"；均与长三角地区整体情况基本一致。

（五）安徽省教师师德师风状况良好

问卷对中小学教师、高校教师师德师风进行调查。

中小幼家长调查结果显示，安徽省85%以上的家长反馈学生在学校可以得到公平学习锻炼机会，近九成的家长反馈孩子遇到学习困难时可以得到老师帮助，约6%~8%的家长反馈老师存在公布成绩排名、给孩子布置惩罚性作业、给家长布置作业或要求家长检查批改作业的行为，不到5%的家长反馈老师存在收受礼品礼金、推荐补课行为；均与长三角地区整体情况基本一致。从中小学生问卷调查来看，安徽省中小学生对师德师风的评价也较2021年有所提升。

高校学生调查结果显示，安徽省97%左右的学生反馈高校教师"具备良好的职业道德和操守""能够有效向学生展示主流价值观""能够维护正当师生关系""遵守学术规范""不谋私利"等；与长三角地区整体情况基本一致。

（六）教师长三角跨省交流取得一定进展

教师调查结果显示，在对"过去一年，您参加过长三角区域内的教师跨省交流吗？如轮岗交流、挂职、对口支援、联合培训等"的回答中，安徽省12.34%的高校教师、19.36%的中小幼教师反馈"是"，高校教师反馈参与跨省交流的比例高于长三角地区2个百分点。

二、问卷调查反映的安徽教育现代化不足之处

（一）安徽省基本公共教育服务体系有待完善

问卷调查中小幼家长对基本公共教育服务的认可度、中小幼教师对政府均衡教育资源配置能力的认可度。

中小幼学生家长调查结果显示，安徽省82.83%的家长反馈"离我居住所在地，步行15分钟范围内设有幼儿园和小学"，73.14%的家长认同"本地区公办中小学校之间的办学水平差距不明显"，均与长三角地区整体情况基本一致；安徽省81.44%的家长反馈"本地幼儿园入学难问题已得到较好解决"，57.53%的家长认为"本地小学、初中公办学校的择校现象严重"，安徽省家长反馈"入园难"和"择校现象严重"的比例高于长三角地区整体水平。

中小幼教师调查结果显示，安徽省71%的教师反馈所在学校在获得政府配

置资源方面差距不大，52.01%的教师反馈本地小学、初中公办学校的择校现象严重，79.64%的教师反馈外来务工人员子女与本地孩子在接受义务教育上有同等机会；安徽省教师对教育资源配置的认可度总体上低于长三角地区整体水平。

（二）安徽省学校治理水平有待提高

问卷调查中小幼家长、高校学生、高校教师参与及评价学校治理情况。

中小幼学生家长调查结果显示，安徽省81.01%的家长认同"我能了解到孩子学校的基本办学情况"，85.95%的家长反馈"家长反映的问题能得到很好地解决"，77.72%的家长认同"家长可以有效监督涉及学生的事务"，仅42.27%的家长反馈孩子所在学校建立了家长学校，仅39.61%的家长反馈对家长学校组织的活动和服务非常满意或比较满意；均略低于长三角地区整体水平。

高校学生调查结果显示，安徽省80%以上的学生反馈"学生的各项权益在学校能够得到很好的保障""学校的各类学生评优、评先等评奖活动公平透明""学校学生会、社团组织运行健全，并能在学校内部管理中发挥作用"，79.55%的学生反馈"在涉及学生切身利益的事情上，学校经常通过座谈、网络调查等各种渠道倾听学生的声音"，77.44%的学生反馈"学校能够及时解决学生反馈的问题"；均略低于长三角地区整体水平。

高校教师调查结果显示，安徽省不到七成的教师认同"学校学术委员会在促进教师专业发展和学术领域发挥实质作用""教师职称评定不只是看论文与课题等学术成果""教职工代表大会在参与学校管理、保障教师合法权益方面影响较大""学校工会能在解决教师生活问题中发挥作用""学校或学院能及时回应和解决教师反馈的问题"，教师对教职工代表大会的认可度最低。

（三）安徽省师生信息技术能力与长三角整体水平有差距

问卷调查学生对信息搜索能力和软件运用能力的自我评价、教师对各方面信息技术能力的自我评价等。

学生调查结果显示，安徽省80%以上的大中小学生对信息搜索能力持肯定评价，约65%的中小学生认同"我能熟练运用 Word、PPT、Excel、Email 等常用软件"，约65%的大学生认同"我能够使用 SPSS、Excel 等软件，对学习碰到的数据、信息进行分析"；均与长三角地区整体水平有一定差距。另外，安徽省约70%的大学生认同"学校的信息化设备配备水平很高"，大学生对学校信息化硬件条件持肯定评价的比例偏低。

教师调查结果显示，安徽省中小幼教师对自己各方面信息技术能力持肯定评价的比例处在65%~85%之间，高校教师对自己各方面信息技术能力持肯定评价的比例约处在71%~88%之间，大中小幼教师对"能独立解决信息技术应用过程中出现的常见问题"的认同比例最低；教师对信息技术能力的自我评价低于长三角地区整体水平。

（四）安徽省中小幼校长（园长）课程领导力有欠缺

问卷调查中小幼教师对校长（园长）课程领导力的认可度。

中小幼教师调查结果显示，安徽省教师对校长课程领导力7个问题持肯定回答的比例平均为75.68%，比长三角地区整体水平低6个百分点。安徽省八成以上教师反馈学校领导班子经常听课并提出专业建议、能为教师的课程教学提供设备与环境，七成以上教师反馈学校领导班子能够建构凸显学校特色的课程体系、引导全体教师开发拓展性课程、积极争取上级部门支持帮助、合理制订学校课程实施规划等，教师对学校领导班子联合校外力量共同开发课程的认同比例（70.49%）最低。

（五）安徽省学校体育工作有待加强

问卷对中小学生体育精神、体育兴趣、体育技能、运动乐趣和运动时间等进行调查。

中小学生调查结果显示，安徽省79.73%的学生反馈"了解奥林匹克精神"，83.78%的学生反馈"有喜爱的体育运动"，84.31%的学生反馈"掌握了至少一项运动技能"，86.38%的学生反馈"在体育运动中获得乐趣"；均低于长三角地区整体水平。学生运动锻炼时间与体育素养相互印证。安徽省85.72%的学生反馈"每天校内运动锻炼时间不少于1小时"，低于长三角地区整体水平，与2021年（90.1%）相比显著下降；80.45%的学生反馈"每天校外运动锻炼时间不少于1小时"，比2021年（89.6%）显著下降。

（六）安徽省教育链、人才链与产业链、创新链有机衔接程度不高

问卷调查企业与高校开展合作情况。

行业企业人员调查结果显示，安徽省56.68%的企业人员反馈单位与高校建立了长期的合作关系，比长三角地区低7.8个百分点；反馈不打算与高校建立合作关系的比例则比长三角地区高5.1个百分点。安徽省校企合作机制建立情况与长三角地区整体水平有显著差距，二者在"参与高校课程建设与教材建设""向高校提供技术课程和实训教学服务""合作开展人才培养"方面的差异均超过9个百分点。安徽省校企合作形式主要为"接受高校学生来公司学习实践"，在人员交流、科研合作及成果转化、产教融合平台机构建设等方面比较薄弱，且显著低于长三角地区整体水平。

三、政策建议

（一）进一步优化基础教育资源配置，构建优质均衡的基本公共教育服务体系

（1）科学预测人口变化趋势，建立与常住人口相协调的基本公共教育服务体系，解决"城镇挤、乡村弱"问题。

（2）严格落实小区配套幼儿园建设，多渠道发展农村学前教育，大力扶持普惠性民办园，破解"入园难""入园贵"问题。

（3）完善随迁子女就学保障机制，提高随迁子女在公办学校的就读比例，解决部分特殊群体平等享受优质教育资源程度不高的问题。

（4）推进县域内城乡教育一体化发展，推动优秀教师在区域内合理有序流动，适时试行"多校划片"政策，化解择校热和学区房问题。

（5）充分利用信息技术赋能，有效扩大优质教育资源覆盖面，补齐基础教育短板。

（二）进一步优化学校治理结构，推动学校治理体系和治理能力现代化

（1）进一步完善党组织领导下的校长负责制，构建民主管理、依法治校、社会参与的现代学校治理结构。

（2）明确教师和学生在学校管理中的权利，注重发挥教职工代表大会、学生会等作用，畅通教师、学生表达诉求、建言献策的渠道。

（3）加强中小幼学校家长学校建设，畅通家长了解、监督、参与学校管理的渠道，及时回应和解答家长关注的问题。

（三）继续推进整省国家智慧教育平台试点，提高师生数字素养

（1）加强数字校园建设、应用、管理和评价，为师生提供良好的信息化硬件条件和数字教育软环境。

（2）教育行政部门开展教师信息技术轮训，支持教师运用信息技术优化教学、管理和评价，以信息技术赋能教师专业发展。

（3）学校开好开足信息技术课程，培养学生信息获取、甄别和使用能力，提高学生对常用软件的运用能力。

（四）推动中小幼校长（园长）多途径参与学习培训和课程实践，着力提升中小幼校长（园长）课程领导力

（1）充分发挥各类培训平台功能，在课程研究、规划、开发、建设、管理、评价等方面，对中小幼校长（园长）进行全方位培训。

（2）各级教研机构针对建构凸显学校特色的课程体系、联合校外力量共同开发课程等重难点问题，对中小幼校长（园长）加强专业支持。

（3）提高安徽省中小幼校长（园长）参与长三角区域跨省学习交流比例，缩小与沪苏浙中小幼校长（园长）课程领导力差距。

（五）加强学校体育工作，全面提升学生体育素养

（1）市县教育行政部门统筹谋划本区域内学校、学生体育工作，强化督导评估和问责机制，健全学校体育工作保障机制。

（2）加大体育专项经费投入，确保体育场地器材达标；配足配齐体育专职教师，提高体育教师专业化水平。

（3）鼓励学校引进优质校外体育资源，落实学生每天校内体育运动锻炼不低于 1 小时，提升学生体育知识、兴趣和技能。

（4）持续推动"双减"提质增效，引导学校、家庭、社会形成合力，落实学生每天校外体育运动锻炼不低于 1 小时，营造良好体育氛围。

（六）全面深化校企合作，推进产教深度融合，提高教育链、人才链与产业链、创新链有机衔接水平

（1）当地政府搭建区域性产教融合信息服务平台，推动企业与高校建立长期稳定的合作关系。

（2）建立高质量校企合作机制，实行区域内学科专业动态调整、课程教材共建、学生共育、人才双向交流、产教融合集团实体化运作等。

（3）拓展校企合作形式，输送教师去企业实践锻炼、邀请企业参与学校实践教学、校企共建实习实训基地；加强校企实质性科研合作及高校研究成果转化。

全 文

长三角一体化发展是习近平总书记亲自谋划、部署、推动的国家重大战略。中共中央、国务院对长三角一体化发展提出了诸多目标任务，长三角率先实现区域教育现代化是其中一项重要内容。2019 年以来，由教育部牵头，上海市、江苏省、浙江省、安徽省依托教育研究机构，联合研发了长三角教育现代化指标，于 2021 年 4 月由教育部以《长三角教育现代化指标体系（试行）》（教发函〔2021〕57 号）（以下简称"《指标体系》"）正式发布。2021 年起，在长三角教育现代化监测评估领导小组办公室领导下，三省一市协同开展年度长三角教育现代化监测评估工作，大规模抽样问卷调查是监测评估工作的重要组成部分，每年长三角地区有超过 100 万人参与该调查。

安徽省教育评估中心具体承担安徽省调查工作。2022 年 10 月底，组织开展省级监测实施培训，对全省 3 个样本市、11 个样本县、24 所样本高校及厅相关处室单位进行宣传动员和工作培训。11 月，组织督促样本市、县、学校开展抽样及问卷调查，调查对象包括中小学及中职学生、中小幼及中职学生家长、中小幼及中职教师、高校学生、高校教师、行业企业人员六类群体。本次调查共发放中小学、中职学生问卷 153258 份，中小幼、中职家长问卷 185855 份，中小幼、中职教师问卷 34690 份，高校学生问卷 74879 份，高校教师问卷 4929 份，行业企业问卷 2022 份；超过 45.56 万人参与了调查，调查规模居长三角三省一市前列。

在安徽省委教育工委、安徽省教育厅的指导下，安徽省教育评估中心对 2022 年度监测评估数据进行分析研究，形成《长三角教育现代化监测评估安徽问卷调查研究报告（2022 年）》（后简称"2022 年度安徽调查报告"）。报告主要内容包括以下方面：一是基础教育学生调查问卷比较分析；二是基础教育家长调查问卷比较分析；三是基础教育教师调查问卷比较分析；四是高等教育学生调查问卷比较分析；五是高等教育教师调查问卷比较分析；六是行业企业调查问卷比较分析；七是政策建议。2022 年度安徽调查报告是长三角教育现代化监测评估系列重要成果之一，客观反映了按照《指标体系》对安徽省教育现代化发展做出的诊断、分析和判断，为安徽省进一步发挥优势、做强特色、破解问题提供科学决策和精准施策的服务及支持，为安徽省在长三角教育一体化高质量发展过程中发挥更好作用贡献智慧。

一、基础教育学生调查问卷比较分析

调查内容包括中小学生品德行为、学习动机、体育素养、劳动素养、信息素养、学业负担、心理健康水平、中小学教师师德师风水平、学校课后教育服务成效、线上教育质量等方面。

(一)中小学生品德行为

品德行为调查包括行为层面的爱国精神、环境保护;意愿层面的爱心扶贫捐款和敬老志愿服务等方面内容。

1. 学生爱国精神强烈

学生对"班级同学在学校举行升旗仪式时认真跟唱国歌"的反馈如图9-1所示。安徽省接受调查的学生中,77.15%的学生反馈班级里所有同学都会在升旗仪式时认真跟唱国歌,14.2%的学生反馈大部分人会认真跟唱,2.47%的学生反馈"一半人"会认真跟唱,2.74%和3.44%的学生分别反馈"小部分人""很少人"会认真跟唱。安徽省选择"所有人""大部分人"的比例之和为91.35%,各选项比例与长三角地区整体情况基本持平。

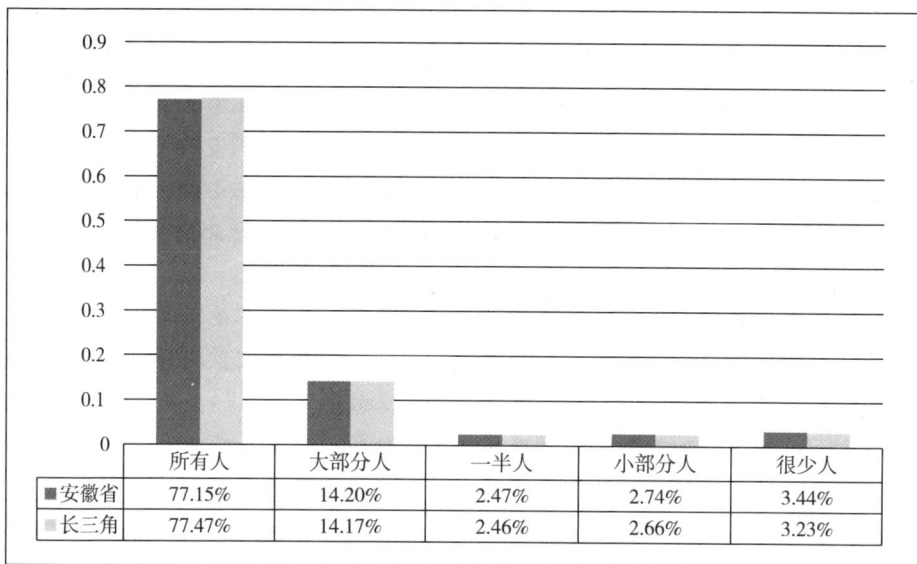

	所有人	大部分人	一半人	小部分人	很少人
■ 安徽省	77.15%	14.20%	2.47%	2.74%	3.44%
■ 长三角	77.47%	14.17%	2.46%	2.66%	3.23%

图9-1 学生对"班级同学在学校举行升旗仪式时认真跟唱国歌"的反馈

安徽省学生反馈在性别(男,女)、地理位置(城市,县城,乡镇,农村)、学校属性(公办,民办)之间几乎一致。安徽省不同年级学生对"班级同学在学校举行升旗仪式时认真跟唱国歌"的反馈如图 9 - 2 所示。随着年级的上升，认真跟唱国歌学生的比例呈现下降趋势，四年级学生反馈所有同学在升旗仪式时认真跟唱国歌的比例最高（83.83%），高中二年级下降到 70% 左右，高中二年级（中职）的比例最低。

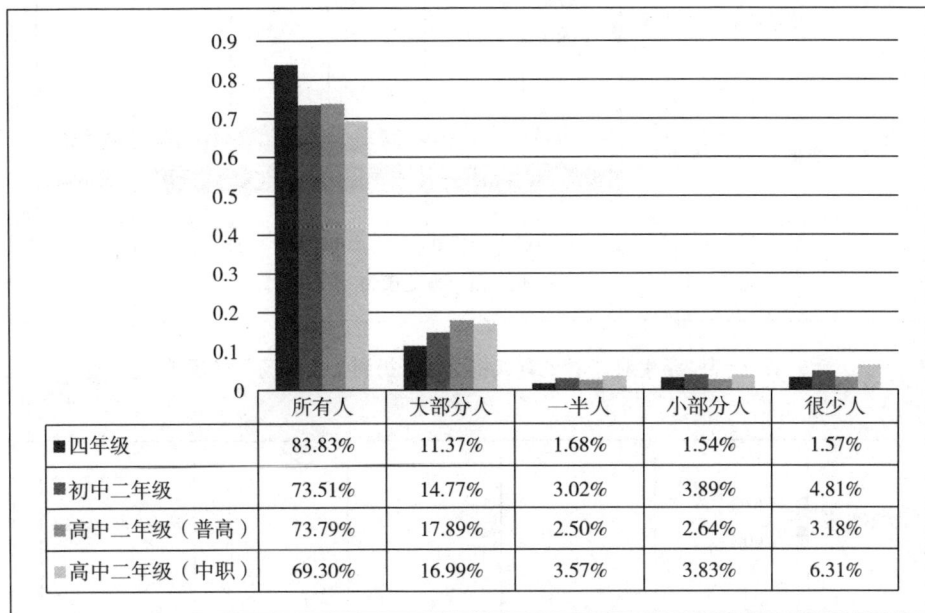

	所有人	大部分人	一半人	小部分人	很少人
■ 四年级	83.83%	11.37%	1.68%	1.54%	1.57%
■ 初中二年级	73.51%	14.77%	3.02%	3.89%	4.81%
■ 高中二年级（普高）	73.79%	17.89%	2.50%	2.64%	3.18%
■ 高中二年级（中职）	69.30%	16.99%	3.57%	3.83%	6.31%

图 9 - 2　安徽省不同年级学生对"班级同学在学校举行升旗仪式时认真跟唱国歌"的反馈

2. 学生环境保护意识强

学生对"看到有人将空瓶子扔到学校操场"的反馈如图 9 - 3 所示。安徽省接受调查的学生中，当看到有人将空饮料瓶扔到学校操场上时，95.76% 的学生选择将瓶子扔进垃圾桶里，其他学生选择把事情告诉老师或者不理会。安徽省各选项比例与长三角地区整体情况基本持平。

安徽省学生反馈在性别、地理位置、学校属性以及年级之间无明显差异，各学生群体选择"把瓶子扔进垃圾桶里"的比例均达到 93% 以上。

3. 学生爱心捐款意愿强

学生对"是否愿意捐献零花钱"的反馈如图 9 - 4 所示。安徽省接受调查的学生中，92.88% 的学生表示愿意把零花钱捐给贫穷地区困难儿童，较 2021 年（84.1%）有明显上升。5.51% 的学生表示"不太愿意"，1.6% 的学生表示"不愿意"。安徽省各选项比例与长三角地区整体情况基本持平。

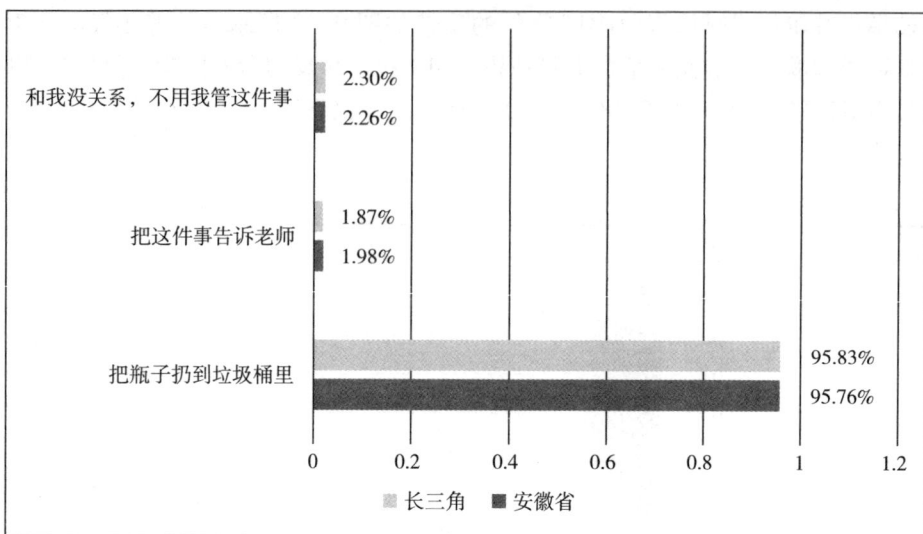

图9-3　学生对"看到有人将空瓶子扔到学校操场"的反馈

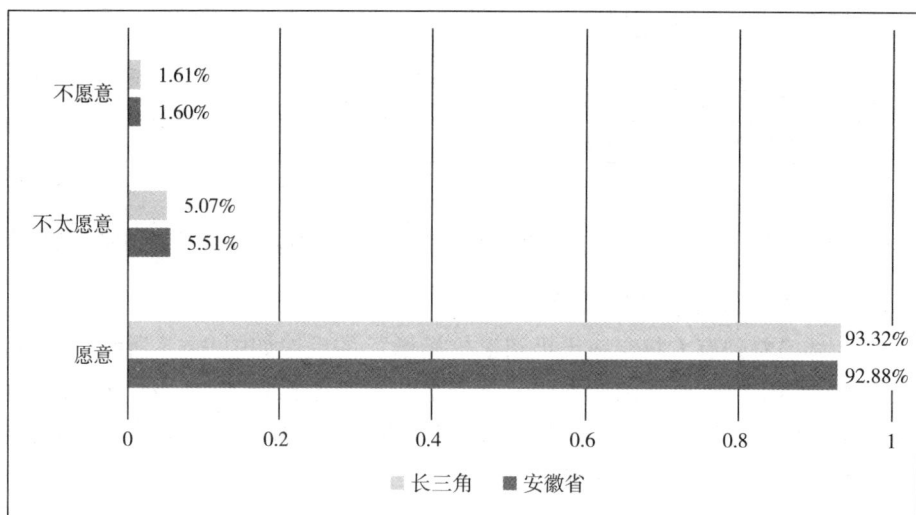

图9-4　学生对"是否愿意捐献零花钱"的反馈

4. 绝大部分学生敬老服务意愿强

学生对"是否愿意参加敬老服务"的反馈如图9-5所示。安徽省接受调查的学生中，93.87%的学生表示愿意为敬老院老人服务，较2021年（87.5%）有明显上升。4.78%的学生表示"不太愿意"，1.35%的学生表示"不愿意"。安徽省各选项比例与长三角地区整体情况基本持平。

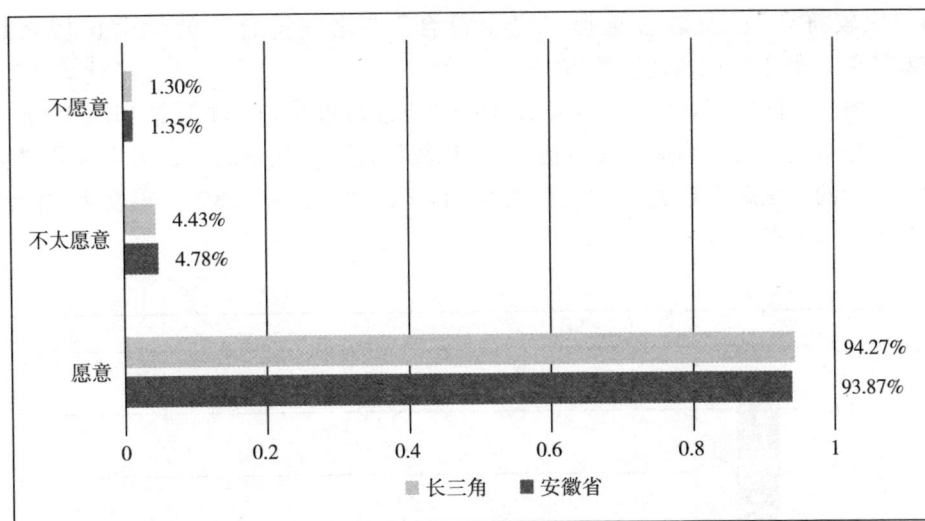

图 9 - 5 学生对"是否愿意参加敬老服务"的反馈

（二）中小学生学习动机

学习动机调查包括探索精神、上学意愿、主动学习和学习兴趣等方面。

1. 学生探索精神较强

学生对"会尝试不同的方法解答难题"的反馈如图 9 - 6 所示。安徽省58.99%的被调查学生认为这一描述"完全符合"自己的情况，23.3%的学生认

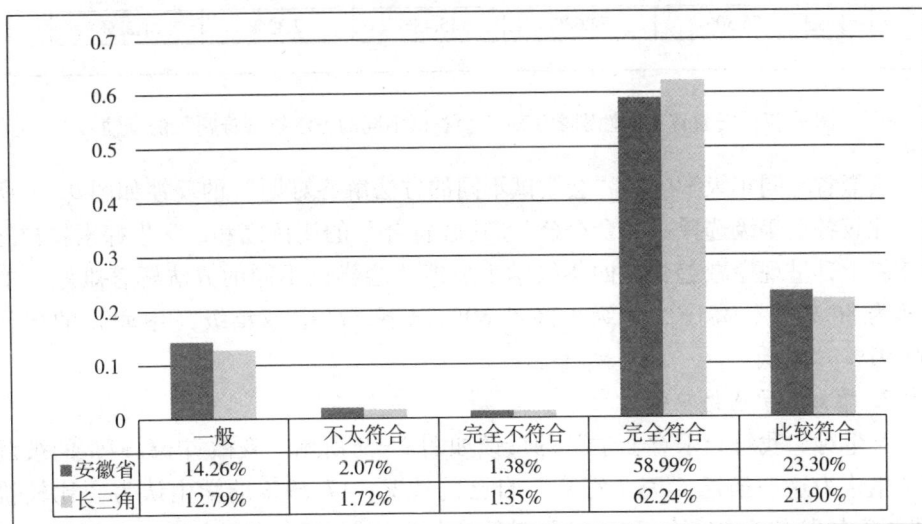

	一般	不太符合	完全不符合	完全符合	比较符合
安徽省	14.26%	2.07%	1.38%	58.99%	23.30%
长三角	12.79%	1.72%	1.35%	62.24%	21.90%

图 9 - 6 学生对"会尝试不同的方法解答难题"的反馈

为"比较符合";安徽省选择"完全符合""比较符合"的学生比例之和
(82.29%)低于长三角地区整体水平。

安徽省不同性别学生对"会尝试不同的方法解答难题"的反馈如图9-7所
示。比较男生、女生选择"完全符合""比较符合"的比例之和,男生认同"会
尝试不同的方法解答难题"的比例为83.44%,女生为80.98%,男女生差距约
为2.5个百分点。

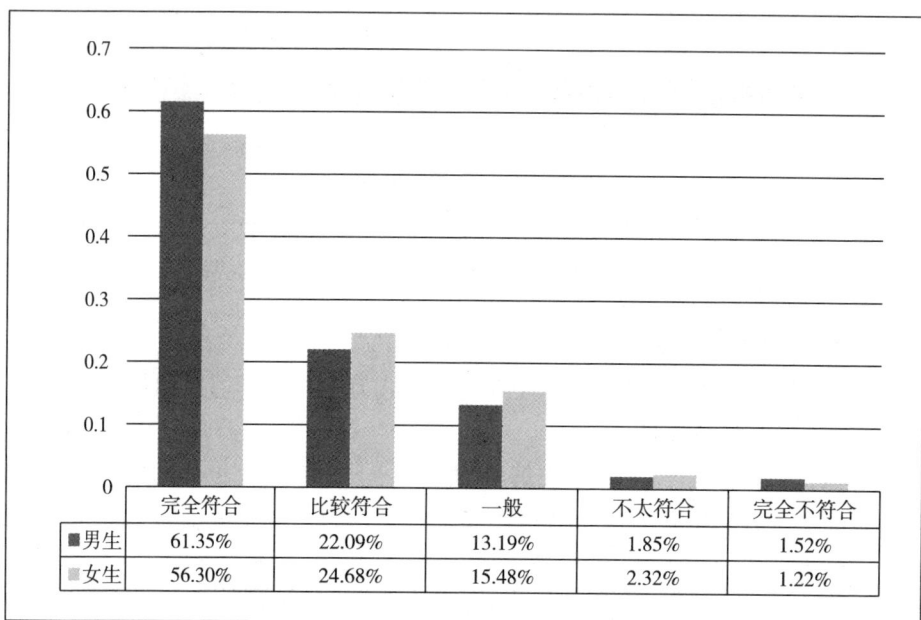

图9-7 安徽省不同性别学生对"会尝试不同的方法解答难题"的反馈

安徽省不同年级学生对"会尝试不同的方法解答难题"的反馈如图9-8所
示。比较各个年级选择"完全符合""比较符合"的比例之和,学生探索精神随
着年级上升呈现递减趋势,四年级学生反馈"会尝试不同的方法解答难题"的
比例为86.91%,高中二年级下降到80%以下,高中二年级(中职)的比例
(69.91%)最低。

2. 学生上学意愿较强

学生对"我每天乐意上学"的反馈如图9-9所示。安徽省68.97%的被调
查学生认为这一描述"完全符合"自己的情况,17.59%的学生认为"比较符
合"。安徽省选择"完全符合""比较符合"的比例之和(86.56%)略低于长三
角地区整体水平。

	一般	不太符合	完全不符合	完全符合	比较符合
■四年级	10.95%	1.40%	0.74%	66.57%	20.34%
■初中二年级	12.86%	1.99%	1.78%	60.41%	22.95%
■高中二年级（普高）	16.94%	2.64%	1.39%	48.94%	30.10%
■高中二年级（中职）	24.15%	3.56%	2.38%	45.05%	24.86%

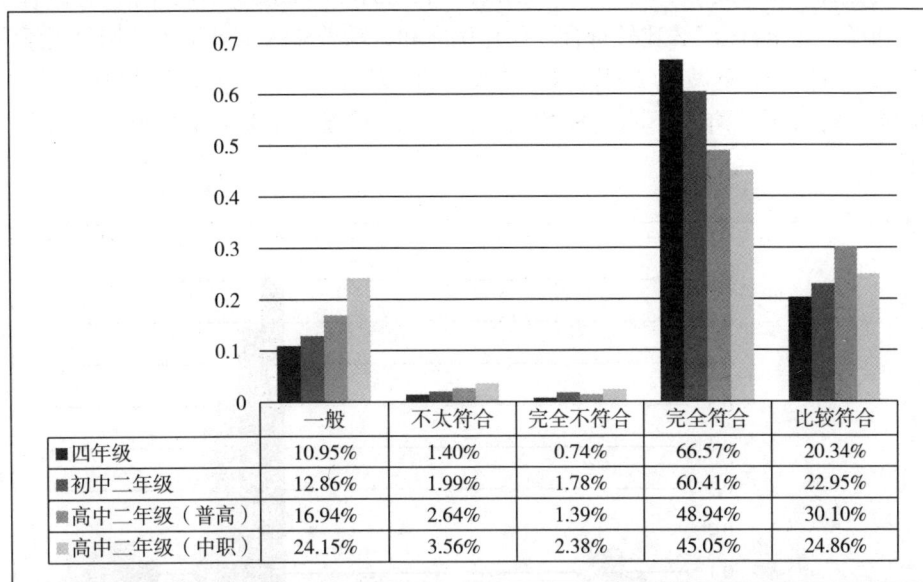

图9-8　安徽省不同年级学生对"会尝试不同的方法解答难题"的反馈

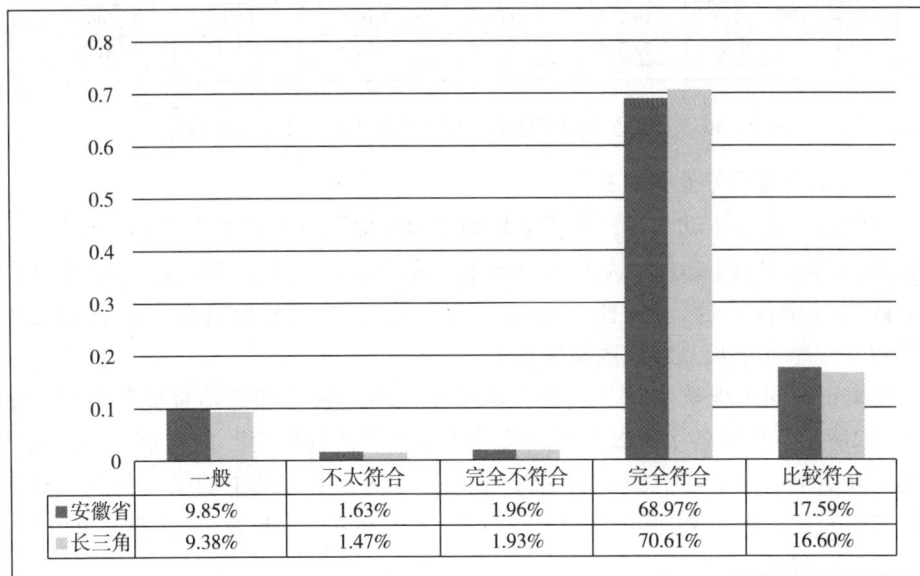

	一般	不太符合	完全不符合	完全符合	比较符合
■安徽省	9.85%	1.63%	1.96%	68.97%	17.59%
■长三角	9.38%	1.47%	1.93%	70.61%	16.60%

图9-9　学生对"我每天乐意上学"的反馈

安徽省不同年级学生对"我每天乐意上学"的反馈如图9-10所示。比较各个年级选择"完全符合""比较符合"的比例之和，随着年级上升学生反馈每天乐意上学的比例呈现递减的趋势，四年级学生反馈每天乐意上学的比例最高（94.98%），高中二年级下降到80%以下，高中二年级（中职）的比例（70.44%）最低。

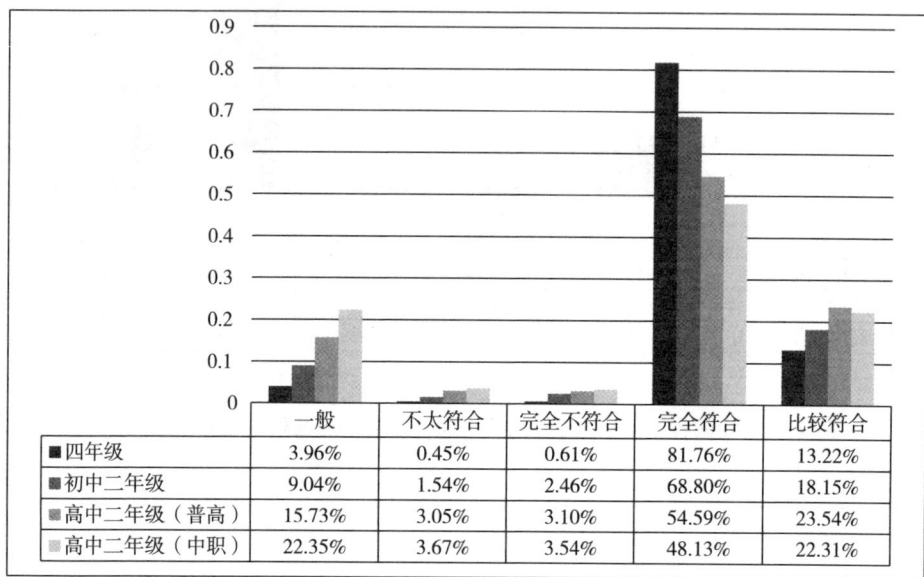

	一般	不太符合	完全不符合	完全符合	比较符合
■四年级	3.96%	0.45%	0.61%	81.76%	13.22%
■初中二年级	9.04%	1.54%	2.46%	68.80%	18.15%
■高中二年级（普高）	15.73%	3.05%	3.10%	54.59%	23.54%
■高中二年级（中职）	22.35%	3.67%	3.54%	48.13%	22.31%

图9-10　安徽省不同年级学生对"我每天乐意上学"的反馈

3. 学生主动学习意识较强

学生对"我会主动学习，不用家长和老师督促"的反馈如图9-11所示。安徽省58.15%的被调查学生认为这一描述"完全符合"自己的情况，20.84%的学生认为"比较符合"。安徽省选择"完全符合""比较符合"的比例之和（78.99%）略低于长三角地区整体水平。

安徽省不同年级学生对"我会主动学习，不用家长和老师督促"的反馈如图9-12所示。比较各个年级选择"完全符合""比较符合"的比例之和，随着年级上升学生主动学习意识和行为减弱，四年级学生反馈主动学习的比例最高（84.57%），高中二年级下降到75%以下，高中二年级（中职）的比例（65.83%）最低。

4. 认同学习有趣的学生比例较高

学生对"学习本身是一件有趣的事"的反馈如图9-13所示。安徽省61.33%的被调查学生认为这一描述"完全符合"自己的情况，选择"完全符合"和"比较符合"的比例之和为80.83%，相较于2021年（83%）略有下降，与长三角地区整体情况基本持平。

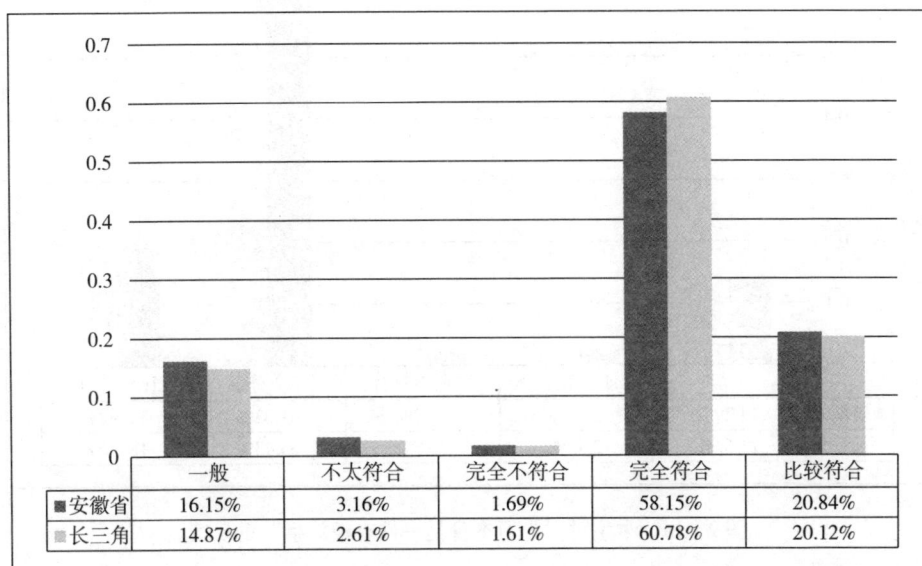

	一般	不太符合	完全不符合	完全符合	比较符合
安徽省	16.15%	3.16%	1.69%	58.15%	20.84%
长三角	14.87%	2.61%	1.61%	60.78%	20.12%

图9-11 学生对"我会主动学习，不用家长和老师督促"的反馈

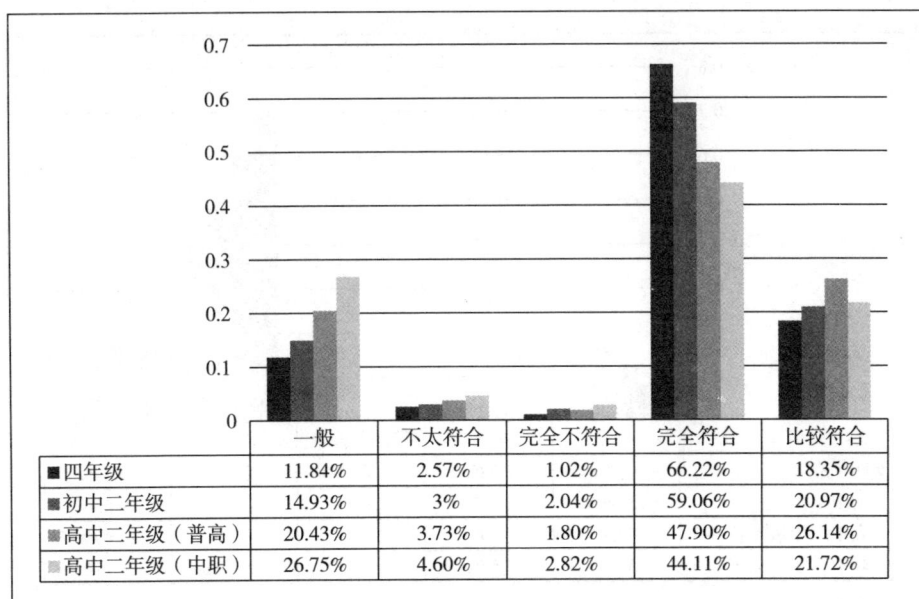

	一般	不太符合	完全不符合	完全符合	比较符合
四年级	11.84%	2.57%	1.02%	66.22%	18.35%
初中二年级	14.93%	3%	2.04%	59.06%	20.97%
高中二年级（普高）	20.43%	3.73%	1.80%	47.90%	26.14%
高中二年级（中职）	26.75%	4.60%	2.82%	44.11%	21.72%

图9-12 安徽省不同年级学生对"我会主动学习，不用家长和老师督促"的反馈

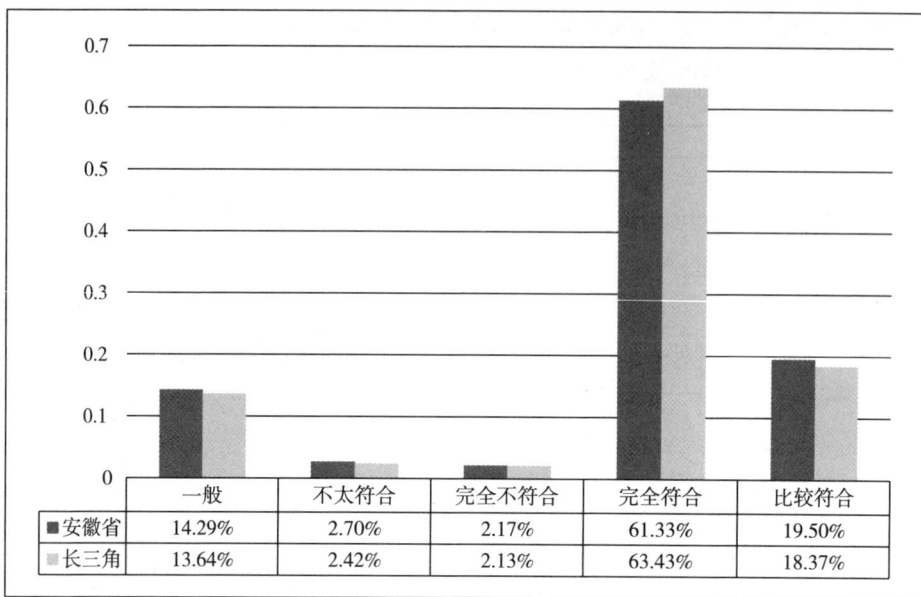

	一般	不太符合	完全不符合	完全符合	比较符合
■安徽省	14.29%	2.70%	2.17%	61.33%	19.50%
■长三角	13.64%	2.42%	2.13%	63.43%	18.37%

图9-13 学生对"学习本身是一件有趣的事"的反馈

安徽省不同年级学生对"学习本身是一件有趣的事"的反馈如图9-14所示。比较各个年级选择"完全符合""比较符合"的比例之和,随着年级上升学

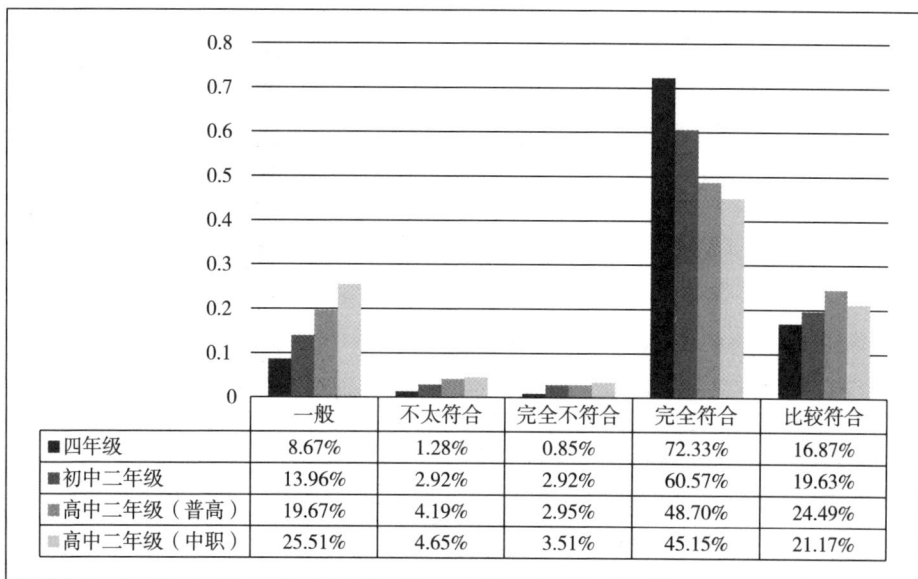

	一般	不太符合	完全不符合	完全符合	比较符合
■四年级	8.67%	1.28%	0.85%	72.33%	16.87%
■初中二年级	13.96%	2.92%	2.92%	60.57%	19.63%
■高中二年级（普高）	19.67%	4.19%	2.95%	48.70%	24.49%
■高中二年级（中职）	25.51%	4.65%	3.51%	45.15%	21.17%

图9-14 安徽省不同年级学生对"学习本身是一件有趣的事"的反馈

生认同学习有趣的比例递减,四年级学生反馈学习有趣的比例最高(89.2%),高中二年级下降到75%以下,高中二年级(中职)的比例(66.32%)最低。

(三)中小学生体育素养

体育素养主要从体育精神、体育兴趣、体育技能、运动乐趣和运动时间等方面进行调查。运动时间包括校内运动时间、校外运动时间等。

1. 近八成学生反馈了解奥林匹克精神

学生对"了解奥林匹克精神"的反馈如图9-15所示。安徽省60.67%的被调查学生认为这一描述"完全符合"自己的情况,19.06%的学生认为"比较符合"。安徽省选择"完全符合""比较符合"的比例之和(79.73%)低于长三角地区整体水平。

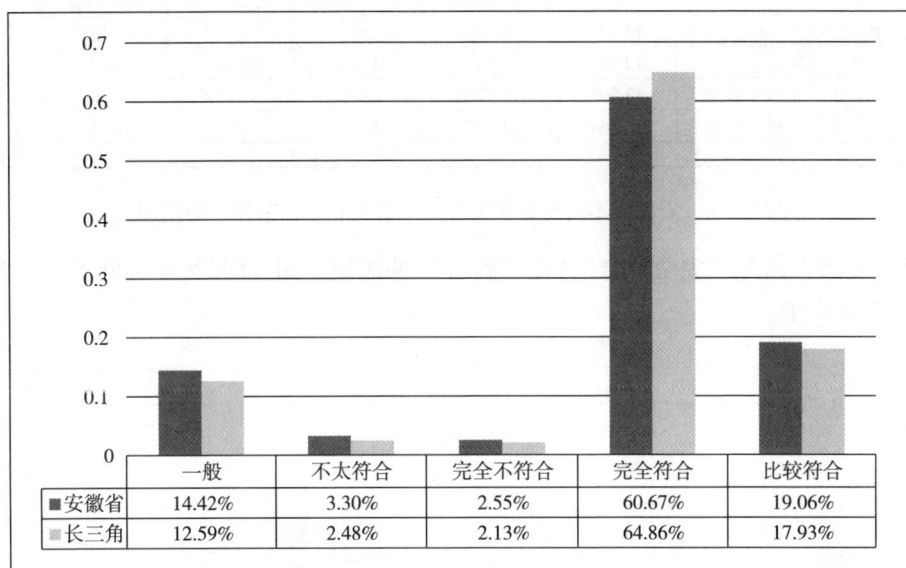

	一般	不太符合	完全不符合	完全符合	比较符合
■安徽省	14.42%	3.30%	2.55%	60.67%	19.06%
■长三角	12.59%	2.48%	2.13%	64.86%	17.93%

图9-15 学生对"了解奥林匹克精神"的反馈

安徽省不同年级学生对"了解奥林匹克精神"的反馈如图9-16所示。比较各个年级选择"完全符合""比较符合"的比例之和,随着年级上升学生反馈"了解奥林匹克精神"的比例总体上呈现递增趋势,高中二年级(普高)学生反馈了解奥林匹克精神的比例(82.52%)最高,其次是初中二年级、四年级,但高中二年级(中职)的比例(73.13%)最低。

2. 学生体育兴趣随年级上升而递减

学生对"有喜爱的体育运动"的反馈如图9-17所示。安徽省64.92%的被调查学生认为这一描述"完全符合"自己的情况,18.86%的学生认为"比较符

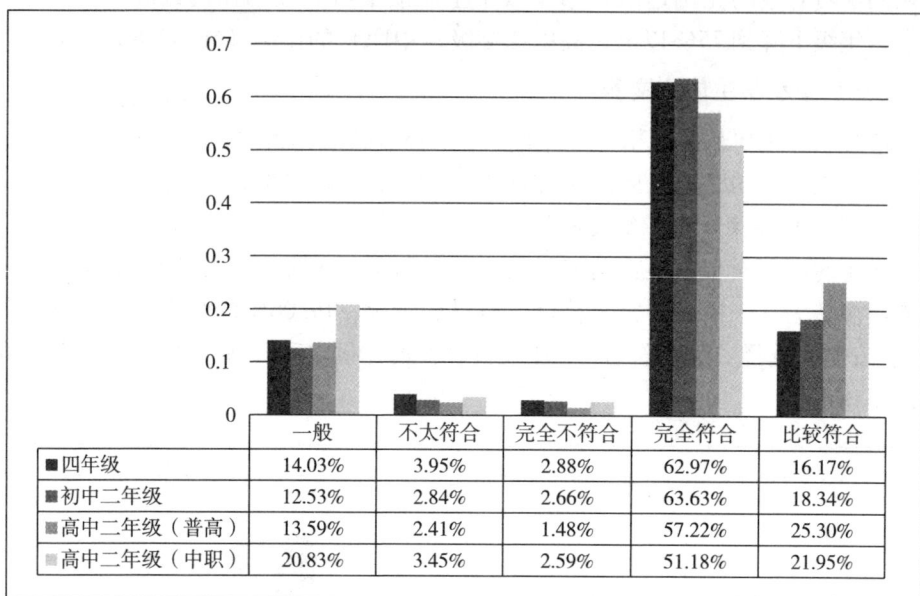

	一般	不太符合	完全不符合	完全符合	比较符合
■四年级	14.03%	3.95%	2.88%	62.97%	16.17%
■初中二年级	12.53%	2.84%	2.66%	63.63%	18.34%
■高中二年级（普高）	13.59%	2.41%	1.48%	57.22%	25.30%
■高中二年级（中职）	20.83%	3.45%	2.59%	51.18%	21.95%

图9－16 安徽省不同年级学生对"了解奥林匹克精神"的反馈

合"。安徽省选择"完全符合""比较符合"的比例之和（83.78%）低于长三角地区整体水平。

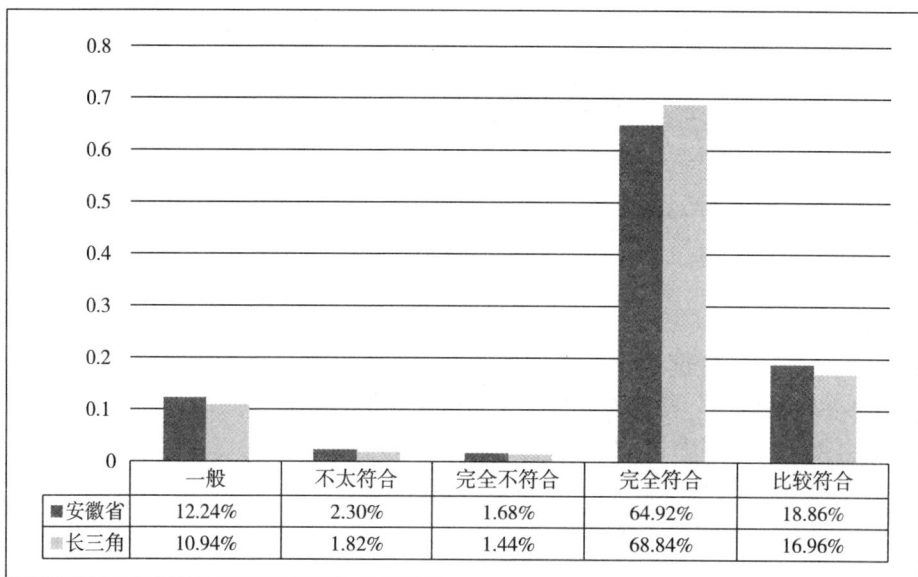

	一般	不太符合	完全不符合	完全符合	比较符合
■安徽省	12.24%	2.30%	1.68%	64.92%	18.86%
■长三角	10.94%	1.82%	1.44%	68.84%	16.96%

图9－17 学生对"有喜爱的体育运动"的反馈

安徽省不同性别学生对"有喜爱的体育运动"的反馈如图9-18所示。比较男生、女生选择"完全符合""比较符合"的比例之和，男生反馈"有喜爱的体育运动"的比例为86.23%，女生为80.98%。男女生差距超过5个百分点。

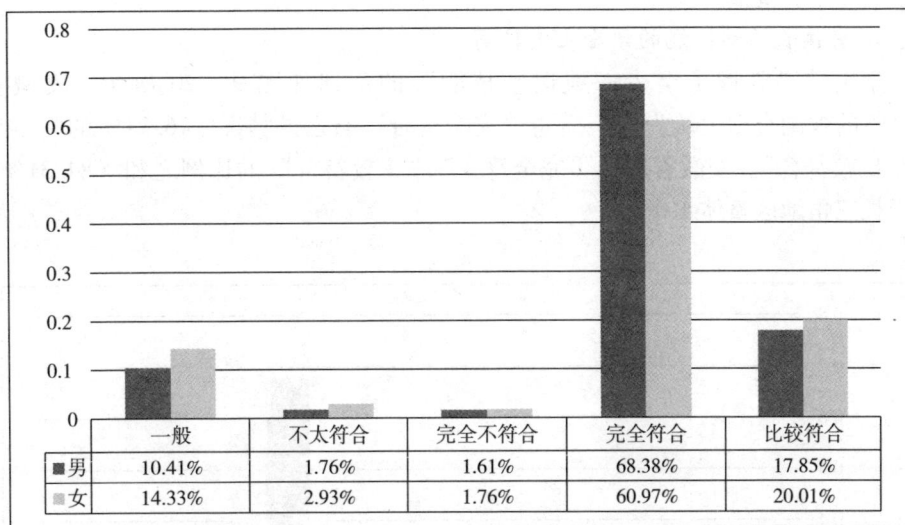

	一般	不太符合	完全不符合	完全符合	比较符合
■男	10.41%	1.76%	1.61%	68.38%	17.85%
□女	14.33%	2.93%	1.76%	60.97%	20.01%

图9-18　安徽省不同性别学生对"有喜爱的体育运动"的反馈

安徽省不同年级学生对"有喜爱的体育运动"的反馈如图9-19所示。比较

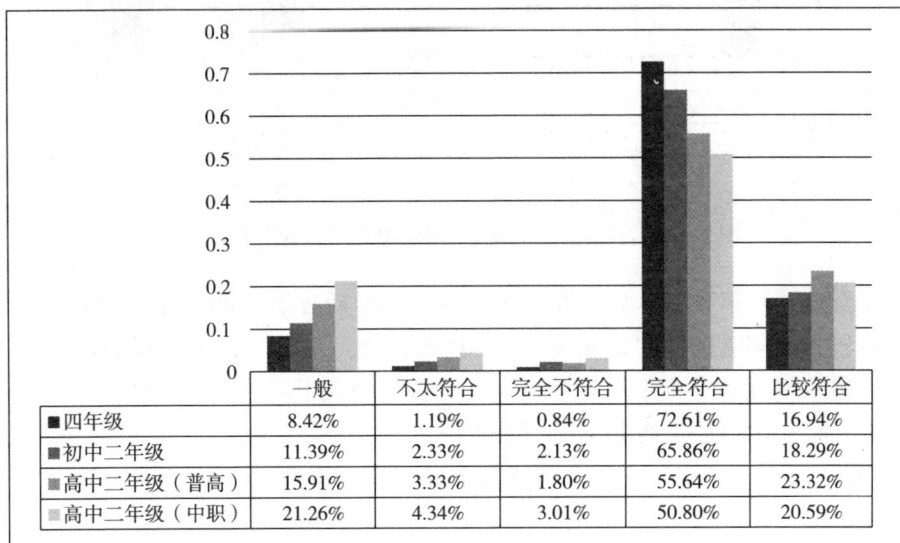

	一般	不太符合	完全不符合	完全符合	比较符合
■四年级	8.42%	1.19%	0.84%	72.61%	16.94%
■初中二年级	11.39%	2.33%	2.13%	65.86%	18.29%
■高中二年级（普高）	15.91%	3.33%	1.80%	55.64%	23.32%
□高中二年级（中职）	21.26%	4.34%	3.01%	50.80%	20.59%

图9-19　安徽省不同年级学生对"有喜爱的体育运动"的反馈

各个年级选择"完全符合""比较符合"的比例之和,随着年级上升学生反馈"有喜爱的体育运动"的比例呈现下降趋势。四年级学生反馈"有喜爱的体育运动"的比例为89.55%,初中二年级为84.15%,高中二年级低于80%,高中二年级(中职)最低。

3. 有擅长运动技能的学生比例较高

学生对"掌握了至少一项运动技能"的反馈如图9-20所示。安徽省68.1%的被调查学生认为这一描述"完全符合"自己的情况,16.21%的学生认为"比较符合"。安徽省选择"完全符合""比较符合"的比例之和(84.31%)低于长三角地区整体水平。

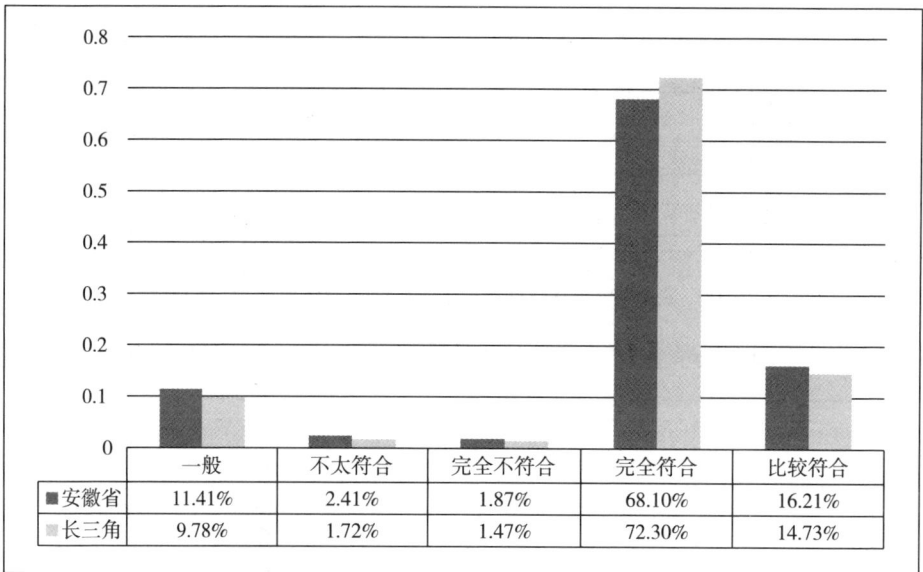

	一般	不太符合	完全不符合	完全符合	比较符合
安徽省	11.41%	2.41%	1.87%	68.10%	16.21%
长三角	9.78%	1.72%	1.47%	72.30%	14.73%

图9-20 学生对"掌握了至少一项运动技能"的反馈

安徽省不同年级学生对"掌握了至少一项运动技能"的反馈如图9-21所示。比较各个年级选择"完全符合""比较符合"的比例之和,随着年级上升学生反馈"掌握了至少一项运动技能"的比例呈现下降趋势。四年级学生反馈"掌握了至少一项运动技能"的比例(87.38%)最高,初中二年级为85.47%,高中二年级(普高)为82.51%,高中二年级(中职)(74.65%)最低。

安徽省不同地理位置学生对"掌握了至少一项运动技能"的反馈如图9-22所示。比较不同地理位置学生选择"完全符合""比较符合"的比例之和,城市

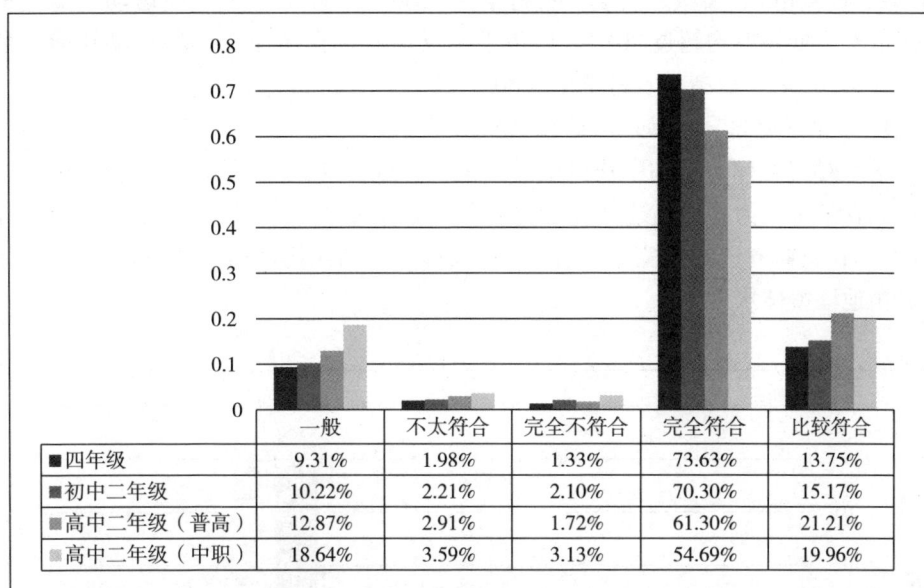

	一般	不太符合	完全不符合	完全符合	比较符合
■四年级	9.31%	1.98%	1.33%	73.63%	13.75%
■初中二年级	10.22%	2.21%	2.10%	70.30%	15.17%
■高中二年级（普高）	12.87%	2.91%	1.72%	61.30%	21.21%
■高中二年级（中职）	18.64%	3.59%	3.13%	54.69%	19.96%

图 9 - 21　安徽省不同年级学生对"掌握了至少一项运动技能"的反馈

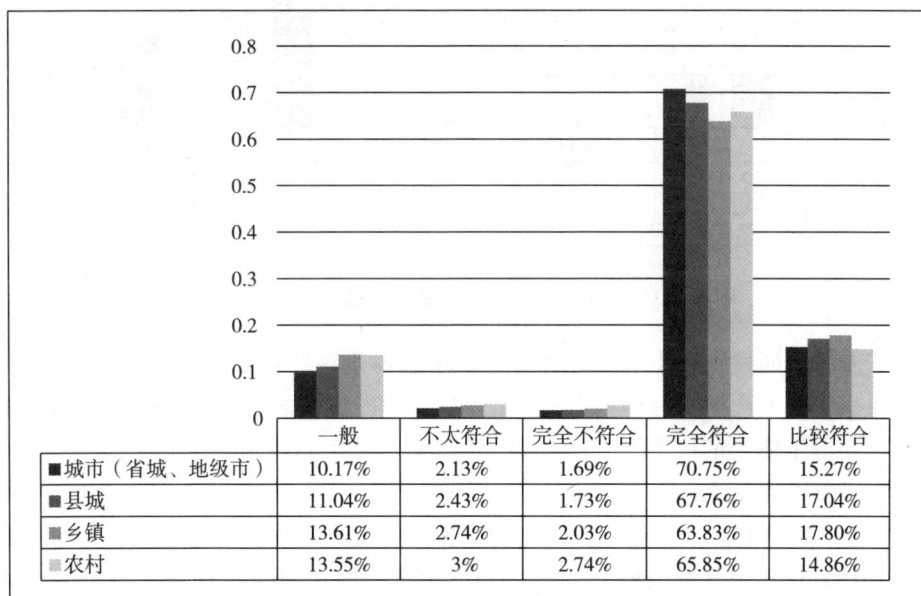

	一般	不太符合	完全不符合	完全符合	比较符合
■城市（省城、地级市）	10.17%	2.13%	1.69%	70.75%	15.27%
■县城	11.04%	2.43%	1.73%	67.76%	17.04%
■乡镇	13.61%	2.74%	2.03%	63.83%	17.80%
■农村	13.55%	3%	2.74%	65.85%	14.86%

图 9 - 22　安徽省不同地理位置学生对"掌握了至少一项运动技能"的反馈

（省城、地级市）、县城、乡镇、农村学生反馈"掌握了至少一项运动技能"的比例依次降低，但均超过80%。城市学生反馈"掌握了至少一项运动技能"的比例（86.02%）最高，农村学生（80.71%）的比例最低。

4. 学生享受体育运动乐趣的比例较高

学生对"在体育运动中获得乐趣"的反馈如图9-23所示。安徽省69.23%的被调查学生认为这一描述"完全符合"自己的情况，17.15%的学生认为"比较符合"；安徽省选择"完全符合""比较符合"的比例之和（86.38%）略低于长三角地区整体水平。

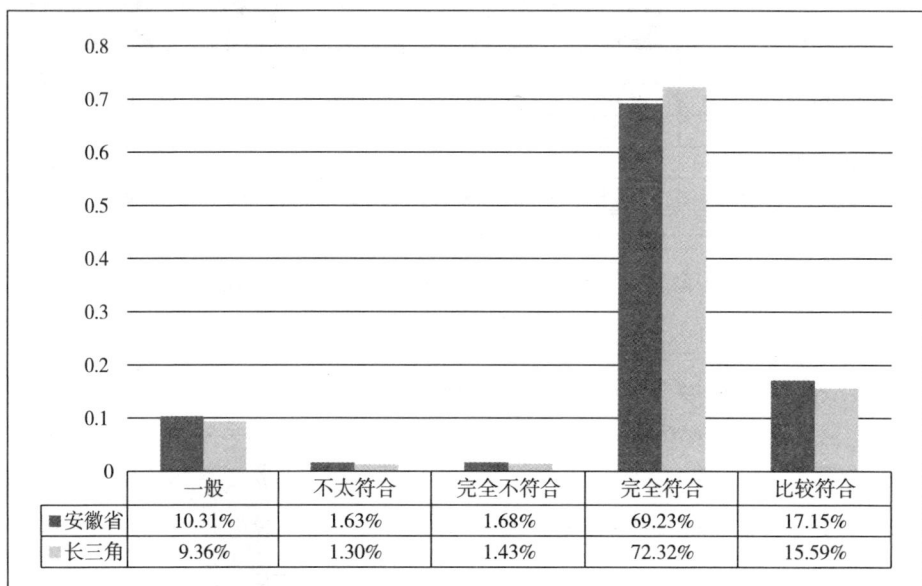

	一般	不太符合	完全不符合	完全符合	比较符合
安徽省	10.31%	1.63%	1.68%	69.23%	17.15%
长三角	9.36%	1.30%	1.43%	72.32%	15.59%

图9-23 学生对"在体育运动中获得乐趣"的反馈

安徽省不同性别学生对"在体育运动中获得乐趣"的反馈如图9-24所示。比较男生、女生选择"完全符合""比较符合"的比例之和，男生反馈"在体育运动中获得乐趣"的比例（88.93%）显著高于女生（83.48%）。

安徽省不同年级学生对"在体育运动中获得乐趣"的反馈如图9-25所示。比较各个年级选择"完全符合""比较符合"的比例之和，随着年级上升学生反馈"在体育运动中获得乐趣"的比例明显下降。四年级学生反馈"在体育运动中获得乐趣"的比例（91.89%）最高，初中二年级为86.23%，高中二年级（普高）为83.7%，高中二年级（中职）（73.43%）最低。

	一般	不太符合	完全不符合	完全符合	比较符合
■男	8.38%	1.19%	1.51%	73.10%	15.83%
女	12.52%	2.12%	1.87%	64.82%	18.66%

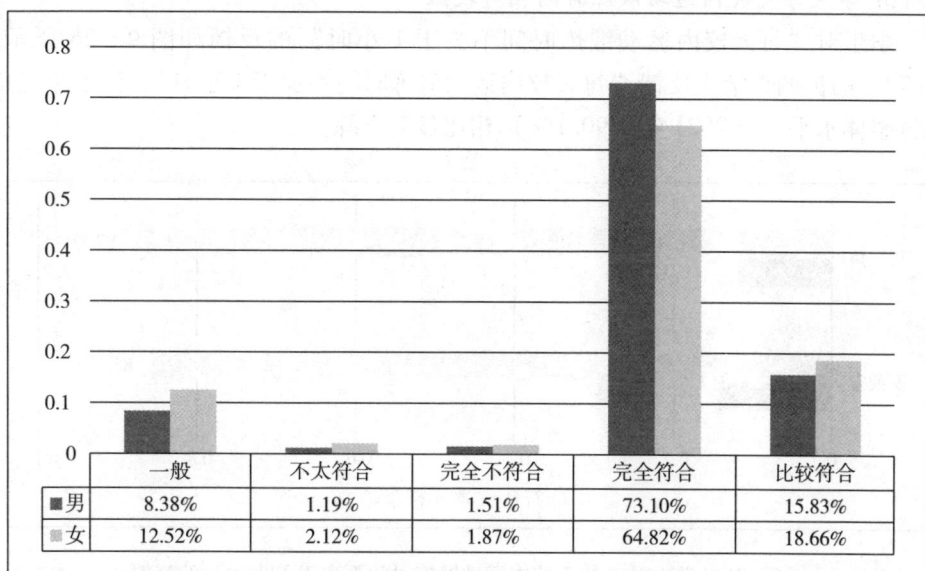

图9-24　安徽省不同性别学生对"在体育运动中获得乐趣"的反馈

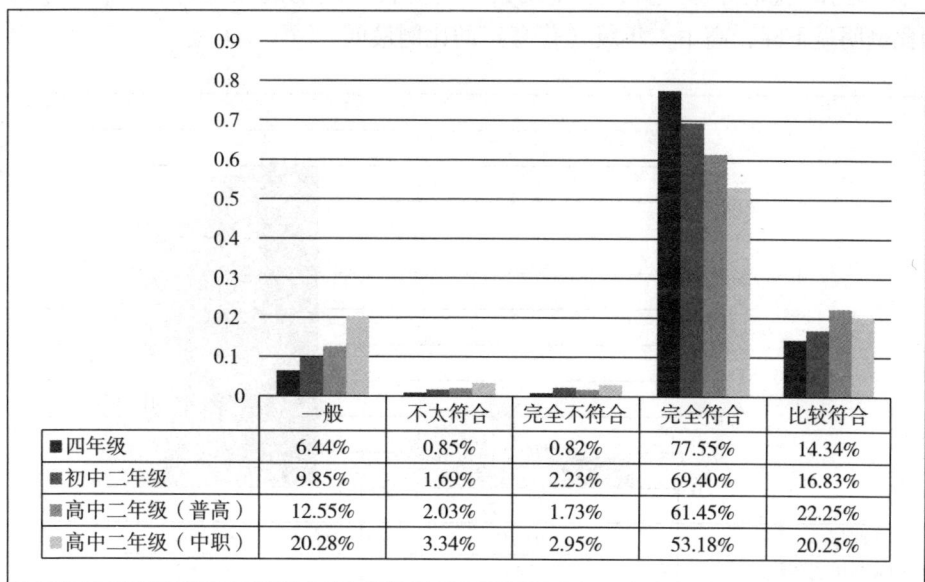

	一般	不太符合	完全不符合	完全符合	比较符合
■四年级	6.44%	0.85%	0.82%	77.55%	14.34%
■初中二年级	9.85%	1.69%	2.23%	69.40%	16.83%
■高中二年级（普高）	12.55%	2.03%	1.73%	61.45%	22.25%
高中二年级（中职）	20.28%	3.34%	2.95%	53.18%	20.25%

图9-25　安徽省不同年级学生对"在体育运动中获得乐趣"的反馈

5. 学生每天校内运动锻炼时间相对较短

学生对"每天校内运动锻炼时间不少于 1 小时"的反馈如图 9 - 26 所示。85.72% 的被调查学生反馈"每天校内运动锻炼时间不少于 1 小时",低于长三角地区整体水平,与 2021 年（90.1%）相比显著下降。

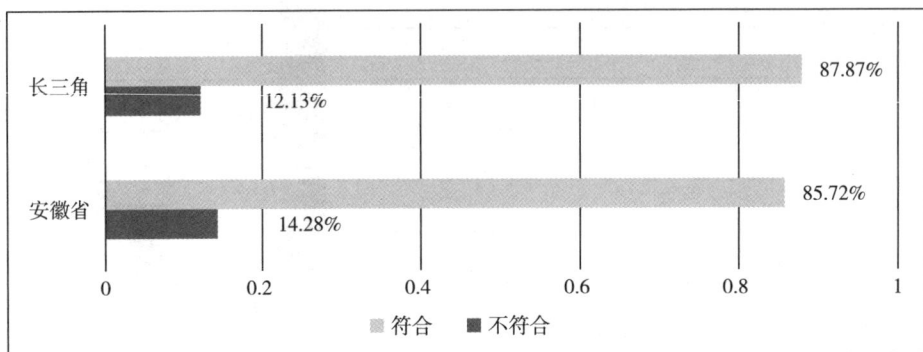

图 9 - 26　学生对"每天校内运动锻炼时间不少于 1 小时"的反馈

安徽省不同年级学生对"每天校内运动锻炼时间不少于 1 小时"的反馈如图 9 - 27 所示。随着年级上升,学生反馈"每天校内运动锻炼时间不少于 1 小时"的比例明显下降,高中二年级（普高）的比例最低。

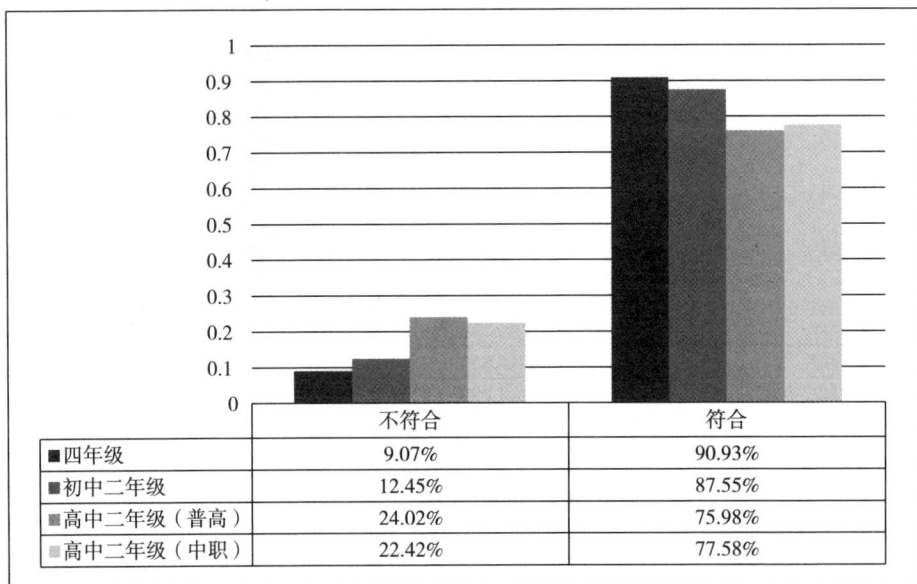

	不符合	符合
四年级	9.07%	90.93%
初中二年级	12.45%	87.55%
高中二年级（普高）	24.02%	75.98%
高中二年级（中职）	22.42%	77.58%

图 9 - 27　安徽省不同年级学生对"每天校内运动锻炼时间不少于 1 小时"的反馈

6. 学生校外运动时间较短

学生对"每天校外运动锻炼时间不少于 1 小时"的反馈如图 9-28 所示。80.45%的被调查学生反馈"每天校外运动锻炼时间不少于 1 小时",与长三角地区整体情况基本持平,与 2021 年(89.6%)相比显著下降。

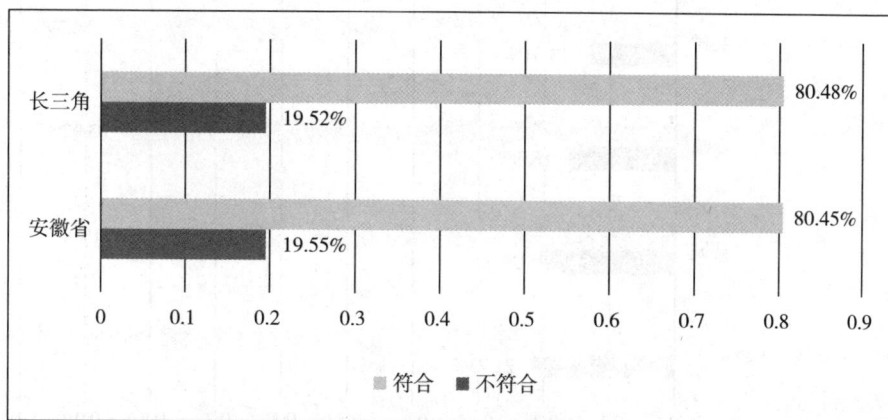

图 9-28 学生对"每天校外运动锻炼时间不少于 1 小时"的反馈

安徽省不同年级学生对"每天校外运动锻炼时间不少于 1 小时"的反馈如图 9-29 所示。随着年级上升,学生反馈"每天校外运动锻炼时间不少于 1 小时"的比例明显下降,高中二年级(普高)的比例最低。

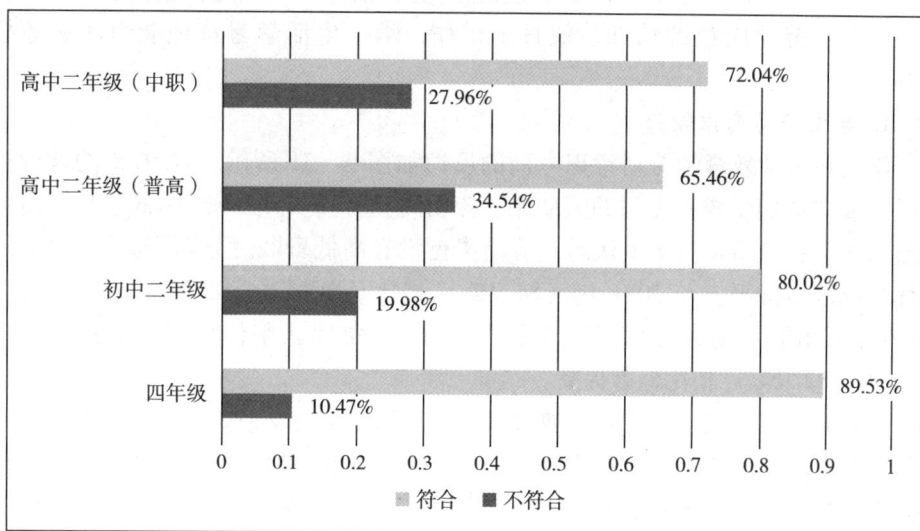

图 9-29 安徽省不同年级学生对"每天校外运动锻炼时间不少于 1 小时"的反馈

安徽省不同地理位置学生对"每天校外运动锻炼时间不少于1小时"的反馈如图9－30所示。农村、乡镇学生反馈"每天校外运动锻炼时间不少于1小时"的比例显著高于城市（省城、地级市）、县城学生。

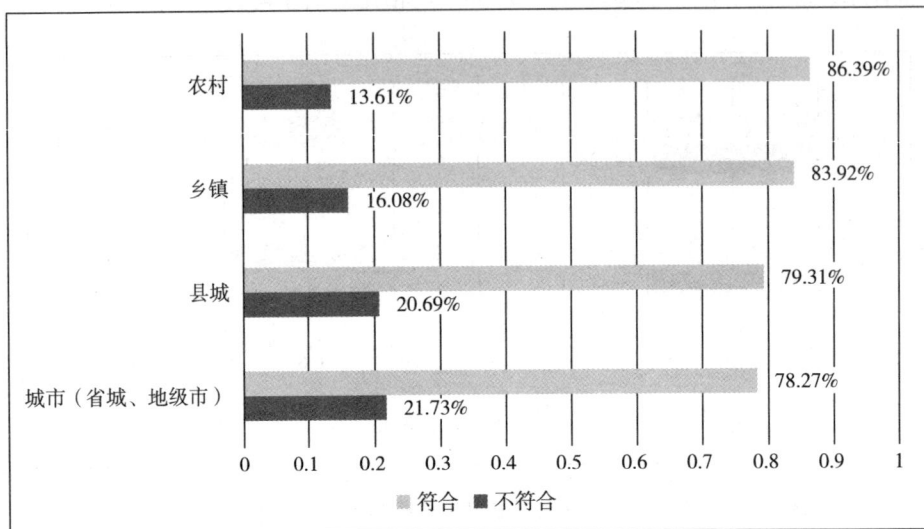

图9－30　安徽省不同地理位置学生对"每天校外运动锻炼时间不少于1小时"的反馈

（四）中小学生劳动素养

劳动素养主要从劳动意识、劳动技能等方面衡量。调查内容包括学校劳动教育，学生对劳动岗位的认知、值日生工作，学生生活学习自理能力和家务技能等。

1. 学生劳动意识较强

学生在劳动教育和劳动意识方面的反馈如图9－31所示。87.91%的被调查学生反馈"我们学校有专门的劳动课、劳动周和劳动实践活动"，低于长三角地区整体水平；92.3%的学生认同"劳动岗位没有高低贵贱之分"，与长三角地区整体情况基本持平，与2021年（84.7%）相比显著提高；93.14%的学生反馈"我在学校里能主动做好值日生工作"，与长三角地区整体情况基本持平，与2021年（82.9%）相比显著提高。

安徽省不同年级学生在劳动教育和劳动意识方面的反馈如图9－32所示。四年级、初中二年级、高中二年级（普高）对"劳动岗位没有高低贵贱之分"和"我在学校里能主动做好值日生工作"反馈相差不大，高中二年级（中职）认同比例最低。在对"我们学校有专门的劳动课、劳动周和劳动实践活动"的回答

	我们学校有专门的劳动课、劳动周和劳动实践活动	我认同劳动岗位没有高低贵贱之分的观点	我在学校里能主动做好值日生工作
■安徽省	87.91%	92.30%	93.14%
▨长三角	89.95%	92.55%	93.51%

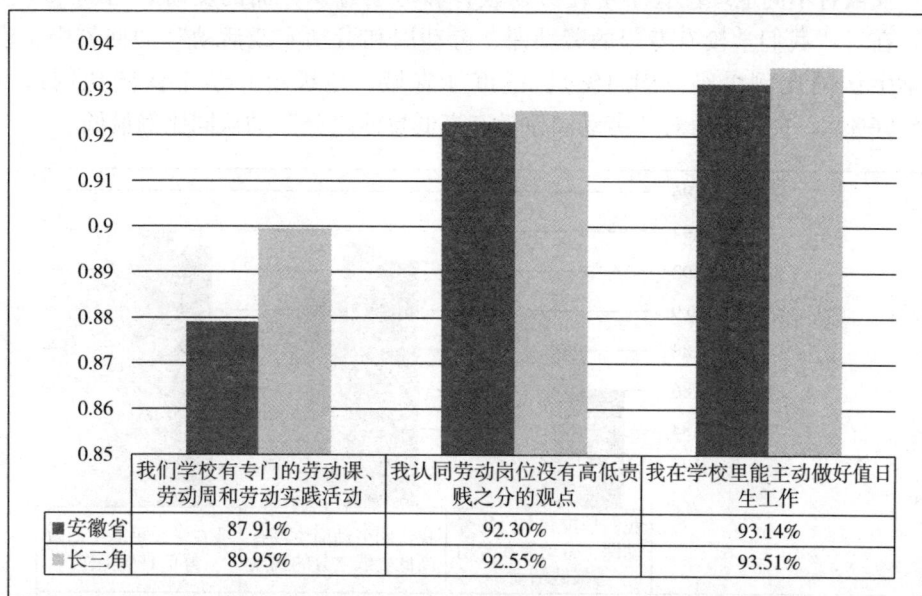

图 9-31　学生在劳动教育和劳动意识方面的反馈

中，四年级学生认同比例最高，高中二年级（普高）学生认同比例最低。

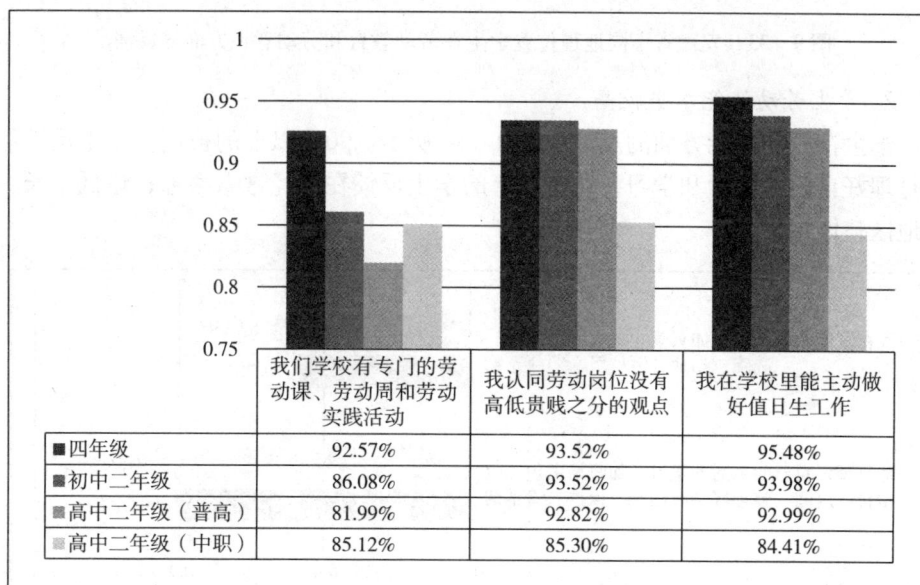

	我们学校有专门的劳动课、劳动周和劳动实践活动	我认同劳动岗位没有高低贵贱之分的观点	我在学校里能主动做好值日生工作
■四年级	92.57%	93.52%	95.48%
■初中二年级	86.08%	93.52%	93.98%
■高中二年级（普高）	81.99%	92.82%	92.99%
▨高中二年级（中职）	85.12%	85.30%	84.41%

图 9-32　安徽省不同年级学生在劳动教育和劳动意识方面的反馈

安徽省不同地理位置学生在劳动教育和劳动意识方面的反馈如图 9 - 33 所示。在对"我们学校有专门的劳动课、劳动周和劳动实践活动"的回答中，农村学生认同比例最高（91.1%），城市（省城、地级市）学生认同比例最低（85.96%）。农村学生对"劳动岗位没有高低贵贱之分"的认同比例最低。

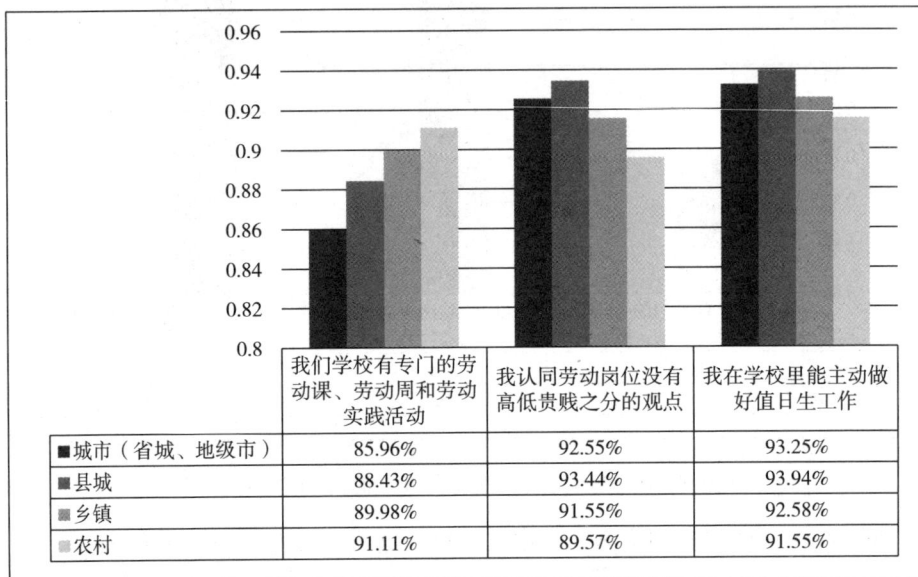

	我们学校有专门的劳动课、劳动周和劳动实践活动	我认同劳动岗位没有高低贵贱之分的观点	我在学校里能主动做好值日生工作
■ 城市（省城、地级市）	85.96%	92.55%	93.25%
■ 县城	88.43%	93.44%	93.94%
■ 乡镇	89.98%	91.55%	92.58%
□ 农村	91.11%	89.57%	91.55%

图 9 - 33　安徽省不同地理位置学生在劳动教育和劳动意识方面的反馈

2. 学生劳动技能水平较高

学生在劳动技能方面的反馈如图 9 - 34 所示。90% 以上的被调查学生反馈能够打理好自己的生活和学习，80% 以上的学生反馈在家经常做家务；略低于长三角地区整体水平。

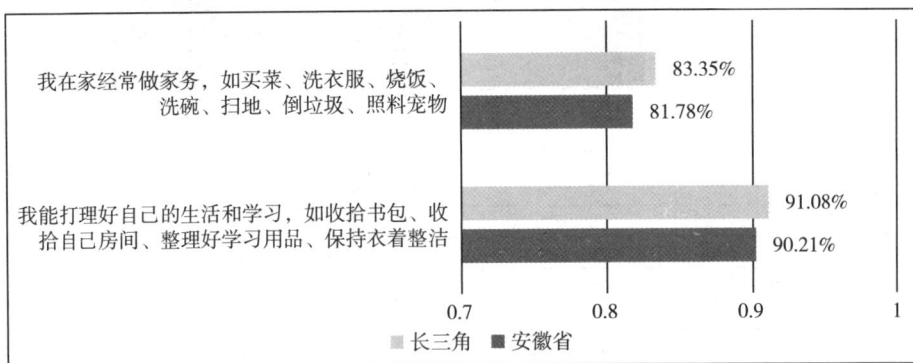

图 9 - 34　学生在劳动技能方面的反馈

安徽省不同年级学生在劳动技能方面的反馈如图9-35所示。在对"我能打理好自己的生活和学习"的回答中，四年级、初中二年级、高中二年级（普高）学生反馈相差不大，高中二年级（中职）学生认同比例最低；在对"我在家经常做家务"的回答中，初中二年级学生认同比例最高，高中二年级（普高）学生认同比例最低。

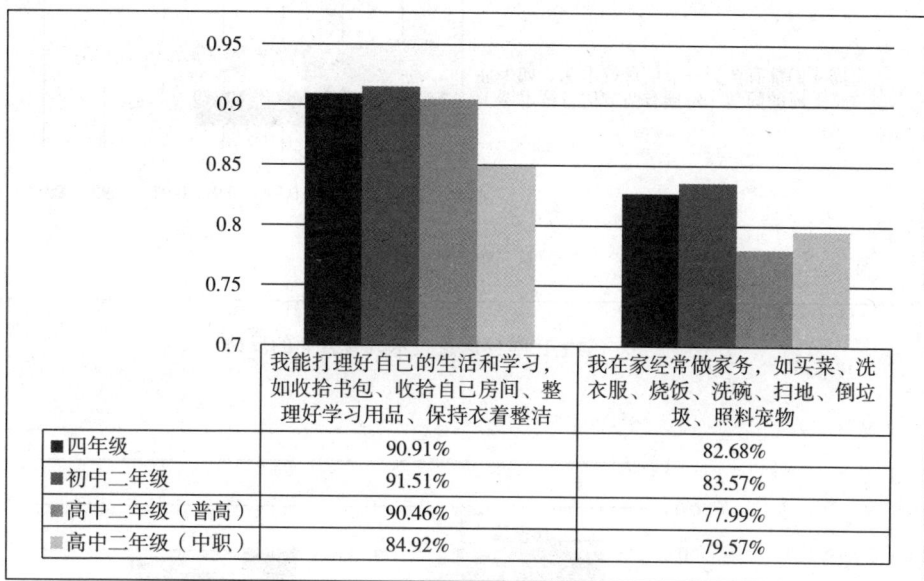

	我能打理好自己的生活和学习，如收拾书包、收拾自己房间、整理好学习用品、保持衣着整洁	我在家经常做家务，如买菜、洗衣服、烧饭、洗碗、扫地、倒垃圾、照料宠物
■四年级	90.91%	82.68%
■初中二年级	91.51%	83.57%
■高中二年级（普高）	90.46%	77.99%
■高中二年级（中职）	84.92%	79.57%

图9-35　安徽省不同年级学生在劳动技能方面的反馈

（五）中小学生信息素养

信息素养包括学校信息技术教育和学生信息技术能力两个方面。学校信息技术教育调查课程开设和软件使用情况。学生信息技术能力调查搜索能力和软件运用能力。

1. 学生对学校信息技术教育认可度较高

学生在学校信息技术教育方面的反馈如图9-36所示。在对"每周我们都有至少一节信息技术课"的回答中，安徽省91.15%的被调查学生选择"符合"，略高于长三角地区整体水平；在对"我们学校在使用能够帮助我们学习的学习软件（App）"的回答中，安徽省88.74%的被调查学生选择"符合"，略低于长三角地区整体水平。

安徽省不同年级学生在学校信息技术教育方面的反馈如图9-37所示。高中二年级（中职）学生认可学校信息技术教育的比例显著低于其他年级学生。

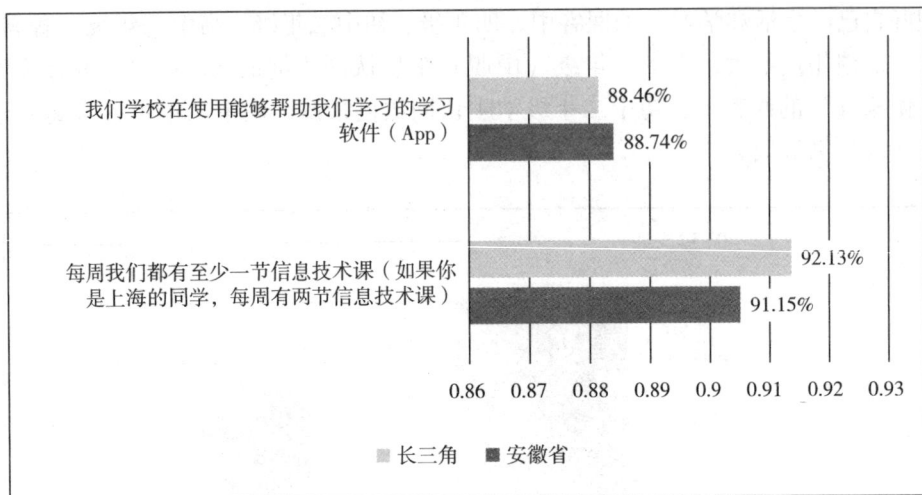

图9-36 学生在学校信息技术教育方面的反馈

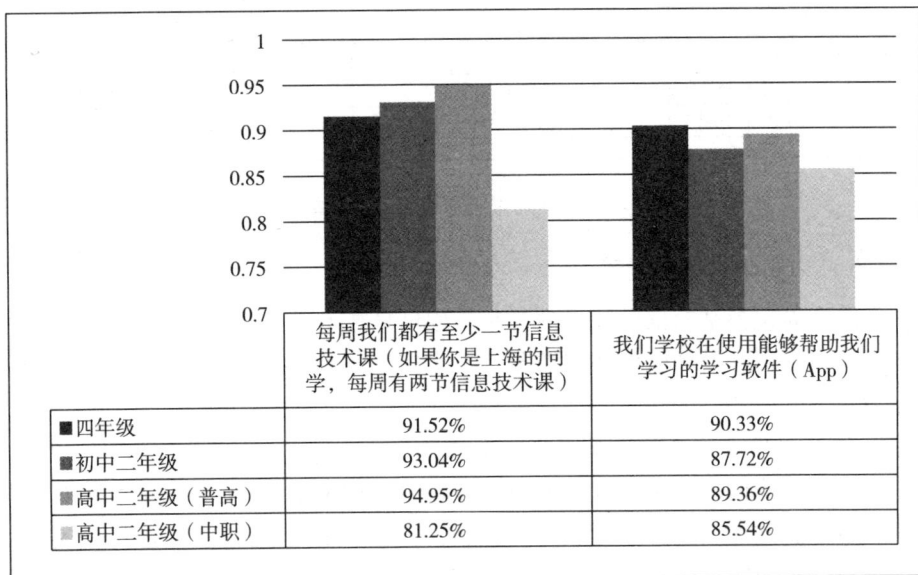

	每周我们都有至少一节信息技术课（如果你是上海的同学，每周有两节信息技术课）	我们学校在使用能够帮助我们学习的学习软件（App）
四年级	91.52%	90.33%
初中二年级	93.04%	87.72%
高中二年级（普高）	94.95%	89.36%
高中二年级（中职）	81.25%	85.54%

图9-37 安徽省不同年级学生在学校信息技术教育方面的反馈

安徽省不同地理位置学生在学校信息技术教育方面的反馈如图9-38所示。城市（省城、地级市）、县城学生认可学校信息技术教育的比例高于乡镇、农村学生。

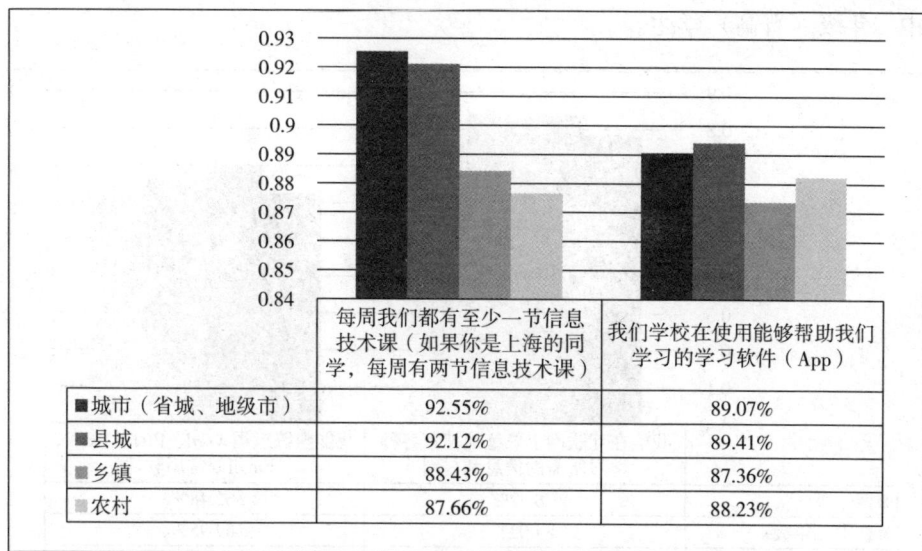

	每周我们都有至少一节信息技术课（如果你是上海的同学，每周有两节信息技术课）	我们学校在使用能够帮助我们学习的学习软件（App）
■城市（省城、地级市）	92.55%	89.07%
■县城	92.12%	89.41%
■乡镇	88.43%	87.36%
■农村	87.66%	88.23%

图 9－38　安徽省不同地理位置学生在学校信息技术教育方面的反馈

2. 学生信息技术能力有待提高

学生在信息技术能力方面的反馈如图 9－39 所示。在对"我能在互联网上熟练地搜索各种学习所需的信息和材料"的回答中，安徽省 80.71% 的被调查学生选择"完全符合"和"比较符合"；在对"我能熟练运用 Word、PPT、Excel、Email 等常用软件"的回答中，安徽省仅 65.36% 的被调查学生选择"完全符合"和"比较符合"；均与长三角地区整体水平有一定差距。

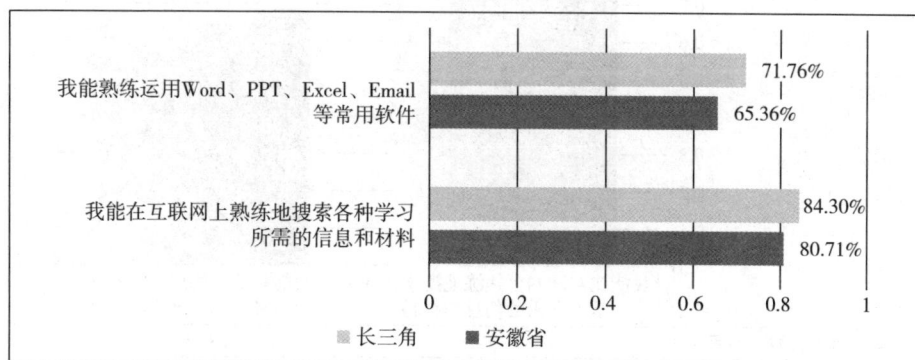

图 9－39　学生在信息技术能力方面的反馈

安徽省不同年级学生在信息技术能力方面的反馈如图 9－40 所示。四年级、高中二年级（中职）学生认可自己信息技术能力的比例显著低于初中二年级、高中二年级（普高）学生。

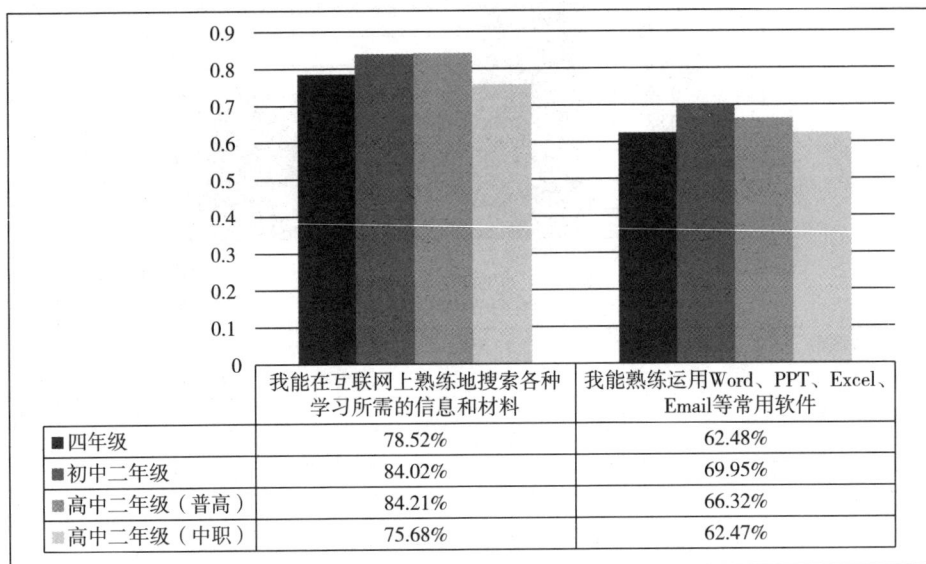

	我能在互联网上熟练地搜索各种学习所需的信息和材料	我能熟练运用Word、PPT、Excel、Email等常用软件
■四年级	78.52%	62.48%
■初中二年级	84.02%	69.95%
■高中二年级（普高）	84.21%	66.32%
■高中二年级（中职）	75.68%	62.47%

图9-40 安徽省不同年级学生在信息技术能力方面的反馈

安徽省不同地理位置学生在信息技术能力方面的反馈如图9-41所示。城市（省城、地级市）、县城学生认可自己信息技术能力的比例显著高于乡镇、农村学生。

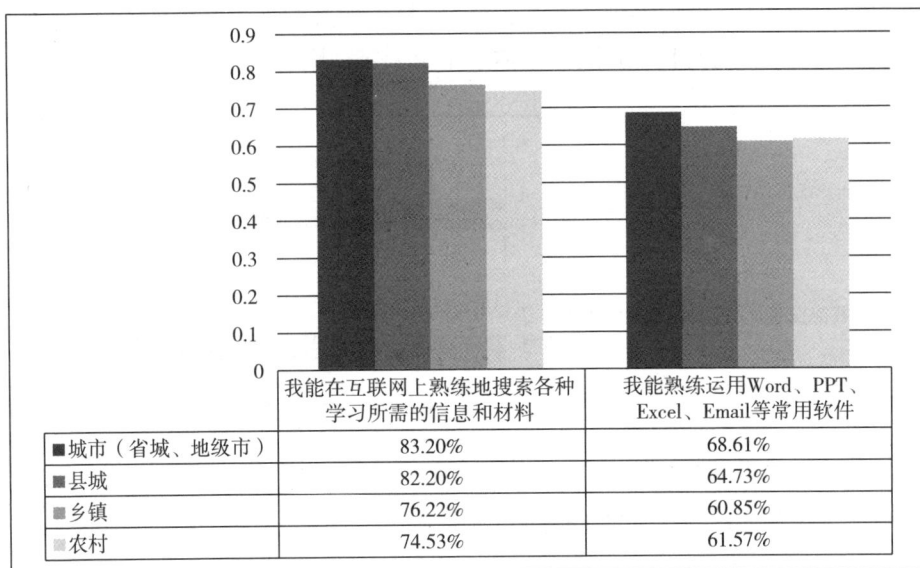

	我能在互联网上熟练地搜索各种学习所需的信息和材料	我能熟练运用Word、PPT、Excel、Email等常用软件
■城市（省城、地级市）	83.20%	68.61%
■县城	82.20%	64.73%
■乡镇	76.22%	60.85%
■农村	74.53%	61.57%

图9-41 安徽省不同地理位置学生在信息技术能力方面的反馈

（六）中小学生学业负担

学业负担程度调查学生的睡眠时间、作业时间及负担、学校分班、成绩排名、排座位情况、学科类校外培训时间等。

1. 安徽省中小学生睡眠情况优于长三角地区

问卷对小学生、初中生的睡眠时间进行调查，高中学生不作答。2018 年教育部等九部门印发的《中小学生减负措施》规定，小学生每天睡眠时间不少于10 个小时，初中生不少于 9 个小时。学生对"睡眠时间是否充足"的反馈如图9－42所示。长三角地区 8.81％的学生否认自己睡眠时间充足，安徽省这一比例为 8.43％。

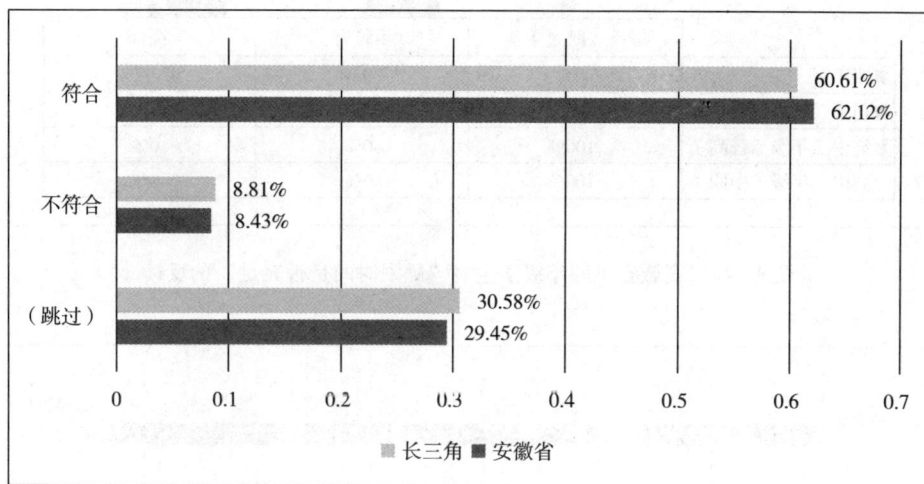

图 9－42　学生对"睡眠时间是否充足"的反馈

安徽省不同年级学生对"睡眠时间是否充足"的反馈如图 9－43 所示。学生反馈睡眠时间充足的比例随着年级升高显著降低，四年级学生反馈睡眠时间充足的比例为 92.97％，初中二年级为 81.49％。

2. "作业时间超出国家规定"现象明显减少

问卷对小学生、初中生的作业时间进行调查，高中学生不作答。《中小学生减负措施》规定，小学一、二年级不布置书面家庭作业，三至六年级家庭作业不超过 60 分钟，初中家庭作业不超过 90 分钟。学生对"作业时间未超出国家规定"的反馈如图 9－44 所示。安徽省仅 7.3％的学生反馈作业时间超出国家规定，较 2021 年（12.9％）明显下降，与长三角地区整体情况基本持平。

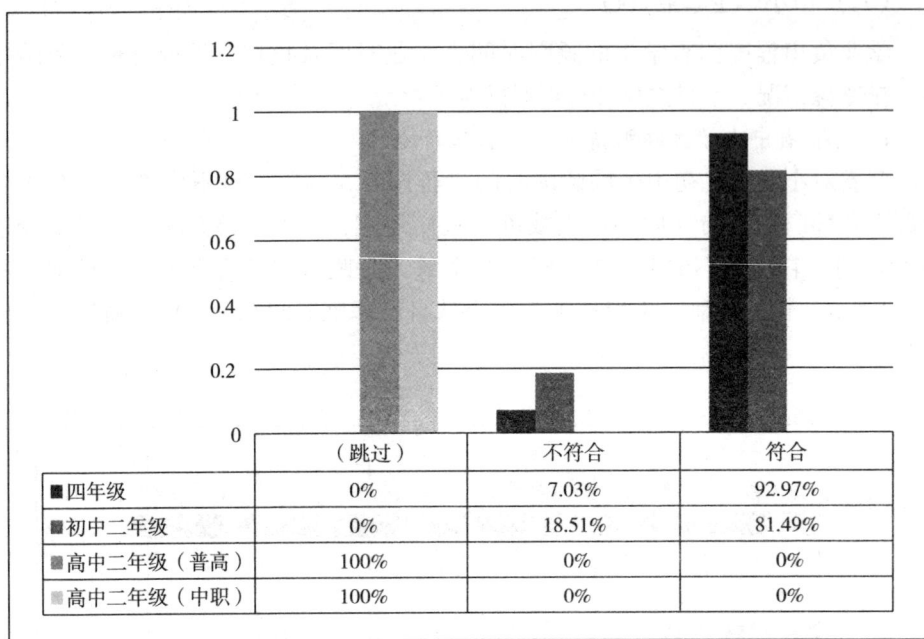

	（跳过）	不符合	符合
四年级	0%	7.03%	92.97%
初中二年级	0%	18.51%	81.49%
高中二年级（普高）	100%	0%	0%
高中二年级（中职）	100%	0%	0%

图 9-43　安徽省不同年级学生对"睡眠时间是否充足"的反馈

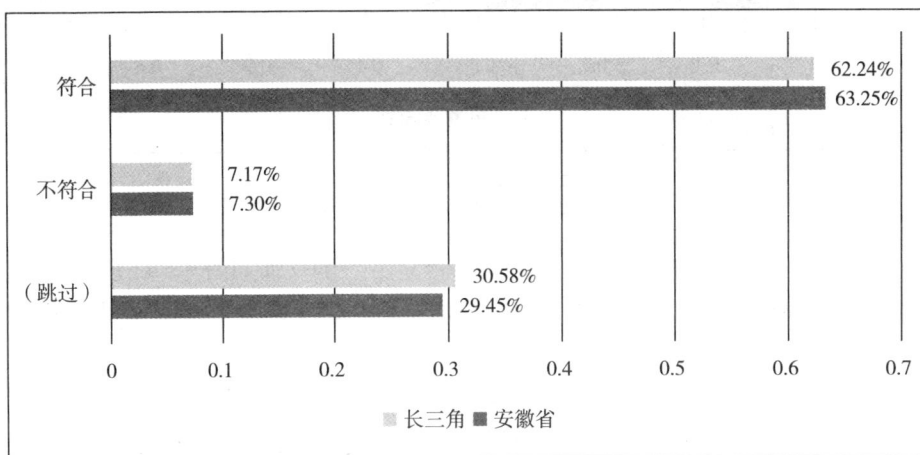

图 9-44　学生对"作业时间未超出国家规定"的反馈

安徽省不同年级学生对"作业时间未超出国家规定"的反馈如图 9-45 所示。学生反馈"作业时间符合国家规定"的比例随着年级升高显著降低，四年级学生反馈作业时间符合规定的比例为 93.94%，初中二年级为 83.93%。

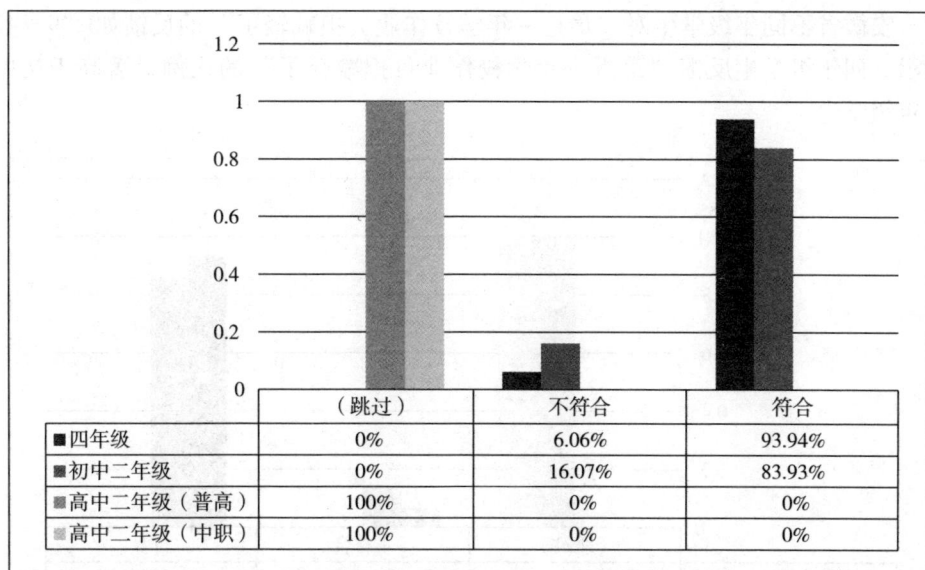

	（跳过）	不符合	符合
■四年级	0%	6.06%	93.94%
■初中二年级	0%	16.07%	83.93%
■高中二年级（普高）	100%	0%	0%
■高中二年级（中职）	100%	0%	0%

图9-45 安徽省不同年级学生对"作业时间未超出国家规定"的反馈

3. 大部分学生认为"最近一年学校作业负担减轻了"

问卷对小学生、初中生的作业负担变化情况进行调查，高中学生不作答。学生对"最近一年学校作业负担减轻了"的反馈如图9-46所示。安徽省仅6.86%的被调查学生否认"最近一年学校作业负担减轻了"，与长三角地区整体水平基本持平。

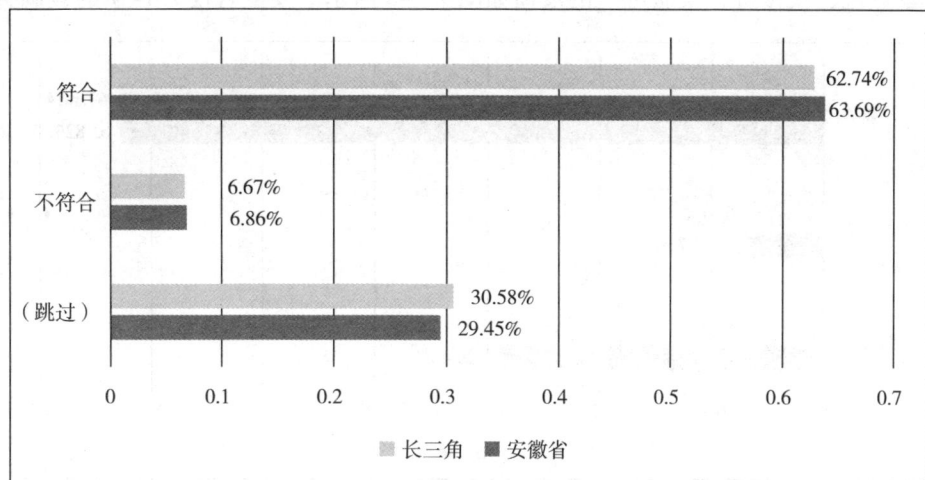

图9-46 学生对"最近一年学校作业负担减轻了"的反馈

安徽省不同年级学生对"最近一年学校作业负担减轻了"的反馈如图9-47所示。四年级学生反馈"最近一年学校作业负担减轻了"的比例显著高于初中二年级学生。

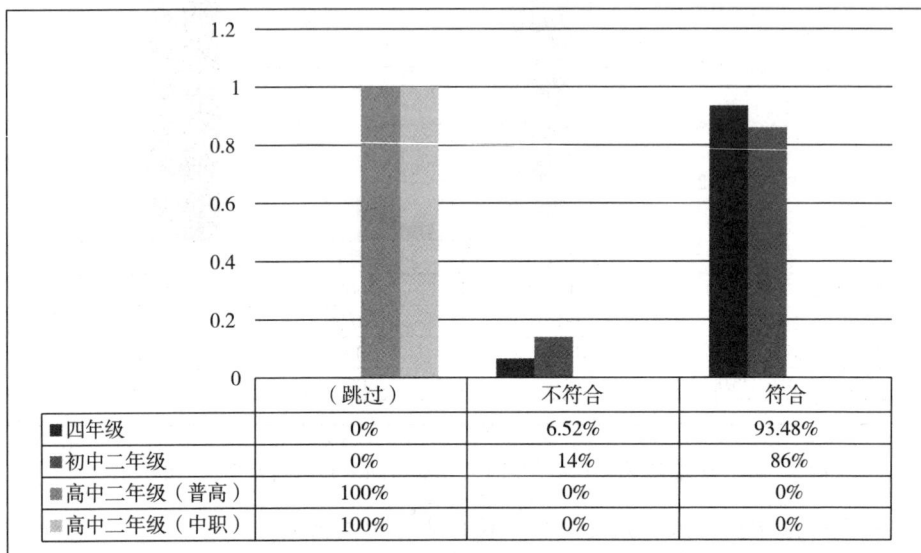

	（跳过）	不符合	符合
■四年级	0%	6.52%	93.48%
■初中二年级	0%	14%	86%
高中二年级（普高）	100%	0%	0%
高中二年级（中职）	100%	0%	0%

图9-47 安徽省不同年级学生对"最近一年学校作业负担减轻了"的反馈

4. 绝大部分学生反馈没有重点班、快慢班、实验班

问卷对小学生、初中生的分班情况进行调查，高中学生不作答。学生对"未分重点班、快慢班、实验班"的反馈如图9-48所示。安徽省仅7.74%的被调查

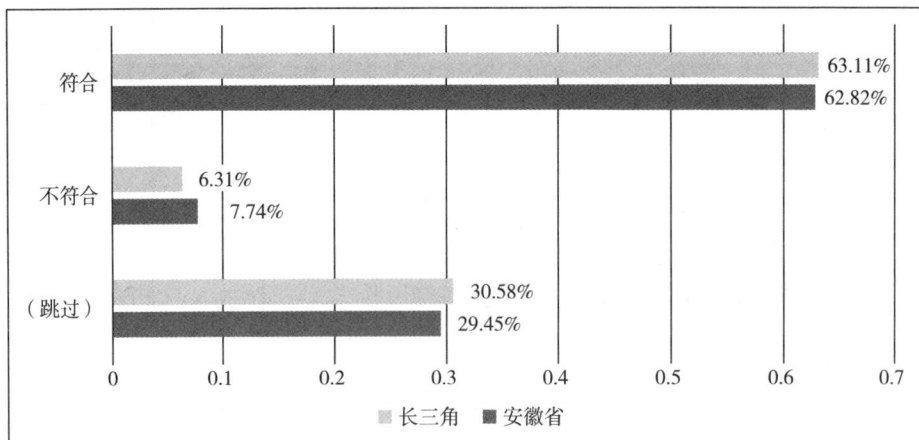

图9-48 学生对"未分重点班、快慢班、实验班"的反馈

学生反馈存在以上分班情况，显著低于 2021 年（12.6%），与长三角地区整体情况基本持平。

安徽省不同年级学生对"未分重点班、快慢班、实验班"的反馈如图 9–49 所示。四年级学生反馈"未分重点班、快慢班、实验班"的比例显著高于初中二年级学生。

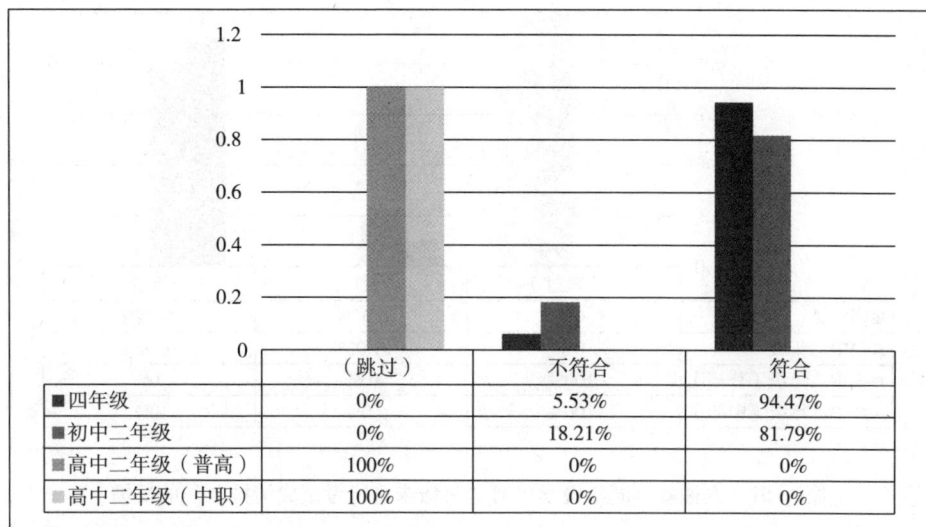

	（跳过）	不符合	符合
■四年级	0%	5.53%	94.47%
■初中二年级	0%	18.21%	81.79%
■高中二年级（普高）	100%	0%	0%
■高中二年级（中职）	100%	0%	0%

图 9–49　安徽省不同年级学生对"未分重点班、快慢班、实验班"的反馈

5. 考试成绩排名现象明显好转

问卷对小学生、初中生的考试成绩排名情况进行调查，高中学生不作答。学生对"班级未进行考试成绩排名"的反馈如图 9–50 所示。安徽省仅 10.24% 的学生

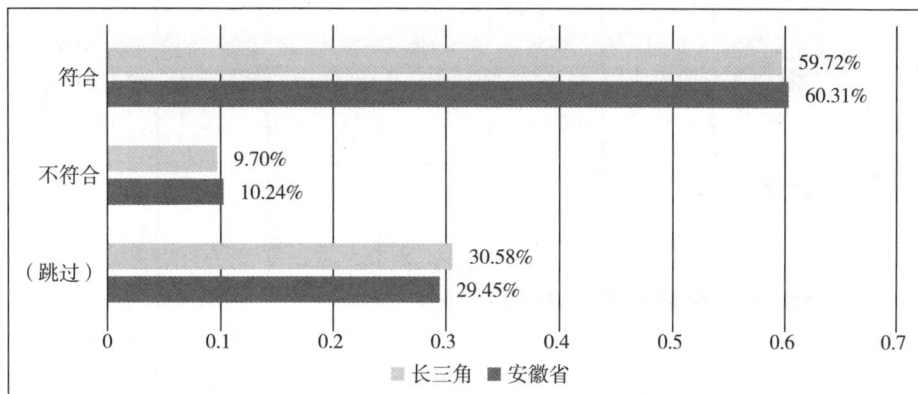

图 9–50　学生对"班级未进行考试成绩排名"的反馈

选择"不符合",显著低于2021年（15.0%），与长三角地区整体情况基本持平。

安徽省不同年级学生对"班级未进行考试成绩排名"的反馈如图9-51所示。四年级学生反馈"班级未进行考试成绩排名"的比例明显高于初中二年级学生。

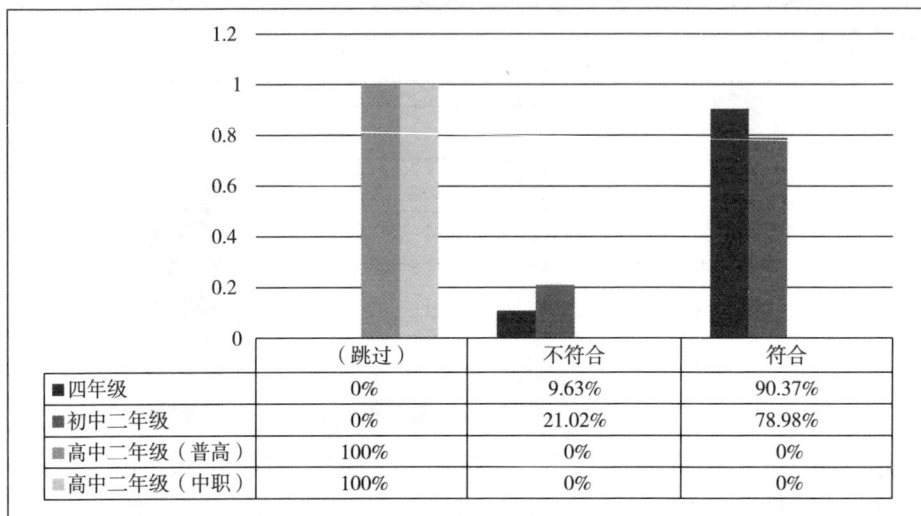

	（跳过）	不符合	符合
■四年级	0%	9.63%	90.37%
■初中二年级	0%	21.02%	78.98%
■高中二年级（普高）	100%	0%	0%
■高中二年级（中职）	100%	0%	0%

图9-51　安徽省不同年级学生对"班级未进行考试成绩排名"的反馈

6. 绝大部分学生反馈没有根据成绩排座位现象

问卷对小学生、初中生的座位情况进行调查，高中学生不作答。学生对"班级未根据成绩排座位"的反馈如图9-52所示。安徽省仅6.45%的被调查学生选择"不符合"，与长三角地区整体情况基本持平。

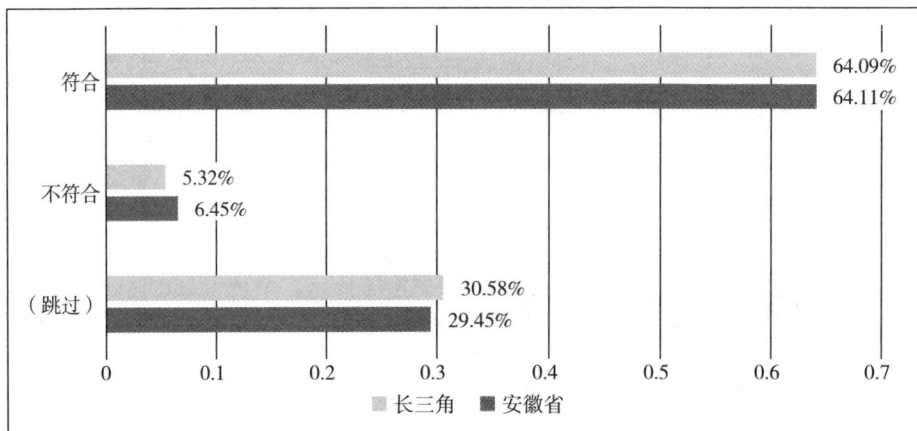

图9-52　学生对"班级未根据成绩排座位"的反馈

安徽省不同年级学生对"班级未根据成绩排座位"的反馈如图9-53所示。四年级学生反馈"班级未根据成绩排座位"的比例显著高于初中二年级学生。

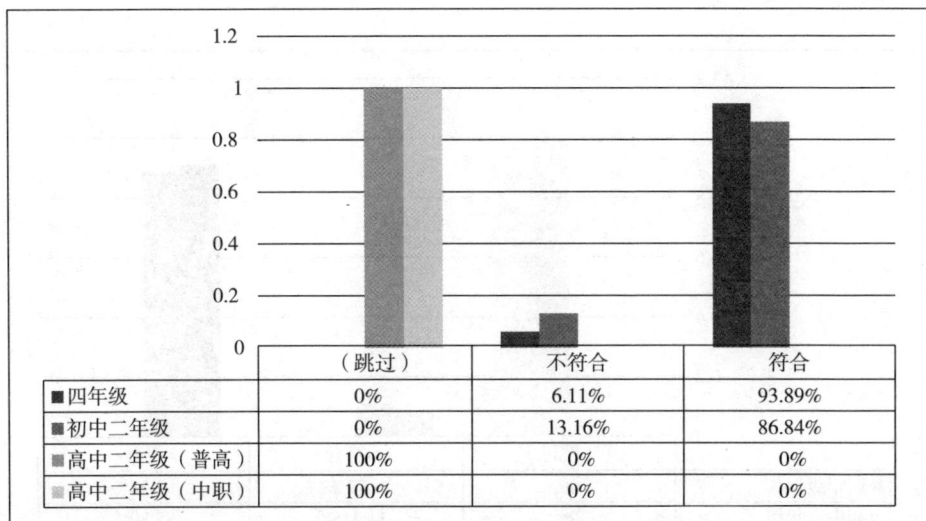

	（跳过）	不符合	符合
■四年级	0%	6.11%	93.89%
■初中二年级	0%	13.16%	86.84%
■高中二年级（普高）	100%	0%	0%
■高中二年级（中职）	100%	0%	0%

图9-53 安徽省不同年级学生对"班级未根据成绩排座位"的反馈

7. 大部分学生反馈最近一年参加的学科类校外培训变少了

问卷对小学生、初中生的学科类校外培训情况进行调查，高中学生不作答。学生对"最近一年参加学科类校外培训变少了"的反馈如图9-54所示。安徽省仅6.88%的被调查学生否认"最近一年所参加的学科类校外培训变少了"，与长三角地区整体情况基本持平。

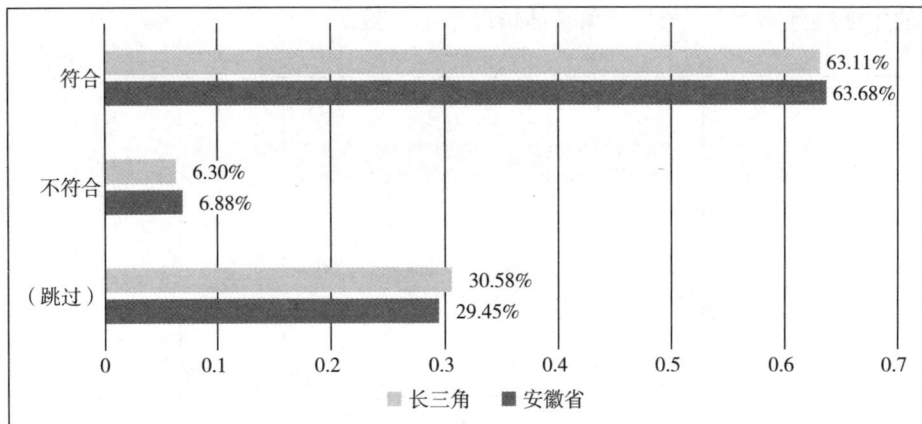

图9-54 学生对"最近一年参加学科类校外培训变少了"的反馈

安徽省不同年级学生对"最近一年参加学科类校外培训变少了"的反馈如图9-55所示。四年级学生反馈"最近一年参加学科类校外培训变少了"的比例高于初中二年级学生。

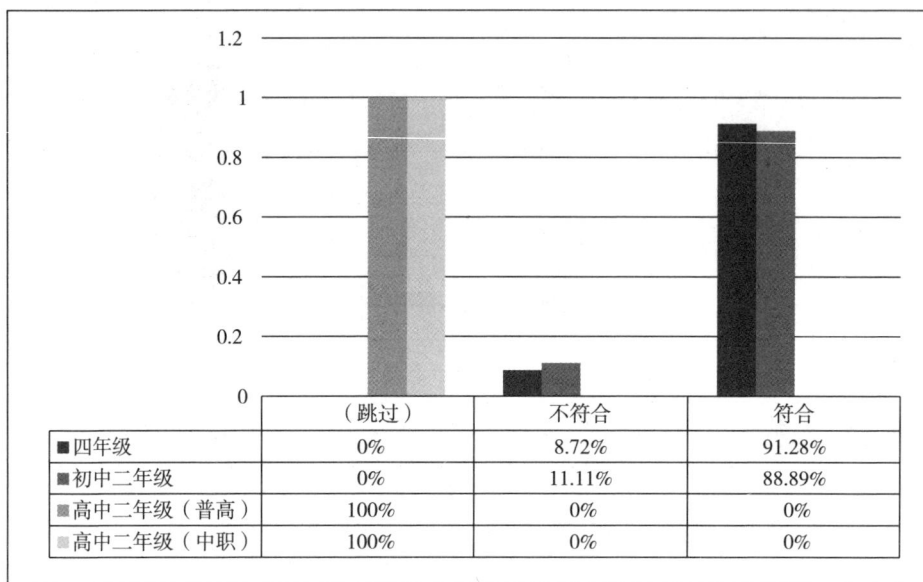

	（跳过）	不符合	符合
■四年级	0%	8.72%	91.28%
■初中二年级	0%	11.11%	88.89%
■高中二年级（普高）	100%	0%	0%
■高中二年级（中职）	100%	0%	0%

图9-55　安徽省不同年级学生对"最近一年参加学科类校外培训变少"的反馈

（七）中小学生心理健康水平

心理健康水平调查学生是否对自己的生活感到满意。学生反馈"对自己的生活感到满意"的比例如图9-56所示。安徽省86.82%的被调查学生反馈"对自己的生活感到满意"，与长三角整体情况基本一致。

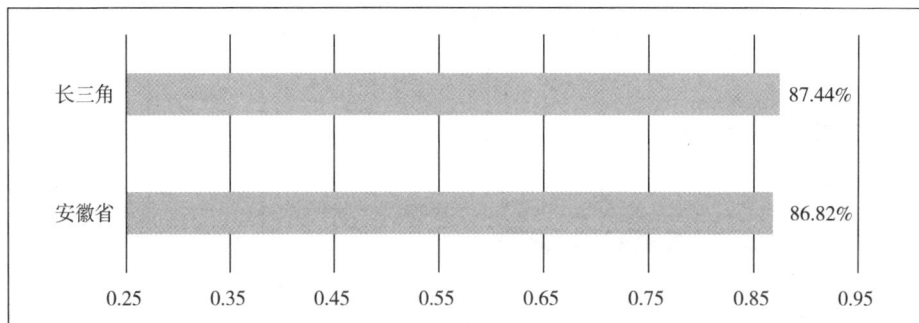

图9-56　学生反馈"对自己的生活感到满意"的比例

安徽省不同性别学生反馈"对自己的生活感到满意"的比例如图9－57所示。男生反馈"对自己的生活感到满意"的比例高于女生。

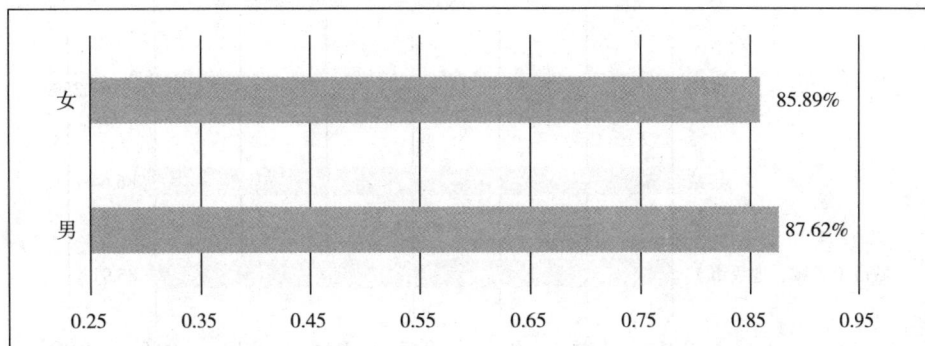

图9－57 安徽省不同性别学生反馈"对自己的生活感到满意"的比例

安徽省不同年级学生反馈"对自己的生活感到满意"的比例如图9－58所示。随着年级上升，学生反馈"对自己的生活感到满意"的比例呈降低趋势，高中二年级（中职）最低。

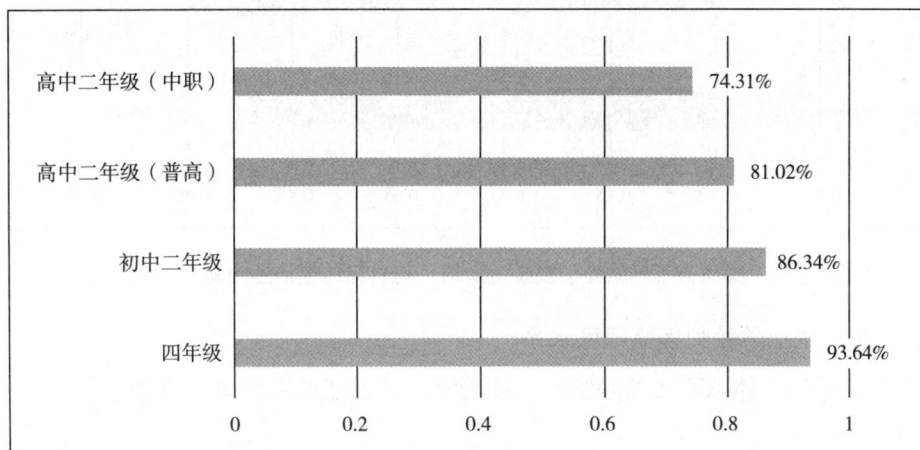

图9－58 安徽省不同年级学生反馈"对自己的生活感到满意"的比例

安徽省不同地理位置学生反馈"对自己的生活感到满意"的比例如图9－59所示。农村、乡镇学生反馈"对自己的生活感到满意"的比例高于县城、城市（省城、地级市）学生。

安徽省不同属性学校学生反馈"对自己的生活感到满意"的比例如图9－60所示。公办学校学生反馈"对自己的生活感到满意"的比例略高于民办学校学生。

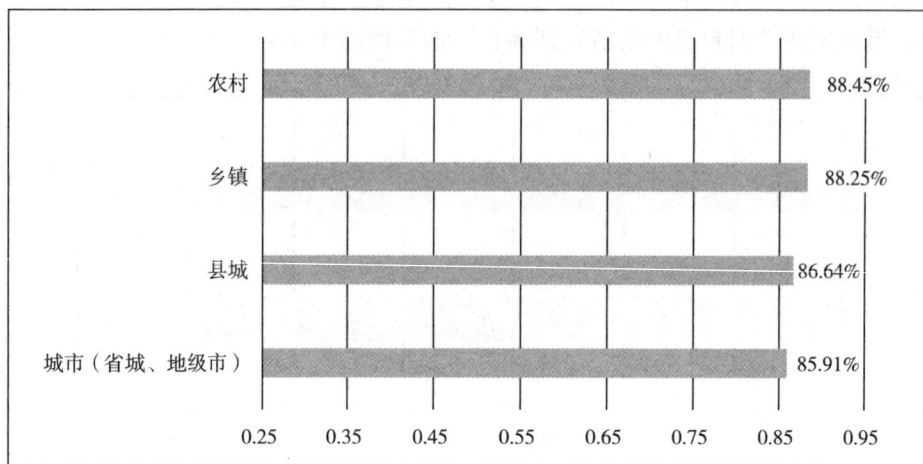

图 9‑59 安徽省不同地理位置学生反馈"对自己的生活感到满意"的比例

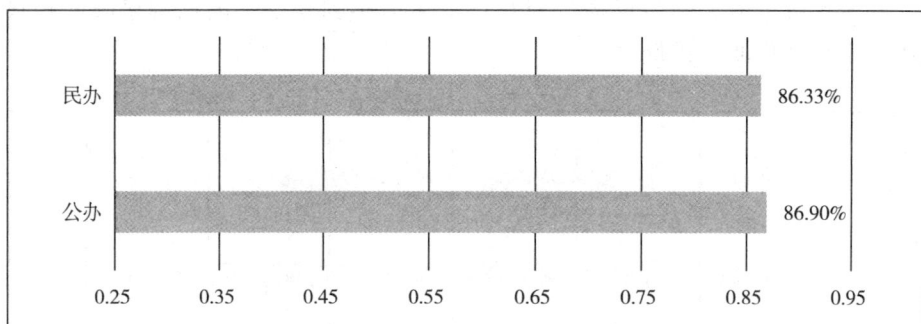

图 9‑60 安徽省不同属性学校学生反馈"对自己的生活感到满意"的比例

(八) 中小学教师师德师风水平

师德师风具体从有无关心学生、体罚学生、遵守课堂纪律、班务安排等方面调查。

学生在师德师风方面的反馈如图 9‑61 所示。在对"我的老师能及时关心、安抚心情不好的同学"的回答中,安徽省 94.19% 的被调查学生选择"符合";在对"我的老师不会随意按照自己的喜好安排班级事务"的回答中,安徽省 92.13% 的被调查学生选择"符合";在对"我的老师没有在上课时接听电话、查看微信,迟到、早退的情况"的回答中,安徽省 89.27% 的被调查学生选择"符合";对"在上一学年中,我学校的老师没有辱骂或体罚过同学的行为"的回答中,安徽省 88.68% 的学生选择"符合";均略低于长三角地区整体水平。

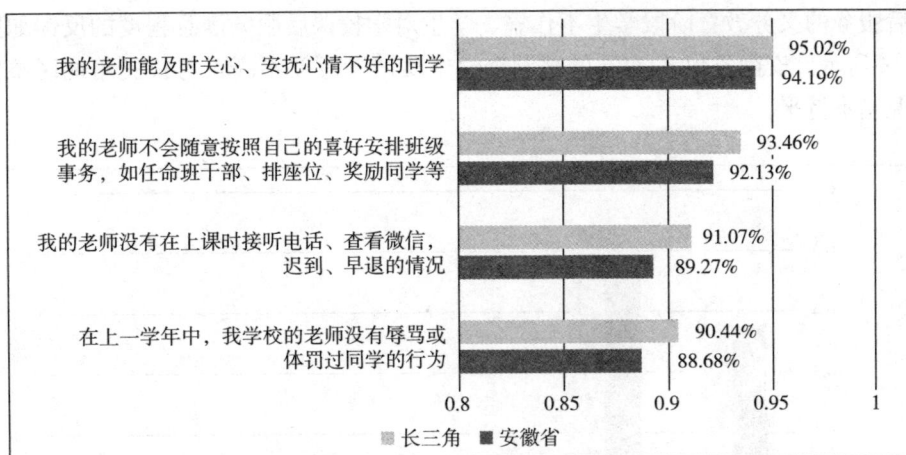

图 9 - 61　学生在师德师风方面的反馈

（九）学校课后教育服务成效

学校课后教育服务成效调查学校课后教育服务情况及学生满意程度。

1. 学生参加学校课后服务比例高

问卷对小学生、初中生学校课后服务参与率进行调查，高中学生不作答。学生对"本学期参加了学校的课后服务"的反馈如图 9 - 62 所示。安徽省仅8.32%的被调查学生否认"本学期参加了学校的课后服务"，与长三角地区整体情况基本持平。

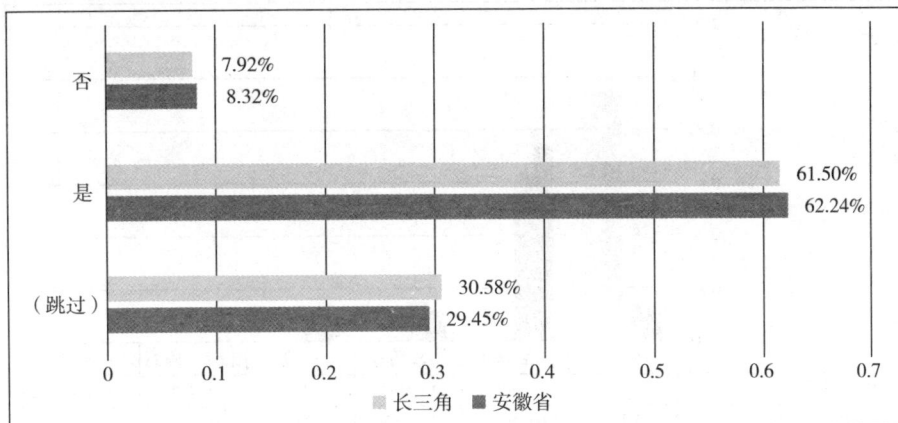

图 9 - 62　学生对"本学期参加了学校的课后服务"的反馈

2. 学生对学校课后服务的满意度高

问卷调查小学生、初中生对学校课后服务的满意度，高中学生和未参加学校

课后服务的义务教育阶段学生不作答。学生对学校课后服务满意程度的反馈如图
9－63所示。安徽省仅4.24%的被调查学生反馈满意度不高，与长三角地区整体
情况基本持平。

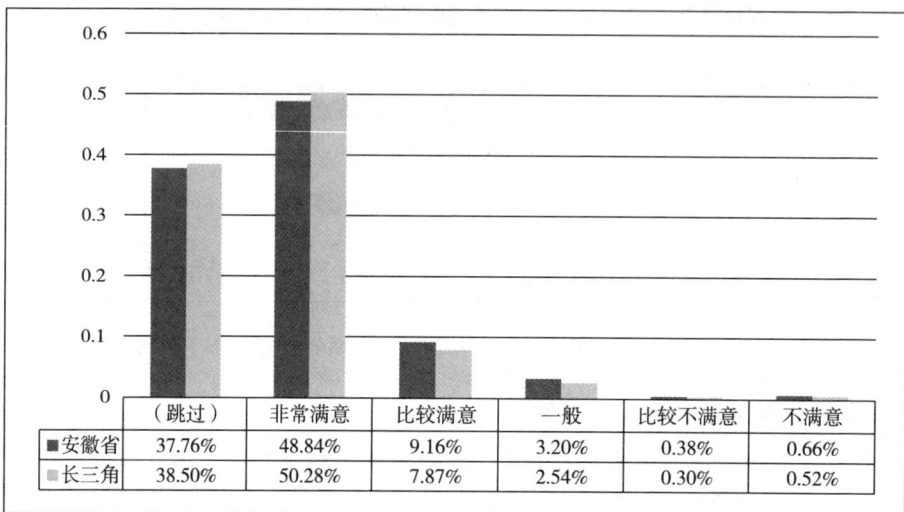

	（跳过）	非常满意	比较满意	一般	比较不满意	不满意
■安徽省	37.76%	48.84%	9.16%	3.20%	0.38%	0.66%
■长三角	38.50%	50.28%	7.87%	2.54%	0.30%	0.52%

图9－63　学生对学校课后服务满意程度的反馈

安徽省不同年级学生对学校课后服务满意程度的反馈如图9－64所示。四年
级学生反馈对学校课后服务满意的比例高于初中二年级学生。

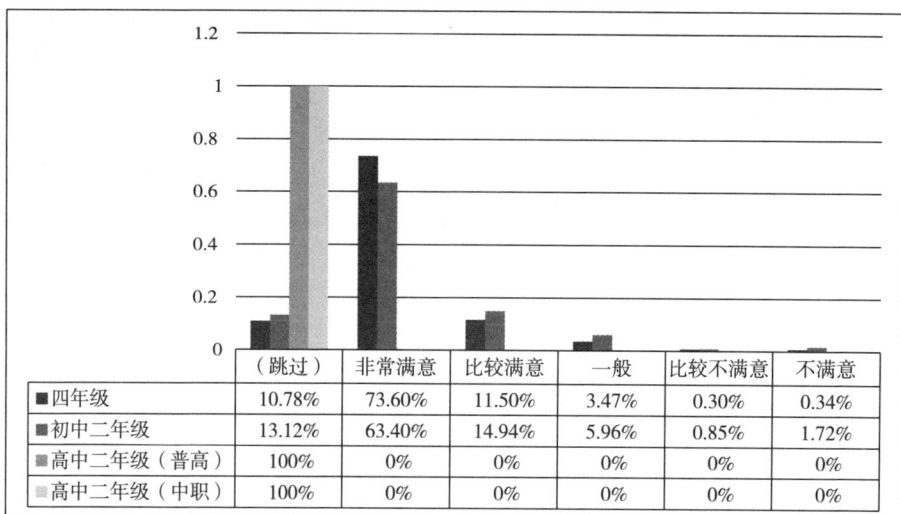

	（跳过）	非常满意	比较满意	一般	比较不满意	不满意
■四年级	10.78%	73.60%	11.50%	3.47%	0.30%	0.34%
■初中二年级	13.12%	63.40%	14.94%	5.96%	0.85%	1.72%
■高中二年级（普高）	100%	0%	0%	0%	0%	0%
■高中二年级（中职）	100%	0%	0%	0%	0%	0%

图9－64　安徽省不同年级学生对学校课后服务满意程度的反馈

（十）线上教育质量

线上教育质量调查学生上网课的注意力和适应性。

学生在线上教育方面的反馈如图 9－65 所示。安徽省 76.14% 的被调查学生反馈"我上网课时能集中注意力"，75.37% 的被调查学生反馈"我适应学校上网课"，均低于长三角地区整体水平。

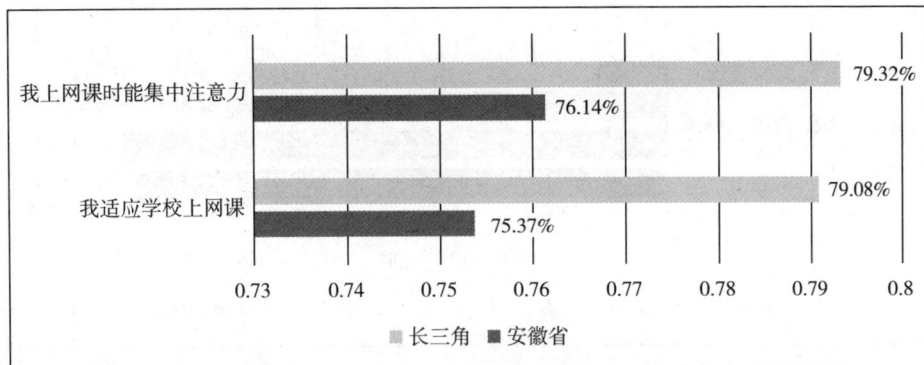

图 9－65　学生在线上教育方面的反馈

安徽省不同性别学生在线上教育方面的反馈如图 9－66 所示。男生适应上网课和能集中注意力上网课的比例均高于女生。

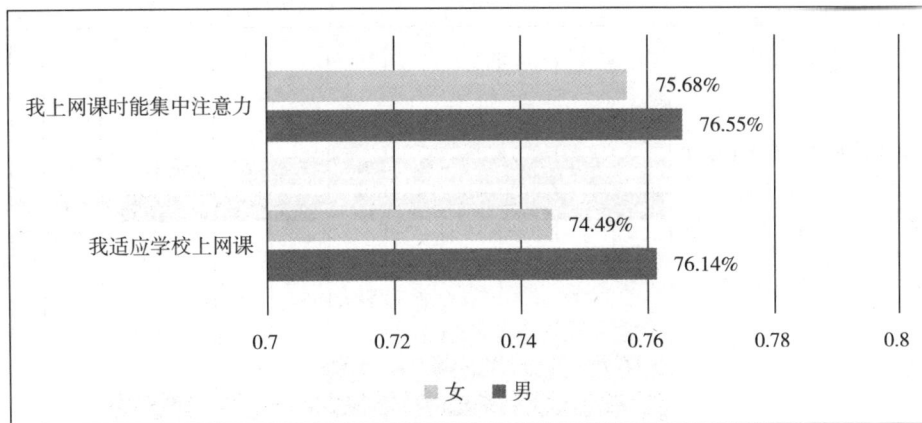

图 9－66　安徽省不同性别学生在线上教育方面的反馈

安徽省不同年级学生在线上教育方面的反馈如图 9－67 所示。四年级和初中二年级学生适应上网课和能集中注意力上网课的比例明显高于高中二年级学生，高中二年级（中职）学生网课适应性和注意力最差。

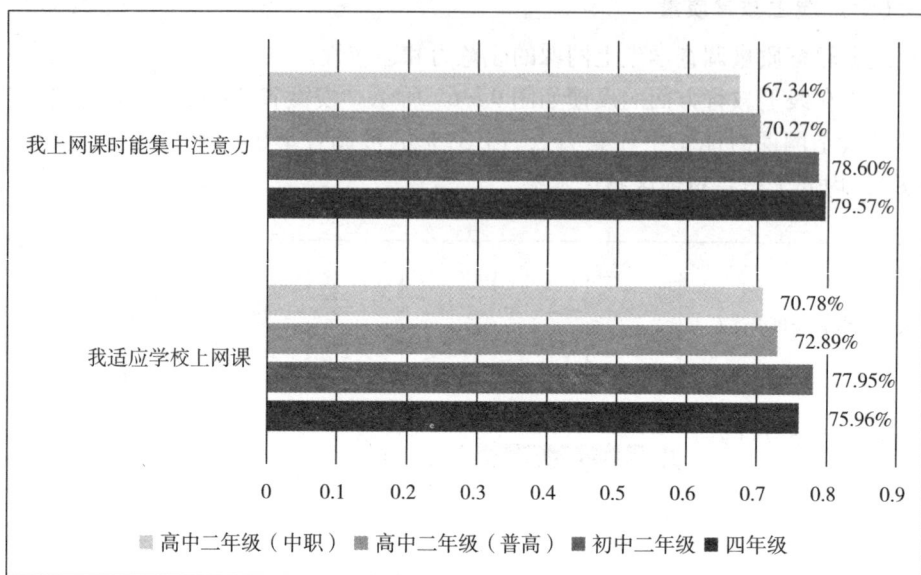

图 9-67　安徽省不同年级学生在线上教育方面的反馈

　　安徽省不同地理位置学生在线上教育方面的反馈如图 9-68 所示。城市（省城、地级市）学生适应上网课和能集中注意力上网课的比例最高，其次是县城、农村学生，乡镇学生网课适应性和注意力最差。

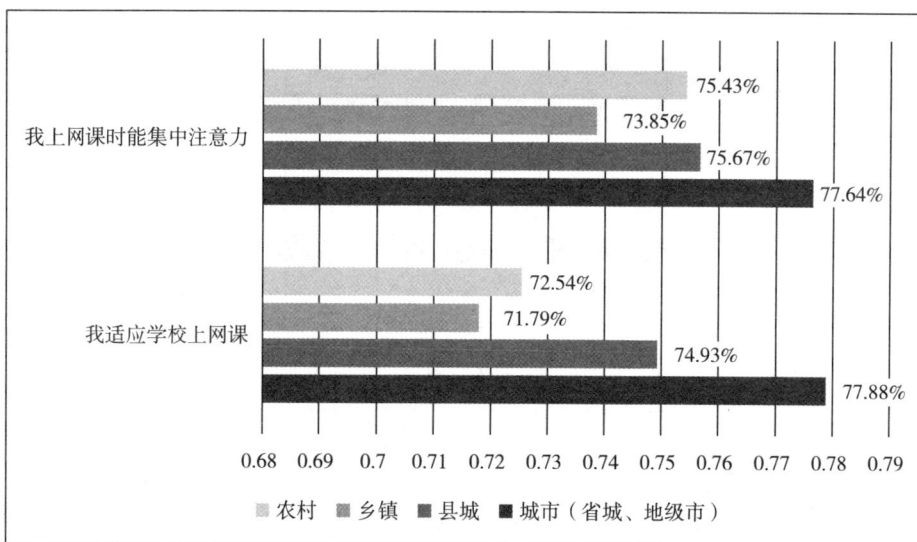

图 9-68　安徽省不同地理位置学生在线上教育方面的反馈

安徽省不同属性学校学生在线上教育方面的反馈如图 9 – 69 所示。公办学校学生适应上网课和能集中注意力上网课的比例高于民办学校。

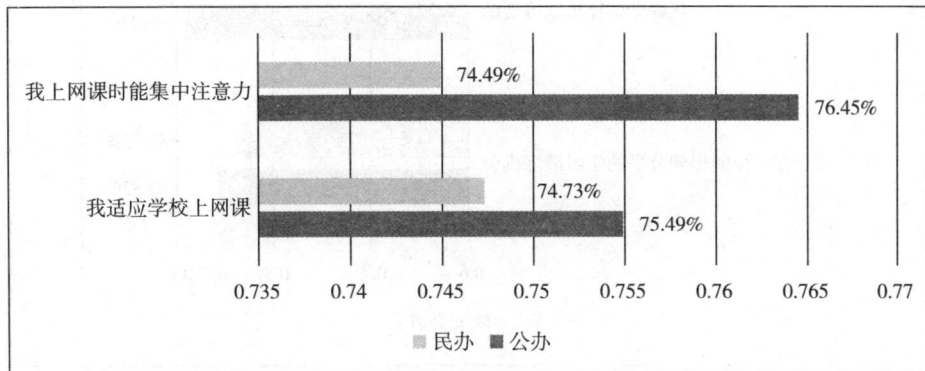

图 9 – 69　安徽省不同属性学校学生在线上教育方面的反馈

二、基础教育家长调查问卷比较分析

调查内容包括师德师风水平、义务教育阶段学生学业负担程度、本地教育治理、基本公共教育服务体系、家长参与教育治理、线上教育质量等。

(一) 师德师风水平

在中小幼家长问卷中有 10 个题目表述，分别为：当孩子学习遇到困难时，可以从班主任或任课老师那里获得帮助；孩子在学校能得到公平的锻炼机会；老师没有在班级或班级群中公布过学习成绩排名；老师没有给孩子布置过惩罚性作业；老师没有直接或变相地给家长布置作业；学校没有要求过家长检查、批改作业；我的孩子没有被任何一个老师辱骂或体罚过；我没有听说或看到过老师收受学生家长的礼品、礼金；老师没有推荐孩子到校外培训机构或个人培训班补课；我没有听说或看到过孩子的老师在校外培训机构中兼职授课或有过有偿家教行为。

1. 大部分家长反馈孩子在学校可以得到公平机会和学习帮助

家长对孩子在校获得公平机会和学习帮助情况的反馈如图 9 – 70 所示。安徽省接受调查的家长中，85% 以上的家长反馈学生在学校可以得到公平的学习锻炼机会；近九成的家长反馈孩子遇到学习困难时可以得到老师帮助；安徽省家长持肯定回答的比例略高于长三角地区整体水平。

安徽省不同学段家长对孩子在校获得公平机会和学习帮助情况的反馈如图 9 – 71 所示。在对"孩子在学校能得到公平的学习锻炼机会""当孩子学习遇到困难时，可以从班主任或任课教师那里获得帮助"的回答中，幼儿园家长持肯定

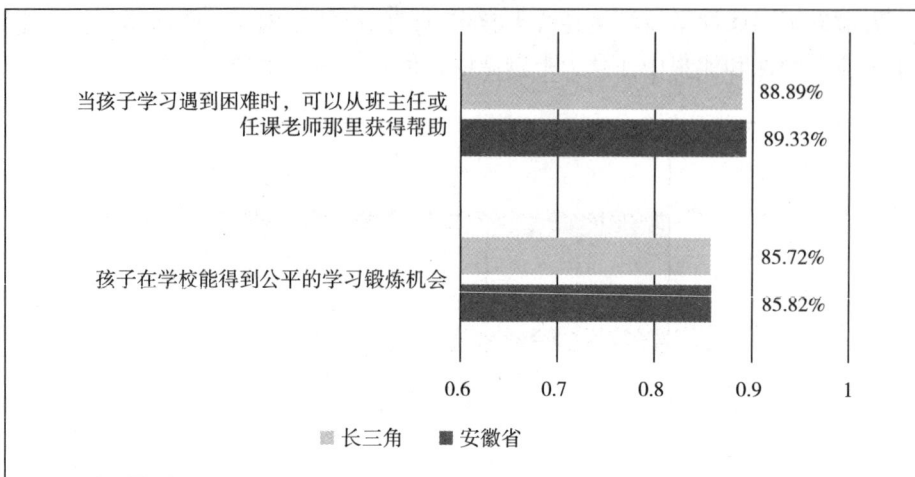

图9-70　家长对孩子在校获得公平机会和学习帮助情况的反馈

回答的比例显著高于其他学段家长，小学、初中和高中家长反馈基本一致，中职家长的比例最低。

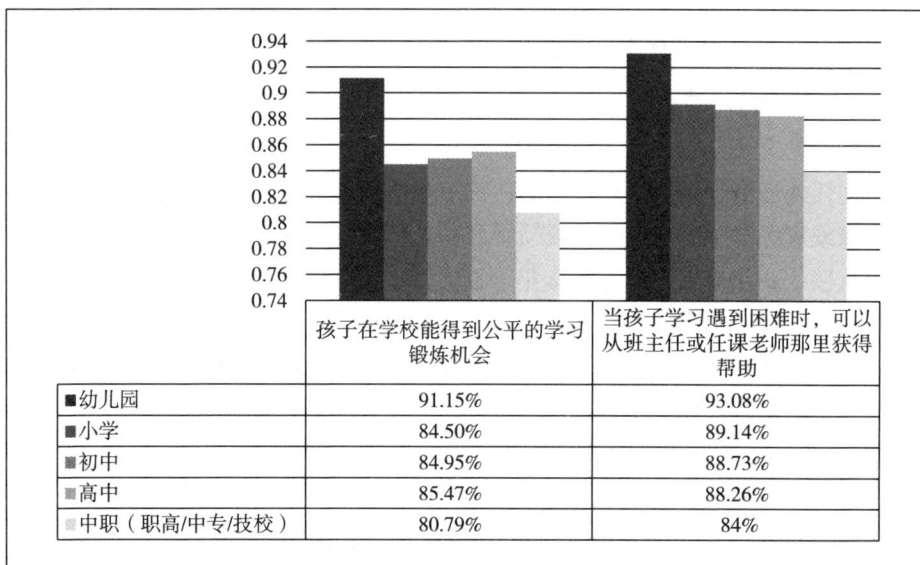

	孩子在学校能得到公平的学习锻炼机会	当孩子学习遇到困难时，可以从班主任或任课老师那里获得帮助
幼儿园	91.15%	93.08%
小学	84.50%	89.14%
初中	84.95%	88.73%
高中	85.47%	88.26%
中职（职高/中专/技校）	80.79%	84%

图9-71　安徽省不同学段家长对孩子在校获得公平机会和学习帮助情况的反馈

安徽省不同属性学校家长对孩子在校获得公平机会和学习帮助情况的反馈如图9-72所示。在对以上两个问题的回答中，公办学校家长持肯定回答的比例低于民办学校家长。

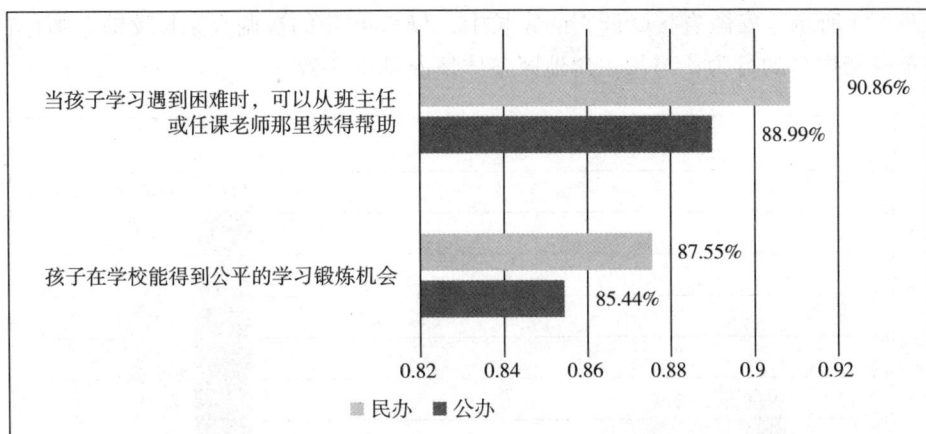

图9-72　安徽省不同属性学校家长对孩子在校获得公平机会和学习帮助情况的反馈

安徽省不同地理位置家长对孩子在校获得公平机会和学习帮助情况的反馈如图9-73所示。在对以上两个问题的回答中，县城、城市（省城、地级市）家长持肯定回答的比例明显高于乡镇、农村家长，县城家长比例最高，农村家长比例最低。

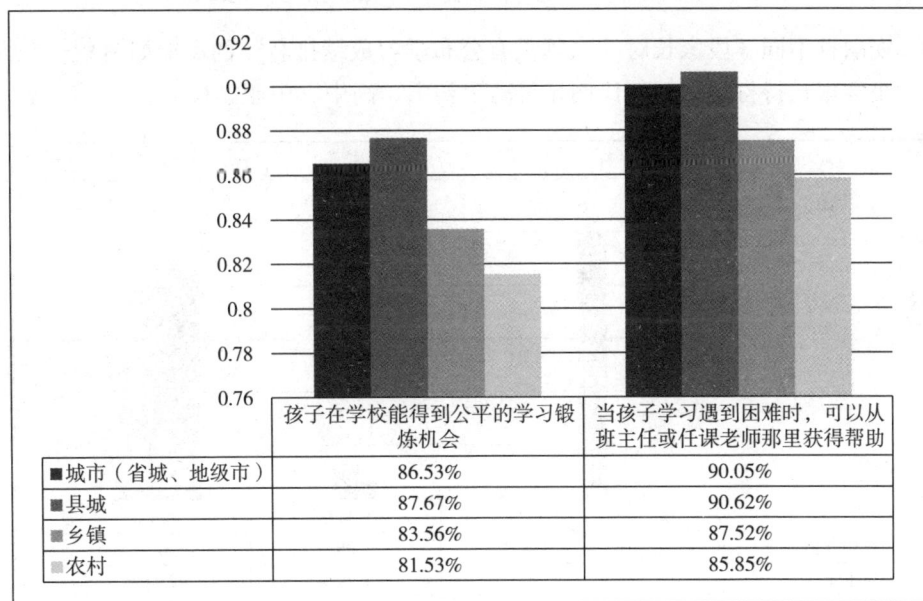

	孩子在学校能得到公平的学习锻炼机会	当孩子学习遇到困难时，可以从班主任或任课老师那里获得帮助
城市（省城、地级市）	86.53%	90.05%
县城	87.67%	90.62%
乡镇	83.56%	87.52%
农村	81.53%	85.85%

图9-73　安徽省不同地理位置家长对孩子在校获得公平机会和学习帮助情况的反馈

2. 大部分家长反映老师没有公布学习成绩排名的行为

本题幼儿园家长不作答。家长对"老师没有公布学习成绩排名"的反馈如

图 9-74 所示。安徽省接受调查的家长中，仅 8.49% 的被调查家长反馈老师存在公布成绩排名的行为；与长三角地区整体情况基本一致。

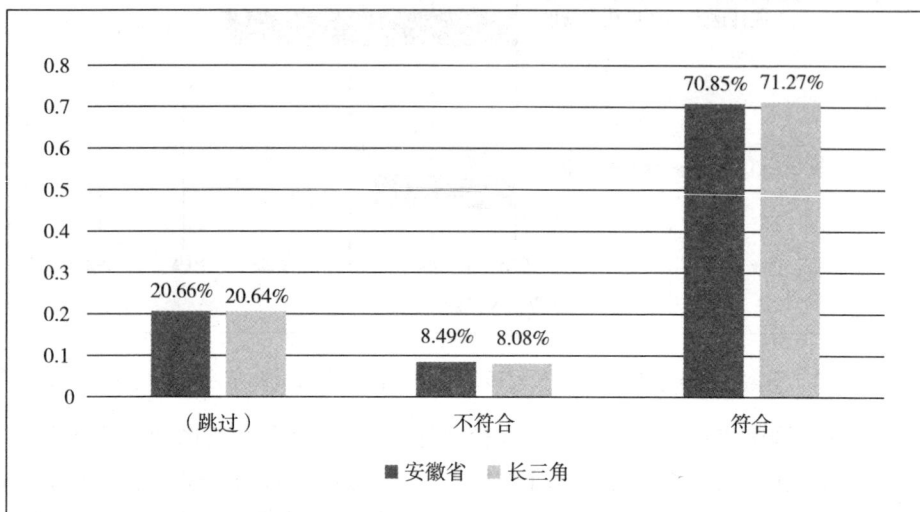

图 9-74　家长对"老师没有公布学习成绩排名"的反馈

安徽省不同学段家长对"老师没有公布学习成绩排名"的反馈如图 9-75 所示。小学家长持肯定回答的比例显著高于初中、高中、中职家长。

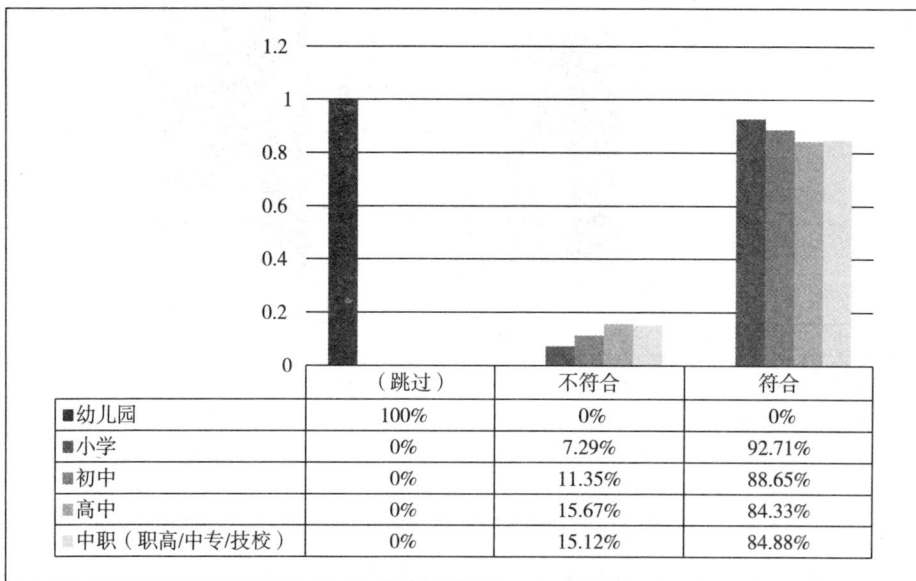

	（跳过）	不符合	符合
幼儿园	100%	0%	0%
小学	0%	7.29%	92.71%
初中	0%	11.35%	88.65%
高中	0%	15.67%	84.33%
中职（职高/中专/技校）	0%	15.12%	84.88%

图 9-75　安徽省不同学段家长对"老师没有公布学习成绩排名"的反馈

3. 大部分家长反映不存在老师惩罚学生现象

本题幼儿园家长不作答。家长对"老师没有给孩子布置过惩罚性作业"的反馈如图 9-76 所示。安徽省接受调查的家长中，8.07% 的家长反馈老师存在给孩子布置惩罚性作业的行为；略高于长三角地区整体水平。

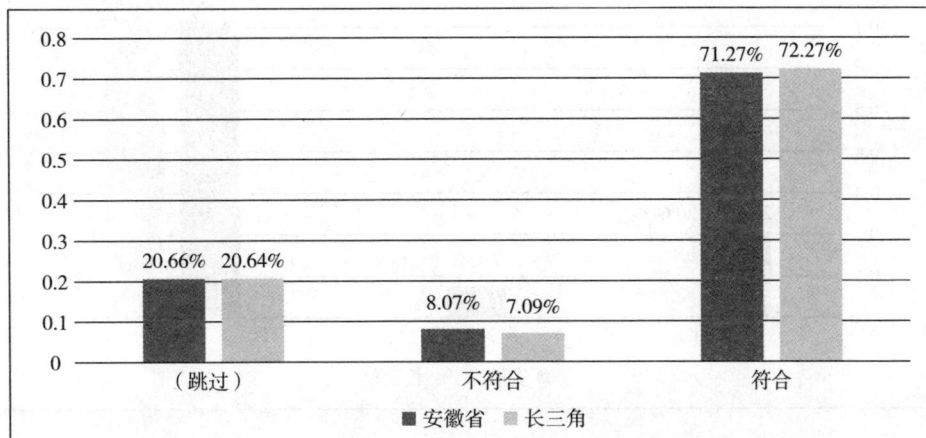

图 9-76　家长对"老师没有给孩子布置过惩罚性作业"的反馈

安徽省不同学段家长对"老师没有给孩子布置过惩罚性作业"的反馈如图9-77所示。小学家长持肯定回答的比例显著高于其他学段家长，中职家长比例最低。

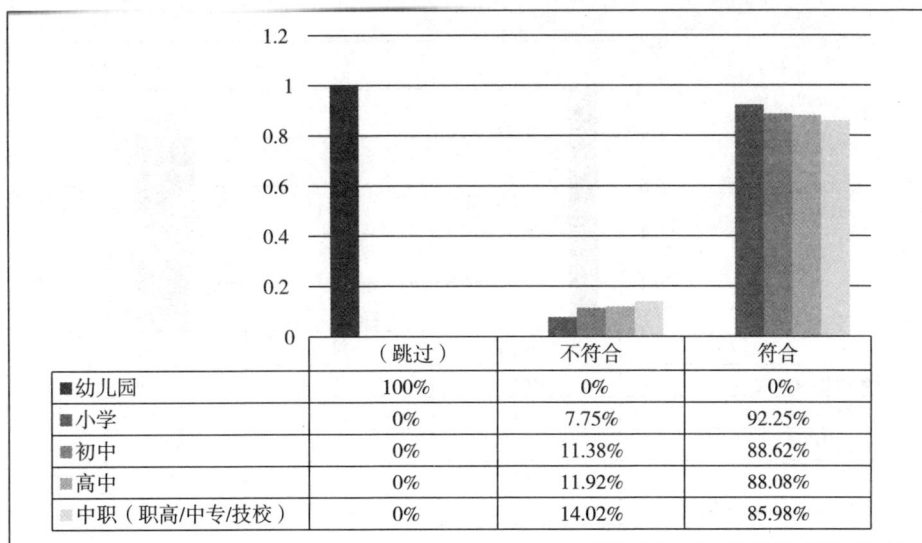

	（跳过）	不符合	符合
■幼儿园	100%	0%	0%
■小学	0%	7.75%	92.25%
■初中	0%	11.38%	88.62%
■高中	0%	11.92%	88.08%
■中职（职高/中专/技校）	0%	14.02%	85.98%

图 9-77　安徽省不同学段家长对"老师没有给孩子布置过惩罚性作业"的反馈

本题幼儿园家长不作答。家长对"我的孩子没有被任何一个老师辱骂或体罚过"的反馈如图 9-78 所示。安徽省接受调查的家长中，7.45% 的家长反馈孩子曾被老师辱骂或体罚；略高于长三角地区整体水平。

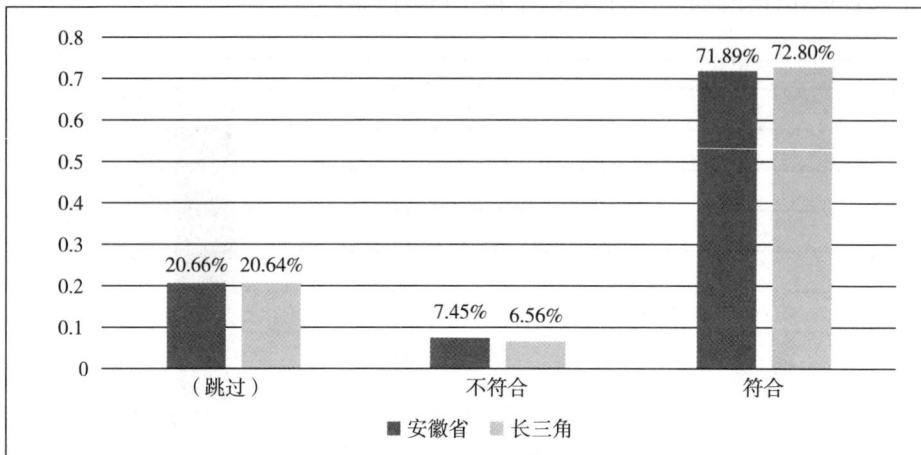

图 9-78　家长对"我的孩子没有被任何一个老师辱骂或体罚过"的反馈

安徽省不同学段家长对"我的孩子没有被任何一个老师辱骂或体罚过"的反馈如图 9-79 所示。小学家长持肯定回答的比例高于其他学段家长，中职家长比例最低。

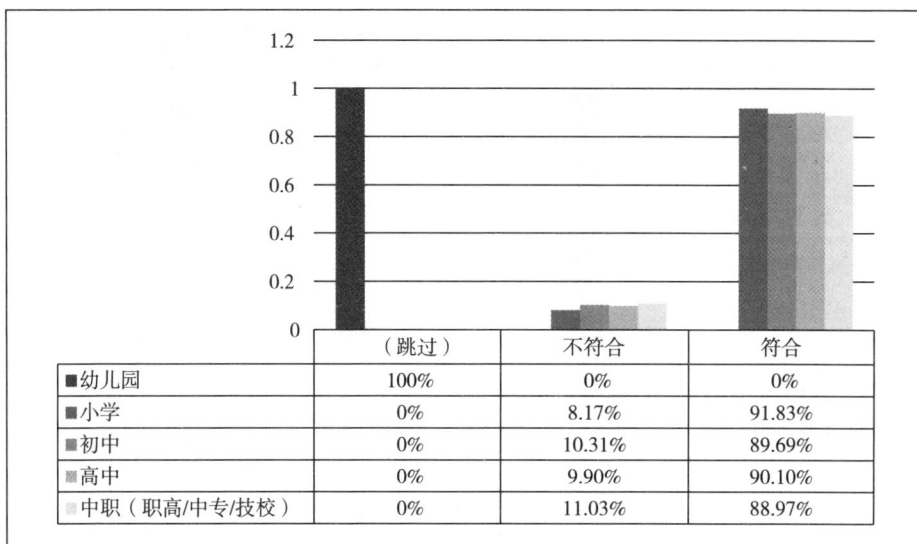

	（跳过）	不符合	符合
■幼儿园	100%	0%	0%
■小学	0%	8.17%	91.83%
■初中	0%	10.31%	89.69%
■高中	0%	9.90%	90.10%
■中职（职高/中专/技校）	0%	11.03%	88.97%

图 9-79　安徽省不同学段家长对"我的孩子没有被任何一个老师辱骂或体罚过"的反馈

4. 很少发生老师给家长增加负担的现象

本题幼儿园家长不作答。家长对"老师很少直接或变相地给家长布置作业"的反馈如图 9-80 所示。安徽省接受调查的家长中，仅 6.18% 的家长反馈老师存在直接或变相地给家长布置作业的行为；与长三角地区整体情况基本一致。

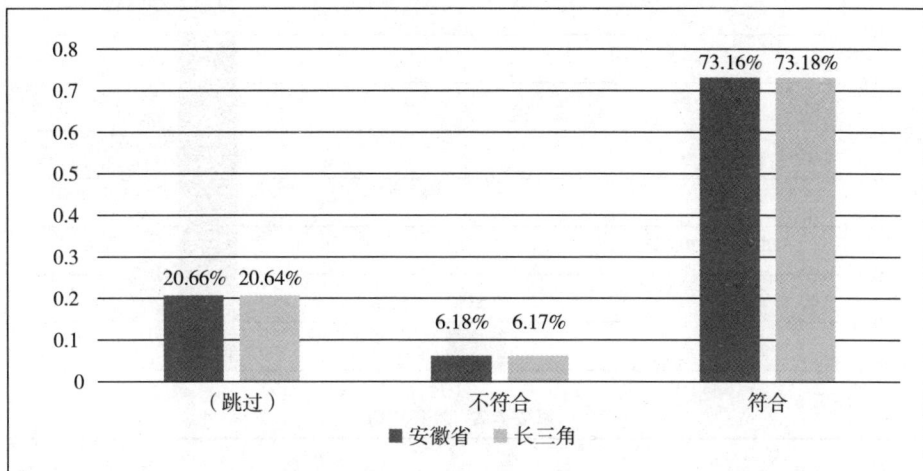

图 9-80　家长对"老师很少直接或变相地给家长布置作业"的反馈

安徽省不同学段家长对"老师很少直接或变相地给家长布置作业"的反馈如图 9-81 所示。中职家长持肯定回答的比例低于其他学段家长。

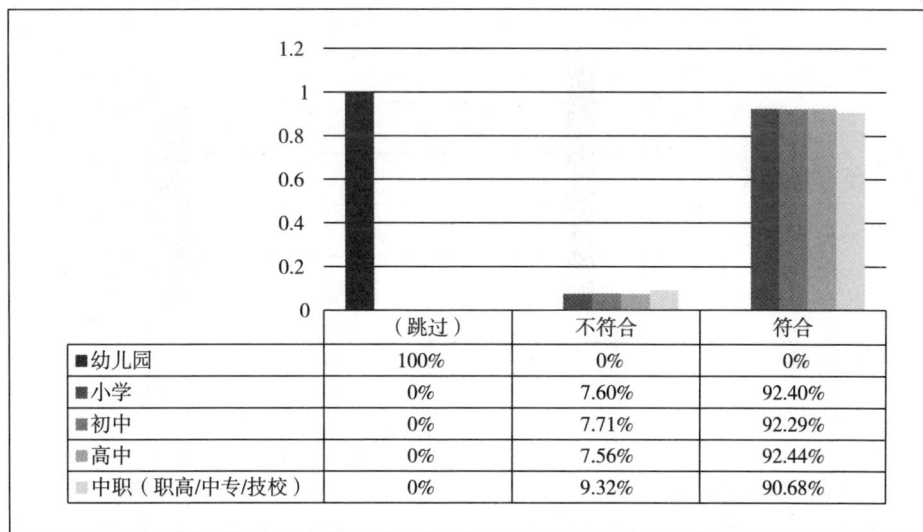

	（跳过）	不符合	符合
■幼儿园	100%	0%	0%
■小学	0%	7.60%	92.40%
■初中	0%	7.71%	92.29%
■高中	0%	7.56%	92.44%
■中职（职高/中专/技校）	0%	9.32%	90.68%

图 9-81　安徽省不同学段家长对"老师很少直接或变相地给家长布置作业"的反馈

本题幼儿园家长不作答。家长对"学校没有要求过家长检查、批改作业"的反馈如图9－82所示。安徽省接受调查的家长中，仅8.51%的家长反馈存在要求家长检查、批改作业的现象；与长三角地区整体情况基本一致。

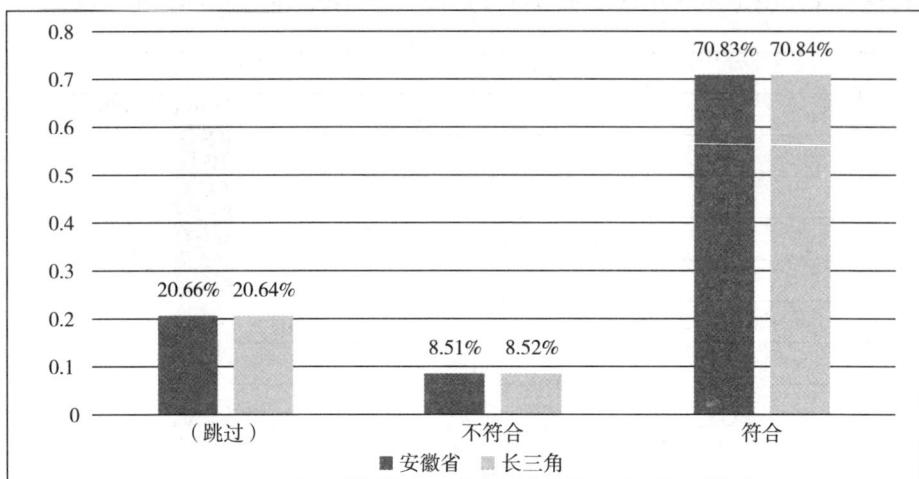

图9－82　家长对"学校没有要求过家长检查、批改作业"的反馈

安徽省不同学段家长对"学校没有要求过家长检查、批改作业"的反馈如图9－83所示。高中家长反馈学校要求家长检查、批改作业的比例低于其他学段家长。

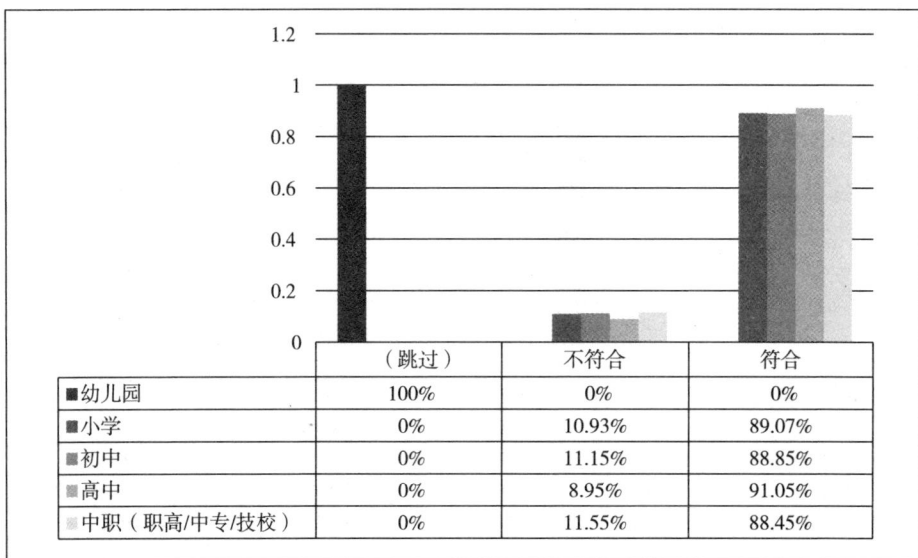

	（跳过）	不符合	符合
■幼儿园	100%	0%	0%
■小学	0%	10.93%	89.07%
■初中	0%	11.15%	88.85%
■高中	0%	8.95%	91.05%
■中职（职高/中专/技校）	0%	11.55%	88.45%

图9－83　安徽省不同学段家长对"学校没有要求过家长检查、批改作业"的反馈

5. 极少数家长听说或看到过老师收受学生家长的礼品、礼金

本题幼儿园家长不作答。家长对"没有听说或看到老师收礼"的反馈如图9-84所示。安徽省接受调查的家长中,仅4.99%的家长反馈老师存在收受学生家长礼品、礼金的行为;与长三角地区整体情况基本一致。

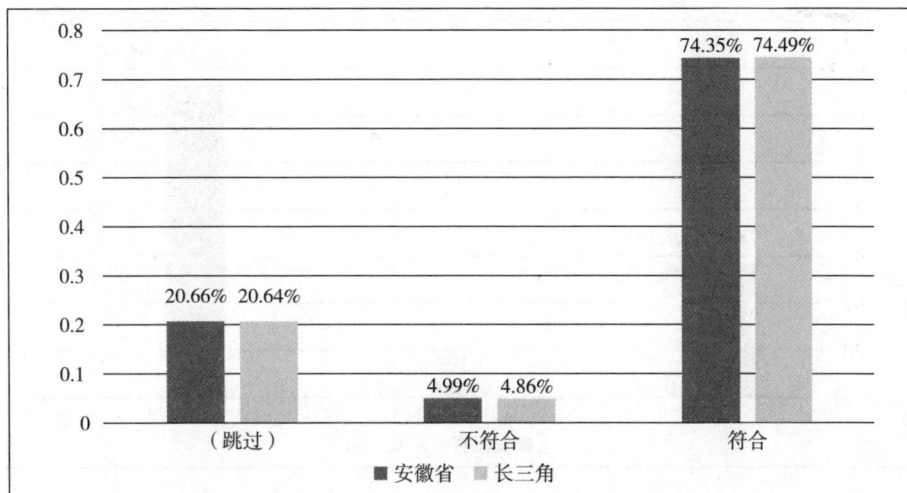

图9-84 家长对"没有听说或看到老师收礼"的反馈

安徽省不同学段家长对"没有听说或看到老师收礼"的反馈如图9-85所示。家长持肯定回答的比例随着学段升高呈降低趋势,中职家长比例最低。

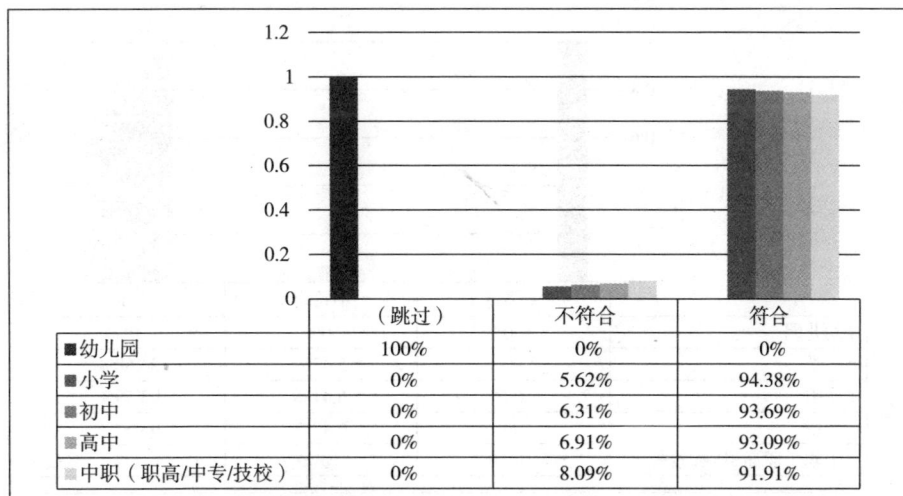

	（跳过）	不符合	符合
■幼儿园	100%	0%	0%
■小学	0%	5.62%	94.38%
■初中	0%	6.31%	93.69%
■高中	0%	6.91%	93.09%
■中职（职高/中专/技校）	0%	8.09%	91.91%

图9-85 安徽省不同学段家长对"没有听说或看到老师收礼"的反馈

6. 大部分家长反馈教师不存在推荐补课和有偿家教等行为

本题幼儿园家长和中职家长不作答。家长对"老师不存在推荐补课行为"的反馈如图9-86所示。安徽省接受调查的家长中，仅4.25%的家长反馈老师存在推荐补课行为；略高于长三角地区整体水平。

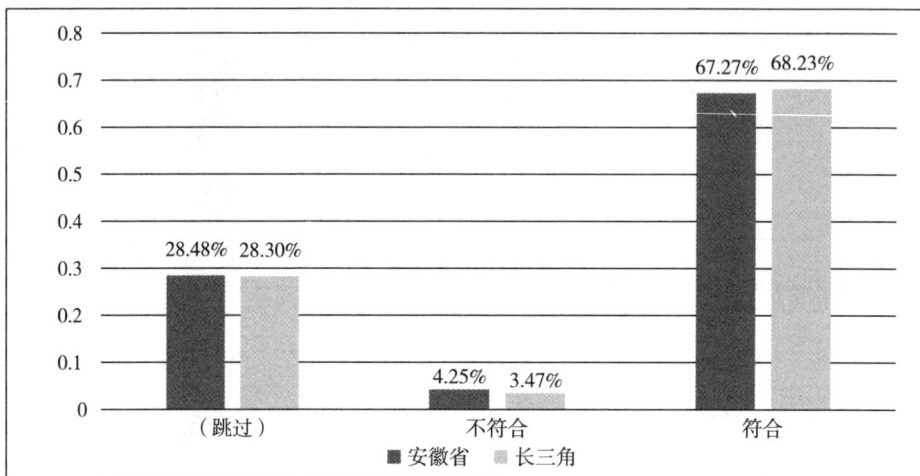

图9-86 家长对"老师不存在推荐补课行为"的反馈

安徽省不同学段家长对"老师不存在推荐补课行为"的反馈如图9-87所示。家长反馈老师存在推荐补课行为的比例随着学段升高而上升。

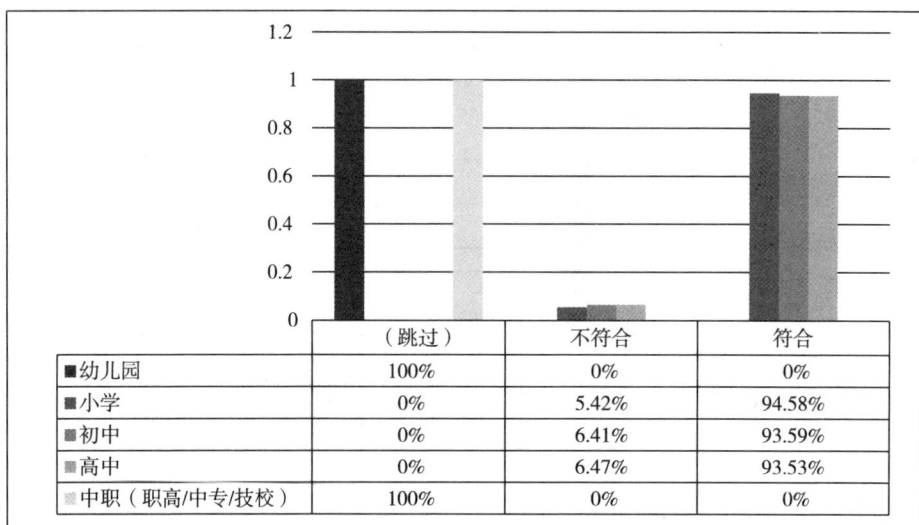

	（跳过）	不符合	符合
幼儿园	100%	0%	0%
小学	0%	5.42%	94.58%
初中	0%	6.41%	93.59%
高中	0%	6.47%	93.53%
中职（职高/中专/技校）	100%	0%	0%

图9-87 安徽省不同学段家长对"老师不存在推荐补课行为"的反馈

本题幼儿园家长和中职家长不作答。家长对"老师不存在培训兼职和有偿家教行为"的反馈如图9-88所示。安徽省接受调查的家长中，仅4.65%的家长反馈老师存在培训兼职和有偿家教行为；略高于长三角地区整体水平。

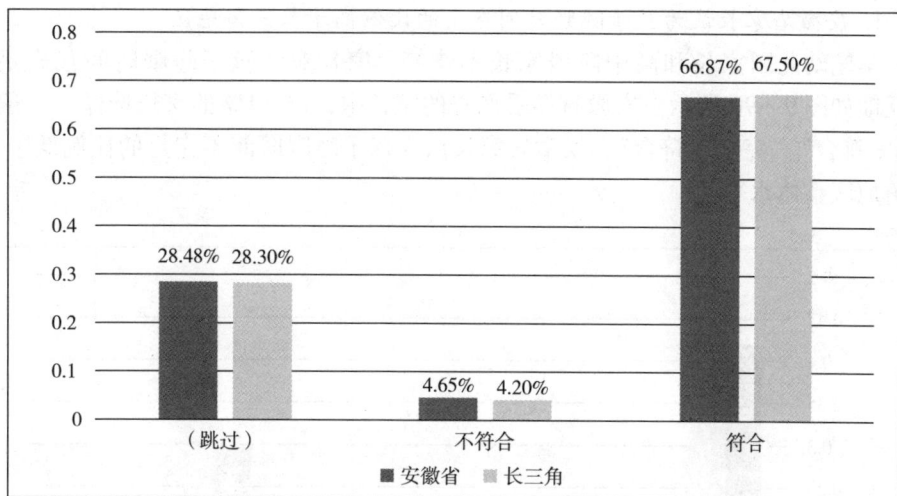

图9-88 家长对"老师不存在培训兼职和有偿家教行为"的反馈

安徽省不同学段家长对"老师不存在培训兼职和有偿家教行为"的反馈如图9-89所示。家长反馈老师存在培训兼职和有偿家教行为的比例随着学段升高而上升。

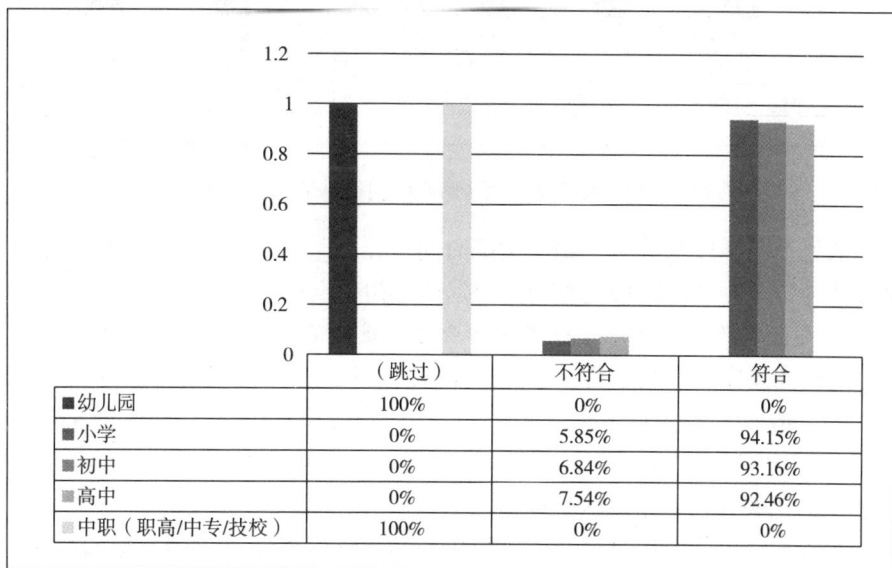

	（跳过）	不符合	符合
■幼儿园	100%	0%	0%
■小学	0%	5.85%	94.15%
■初中	0%	6.84%	93.16%
■高中	0%	7.54%	92.46%
■中职（职高/中专/技校）	100%	0%	0%

图9-89 安徽省不同学段家长对"老师不存在培训兼职和有偿家教行为"的反馈

（二）义务教育阶段学生学业负担程度

在中小幼家长问卷中有 3 个题目表述，分别为：孩子的睡眠时间很充足；我孩子学校里的学业负担减轻了；我孩子参加学科类校外培训的负担减轻了。

1. 安徽省家长认为孩子睡眠时间充足的比例高于长三角地区

本题幼儿园家长和高中阶段家长不作答。家长对"孩子睡眠时间很充足"的反馈如图 9-90 所示。安徽省接受调查的家长中，13.51% 的家长选择"一般""不太符合""完全不符合"，安徽省家长认为孩子睡眠时间不充足的比例低于长三角地区整体水平。

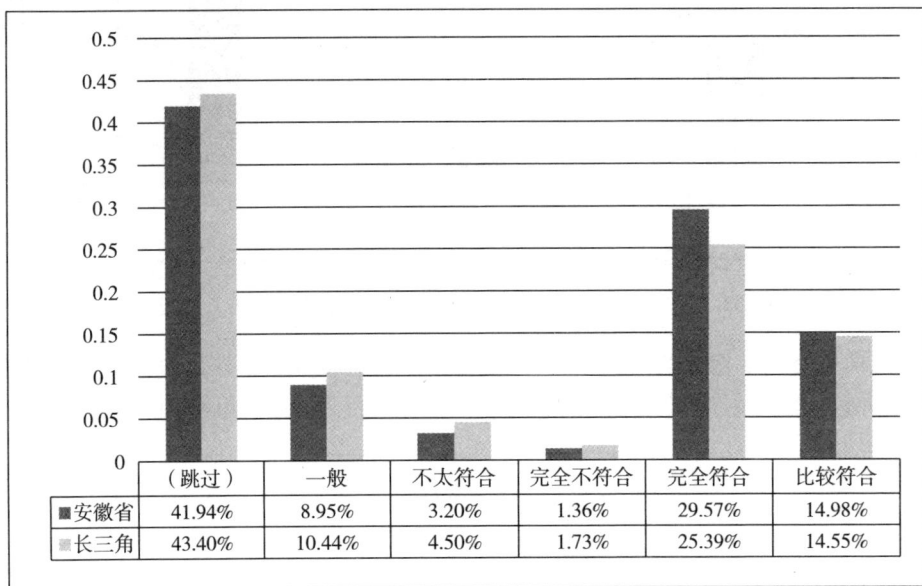

	（跳过）	一般	不太符合	完全不符合	完全符合	比较符合
安徽省	41.94%	8.95%	3.20%	1.36%	29.57%	14.98%
长三角	43.40%	10.44%	4.50%	1.73%	25.39%	14.55%

图 9-90　家长对"孩子睡眠时间很充足"的反馈

安徽省不同学段家长对"孩子睡眠时间很充足"的反馈如图 9-91 所示。小学家长认为孩子睡眠时间很充足的比例远高于初中家长。

2. 大部分家长认为孩子学校里的学业负担减轻了

本题幼儿园家长和高中阶段家长不作答。家长对"孩子学校里的学业负担减轻了"的反馈如图 9-92 所示。安徽省接受调查的家长中，14.35% 的家长选择"一般""不太符合""完全不符合"，安徽省家长认为"孩子学校里的学业负担减轻了"的比例与长三角地区整体情况基本一致。

安徽省不同学段家长对"孩子学校里的学业负担减轻了"的反馈如图 9-93 所示。小学家长认为"孩子学校里的学业负担减轻了"的比例高于初中家长。

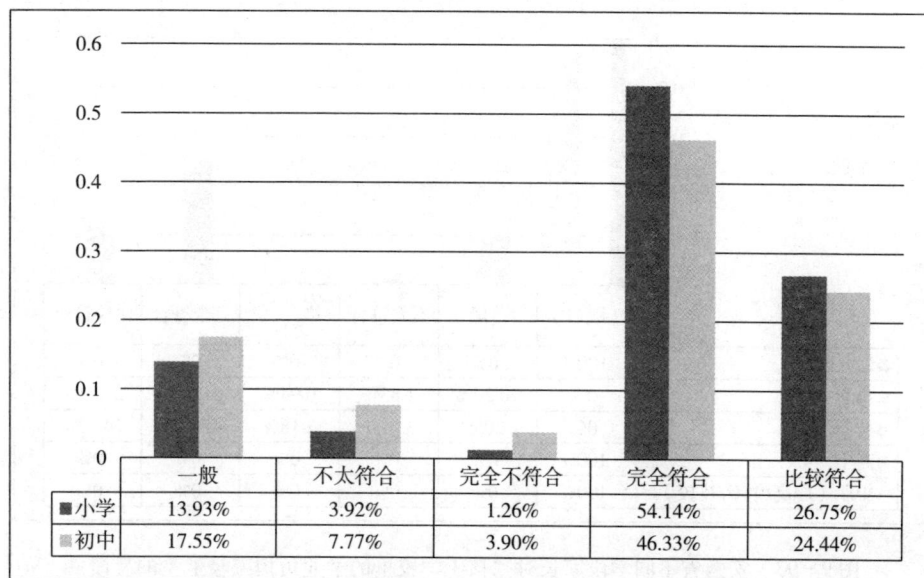

	一般	不太符合	完全不符合	完全符合	比较符合
■小学	13.93%	3.92%	1.26%	54.14%	26.75%
■初中	17.55%	7.77%	3.90%	46.33%	24.44%

图9-91 安徽省不同学段家长对"孩子睡眠时间很充足"的反馈

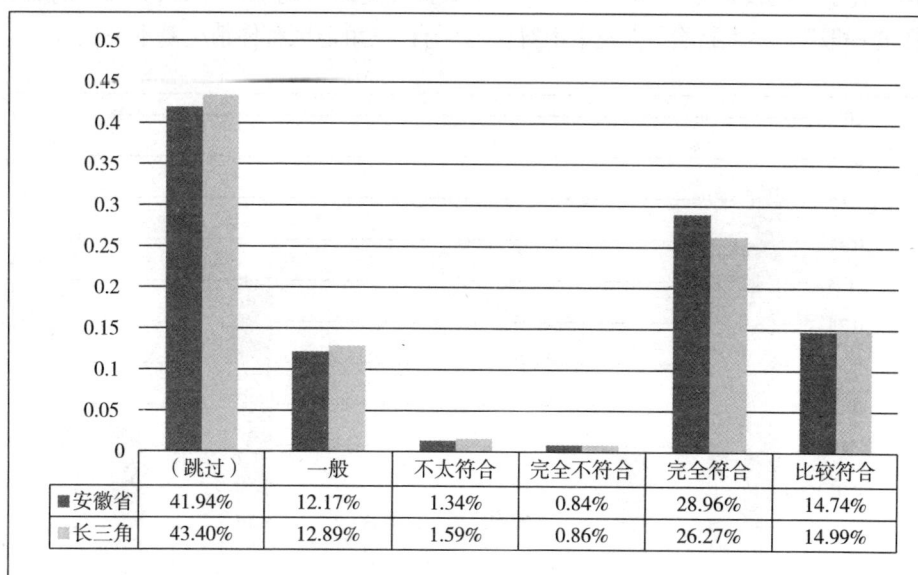

	（跳过）	一般	不太符合	完全不符合	完全符合	比较符合
■安徽省	41.94%	12.17%	1.34%	0.84%	28.96%	14.74%
■长三角	43.40%	12.89%	1.59%	0.86%	26.27%	14.99%

图9-92 家长对"孩子学校里的学业负担减轻了"的反馈

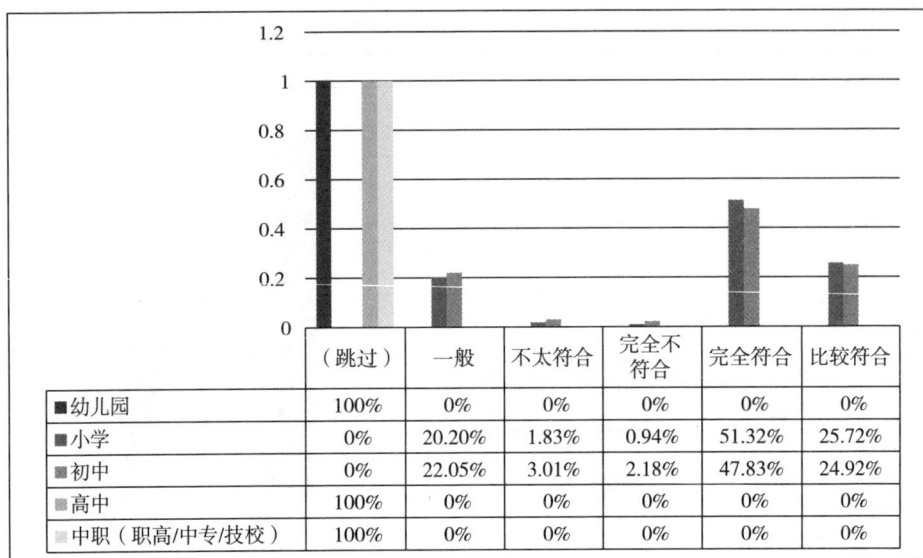

	（跳过）	一般	不太符合	完全不符合	完全符合	比较符合
■幼儿园	100%	0%	0%	0%	0%	0%
■小学	0%	20.20%	1.83%	0.94%	51.32%	25.72%
■初中	0%	22.05%	3.01%	2.18%	47.83%	24.92%
■高中	100%	0%	0%	0%	0%	0%
■中职（职高/中专/技校）	100%	0%	0%	0%	0%	0%

图9-93　安徽省不同学段家长对"孩子学校里的学业负担减轻了"的反馈

3. 大部分家长反馈孩子参加学科类校外培训的负担减轻了

本题幼儿园家长和高中阶段家长不作答。家长对"孩子参加学科类校外培训的负担减轻了"的反馈如图9-94所示。安徽省接受调查的家长中，14.62%的家长选择"一般""不太符合""完全不符合"；与长三角地区整体情况基本一致。

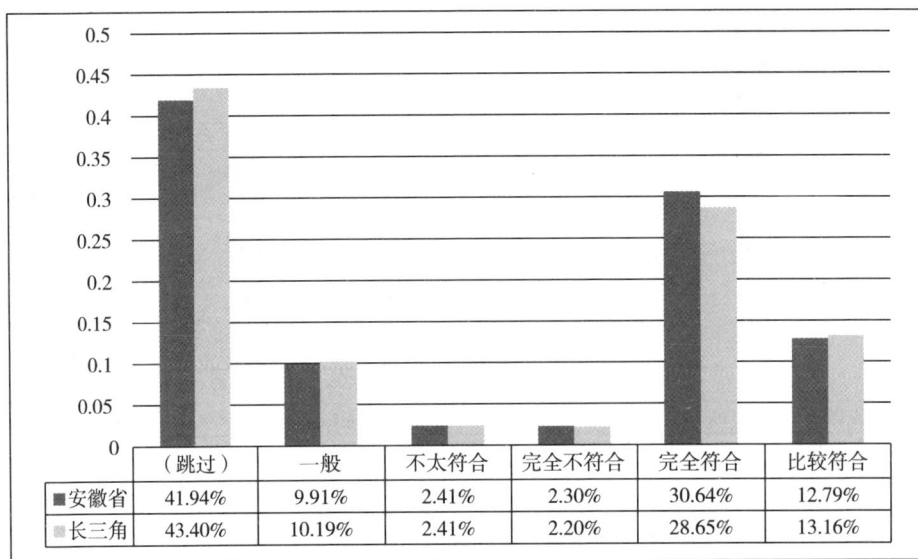

	（跳过）	一般	不太符合	完全不符合	完全符合	比较符合
■安徽省	41.94%	9.91%	2.41%	2.30%	30.64%	12.79%
■长三角	43.40%	10.19%	2.41%	2.20%	28.65%	13.16%

图9-94　家长对"孩子参加学科类校外培训的负担减轻了"的反馈

安徽省不同学段家长对"孩子参加学科类校外培训的负担减轻了"的反馈如图9-95所示。小学家长认为"孩子参加学科类校外培训的负担减轻了"的比例略高于初中家长。

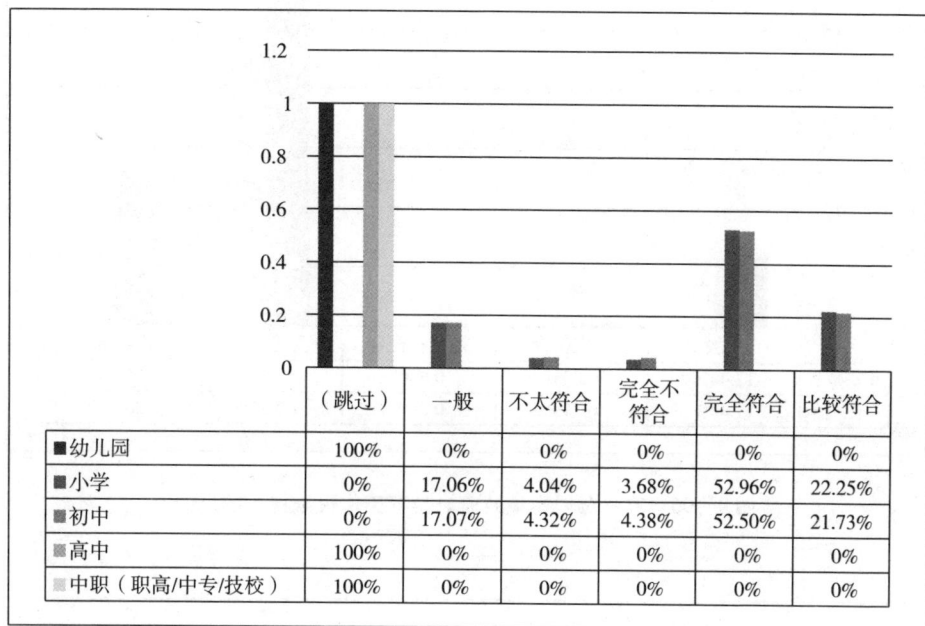

	（跳过）	一般	不太符合	完全不符合	完全符合	比较符合
■幼儿园	100%	0%	0%	0%	0%	0%
■小学	0%	17.06%	4.04%	3.68%	52.96%	22.25%
■初中	0%	17.07%	4.32%	4.38%	52.50%	21.73%
▨高中	100%	0%	0%	0%	0%	0%
▨中职（职高/中专/技校）	100%	0%	0%	0%	0%	0%

图9-95 安徽省不同学段家长对"孩子参加学科类校外培训的负担减轻了"的反馈

（三）本地教育治理

在中小幼家长问卷中有5个题目表述，分别是：本地政府对教育工作很重视；本地学校办学很规范；孩子所在学校没有乱收费情况；孩子所在学校能够提供每周5天的课后服务且每天服务时间不少于2小时；参加校外学科类培训的经济负担减轻了。

1. 大部分家长认可政府重视教育、学校办学规范

家长对"本地政府对教育工作很重视"的反馈如图9-96所示，安徽省85.9%的家长选择"完全符合""比较符合"；家长对"本地学校办学很规范"的反馈如图9-97所示，安徽省87.59%的家长选择"完全符合""比较符合"；家长对"孩子所在学校没有乱收费情况"的反馈如图9-98所示，安徽省94.66%的家长选择"符合"；与长三角地区整体情况基本一致。

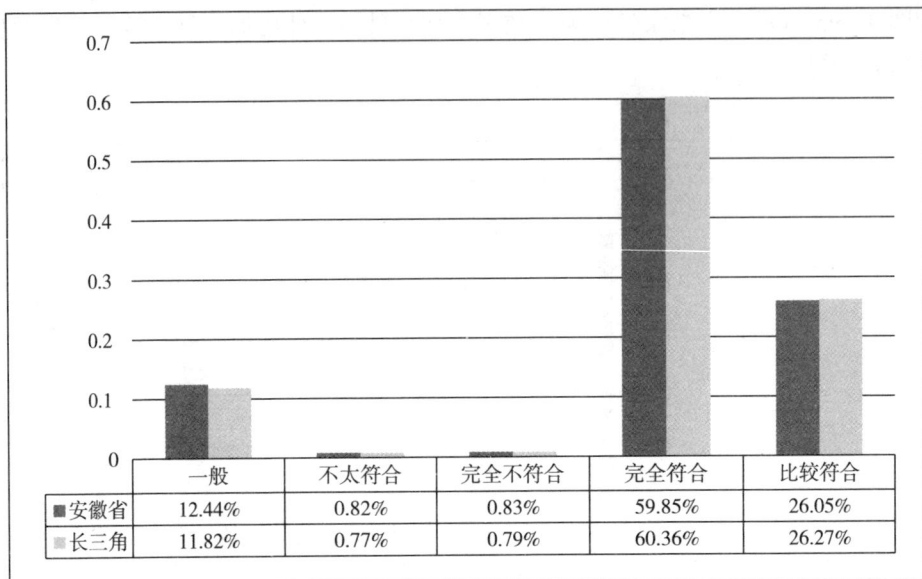

	一般	不太符合	完全不符合	完全符合	比较符合
安徽省	12.44%	0.82%	0.83%	59.85%	26.05%
长三角	11.82%	0.77%	0.79%	60.36%	26.27%

图 9-96 家长对"本地政府对教育工作很重视"的反馈

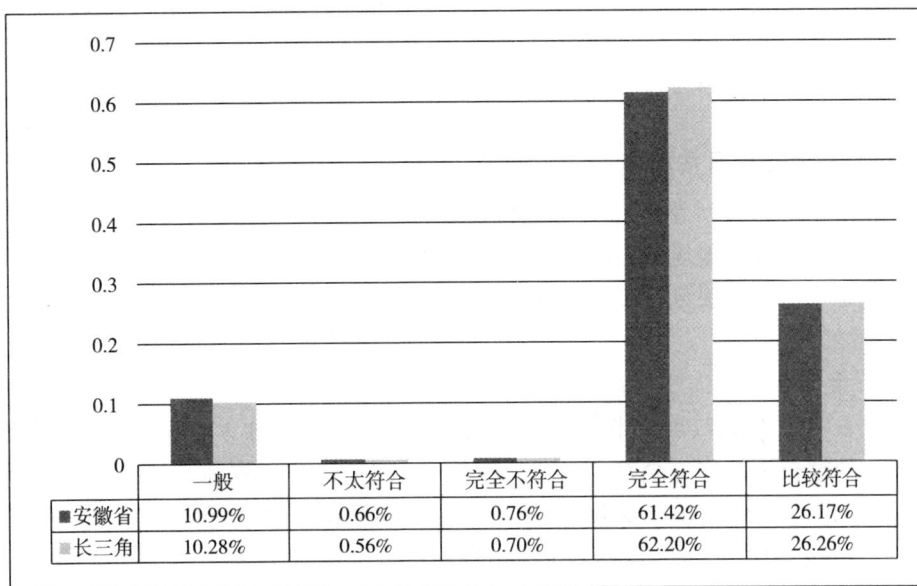

	一般	不太符合	完全不符合	完全符合	比较符合
安徽省	10.99%	0.66%	0.76%	61.42%	26.17%
长三角	10.28%	0.56%	0.70%	62.20%	26.26%

图 9-97 家长对"本地学校办学很规范"的反馈

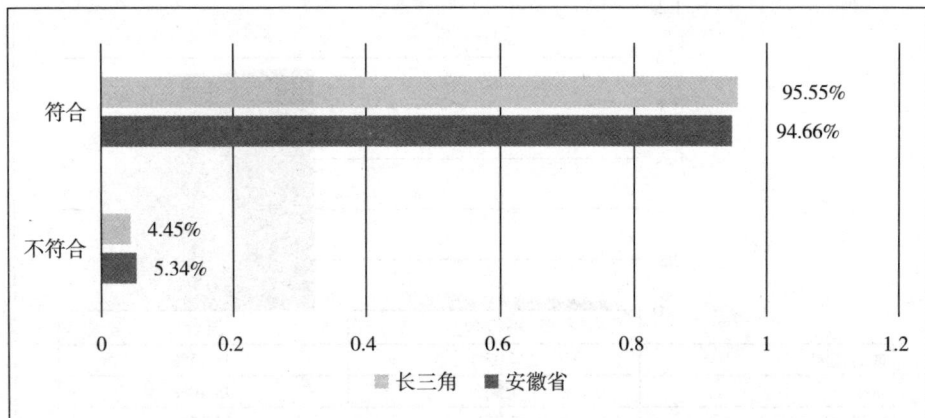

图9-98 家长对"孩子所在学校没有乱收费情况"的反馈

　　安徽省不同学段家长对政府重视教育情况、学校办学规范情况的反馈如图9-99所示，比较各学段家长选择"完全符合""比较符合"的比例之和，幼儿园家长认可度最高，中职家长认可度最低。安徽省不同学段家长对"孩子所在学校没有乱收费情况"的反馈如图9-100所示，家长选择"符合"的比例随着学段升高而降低，幼儿园家长比例最高，中职家长比例最低。

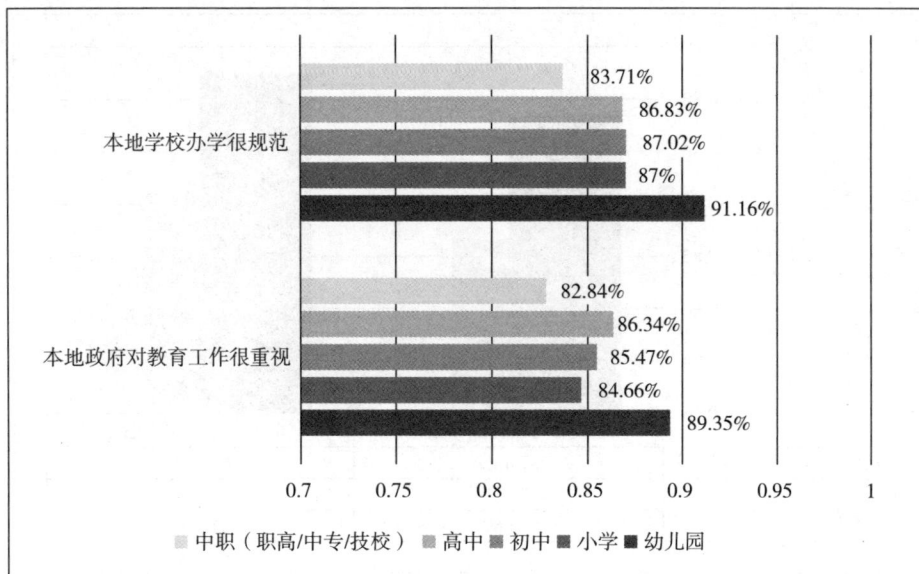

图9-99 安徽省不同学段家长对政府重视教育情况、学校办学规范情况的反馈

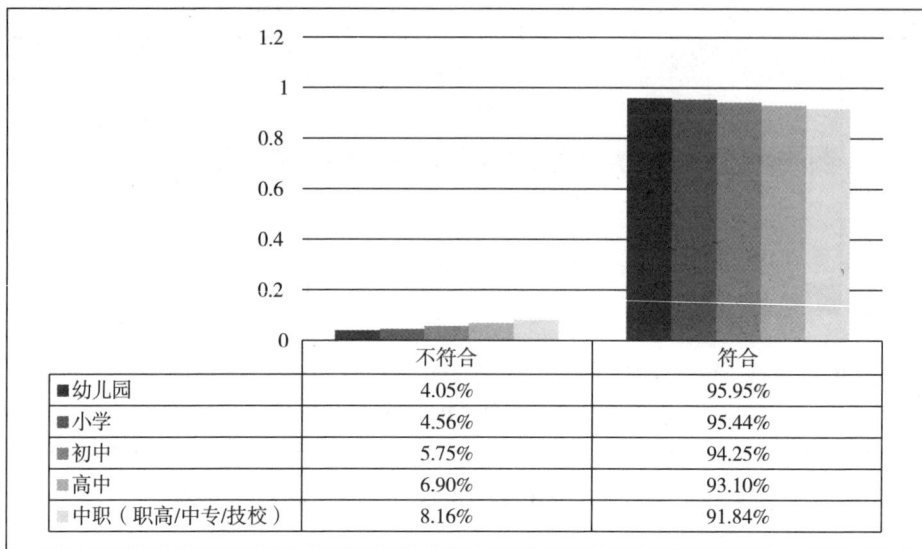

	不符合	符合
■幼儿园	4.05%	95.95%
■小学	4.56%	95.44%
■初中	5.75%	94.25%
■高中	6.90%	93.10%
■中职（职高/中专/技校）	8.16%	91.84%

图9-100 安徽省不同学段家长对"孩子所在学校没有乱收费情况"的反馈

安徽省不同地理位置家长对政府重视教育情况、学校办学规范情况的反馈如图9-101所示，城市（省城、地级市）、县城家长对"本地政府对教育工作很重视""本地学校办学很规范"的认可度显著高于乡镇、农村家长，城市（省城、

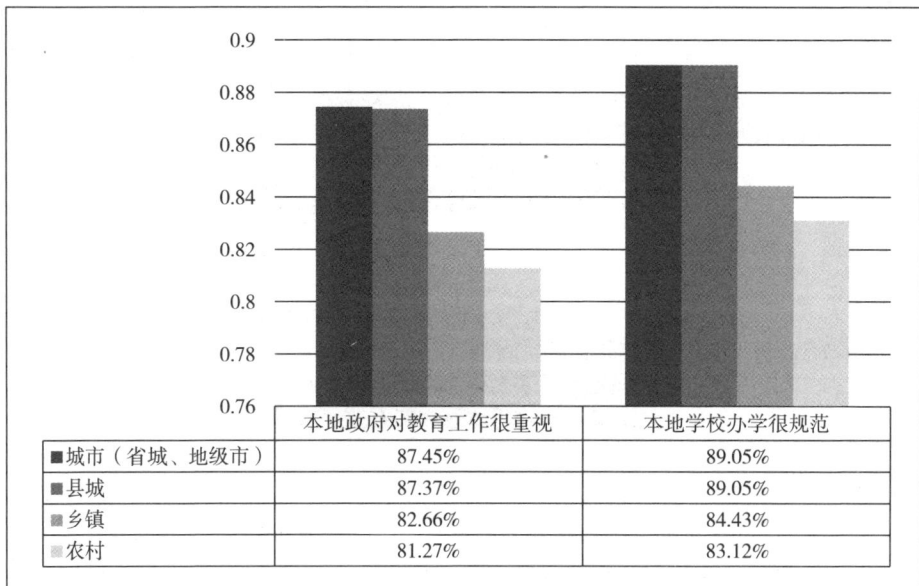

	本地政府对教育工作很重视	本地学校办学很规范
■城市（省城、地级市）	87.45%	89.05%
■县城	87.37%	89.05%
■乡镇	82.66%	84.43%
■农村	81.27%	83.12%

图9-101 安徽省不同地理位置家长对政府重视教育情况、学校办学规范情况的反馈

地级市）、县城家长认可度基本持平，农村家长认可度最低。安徽省不同地理位置家长对"孩子所在学校没有乱收费情况"的反馈如图 9－102 所示，城市（省城、地级市）、县城家长持肯定回答的比例高于乡镇、农村家长。

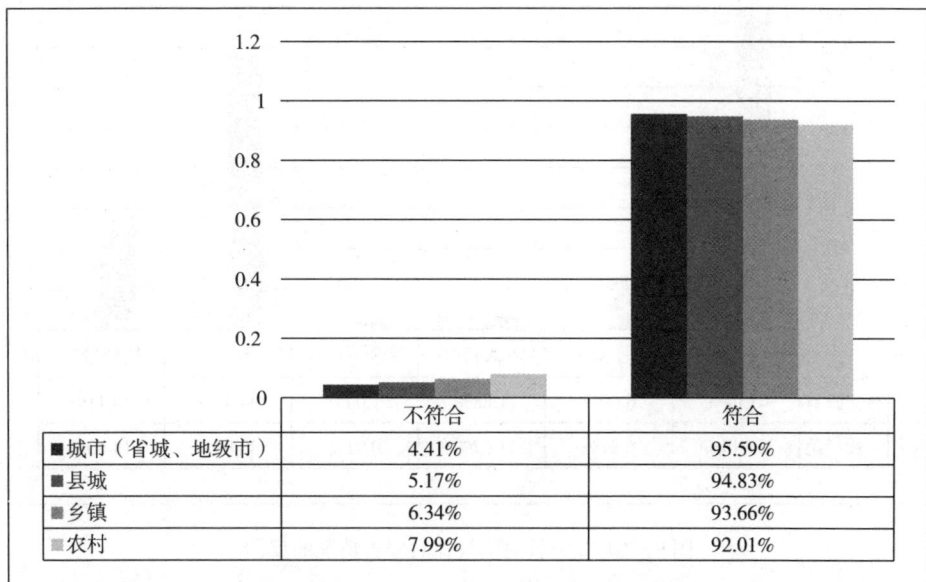

	不符合	符合
■城市（省城、地级市）	4.41%	95.59%
■县城	5.17%	94.83%
■乡镇	6.34%	93.66%
■农村	7.99%	92.01%

图 9－102　安徽省不同地理位置家长对"孩子所在学校没有乱收费情况"的反馈

2. 九成以上家长反馈学校提供了一定时长的课后教育服务

本题幼儿园家长和高中阶段家长不作答。家长对学校课后服务情况的反馈如图 9－103 所示。在对"孩子所在学校能够提供每周 5 天的课后服务且每天服务时间不少于 2 小时"的回答中，安徽省 9.52% 的家长选择"一般""不太符合""完全不符合"，与长三角地区整体情况基本一致。

安徽省不同学段家长对学校课后服务情况的反馈如图 9－104 所示。在对"孩子所在学校能够提供每周 5 天的课后服务且每天服务时间不少于 2 小时"的回答中，安徽省小学家长持肯定回答的比例略高于初中家长。

3. 大部分家长认为校外学科类培训带来的经济负担有所减轻

家长在校外教育中的投入具体从经济投入来进行调查。本题幼儿园家长和高中阶段家长不作答。家长对"校外学科类培训的经济负担减轻了"的反馈如图 9－105所示。安徽省接受调查的家长中，15.66% 的家长选择"一般""不太符合""完全不符合"，安徽省家长认为校外学科类培训带来较重经济负担的比例与长三角地区整体情况基本一致。

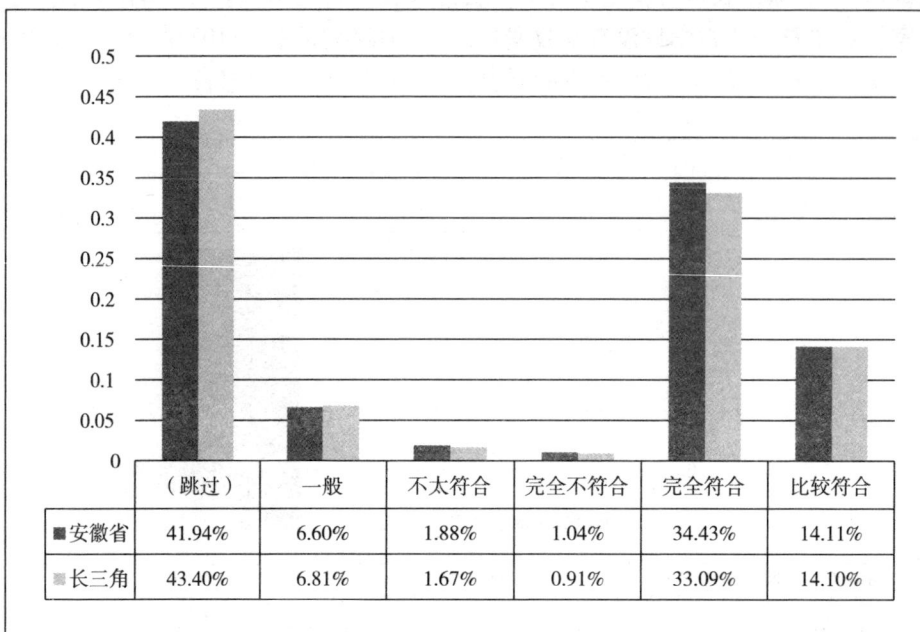

	（跳过）	一般	不太符合	完全不符合	完全符合	比较符合
安徽省	41.94%	6.60%	1.88%	1.04%	34.43%	14.11%
长三角	43.40%	6.81%	1.67%	0.91%	33.09%	14.10%

图 9-103　家长对学校课后服务情况的反馈

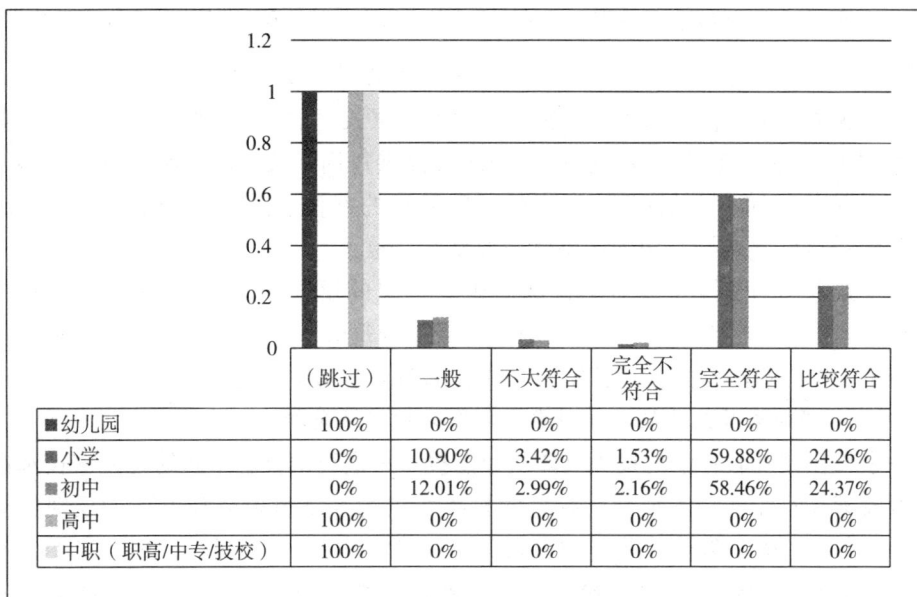

	（跳过）	一般	不太符合	完全不符合	完全符合	比较符合
幼儿园	100%	0%	0%	0%	0%	0%
小学	0%	10.90%	3.42%	1.53%	59.88%	24.26%
初中	0%	12.01%	2.99%	2.16%	58.46%	24.37%
高中	100%	0%	0%	0%	0%	0%
中职（职高/中专/技校）	100%	0%	0%	0%	0%	0%

图 9-104　安徽省不同学段家长对学校课后服务情况的反馈

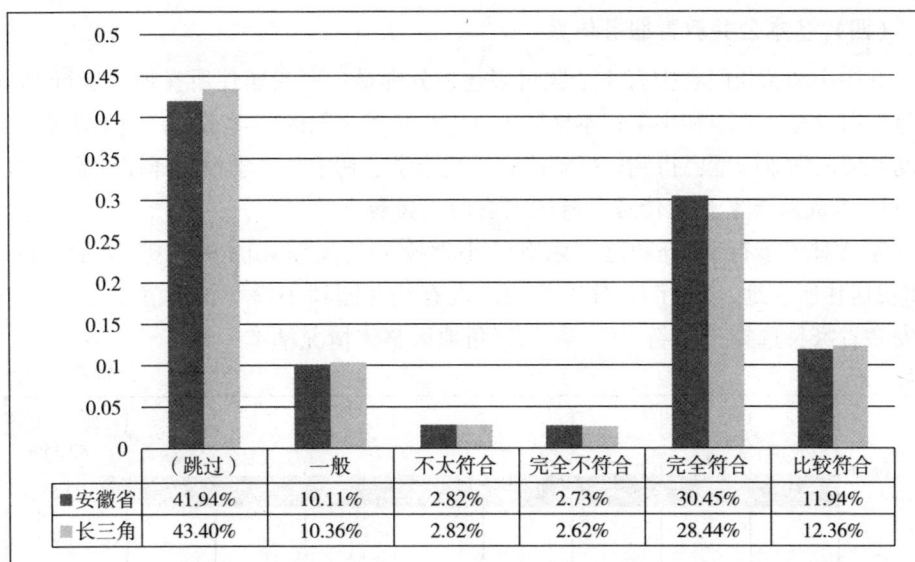

	（跳过）	一般	不太符合	完全不符合	完全符合	比较符合
■安徽省	41.94%	10.11%	2.82%	2.73%	30.45%	11.94%
■长三角	43.40%	10.36%	2.82%	2.62%	28.44%	12.36%

图9－105　家长对"校外学科类培训的经济负担减轻了"的反馈

安徽省不同学段家长对"校外学科类培训的经济负担减轻了"的反馈如图9－106所示。小学家长认为校外学科类培训的经济负担有所减轻的比例与初中家长基本持平。

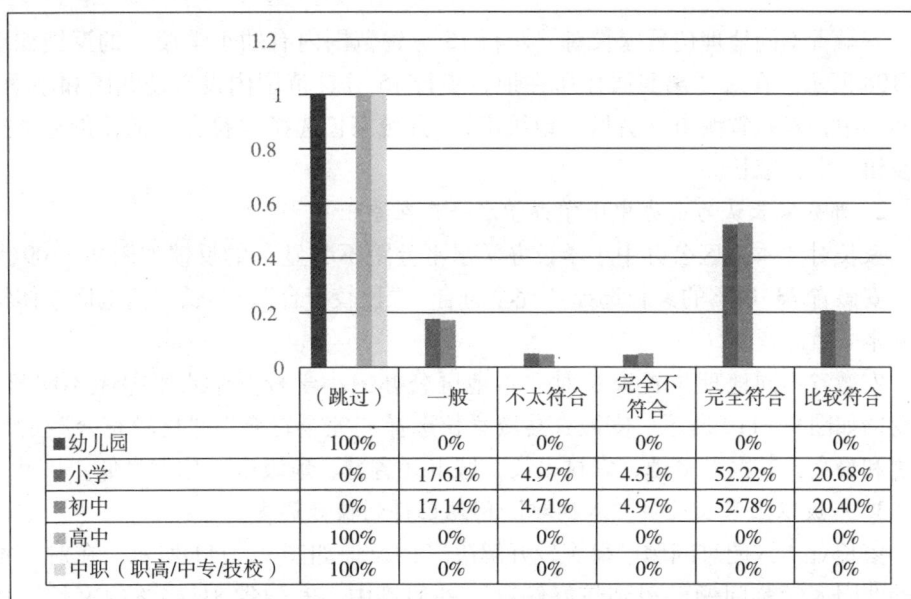

	（跳过）	一般	不太符合	完全不符合	完全符合	比较符合
■幼儿园	100%	0%	0%	0%	0%	0%
■小学	0%	17.61%	4.97%	4.51%	52.22%	20.68%
■初中	0%	17.14%	4.71%	4.97%	52.78%	20.40%
■高中	100%	0%	0%	0%	0%	0%
■中职（职高/中专/技校）	100%	0%	0%	0%	0%	0%

图9－106　安徽省不同学段家长对"校外学科类培训的经济负担减轻了"的反馈

（四）基本公共教育服务体系

在中小幼家长问卷中有 4 个题目表述，分别是：离我居住所在地，步行 15 分钟范围内设有幼儿园和小学；本地区公办中小学校之间的办学水平差距不明显；本地幼儿园入学难问题已得到较好解决；本地小学、初中公办学校的择校现象严重。

1. 八成以上家长反馈居所附近设有幼儿园和小学

家长对"步行 15 分钟范围内有幼小学校"的反馈如图 9 - 107 所示。在对"离我居住所在地，步行 15 分钟范围内设有幼儿园和小学"的回答中，17.17%的安徽省家长选择"不符合"，与长三角地区整体情况基本一致。

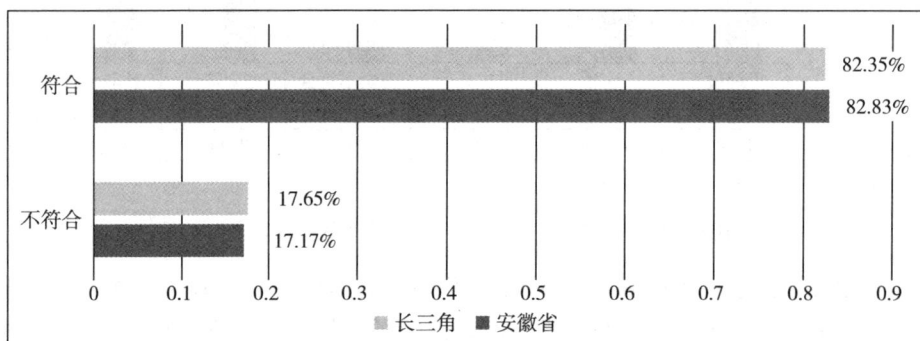

图 9 - 107　家长对"步行 15 分钟范围内有幼小学校"的反馈

安徽省不同地理位置家长对"步行 15 分钟范围内有幼小学校"的反馈如图 9 - 108 所示。在对"离我居住所在地，步行 15 分钟范围内设有幼儿园和小学"的回答中，安徽省城市（省城、地级市）、县城家长选择"符合"的比例显著高于乡镇、农村家长。

2. 部分家长认为公办中小学办学水平存在差距

家长对"本地区公办中小学校办学水平差距不明显"的反馈如图 9 - 109 所示。安徽省 73.14%的家长选择"完全符合""比较符合"，与长三角地区整体情况基本一致。

安徽省不同地理位置家长对"本地区公办中小学校办学水平差距不明显"的反馈如图 9 - 110 所示。安徽省县城家长选择"完全符合""比较符合"的比例之和最高，其次是乡镇、农村家长，城市（省城、地级市）比例最低。

3. 八成以上家长反映"入园难"问题已得到较好解决

家长对"入园难问题已得到较好解决"的反馈如图 9 - 111 所示。在对"本地幼儿园入学难问题已得到较好解决"的回答中，安徽省 81.44%的家长选择"完全符合""比较符合"，略低于长三角地区整体水平。

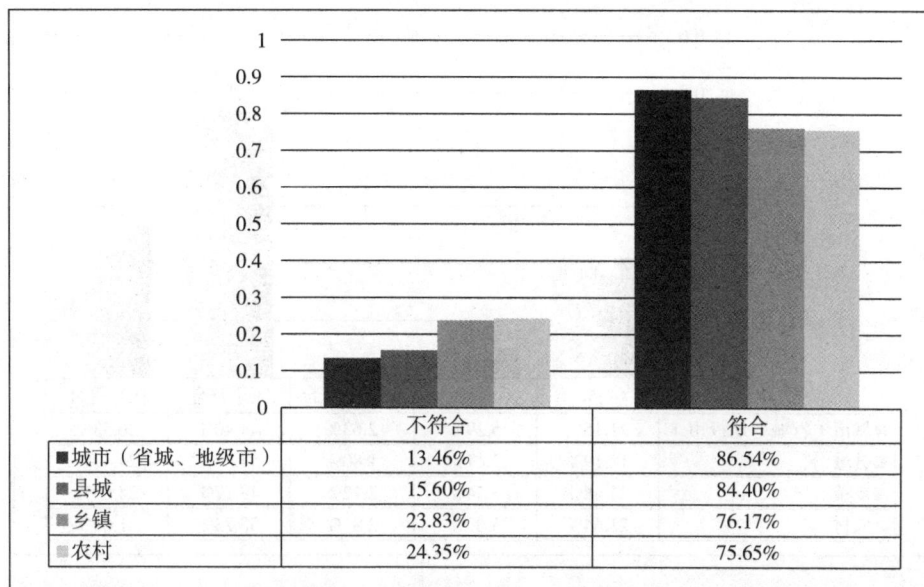

	不符合	符合
■ 城市（省城、地级市）	13.46%	86.54%
■ 县城	15.60%	84.40%
■ 乡镇	23.83%	76.17%
■ 农村	24.35%	75.65%

图9－108　安徽省不同地理位置家长对"步行15分钟范围内有幼小学校"的反馈

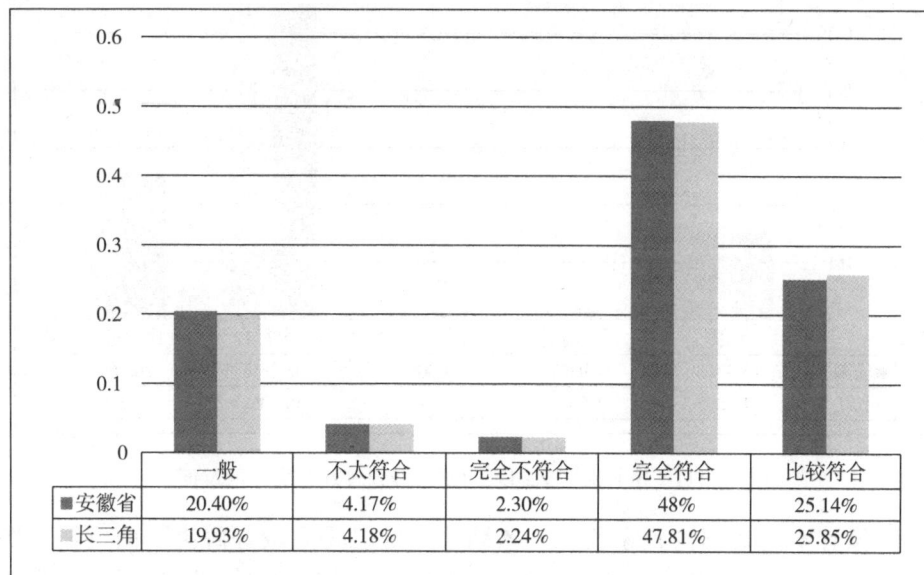

	一般	不太符合	完全不符合	完全符合	比较符合
■ 安徽省	20.40%	4.17%	2.30%	48%	25.14%
■ 长三角	19.93%	4.18%	2.24%	47.81%	25.85%

图9－109　家长对"本地区公办中小学校办学水平差距不明显"的反馈

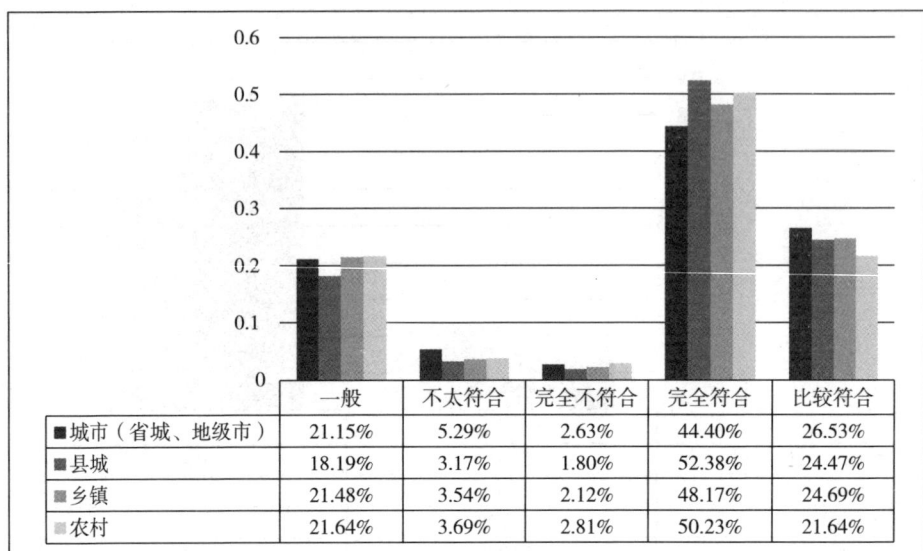

	一般	不太符合	完全不符合	完全符合	比较符合
■城市（省城、地级市）	21.15%	5.29%	2.63%	44.40%	26.53%
■县城	18.19%	3.17%	1.80%	52.38%	24.47%
■乡镇	21.48%	3.54%	2.12%	48.17%	24.69%
■农村	21.64%	3.69%	2.81%	50.23%	21.64%

图9-110　安徽省不同地理位置家长对"本地区公办中小学校办学水平差距不明显"的反馈

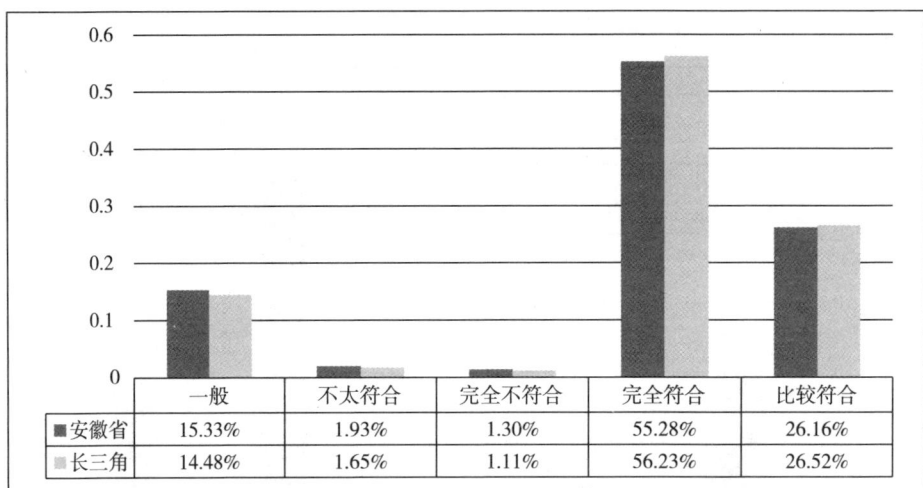

	一般	不太符合	完全不符合	完全符合	比较符合
■安徽省	15.33%	1.93%	1.30%	55.28%	26.16%
■长三角	14.48%	1.65%	1.11%	56.23%	26.52%

图9-111　家长对"入园难问题已得到较好解决"的反馈

　　安徽省不同地理位置家长对"入园难问题已得到较好解决"的反馈如图
9-112所示。在对"本地幼儿园入学难问题已得到较好解决"的回答中，安徽省
县城家长选择"完全符合""比较符合"的比例之和最高，其次是乡镇、农村家
长，城市（省城、地级市）比例最低。

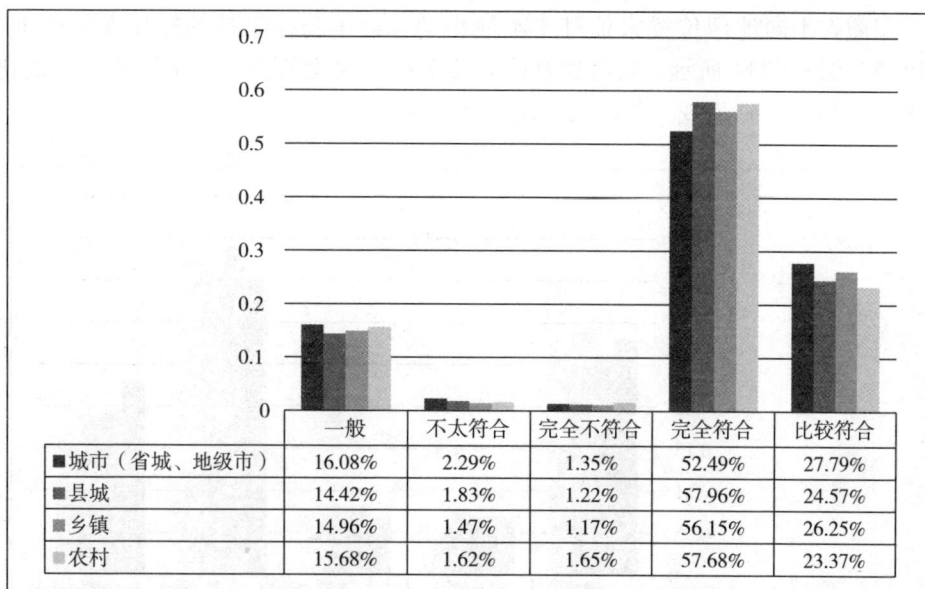

	一般	不太符合	完全不符合	完全符合	比较符合
■城市（省城、地级市）	16.08%	2.29%	1.35%	52.49%	27.79%
■县城	14.42%	1.83%	1.22%	57.96%	24.57%
■乡镇	14.96%	1.47%	1.17%	56.15%	26.25%
■农村	15.68%	1.62%	1.65%	57.68%	23.37%

图 9-112 安徽省不同地理位置家长对"入园难问题已得到较好解决"的反馈

4. 家长认为义务教育择校现象严重

家长对"本地小学、初中公办学校的择校现象严重"的反馈如图 9-113 所示。安徽省 57.53% 的家长选择"完全符合""比较符合"，高于长三角地区整体水平。

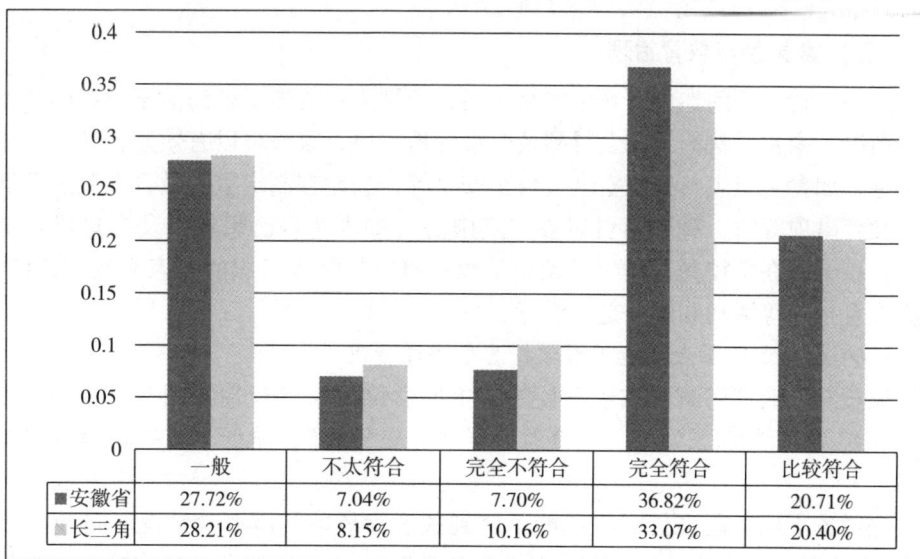

	一般	不太符合	完全不符合	完全符合	比较符合
■安徽省	27.72%	7.04%	7.70%	36.82%	20.71%
■长三角	28.21%	8.15%	10.16%	33.07%	20.40%

图 9-113 家长对"本地小学、初中公办学校的择校现象严重"的反馈

安徽省不同地理位置家长对"本地小学、初中公办学校的择校现象严重"的反馈如图9－114所示。安徽省乡镇家长选择"完全符合""比较符合"的比例之和（54.7%）最低，其他家长均超过58%。

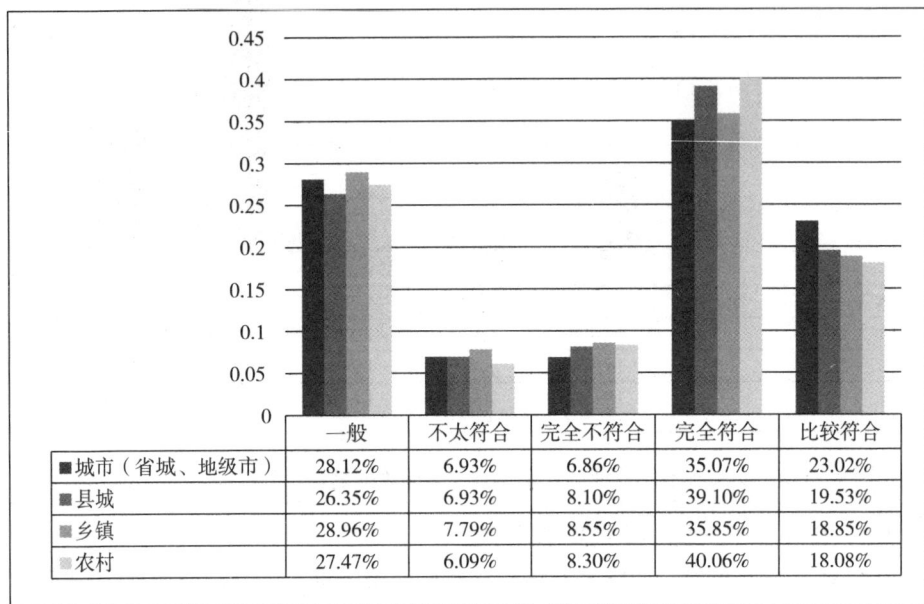

	一般	不太符合	完全不符合	完全符合	比较符合
■城市（省城、地级市）	28.12%	6.93%	6.86%	35.07%	23.02%
■县城	26.35%	6.93%	8.10%	39.10%	19.53%
■乡镇	28.96%	7.79%	8.55%	35.85%	18.85%
■农村	27.47%	6.09%	8.30%	40.06%	18.08%

图9－114　安徽省不同地理位置家长对"本地小学、初中公办学校的择校现象严重"的反馈

（五）家长参与教育治理

在中小幼家长问卷中有6个题目表述，分别为：我能了解到孩子学校的基本办学情况；家长反映的问题会得到及时很好地解决；家长可以有效监督涉及学生的事务，如食堂卫生、校服安全、校车安全等；当地在制定重大教育政策、开展重大教育事项等时，我知道可以参与其中的（如表达自己想法以及提建议）的渠道；孩子所在学校是否建立了家长学校；对家长学校组织的如家庭教育讲座、家庭教育指导等活动和服务是否满意。

1. 八成以上家长表示能了解学校基本办学情况

家长对"我能了解到孩子学校的基本办学情况"的反馈如图9－115所示。安徽省81.01%的家长选择"完全符合""比较符合"，略低于长三角地区整体水平。

安徽省不同学段家长对"我能了解到孩子学校的基本办学情况"的反馈如图9－116所示。幼儿园、初中、高中家长认为能了解到孩子学校的基本办学情况的比例均超过80%，小学、中职家长认同比例不到80%，幼儿园家长认同比

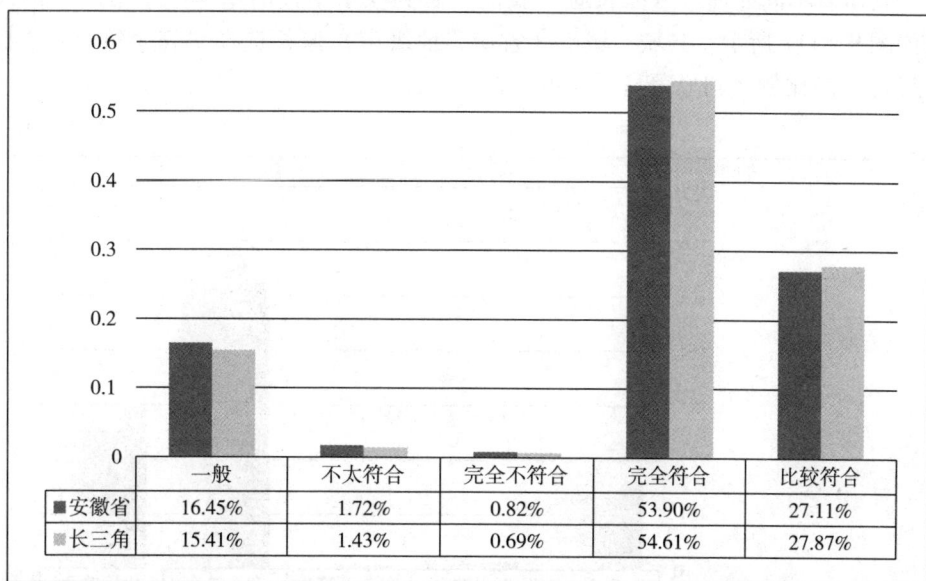

	一般	不太符合	完全不符合	完全符合	比较符合
安徽省	16.45%	1.72%	0.82%	53.90%	27.11%
长三角	15.41%	1.43%	0.69%	54.61%	27.87%

图9-115 家长对"我能了解到孩子学校的基本办学情况"的反馈

例最高,中职家长认同比例最低。

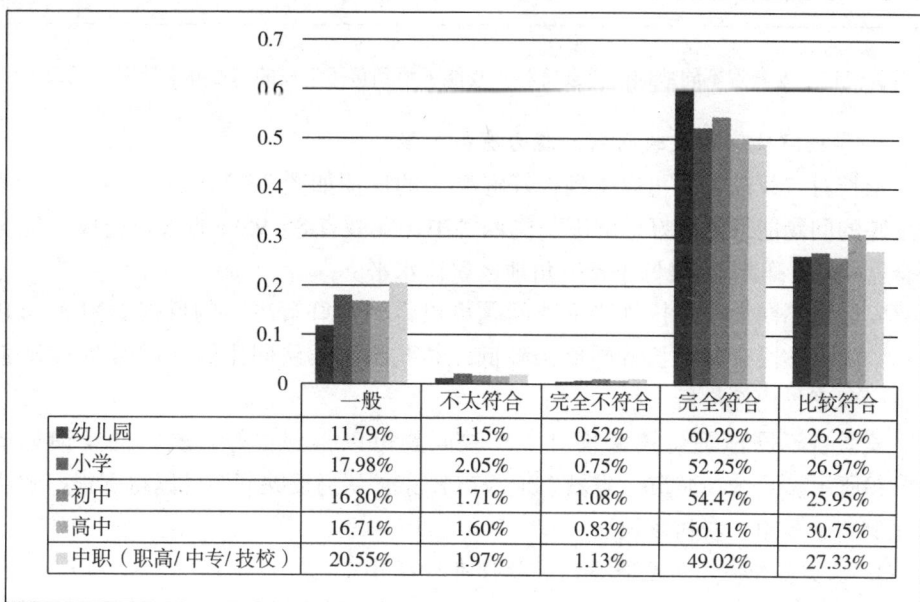

	一般	不太符合	完全不符合	完全符合	比较符合
幼儿园	11.79%	1.15%	0.52%	60.29%	26.25%
小学	17.98%	2.05%	0.75%	52.25%	26.97%
初中	16.80%	1.71%	1.08%	54.47%	25.95%
高中	16.71%	1.60%	0.83%	50.11%	30.75%
中职(职高/中专/技校)	20.55%	1.97%	1.13%	49.02%	27.33%

图9-116 安徽省不同学段家长对"我能了解到孩子学校的基本办学情况"的反馈

安徽省不同地理位置家长对"我能了解到孩子学校的基本办学情况"的反馈如图9-117所示。县城、城市（省城、地级市）家长选择"完全符合""比较符合"的比例之和显著高于乡镇、农村家长。

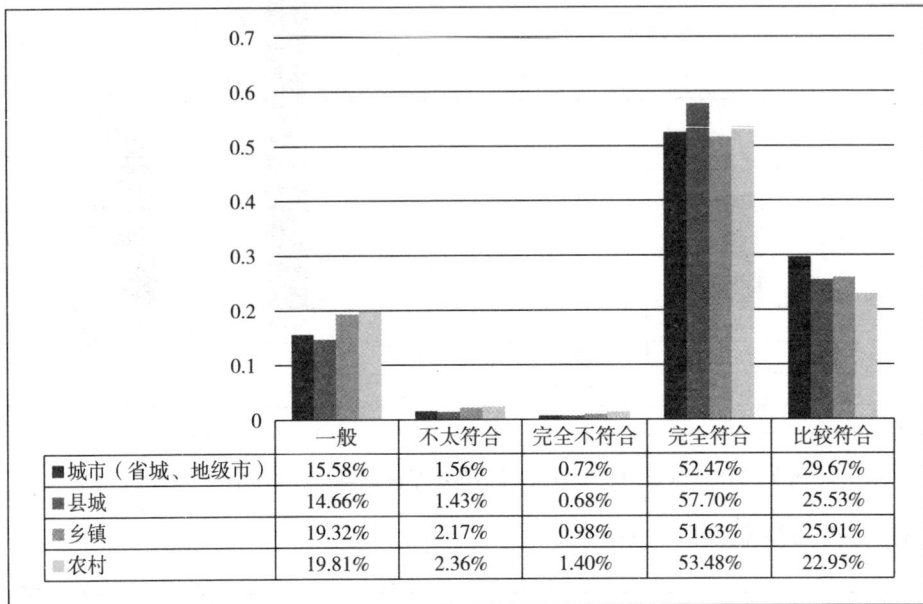

	一般	不太符合	完全不符合	完全符合	比较符合
■城市（省城、地级市）	15.58%	1.56%	0.72%	52.47%	29.67%
■县城	14.66%	1.43%	0.68%	57.70%	25.53%
■乡镇	19.32%	2.17%	0.98%	51.63%	25.91%
□农村	19.81%	2.36%	1.40%	53.48%	22.95%

图9-117 安徽省不同地理位置家长对"我能了解到孩子学校的基本办学情况"的反馈

2. 学校解决家长反映问题的能力有待加强

家长对"反映问题可以得到很好解决"的反馈如图9-118所示。在对"家长反映的问题能得到很好地解决"的回答中，安徽省85.95%的家长选择"完全符合""比较符合"，略低于长三角地区整体水平。

安徽省不同学段家长对"反映问题可以得到很好解决"的反馈如图9-119所示。随着学段升高家长认同比例降低，幼儿园家长认同比例（超过90%）最高，中职家长比例最低。

安徽省不同地理位置家长对"反映问题可以得到很好解决"的反馈如图9-120所示。县城、城市（省城、地级市）家长认为反映问题可以得到很好解决的比例高于乡镇、农村家长。

3. 家长监督涉及学生事务的有效性有待提升

家长对"可以有效监督涉及学生的事务"的反馈如图9-121所示。安徽省77.72%的家长选择"完全符合""比较符合"，略低于长三角地区整体水平。

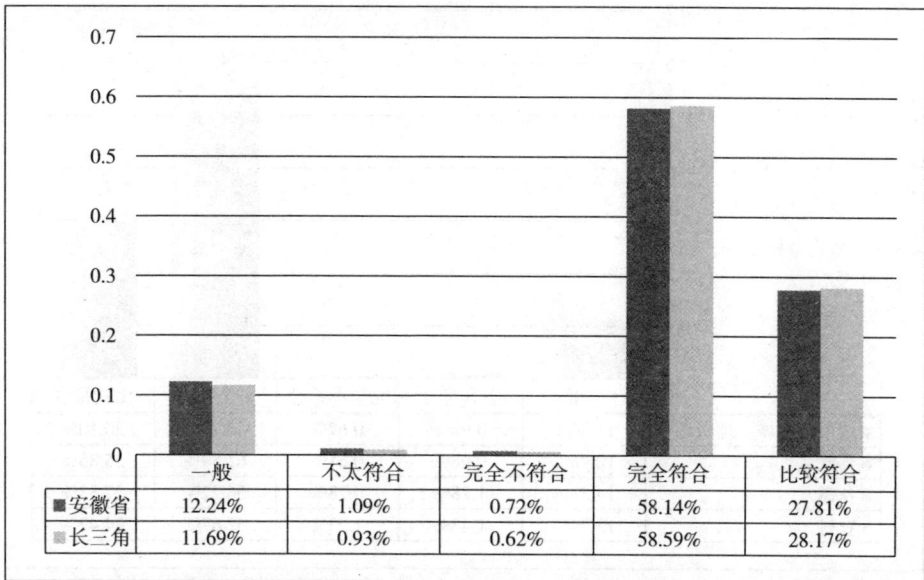

	一般	不太符合	完全不符合	完全符合	比较符合
■安徽省	12.24%	1.09%	0.72%	58.14%	27.81%
■长三角	11.69%	0.93%	0.62%	58.59%	28.17%

图 9 - 118　家长对"反映问题可以得到很好解决"的反馈

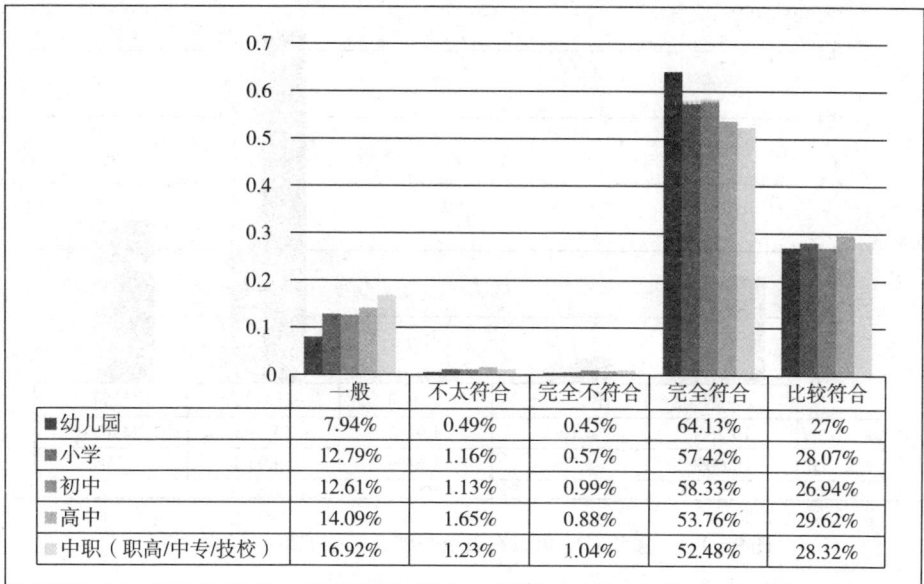

	一般	不太符合	完全不符合	完全符合	比较符合
■幼儿园	7.94%	0.49%	0.45%	64.13%	27%
■小学	12.79%	1.16%	0.57%	57.42%	28.07%
■初中	12.61%	1.13%	0.99%	58.33%	26.94%
■高中	14.09%	1.65%	0.88%	53.76%	29.62%
■中职（职高/中专/技校）	16.92%	1.23%	1.04%	52.48%	28.32%

图 9 - 119　安徽省不同学段家长对"反映问题可以得到很好解决"的反馈

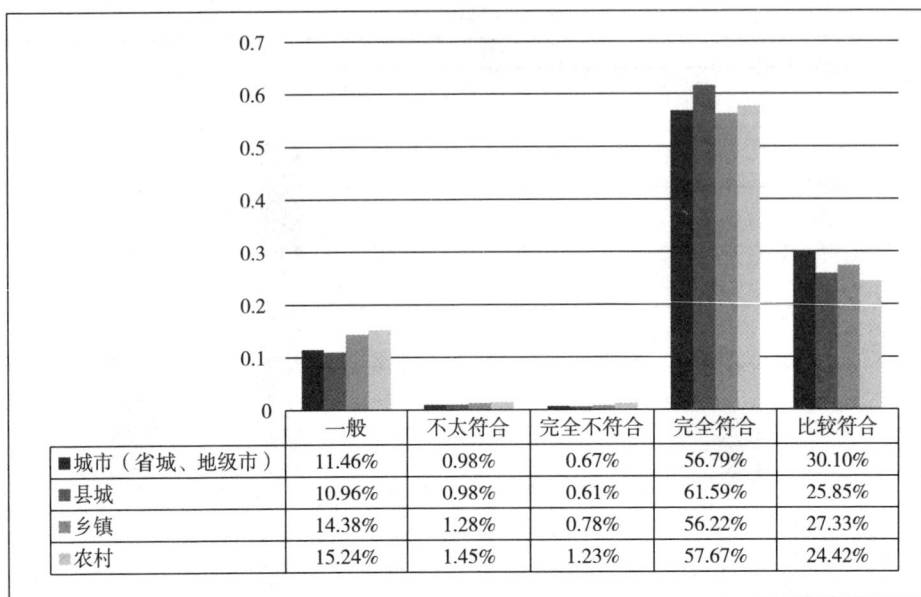

	一般	不太符合	完全不符合	完全符合	比较符合
城市（省城、地级市）	11.46%	0.98%	0.67%	56.79%	30.10%
县城	10.96%	0.98%	0.61%	61.59%	25.85%
乡镇	14.38%	1.28%	0.78%	56.22%	27.33%
农村	15.24%	1.45%	1.23%	57.67%	24.42%

图9-120　安徽省不同地理位置家长对"反映问题可以得到很好解决"的反馈

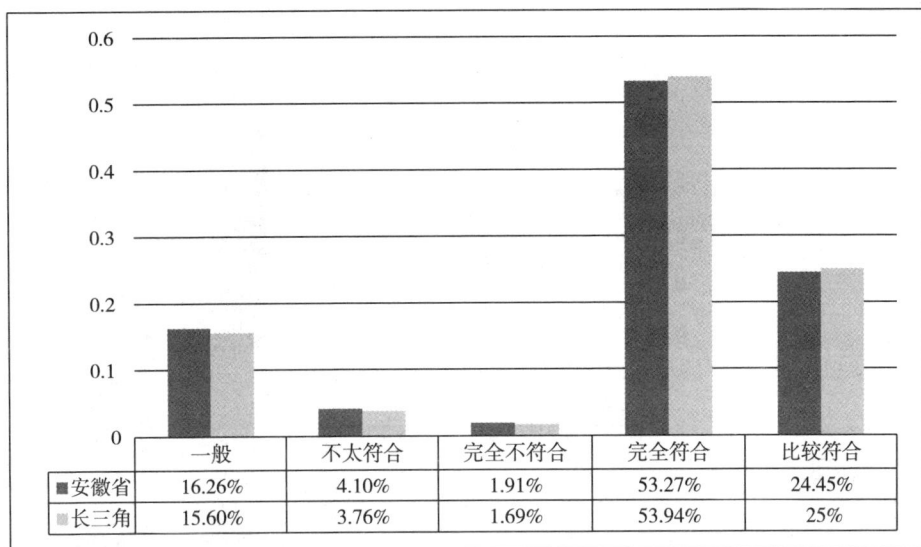

	一般	不太符合	完全不符合	完全符合	比较符合
安徽省	16.26%	4.10%	1.91%	53.27%	24.45%
长三角	15.60%	3.76%	1.69%	53.94%	25%

图9-121　家长对"可以有效监督涉及学生的事务"的反馈

安徽省不同学段家长对"可以有效监督涉及学生的事务"的反馈如图9-122所示。随着学段升高，家长反馈"可以有效监督涉及学生的事务"的比例呈降低趋势，幼儿园家长比例最高，小学和初中家长比例差异较小，中职家长比例最低。

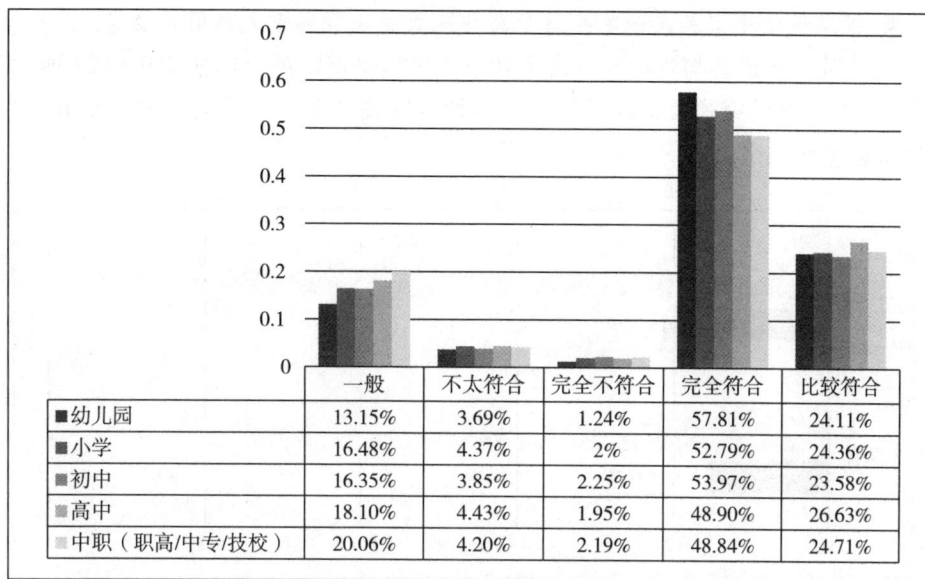

	一般	不太符合	完全不符合	完全符合	比较符合
■幼儿园	13.15%	3.69%	1.24%	57.81%	24.11%
■小学	16.48%	4.37%	2%	52.79%	24.36%
■初中	16.35%	3.85%	2.25%	53.97%	23.58%
■高中	18.10%	4.43%	1.95%	48.90%	26.63%
□中职（职高/中专/技校）	20.06%	4.20%	2.19%	48.84%	24.71%

图9－122 安徽省不同学段家长对"可以有效监督涉及学生的事务"的反馈

安徽省不同地理位置家长对"可以有效监督涉及学生的事务"的反馈如图9－123所示。县城家长反馈"可以有效监督涉及学生的事务"的比例最高，其次是城市（省城、地级市）和农村家长，乡镇家长比例最低。

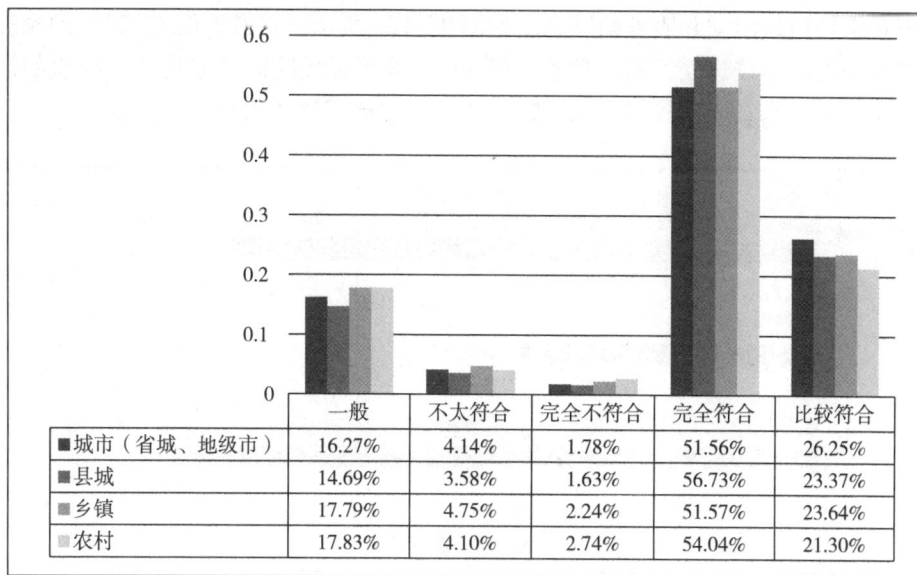

	一般	不太符合	完全不符合	完全符合	比较符合
■城市（省城、地级市）	16.27%	4.14%	1.78%	51.56%	26.25%
■县城	14.69%	3.58%	1.63%	56.73%	23.37%
■乡镇	17.79%	4.75%	2.24%	51.57%	23.64%
□农村	17.83%	4.10%	2.74%	54.04%	21.30%

图9－123 安徽省不同地理位置家长对"可以有效监督涉及学生的事务"的反馈

4. 近两成学生家长表示不知道参与当地教育决策和重大事项的渠道

家长对"知道参与当地教育决策和重大事项渠道"的反馈如图 9-124 所示。安徽省 83.92% 的家长反馈知道参与当地教育决策和重大事项的渠道，略低于长三角地区整体水平。

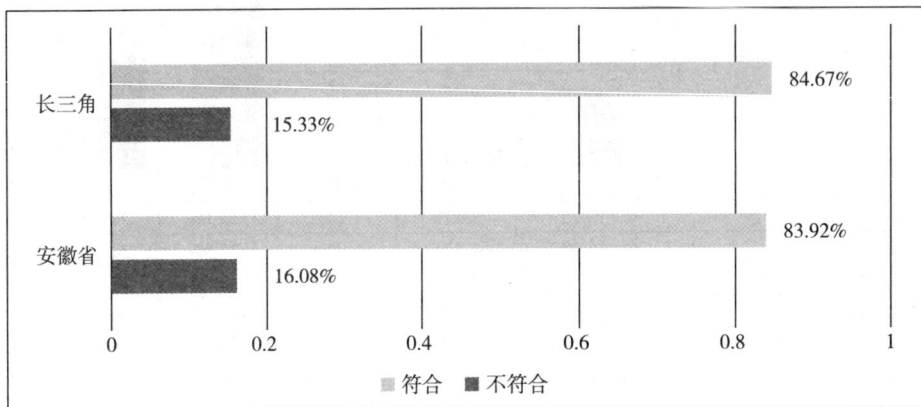

图 9-124　家长对"知道参与当地教育决策和重大事项渠道"的反馈

5. 不到一半的家长反馈孩子所在学校建立了家长学校，家长对家长学校的满意度较低

家长对"孩子所在学校是否建立家长学校"的反馈如图 9-125 所示，家长对家长学校组织活动和服务的满意度如图 9-126 所示。安徽省仅 42.27% 的家长反馈孩子所在学校建立了家长学校，仅 39.61% 的家长反馈对家长学校组织的活动和服务非常满意或比较满意，均略低于长三角地区整体水平。

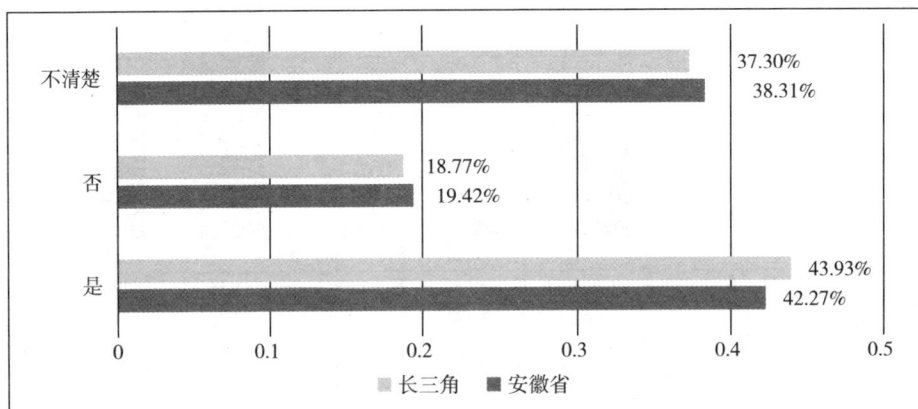

图 9-125　家长对"孩子所在学校是否建立家长学校"的反馈

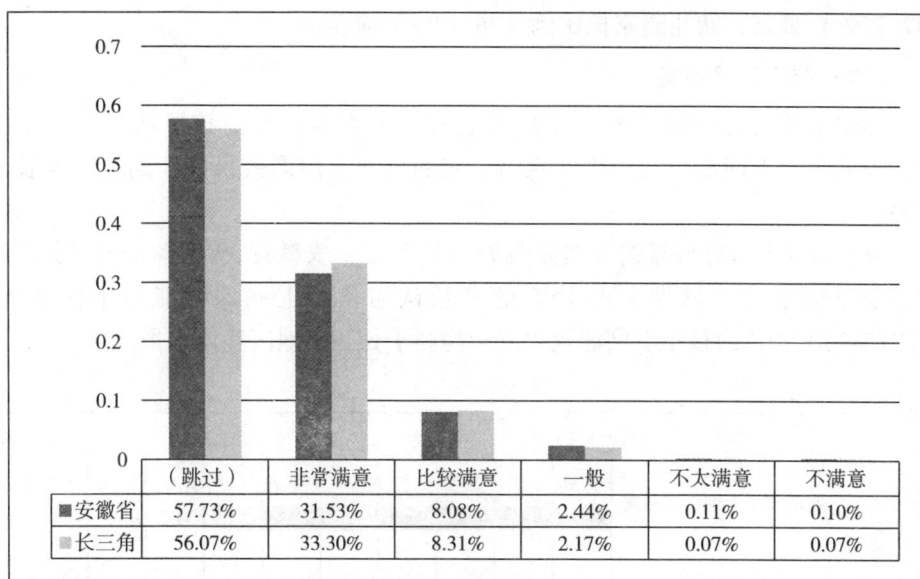

	（跳过）	非常满意	比较满意	一般	不太满意	不满意
安徽省	57.73%	31.53%	8.08%	2.44%	0.11%	0.10%
长三角	56.07%	33.30%	8.31%	2.17%	0.07%	0.07%

图9-126　家长对家长学校组织活动和服务的满意度

安徽省不同学段家长对"孩子所在学校是否建立家长学校"的反馈如图9-127所示。高中家长反馈"孩子所在学校建立了家长学校"的比例

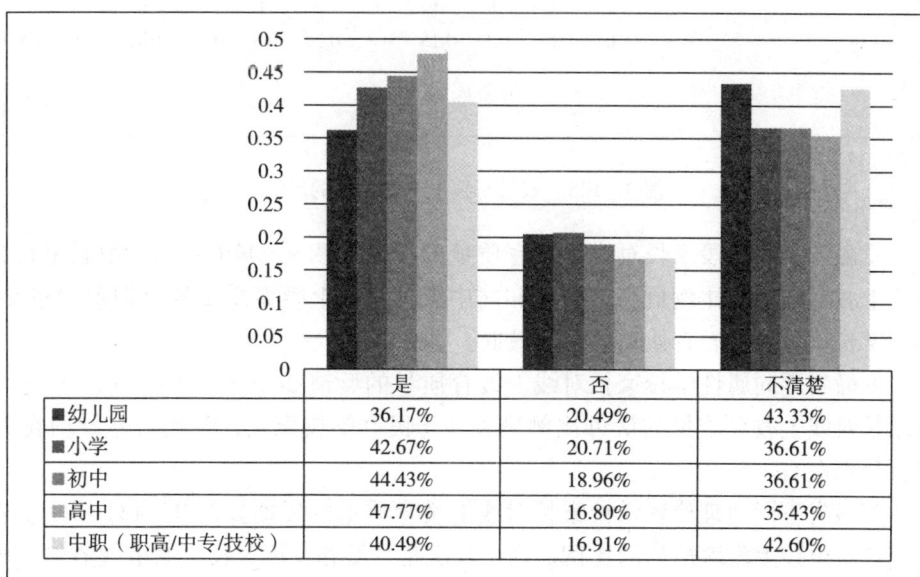

	是	否	不清楚
幼儿园	36.17%	20.49%	43.33%
小学	42.67%	20.71%	36.61%
初中	44.43%	18.96%	36.61%
高中	47.77%	16.80%	35.43%
中职（职高/中专/技校）	40.49%	16.91%	42.60%

图9-127　安徽省不同学段家长对"孩子所在学校是否建立家长学校"的反馈

（47.77%）最高，幼儿园家长比例（36.17%）最低。

（六）线上教育质量

在中小幼家长问卷中有 3 个题目表述，分别为：我的孩子适应学校上网课；我的孩子上网课时能集中注意力；我的孩子上网课效果好。幼儿园家长不作答。

家长对线上教育质量的反馈如图 9-128 所示。安徽省 39.37% 的家长认为我的孩子适应学校上网课，39.15% 的家长认为孩子上网课时能集中注意力，34.27% 的家长认为孩子上网课效果好；均高于长三角地区整体水平。

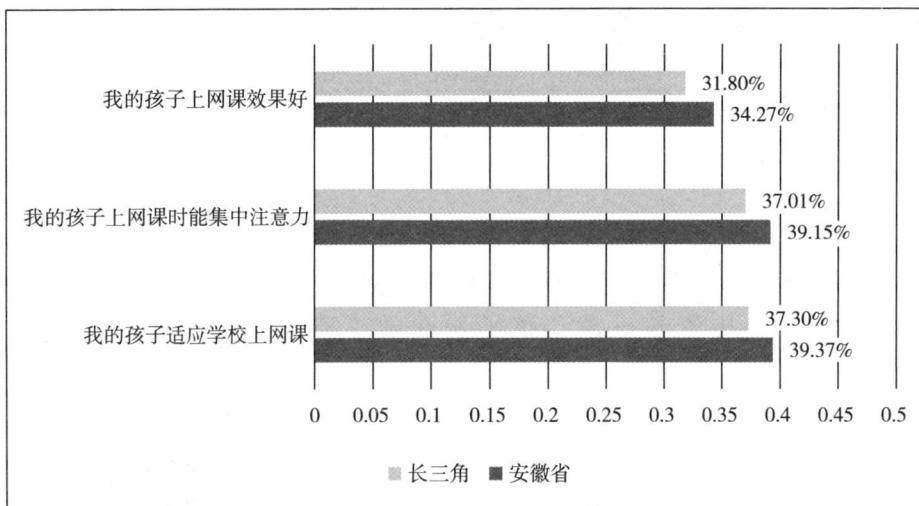

图 9-128　家长对线上教育质量的反馈

安徽省不同学段家长对线上教育质量的反馈如图 9-129 所示。中职家长认可线上教育质量的比例最高，初中和高中家长对线上教育质量的反馈差异较小，小学家长认可线上教育质量的比例最低。

安徽省不同属性学校家长对线上教育质量的反馈如图 9-130 所示。公办学校家长对线上教育质量的认可比例显著高于民办学校家长，各题目差异均在 10 个百分点左右。

安徽省不同地理位置学校家长对线上教育质量的反馈如图 9-131 所示。农村家长认可线上教育质量的比例最高，其次是县城和乡镇家长，城市（省城、地级市）家长认可比例最低。

	我的孩子适应学校上网课	我的孩子上网课时能集中注意力	我的孩子上网课效果好
■小学	46.55%	46.04%	39.63%
■初中	50.83%	51.03%	44.28%
■高中	50.61%	50.45%	44.49%
中职（职高/中专/技校）	57.50%	56.67%	53.18%

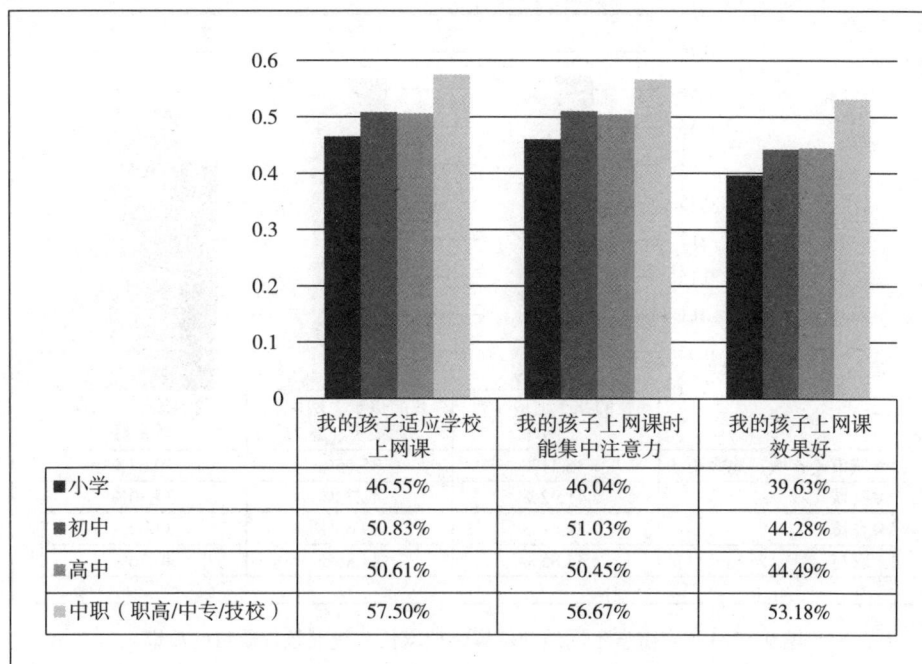

图 9 - 129 安徽省不同学段家长对线上教育质量的反馈

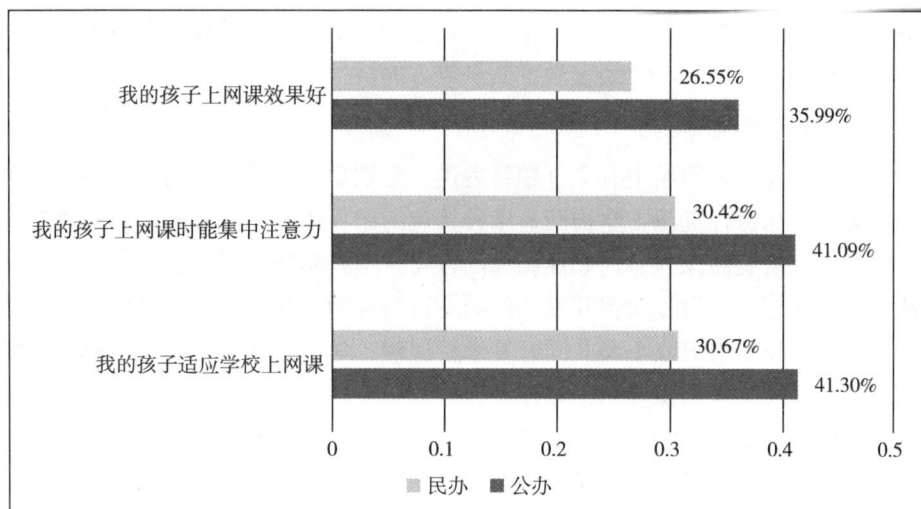

图 9 - 130 安徽省不同属性学校家长对线上教育质量的反馈

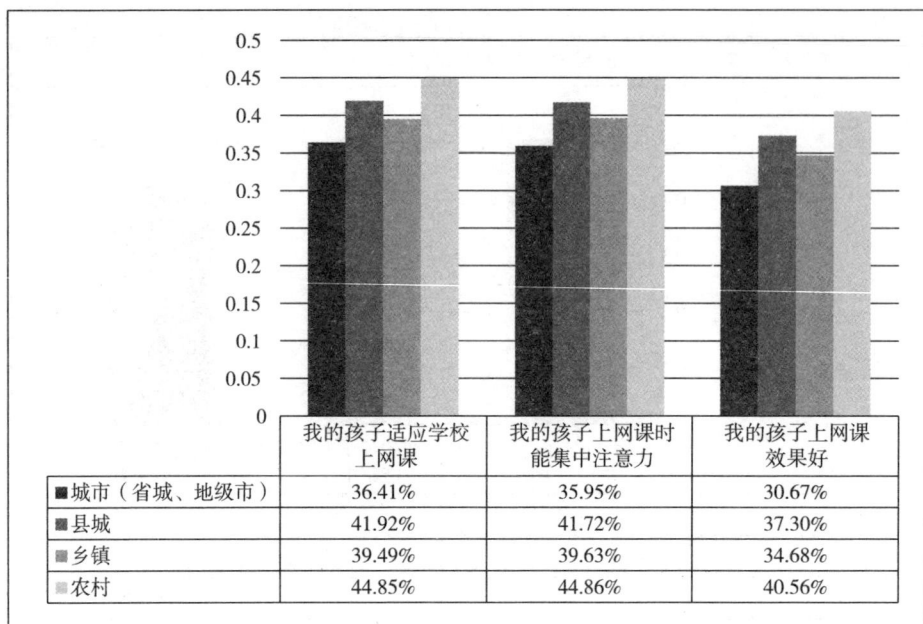

	我的孩子适应学校上网课	我的孩子上网课时能集中注意力	我的孩子上网课效果好
■城市（省城、地级市）	36.41%	35.95%	30.67%
■县城	41.92%	41.72%	37.30%
■乡镇	39.49%	39.63%	34.68%
■农村	44.85%	44.86%	40.56%

图 9 - 131   安徽省不同地理位置学校家长对线上教育质量的反馈

三、基础教育教师调查问卷比较分析

调查内容包括校长课程领导力、学校教育信息化应用水平、义务教育阶段学生学业负担程度、本地教育治理、家长学校建设、中小学优质课程资源共享覆盖率、教师长三角跨省交流、线上教育质量等方面。

（一）校长课程领导力

在基础教育教师问卷中有 7 个题目表述，分别是：学校领导班子能够根据学校的历史传统和课程资源，建构凸显学校特色的课程体系；学校领导班子能引导全体教师进行拓展性课程、选修性课程的开发；学校领导班子能积极争取上级行政部门及业务部门对学校课程开发工作的支持与帮助；学校领导班子能够与学生家长、社区等校外组织或个人共同开发学校课程；学校领导班子能够根据实际情况合理制订学校课程实施规划，如课程评价方案等；学校领导班子能为教师的课程与教学提供必要的设备与环境；学校领导班子经常听课，并提出一些专业建议。调查统计教师选择"完全符合""比较符合"的比例之和。

教师在校长课程领导力方面的反馈如图 9 - 132 所示。安徽省教师对校长课程领导力 7 个问题持肯定回答的比例平均为 75.68%，比长三角地区整体水平低约 6 个百分点。安徽省 80% 以上教师反馈学校领导班子经常听课并提出专业建议、能为教师的课程教学提供设备与环境，超过 70% 的教师反馈学校领导班子能够建构凸显学校特色的课程体系、引导全体教师开发拓展性课程、积极争取上级部门支持帮助、合理制订学校课程实施规划等，教师对学校领导班子联合校外力量共同开发课程的认可比例（70.49%）最低。可见，安徽省基础教育学校校长（含幼儿园园长）课程领导力有待提高。

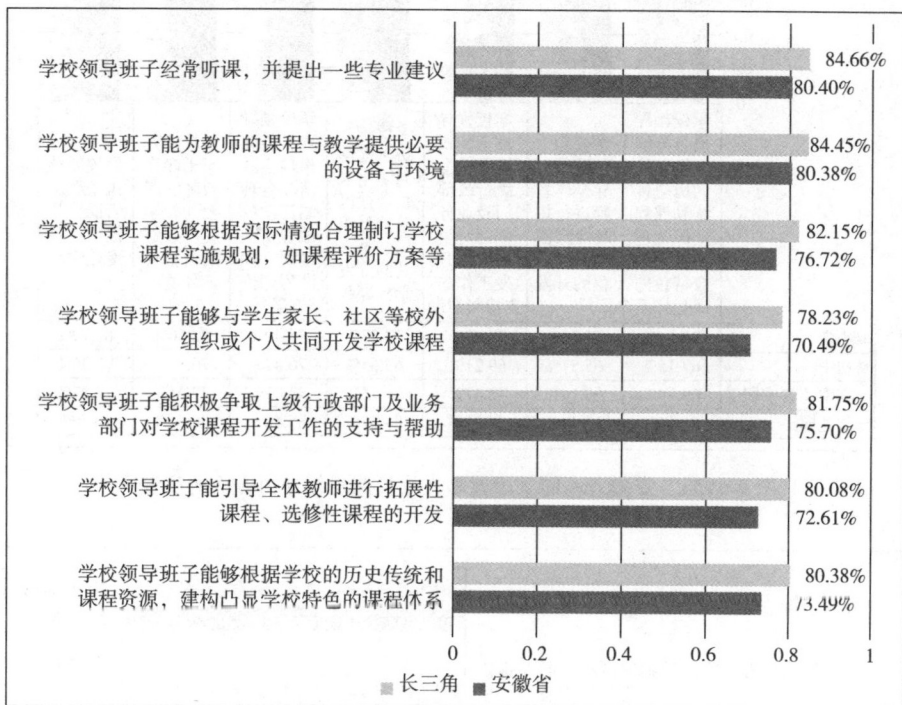

图 9－132　教师在校长课程领导力方面的反馈

安徽省不同学段教师在校长课程领导力方面的反馈如图 9－133 所示。初中教师认可校长课程领导力的比例最低，幼儿园教师认可比例最高，二者对各题目反馈的差异均在 10 个百分点以上。

安徽省不同属性学校教师在校长课程领导力方面的反馈如图 9－134 所示。民办学校教师认可校长课程领导力的比例显著高于公办学校教师。

安徽省不同地理位置教师在校长课程领导力方面的反馈如图 9－135 所示。城市（省城、地级市）、县城教师认可校长课程领导力的比例显著高于乡镇、农村教师。

安徽省不同性别教师在校长课程领导力方面的反馈如图 9－136 所示。女教师认可校长课程领导力的比例高于男教师。

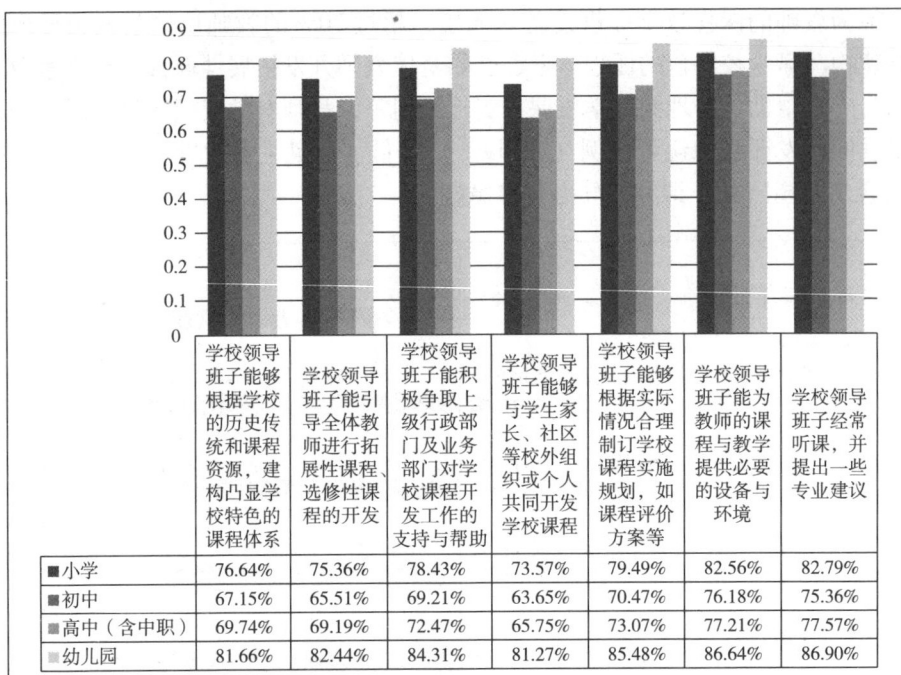

	学校领导班子能够根据学校的历史传统和课程资源，建构凸显学校特色的课程体系	学校领导班子能引导全体教师进行拓展性课程、选修性课程的开发	学校领导班子能积极争取上级行政部门及业务部门对学校课程开发工作的支持与帮助	学校领导班子能够与学生家长、社区等校外组织或个人共同开发学校课程	学校领导班子能够根据实际情况合理制订学校课程实施规划，如课程评价方案等	学校领导班子能为教师的课程与教学提供必要的设备与环境	学校领导班子经常听课，并提出一些专业建议
■小学	76.64%	75.36%	78.43%	73.57%	79.49%	82.56%	82.79%
■初中	67.15%	65.51%	69.21%	63.65%	70.47%	76.18%	75.36%
■高中（含中职）	69.74%	69.19%	72.47%	65.75%	73.07%	77.21%	77.57%
■幼儿园	81.66%	82.44%	84.31%	81.27%	85.48%	86.64%	86.90%

图 9-133　安徽省不同学段教师在校长课程领导力方面的反馈

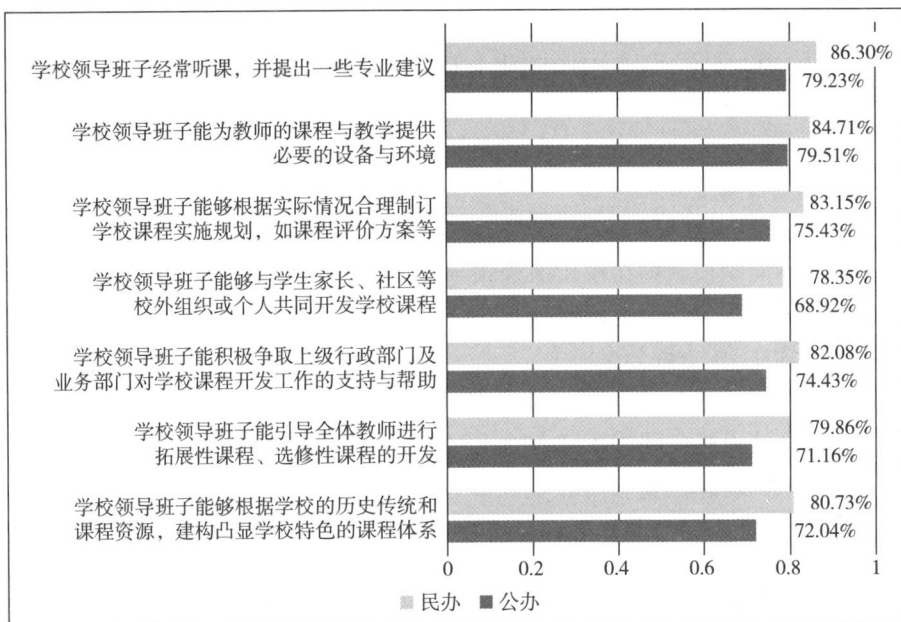

图 9-134　安徽省不同属性学校教师在校长课程领导力方面的反馈

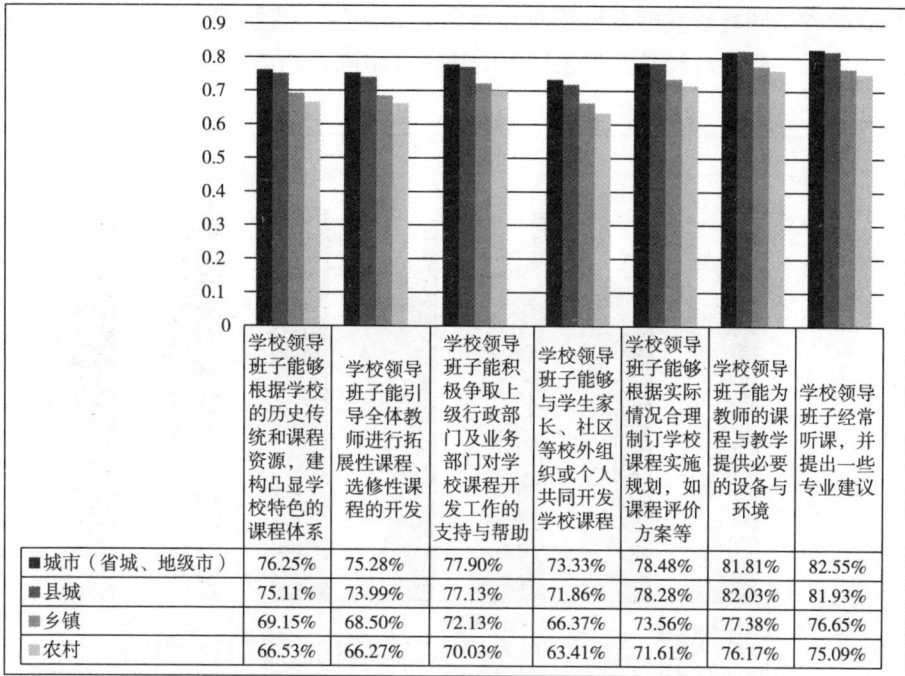

	学校领导班子能够根据学校的历史传统和课程资源，建构凸显学校特色的课程体系	学校领导班子能引导全体教师进行拓展性课程、选修性课程的开发	学校领导班子能积极争取上级行政部门及业务部门对学校课程开发工作的支持与帮助	学校领导班子能够与学生家长、社区等校外组织或个人共同开发学校课程	学校领导班子能够根据实际情况合理制订学校课程实施规划，如课程评价方案等	学校领导班子能为教师的课程与教学提供必要的设备与环境	学校领导班子经常听课，并提出一些专业建议
■城市（省城、地级市）	76.25%	75.28%	77.90%	73.33%	78.48%	81.81%	82.55%
■县城	75.11%	73.99%	77.13%	71.86%	78.28%	82.03%	81.93%
■乡镇	69.15%	68.50%	72.13%	66.37%	73.56%	77.38%	76.65%
□农村	66.53%	66.27%	70.03%	63.41%	71.61%	76.17%	75.09%

图 9 - 135　安徽省不同地理位置教师在校长课程领导力方面的反馈

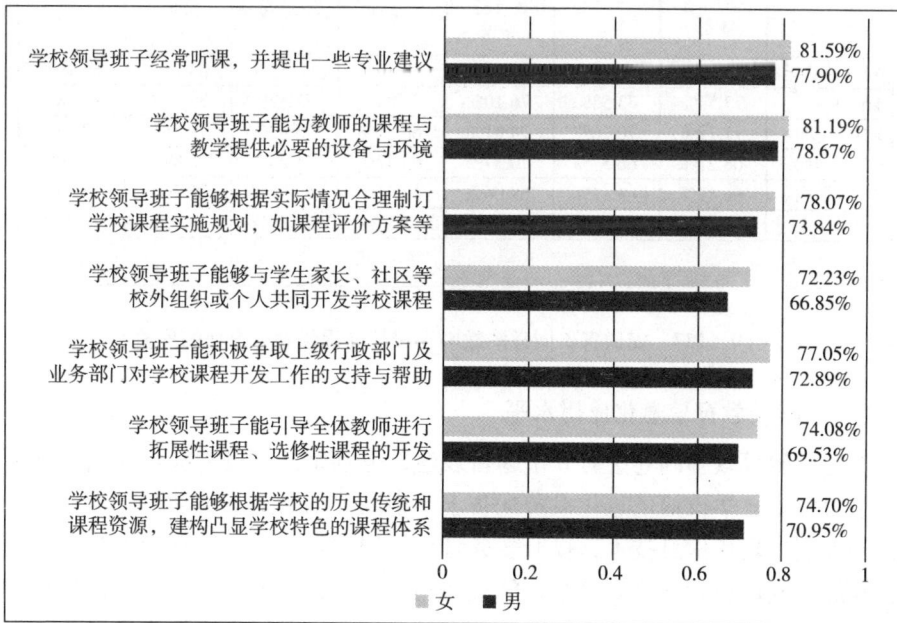

图 9 - 136　安徽省不同性别教师在校长课程领导力方面的反馈

安徽省不同教龄教师在校长课程领导力方面的反馈如图 9 - 137 所示。随着教龄的增长，教师对校长课程领导力的认可度呈降低趋势。

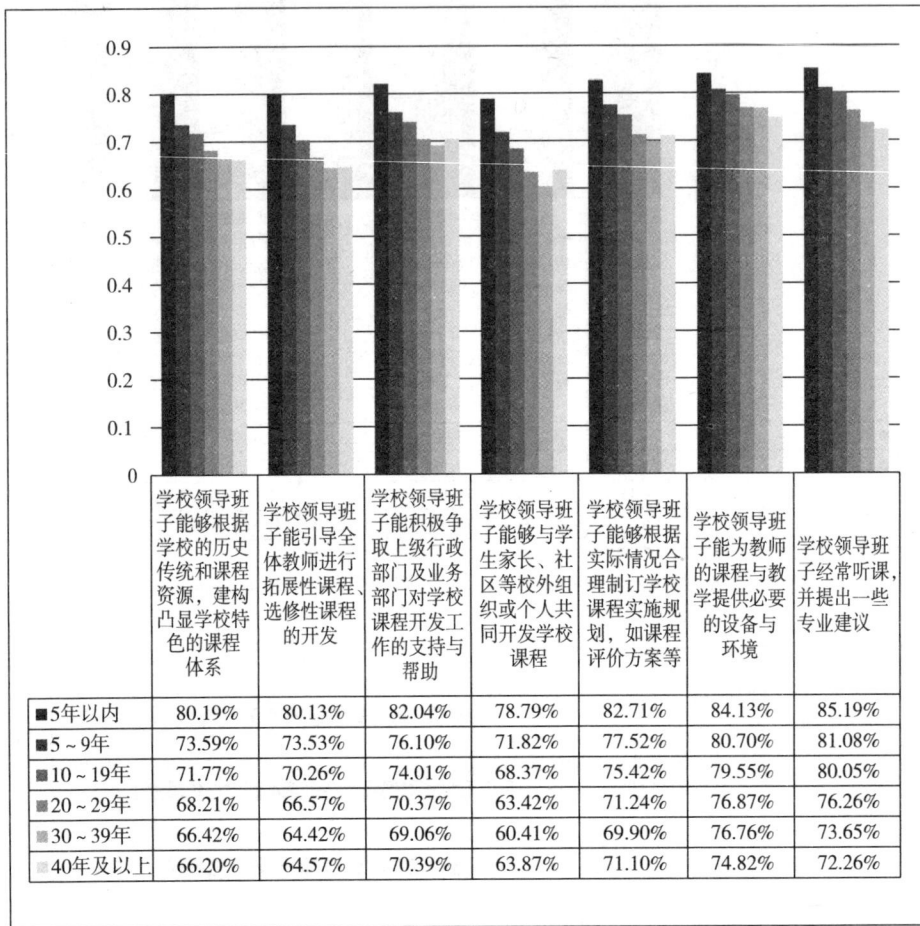

	学校领导班子能够根据学校的历史传统和课程资源，建构凸显学校特色的课程体系	学校领导班子能引导全体教师进行拓展性课程、选修性课程的开发	学校领导班子能积极争取上级行政部门及业务部门对学校课程开发工作的支持与帮助	学校领导班子能够与学生家长、社区等校外组织或个人共同开发学校课程	学校领导班子能够根据实际情况合理制订学校课程实施规划，如课程评价方案等	学校领导班子为教师的课程与教学提供必要的设备与环境	学校领导班子经常听课，并提出一些专业建议
■5年以内	80.19%	80.13%	82.04%	78.79%	82.71%	84.13%	85.19%
■5～9年	73.59%	73.53%	76.10%	71.82%	77.52%	80.70%	81.08%
■10～19年	71.77%	70.26%	74.01%	68.37%	75.42%	79.55%	80.05%
■20～29年	68.21%	66.57%	70.37%	63.42%	71.24%	76.87%	76.26%
■30～39年	66.42%	64.42%	69.06%	60.41%	69.90%	76.76%	73.65%
□40年及以上	66.20%	64.57%	70.39%	63.87%	71.10%	74.82%	72.26%

图 9 - 137 安徽省不同教龄教师在校长课程领导力方面的反馈

（二）学校教育信息化应用水平

在基础教育教师问卷中有 8 个题目表述，分别是：学校能提供便利、丰富的数字学习资源；学校的信息化设备配备水平很高，如网速、移动终端等；学校能够很好地利用现代信息技术，提升教务管理、课程管理、后勤管理等日常管理效能；我经常利用教师网络研修平台等查阅相关资料；我能够主动运用信息技术优化课堂教学；我能通过多种途径获取数字教育资源；我能利用技术工具收集学生学习过程和结果信息；我能独立解决信息技术应用过程中出现的常见问题（如系统死机、出现 bug 等）。调查统计教师选择"完全符合""比较符合"的比例之和。

1. 八成教师认可学校信息化资源环境和管理信息化水平

教师在学校信息化水平方面的反馈如图 9 - 138 所示。安徽省教师对学校信息化资源环境和管理信息化持肯定评价的比例为 80% 左右，低于长三角地区整体水平。

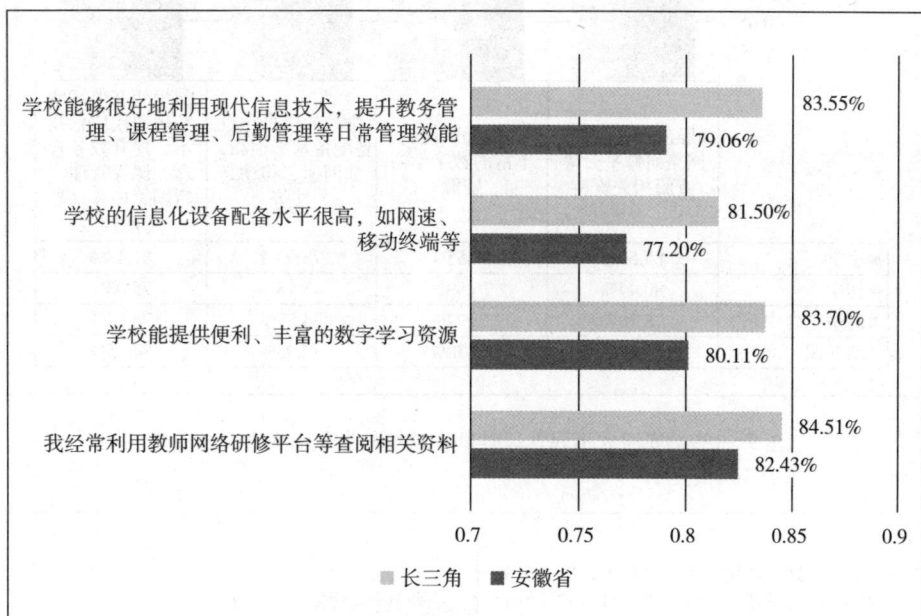

图 9 - 138　教师在学校信息化水平方面的反馈

安徽省不同学段教师在学校信息化水平方面的反馈如图 9 - 139 所示。小学、幼儿园教师对学校信息化资源环境和管理信息化持肯定评价的比例明显高于初中、高中教师。

安徽省不同属性学校教师在学校信息化水平方面的反馈如图 9 - 140 所示。民办学校教师对学校信息化资源环境和管理信息化持肯定评价的比例高于公办学校教师。

安徽省不同地理位置教师在学校信息化水平方面的反馈如图 9 - 141 所示。县城、城市（省城、地级市）教师对学校信息化资源环境和管理信息化持肯定评价的比例明显高于乡镇、农村教师。

	我经常利用教师网络研修平台等查阅相关资料	学校能提供便利、丰富的数字学习资源	学校的信息化设备配备水平很高，如网速、移动终端等	学校能够很好地利用现代信息技术，提升教务管理、课程管理、后勤管理等日常管理效能
■ 小学	85.60%	82.55%	78.93%	81.18%
■ 初中	80.44%	76.59%	73.18%	75.03%
□ 高中（含中职）	78.70%	76.97%	74.89%	76.51%
▨ 幼儿园	83.63%	84.70%	82.93%	84.25%

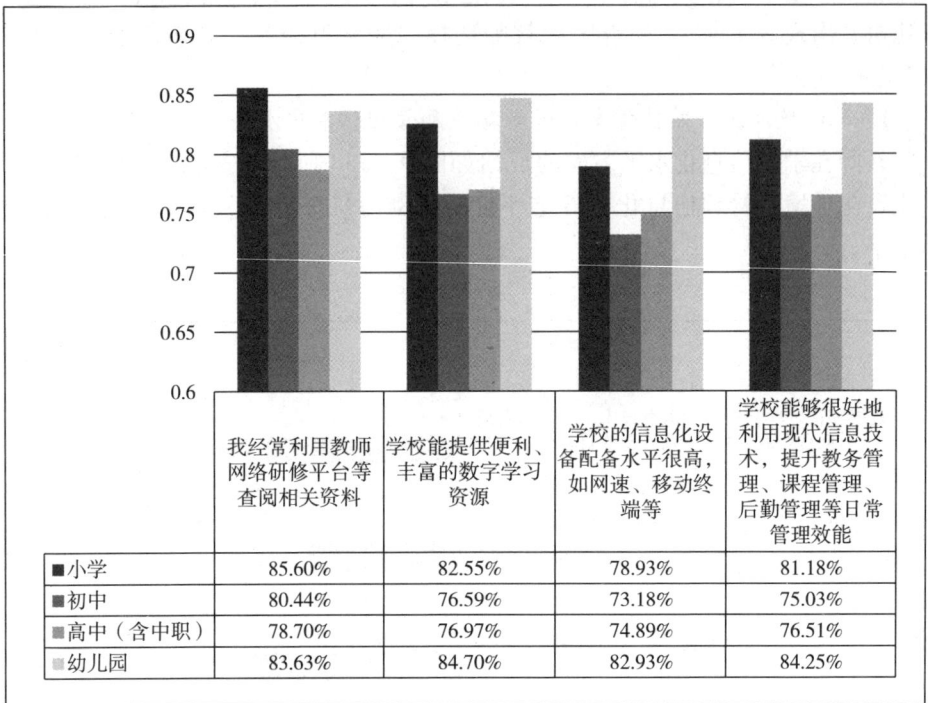

图 9-139 安徽省不同学段教师在学校信息化水平方面的反馈

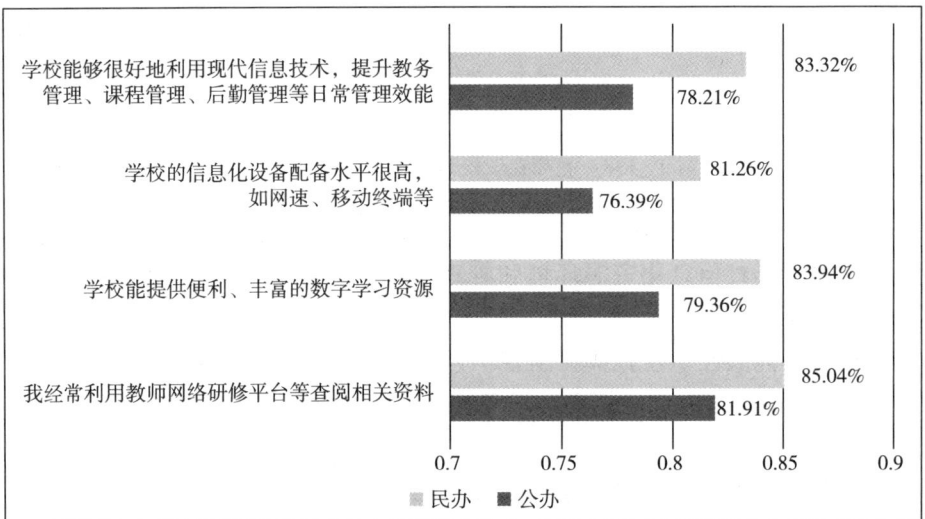

图 9-140 安徽省不同属性学校教师在学校信息化水平方面的反馈

	我经常利用教师网络研修平台等查阅相关资料	学校能提供便利、丰富的数字学习资源	学校的信息化设备配备水平很高，如网速、移动终端等	学校能够很好地利用现代信息技术，提升教务管理、课程管理、后勤管理等日常管理效能
■城市（省城、地级市）	82.53%	80.96%	78.65%	80.85%
■县城	84.25%	82.11%	80.03%	81.31%
■乡镇	81.38%	77.68%	73.49%	75.27%
▨农村	79.15%	76.30%	71.20%	73.44%

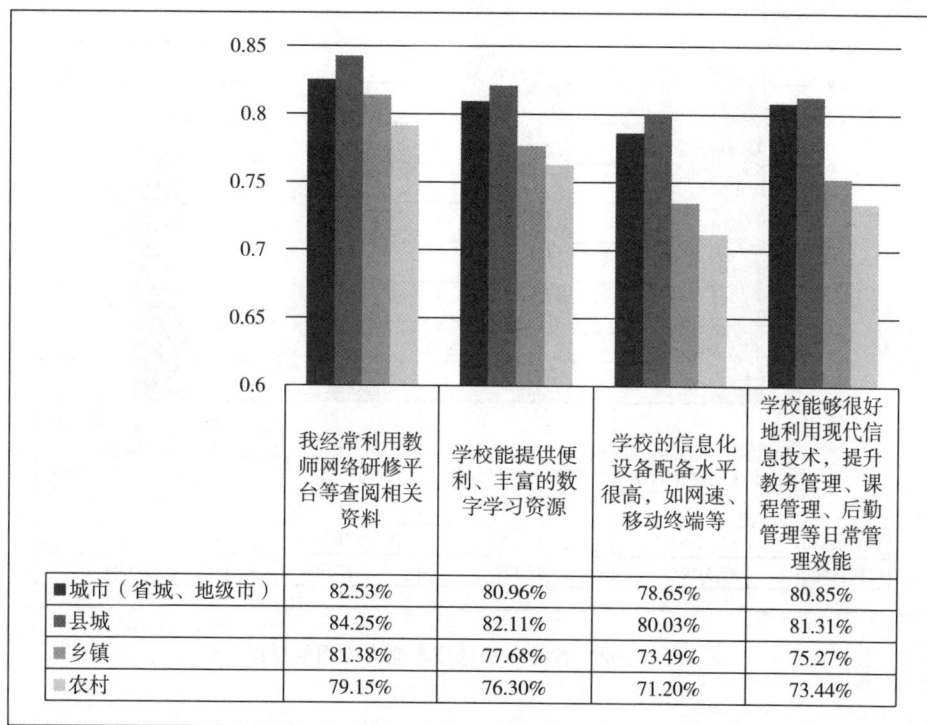

图 9 - 141　安徽省不同地理位置教师在学校信息化水平方面的反馈

2. 大部分教师反馈能够在工作中运用信息技术

教师在信息技术能力方面的反馈如图 9 - 142 所示。安徽省教师对自己各方面信息技术能力持肯定评价的比例处在65.44%~84.51%之间；均低于长三角地区整体水平。安徽省教师对主动运用信息技术优化教学、能通过多种途径获取数字教育资源方面的认同比例较高，在能独立解决信息技术常见问题方面的认同比例最低。

安徽省不同学段教师在信息技术能力方面的反馈如图 9 - 143 所示。小学、幼儿园教师对自己信息技术能力持肯定评价的比例高于初中、高中教师。

安徽省不同属性学校教师在信息技术能力方面的反馈如图 9 - 144 所示。民办学校教师对自己信息技术能力持肯定评价的比例高于公办学校教师。二者在能独立解决信息技术常见问题方面的差异达到 9 个百分点。

安徽省不同地理位置教师在信息技术能力方面的反馈如图 9 - 145 所示。县城、城市（省城、地级市）教师对自己信息技术能力持肯定评价的比例明显高于乡镇、农村教师。

	我能够主动运用信息技术优化课堂教学	我能通过多种途径获取数字教育资源	我能利用技术工具收集学生学习过程和结果信息	我能独立解决信息技术应用过程中出现的常见问题（如系统死机、出现bug等）
■安徽省	84.51%	84.18%	78.76%	65.44%
■长三角	87.31%	87.17%	83.39%	72.33%

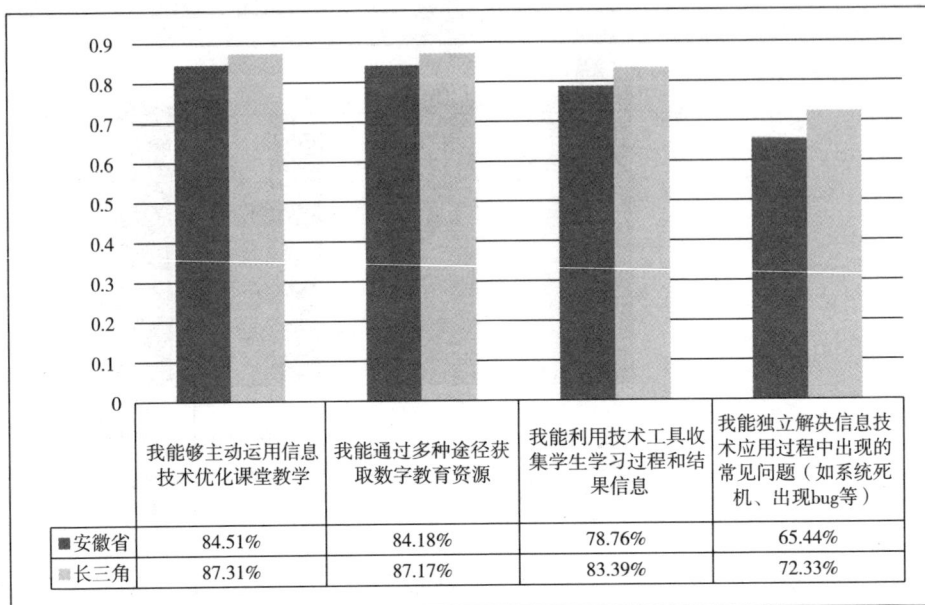

图 9-142　教师在信息技术能力方面的反馈

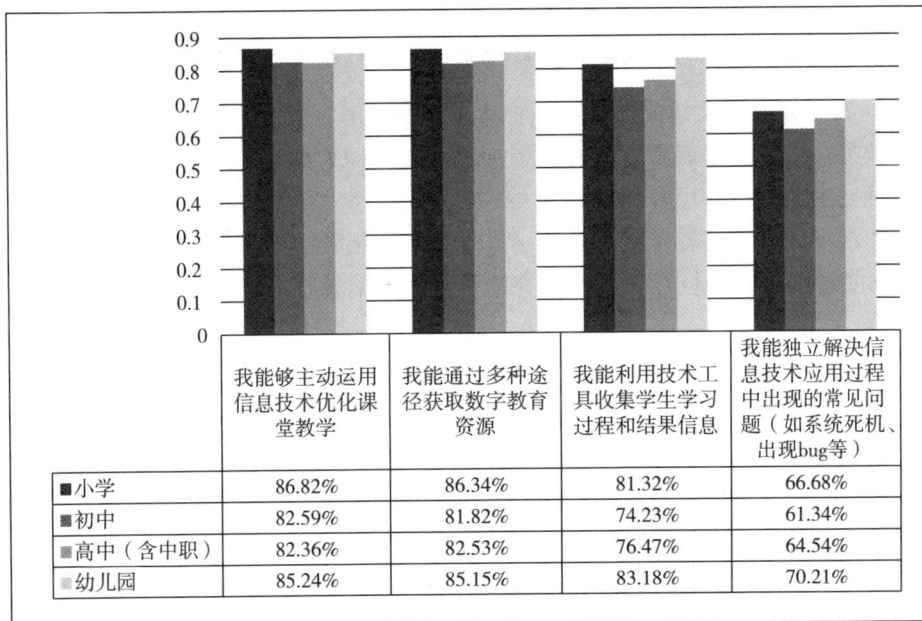

	我能够主动运用信息技术优化课堂教学	我能通过多种途径获取数字教育资源	我能利用技术工具收集学生学习过程和结果信息	我能独立解决信息技术应用过程中出现的常见问题（如系统死机、出现bug等）
■小学	86.82%	86.34%	81.32%	66.68%
■初中	82.59%	81.82%	74.23%	61.34%
■高中（含中职）	82.36%	82.53%	76.47%	64.54%
■幼儿园	85.24%	85.15%	83.18%	70.21%

图 9-143　安徽省不同学段教师在信息技术能力方面的反馈

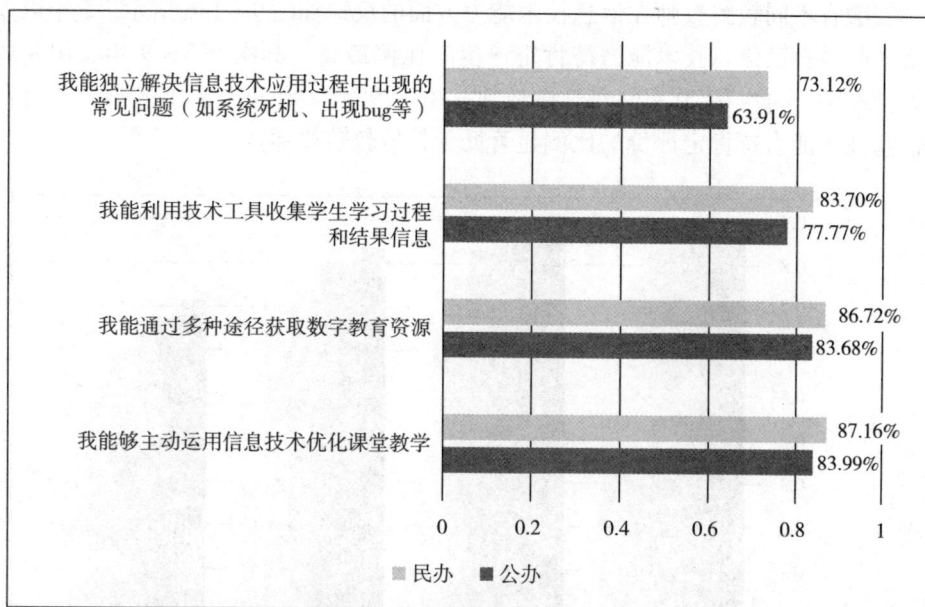

图9-144 安徽省不同属性学校教师在信息技术能力方面的反馈

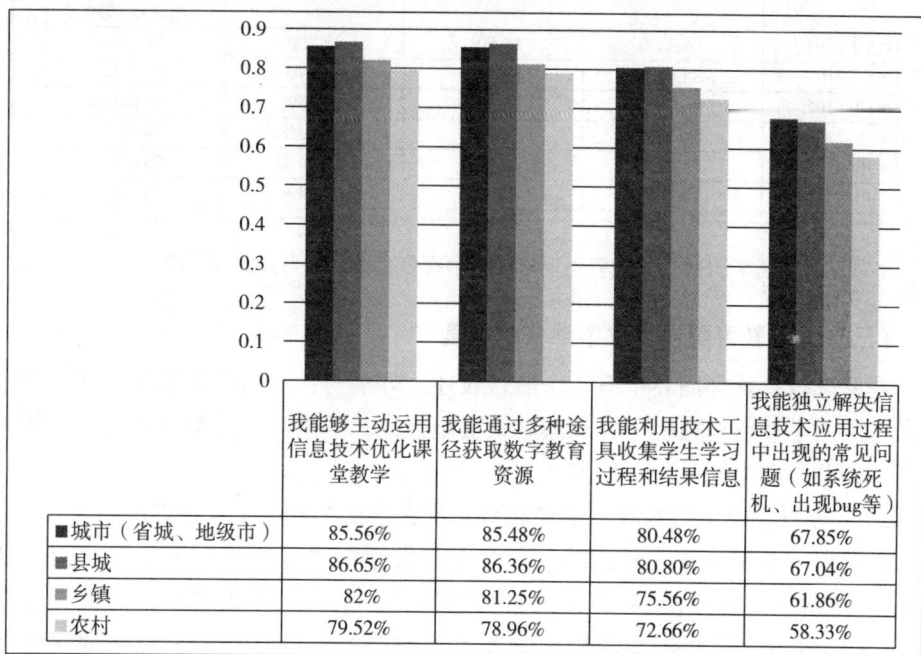

	我能够主动运用信息技术优化课堂教学	我能通过多种途径获取数字教育资源	我能利用技术工具收集学生学习过程和结果信息	我能独立解决信息技术应用过程中出现的常见问题（如系统死机、出现bug等）
■城市（省城、地级市）	85.56%	85.48%	80.48%	67.85%
■县城	86.65%	86.36%	80.80%	67.04%
■乡镇	82%	81.25%	75.56%	61.86%
▦农村	79.52%	78.96%	72.66%	58.33%

图9-145 安徽省不同地理位置教师在信息技术能力方面的反馈

安徽省不同教龄教师在信息技术能力方面的反馈如图9－146所示。5年以内教龄教师对自己信息技术能力持肯定评价的比例最高，其次是5～9年、10～19年教龄教师，再次是20～29年教龄教师，30～39年、40年及以上教龄教师对自己信息技术能力持肯定评价的比例显著低于其他教龄教师。

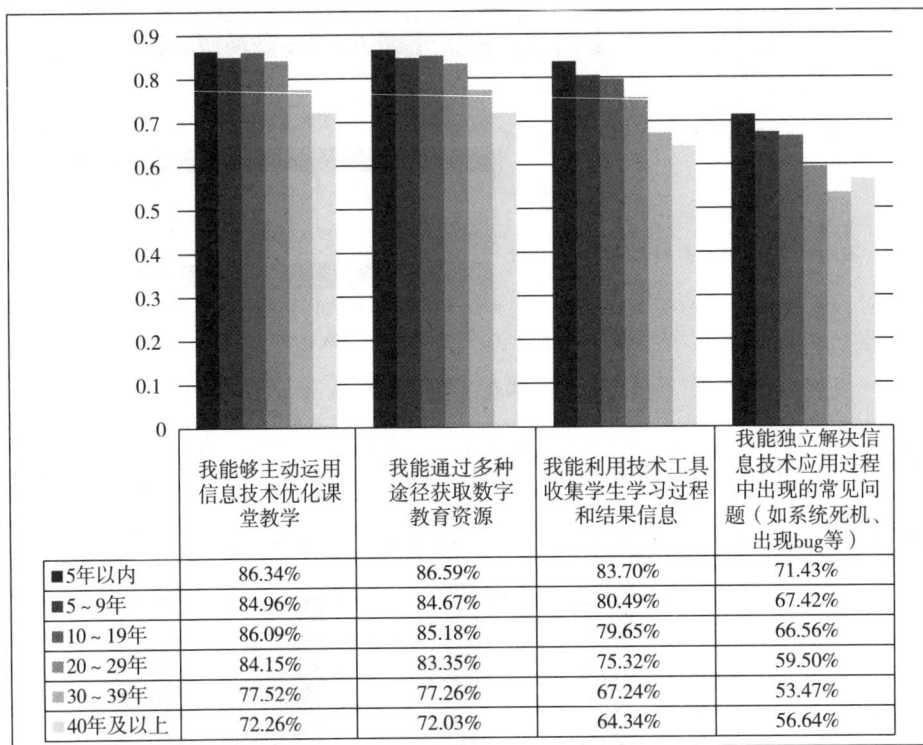

	我能够主动运用信息技术优化课堂教学	我能通过多种途径获取数字教育资源	我能利用技术工具收集学生学习过程和结果信息	我能独立解决信息技术应用过程中出现的常见问题（如系统死机、出现bug等）
■5年以内	86.34%	86.59%	83.70%	71.43%
■5～9年	84.96%	84.67%	80.49%	67.42%
■10～19年	86.09%	85.18%	79.65%	66.56%
■20～29年	84.15%	83.35%	75.32%	59.50%
■30～39年	77.52%	77.26%	67.24%	53.47%
■40年及以上	72.26%	72.03%	64.34%	56.64%

图9－146　安徽省不同教龄教师在信息技术能力方面的反馈

（三）义务教育阶段学生学业负担程度

在基础教育教师问卷中有2个题目表述，分别为：双减政策实施以来，学生在学校里的学业负担减轻了；双减政策实施以来，学生的学科类校外培训负担减轻了。幼儿园和中职教师不作答。

1. 大部分教师认同双减政策实施后学生在学校里的学业负担有所减轻

教师对"双减政策实施以来，学生在学校里的学业负担减轻了"的反馈如图9－147所示。安徽省18.23%的教师选择"一般""不太符合""完全不符合"，安徽省教师认同学生学校内学业负担减轻的比例略高于长三角地区整体水平。

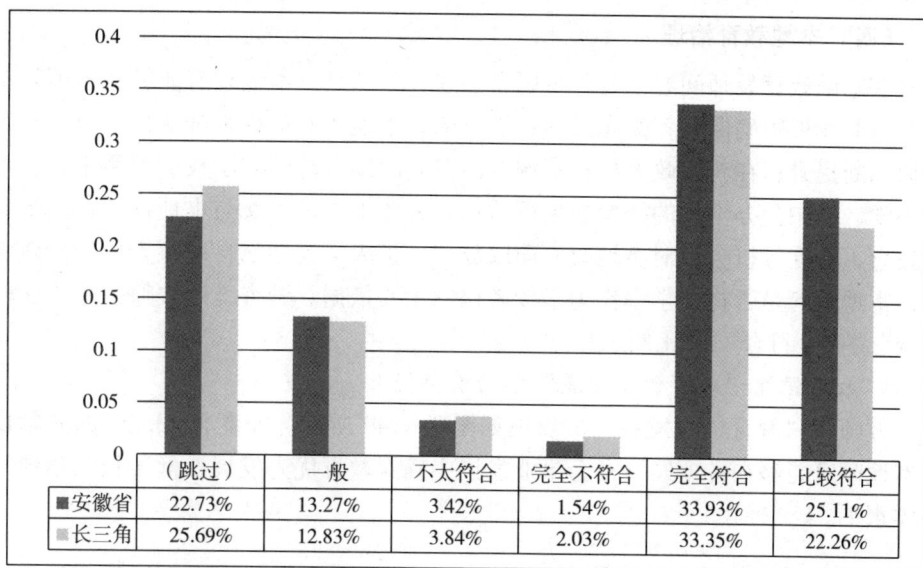

	（跳过）	一般	不太符合	完全不符合	完全符合	比较符合
■安徽省	22.73%	13.27%	3.42%	1.54%	33.93%	25.11%
■长三角	25.69%	12.83%	3.84%	2.03%	33.35%	22.26%

图9-147 教师对"双减政策实施以来，学生在学校里的学业负担减轻了"的反馈

2. 大部分教师反馈双减政策实施后学生学科类校外培训负担有所减轻

教师对"双减政策实施以来，学生的学科类校外培训负担减轻了"的反馈如图9-148所示。安徽省21.57%的教师选择"一般""不太符合""完全不符合"，安徽省教师认同学生学科类校外培训负担减轻的比例高于长三角地区整体水平。

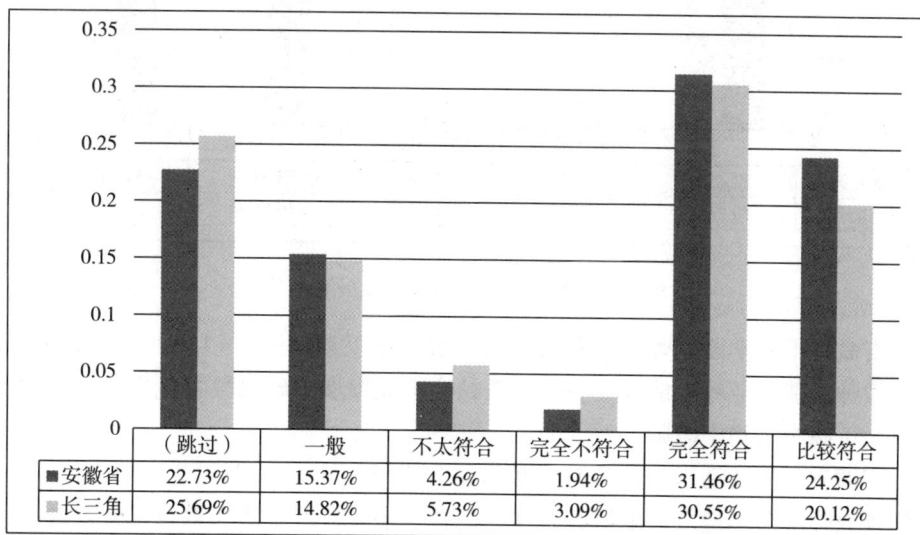

	（跳过）	一般	不太符合	完全不符合	完全符合	比较符合
■安徽省	22.73%	15.37%	4.26%	1.94%	31.46%	24.25%
■长三角	25.69%	14.82%	5.73%	3.09%	30.55%	20.12%

图9-148 教师对"双减政策实施以来，学生的学科类校外培训负担减轻了"的反馈

（四）本地教育治理

在基础教育教师问卷中有 7 个题目表述，分别是：本地政府能够在各项经济社会事业发展中确保教育优先发展；近年来，本地政府重视教师队伍建设，教师待遇不断提升；在获得政府配置资源方面，我的学校与同类学校的差距不大；本地小学、初中公办学校的择校现象严重；外来务工人员子女与本地孩子在接受义务教育上有同等机会；对本地政府简政放权、扩大学校办学自主权方面的成效满意；本地政府是否将升学率作为学校考核的主要依据。调查统计教师选择"比较符合""完全符合"的比例之和。

1. 政府保障"教育优先发展"能力有待提升

教师对"教育优先发展"的反馈如图 9－149 所示。安徽省 73.3% 的教师反馈本地政府能够在各项经济社会事业发展中确保教育优先发展，低于长三角地区整体水平。

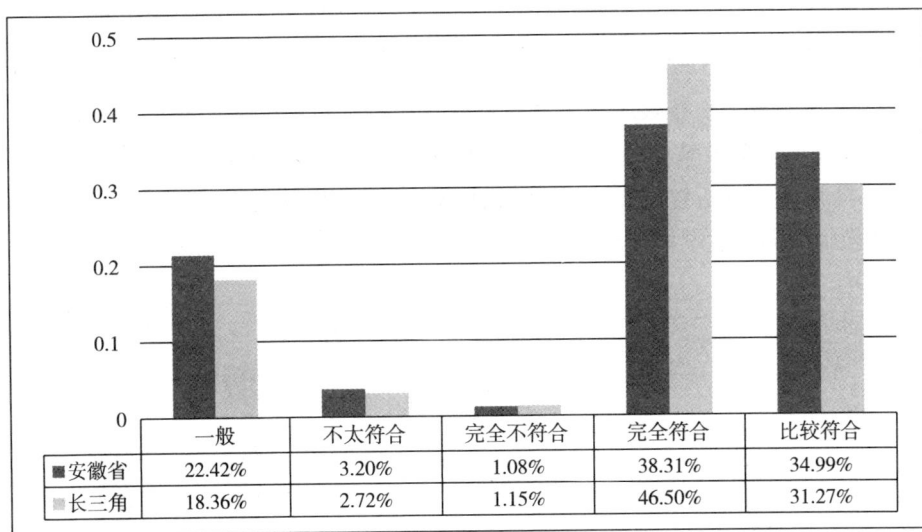

	一般	不太符合	完全不符合	完全符合	比较符合
安徽省	22.42%	3.20%	1.08%	38.31%	34.99%
长三角	18.36%	2.72%	1.15%	46.50%	31.27%

图 9－149　教师对"教育优先发展"的反馈

安徽省不同学段教师对"教育优先发展"的反馈如图 9－150 所示。幼儿园、小学教师反馈本地政府能够在各项经济社会事业发展中确保教育优先发展的比例显著高于高中、初中教师。

安徽省不同属性学校教师对"教育优先发展"的反馈如图 9－151 所示。民办学校教师反馈本地政府能够在各项经济社会事业发展中确保教育优先发展的比例高于公办学校教师。

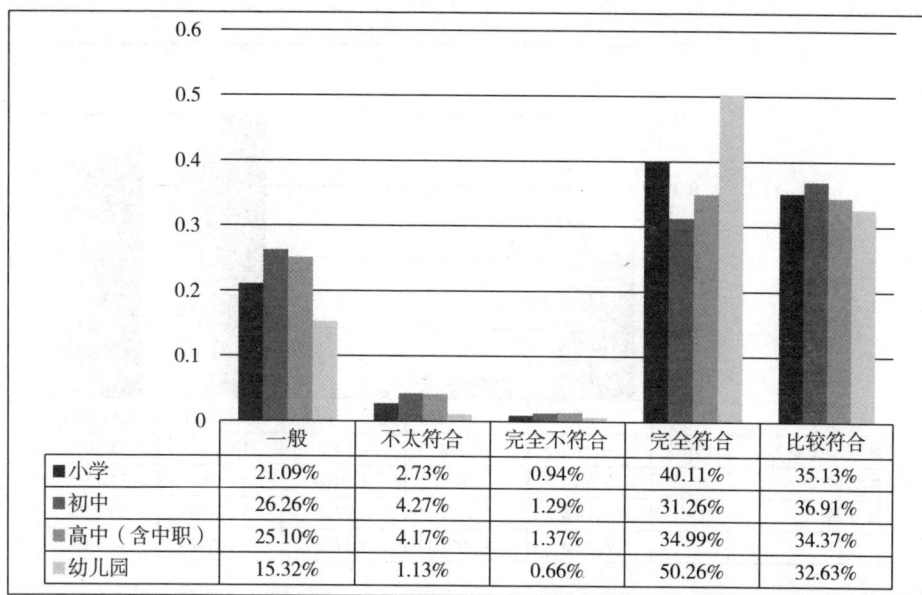

	一般	不太符合	完全不符合	完全符合	比较符合
■ 小学	21.09%	2.73%	0.94%	40.11%	35.13%
■ 初中	26.26%	4.27%	1.29%	31.26%	36.91%
■ 高中（含中职）	25.10%	4.17%	1.37%	34.99%	34.37%
■ 幼儿园	15.32%	1.13%	0.66%	50.26%	32.63%

图 9 - 150　安徽省不同学段教师对"教育优先发展"的反馈

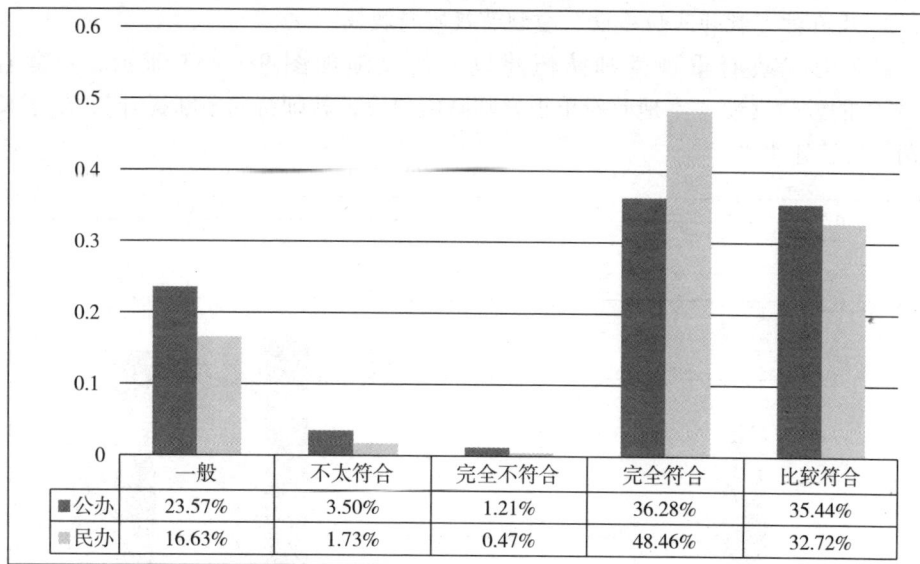

	一般	不太符合	完全不符合	完全符合	比较符合
■ 公办	23.57%	3.50%	1.21%	36.28%	35.44%
■ 民办	16.63%	1.73%	0.47%	48.46%	32.72%

图 9 - 151　安徽省不同属性学校教师对"教育优先发展"的反馈

安徽省不同地理位置教师对"教育优先发展"的反馈如图 9 - 152 所示。县城、城市（省城、地级市）教师反馈本地政府能够在各项经济社会事业发展中确保教育优先发展的比例高于乡镇、农村教师。

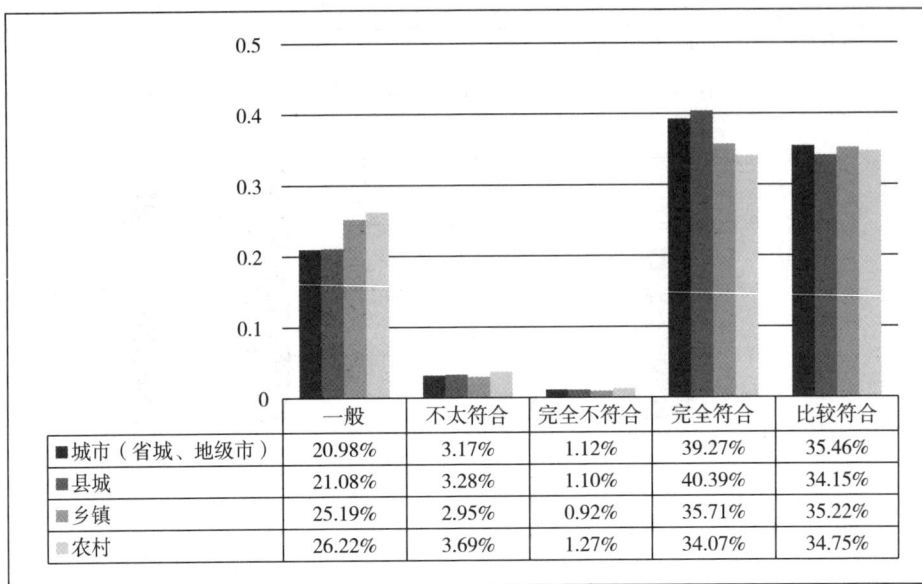

	一般	不太符合	完全不符合	完全符合	比较符合
■ 城市（省城、地级市）	20.98%	3.17%	1.12%	39.27%	35.46%
■ 县城	21.08%	3.28%	1.10%	40.39%	34.15%
□ 乡镇	25.19%	2.95%	0.92%	35.71%	35.22%
□ 农村	26.22%	3.69%	1.27%	34.07%	34.75%

图 9-152　安徽省不同地理位置教师对"教育优先发展"的反馈

2. 政府对"教师队伍建设"重视程度有待提高

教师对"政府重视教师队伍建设"的反馈如图 9-153 所示。安徽省 69.35% 的教师反馈"本地政府重视教师队伍建设，教师待遇不断提升"，低于长三角地区整体水平。

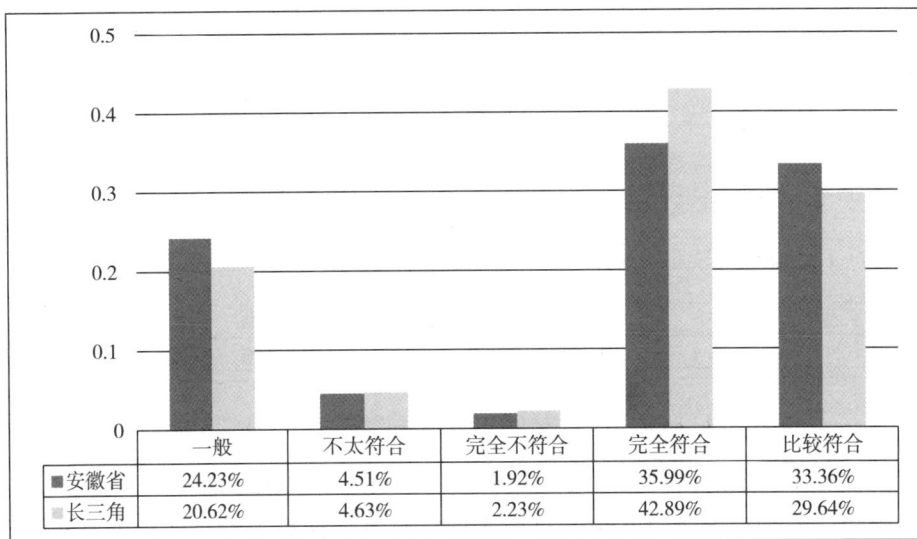

	一般	不太符合	完全不符合	完全符合	比较符合
■ 安徽省	24.23%	4.51%	1.92%	35.99%	33.36%
□ 长三角	20.62%	4.63%	2.23%	42.89%	29.64%

图 9-153　教师对"政府重视教师队伍建设"的反馈

安徽省不同学段教师对"政府重视教师队伍建设"的反馈如图 9 - 154 所示。幼儿园、小学教师反馈本地政府重视教师队伍发展、教师待遇不断提升的比例显著高于高中、初中教师。

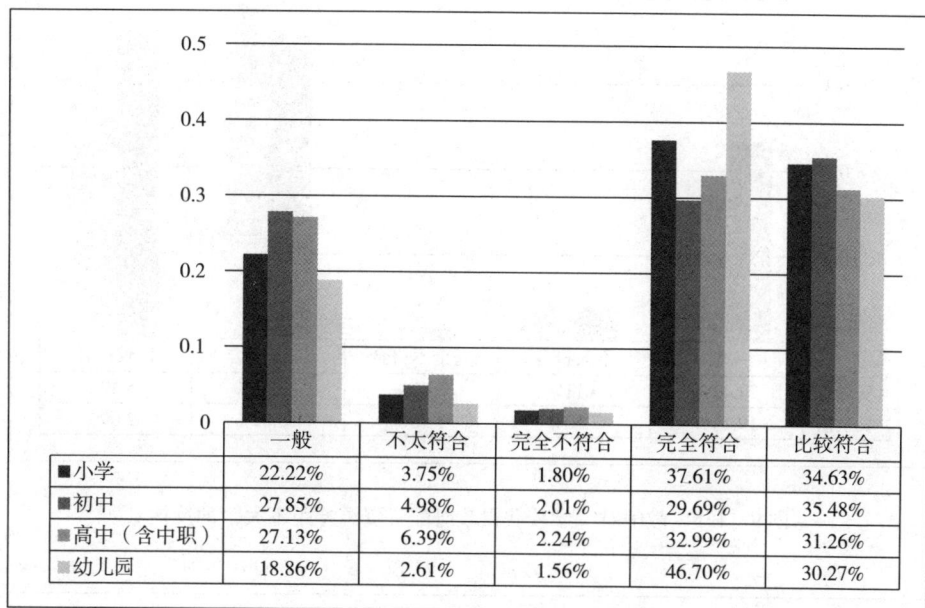

	一般	不太符合	完全不符合	完全符合	比较符合
■小学	22.22%	3.75%	1.80%	37.61%	34.63%
■初中	27.85%	4.98%	2.01%	29.69%	35.48%
■高中（含中职）	27.13%	6.39%	2.24%	32.99%	31.26%
■幼儿园	18.86%	2.61%	1.56%	46.70%	30.27%

图 9 - 154　安徽省不同学段教师对"政府重视教师队伍建设"的反馈

3. 政府均衡教育资源配置能力有待增强

教师对"学校获得政府配置资源差距不大"的反馈如图 9 - 155 所示。安徽省 71% 的教师反馈所在学校在获得政府配置资源方面差距不大，低于长三角地区整体水平。

安徽省不同学段教师对"学校获得政府配置资源差距不大"的反馈如图 9 - 156所示。幼儿园、小学教师反馈所在学校获得政府配置资源差距不大的比例显著高于初中、高中教师。

安徽省不同地理位置教师对"学校获得政府配置资源差距不大"的反馈如图 9 - 157 所示。县城、城市（省城、地级市）教师反馈所在学校获得政府配置资源差距不大的比例高于乡镇、农村教师。

4. 一半以上教师认为义务教育择校现象严重

教师对"本地义务教育公办学校的择校现象严重"的反馈如图 9 - 158 所示。安徽省 52.01% 的教师反馈本地小学、初中公办学校的择校现象严重，与长三角地区整体情况基本一致。

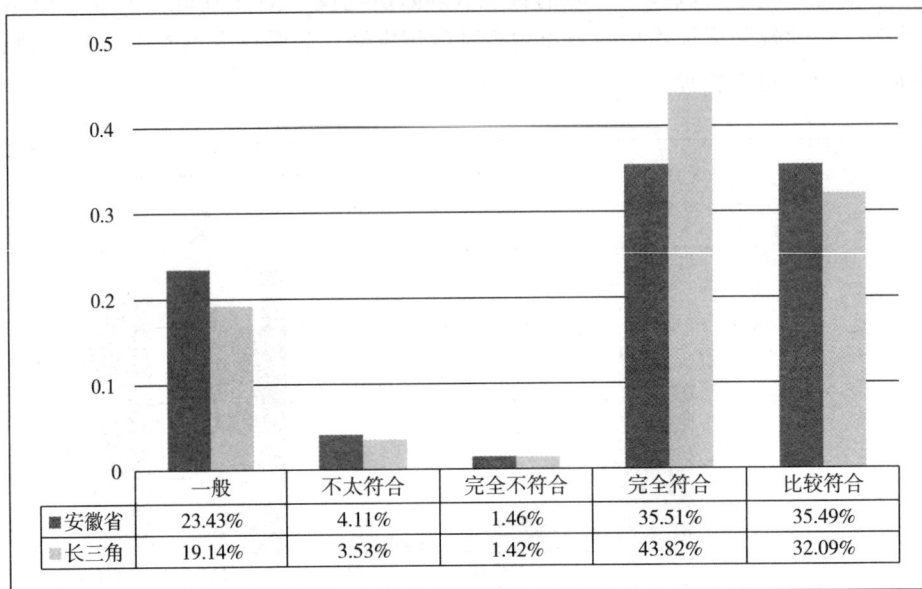

	一般	不太符合	完全不符合	完全符合	比较符合
■安徽省	23.43%	4.11%	1.46%	35.51%	35.49%
■长三角	19.14%	3.53%	1.42%	43.82%	32.09%

图 9-155 教师对"学校获得政府配置资源差距不大"的反馈

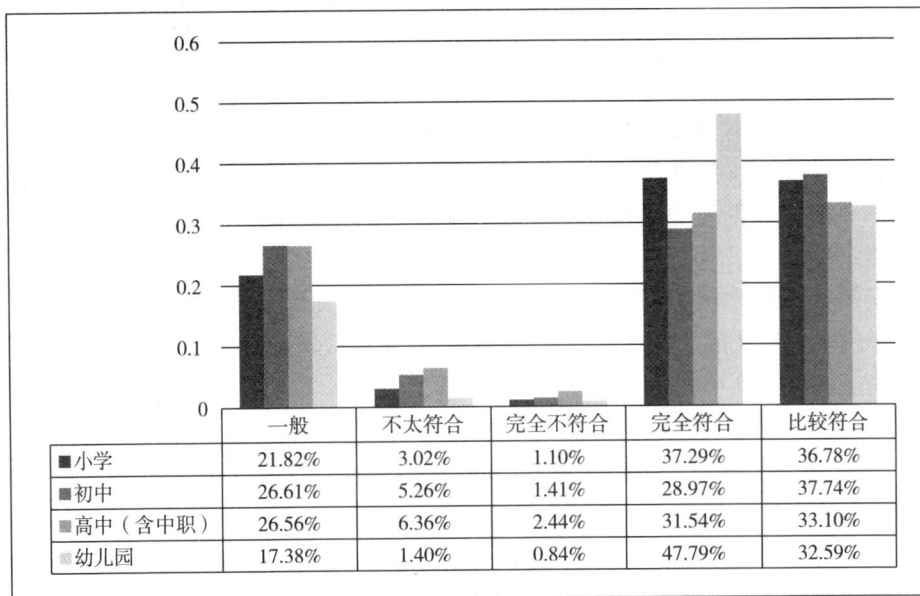

	一般	不太符合	完全不符合	完全符合	比较符合
■小学	21.82%	3.02%	1.10%	37.29%	36.78%
■初中	26.61%	5.26%	1.41%	28.97%	37.74%
■高中（含中职）	26.56%	6.36%	2.44%	31.54%	33.10%
■幼儿园	17.38%	1.40%	0.84%	47.79%	32.59%

图 9-156 安徽省不同学段教师对"学校获得政府配置资源差距不大"的反馈

	一般	不太符合	完全不符合	完全符合	比较符合
■城市（省城、地级市）	21.96%	4.52%	1.73%	35.98%	35.81%
■县城	21.40%	3.65%	1.20%	38.77%	34.98%
■乡镇	26.39%	3.65%	1.08%	32.59%	36.29%
■农村	28.95%	4.69%	1.86%	30.87%	33.63%

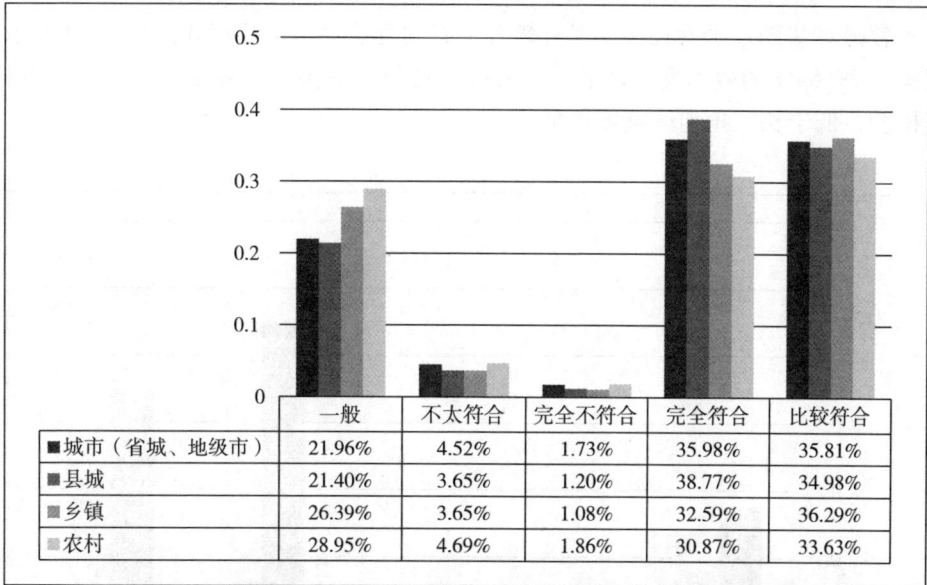

图 9-157　安徽省不同地理位置教师对"学校获得政府配置资源差距不大"的反馈

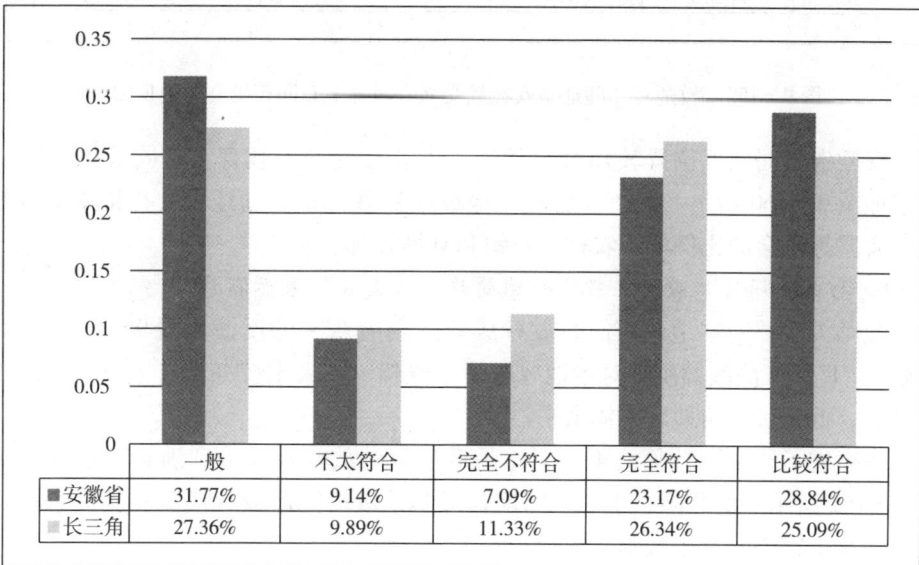

	一般	不太符合	完全不符合	完全符合	比较符合
■安徽省	31.77%	9.14%	7.09%	23.17%	28.84%
■长三角	27.36%	9.89%	11.33%	26.34%	25.09%

图 9-158　教师对"本地义务教育公办学校的择校现象严重"的反馈

5. 近八成教师反映随迁子女在义务教育阶段享有同等入学机会

教师对"随迁子女在接受义务教育上有同等机会"的反馈如图 9‑159 所示。安徽省 79.64% 的教师反馈外来务工人员子女与本地孩子在接受义务教育上有同等机会，低于长三角地区整体水平。

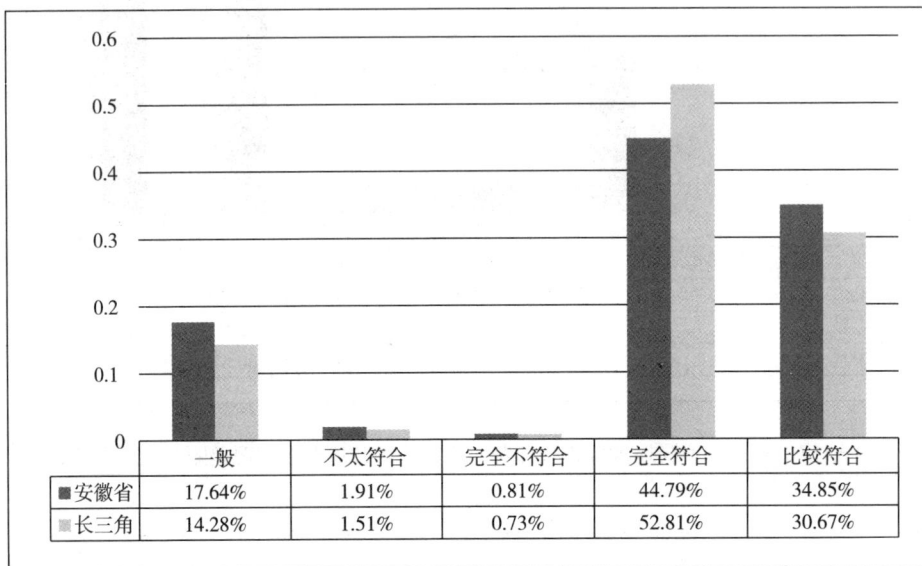

	一般	不太符合	完全不符合	完全符合	比较符合
安徽省	17.64%	1.91%	0.81%	44.79%	34.85%
长三角	14.28%	1.51%	0.73%	52.81%	30.67%

图 9‑159　教师对"随迁子女在接受义务教育上有同等机会"的反馈

安徽省不同地理位置教师对"随迁子女在接受义务教育上有同等机会"的反馈如图 9‑160 所示。城市（省城、地级市）教师认为随迁子女在接受义务教育上有同等机会的比例低于农村、乡镇和县城教师。

6. 七成教师对"政府在教育领域简政放权成效"表示满意

教师关于"对本地政府简政放权成效感到满意"的反馈如图 9‑161 所示。安徽省 71.53% 的教师反馈对本地政府简政放权、扩大学校办学自主权方面的成效满意，低于长三角地区整体水平。

安徽省不同学段教师关于"对本地政府简政放权成效感到满意"的反馈如图 9‑162 所示。幼儿园、小学教师反馈对本地政府简政放权成效感到满意的比例显著高于初中、高中教师。

安徽省不同地理位置教师关于"对本地政府简政放权成效感到满意"的反馈如图 9‑163 所示。农村教师反馈对本地政府简政放权成效感到满意的比例不到 70%，低于乡镇、城市（省城、地级市）和县城教师。

	一般	不太符合	完全不符合	完全符合	比较符合
■ 城市（省城、地级市）	18.89%	2.43%	0.97%	41.78%	35.94%
■ 县城	16.80%	1.91%	0.80%	45.71%	34.77%
■ 乡镇	16.46%	1.13%	0.46%	47.92%	34.02%
■ 农村	17.19%	1.40%	0.93%	48.40%	32.08%

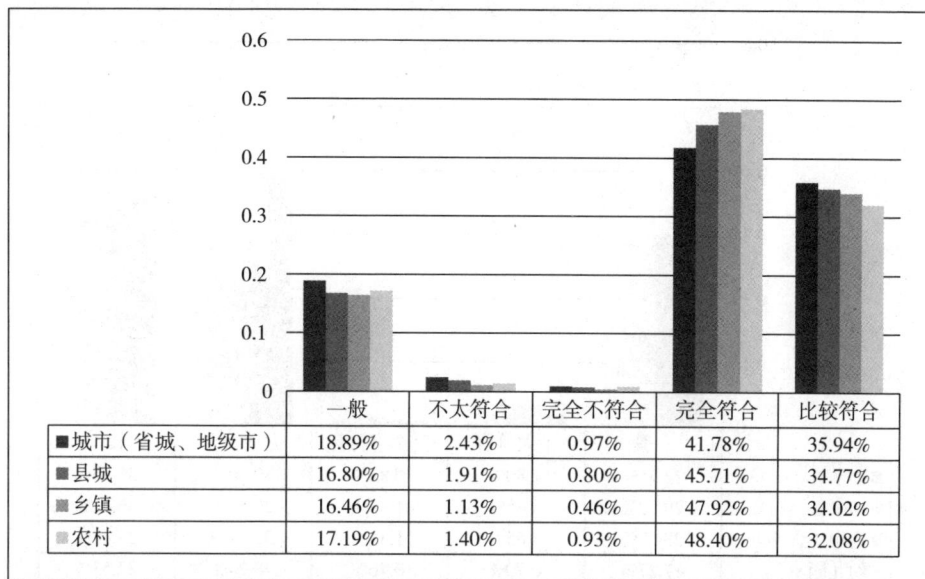

图9-160 安徽省不同地理位置教师对"随迁子女在接受义务教育上有同等机会"的反馈

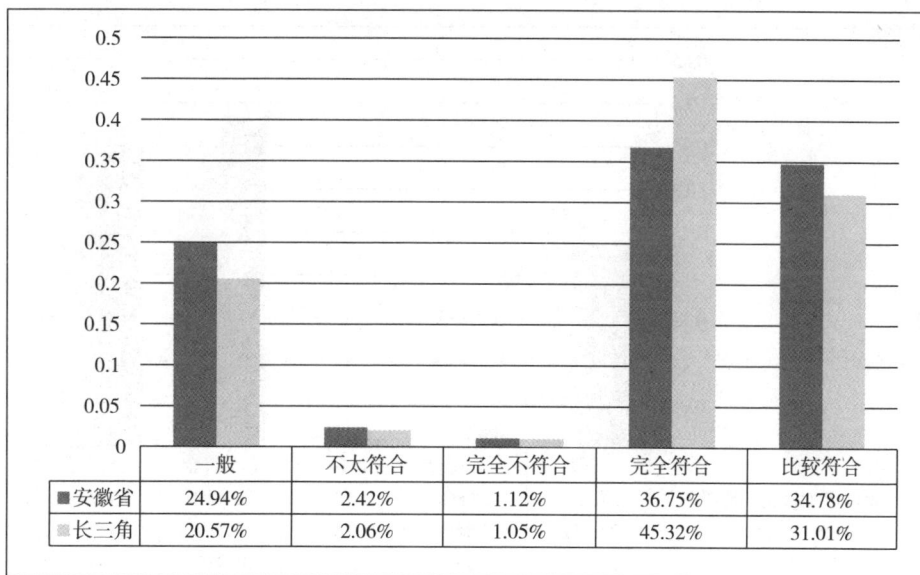

	一般	不太符合	完全不符合	完全符合	比较符合
■ 安徽省	24.94%	2.42%	1.12%	36.75%	34.78%
■ 长三角	20.57%	2.06%	1.05%	45.32%	31.01%

图9-161 教师关于"对本地政府简政放权成效感到满意"的反馈

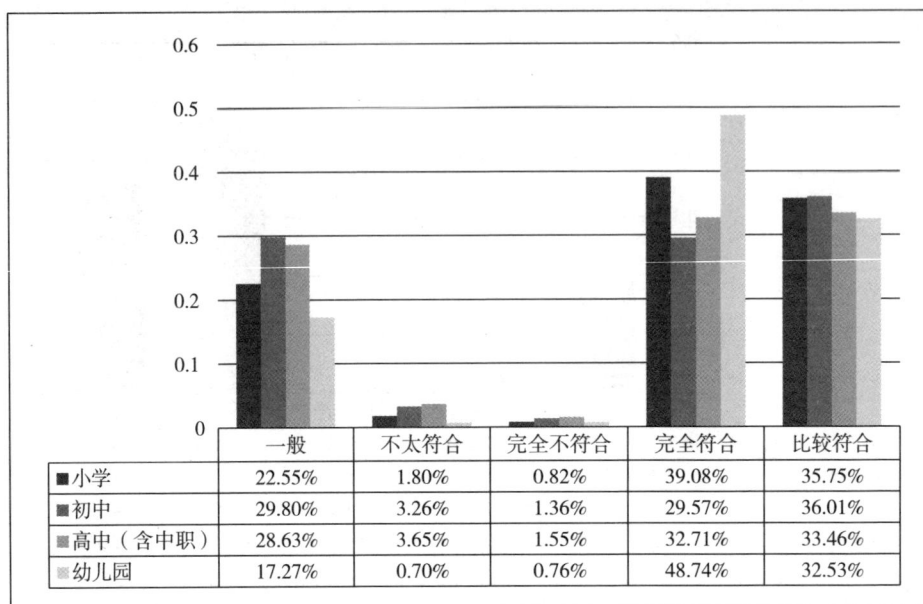

	一般	不太符合	完全不符合	完全符合	比较符合
■小学	22.55%	1.80%	0.82%	39.08%	35.75%
■初中	29.80%	3.26%	1.36%	29.57%	36.01%
■高中（含中职）	28.63%	3.65%	1.55%	32.71%	33.46%
■幼儿园	17.27%	0.70%	0.76%	48.74%	32.53%

图 9-162　安徽省不同学段教师关于"对本地政府简政放权成效感到满意"的反馈

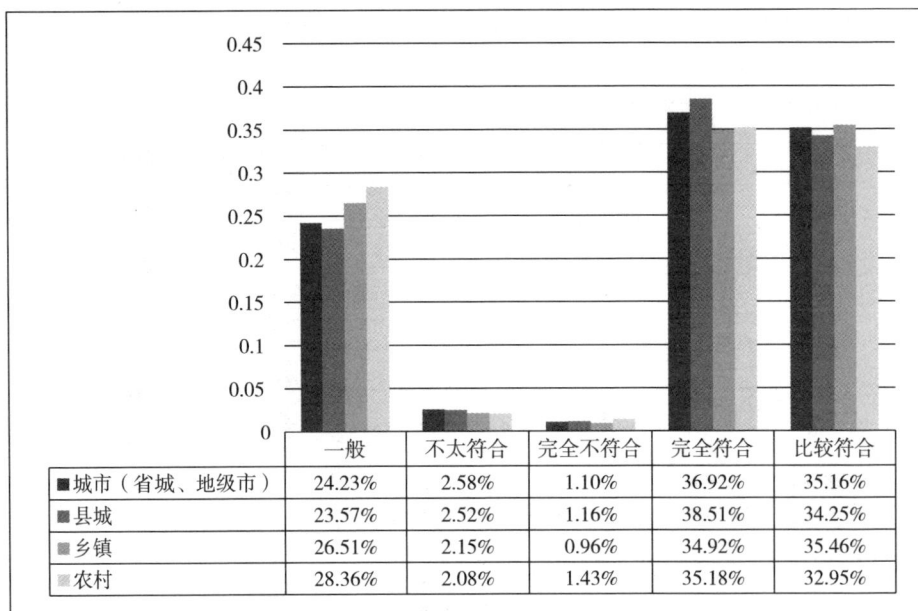

	一般	不太符合	完全不符合	完全符合	比较符合
■城市（省城、地级市）	24.23%	2.58%	1.10%	36.92%	35.16%
■县城	23.57%	2.52%	1.16%	38.51%	34.25%
■乡镇	26.51%	2.15%	0.96%	34.92%	35.46%
■农村	28.36%	2.08%	1.43%	35.18%	32.95%

图 9-163　安徽省不同地理位置教师关于"对本地政府简政放权成效感到满意"的反馈

7. 升学率导向纠正仍需加大力度

教师对"本地政府是否将升学率作为学校考核的主要依据"的反馈如图 9–164所示。安徽省 28.79% 的教师持肯定回答，安徽省升学率导向纠正情况优于长三角地区整体水平。本题幼儿园和中职教师不作答。

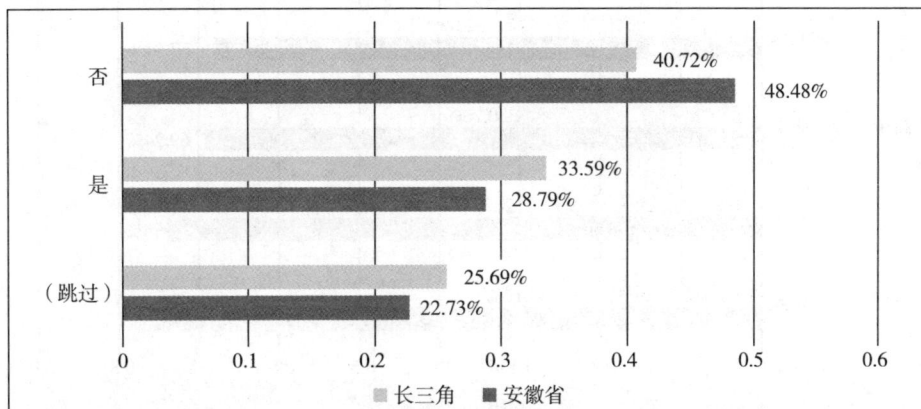

图 9–164　教师对"本地政府是否将升学率作为学校考核的主要依据"的反馈

（五）家长学校建设

在基础教育教师问卷中有 3 个题目表述，分别是：您所在学校是否建立了家长学校，您学校的家长是否积极参加家长学校组织的线上线下课程和活动；家长学校在家校沟通方面起到积极作用。

1. 近三成学校未建立家长学校

教师对"所在学校建立了家长学校"的反馈如图 9–165 所示。安徽省72.63% 的教师反馈所在学校建立了家长学校，低于长三角地区整体水平。

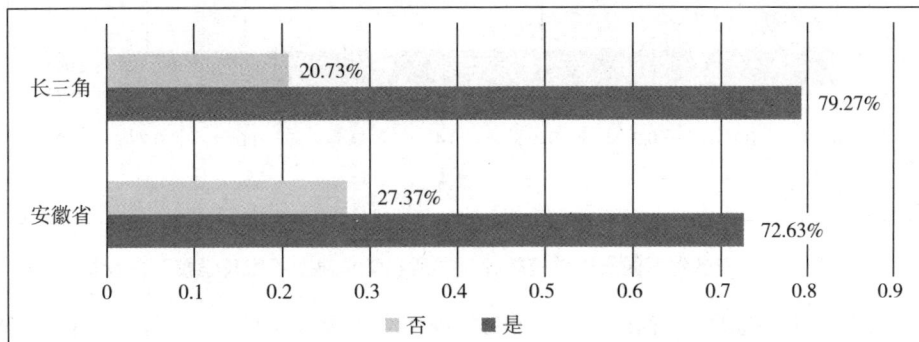

图 9–165　教师对"所在学校建立了家长学校"的反馈

安徽省不同学段教师对"所在学校建立了家长学校"的反馈如图9-166所示。小学、初中教师反馈所在学校建立了家长学校的比例显著高于高中、幼儿园教师。

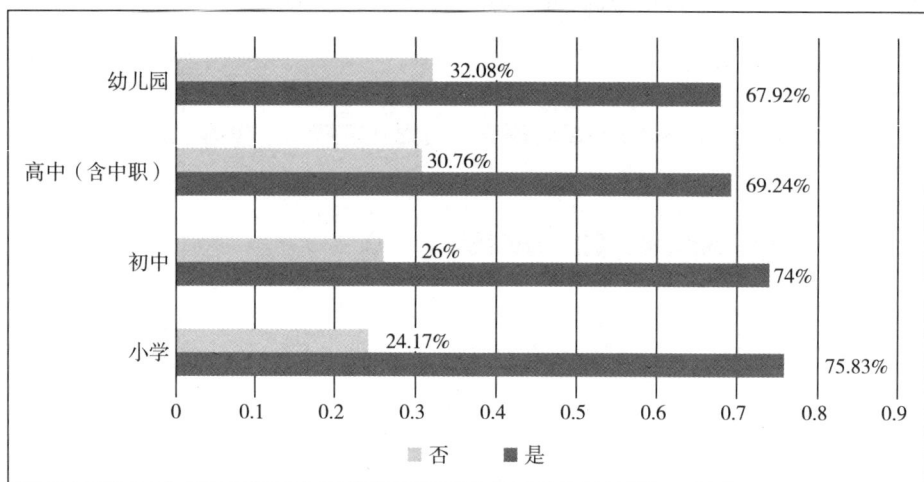

图9-166 安徽省不同学段教师对"所在学校建立了家长学校"的反馈

安徽省不同属性学校教师对"所在学校建立了家长学校"的反馈如图9-167所示。公办学校教师反馈所在学校建立了家长学校的比例高于民办学校教师。

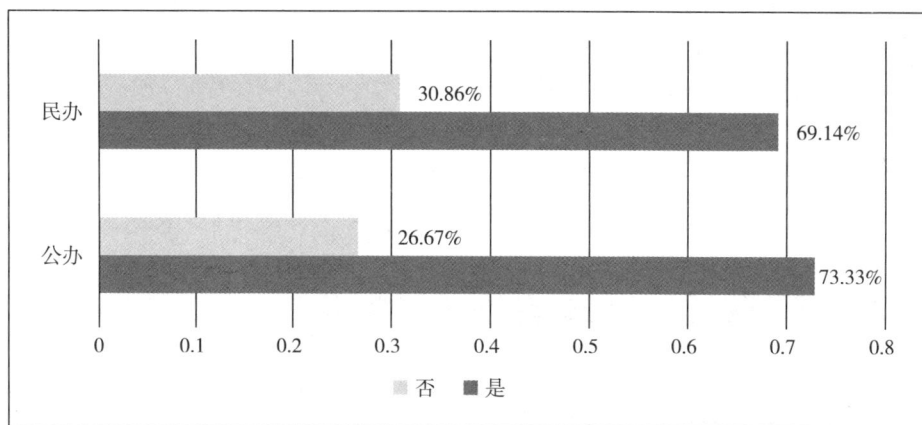

图9-167 安徽省不同属性学校教师对"所在学校建立了家长学校"的反馈

安徽省不同地理位置教师对"所在学校建立了家长学校"的反馈如图9-168所示。县城、城市（省城、地级市）教师反馈所在学校建立了家长学校的比例显著高于乡镇和农村教师。

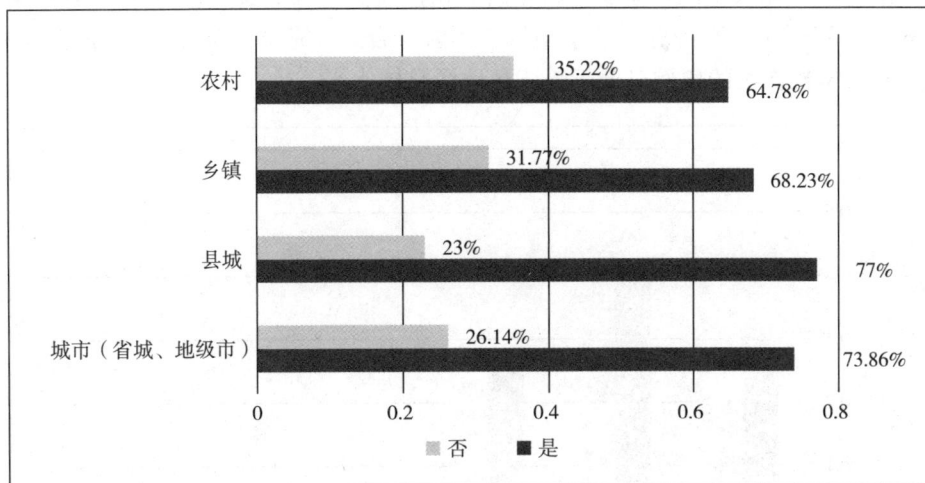

图 9-168 安徽省不同地理位置教师对"所在学校建立了家长学校"的反馈

2. 家长参与家长学校课程和活动的积极性高

教师对"家长积极参加家长学校组织的课程和活动"的反馈如图 9-169 所示。安徽省仅 3.4% 的教师反馈家长不积极参加家长学校组织的课程和活动,与长三角地区整体情况基本一致。反馈所在学校未建立家长学校的教师不作答。

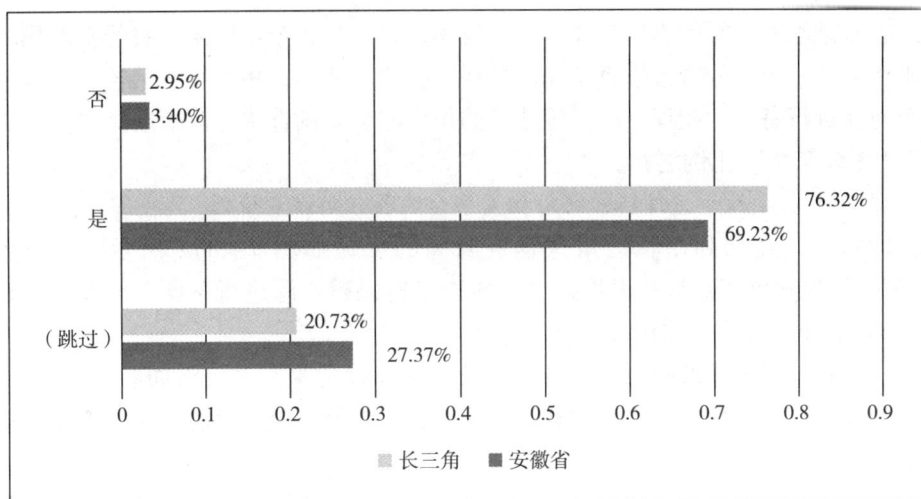

图 9-169 教师对"家长积极参加家长学校组织的课程和活动"的反馈

3. 家长学校较好发挥了家校沟通作用

家长对"家长学校在家校沟通方面起到积极作用"的反馈如图9－170所示。安徽省仅7.86%的教师选择"一般""不太符合""完全不符合",安徽省教师认可家长学校作用的比例略低于长三角地区整体水平。

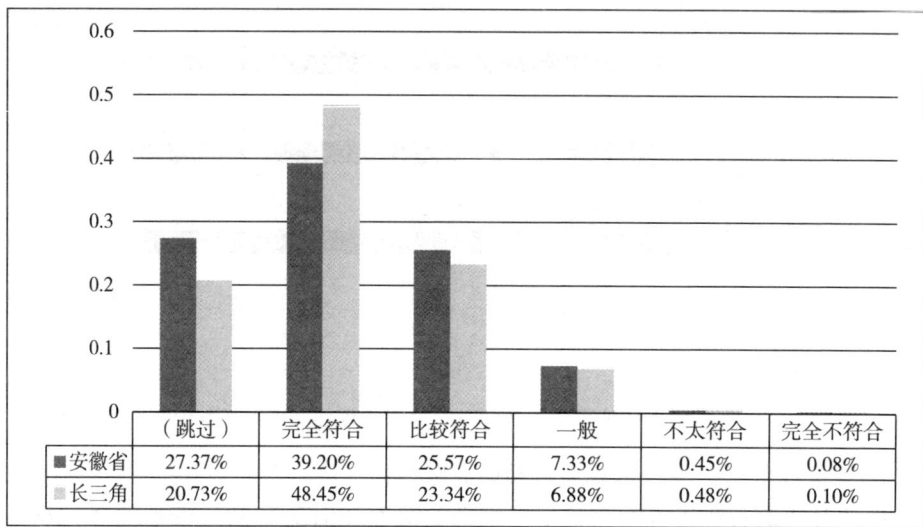

	（跳过）	完全符合	比较符合	一般	不太符合	完全不符合
安徽省	27.37%	39.20%	25.57%	7.33%	0.45%	0.08%
长三角	20.73%	48.45%	23.34%	6.88%	0.48%	0.10%

图9－170　家长对"家长学校在家校沟通方面起到积极作用"的反馈

（六）中小学优质课程资源共享覆盖率

在基础教育教师问卷中有2个题目表述,分别是:今年以来,我经常利用相关平台的长三角课程资源进行备课、授课、教研等活动;相关平台的长三角课程资源对我进行备课、授课、教研等活动的作用明显。调查统计教师选择"完全符合""比较符合"比例之和。

1. 一半以上教师反馈经常利用相关平台的长三角课程资源

教师对"经常利用长三角课程资源"的反馈如图9－171所示。安徽省53.37%的教师反馈经常利用相关平台的长三角课程资源进行备课、授课、教研等活动,略低于长三角地区整体水平。

安徽省不同学段教师对"经常利用长三角课程资源"的反馈如图9－172所示。幼儿园、小学教师反馈经常利用相关平台长三角课程资源的比例显著高于初中、高中教师。

安徽省不同属性学校教师对"经常利用长三角课程资源"的反馈如图9－173所示。民办学校教师反馈经常利用相关平台长三角课程资源的比例显著高于公办学校教师。

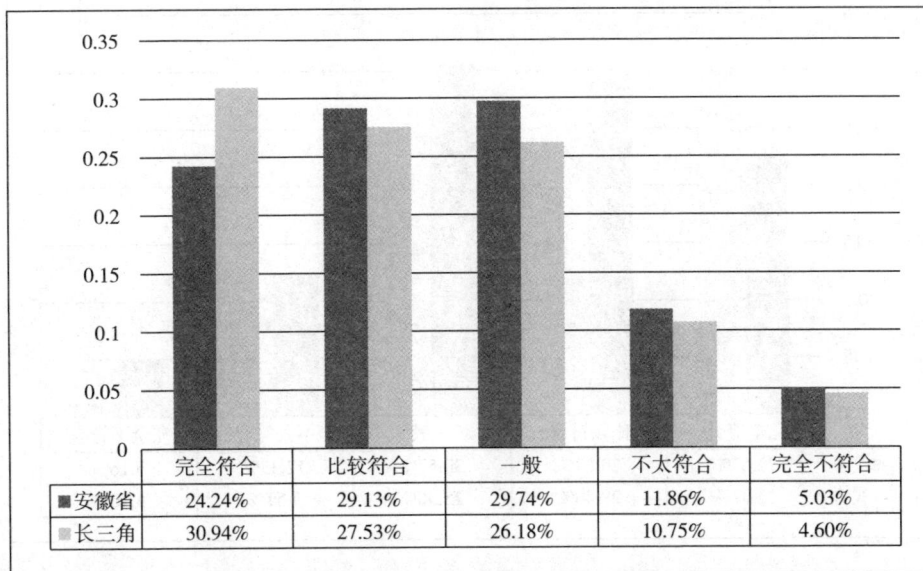

	完全符合	比较符合	一般	不太符合	完全不符合
■安徽省	24.24%	29.13%	29.74%	11.86%	5.03%
■长三角	30.94%	27.53%	26.18%	10.75%	4.60%

图9-171　教师对"经常利用长三角课程资源"的反馈

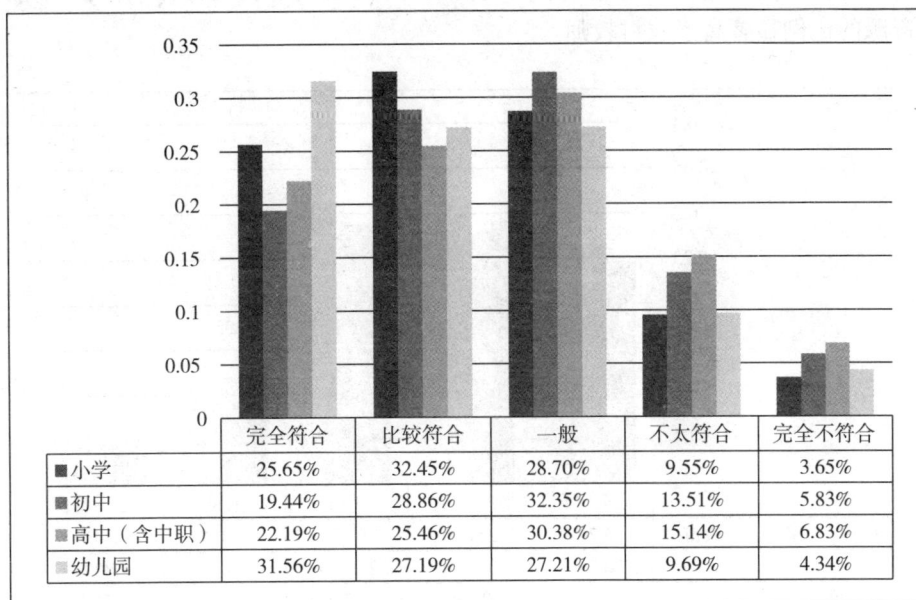

	完全符合	比较符合	一般	不太符合	完全不符合
■小学	25.65%	32.45%	28.70%	9.55%	3.65%
■初中	19.44%	28.86%	32.35%	13.51%	5.83%
■高中（含中职）	22.19%	25.46%	30.38%	15.14%	6.83%
■幼儿园	31.56%	27.19%	27.21%	9.69%	4.34%

图9-172　安徽省不同学段教师对"经常利用长三角课程资源"的反馈

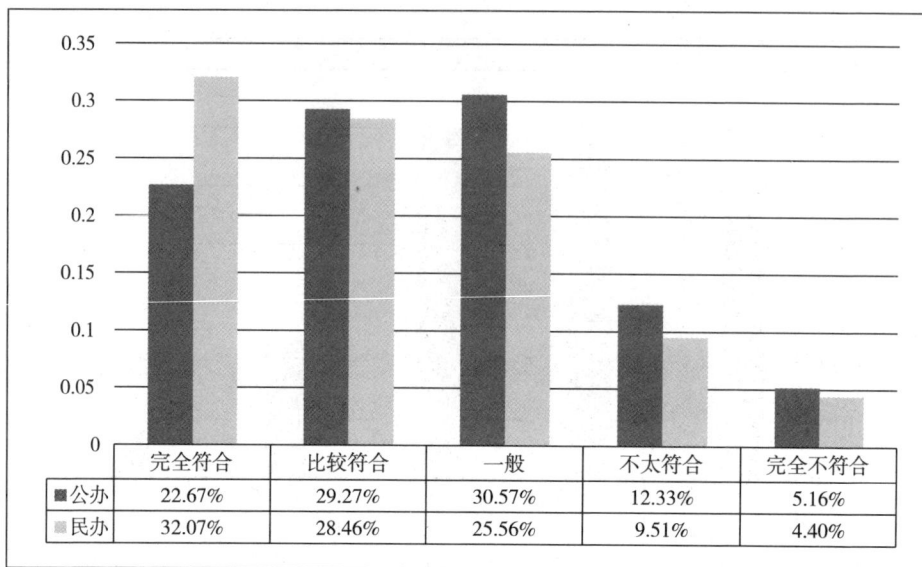

	完全符合	比较符合	一般	不太符合	完全不符合
公办	22.67%	29.27%	30.57%	12.33%	5.16%
民办	32.07%	28.46%	25.56%	9.51%	4.40%

图 9－173　安徽省不同属性学校教师对"经常利用长三角课程资源"的反馈

安徽省不同地理位置教师对"经常利用长三角课程资源"的反馈如图9－174所示。县城、城市（省城、地级市）、乡镇教师反馈经常利用相关平台长三角课程资源的比例显著高于农村教师。

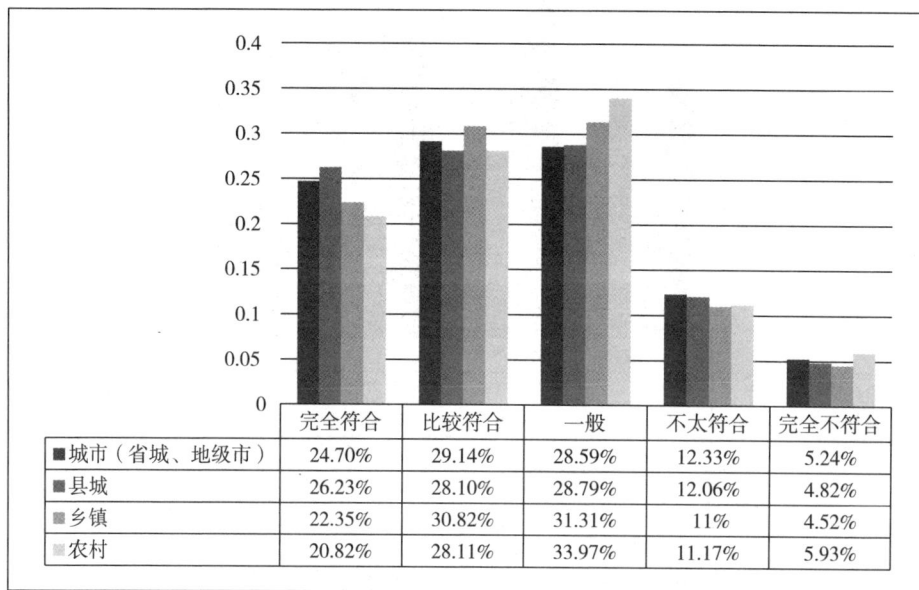

	完全符合	比较符合	一般	不太符合	完全不符合
城市（省城、地级市）	24.70%	29.14%	28.59%	12.33%	5.24%
县城	26.23%	28.10%	28.79%	12.06%	4.82%
乡镇	22.35%	30.82%	31.31%	11%	4.52%
农村	20.82%	28.11%	33.97%	11.17%	5.93%

图 9　174　安徽省不同地理位置教师对"经常利用长三角课程资源"的反馈

安徽省不同性别教师对"经常利用长三角课程资源"的反馈如图9－175所示。女教师反馈经常利用相关平台长三角课程资源的比例比男教师高6个百分点。

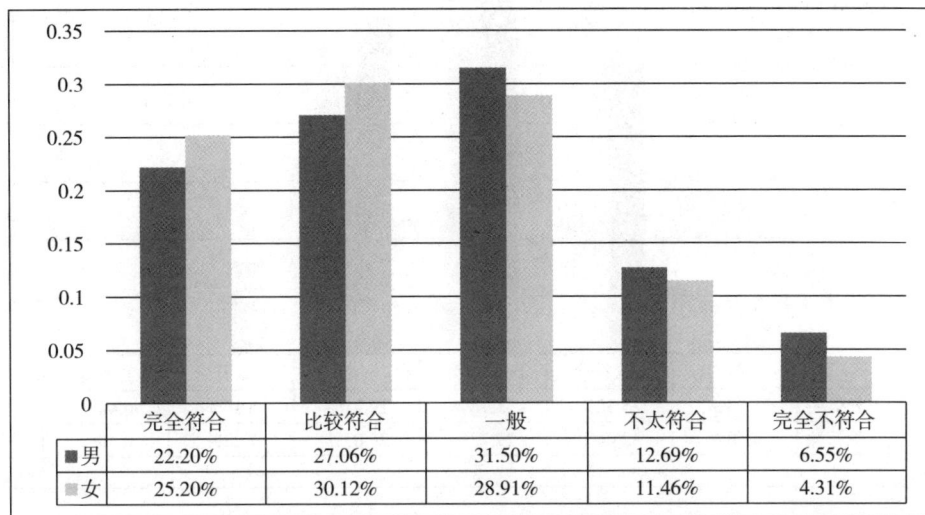

	完全符合	比较符合	一般	不太符合	完全不符合
男	22.20%	27.06%	31.50%	12.69%	6.55%
女	25.20%	30.12%	28.91%	11.46%	4.31%

图9－175　安徽省不同性别教师对"经常利用长三角课程资源"的反馈

2. 不到六成教师反馈长三角课程资源发挥了明显作用

教师对"长三角课程资源作用明显"的反馈如图9－176所示。安徽省57.1%的教师认为相关平台的长三角课程资源对其备课、授课、教研等活动作用明显，低于长三角地区整体水平。

安徽省不同学段教师对"长三角课程资源作用明显"的反馈如图9－177所示。随着学段升高，教师认为相关平台的长三角课程资源对其备课、授课、教研等活动作用明显的比例逐渐降低，幼儿园、小学教师反馈长三角课程资源作用明显的比例显著高于初中、高中教师。

安徽省不同属性学校教师对"长三角课程资源作用明显"的反馈如图9－178所示。民办学校教师认为相关平台的长三角课程资源对其备课、授课、教研等活动作用明显的比例显著高于公办学校教师。

安徽省不同地理位置教师对"长三角课程资源作用明显"的反馈如图9－179所示。县城、城市（省城、地级市）、乡镇教师认为相关平台的长三角课程资源对其备课、授课、教研等活动作用明显的比例高于农村教师。

安徽省不同性别教师对"长三角课程资源作用明显"的反馈如图9－180所示。女教师认为相关平台的长三角课程资源对备课、授课、教研等活动的作用明显的比例高于男教师。

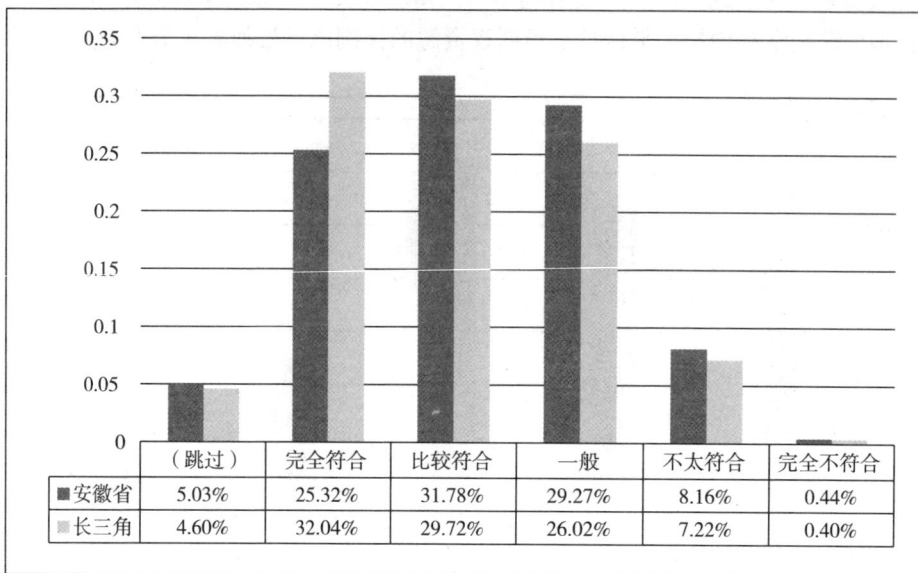

	（跳过）	完全符合	比较符合	一般	不太符合	完全不符合
■安徽省	5.03%	25.32%	31.78%	29.27%	8.16%	0.44%
■长三角	4.60%	32.04%	29.72%	26.02%	7.22%	0.40%

图 9-176　教师对"长三角课程资源作用明显"的反馈

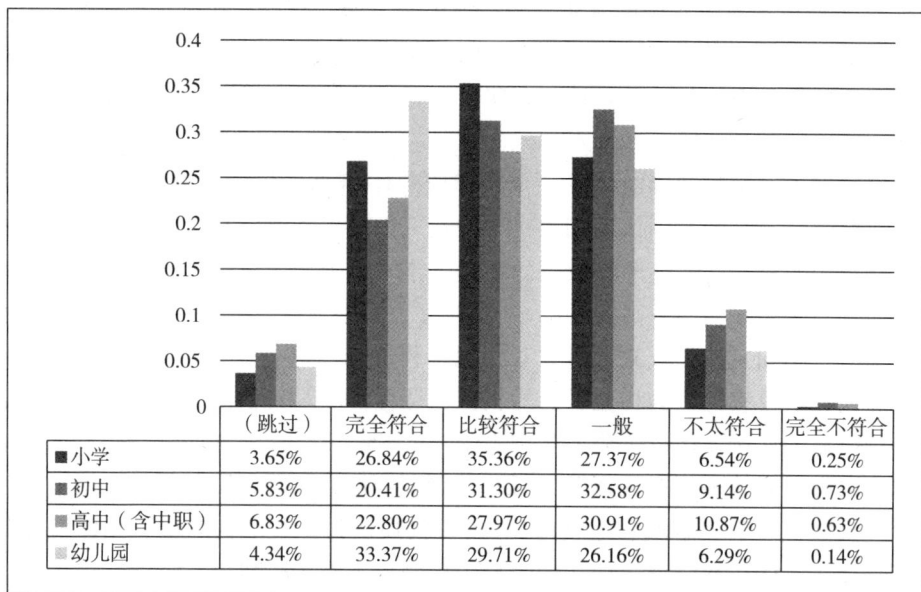

	（跳过）	完全符合	比较符合	一般	不太符合	完全不符合
■小学	3.65%	26.84%	35.36%	27.37%	6.54%	0.25%
■初中	5.83%	20.41%	31.30%	32.58%	9.14%	0.73%
■高中（含中职）	6.83%	22.80%	27.97%	30.91%	10.87%	0.63%
■幼儿园	4.34%	33.37%	29.71%	26.16%	6.29%	0.14%

图 9-177　安徽省不同学段教师对"长三角课程资源作用明显"的反馈

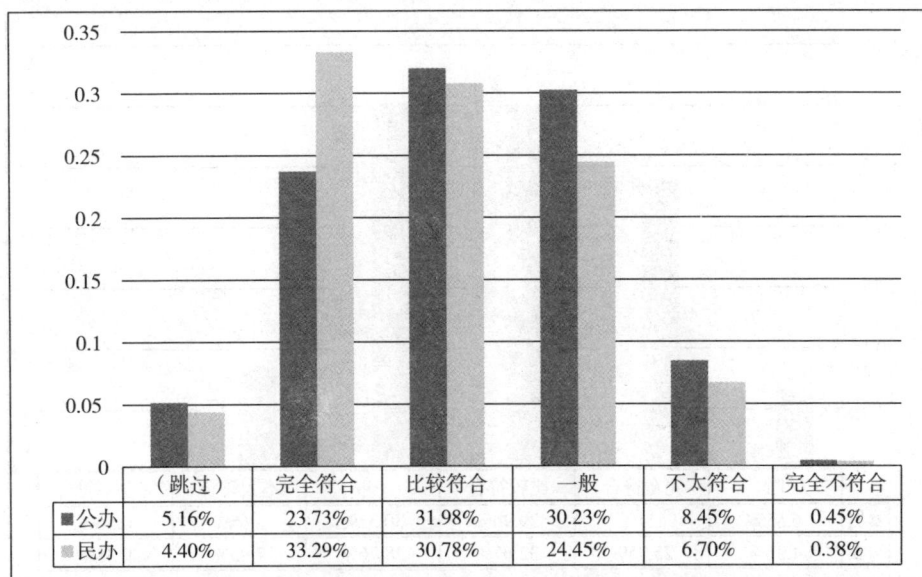

	（跳过）	完全符合	比较符合	一般	不太符合	完全不符合
公办	5.16%	23.73%	31.98%	30.23%	8.45%	0.45%
民办	4.40%	33.29%	30.78%	24.45%	6.70%	0.38%

图 9-178 安徽省不同属性学校教师对"长三角课程资源作用明显"的反馈

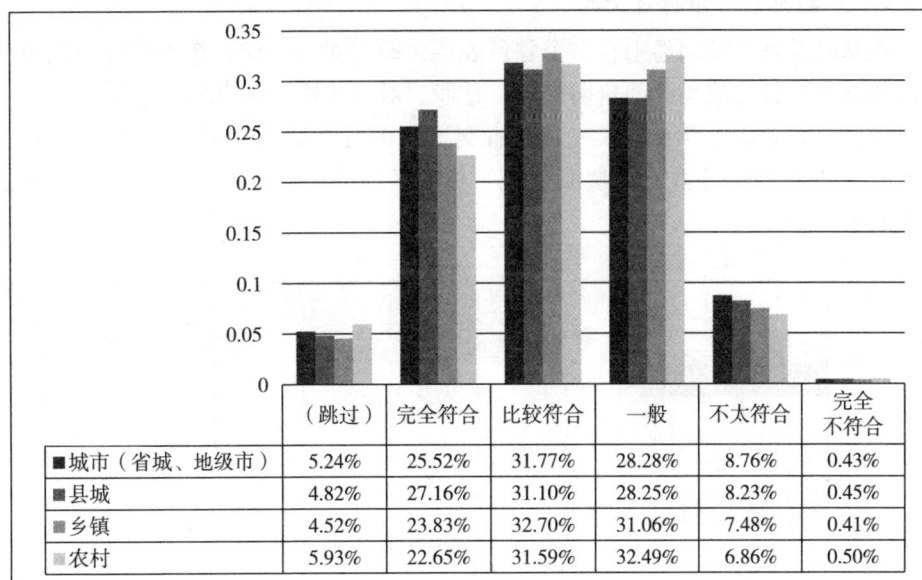

	（跳过）	完全符合	比较符合	一般	不太符合	完全不符合
城市（省城、地级市）	5.24%	25.52%	31.77%	28.28%	8.76%	0.43%
县城	4.82%	27.16%	31.10%	28.25%	8.23%	0.45%
乡镇	4.52%	23.83%	32.70%	31.06%	7.48%	0.41%
农村	5.93%	22.65%	31.59%	32.49%	6.86%	0.50%

图 9-179 安徽省不同地理位置教师对"长三角课程资源作用明显"的反馈

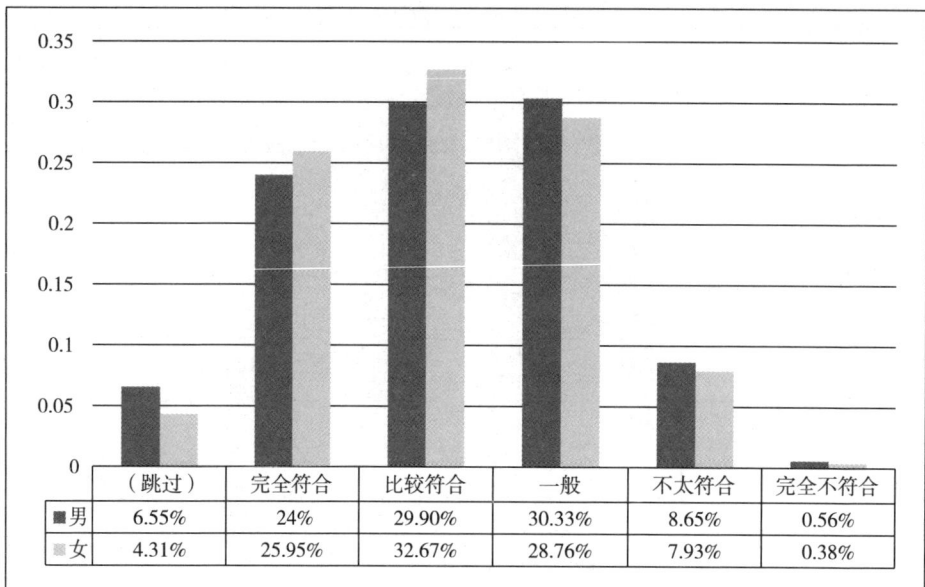

	（跳过）	完全符合	比较符合	一般	不太符合	完全不符合
■男	6.55%	24%	29.90%	30.33%	8.65%	0.56%
女	4.31%	25.95%	32.67%	28.76%	7.93%	0.38%

图9-180　安徽省不同性别教师对"长三角课程资源作用明显"的反馈

（七）教师长三角跨省交流

在基础教育教师问卷中有1个题目表述，即"过去一年，您参加过长三角区域内的教师跨省交流吗？如轮岗交流、挂职、对口支援、联合培训等"。

教师对"过去一年参加长三角跨省交流"的反馈如图9-181所示。安徽省近20%的教师反馈过去一年参加过长三角区域内的跨省交流，低于长三角地区整体水平。

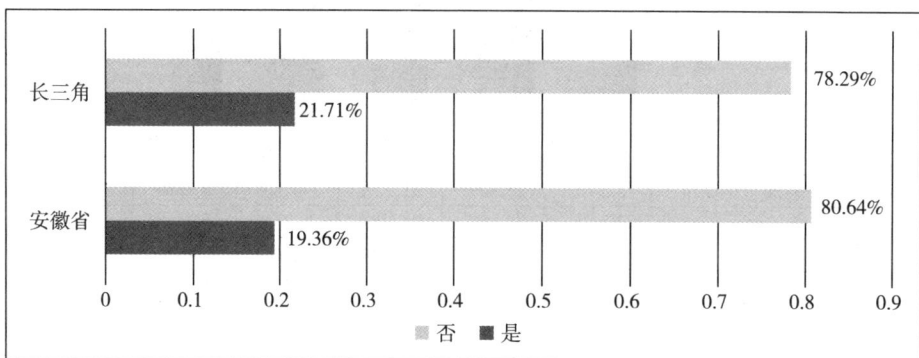

图9-181　教师对"过去一年参加长三角跨省交流"的反馈

安徽省不同学段教师对"过去一年参加长三角跨省交流"的反馈如图9－182所示。幼儿园教师反馈过去一年参加了长三角跨省交流的比例显著高于其他学段教师，初中教师比例最低。

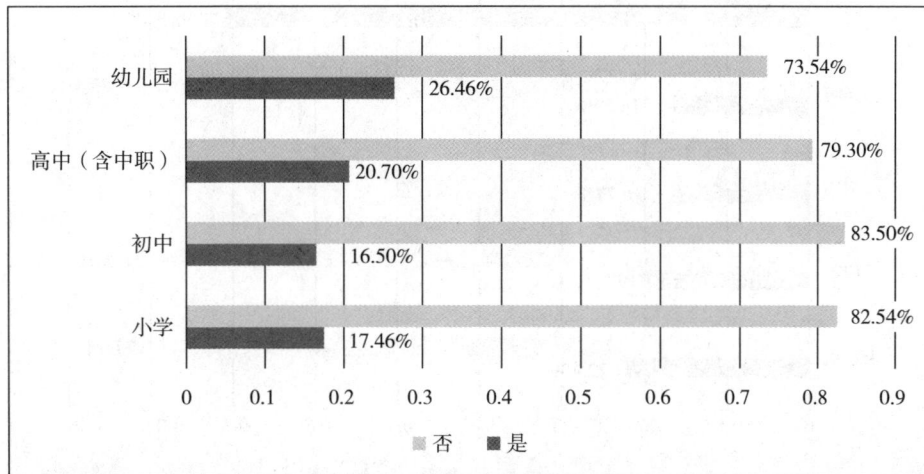

图9－182　安徽省不同学段教师对"过去一年参加长三角跨省交流"的反馈

安徽省不同属性学校教师对"过去一年参加长三角跨省交流"的反馈如图9－183所示。民办学校教师反馈过去一年参加了长三角跨省交流的比例高于公办学校教师。

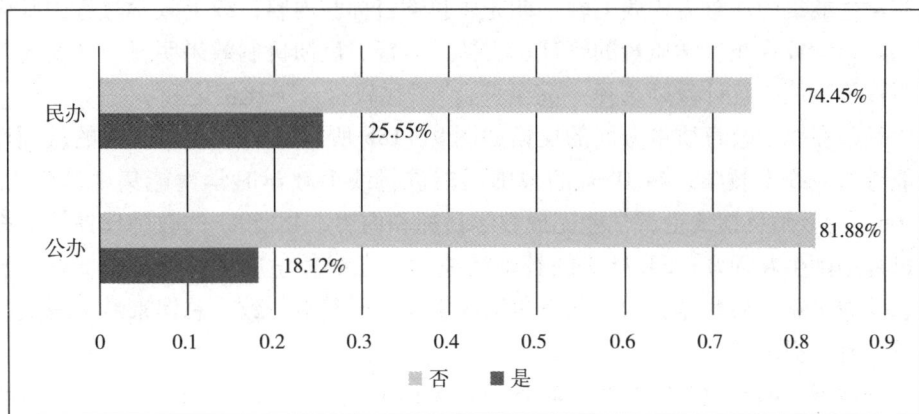

图9－183　安徽省不同属性学校教师对"过去一年参加长三角跨省交流"的反馈

安徽省不同职称教师对"过去一年参加长三角跨省交流"的反馈如图9－184所示。正高级职称教师反馈过去一年参加了长三角跨省交流的比例显著高于其他职称教师，差异在 50 个百分点左右。

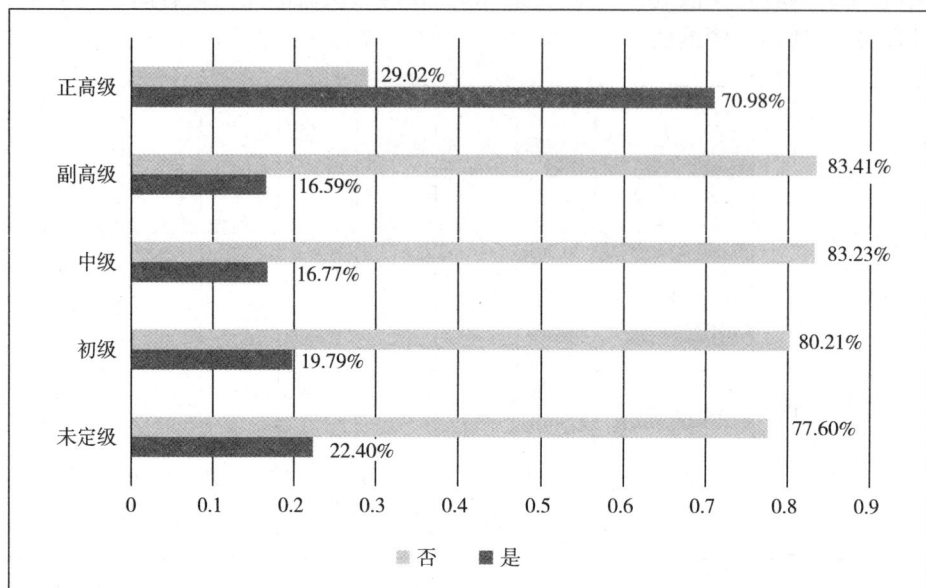

图 9-184　安徽省不同职称教师对"过去一年参加长三角跨省交流"的反馈

（八）线上教育质量

在基础教育教师问卷中有 5 个题目表述，分别是：我适应线上教学；线上教学时学生能集中注意力；线上教学能完成教学目标和内容；线上教学过程中师生互动好；学校在线教学质量的管理、支持、监督、反馈机制效果明显。幼儿园教师不作答。调查统计教师选择"完全符合""比较符合"比例之和。

教师在线上教育质量方面的反馈如图 9-185 所示。安徽省 61.2% 的教师反馈能够适应线上教学，44.05% 的教师反馈进行线上教学时学生能集中注意力，51.66% 的教师反馈线上教学能完成教学目标和内容，48.59% 的教师反馈线上教学过程中师生互动好，53.11% 的教师反馈学校在线教学质量的管理、支持、监督、反馈机制效果明显；均与长三角地区整体情况基本一致。总体来看，线上教育质量有待提高。

安徽省不同学段教师在线上教育质量方面的反馈如图 9-186 所示。在对线上教学的适应性方面，高中教师适应比例最高、初中教师最低；在其他方面，小学教师持肯定回答的比例最高，其次是高中教师，初中教师比例最低。在 5 个题目中，各学段教师对"我适应线上教学"持肯定回答的比例最高，对"线上教学时学生能集中注意力"持肯定回答的比例最低。

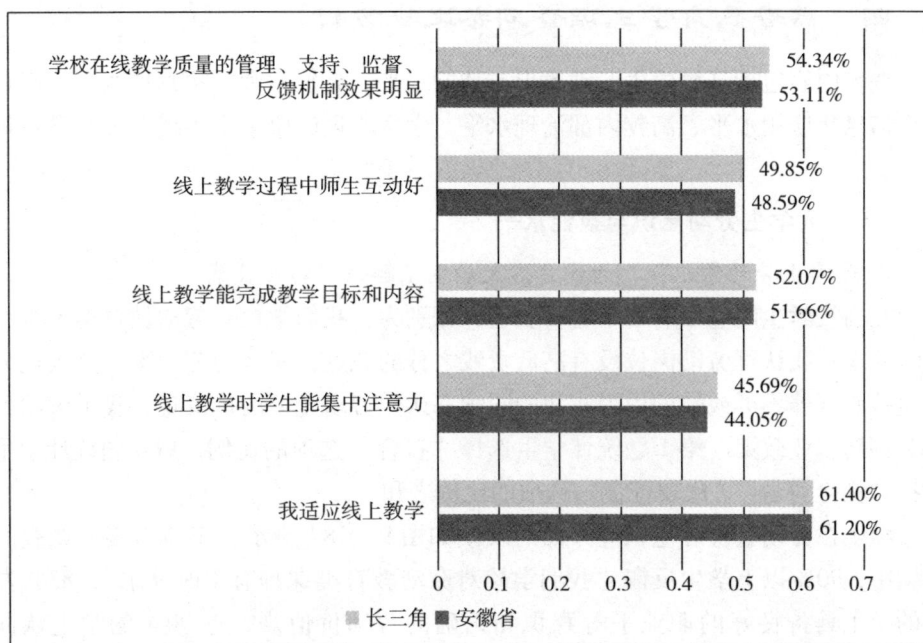

图 9-185　教师在线上教育质量方面的反馈

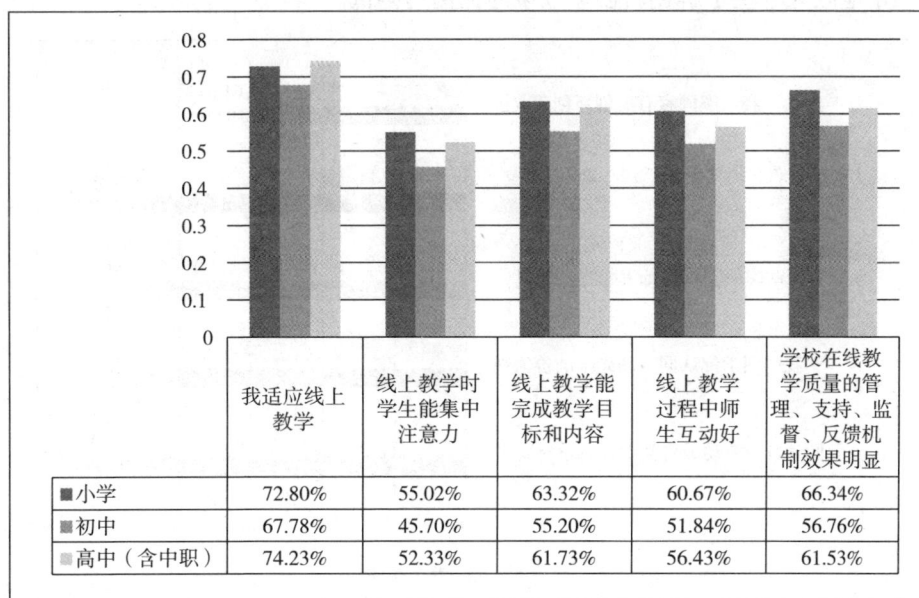

	我适应线上教学	线上教学时学生能集中注意力	线上教学能完成教学目标和内容	线上教学过程中师生互动好	学校在线教学质量的管理、支持、监督、反馈机制效果明显
小学	72.80%	55.02%	63.32%	60.67%	66.34%
初中	67.78%	45.70%	55.20%	51.84%	56.76%
高中（含中职）	74.23%	52.33%	61.73%	56.43%	61.53%

图 9-186　安徽省不同学段教师在线上教育质量方面的反馈

四、高等教育学生调查问卷比较分析

调查内容包括高校学生劳动意识与技能水平、高校教师师德师风水平、高校教育信息化应用水平、高校内部治理水平、学生心理健康水平、线上教育质量等方面。

(一) 大学生劳动意识与技能水平

1. 大学生劳动意识强,六成左右大学生了解创新创业政策

在高校学生问卷中有 5 个题目表述,分别为:我们学校对劳动教育类课程有学时要求;我认可劳动岗位没有高低贵贱之分的观点;我认为劳动素养是当代大学生核心素养不可或缺的内容;我的同学都认同劳动光荣的价值观;我了解国家有关创新创业政策。第 1 题统计学生选择"符合"选项的比例,后 4 题统计学生选择"完全符合""比较符合"选项的比例之和。

学生在劳动教育和意识等方面的反馈如图 9-187 所示。安徽省接受调查的学生中,90% 以上学生反馈"我们学校对劳动教育类课程有学时要求",83% 左右的学生具备良好的职业平等意识和正确的劳动价值观,近 90% 的学生认同"劳动素养是当代大学生核心素养不可或缺的内容",约 60% 学生反馈"我了解国家有关创新创业政策"。以上均与长三角地区整体情况基本一致,且安徽省与长三角地区大学生了解创新创业政策的比例均偏低。

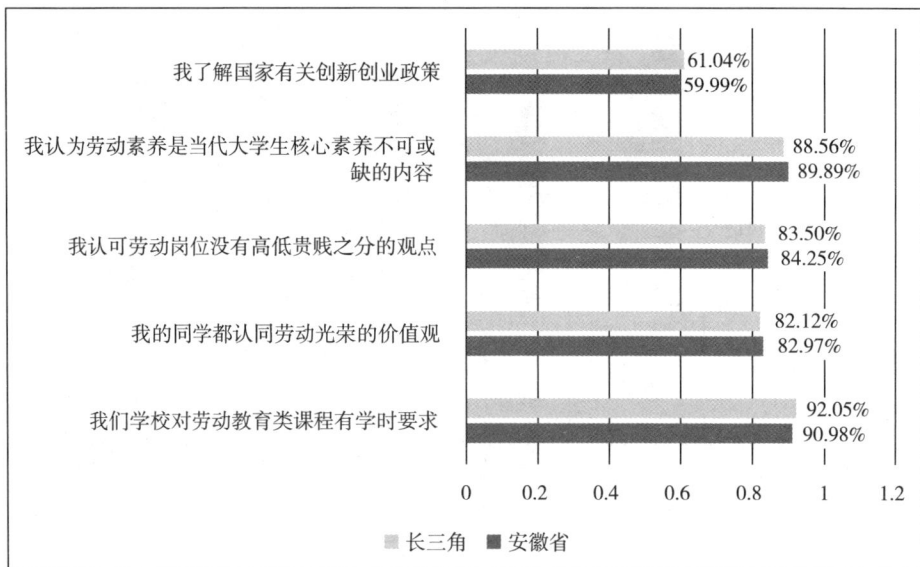

图 9-187 学生在劳动教育和意识等方面的反馈

安徽省不同性别学生在劳动教育和意识等方面的反馈如图 9 - 188 所示。女生的劳动意识总体上优于男生。在对"我认可劳动岗位没有高低贵贱之分的观点""我认为劳动素养是当代大学生核心素养不可或缺的内容""我的同学都认同劳动光荣的价值观"的回答中，女生持肯定回答的比例明显高于男生，差异超过 4 个百分点。另外，在对"我了解国家有关创新创业政策"的回答中，男生持肯定回答的比例明显高于女生，差异也超过 4 个百分点。

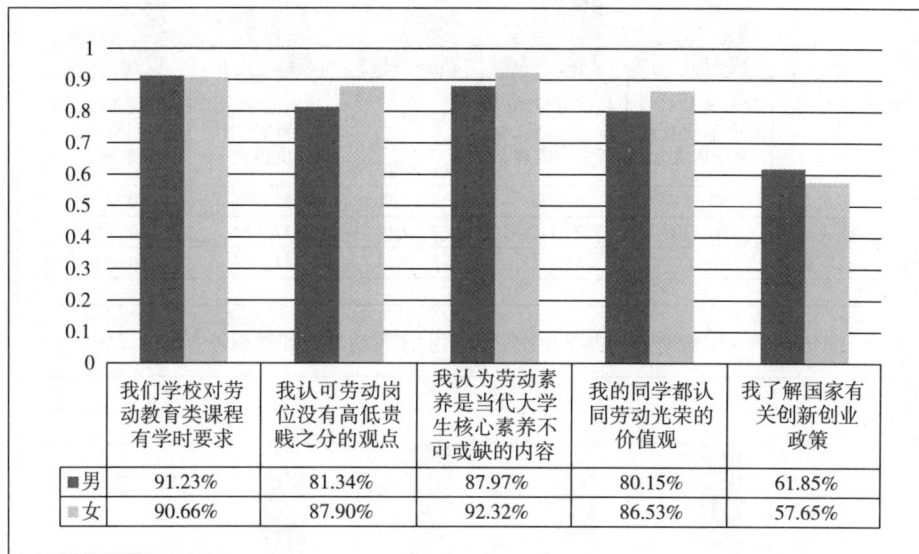

	我们学校对劳动教育类课程有学时要求	我认可劳动岗位没有高低贵贱之分的观点	我认为劳动素养是当代大学生核心素养不可或缺的内容	我的同学都认同劳动光荣的价值观	我了解国家有关创新创业政策
■男	91.23%	81.34%	87.97%	80.15%	61.85%
■女	90.66%	87.90%	92.32%	86.53%	57.65%

图 9 - 188　安徽省不同性别学生在劳动教育和意识等方面的反馈

安徽省不同办学层次学校学生在劳动教育和意识等方面的反馈如图 9 - 189 所示。普通本科学生劳动意识优于高职高专和职业本科。在对"我认可劳动岗位没有高低贵贱之分的观点""我认为劳动素养是当代大学生核心素养不可或缺的内容""我的同学都认同劳动光荣的价值观"的回答中，普通本科学生持肯定回答的比例最高，其次是高职高专，职业本科比例最低，三者之间差异显著。在对"我了解国家有关创新创业政策"的回答中，不同办学层次学生无明显差别。

安徽省不同类型学校学生在劳动教育和意识等方面的反馈如图 9 - 190 所示。学生劳动意识差异不大。在对"我了解国家有关创新创业政策""我们学校对劳动教育类课程有学时要求"的回答中，省属高校学生持肯定回答的比例显著高于部属高校。

2. 大学生具备一定的劳动技能

在高校学生问卷中有 2 个题目表述，分别为：我的同学们都能独立处理好个

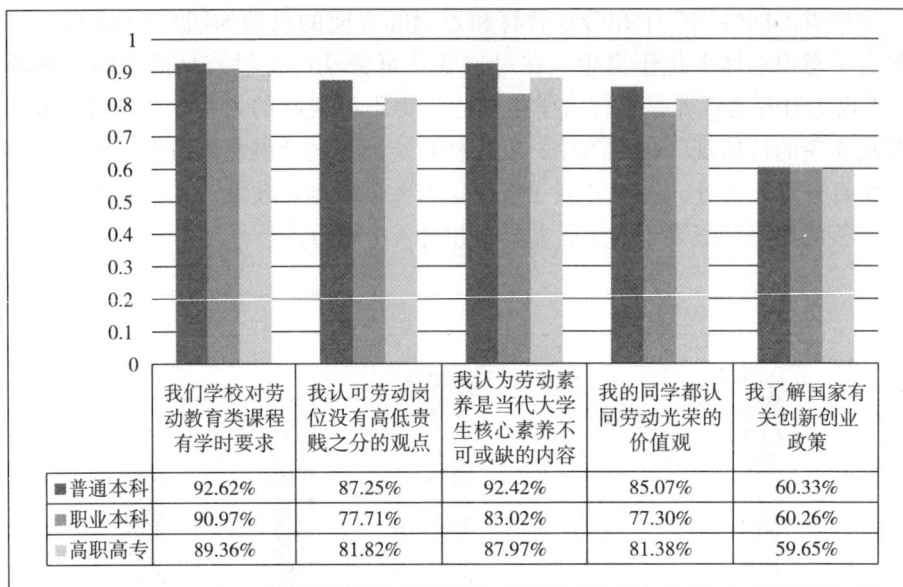

	我们学校对劳动教育类课程有学时要求	我认可劳动岗位没有高低贵贱之分的观点	我认为劳动素养是当代大学生核心素养不可或缺的内容	我的同学都认同劳动光荣的价值观	我了解国家有关创新创业政策
■普通本科	92.62%	87.25%	92.42%	85.07%	60.33%
■职业本科	90.97%	77.71%	83.02%	77.30%	60.26%
高职高专	89.36%	81.82%	87.97%	81.38%	59.65%

图9-189　安徽省不同办学层次学校学生在劳动教育和意识等方面的反馈

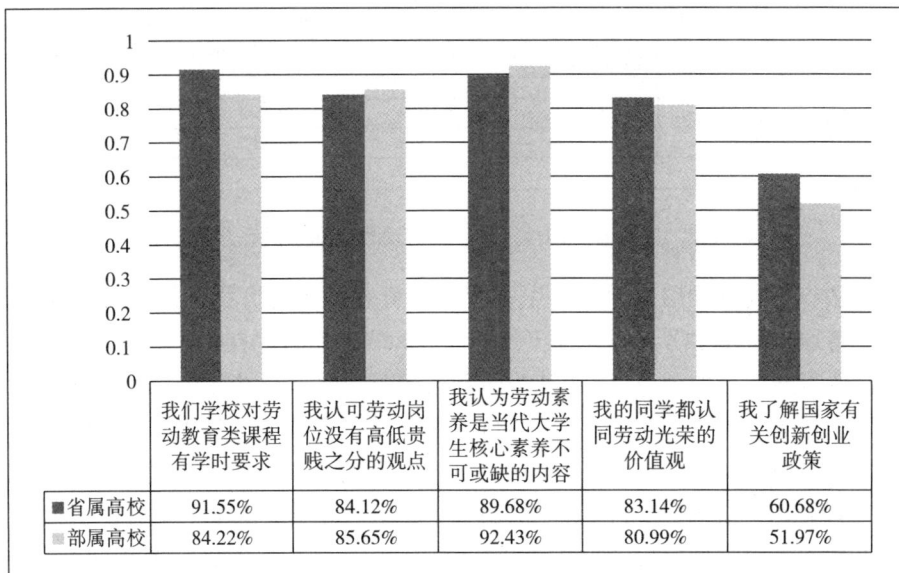

	我们学校对劳动教育类课程有学时要求	我认可劳动岗位没有高低贵贱之分的观点	我认为劳动素养是当代大学生核心素养不可或缺的内容	我的同学都认同劳动光荣的价值观	我了解国家有关创新创业政策
■省属高校	91.55%	84.12%	89.68%	83.14%	60.68%
部属高校	84.22%	85.65%	92.43%	80.99%	51.97%

图9-190　安徽省不同类型学校学生在劳动教育和意识等方面的反馈

人生活事务，如保持房间整洁、及时清洗衣物、保持个人卫生等；我经常参加志愿者服务、学科竞赛、技能训练和创新创业活动等劳动实践。调查统计学生选择"完全符合""比较符合"选项的比例之和。

学生在劳动技能方面的反馈如图9-191所示。安徽省接受调查的学生中，83.3%的学生反馈"我的同学们都能独立处理好个人生活事务"，65%以上学生反馈"我经常参加劳动实践"，与长三角地区整体情况基本一致，较2021年水平略有降低（2021年分别为86.37%和67.48%）。安徽省与长三角地区学生经常参加劳动实践的比例均偏低。

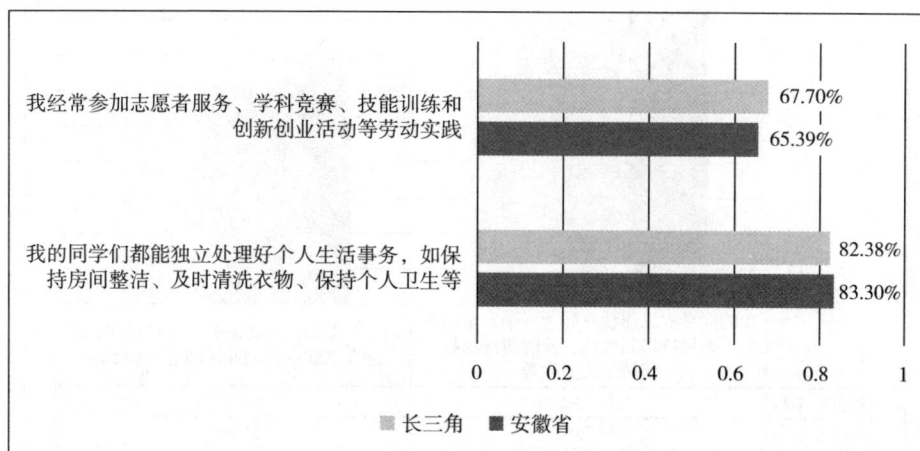

图9-191 学生在劳动技能方面的反馈

安徽省不同性别学生在劳动技能方面的反馈如图9-192所示。学生劳动技能水平存在差异。在能独立处理好个人生活事务方面，女生比例明显高于男生。在经常参与劳动实践方面，男生、女生比例都偏低。

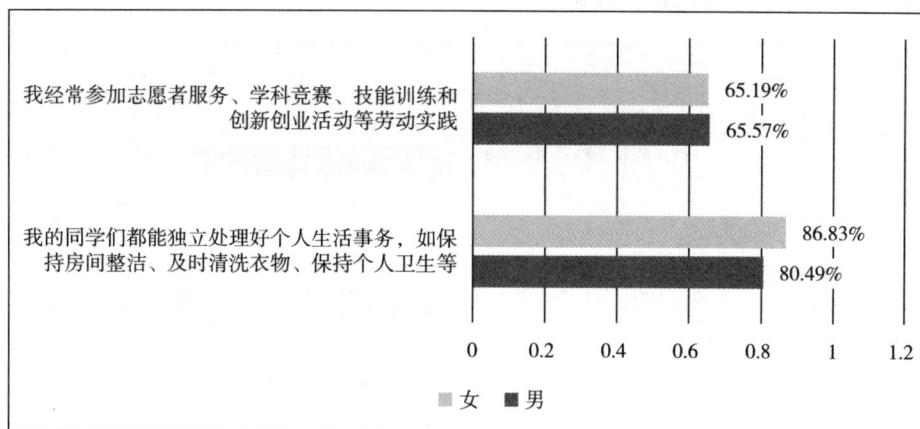

图9-192 安徽省不同性别学生在劳动技能方面的反馈

安徽省不同办学层次学校学生在劳动技能方面的反馈如图9-193所示。学生劳动技能水平存在差异。在能独立处理好个人生活事务方面，职业本科学生比例明显低于普通本科和高职高专。在经常参加劳动实践方面，普通本科学生比例显著高于高职高专和职业本科。

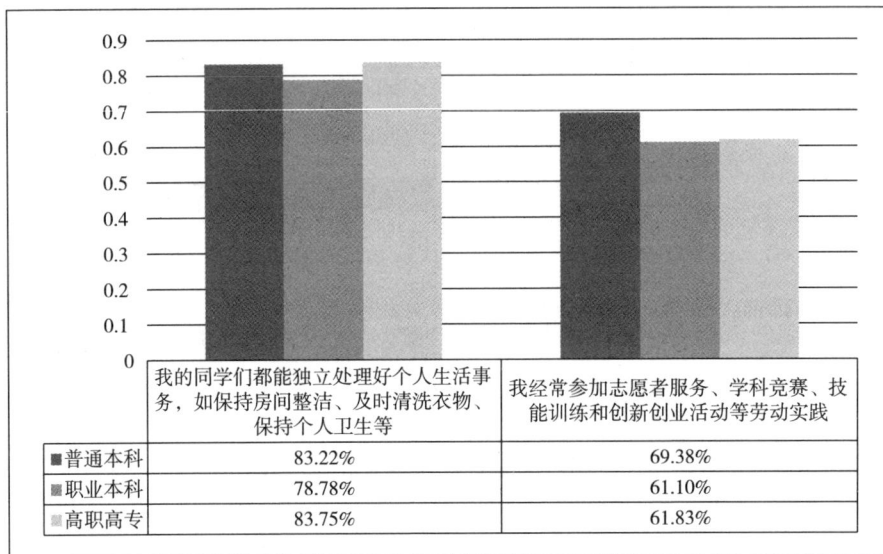

	我的同学们都能独立处理好个人生活事务，如保持房间整洁、及时清洗衣物、保持个人卫生等	我经常参加志愿者服务、学科竞赛、技能训练和创新创业活动等劳动实践
■普通本科	83.22%	69.38%
■职业本科	78.78%	61.10%
高职高专	83.75%	61.83%

图9-193　安徽省不同办学层次学校学生在劳动技能方面的反馈

安徽省不同类型学校学生在劳动技能方面的反馈如图9-194所示。省属高校学生劳动技能水平优于部属高校，在能独立处理好个人生活事务、经常参加劳动实践活动两个方面均差异明显。

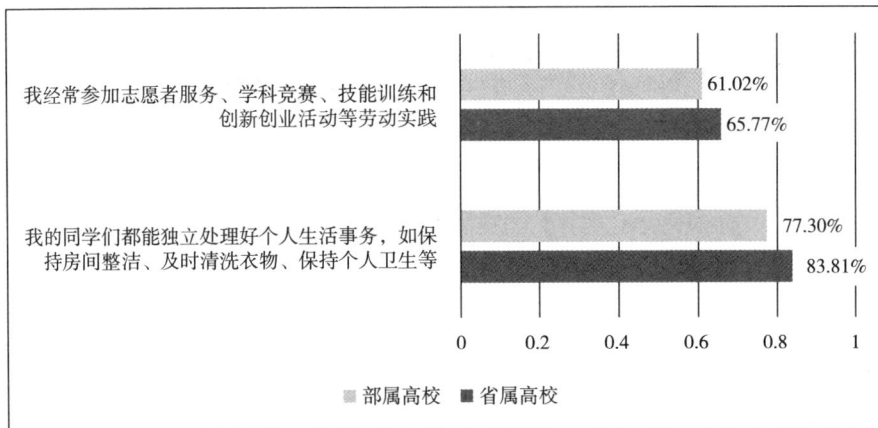

图9-194　安徽省不同类型学校学生在劳动技能方面的反馈

（二）高校教师师德师风水平

在高校学生问卷中有 8 个题目表述，分别为：我的老师没有在课堂发表过违背主流价值观的言论，如辱骂国家、传播非法宗教及封建迷信思想等；我没有看到或听说过我的老师有过弄虚作假、抄袭、剽窃和侵占他人或学生成果；我没有听说过我的老师有与学生发生不正当关系的情况；我没有看到或听说过我的老师有歧视、讽刺、挖苦、侮辱、变相体罚学生的情况；我没有听说过我的老师索要或接受过学生、家长财物；我没有看到或听说过我的老师要求学生从事与学业、科研、社会服务无关事务的情况；我没有看到或听说过我的老师假借学生名义虚报、冒领、挪用、侵占科研经费或其他费用；我没有看到或听说过我的老师在考试、批阅试卷、成绩评定、评优评奖等工作中存在不正之风行为。调查统计学生选择"符合"选项的比例。

学生在师德师风方面的反馈如图 9-195 所示。安徽省接受调查的学生中，97% 左右的学生认同 8 个题目的相关表述，高校教师能够有效向学生展示主流价值观，在工作中杜绝不正之风。安徽省与长三角地区整体情况基本一致，高校教师具备良好的职业道德和操守。

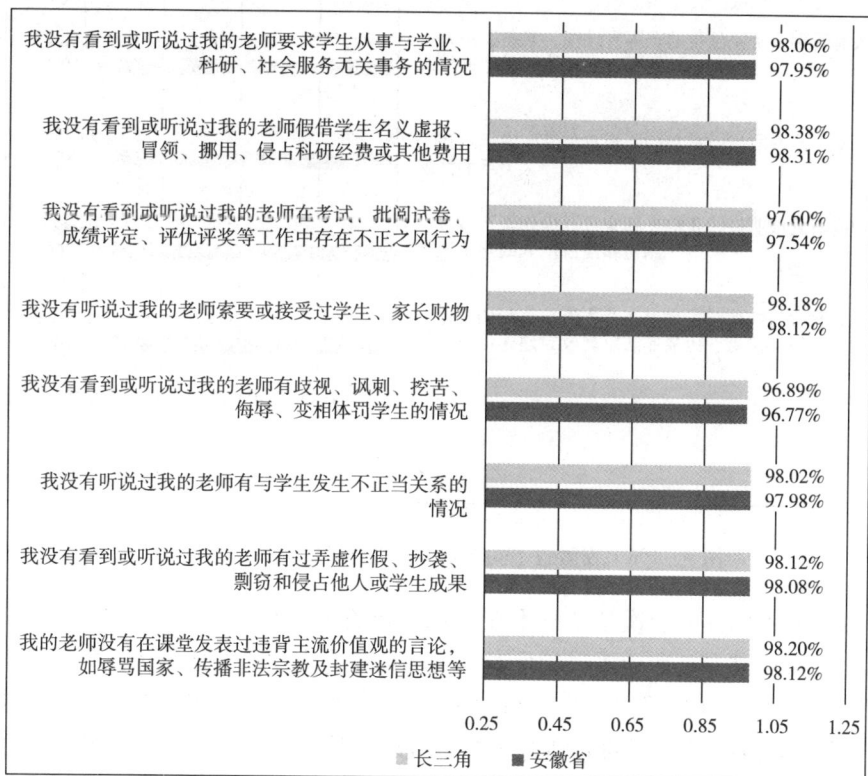

图 9-195 学生在师德师风方面的反馈

　　总体来看，安徽省学生对师德师风情况的反馈在办学层次、学校类型、学校属性上没有明显差异。

　　安徽省不同性别学生在师德师风方面的反馈如图 9‒196 所示。女生对师德师风持肯定评价的比例略高于男生。

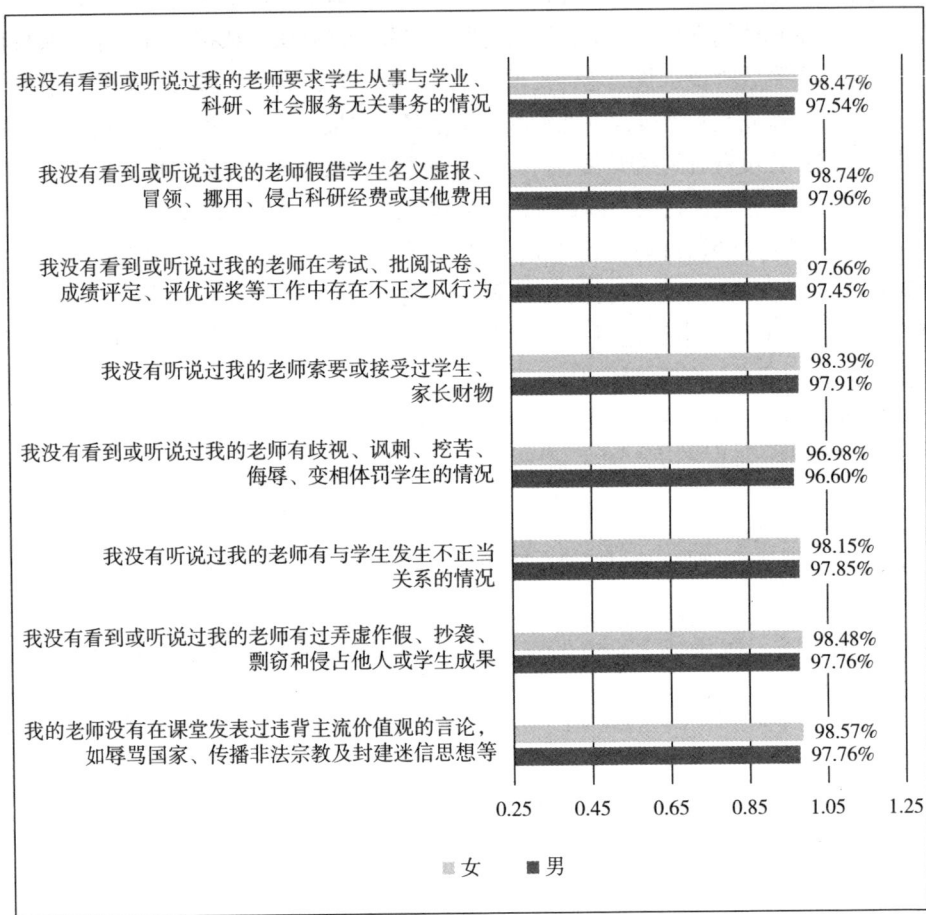

图 9‒196　安徽省不同性别学生在师德师风方面的反馈

　　安徽省不同办学层次学校学生在师德师风方面的反馈如图 9‒197 所示。普通本科、高职高专、职业本科学生对师德师风持肯定评价的比例依次降低。

　　安徽省不同类型学校学生在师德师风方面的反馈如图 9‒198 所示。在对"我没有看到或听说过我的老师有歧视、讽刺、挖苦、侮辱、变相体罚学生的情况"的回答中，省属高校学生持肯定回答的比例比部属高校高 1.9 个百分点，是

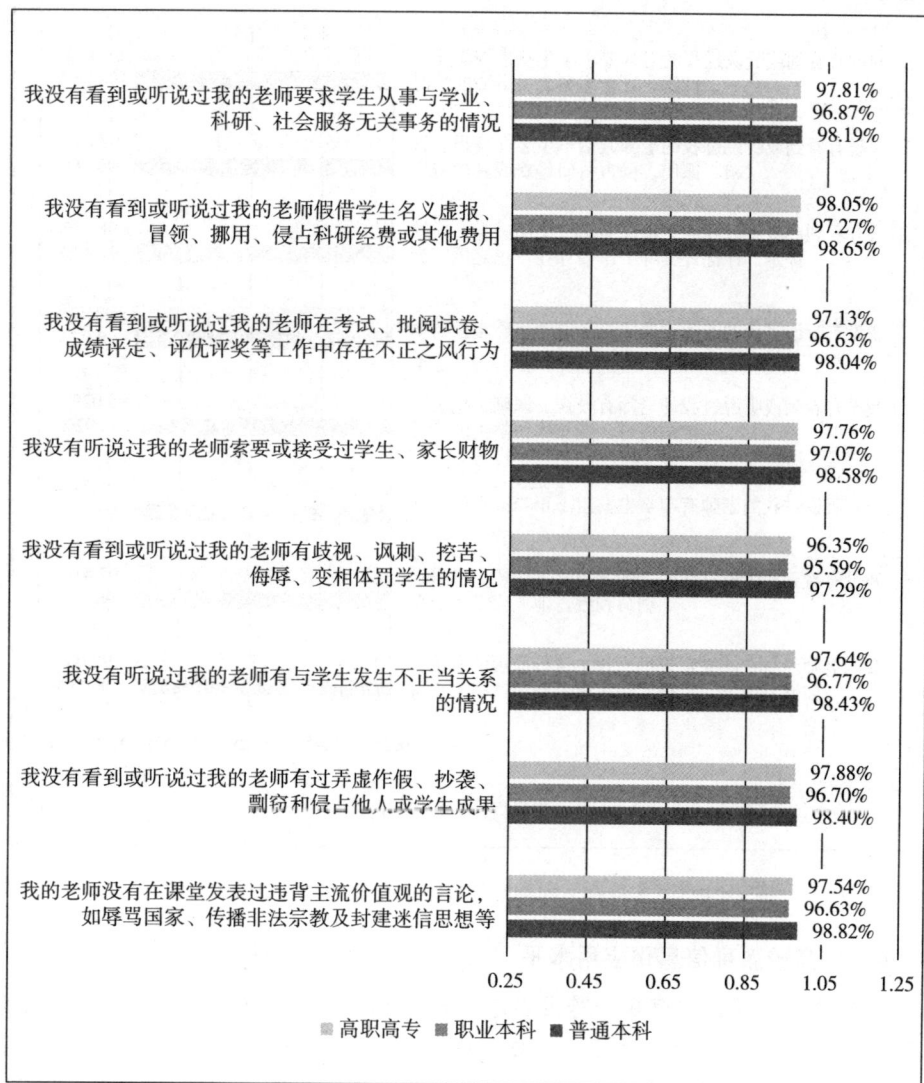

图 9 - 197　安徽省不同办学层次学校学生在师德师风方面的反馈

师德师风方面学生反馈差异最大的题目。

安徽省不同属性学校学生在师德师风方面的反馈如图 9 - 199 所示。在对"我没有看到或听说过我的老师有歧视、讽刺、挖苦、侮辱、变相体罚学生的情况"的回答中，民办高校学生持肯定回答的比例比公办高校高 0.7 个百分点，是师德师风方面学生反馈差异最大的题目。

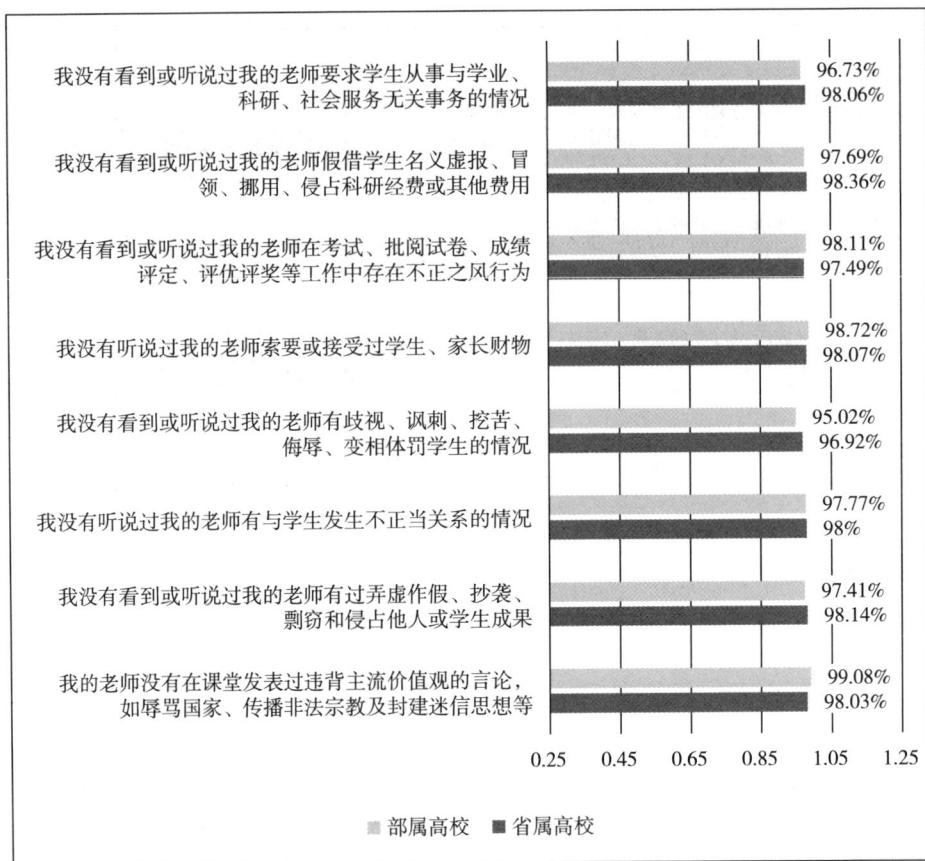

图 9 - 198　安徽省不同类型学校学生在师德师风方面的反馈

(三) 高校教育信息化应用水平

在高校学生问卷中有 6 个题目表述，分别为：学校在日常管理中能够很好地利用现代信息技术（如学生管理、教务管理、课程管理、后勤管理等）；学校的信息化设备配备水平很高，如网速、移动终端；学校提供了便利、丰富的数字学习资源，如电子图书馆、中外各类文献数据库等；我的老师在日常教学中能够很好地利用现代信息技术；我能够在网上快速获取各种学习所需的信息和材料；我能够使用 SPSS、Excel 等软件，对学习碰到的数据、信息进行分析。调查统计学生选择"完全符合""比较符合"选项的比例之和。

学生在教育信息化应用水平方面的反馈如图 9 - 200 所示。大学生对学校教育信息化应用水平认可度有待提高。安徽省接受调查的学生中，85% 以上学生反馈"学校在日常管理中能够很好地利用现代信息技术"，80% 以上学生反馈"我

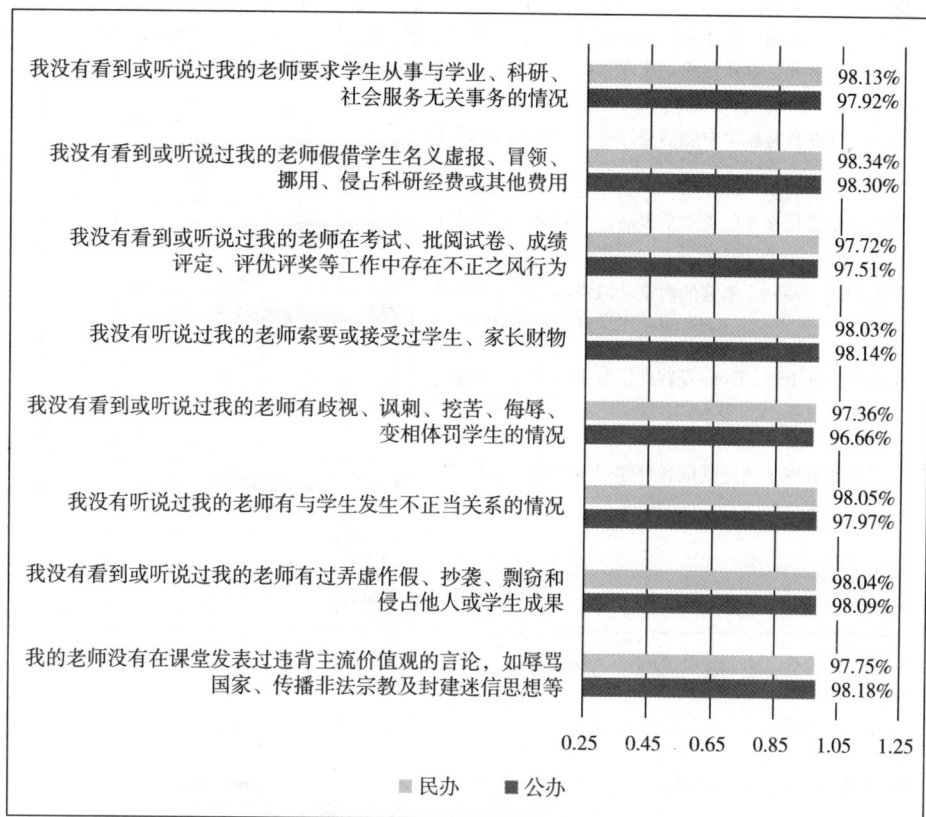

图 9-199　安徽省不同属性学校学生在师德师风方面的反馈

的老师在日常教学中能够很好地利用现代信息技术""学校提供了便利、丰富的数字学习资源""我能够在网上快速获取各种学习所需的信息和材料";70% 以上学生反馈"学校的信息化设备配备水平很高";65% 以上学生反馈"我能够使用 SPSS、Excel 等软件,对学习碰到的数据、信息进行分析";均低于长三角地区整体水平。大学生对自己的软件使用能力、学校信息化设备配备持肯定评价的比例偏低。

安徽省不同性别学生在教育信息化应用水平方面的反馈如图 9-201 所示。女生对教师信息技术能力、学校管理信息化水平持肯定评价的比例高于男生;女生对学校信息化设备配备、学校数字学习资源供给及自己的信息技术能力等持肯定评价的比例低于男生;在对"我能够使用 SPSS、Excel 等软件,对学习碰到的数据、信息进行分析"的回答中,女生持肯定回答的比例比男生低 8 个百分点以上,是教育信息化应用水平方面男女生反馈差异最大的题目。

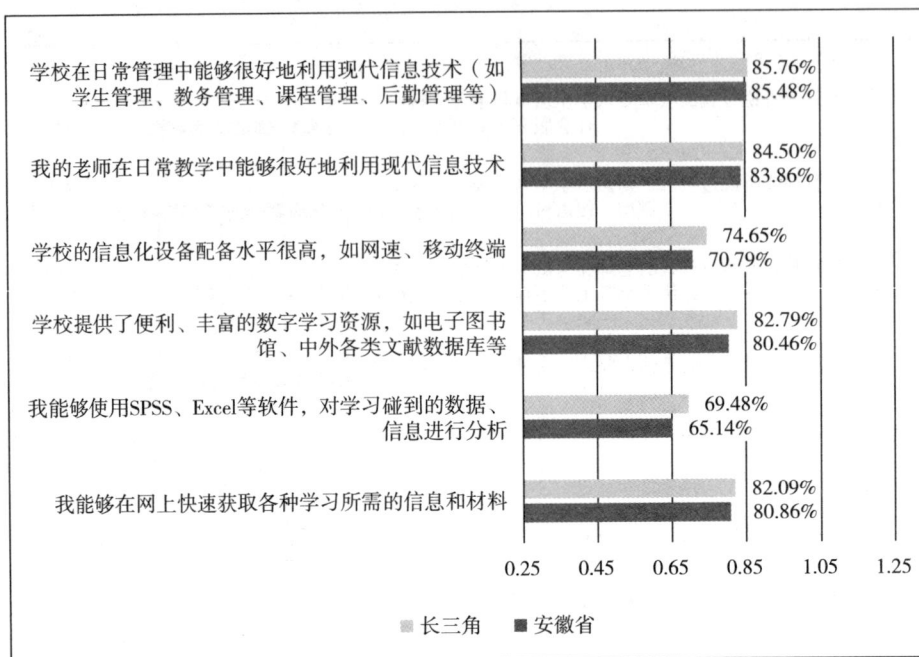

图9－200　学生在教育信息化应用水平方面的反馈

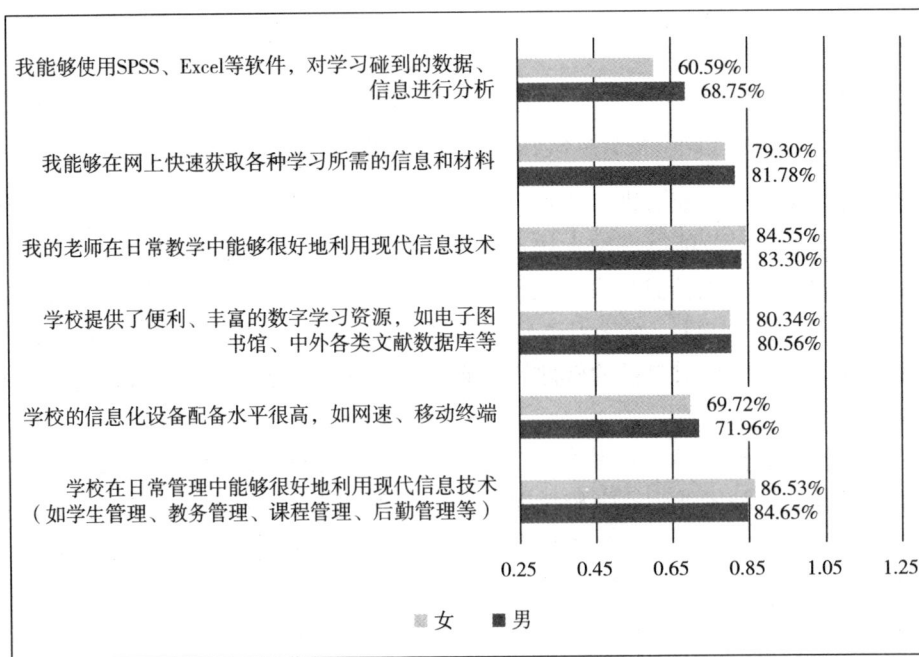

图9－201　安徽省不同性别学生在教育信息化应用水平方面的反馈

　　安徽省不同办学层次学校学生在教育信息化应用水平方面的反馈如图9－202所示。普通本科学生对学校教育信息化应用水平持肯定评价的比例远高于高职高专、职业本科。在对"我能够使用SPSS、Excel等软件，对学习碰到的数据、信息进行分析"的回答中，普通本科、职业本科、高职高专学生持肯定回答的比例依次降低；在教师信息技术能力、学校信息化设备配备、学校管理信息化水平、学校数字学习资源供给及自己的信息获取能力等方面，普通本科、高职高专、职业本科学生持肯定评价的比例依次降低。

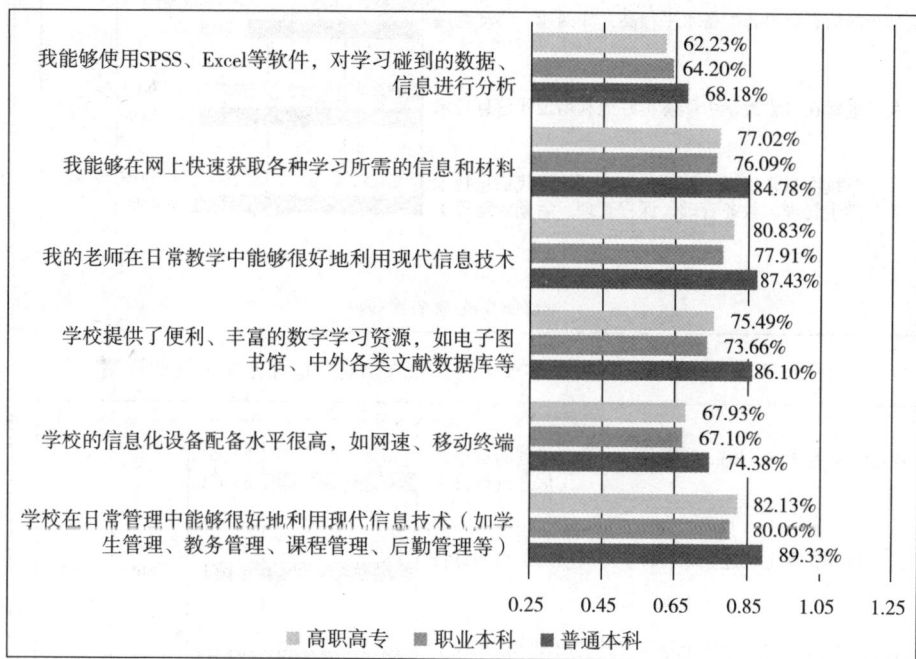

图9－202　安徽省不同办学层次学校学生在教育信息化应用水平方面的反馈

　　安徽省不同类型学校学生在教育信息化应用水平方面的反馈如图9－203所示。部属高校学生对学校教育信息化应用水平持肯定评价的比例显著高于省属高校，各题目差异均达到5个百分点以上。在对"学校提供了便利、丰富的数字学习资源"的回答中，部属高校学生持肯定回答的比例比省属高校高13个百分点以上，是学校教育信息化应用水平方面学生反馈差异最大的题目。

　　安徽省不同属性学校学生在教育信息化应用水平方面的反馈如图9－204所示。公办高校学生对学校教育信息化应用水平持肯定评价的比例高于民办高校。在对"学校提供了便利、丰富的数字学习资源""学校的信息化设备配备水平很高"的回答中，公办高校学生持肯定回答的比例显著高于民办高校。

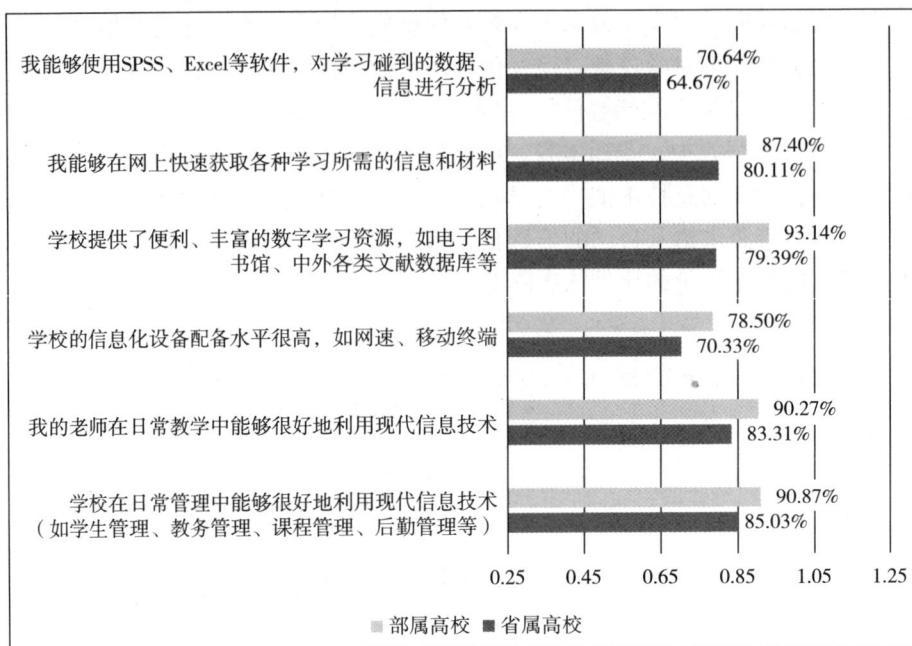

图 9-203　安徽省不同类型学校学生在教育信息化应用水平方面的反馈

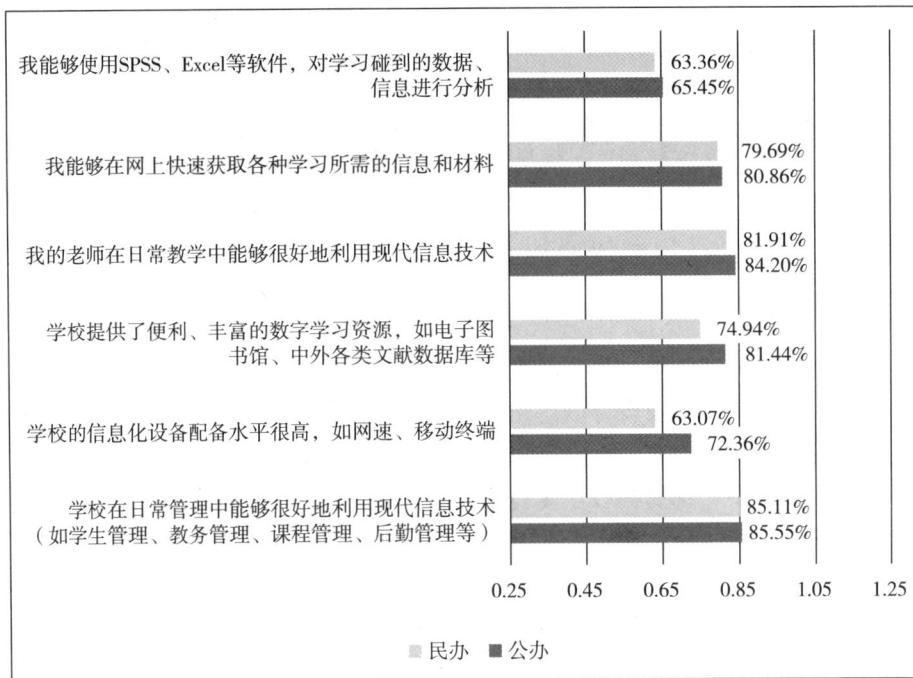

图 9-204　安徽省不同属性学校学生在教育信息化应用水平方面的反馈

（四）高校内部治理水平

在高校学生问卷中有 5 个题目表述，分别为：学校学生会、社团组织运行健全，并能在学校内部管理中发挥作用；学校的各类学生评优、评先等评奖活动公平透明；在涉及学生切身利益的事情上，学校经常通过座谈、网络调查等各种渠道倾听学生的声音；学校能够及时解决学生反馈的问题；学生的各项权益在学校能够得到很好的保障。调查统计学生选择"完全符合""比较符合"选项的比例之和。

学生在高校内部治理水平方面的反馈如图 9-205 所示。大学生对学校内部治理水平认可度有待提高。安徽省接受调查的学生中，80% 以上学生反馈"学生的各项权益在学校能够得到很好的保障""学校的各类学生评优、评先等评奖活动公平透明""学校学生会、社团组织运行健全，并能在学校内部管理中发挥作用"；79.55% 的学生反馈"在涉及学生切身利益的事情上，学校经常通过座谈、网络调查等各种渠道倾听学生的声音"；77.44% 的学生反馈"学校能够及时解决学生反馈的问题"；均略低于长三角地区整体水平。

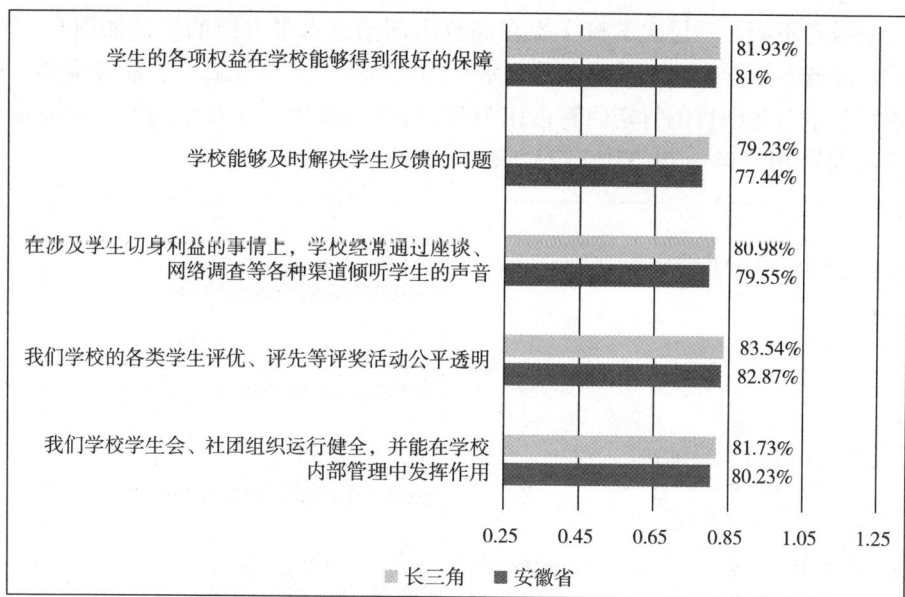

图 9-205　学生在高校内部治理水平方面的反馈

安徽省不同性别学生在高校内部治理水平方面的反馈如图 9-206 所示。女生对学校内部治理水平的评价总体上高于男生。在对"学校能够及时解决学生反馈的问题"的回答中，男生持肯定回答的比例略高于女生。在对其他题目的回答中，女生持肯定回答的比例均高于男生。

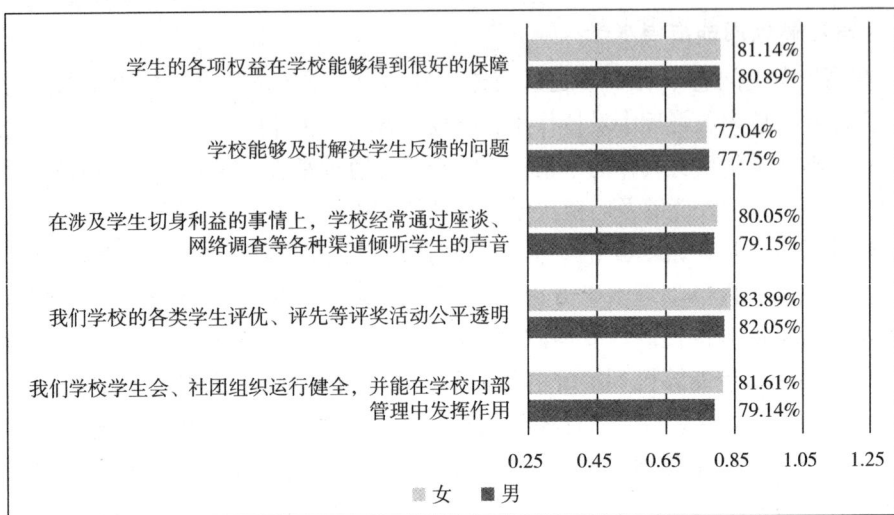

图 9-206　安徽省不同性别学生在高校内部治理水平方面的反馈

　　安徽省不同办学层次学校学生在高校内部治理水平方面的反馈如图 9-207 所示。普通本科学生对学校内部治理水平的评价远高于高职高专、职业本科。普通本科学生对各题目的肯定回答占比为 81.01%~86.95%，高职高专、职业本科这一比例为 74.24%~79.32%、73.52%~77.06%。

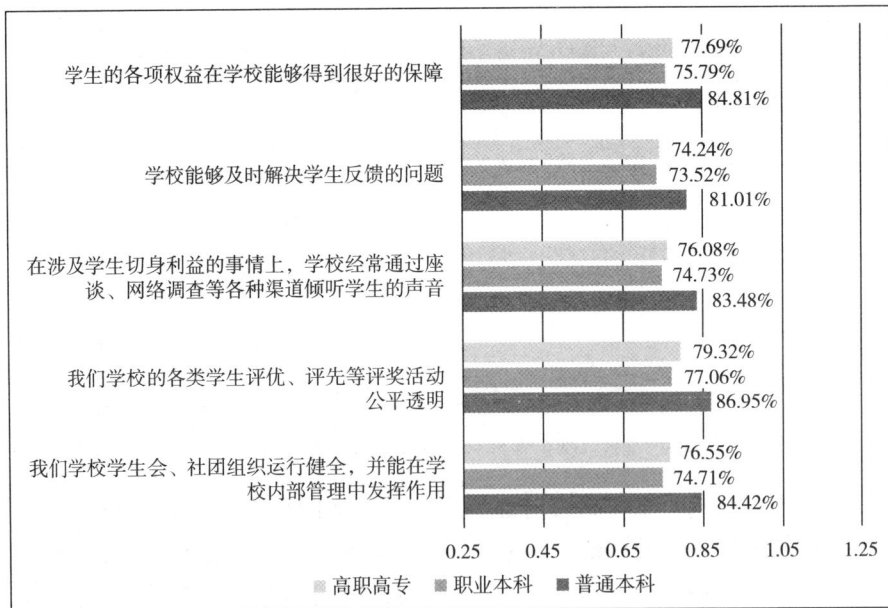

图 9-207　安徽省不同办学层次学校学生在高校内部治理水平方面的反馈

安徽省不同类型学校学生在高校内部治理水平方面的反馈如图 9‑208 所示。部属高校学生对学校内部治理水平的评价远高于省属高校。部属高校对各题目的肯定回答占比为 83.58%~89.41%，省属高校这一比例为 76.91%~82.31%。在对"学校的各类学生评优、评先等评奖活动公平透明"的回答中，部属高校学生持肯定回答的比例比省属高校高 7.1 个百分点，是学校内部治理水平方面学生反馈差异最大的题目。

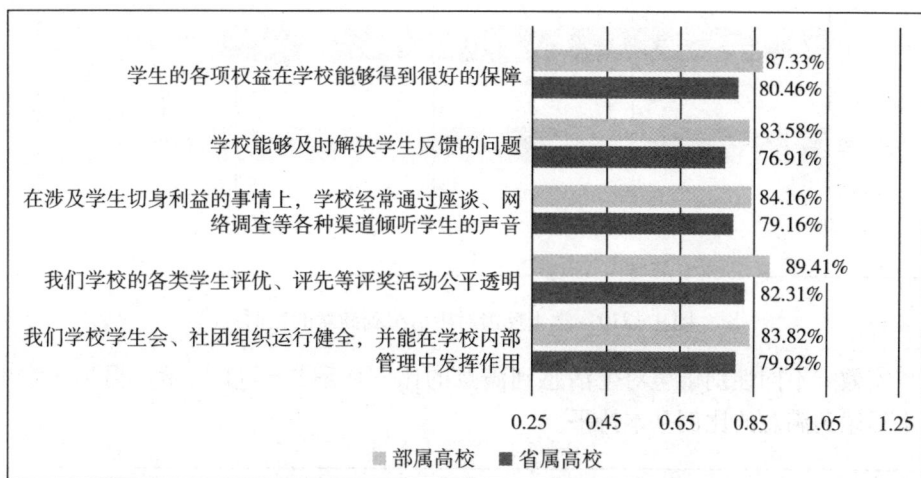

图 9‑208 安徽省不同类型学校学生在高校内部治理水平方面的反馈

安徽省不同属性学校学生在高校内部治理水平方面的反馈如图 9‑209 所示。公办高校学生对学校内部治理水平的评价略高于民办高校。

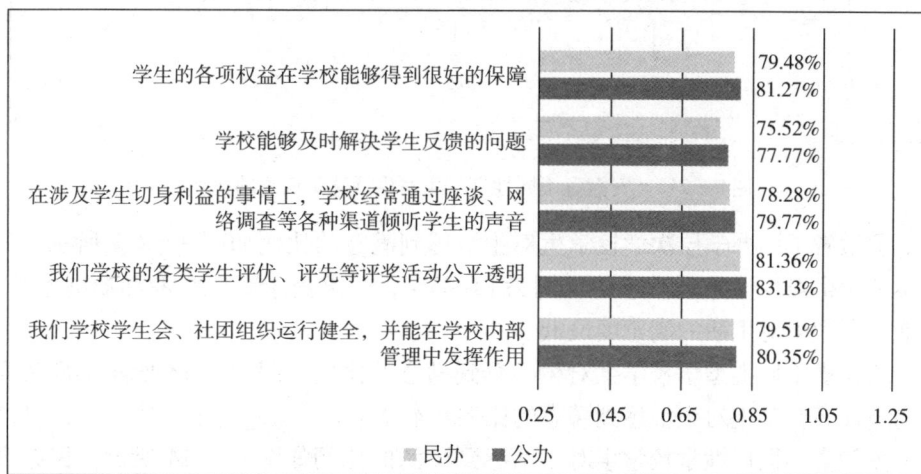

图 9‑209 安徽省不同属性学校学生在高校内部治理水平方面的反馈

（五）学生心理健康水平

在高校学生问卷中有 1 个题目表述，即"我对我的生活感到满意"。

学生反馈对生活感到满意的比例如图 9-210 所示。安徽省接受调查的学生中，78.05%的学生对生活感到满意；与长三角地区整体情况基本持平。

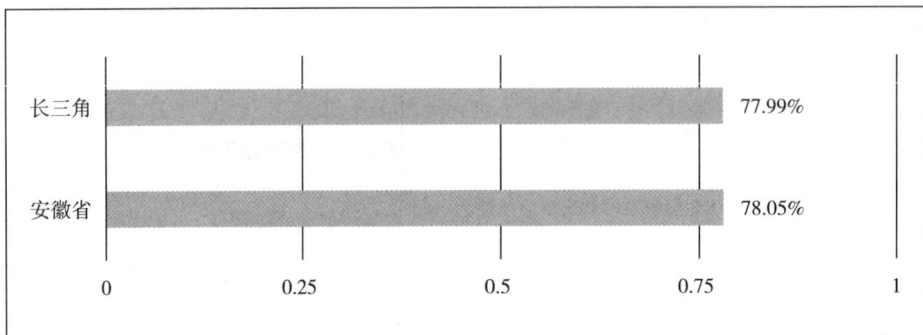

图 9-210　学生反馈对生活感到满意的比例

安徽省不同性别学生对生活感到满意的比例如图 9-211 所示。男生、女生对生活感到满意的比例基本持平。

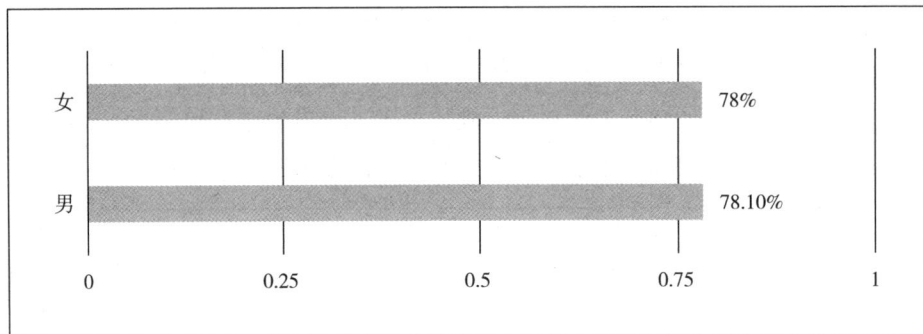

图 9-211　安徽省不同性别学生对生活感到满意的比例

安徽省不同办学层次学校学生对生活感到满意的比例如图 9-212 所示。普通本科学生对生活感到满意的比例为 81.05%，显著高于高职高专和职业本科，职业本科学生对生活的满意度最低。

安徽省不同类型学校学生对生活感到满意的比例如图 9-213 所示。部属高校与省属高校学生对生活感到满意的比例基本持平。

安徽省不同属性学校学生对生活感到满意的比例如图 9-214 所示。民办高校学生对生活感到满意的比例略低于公办高校。

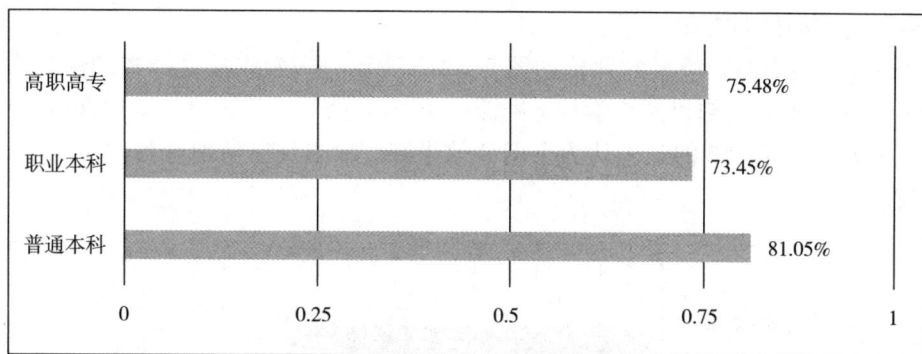

图 9 - 212　安徽省不同办学层次学校学生对生活感到满意的比例

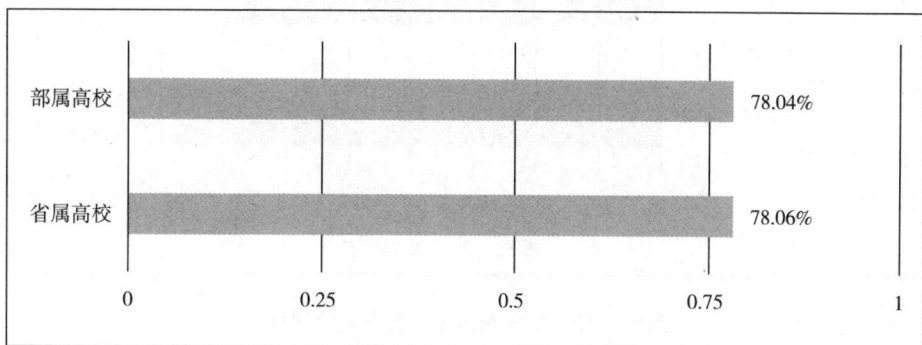

图 9 - 213　安徽省不同类型学校学生对生活感到满意的比例

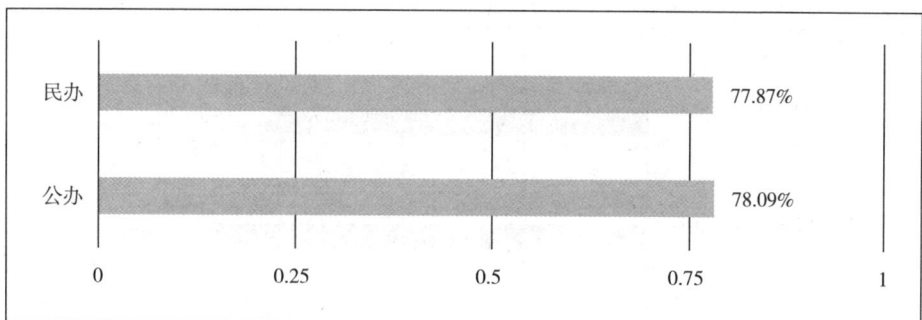

图 9 - 214　安徽省不同属性学校学生对生活感到满意的比例

（六）线上教育质量

在高校学生问卷中有 3 个题目表述，分别是：我适应学校上网课；我上网课时能集中注意力；我认为上网课效果好。调查统计学生选择"完全符合""比较符合"选项的比例之和。

学生对线上教育质量的评价如图 9－215 所示。安徽省接受调查的学生中，77.65% 的学生认为自己适应学校上网课；70.54% 的学生认为自己上网课时能集中注意力；接近 60% 的学生认为上网课效果好；均与长三角地区整体情况基本一致。

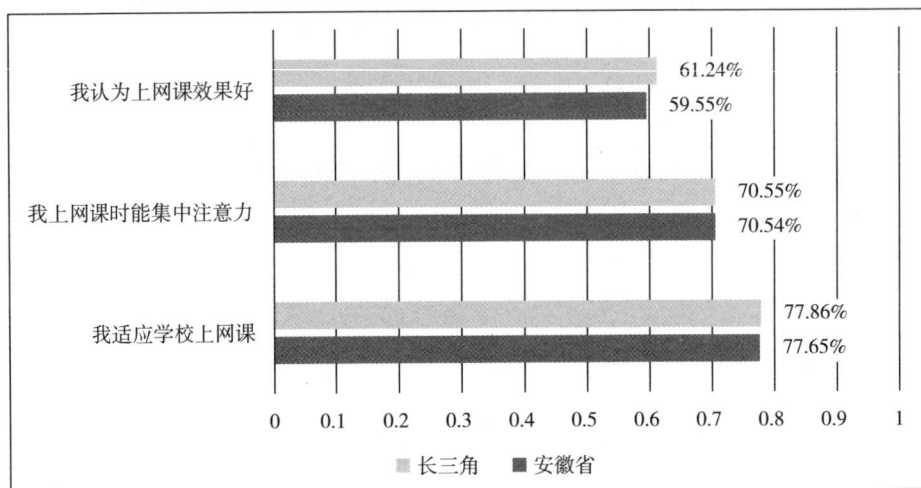

图 9－215　学生对线上教育质量的评价

安徽省不同性别学生对线上教育质量的评价如图 9－216 所示。男生对线上教育质量的评价高于女生，二者对网课效果的反馈差异显著。

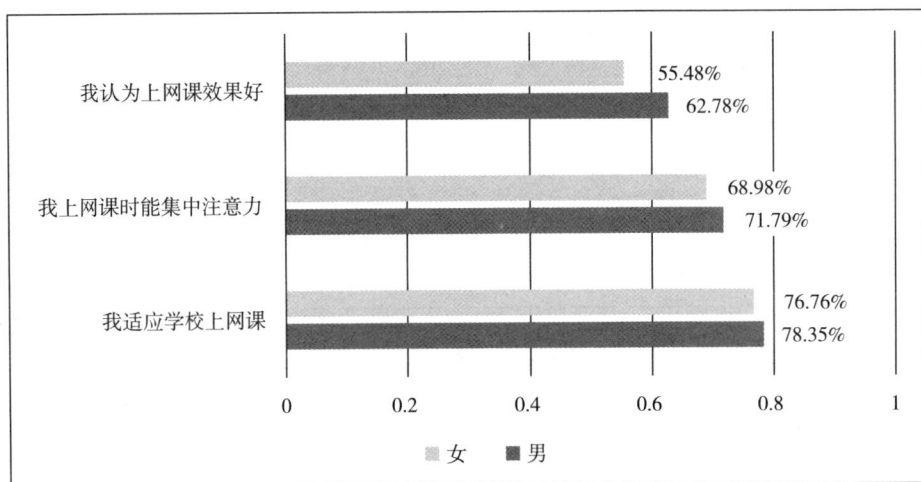

图 9　216　安徽省不同性别学生对线上教育质量的评价

安徽省不同办学层次学校学生对线上教育质量的评价如图 9-217 所示。普通本科学生对线上教育质量的评价最高，高职高专最低。在对"我适应学校上网课"的回答中，不同办学层次学生反馈差异最大，普通本科与高职高专相差近 6 个百分点。

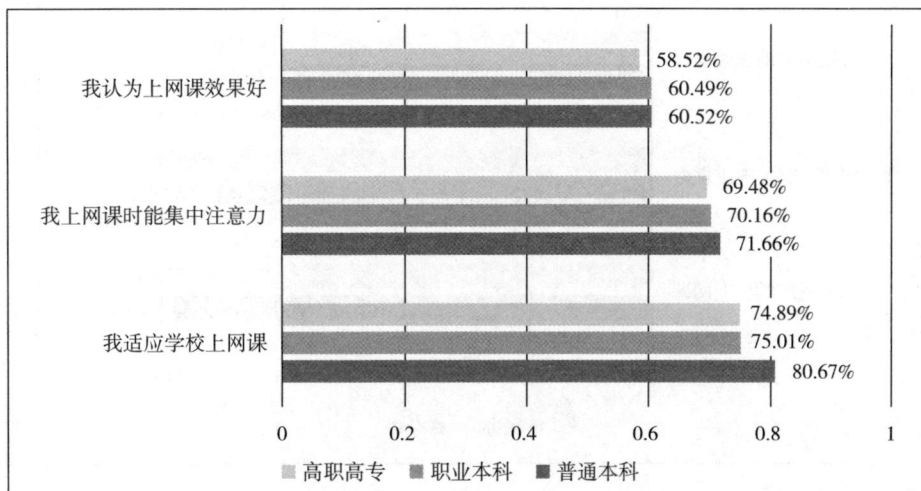

图 9-217 安徽省不同办学层次学校学生对线上教育质量的评价

安徽省不同类型学校学生对线上教育质量的评价如图 9-218 所示。省属高校学生对上网课的注意力及效果的评价高于部属高校，对上网课的适应性低于部属高校。

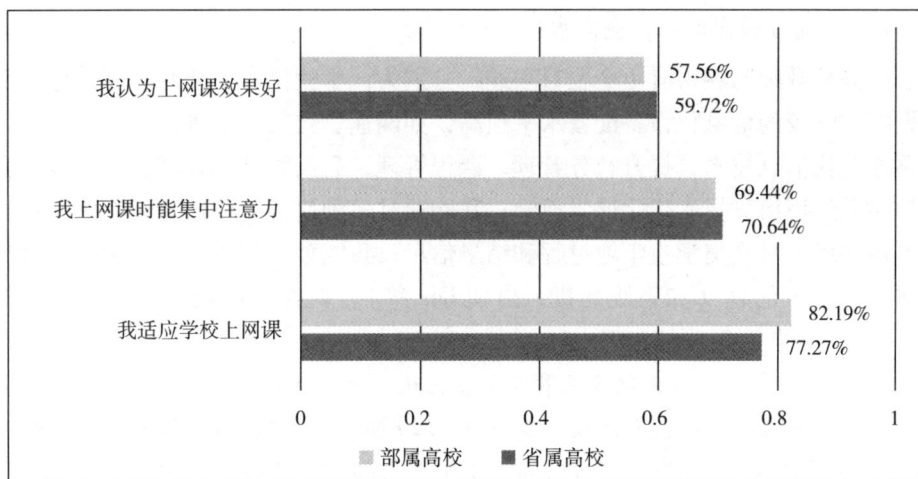

图 9-218 安徽省不同类型学校学生对线上教育质量的评价

安徽省不同属性学校学生对线上教育质量的评价如图9－219所示。公办高校学生对线上教育质量的评价高于民办高校，二者对"我认为上网课效果好"的反馈差异最大，公办高校学生持肯定评价的比例比民办高校高3.5个百分点。

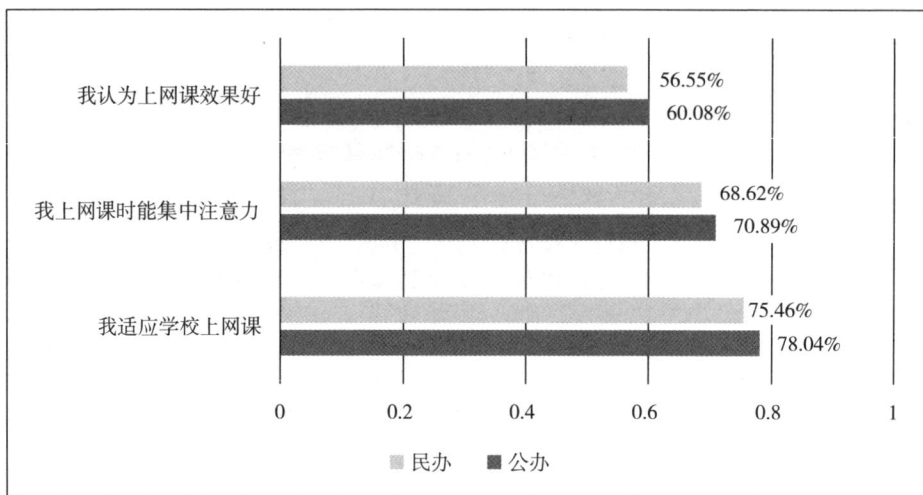

图9－219　安徽省不同属性学校学生对线上教育质量的评价

五、高等教育教师调查问卷比较分析

调查内容包括高校教育信息化应用水平、政府依法治教、高校内部治理水平、教师长三角跨省交流、线上教育质量等方面。

（一）高校教育信息化应用水平

在高校教师问卷中有7个题目表述，分别为：学校提供了便利丰富的数字学习资源；学校的信息化设备配备水平很高，如网速、移动终端等；学校能够很好地利用现代信息技术，提升教务管理、课程管理、后勤管理等日常管理效能；我能够主动运用信息技术优化课堂教学；我能通过多种途径获取数字教育资源；我能利用技术工具收集学生学习过程和结果信息；我能独立解决信息技术应用过程中出现的常见问题（如系统死机、出现bug等）。调查统计教师选择"完全符合""比较符合"选项的比例之和。

1. 教师对学校信息化配备及管理信息化认可度提高了

教师在学校信息化方面的反馈如图9－220所示。安徽省接受调查的教师中，72.92%的教师反馈学校的信息化设备配备水平很高；80.58%的教师反馈学校提供了便利丰富的数字学习资源；76.75%的教师反馈学校利用现代信息技术提高了管理效能；均低于长三角地区整体水平；较 2021 年安徽省教师认可度有明显提升。

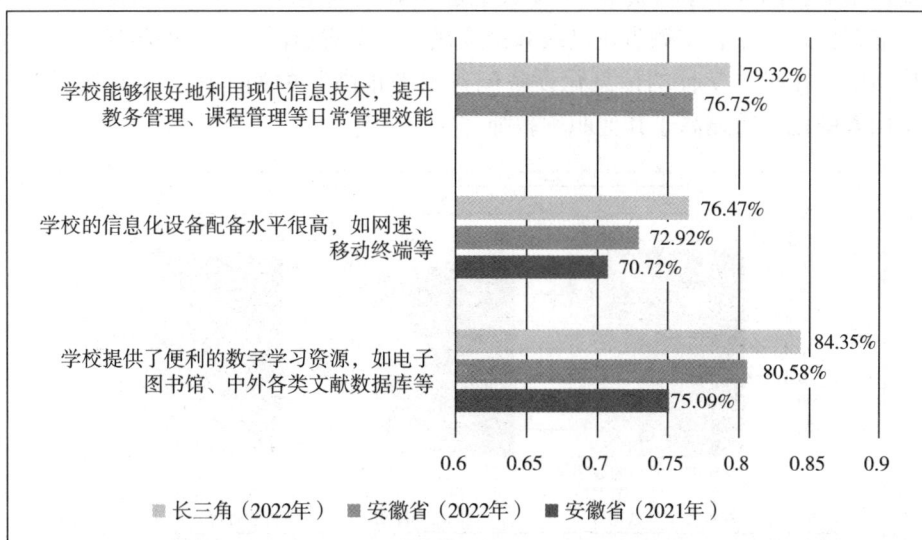

图 9-220 教师在学校信息化方面的反馈

安徽省不同职务教师在学校信息化方面的反馈如图 9-221 所示。辅导员和专任教师认可学校信息化配备及管理信息化的比例均显著低于其他职务教师。

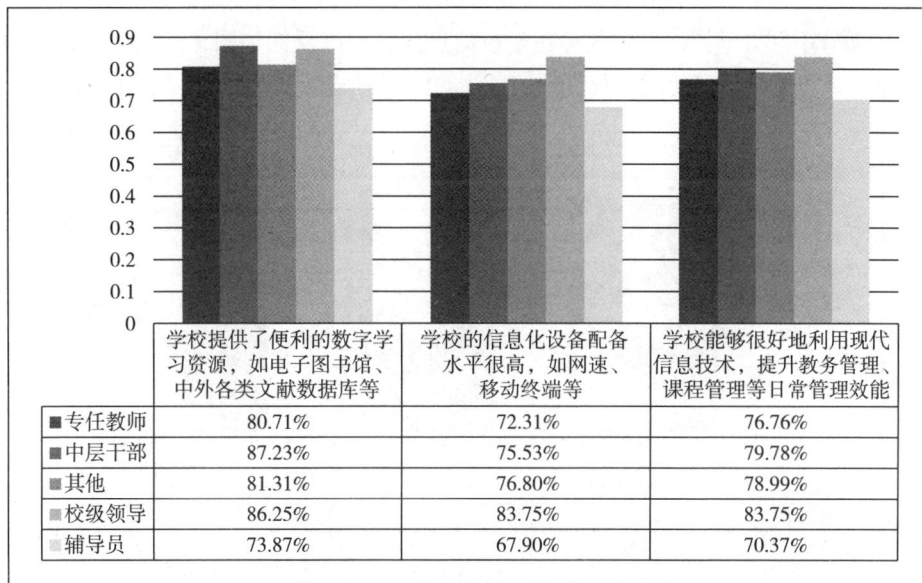

	学校提供了便利的数字学习资源，如电子图书馆、中外各类文献数据库等	学校的信息化设备配备水平很高，如网速、移动终端等	学校能够很好地利用现代信息技术，提升教务管理、课程管理等日常管理效能
■专任教师	80.71%	72.31%	76.76%
■中层干部	87.23%	75.53%	79.78%
■其他	81.31%	76.80%	78.99%
■校级领导	86.25%	83.75%	83.75%
■辅导员	73.87%	67.90%	70.37%

图 9-221 安徽省不同职务教师在学校信息化方面的反馈

安徽省不同职称教师在学校信息化方面的反馈如图 9－222 所示。在对"学校提供了便利的数字学习资源""学校能够很好地利用现代信息技术提升日常管理效能"的回答中，安徽省正高级和副高级教师持肯定回答的比例明显高于其他职称教师。在对"学校的信息化设备配备水平很高"的回答中，正高级教师持肯定回答的比例明显高于其他职称教师。

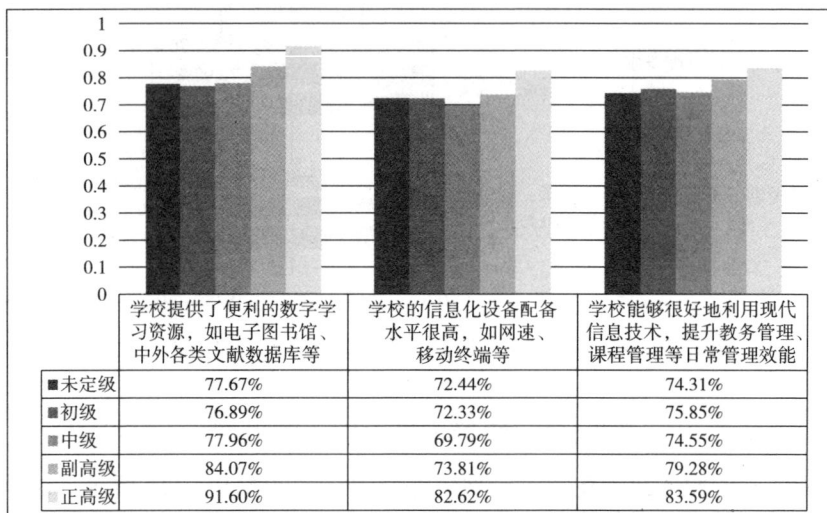

	学校提供了便利的数字学习资源，如电子图书馆、中外各类文献数据库等	学校的信息化设备配备水平很高，如网速、移动终端等	学校能够很好地利用现代信息技术，提升教务管理、课程管理等日常管理效能
■未定级	77.67%	72.44%	74.31%
■初级	76.89%	72.33%	75.85%
■中级	77.96%	69.79%	74.55%
■副高级	84.07%	73.81%	79.28%
正高级	91.60%	82.62%	83.59%

图 9－222　安徽省不同职称教师在学校信息化方面的反馈

安徽省不同办学层次学校教师在学校信息化方面的反馈如图 9－223 所示。普通本科教师认可学校信息化配备及管理信息化的比例明显高于职业本科和高职高专。

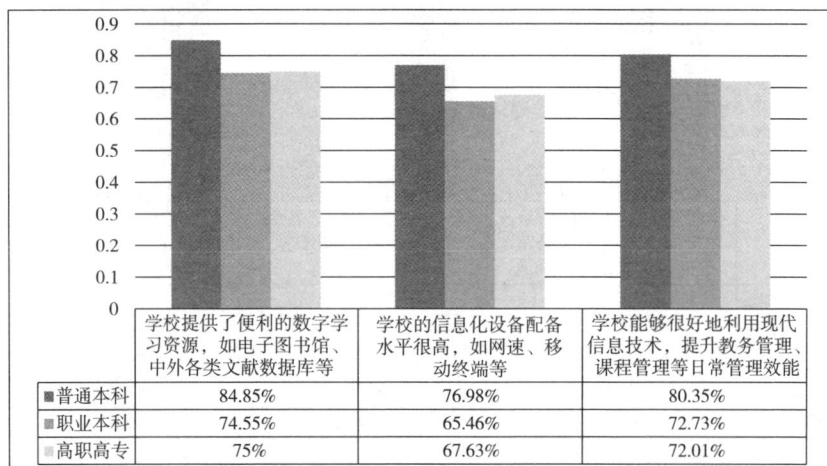

	学校提供了便利的数字学习资源，如电子图书馆、中外各类文献数据库等	学校的信息化设备配备水平很高，如网速、移动终端等	学校能够很好地利用现代信息技术，提升教务管理、课程管理等日常管理效能
■普通本科	84.85%	76.98%	80.35%
■职业本科	74.55%	65.46%	72.73%
高职高专	75%	67.63%	72.01%

图 9－223　安徽省不同办学层次学校教师在学校信息化方面的反馈

安徽省不同类型学校教师在学校信息化方面的反馈如图9－224所示。部属高校教师认可学校信息化配备及管理信息化的比例明显高于省属高校。

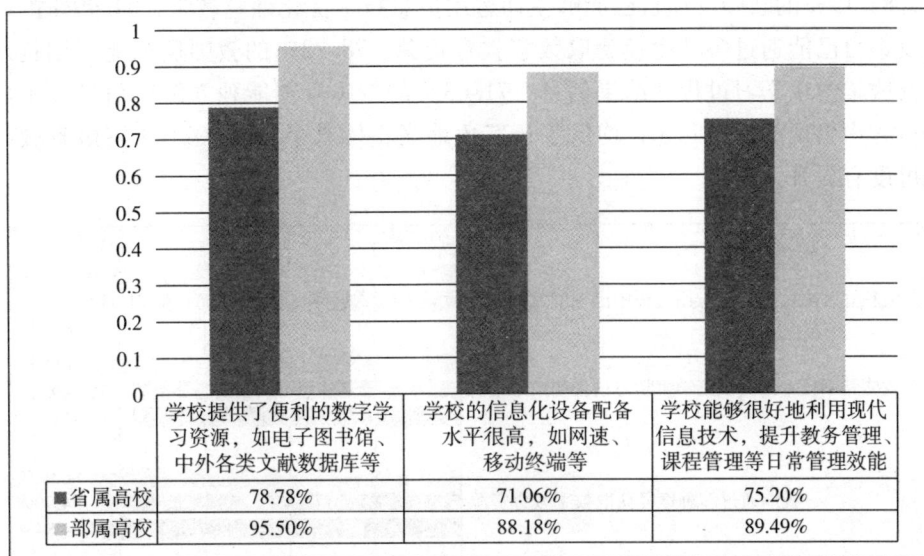

	学校提供了便利的数字学习资源，如电子图书馆、中外各类文献数据库等	学校的信息化设备配备水平很高，如网速、移动终端等	学校能够很好地利用现代信息技术，提升教务管理、课程管理等日常管理效能
省属高校	78.78%	71.06%	75.20%
部属高校	95.50%	88.18%	89.49%

图9－224　安徽省不同类型学校教师在学校信息化方面的反馈

安徽省不同属性学校教师在学校信息化方面的反馈如图9－225所示。公办高校教师认可学校信息化配备及管理信息化的比例明显高于民办高校教师。

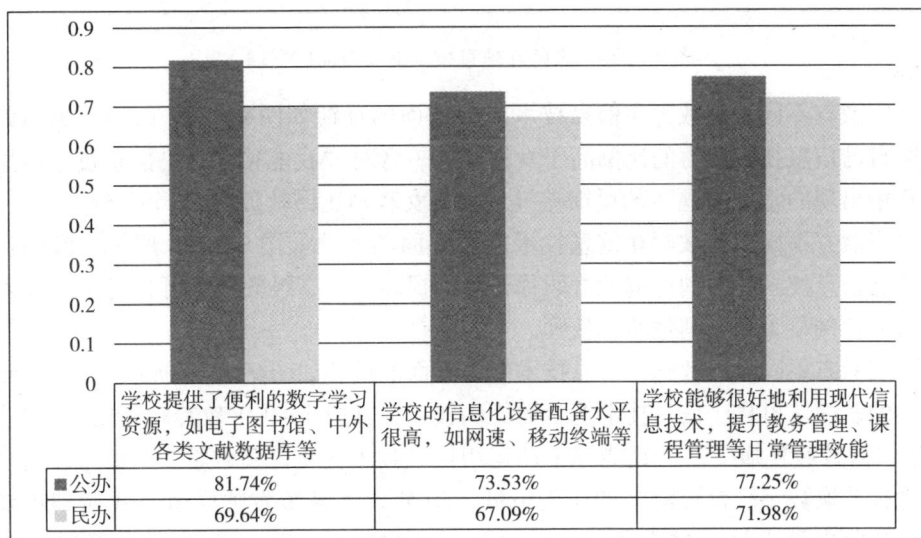

	学校提供了便利的数字学习资源，如电子图书馆、中外各类文献数据库等	学校的信息化设备配备水平很高，如网速、移动终端等	学校能够很好地利用现代信息技术，提升教务管理、课程管理等日常管理效能
公办	81.74%	73.53%	77.25%
民办	69.64%	67.09%	71.98%

图9－225　安徽省不同属性学校教师在学校信息化方面的反馈

2. 高校教师对自己的信息技术能力的评价低于长三角地区整体水平

教师在信息技术能力方面的反馈如图9-226所示。安徽省接受调查的教师中，84.19%的教师反馈自己能够主动运用信息技术优化课堂教学，84.99%的教师反馈自己能通过多种途径获取数字教育资源，78.72%的教师反馈能利用技术工具收集学生学习过程和结果信息，71.03%的教师反馈能独立解决信息技术应用过程中出现的常见问题；均低于长三角地区整体水平；较2021年安徽省教师认可度有提升。

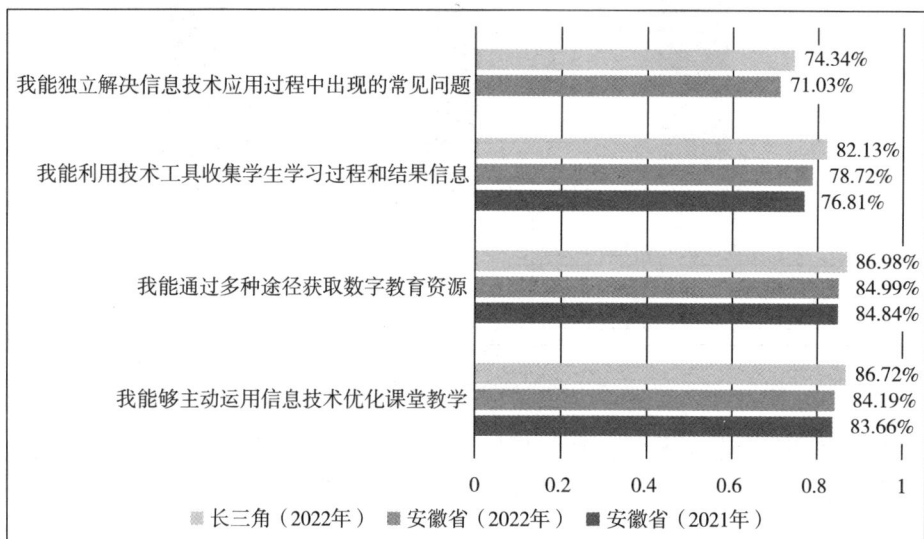

图9-226 教师在信息技术能力方面的反馈

安徽省不同性别教师在信息技术能力方面的反馈如图9-227所示。男教师认可自己信息技术能力的比例高于女教师。二者对"我能独立解决信息技术应用过程中出现的常见问题"的反馈差异最大，女教师比男教师低11个百分点。

安徽省不同职称教师在信息技术能力方面的反馈如图9-228所示。教师认可自己信息技术能力的比例随着职称升高而提高，正高级教师认可自己信息技术能力的比例显著高于其他职称教师。

安徽省不同教龄教师在信息技术能力方面的反馈如图9-229所示。5~29年教龄的教师认可自己信息技术能力的比例较高，其中5~9年教龄教师比例最高；5年以内教龄教师反馈"我能够主动运用信息技术优化课堂教学""我能通过多种途径获取数字教育资源"的比例最低，30年以上教龄教师反馈"我能利用技术工具收集学生学习过程和结果信息"的比例最低，30~39年教龄教师反馈"我能独立解决信息技术应用过程中出现的常见问题"的比例最低。

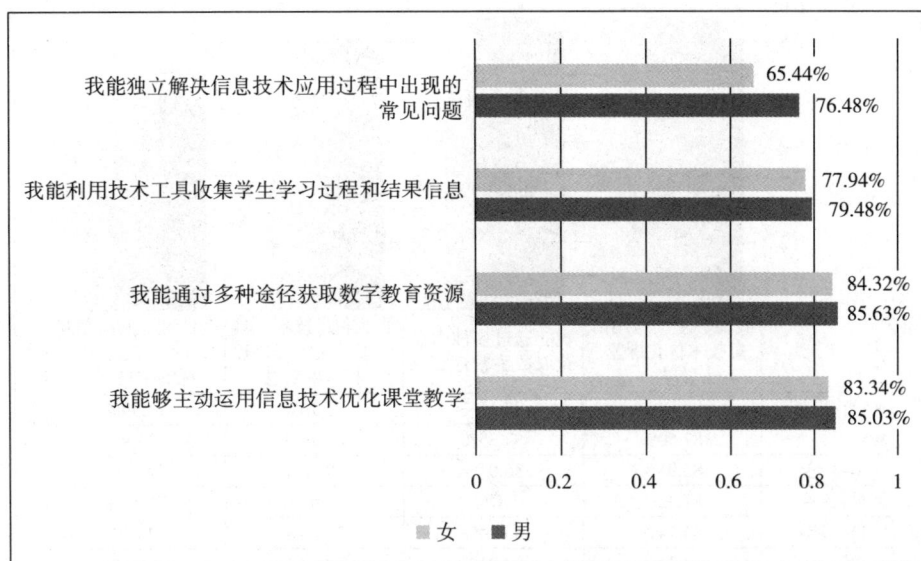

图 9-227 安徽省不同性别教师在信息技术能力方面的反馈

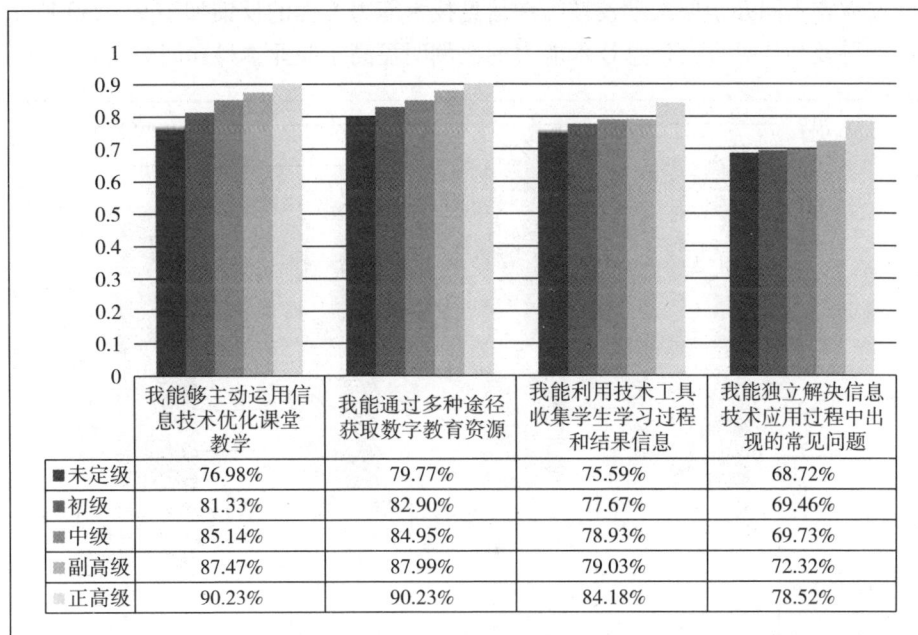

	我能够主动运用信息技术优化课堂教学	我能通过多种途径获取数字教育资源	我能利用技术工具收集学生学习过程和结果信息	我能独立解决信息技术应用过程中出现的常见问题
■未定级	76.98%	79.77%	75.59%	68.72%
■初级	81.33%	82.90%	77.67%	69.46%
■中级	85.14%	84.95%	78.93%	69.73%
■副高级	87.47%	87.99%	79.03%	72.32%
■正高级	90.23%	90.23%	84.18%	78.52%

图 9-228 安徽省不同职称教师在信息技术能力方面的反馈

	我能够主动运用信息技术优化课堂教学	我能通过多种途径获取数字教育资源	我能利用技术工具收集学生学习过程和结果信息	我能独立解决信息技术应用过程中出现的常见问题
■5年以内	80.64%	83.15%	77.76%	71.59%
■5~9年	87.50%	87.35%	81.79%	72.69%
■10~19年	85.93%	86.01%	79.78%	69.91%
■20~29年	87.32%	87%	78.01%	71.59%
■30~39年	84.74%	83.24%	75.45%	67.06%
□40年及以上	84.31%	84.31%	78.43%	72.55%

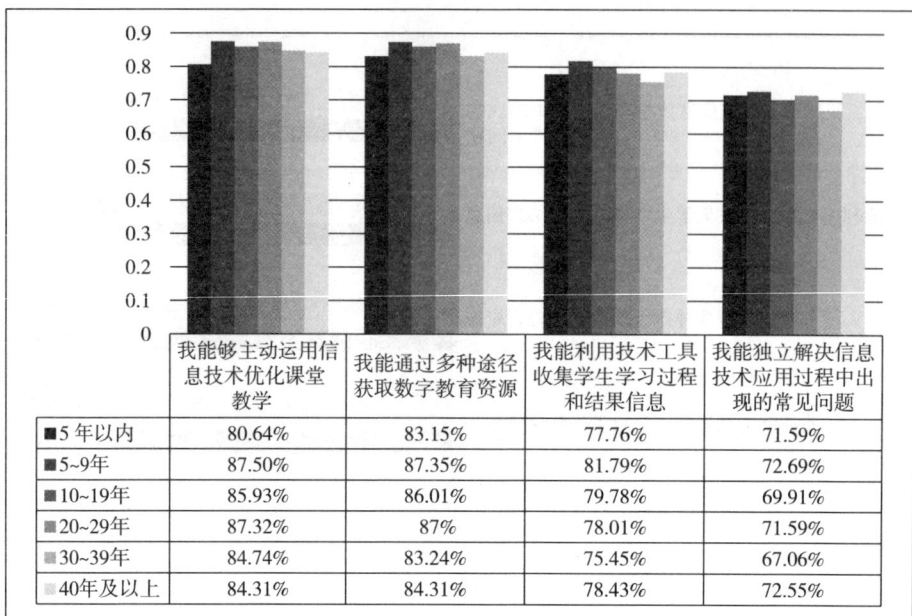

图9-229 安徽省不同教龄教师在信息技术能力方面的反馈

安徽省不同办学层次学校教师在信息技术能力方面的反馈如图9-230所示。普通本科教师认可自己信息技术能力的比例明显高于职业本科和高职高专。

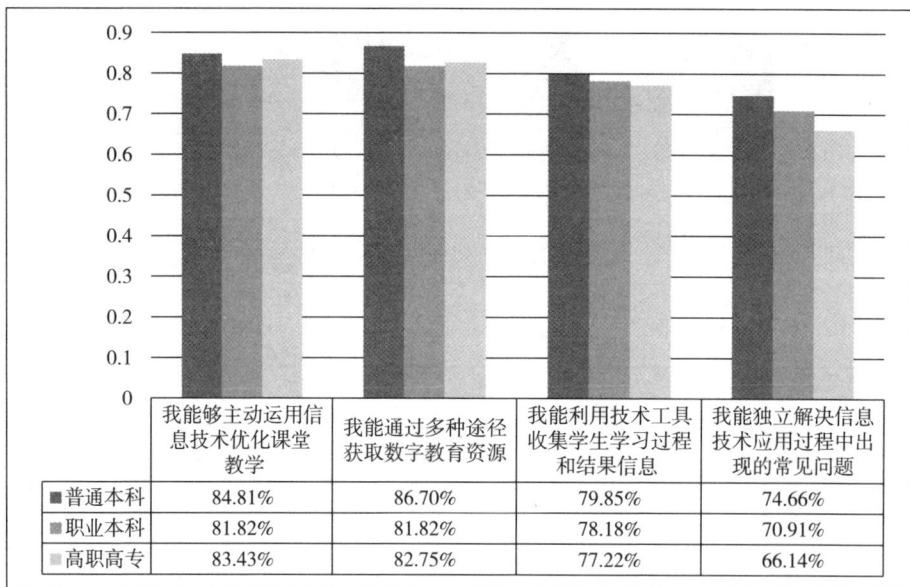

	我能够主动运用信息技术优化课堂教学	我能通过多种途径获取数字教育资源	我能利用技术工具收集学生学习过程和结果信息	我能独立解决信息技术应用过程中出现的常见问题
■普通本科	84.81%	86.70%	79.85%	74.66%
■职业本科	81.82%	81.82%	78.18%	70.91%
□高职高专	83.43%	82.75%	77.22%	66.14%

图9-230 安徽省不同办学层次学校教师在信息技术能力方面的反馈

安徽省不同类型学校教师在信息技术能力方面的反馈如图 9 - 231 所示。部属高校教师认可自己信息技术能力的比例明显高于省属高校。

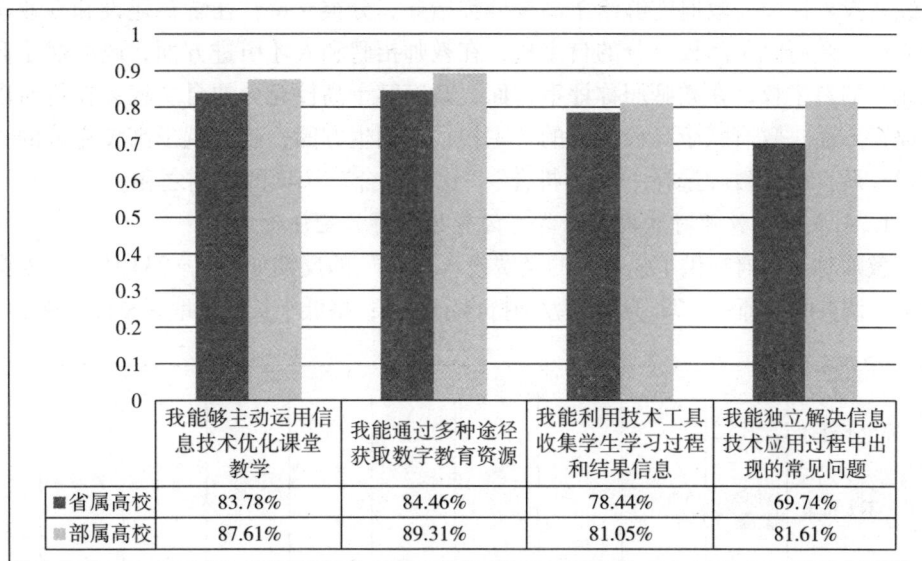

	我能够主动运用信息技术优化课堂教学	我能通过多种途径获取数字教育资源	我能利用技术工具收集学生学习过程和结果信息	我能独立解决信息技术应用过程中出现的常见问题
■省属高校	83.78%	84.46%	78.44%	69.74%
■部属高校	87.61%	89.31%	81.05%	81.61%

图 9 - 231　安徽省不同类型学校教师在信息技术能力方面的反馈

安徽省不同属性学校教师在信息技术能力方面的反馈如图 9 - 232 所示。公办高校教师认可自己信息技术能力的比例高于民办高校教师。

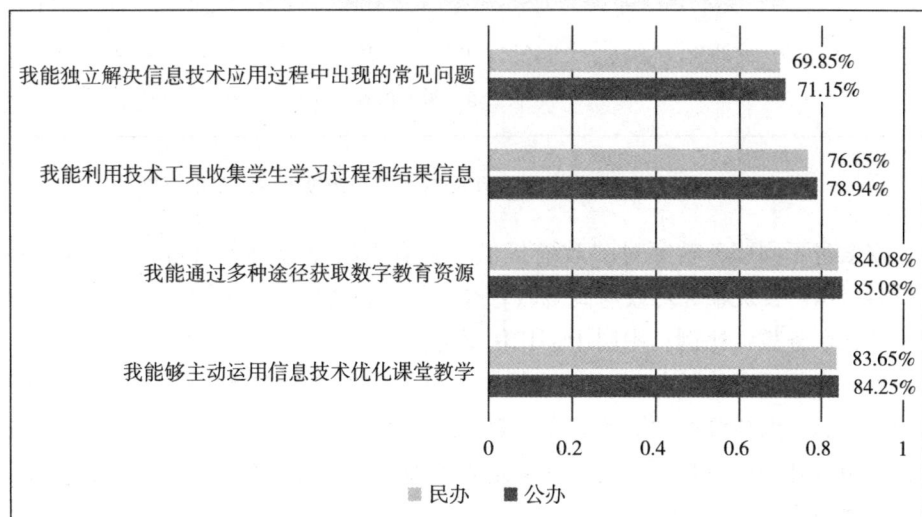

图 9 - 232　安徽省不同属性学校教师在信息技术能力方面的反馈

（二）政府依法治教

在高校教师问卷中有 7 个题目表述，分别为：政府对高等教育提供了强有力的经费投入保障；政府能够给予高校分类指导、分类支持；在学科建设和专业建设方面，政府赋予高校充分的自主权；在教师招聘和人才引进方面，政府赋予高校充分的自主权；在教师职称评审方面，政府赋予高校充分的自主权；在科研项目评审方面，政府赋予高校充分的自主权；在招生方面，政府赋予高校充分的自主权。调查统计教师选择"完全符合""比较符合"选项的比例之和。

1. 七成以上教师对政府高等教育经费投入持肯定评价

教师对"政府提供了强有力的经费投入保障"的反馈如图 9-233 所示。安徽省接受调查的教师中，72.34% 的教师持肯定回答；略低于长三角地区整体水平。

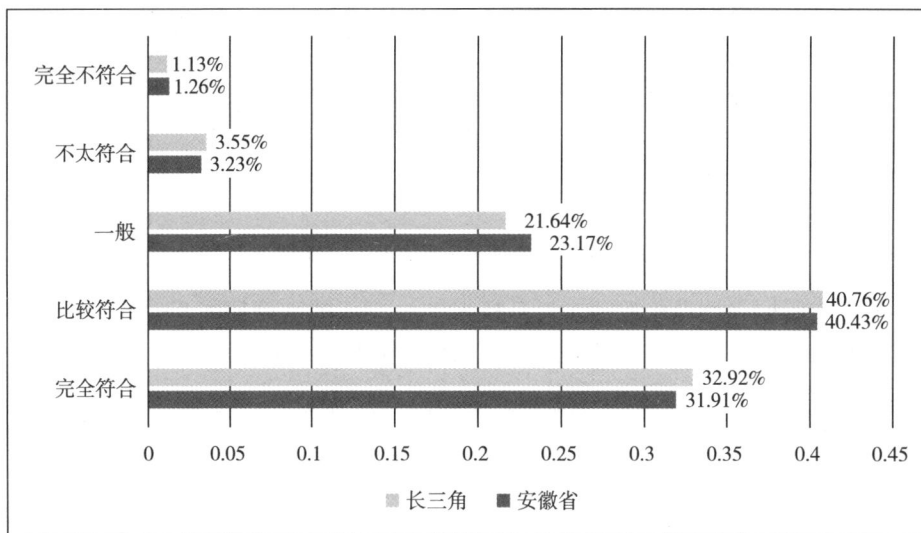

图 9-233　教师对"政府提供了强有力的经费投入保障"的反馈

安徽省不同职务教师对"政府提供了强有力的经费投入保障"的反馈如图 9-234 所示。校级领导对政府高等教育经费投入持肯定评价的比例高达 85%，远高于其他职务教师比例；中层干部比例最低。

安徽省不同职称教师对"政府提供了强有力的经费投入保障"的反馈如图 9-235 所示。副高级教师对政府高等教育经费投入持肯定评价的比例最低，其次是正高级教师和中级教师，初级和未定级教师对政府高等教育经费投入持肯定评价的比例较高。

安徽省不同办学层次学校教师对"政府提供了强有力的经费投入保障"的

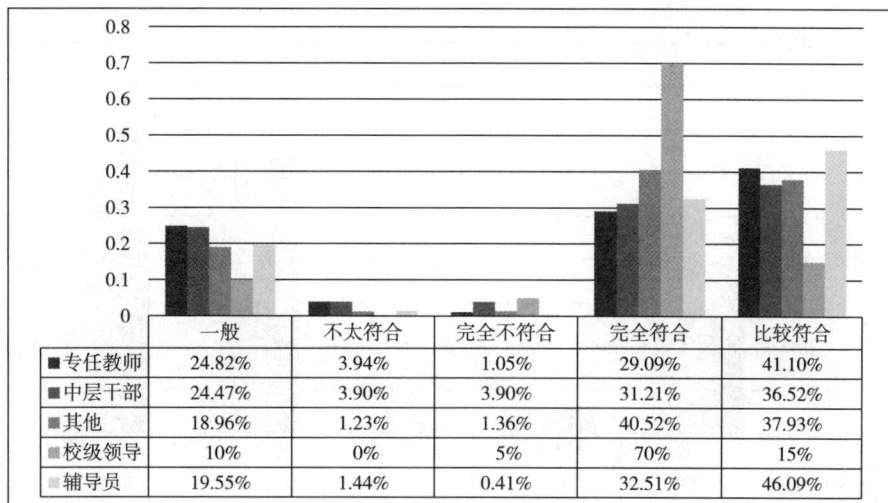

	一般	不太符合	完全不符合	完全符合	比较符合
专任教师	24.82%	3.94%	1.05%	29.09%	41.10%
中层干部	24.47%	3.90%	3.90%	31.21%	36.52%
其他	18.96%	1.23%	1.36%	40.52%	37.93%
校级领导	10%	0%	5%	70%	15%
辅导员	19.55%	1.44%	0.41%	32.51%	46.09%

图9-234　安徽省不同职务教师对"政府提供了强有力的经费投入保障"的反馈

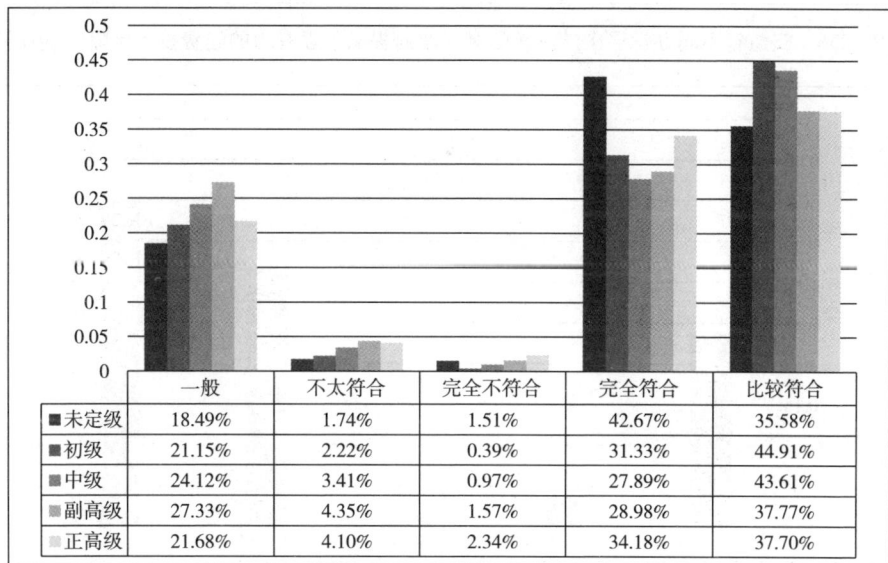

	一般	不太符合	完全不符合	完全符合	比较符合
未定级	18.49%	1.74%	1.51%	42.67%	35.58%
初级	21.15%	2.22%	0.39%	31.33%	44.91%
中级	24.12%	3.41%	0.97%	27.89%	43.61%
副高级	27.33%	4.35%	1.57%	28.98%	37.77%
正高级	21.68%	4.10%	2.34%	34.18%	37.70%

图9-235　安徽省不同职称教师对"政府提供了强有力的经费投入保障"的反馈

反馈如图9-236所示。高职高专、普通本科教师对政府高等教育经费投入持肯定评价的比例显著高于职业本科教师。

安徽省不同类型学校教师对"政府提供了强有力的经费投入保障"的反馈如图9-237所示。部属高校教师对政府高等教育经费投入持肯定评价的比例显著高于省属高校教师。

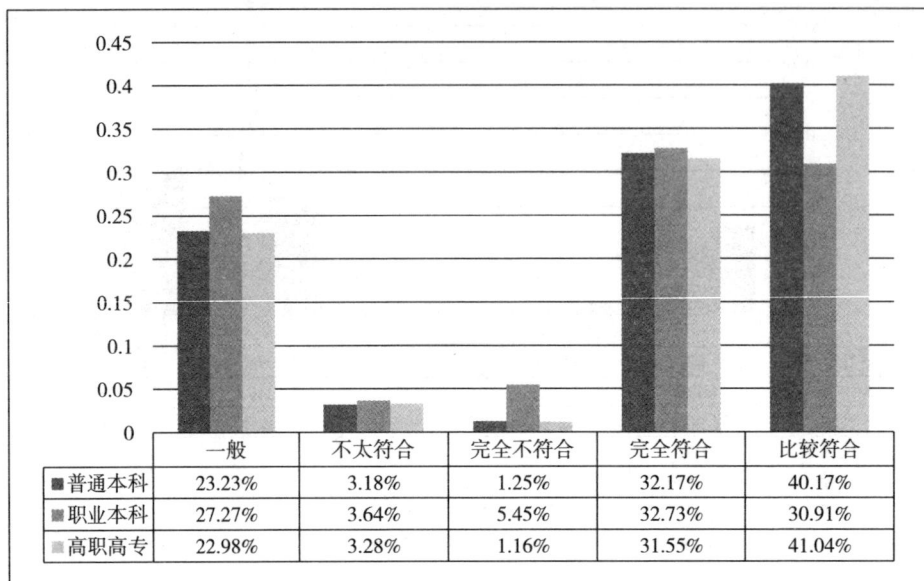

	一般	不太符合	完全不符合	完全符合	比较符合
■普通本科	23.23%	3.18%	1.25%	32.17%	40.17%
■职业本科	27.27%	3.64%	5.45%	32.73%	30.91%
高职高专	22.98%	3.28%	1.16%	31.55%	41.04%

图9-236　安徽省不同办学层次学校教师对"政府提供了强有力的经费投入保障"的反馈

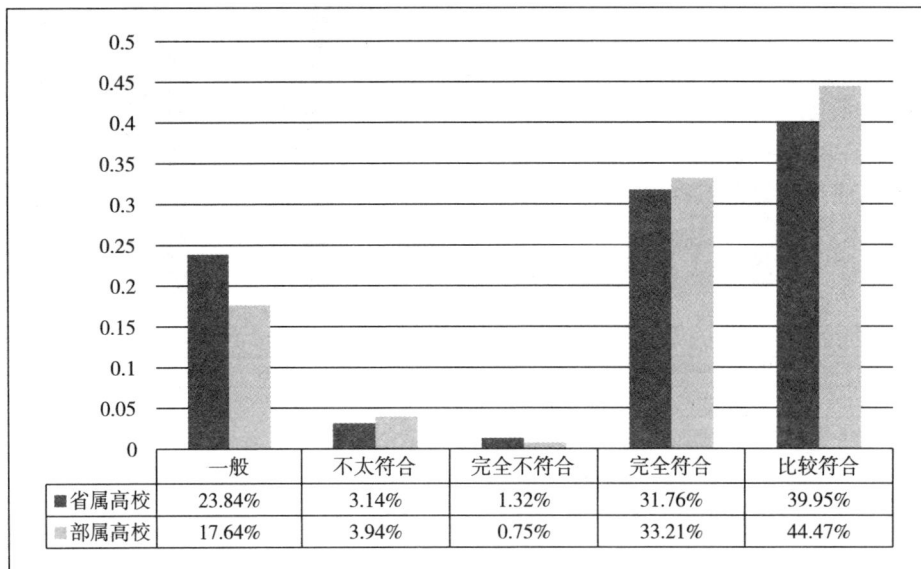

	一般	不太符合	完全不符合	完全符合	比较符合
■省属高校	23.84%	3.14%	1.32%	31.76%	39.95%
部属高校	17.64%	3.94%	0.75%	33.21%	44.47%

图9-237　安徽省不同类型学校教师对"政府提供了强有力的经费投入保障"的反馈

安徽省不同属性学校教师对"政府提供了强有力的经费投入保障"的反馈如图9-238所示。公办高校教师对政府高等教育经费投入持肯定评价的比例显著高于民办高校教师。

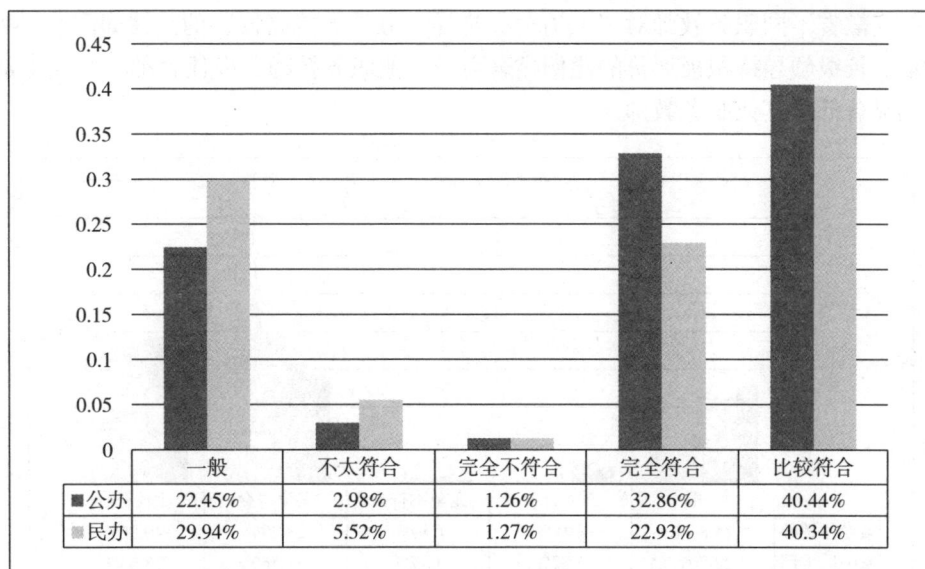

	一般	不太符合	完全不符合	完全符合	比较符合
■公办	22.45%	2.98%	1.26%	32.86%	40.44%
▦民办	29.94%	5.52%	1.27%	22.93%	40.34%

图9－238 安徽省不同属性学校教师对"政府提供了强有力的经费投入保障"的反馈

2. 七成以上教师对政府分类指导支持高校持积极评价

教师对"政府分类指导、分类支持高校"的反馈如图9－239所示。安徽省接受调查的教师中，71.52%的教师反馈政府能够给予高校分类指导、分类支持；略低于长三角地区整体水平。

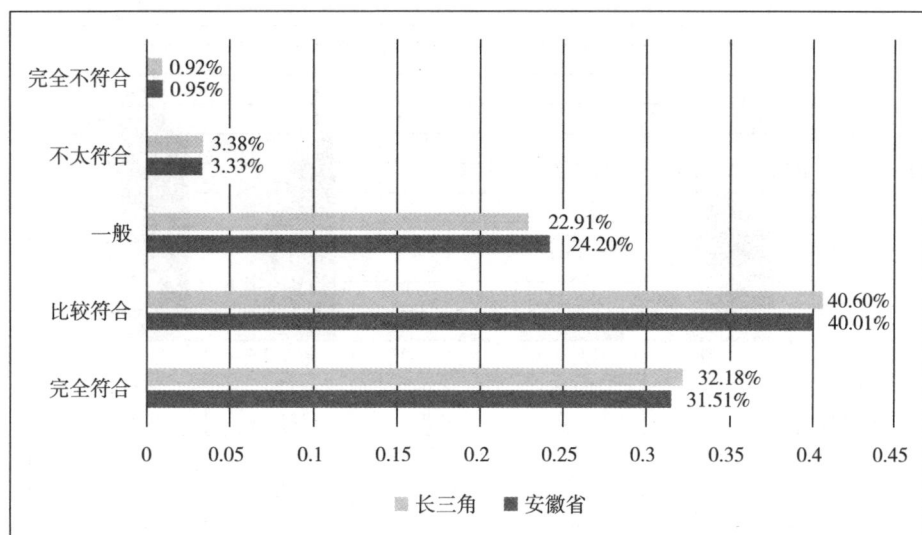

图9－239 教师对"政府分类指导、分类支持高校"的反馈

安徽省不同职务教师对"政府分类指导、分类支持高校"的反馈如图9‒240所示。校级领导持积极评价的比例显著高于其他职务教师，专任教师、中层干部比例显著低于其他职务教师。

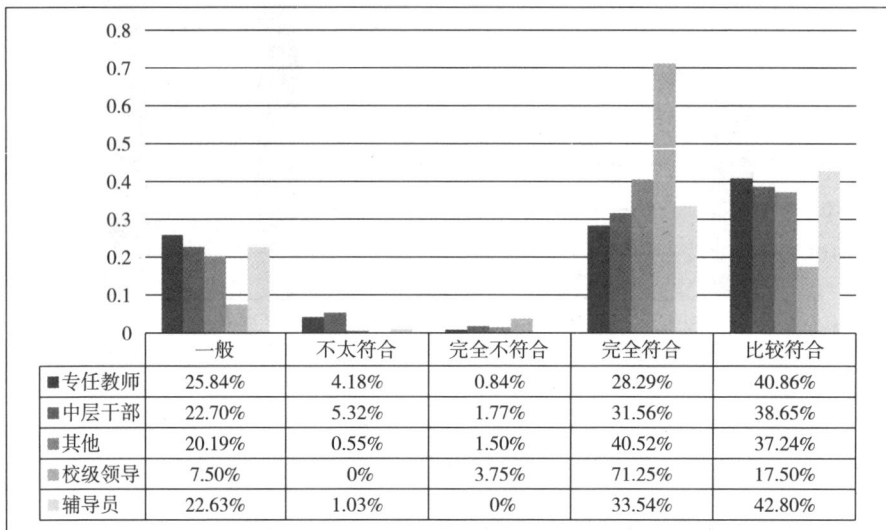

	一般	不太符合	完全不符合	完全符合	比较符合
专任教师	25.84%	4.18%	0.84%	28.29%	40.86%
中层干部	22.70%	5.32%	1.77%	31.56%	38.65%
其他	20.19%	0.55%	1.50%	40.52%	37.24%
校级领导	7.50%	0%	3.75%	71.25%	17.50%
辅导员	22.63%	1.03%	0%	33.54%	42.80%

图9‒240　安徽省不同职务教师对"政府分类指导、分类支持高校"的反馈

安徽省不同职称教师对"政府分类指导、分类支持高校"的反馈如图9‒241所示。随着职称升高，教师持积极评价的比例呈降低趋势，副高级教师比例最低。

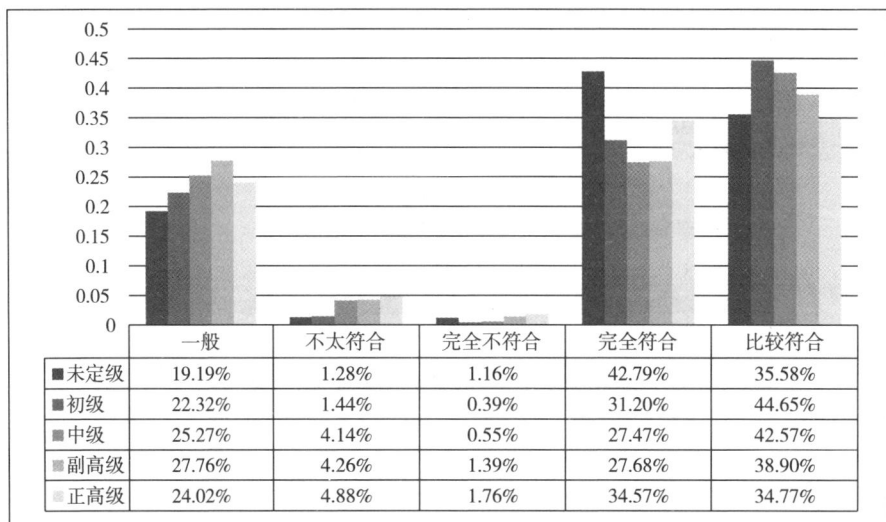

	一般	不太符合	完全不符合	完全符合	比较符合
未定级	19.19%	1.28%	1.16%	42.79%	35.58%
初级	22.32%	1.44%	0.39%	31.20%	44.65%
中级	25.27%	4.14%	0.55%	27.47%	42.57%
副高级	27.76%	4.26%	1.39%	27.68%	38.90%
正高级	24.02%	4.88%	1.76%	34.57%	34.77%

图9‒241　安徽省不同职称教师对"政府分类指导、分类支持高校"的反馈

安徽省不同办学层次学校教师对"政府分类指导、分类支持高校"的反馈如图9-242所示。高职高专、普通本科教师持积极评价的比例显著高于职业本科教师。

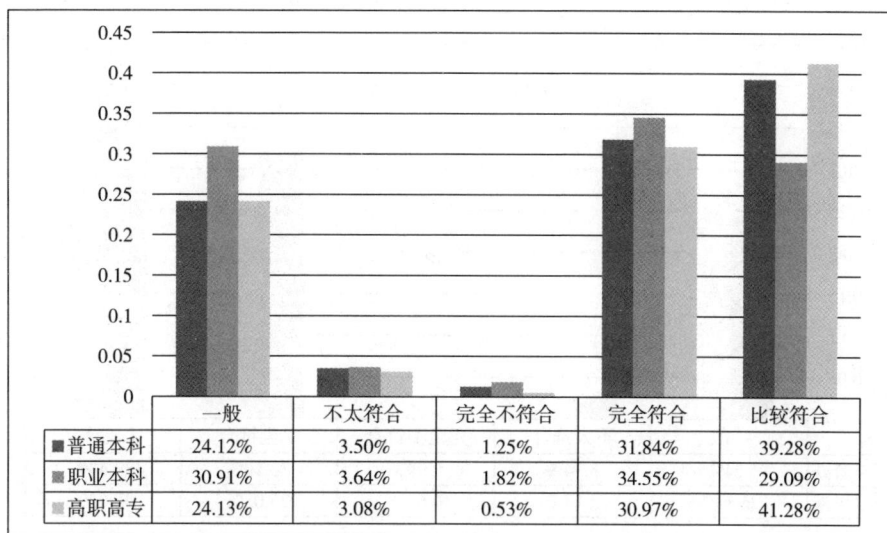

	一般	不太符合	完全不符合	完全符合	比较符合
■普通本科	24.12%	3.50%	1.25%	31.84%	39.28%
■职业本科	30.91%	3.64%	1.82%	34.55%	29.09%
■高职高专	24.13%	3.08%	0.53%	30.97%	41.28%

图9-242　安徽省不同办学层次学校教师对"政府分类指导、分类支持高校"的反馈

安徽省不同类型学校教师对"政府分类指导、分类支持高校"的反馈如图9-243所示。省属高校教师持积极评价的比例略高于部属高校教师。

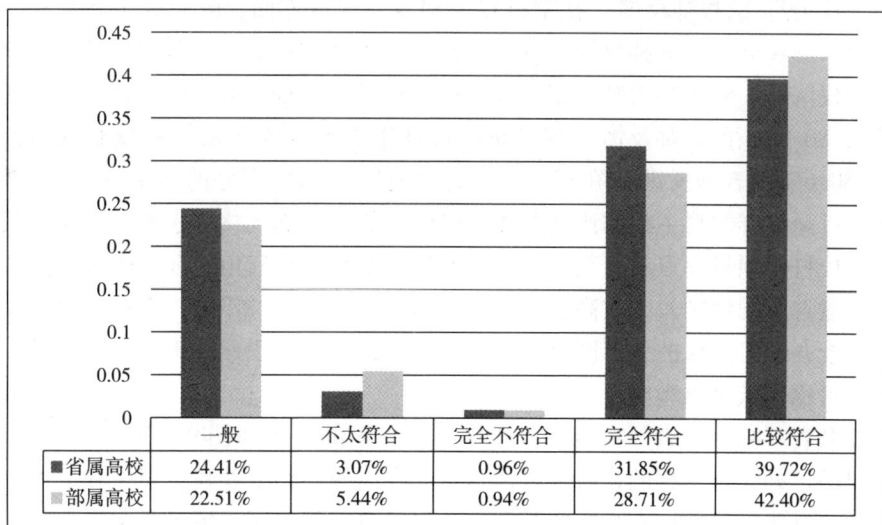

	一般	不太符合	完全不符合	完全符合	比较符合
■省属高校	24.41%	3.07%	0.96%	31.85%	39.72%
■部属高校	22.51%	5.44%	0.94%	28.71%	42.40%

图9-243　安徽省不同类型学校教师对"政府分类指导、分类支持高校"的反馈

安徽省不同属性学校教师对"政府分类指导、分类支持高校"的反馈如图 9-244所示。公办高校教师持积极评价的比例略高于民办高校教师。

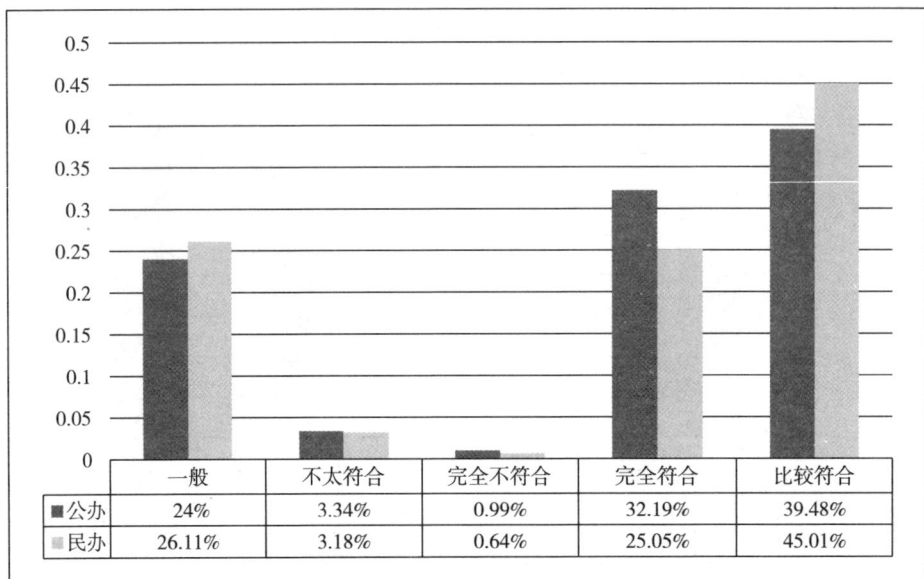

	一般	不太符合	完全不符合	完全符合	比较符合
■公办	24%	3.34%	0.99%	32.19%	39.48%
民办	26.11%	3.18%	0.64%	25.05%	45.01%

图9-244 安徽省不同属性学校教师对"政府分类指导、分类支持高校"的反馈

3. 教师对高校办学自主权的认可度较高

教师在高校办学自主权方面的反馈如图 9-245 所示。安徽省接受调查的教师中，77.09%的教师反馈"在学科建设和专业建设方面，政府赋予高校充分的自主权"，81.38%的教师反馈"在教师招聘和人才引进方面，政府赋予高校充分的自主权"，81.85%的教师反馈"在教师职称评审方面，政府赋予高校充分的自主权"，80.28%的教师反馈"在科研项目评审方面，政府赋予高校充分的自主权"，80.6%的教师反馈"在招生方面，政府赋予高校充分的自主权"；安徽省教师认可高校办学自主权的比例总体上略低于长三角地区整体水平；安徽省教师反馈学校科研项目评审具有充分自主权的比例略高于长三角地区整体水平。

安徽省不同性别教师在高校办学自主权方面的反馈如图 9-246 所示。女教师对高校办学自主权的认可度总体高于男教师；在教师职称评审自主权方面，女教师认可比例低于男教师。

安徽省不同职务教师在高校办学自主权方面的反馈如图 9-247 所示。校级领导对高校办学自主权的认可度总体最高。在高校学科专业建设自主权方面，专任教师认可比例最低；在教师招聘和人才引进自主权方面，辅导员和专任教师认可比例较低；在教师职称评审自主权方面，中层干部认可比例最高；在科研项目

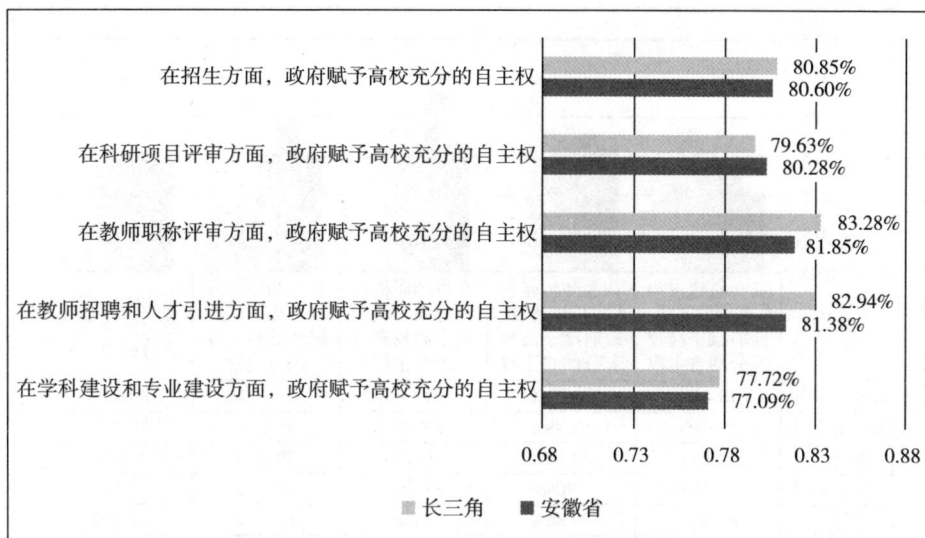

图9-245　教师在高校办学自主权方面的反馈

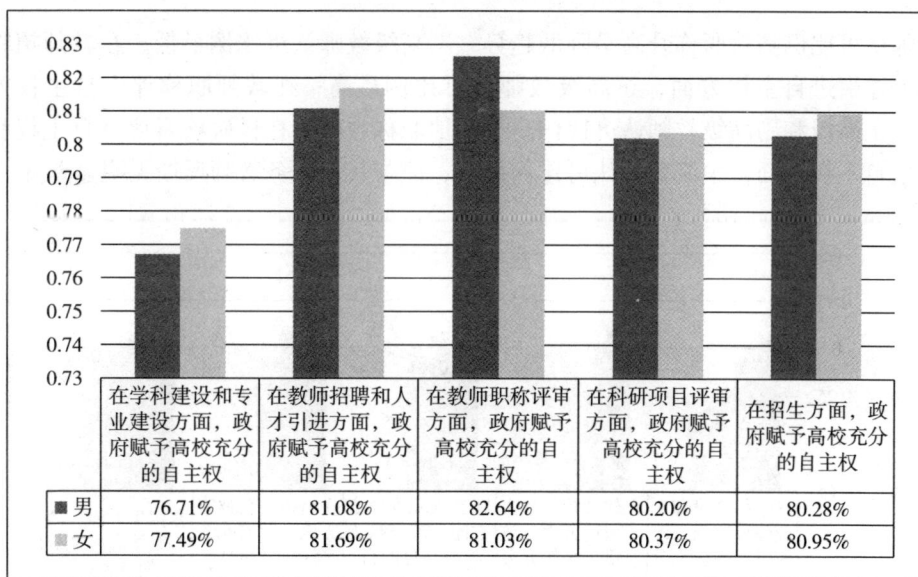

	在学科建设和专业建设方面，政府赋予高校充分的自主权	在教师招聘和人才引进方面，政府赋予高校充分的自主权	在教师职称评审方面，政府赋予高校充分的自主权	在科研项目评审方面，政府赋予高校充分的自主权	在招生方面，政府赋予高校充分的自主权
男	76.71%	81.08%	82.64%	80.20%	80.28%
女	77.49%	81.69%	81.03%	80.37%	80.95%

图9-246　安徽省不同性别教师在高校办学自主权方面的反馈

评审自主权方面，专任教师和其他教师认可比例较低；在招生自主权方面，除校领导外，其他职务教师反馈无明显差异。

安徽省不同职称教师在高校办学自主权方面的反馈如图9-248所示。正高级教师对高校办学自主权的认可度总体最高。在高校学科专业建设自主权方面，

	在学科建设和专业建设方面，政府赋予高校充分的自主权	在教师招聘和人才引进方面，政府赋予高校充分的自主权	在教师职称评审方面，政府赋予高校充分的自主权	在科研项目评审方面，政府赋予高校充分的自主权	在招生方面，政府赋予高校充分的自主权
■ 专任教师	75.45%	81.09%	81.69%	79.78%	80.65%
■ 中层干部	79.08%	82.98%	88.30%	85.10%	80.50%
■ 其他	80.76%	82.13%	80.09%	79.26%	79.54%
■ 校级领导	83.75%	90%	83.75%	88.75%	85%
辅导员	80.66%	79.84%	81.48%	81.07%	81.28%

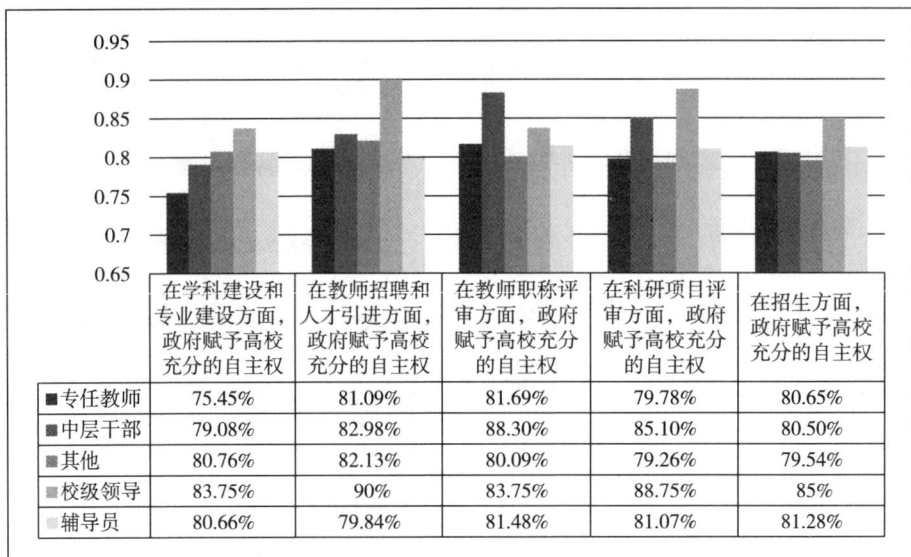

图 9-247　安徽省不同职务教师在高校办学自主权方面的反馈

教师认可比例随着职称升高呈降低趋势，副高级教师认可比例最低；在教师招聘和人才引进自主权方面，正高级教师认可比例最高；在教师职称评审自主权方面，正高级和副高级教师认可比例高于其他职称教师；在科研项目评审自主权和招生自主权方面，中级教师认可比例最低，但与其他职务教师反馈无明显差异。

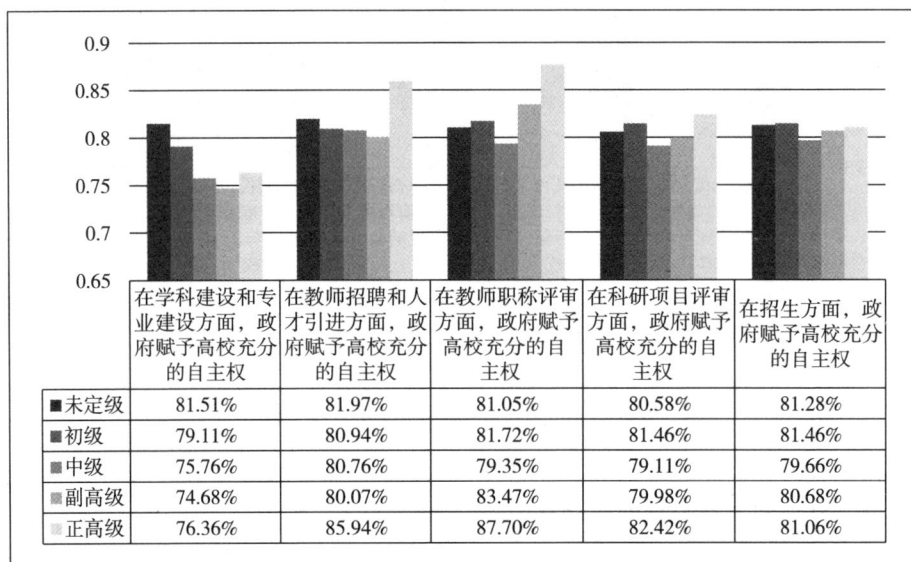

	在学科建设和专业建设方面，政府赋予高校充分的自主权	在教师招聘和人才引进方面，政府赋予高校充分的自主权	在教师职称评审方面，政府赋予高校充分的自主权	在科研项目评审方面，政府赋予高校充分的自主权	在招生方面，政府赋予高校充分的自主权
■ 未定级	81.51%	81.97%	81.05%	80.58%	81.28%
■ 初级	79.11%	80.94%	81.72%	81.46%	81.46%
■ 中级	75.76%	80.76%	79.35%	79.11%	79.66%
■ 副高级	74.68%	80.07%	83.47%	79.98%	80.68%
正高级	76.36%	85.94%	87.70%	82.42%	81.06%

图 9-248　安徽省不同职称教师在高校办学自主权方面的反馈

安徽省不同办学层次学校教师在高校办学自主权方面的反馈如图 9‑249 所示。普通本科教师对高校办学自主权的认可度总体最高，其次是高职高专，职业本科最低。教师对学科建设和专业建设自主权的反馈无明显差异，在其他方面普通本科、高职高专教师认可比例显著高于职业本科教师。

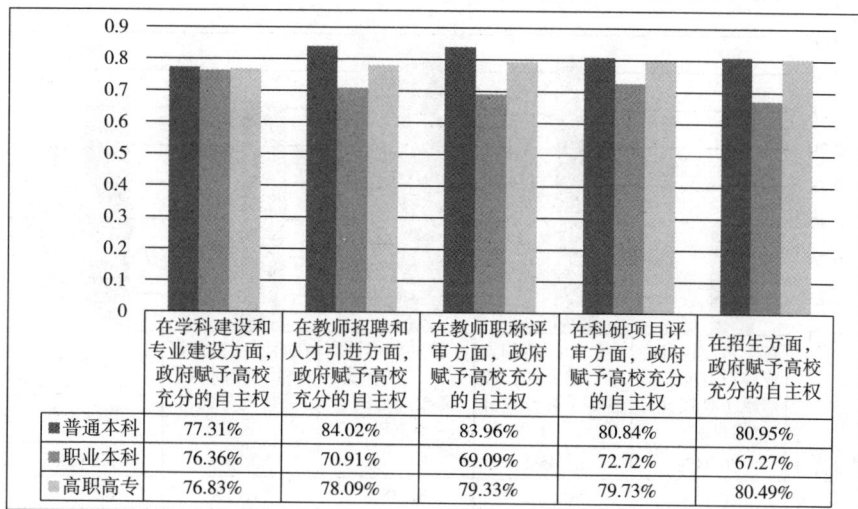

	在学科建设和专业建设方面，政府赋予高校充分的自主权	在教师招聘和人才引进方面，政府赋予高校充分的自主权	在教师职称评审方面，政府赋予高校充分的自主权	在科研项目评审方面，政府赋予高校充分的自主权	在招生方面，政府赋予高校充分的自主权
普通本科	77.31%	84.02%	83.96%	80.84%	80.95%
职业本科	76.36%	70.91%	69.09%	72.72%	67.27%
高职高专	76.83%	78.09%	79.33%	79.73%	80.49%

图 9‑249 安徽省不同办学层次学校教师在高校办学自主权方面的反馈

安徽省不同类型学校教师在高校办学自主权方面的反馈如图 9‑250 所示。部属高校教师对高校办学自主权的认可度显著高于省属高校教师。

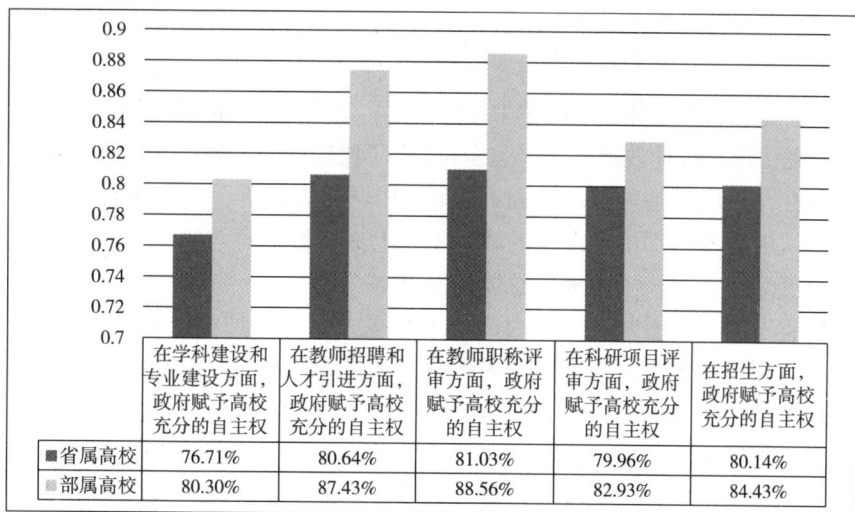

	在学科建设和专业建设方面，政府赋予高校充分的自主权	在教师招聘和人才引进方面，政府赋予高校充分的自主权	在教师职称评审方面，政府赋予高校充分的自主权	在科研项目评审方面，政府赋予高校充分的自主权	在招生方面，政府赋予高校充分的自主权
省属高校	76.71%	80.64%	81.03%	79.96%	80.14%
部属高校	80.30%	87.43%	88.56%	82.93%	84.43%

图 9‑250 安徽省不同类型学校教师在高校办学自主权方面的反馈

安徽省不同属性学校教师在高校办学自主权方面的反馈如图 9-251 所示。民办高校教师对高校办学自主权的认可度总体高于公办高校教师，但差异不明显。公办高校教师对教师招聘和人才引进自主权的认可比例高于民办高校教师。

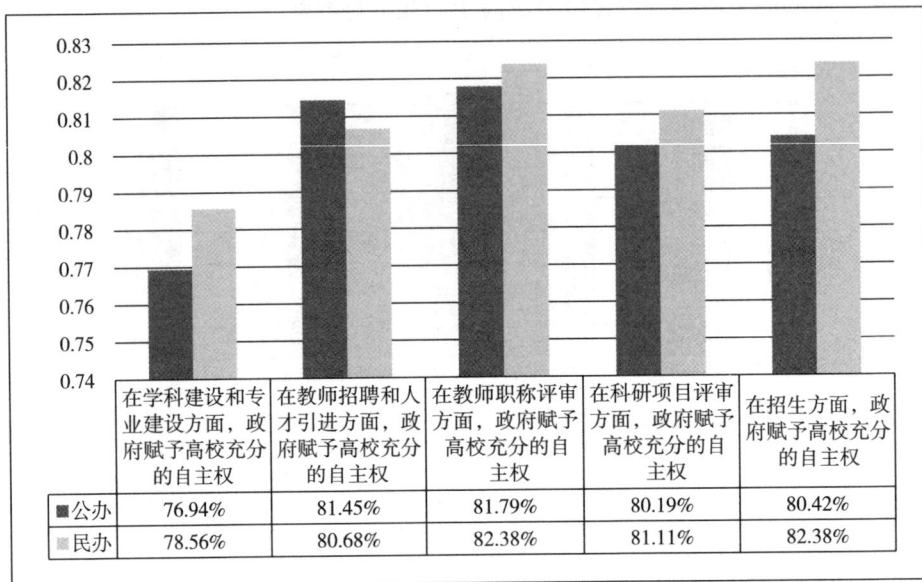

	在学科建设和专业建设方面，政府赋予高校充分的自主权	在教师招聘和人才引进方面，政府赋予高校充分的自主权	在教师职称评审方面，政府赋予高校充分的自主权	在科研项目评审方面，政府赋予高校充分的自主权	在招生方面，政府赋予高校充分的自主权
公办	76.94%	81.45%	81.79%	80.19%	80.42%
民办	78.56%	80.68%	82.38%	81.11%	82.38%

图 9-251　安徽省不同属性学校教师在高校办学自主权方面的反馈

（三）高校内部治理水平

在高校教师问卷中有 5 个题目表述，分别为：我们学校学术委员会在促进教师专业发展和学术领域发挥实质作用；我们学校教师职称评定不只是看论文与课题等学术成果；教职工代表大会在参与学校管理、保障教师合法权益方面影响较大；我们学校工会能在解决教师生活问题中发挥作用；学校或学院能及时回应和解决教师反馈的问题。调查统计教师选择"完全符合""比较符合"的比例之和。

教师在高校内部治理水平方面的反馈如图 9-252 所示。安徽省接受调查的教师中，认可学校内部治理水平的教师不到七成，教师对教职工代表大会作用发挥的认可度最低；与长三角地区总体情况基本一致。

安徽省不同教龄教师在高校内部治理水平方面的反馈如图 9-253 所示。教师对学校内部治理水平的认可度随着教龄升高呈降低趋势，教龄 5 年以内教师认可度最高，但教龄 40 年及以上教师认可度仅次于教龄 5 年以内教师。

安徽省不同职务教师在高校内部治理水平方面的反馈如图 9-254 所示。校级领导对学校内部治理水平的认可度显著高于其他职务教师，专任教师认可学校内部治理水平的比例最低。

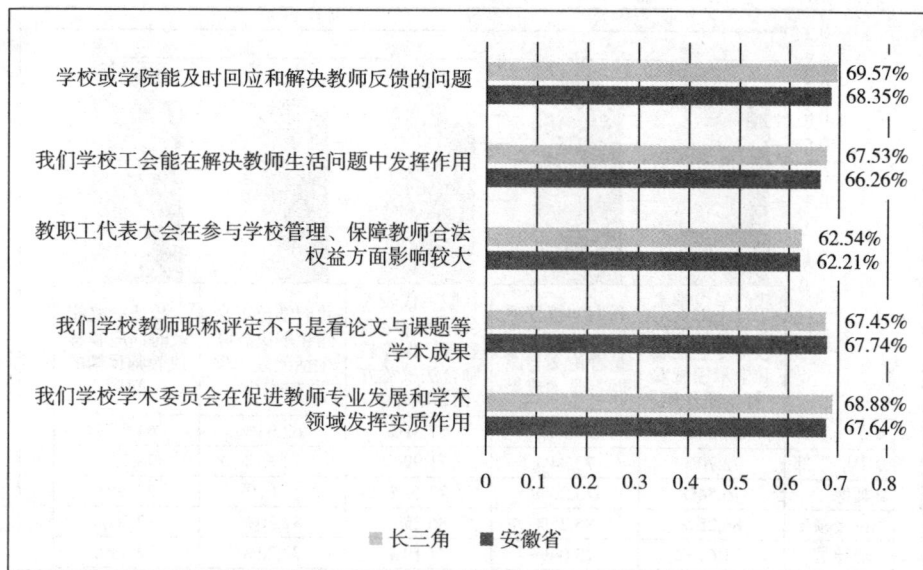

图 9 – 252 教师在高校内部治理水平方面的反馈

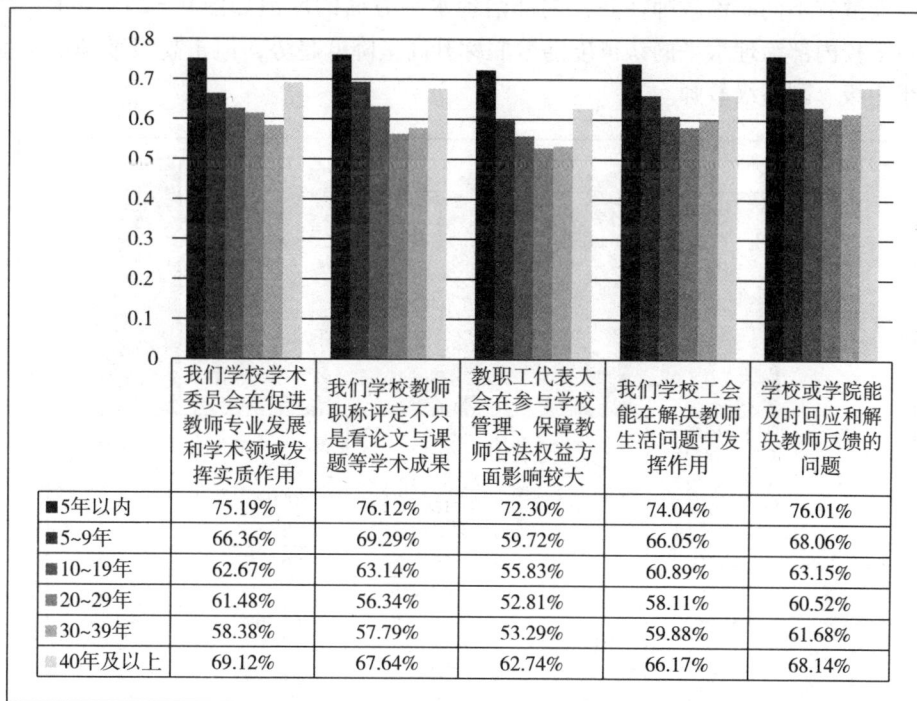

	我们学校学术委员会在促进教师专业发展和学术领域发挥实质作用	我们学校教师职称评定不只是看论文与课题等学术成果	教职工代表大会在参与学校管理、保障教师合法权益方面影响较大	我们学校工会能在解决教师生活问题中发挥作用	学校或学院能及时回应和解决教师反馈的问题
■5年以内	75.19%	76.12%	72.30%	74.04%	76.01%
■5~9年	66.36%	69.29%	59.72%	66.05%	68.06%
■10~19年	62.67%	63.14%	55.83%	60.89%	63.15%
■20~29年	61.48%	56.34%	52.81%	58.11%	60.52%
■30~39年	58.38%	57.79%	53.29%	59.88%	61.68%
□40年及以上	69.12%	67.64%	62.74%	66.17%	68.14%

图 9 – 253 安徽省不同教龄教师在高校内部治理水平方面的反馈

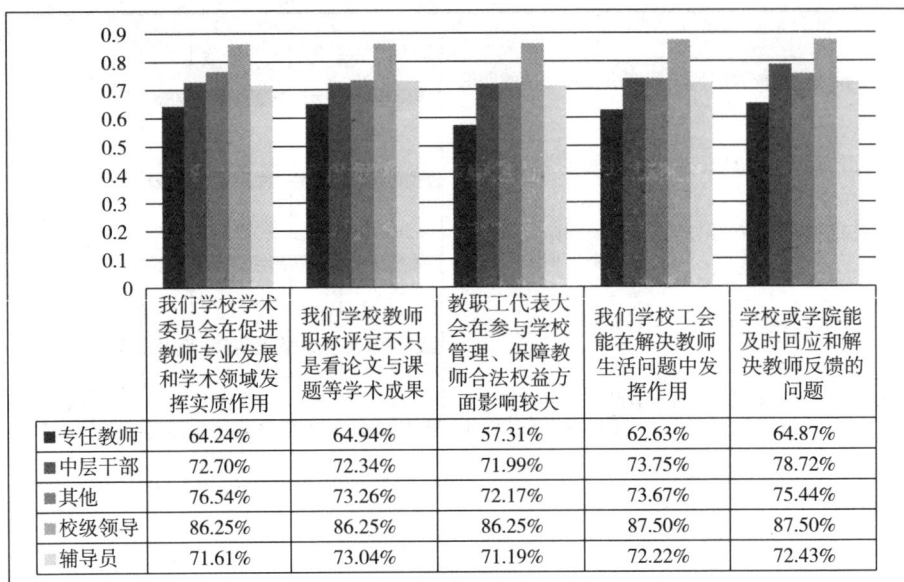

	我们学校学术委员会在促进教师专业发展和学术领域发挥实质作用	我们学校教师职称评定不只是看论文与课题等学术成果	教职工代表大会在参与学校管理、保障教师合法权益方面影响较大	我们学校工会能在解决教师生活问题中发挥作用	学校或学院能及时回应和解决教师反馈的问题
■ 专任教师	64.24%	64.94%	57.31%	62.63%	64.87%
■ 中层干部	72.70%	72.34%	71.99%	73.75%	78.72%
■ 其他	76.54%	73.26%	72.17%	73.67%	75.44%
■ 校级领导	86.25%	86.25%	86.25%	87.50%	87.50%
■ 辅导员	71.61%	73.04%	71.19%	72.22%	72.43%

图 9-254 安徽省不同职务教师在高校内部治理水平方面的反馈

安徽省不同职称教师在高校内部治理水平方面的反馈如图 9-255 所示。教师对学校内部治理水平的认可度随着职称升高呈降低趋势，但正高级教师认可度高于中级、副高级教师。

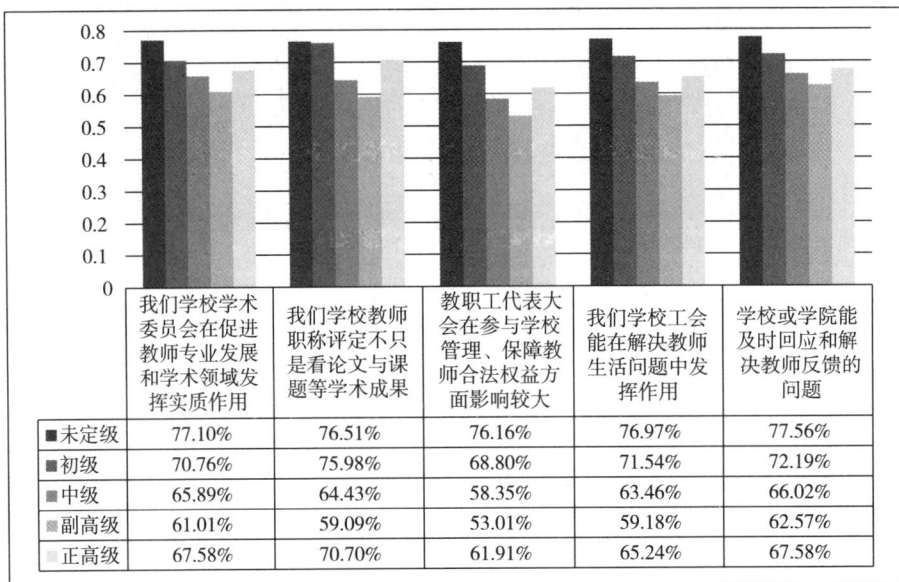

	我们学校学术委员会在促进教师专业发展和学术领域发挥实质作用	我们学校教师职称评定不只是看论文与课题等学术成果	教职工代表大会在参与学校管理、保障教师合法权益方面影响较大	我们学校工会能在解决教师生活问题中发挥作用	学校或学院能及时回应和解决教师反馈的问题
■ 未定级	77.10%	76.51%	76.16%	76.97%	77.56%
■ 初级	70.76%	75.98%	68.80%	71.54%	72.19%
■ 中级	65.89%	64.43%	58.35%	63.46%	66.02%
■ 副高级	61.01%	59.09%	53.01%	59.18%	62.57%
■ 正高级	67.58%	70.70%	61.91%	65.24%	67.58%

图 9-255 安徽省不同职称教师在高校内部治理水平方面的反馈

安徽省不同办学层次学校教师在高校内部治理水平方面的反馈如图 9 - 256 所示。普通本科教师对高校内部治理水平的认可度总体高于职业本科、高职高专。

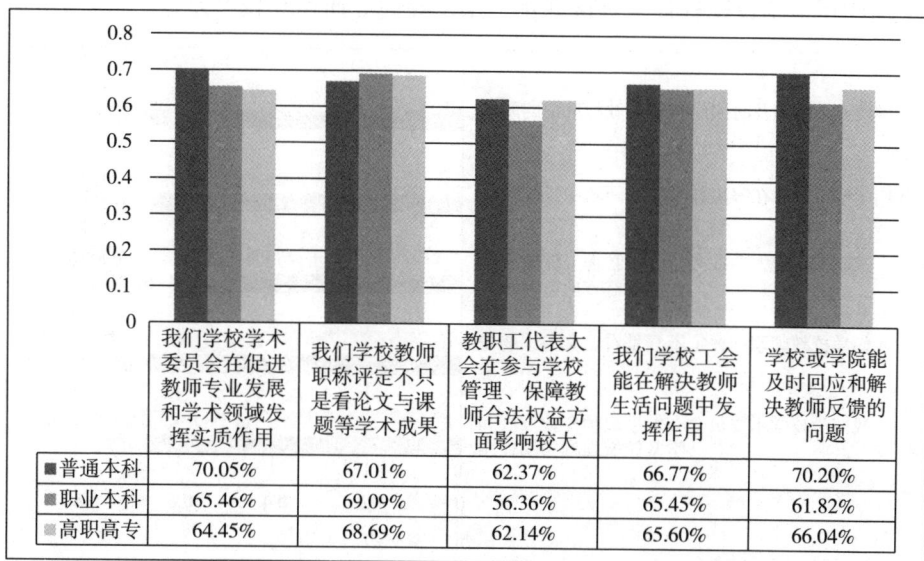

	我们学校学术委员会在促进教师专业发展和学术领域发挥实质作用	我们学校教师职称评定不只是看论文与课题等学术成果	教职工代表大会在参与学校管理、保障教师合法权益方面影响较大	我们学校工会能在解决教师生活问题中发挥作用	学校或学院能及时回应和解决教师反馈的问题
■普通本科	70.05%	67.01%	62.37%	66.77%	70.20%
■职业本科	65.46%	69.09%	56.36%	65.45%	61.82%
高职高专	64.45%	68.69%	62.14%	65.60%	66.04%

图 9 - 256　安徽省不同办学层次学校教师在高校内部治理水平方面的反馈

安徽省不同类型学校教师在高校内部治理水平方面的反馈如图 9 - 257 所示。部属高校教师认可学校学术委员会作用发挥的比例明显高于省属高校，省属高校教师认可教职工代表大会作用、学校职称评定标准非单一学术导向的比例明显高于部属高校。

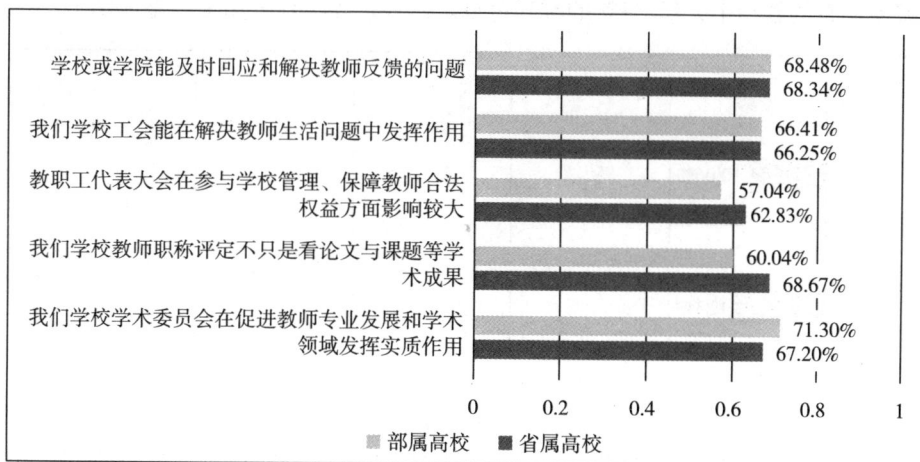

图 9 - 257　安徽省不同类型学校教师在高校内部治理水平方面的反馈

安徽省不同属性学校教师在高校内部治理水平方面的反馈如图9-258所示。民办高校教师对学校内部治理水平的认可度高于公办高校教师,二者在教职工代表大会作用、学校职称评定标准非单一学术导向方面存在较大差异。

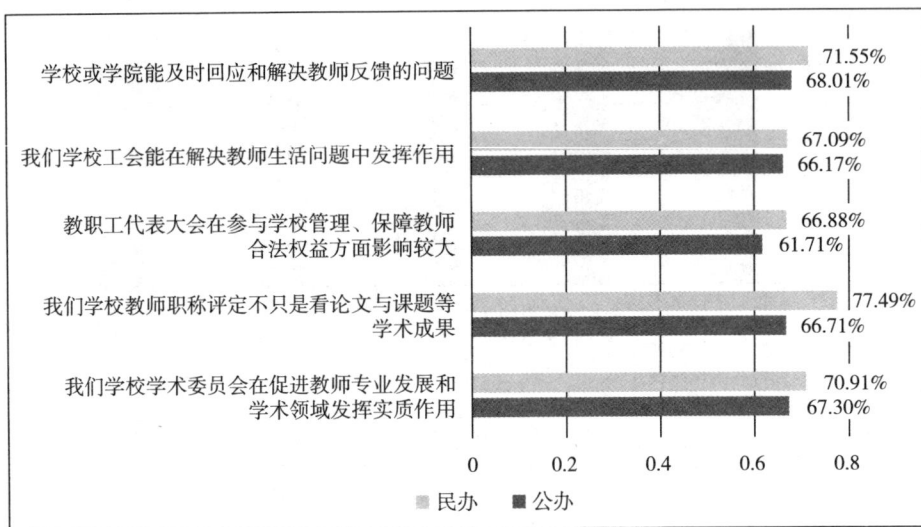

图9-258 安徽省不同属性学校教师在高校内部治理水平方面的反馈

(四)教师长三角跨省交流

在高校教师问卷中有1个题目表述,即"过去一年,您参加过长三角区域内的教师跨省交流吗?如轮岗交流、挂职、对口支援、联合培训等"。

教师对"过去一年是否参加长三角跨省交流"的反馈如图9-259所示。安徽省接受调查的教师中,12.34%的教师持肯定回答;高于长三角地区整体水平。

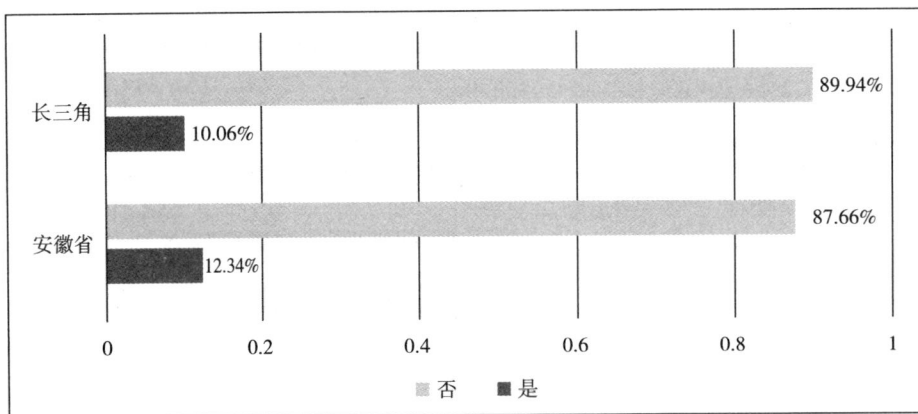

图9-259 教师对"过去一年是否参加长三角跨省交流"的反馈

安徽省不同性别教师对"过去一年是否参加长三角跨省交流"的反馈如图9－260所示。男教师持肯定回答的比例高于女教师。

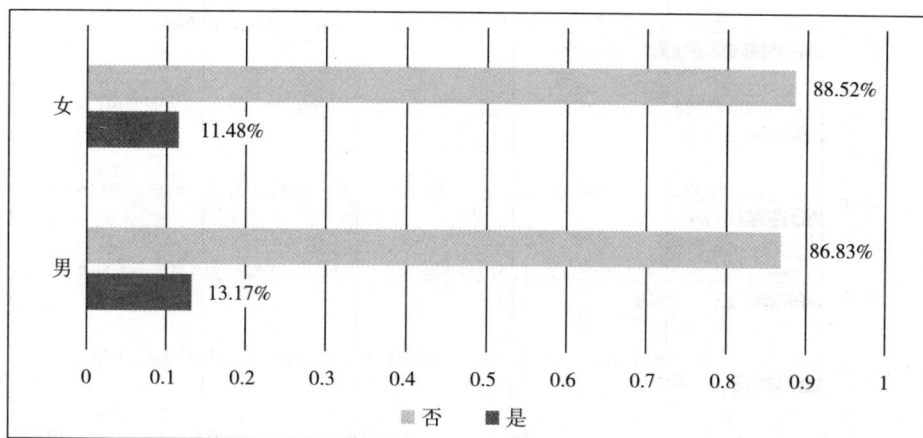

图9－260　安徽省不同性别教师对"过去一年是否参加长三角跨省交流"的反馈

安徽省不同职务教师对"过去一年是否参加长三角跨省交流"的反馈如图9－261所示。校级领导持肯定回答的比例显著高于其他职务教师，其次是中层干部，专任教师比例偏低。

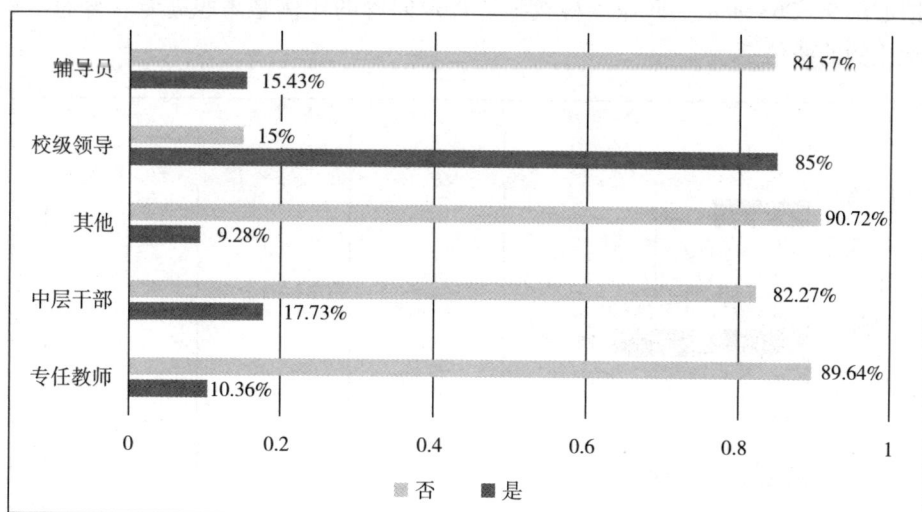

图9－261　安徽省不同职务教师对"过去一年是否参加长三角跨省交流"的反馈

安徽省不同职称教师对"过去一年是否参加长三角跨省交流"的反馈如图9－262所示。正高级教师持肯定回答的比例比其他职称教师高出一倍左右，副高级教师比例最低。

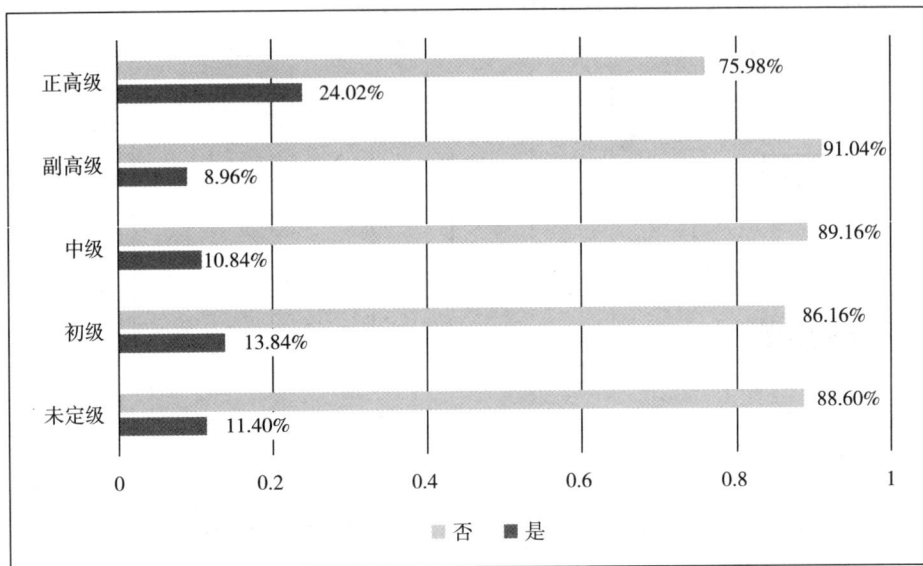

图 9 - 262 安徽省不同职称教师对"过去一年是否参加长三角跨省交流"的反馈

安徽省不同办学层次学校教师对"过去一年是否参加长三角跨省交流"的反馈如图 9 - 263 所示。职业本科教师持肯定回答的比例是高职高专、普通本科教师比例的两倍多。

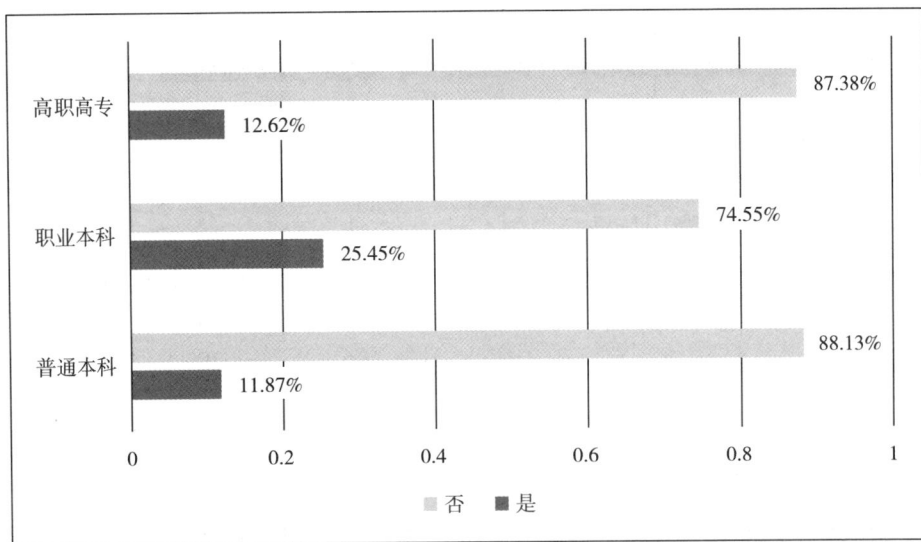

图 9 - 263 安徽省不同办学层次学校教师对"过去一年是否参加长三角跨省交流"的反馈

安徽省不同类型学校教师对"过去一年是否参加长三角跨省交流"的反馈如图 9 - 264 所示。省属高校教师持肯定回答的比例显著高于部属高校教师，部属高校反馈参加了长三角教师交流的比例不到 2%。

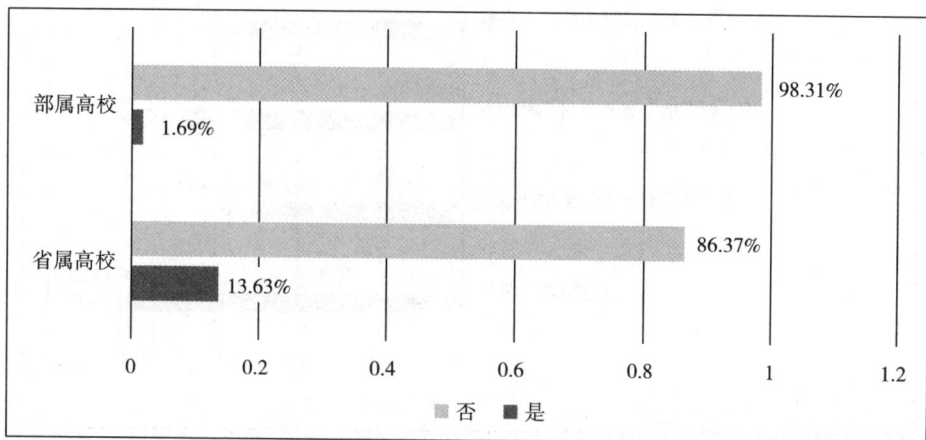

图 9 - 264　安徽省不同类型学校教师对"过去一年是否参加长三角跨省交流"的反馈

（五）线上教育质量

在高校教师问卷中有 5 个题目表述，分别是：我适应线上教学；学校在线教学质量的管理、支持、监督、反馈机制效果明显；线上教学过程中师生互动好；线上教学能够完成教学目标和内容；线上教学时学生能集中注意力。调查统计教师选择"完全符合""比较符合"的比例之和。

教师在线上教育质量方面的反馈如图 9 - 265 所示。安徽省接受调查的教师中，80.93% 的教师认为自己适应线上教学；51.24% 的教师认为线上教学时学生能集中注意力；68.19% 的教师认为线上教学能够完成教学目标和内容；56.73% 的教师认为线上教学过程中师生互动好；63.83% 的教师认为学校在线教学质量的管理、支持、监督、反馈机制效果明显；总体略低于长三角地区整体水平。教师认可线上教学适应性的比例最高，其次是线上教学完成度及学校在线教育管理成效，教师对线上教学师生互动效果及学生注意力的评价较低。可见，教师对线上教育质量的评价不高。

安徽省不同性别教师在线上教育质量方面的反馈如图 9 - 266 所示。女教师对线上教育质量持肯定评价的比例高于男教师。二者对线上教学过程中师生互动的评价差异最大，女教师比男教师高 2.8 个百分点。

安徽省不同职务教师在线上教育质量方面的反馈如图 9 - 267 所示。校级领导对线上教育质量持肯定评价的比例明显高于其他职务教师。除校级领导外，其

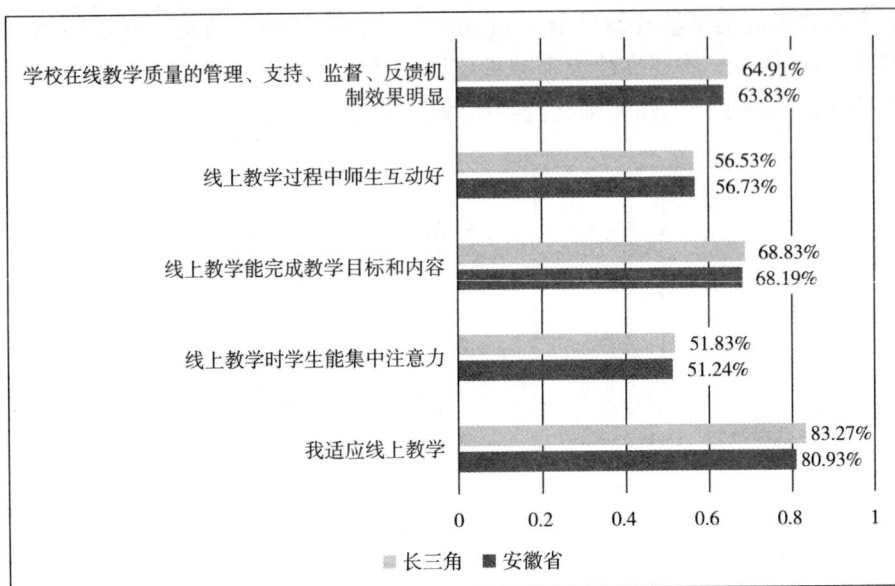

图 9 - 265　教师在线上教育质量方面的反馈

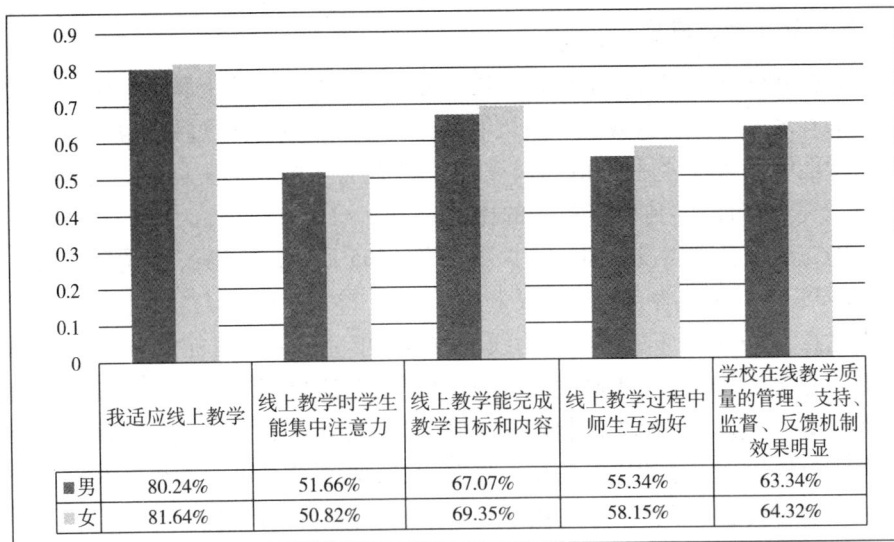

	我适应线上教学	线上教学时学生能集中注意力	线上教学能完成教学目标和内容	线上教学过程中师生互动好	学校在线教学质量的管理、支持、监督、反馈机制效果明显
男	80.24%	51.66%	67.07%	55.34%	63.34%
女	81.64%	50.82%	69.35%	58.15%	64.32%

图 9 - 266　安徽省不同性别教师在线上教育质量方面的反馈

他职务教师对线上教学学生注意力、师生互动持肯定评价的比例都较低，专任教师比例最低；中层干部对线上教学目标和内容完成情况持肯定评价的比例最低；专任教师对学校在线教学质量管理成效持肯定评价的比例最低。

安徽省不同教龄教师在线上教育质量方面的反馈如图 9 - 268 所示。教龄 5 年

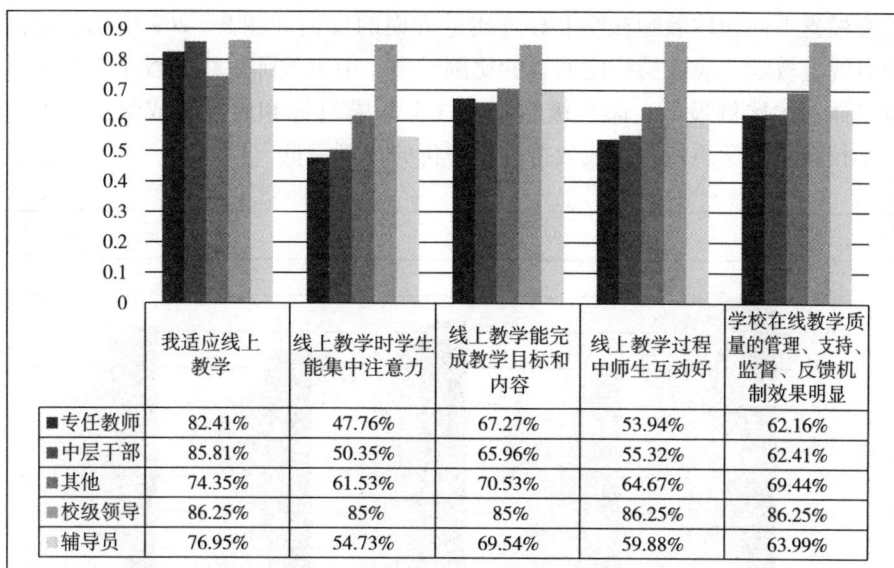

图 9－267　安徽省不同职务教师在线上教育质量方面的反馈

	我适应线上教学	线上教学时学生能集中注意力	线上教学能完成教学目标和内容	线上教学过程中师生互动好	学校在线教学质量的管理、支持、监督、反馈机制效果明显
■专任教师	82.41%	47.76%	67.27%	53.94%	62.16%
■中层干部	85.81%	50.35%	65.96%	55.32%	62.41%
■其他	74.35%	61.53%	70.53%	64.67%	69.44%
■校级领导	86.25%	85%	85%	86.25%	86.25%
■辅导员	76.95%	54.73%	69.54%	59.88%	63.99%

以内的教师对线上教学学生注意力、线上教学目标和内容完成情况、师生互动、学校在线教学质量管理成效持肯定评价的比例最高。教龄 5～29 年的教师对线上教学适应性持肯定回答的比例高于其他教龄教师。

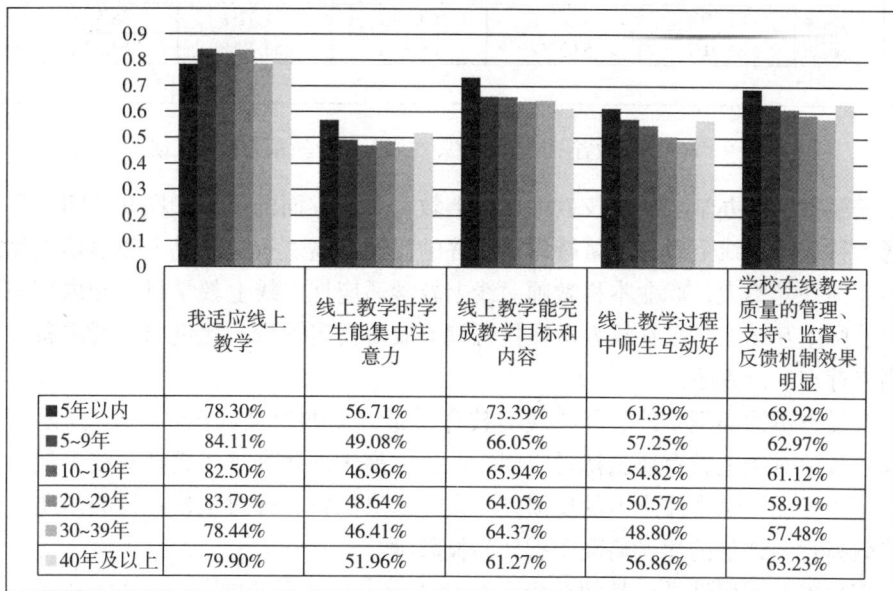

	我适应线上教学	线上教学时学生能集中注意力	线上教学能完成教学目标和内容	线上教学过程中师生互动好	学校在线教学质量的管理、支持、监督、反馈机制效果明显
■5年以内	78.30%	56.71%	73.39%	61.39%	68.92%
■5~9年	84.11%	49.08%	66.05%	57.25%	62.97%
■10~19年	82.50%	46.96%	65.94%	54.82%	61.12%
■20~29年	83.79%	48.64%	64.05%	50.57%	58.91%
■30~39年	78.44%	46.41%	64.37%	48.80%	57.48%
■40年及以上	79.90%	51.96%	61.27%	56.86%	63.23%

图 9－268　安徽省不同教龄教师在线上教育质量方面的反馈

安徽省不同职称教师在线上教育质量方面的反馈如图9-269所示。正高级教师对线上教学适应性持肯定回答的比例最高；中级教师对线上教学学生注意力持肯定回答的比例最低；副高级教师对线上教学目标和内容完成情况、师生互动、学校在线教学质量管理成效持肯定评价的比例最低。

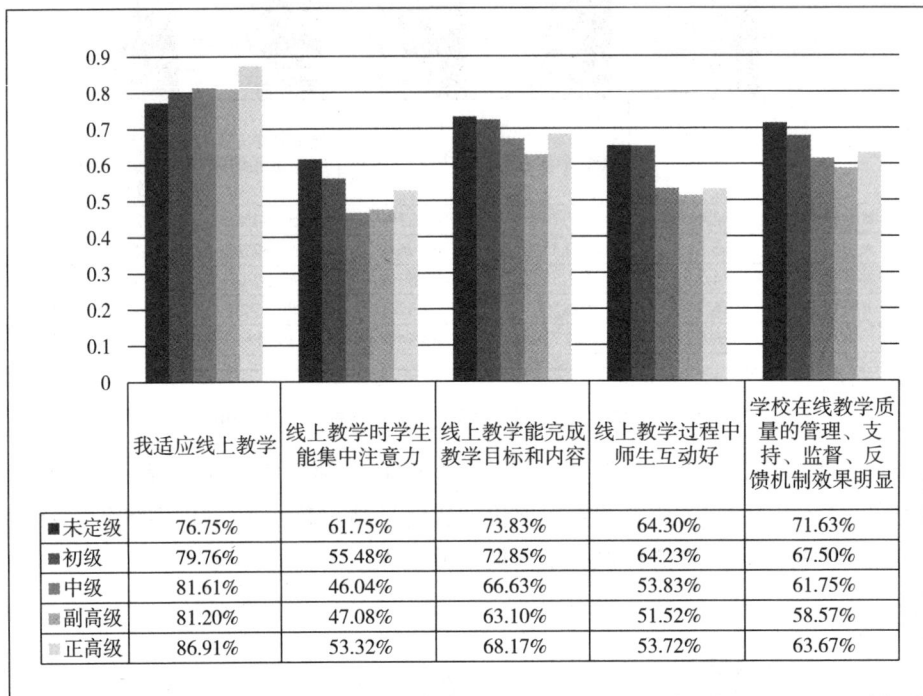

	我适应线上教学	线上教学时学生能集中注意力	线上教学能完成教学目标和内容	线上教学过程中师生互动好	学校在线教学质量的管理、支持、监督、反馈机制效果明显
■ 未定级	76.75%	61.75%	73.83%	64.30%	71.63%
■ 初级	79.76%	55.48%	72.85%	64.23%	67.50%
■ 中级	81.61%	46.04%	66.63%	53.83%	61.75%
■ 副高级	81.20%	47.08%	63.10%	51.52%	58.57%
□ 正高级	86.91%	53.32%	68.17%	53.72%	63.67%

图9-269　安徽省不同职称教师在线上教育质量方面的反馈

安徽省不同办学层次学校教师在线上教育质量方面的反馈如图9-270所示。普通本科教师对线上教育质量持肯定回答的比例最高。教师对线上教学学生注意力的反馈差异不大，职业本科教师对线上教学适应性、线上教学目标和内容完成情况、师生互动、学校在线教学质量管理成效持肯定评价的比例与普通本科、高职高专存在一定差距。

安徽省不同类型学校教师在线上教育质量方面的反馈如图9-271所示。省属高校教师对线上教育质量持肯定回答的比例高于部属高校。教师对线上教学过程中师生互动、学生注意力的反馈差异大。部属高校教师对学校在线教学质量管理成效持肯定评价的比例略高于省属高校教师。

安徽省不同属性学校教师在线上教育质量方面的反馈如图9-272所示。公办高校教师对线上教学适应性、学生注意力持肯定回答的比例高于民办高校。

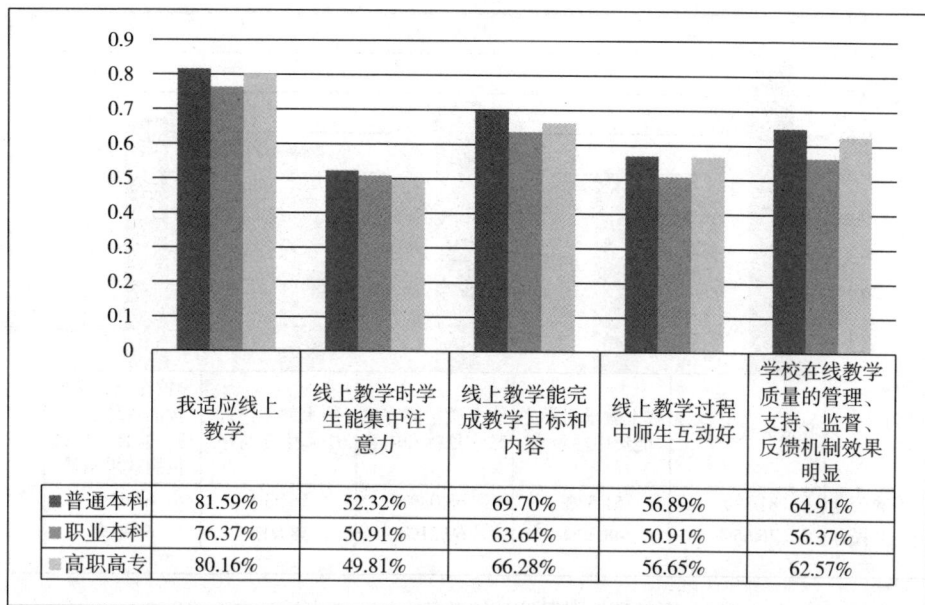

图 9 - 270   安徽省不同办学层次学校教师在线上教育质量方面的反馈

	我适应线上教学	线上教学时学生能集中注意力	线上教学能完成教学目标和内容	线上教学过程中师生互动好	学校在线教学质量的管理、支持、监督、反馈机制效果明显
■普通本科	81.59%	52.32%	69.70%	56.89%	64.91%
■职业本科	76.37%	50.91%	63.64%	50.91%	56.37%
■高职高专	80.16%	49.81%	66.28%	56.65%	62.57%

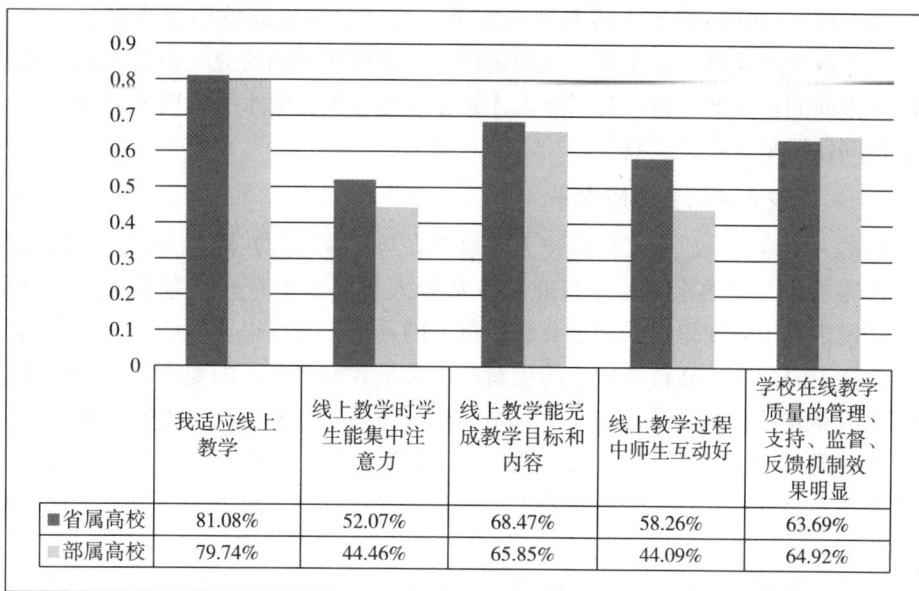

	我适应线上教学	线上教学时学生能集中注意力	线上教学能完成教学目标和内容	线上教学过程中师生互动好	学校在线教学质量的管理、支持、监督、反馈机制效果明显
■省属高校	81.08%	52.07%	68.47%	58.26%	63.69%
■部属高校	79.74%	44.46%	65.85%	44.09%	64.92%

图 9 - 271   安徽省不同类型学校教师在线上教育质量方面的反馈

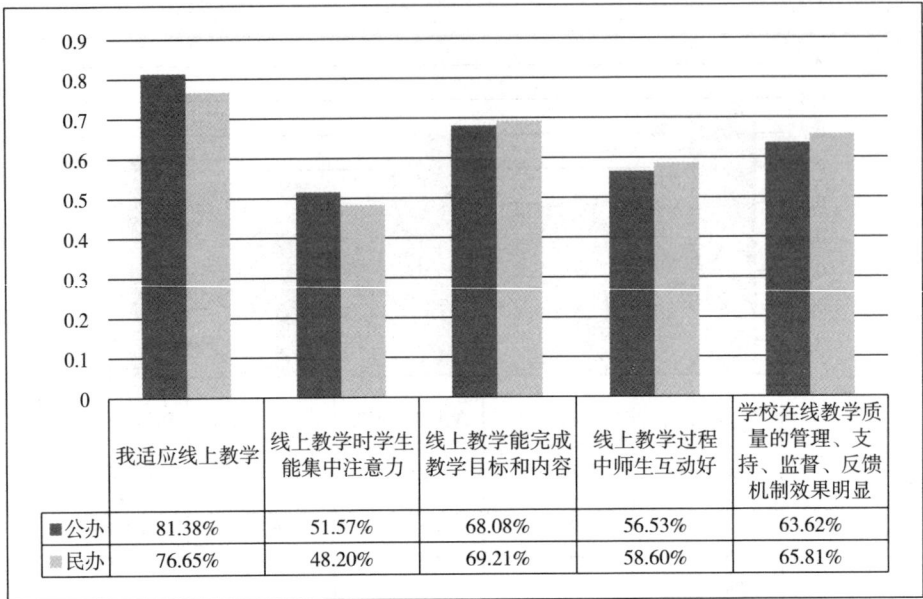

	我适应线上教学	线上教学时学生能集中注意力	线上教学能完成教学目标和内容	线上教学过程中师生互动好	学校在线教学质量的管理、支持、监督、反馈机制效果明显
■公办	81.38%	51.57%	68.08%	56.53%	63.62%
▨民办	76.65%	48.20%	69.21%	58.60%	65.81%

图 9-272　安徽省不同属性学校教师在线上教育质量方面的反馈

六、行业企业调查问卷比较分析

调查内容包括高校人才培养适应水平，长三角区域高校毕业生供给，教育链、人才链与产业链、创新链有机衔接程度，高校在基础研究、前沿领域、战略领域等方面的贡献度，教育为国际人才和企业综合服务的水平，区域职业教育一体化协同发展平台建设成效等。

（一）高校人才培养适应水平

高校人才培养适应水平指高校人才培养在与产业结构匹配、支撑经济社会发展人才需求等方面的水平。在行业企业从业人员问卷中有 6 个题目表述，分别是：高校毕业生的知识水平满足我们对员工的要求；高校毕业生的实践能力满足我们对员工的要求；高校毕业生的创新能力满足我们对员工的要求；高校毕业生的职业素养满足我们对员工的要求；高校毕业生的学习和持续发展能力满足我们对员工的要求；我们行业（企业）能够从高校毕业生中招聘到符合专业需要的各类人才。调查要求行业企业从业人员对各题进行打分，满分为 5 分，统计各题平均分。

行业企业对高校人才培养适应水平的打分如图 9-273 所示。行业企业对高校人才培养适应水平评价较高。安徽省各题目得分均超过 4 分，高校毕业生的学习和持续发展能力得分（4.21 分）最高，其次是高校毕业生的知识水平（4.19

分），高校毕业生的实践能力和创新能力（4.11分）最低；与长三角地区整体水平基本持平。

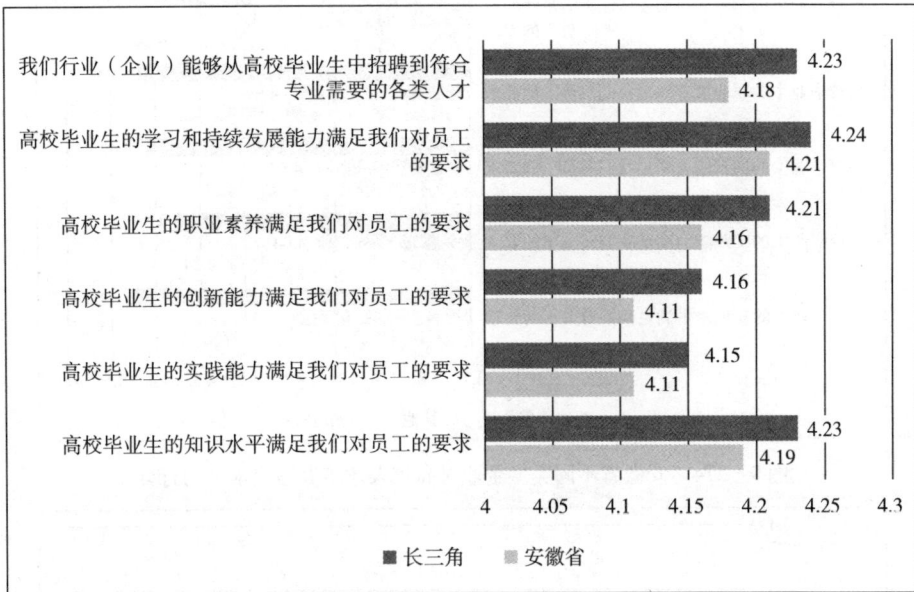

图9-273 行业企业对高校人才培养适应水平的打分

安徽省不同类型企业对高校人才培养适应水平的打分如图9-274所示。独角兽企业对高校人才培养适应水平打分最高，其次是上市公司，其他企业打分最低。在高校毕业生的创新能力、学习和持续发展能力方面，不同企业打分差异较大，独角兽企业比上市公司打分高0.2分以上、比其他企业打分高0.4分左右。

安徽省不同业务企业对高校人才培养适应水平的打分如图9-275所示。人工智能企业对高校人才培养适应水平打分最高，集成电路企业打分显著低于其他行业。生物医药企业对高校毕业生的知识水平评价最高；生物医药和人工智能企业对高校毕业生的实践能力评价最高；新材料企业对高校毕业生的创新能力评价最高；人工智能企业对高校毕业生的职业素养、学习和持续发展能力评价最高，并对"能够从高校毕业生中招聘到所需人才"打分最高。不同行业企业对高校毕业生的知识水平的评价差异（0.32分）最大。

安徽省与高校不同关系的企业对高校人才培养适应水平的打分如图9-276所示。与高校建立了长期合作关系的企业对高校人才培养适应水平打分最高，没有与高校开展合作计划的企业打分最低。企业对高校毕业生的知识水平的反馈差异（0.45分）较大，并在"能够从高校毕业生中招聘到所需人才"方面差异显著。

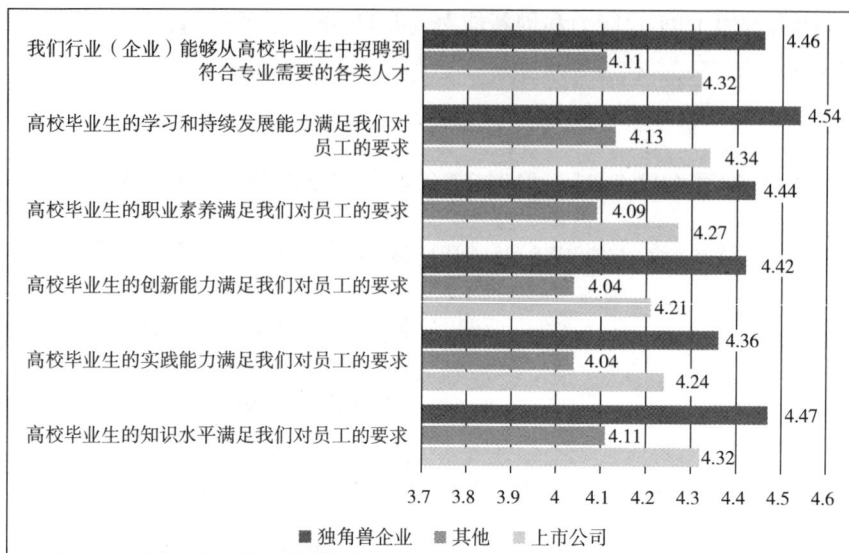

图 9-274 安徽省不同类型企业对高校人才培养适应水平的打分

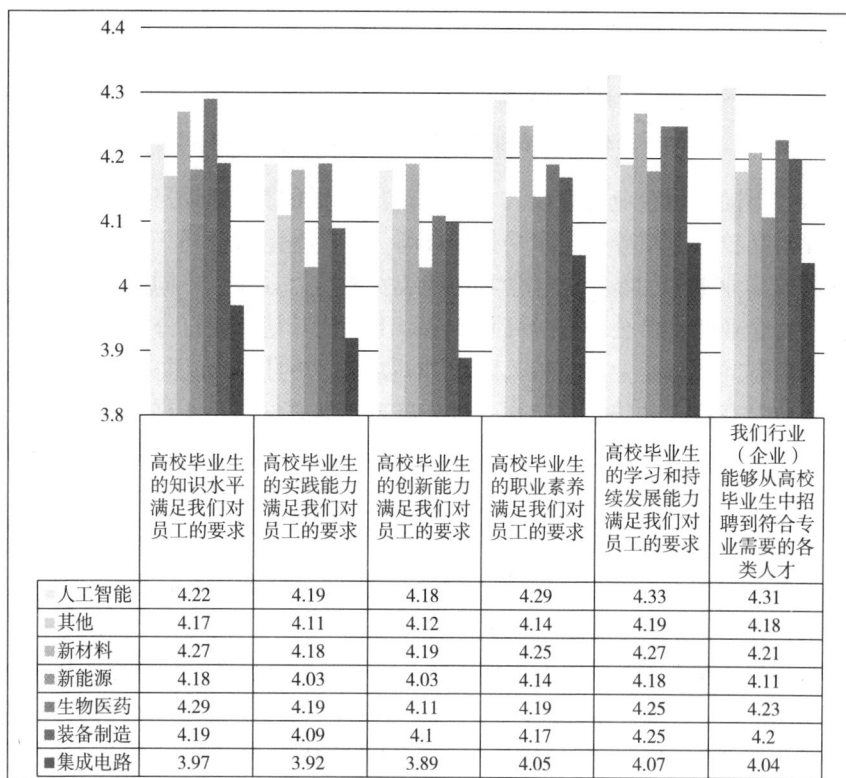

	高校毕业生的知识水平满足我们对员工的要求	高校毕业生的实践能力满足我们对员工的要求	高校毕业生的创新能力满足我们对员工的要求	高校毕业生的职业素养满足我们对员工的要求	高校毕业生的学习和持续发展能力满足我们对员工的要求	我们行业（企业）能够从高校毕业生中招聘到符合专业需要的各类人才
人工智能	4.22	4.19	4.18	4.29	4.33	4.31
其他	4.17	4.11	4.12	4.14	4.19	4.18
新材料	4.27	4.18	4.19	4.25	4.27	4.21
新能源	4.18	4.03	4.03	4.14	4.18	4.11
生物医药	4.29	4.19	4.11	4.19	4.25	4.23
装备制造	4.19	4.09	4.1	4.17	4.25	4.2
集成电路	3.97	3.92	3.89	4.05	4.07	4.04

图 9-273 安徽省不同业务企业对高校人才培养适应水平的打分

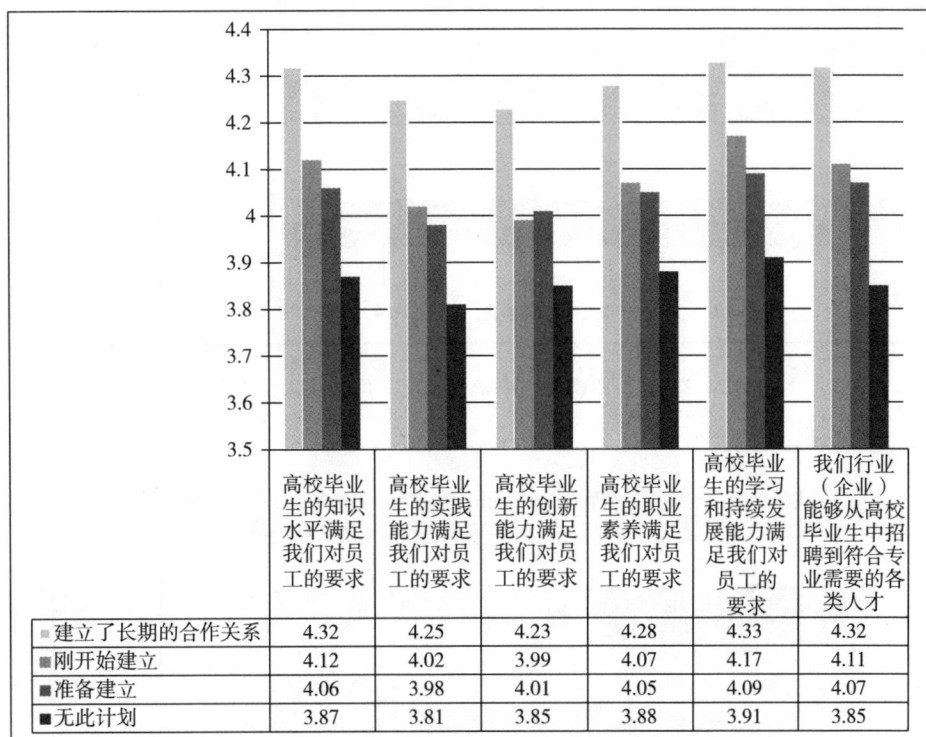

	高校毕业生的知识水平满足我们对员工的要求	高校毕业生的实践能力满足我们对员工的要求	高校毕业生的创新能力满足我们对员工的要求	高校毕业生的职业素养满足我们对员工的要求	高校毕业生的学习和持续发展能力满足我们对员工的要求	我们行业（企业）能够从高校毕业生中招聘到符合专业需要的各类人才
■建立了长期的合作关系	4.32	4.25	4.23	4.28	4.33	4.32
■刚开始建立	4.12	4.02	3.99	4.07	4.17	4.11
■准备建立	4.06	3.98	4.01	4.05	4.09	4.07
■无此计划	3.87	3.81	3.85	3.88	3.91	3.85

图9－276 安徽省与高校不同关系的企业对高校人才培养适应水平的打分

（二）长三角区域高校毕业生供给

在行业企业从业人员问卷中有1个题目表述，即"在过去一年中，贵企业/单位新招聘的员工中有多少比例毕业于长三角区域高校"。调查统计行业企业从业人员回答比例的平均数。

新招聘员工中毕业于长三角区域高校的比例如图9－277所示。长三角区域高校毕业生在安徽就业的比例偏低。安徽省行业企业新招聘员工中平均有48%毕业于长三角区域高校，长三角地区这一比例为59%，安徽省比例与长三角地区相差11个百分点。

安徽省不同类型企业招聘长三角区域高校毕业生的比例如图9－278所示。独角兽企业新招聘员工中平均有54%毕业于长三角区域高校，上市公司新招聘员工中平均有53%毕业于长三角区域高校，两者显著高于其他企业（46%）。

安徽省不同业务企业招聘长三角区域高校毕业生的比例如图9－279所示。人工智能企业新招聘员工中毕业于长三角区域高校的比例（55%）最高，其次为新材料企业（54%），再次为集成电路和新能源企业（51%），装备制造和其他企业新招聘员工中毕业于长三角区域高校的比例（47%）最低。

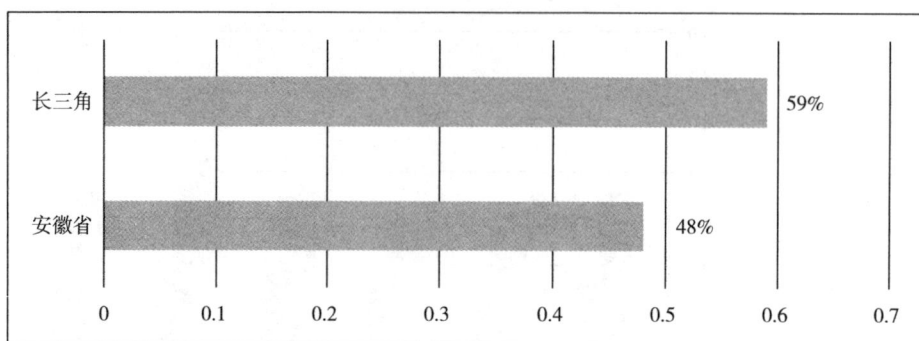

图 9-277 新招聘员工中毕业于长三角区域高校的比例

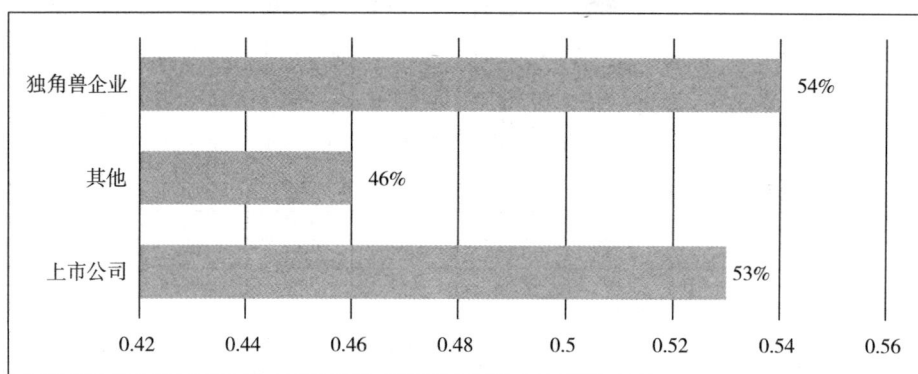

图 9-278 安徽省不同类型企业招聘长三角区域高校毕业生的比例

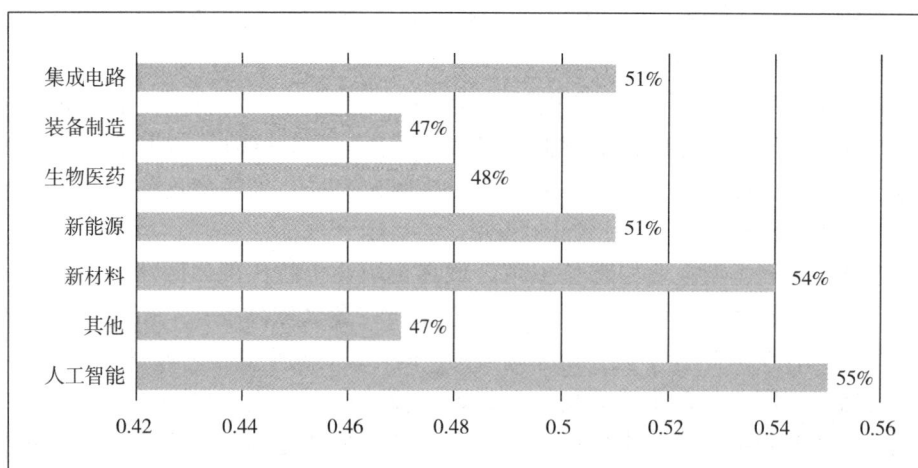

图 9 279 安徽省不同业务企业招聘长三角区域高校毕业生的比例

安徽省与高校不同关系的企业招聘长三角区域高校毕业生的比例如图9－280所示。企业招聘长三角区域高校毕业生的比例随着与高校合作程度的深化而提高。建立了长期合作关系的企业新招聘员工中毕业于长三角区域高校的比例（53%）最高，刚开始建立合作关系和的准备建立合作关系的企业新招聘员工中毕业于长三角区域高校的比例分别为45%、43%，没有与高校开展合作计划的企业比例（39%）最低。

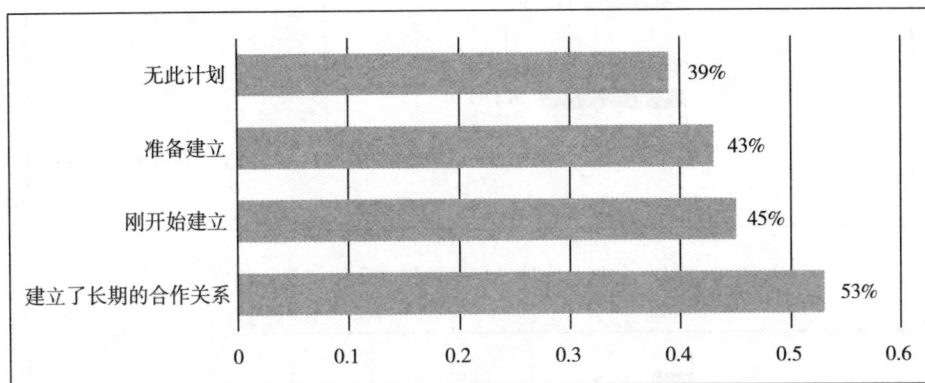

图9－280　安徽省与高校不同关系的企业招聘长三角区域高校毕业生的比例

（三）教育链、人才链与产业链、创新链有机衔接程度

在行业企业从业人员问卷中有3个题目表述，分别是：贵企业/单位与高校是否建有合作关系；贵企业/单位与高校建立了哪些合作机制（多选题）；贵企业/单位与高校开展了哪些方面的合作（多选题）。

1. 一半以上企业人员反馈单位与高校建立了长期合作关系

企业人员对"与高校建立合作关系"的反馈如图9－281所示。安徽省样本中有56.68%的企业人员反馈与高校建立了长期的合作关系，11.28%的人员反馈与高校刚开始建立合作关系，16.47%的人员反馈准备与高校建立合作关系，15.58%的人员反馈不打算与高校建立合作关系；安徽省反馈与高校建立了长期合作关系的比例比长三角地区低7.8个百分点，反馈不打算与高校建立合作关系的比例则比长三角地区高5.1个百分点。

安徽省不同类型企业人员对"与高校建立合作关系"的反馈如图9－282所示。独角兽企业、上市公司人员反馈与高校建立了长期的合作关系的比例均超过70%，远高于其他企业。其他企业人员反馈不打算与高校建立合作关系的比例显著高于独角兽企业、上市公司。

安徽省不同业务企业人员对"与高校建立合作关系"的反馈如图9－283所

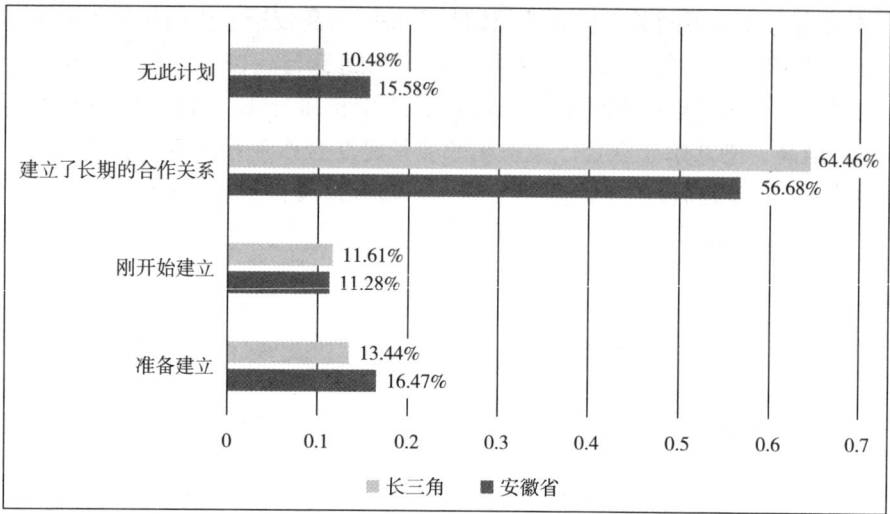

图 9-281 企业人员对"与高校建立合作关系"的反馈

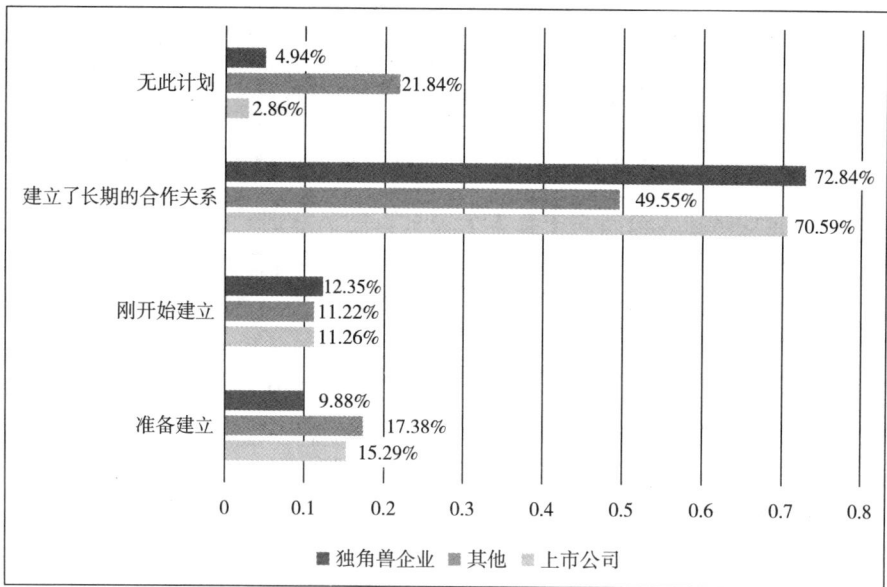

图 9-282 安徽省不同类型企业人员对"与高校建立合作关系"的反馈

示。集成电路、装备制造企业人员反馈与高校建立了长期的合作关系的比例接近70%，新材料、人工智能等企业这一比例均超过一半，新能源企业比例最低。其他、生物医药企业人员反馈不打算与高校建立合作关系的比例达到20%以上，人工智能、新能源、集成电路企业人员反馈不打算与高校建立合作关系的比例均不到 4%，集成电路企业仅 1.32% 人员反馈无此计划。

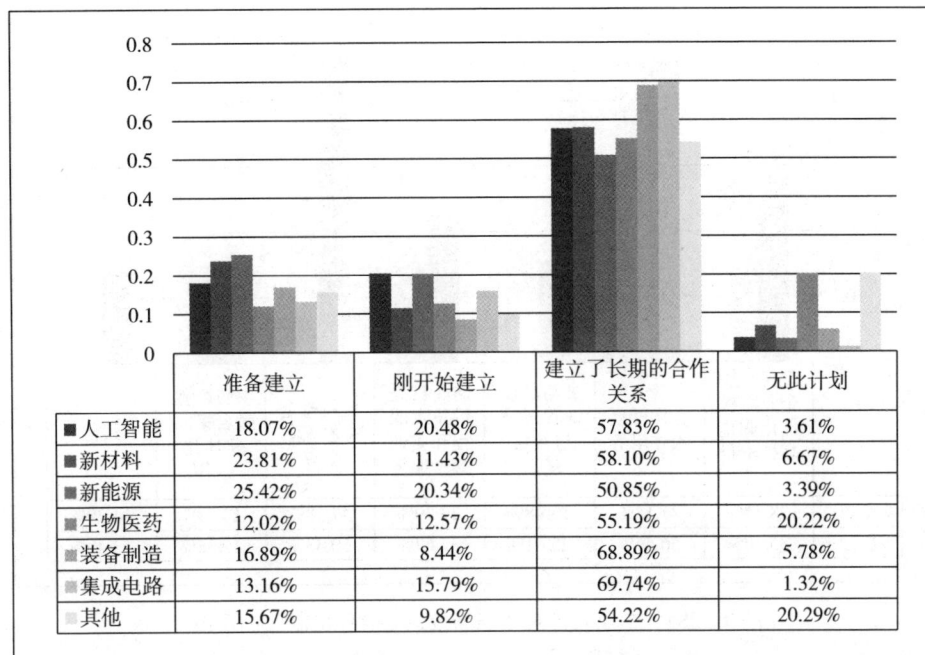

	准备建立	刚开始建立	建立了长期的合作关系	无此计划
■人工智能	18.07%	20.48%	57.83%	3.61%
■新材料	23.81%	11.43%	58.10%	6.67%
■新能源	25.42%	20.34%	50.85%	3.39%
■生物医药	12.02%	12.57%	55.19%	20.22%
■装备制造	16.89%	8.44%	68.89%	5.78%
■集成电路	13.16%	15.79%	69.74%	1.32%
□其他	15.67%	9.82%	54.22%	20.29%

图 9-283 安徽省不同业务企业人员对"与高校建立合作关系"的反馈

2. 企业与高校建立了多种合作机制

企业人员对"与高校建立合作机制"的反馈如图 9-284 所示。在安徽省反馈与高校建立了合作关系的企业人员中，近一半人员反馈与高校建立了"合作开展人才培养""开展校企人才双向交流"合作机制，不到 30% 的企业人员反馈与高校建立了"参与对接企业需求，优化调整高校学科专业"合作机制，23.29% 的企业人员反馈与高校建立了"向高校提供技术课程和实训教学服务"合作机制，15% 左右的企业人员反馈与高校建立了"参与高校课程建设与教材建设""参与产教融合集团实体化运作"等合作机制；校企合作机制建立情况总体上弱于长三角地区整体水平。

安徽省不同类型企业人员对"与高校建立合作机制"的反馈如图 9-285 所示。在"参与对接企业需求，优化调整高校学科专业""合作开展人才培养""参与高校课程建设与教材建设""向高校提供技术课程和实训教学服务"方面，独角兽企业人员反馈与高校建立合作机制的比例高于上市公司、显著高于其他企业；在"开展校企人才双向交流""参与产教融合集团实体化运作"及其他方面，上市公司人员反馈与高校建立合作机制的比例最高。

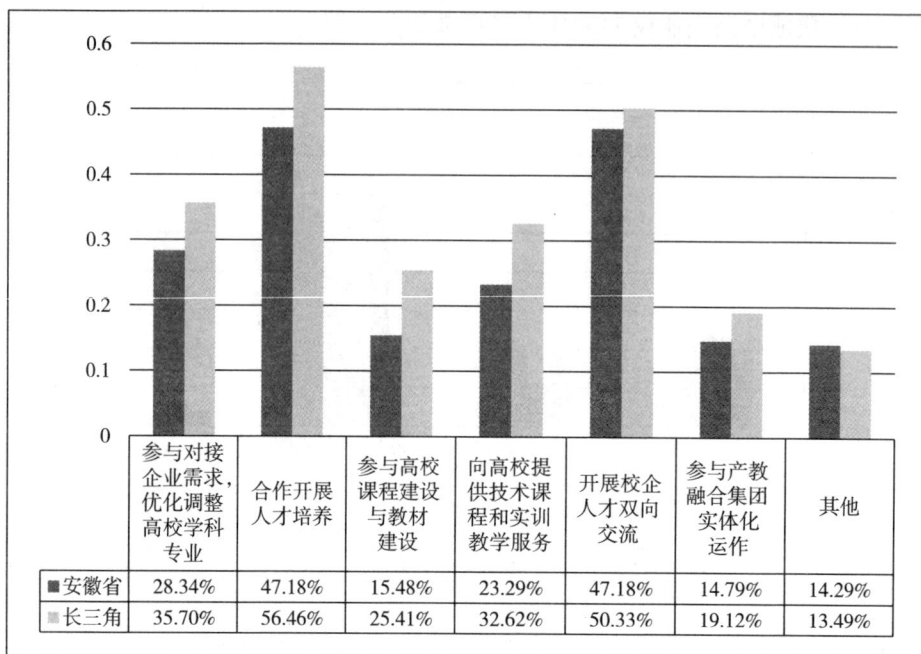

	参与对接企业需求，优化调整高校学科专业	合作开展人才培养	参与高校课程建设与教材建设	向高校提供技术课程和实训教学服务	开展校企人才双向交流	参与产教融合集团实体化运作	其他
安徽省	28.34%	47.18%	15.48%	23.29%	47.18%	14.79%	14.29%
长三角	35.70%	56.46%	25.41%	32.62%	50.33%	19.12%	13.49%

图9-284 企业人员对"与高校建立合作机制"的反馈

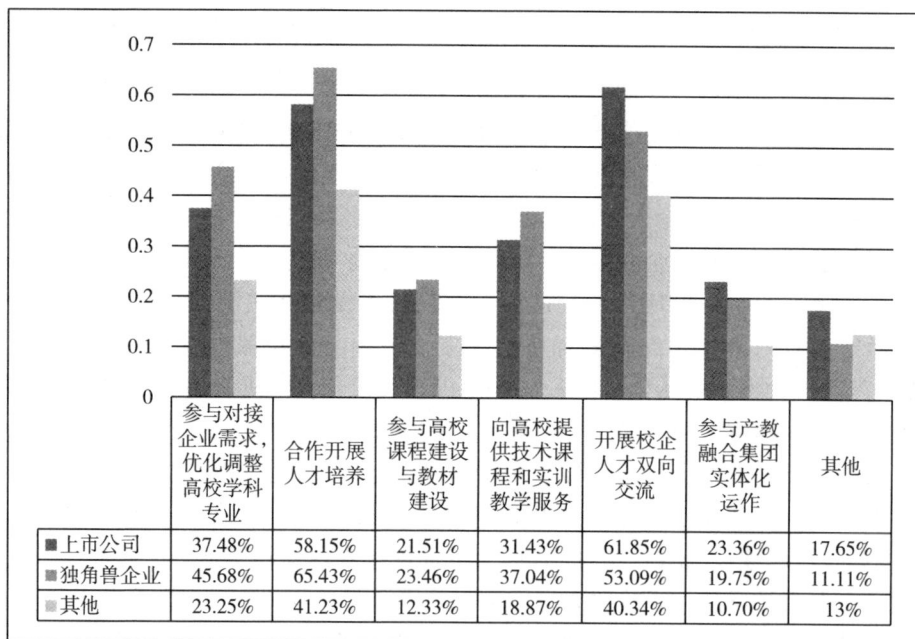

	参与对接企业需求，优化调整高校学科专业	合作开展人才培养	参与高校课程建设与教材建设	向高校提供技术课程和实训教学服务	开展校企人才双向交流	参与产教融合集团实体化运作	其他
上市公司	37.48%	58.15%	21.51%	31.43%	61.85%	23.36%	17.65%
独角兽企业	45.68%	65.43%	23.46%	37.04%	53.09%	19.75%	11.11%
其他	23.25%	41.23%	12.33%	18.87%	40.34%	10.70%	13%

图9-285 安徽省不同类型企业人员对"与高校建立合作机制"的反馈

安徽省不同业务企业人员对"与高校建立合作机制"的反馈如图9-286所示。在"参与对接企业需求，优化调整高校学科专业""参与高校课程建设与教材建设""向高校提供技术课程和实训教学服务"方面，人工智能企业人员反馈与高校建立合作机制的比例最高；在"合作开展人才培养"方面，集成电路企业人员反馈与高校建立合作机制的比例最高，生物医药企业最低；在"开展校企人才双向交流"方面，集成电路企业人员反馈与高校建立合作机制的比例最高；在"参与产教融合集团实体化运作"方面，新材料企业人员反馈与高校建立合作机制的比例最高。

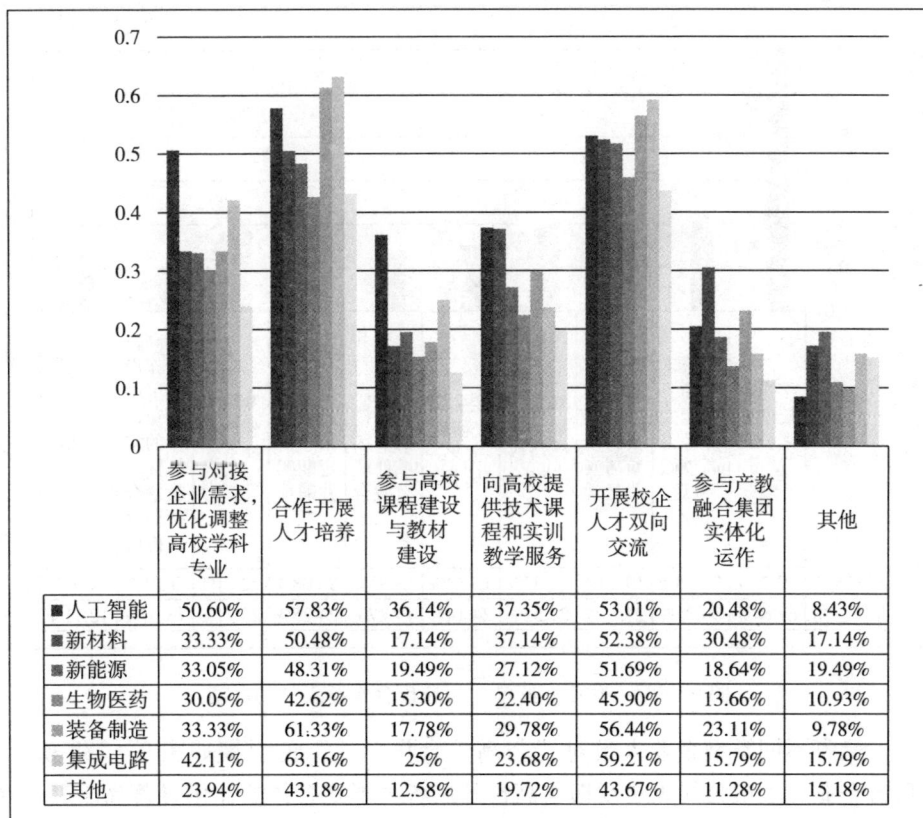

	参与对接企业需求，优化调整高校学科专业	合作开展人才培养	参与高校课程建设与教材建设	向高校提供技术课程和实训教学服务	开展校企人才双向交流	参与产教融合集团实体化运作	其他
人工智能	50.60%	57.83%	36.14%	37.35%	53.01%	20.48%	8.43%
新材料	33.33%	50.48%	17.14%	37.14%	52.38%	30.48%	17.14%
新能源	33.05%	48.31%	19.49%	27.12%	51.69%	18.64%	19.49%
生物医药	30.05%	42.62%	15.30%	22.40%	45.90%	13.66%	10.93%
装备制造	33.33%	61.33%	17.78%	29.78%	56.44%	23.11%	9.78%
集成电路	42.11%	63.16%	25%	23.68%	59.21%	15.79%	15.79%
其他	23.94%	43.18%	12.58%	19.72%	43.67%	11.28%	15.18%

图9-286　安徽省不同业务企业人员对"与高校建立合作机制"的反馈

3. 行业企业与高校开展了多形式合作

企业人员对"与高校合作形式"的反馈如图9-287所示。在安徽省反馈与高校建立了合作关系的企业人员中，近六成反馈接受高校学生来公司学习实践；20%左右的企业人员反馈共同组建产教融合实训基地、接受高校教师来企业定期实践锻炼、双方开展实质性科研合作、委派技术人员去高校参与实践教学、委派工程师技能大师等去高校做专题讲座；15%左右的企业人员反馈共建共享区域性产教融合信息服务平台、接受高校研究成果转化等，不到10%的企业人员反馈与高校合作设立了市场化运作的实体性产教融合新型研发机构。安徽省校企合作在人员交流、科研合作及成果转化、产教融合平台机构建设等方面比较薄弱，且总体上弱于长三角地区整体水平。

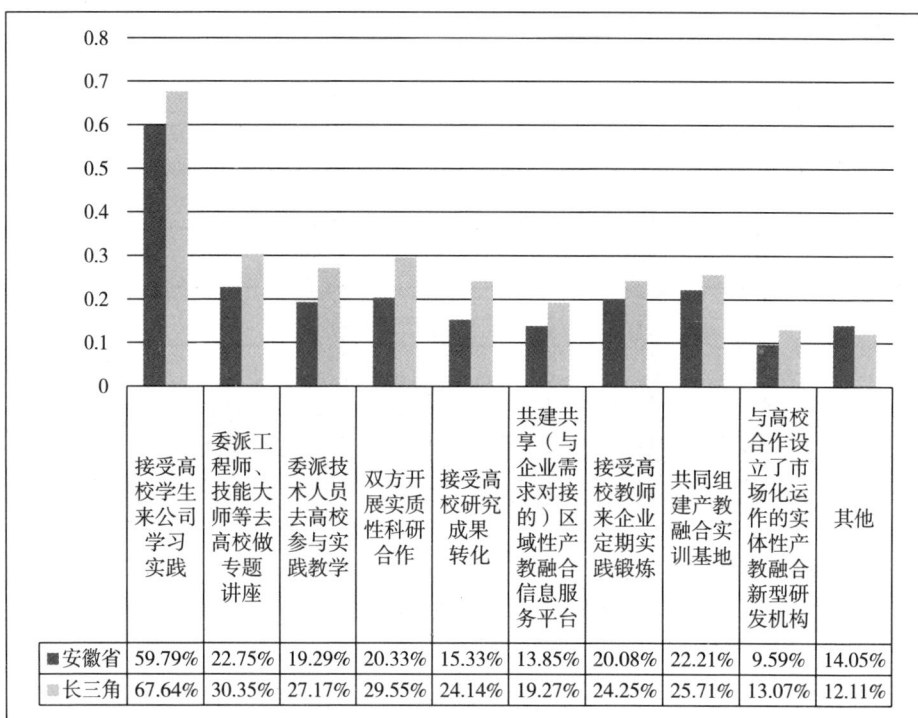

	接受高校学生来公司学习实践	委派工程师、技能大师等去高校做专题讲座	委派技术人员去高校参与实践教学	双方开展实质性科研合作	接受高校研究成果转化	共建共享（与企业需求对接的）区域性产教融合信息服务平台	接受高校教师来企业定期实践锻炼	共同组建产教融合实训基地	与高校合作设立了市场化运作的实体性产教融合新型研发机构	其他
■安徽省	59.79%	22.75%	19.29%	20.33%	15.33%	13.85%	20.08%	22.21%	9.59%	14.05%
长三角	67.64%	30.35%	27.17%	29.55%	24.14%	19.27%	24.25%	25.71%	13.07%	12.11%

图 9-287　企业人员对"与高校合作形式"的反馈

安徽省不同类型企业人员对"与高校合作形式"的反馈如图 9-288 所示。独角兽企业、上市公司人员反馈与高校开展各种形式合作的比例显著高于其他企业；在"双方开展实质性科研合作"方面，独角兽企业人员反馈与上市公司、其他企业差异最大。

安徽省不同业务企业人员对"与高校合作形式"的反馈如图 9-289 所示。其他业务企业人员反馈与高校开展各种形式合作的比例均较低；在"委派技术人员去高校参与实践教学""委派工程师、技能大师等去高校做专题讲座""接受高校教师来企业定期实践锻炼"等人员交流合作方面，生物医药企业比例较低。

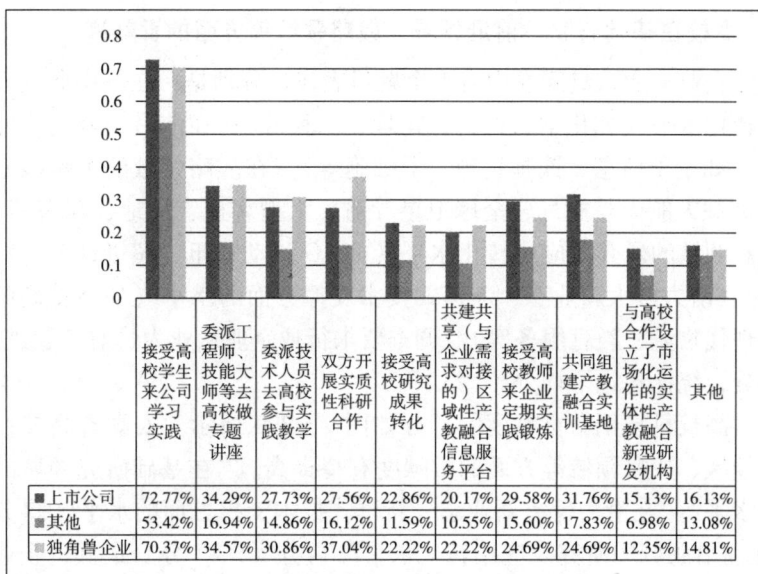

	接受高校学生来公司学习实践	委派工程师、技能大师等去高校做专题讲座	委派技术人员去高校参与实践教学	双方开展实质性科研合作	接受高校研究成果转化	共建共享（与企业需求对接的）区域性产教融合信息服务平台	接受高校教师来企业定期实践锻炼	共同组建产教融合实训基地	与高校合作设立了市场化运作的实体性产教融合新型研发机构	其他
上市公司	72.77%	34.29%	27.73%	27.56%	22.86%	20.17%	29.58%	31.76%	15.13%	16.13%
其他	53.42%	16.94%	14.86%	16.12%	11.59%	10.55%	15.60%	17.83%	6.98%	13.08%
独角兽企业	70.37%	34.57%	30.86%	37.04%	22.22%	22.22%	24.69%	24.69%	12.35%	14.81%

图 9-288 安徽省不同类型企业人员对"与高校合作形式"的反馈

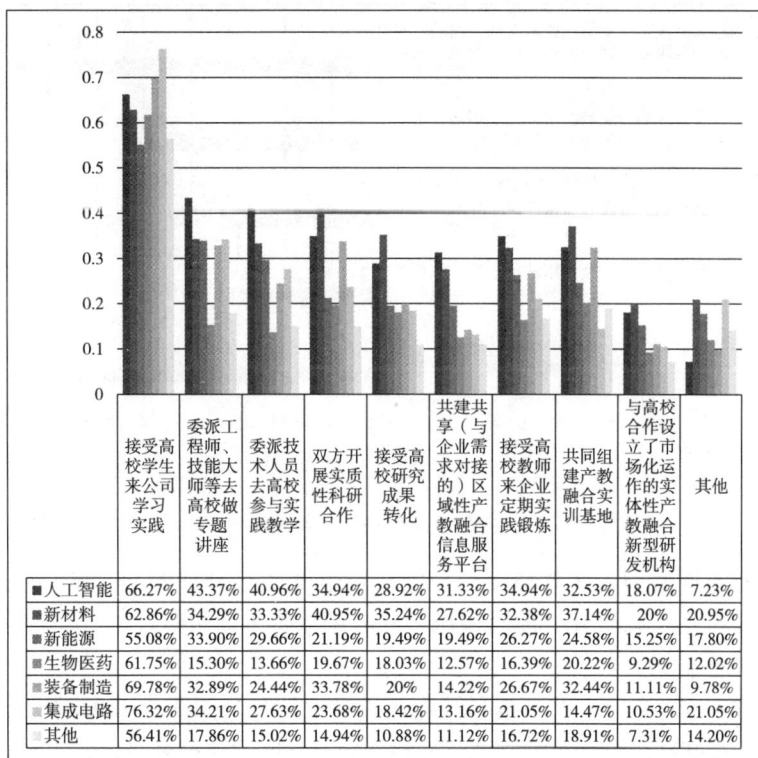

	接受高校学生来公司学习实践	委派工程师、技能大师等去高校做专题讲座	委派技术人员去高校参与实践教学	双方开展实质性科研合作	接受高校研究成果转化	共建共享（与企业需求对接的）区域性产教融合信息服务平台	接受高校教师来企业定期实践锻炼	共同组建产教融合实训基地	与高校合作设立了市场化运作的实体性产教融合新型研发机构	其他
人工智能	66.27%	43.37%	40.96%	34.94%	28.92%	31.33%	34.94%	32.53%	18.07%	7.23%
新材料	62.86%	34.29%	33.33%	40.95%	35.24%	27.62%	32.38%	37.14%	20%	20.95%
新能源	55.08%	33.90%	29.66%	21.19%	19.49%	19.49%	26.27%	24.58%	15.25%	17.80%
生物医药	61.75%	15.30%	13.66%	19.67%	18.03%	12.57%	16.39%	20.22%	9.29%	12.02%
装备制造	69.78%	32.89%	24.44%	33.78%	20%	14.22%	26.67%	32.44%	11.11%	9.78%
集成电路	76.32%	34.21%	27.63%	23.68%	18.42%	13.16%	21.05%	14.47%	10.53%	21.05%
其他	56.41%	17.86%	15.02%	14.94%	10.88%	11.12%	16.72%	18.91%	7.31%	14.20%

图 9-289 安徽省不同业务企业人员对"与高校合作形式"的反馈

（四）高校在基础研究、前沿领域、战略领域等方面的贡献度

在行业企业从业人员问卷中有5个题目表述，分别是：在基础研究领域的研究及应用转化水平（如化学、材料、物理、工程等）；在前沿领域的研究及应用转化水平（如量子信息、铁基超导、干细胞等）；在战略领域的关键核心技术研究水平（如载人航天与探月、全球卫星导航、大型客机、深地、深海等）；在产业技术创新领域的研究及应用转化水平（如5G移动通讯、超级计算、特高压输变电等）；在潜力巨大新业态、新模式技术支撑方面的水平（如新型健康业、智慧城市、现代物流、教育服务等）。调查要求行业企业从业人员对各题进行打分，满分为5分，统计各题平均分。

企业对高校科技创新贡献度的打分如图9-290所示。安徽省高校在基础研究、前沿领域、战略领域等方面的贡献度有待提高。"在基础研究领域的研究及应用转化水平""在潜力巨大新业态、新模式技术支撑方面的水平"得分均达到4分，"在前沿领域的研究及应用转化水平"得分（3.87分）最低，企业对安徽省高校科技创新贡献度的评价略低于长三角地区整体水平。

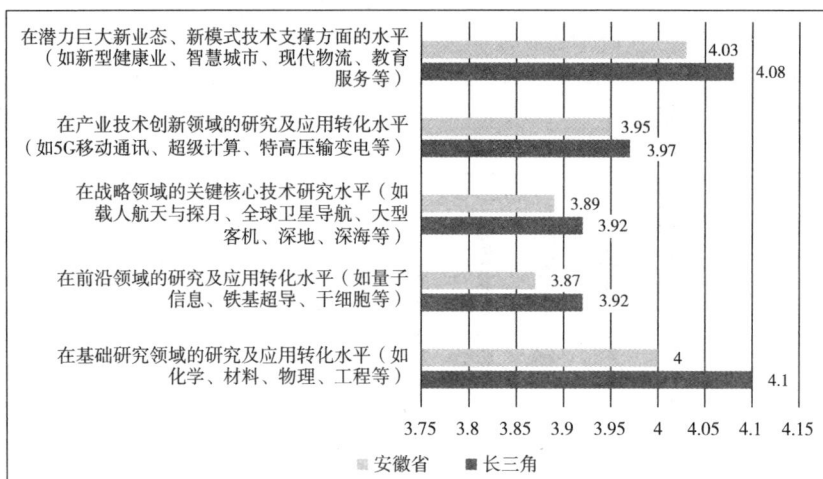

图9-290　企业对高校科技创新贡献度的打分

安徽省不同类型企业对高校科技创新贡献度的打分如图9-291所示。独角兽企业对高校在基础研究、前沿领域、战略领域等方面贡献度的评价显著高于上市公司、其他企业。

安徽省不同业务企业对高校科技创新贡献度的打分如图9-292所示。新材料企业对高校在基础研究、前沿领域、战略领域贡献度的评价最高，人工智能企业对高校在产业技术创新领域、新业态新模式技术支撑方面的评价最高。企业对"在潜

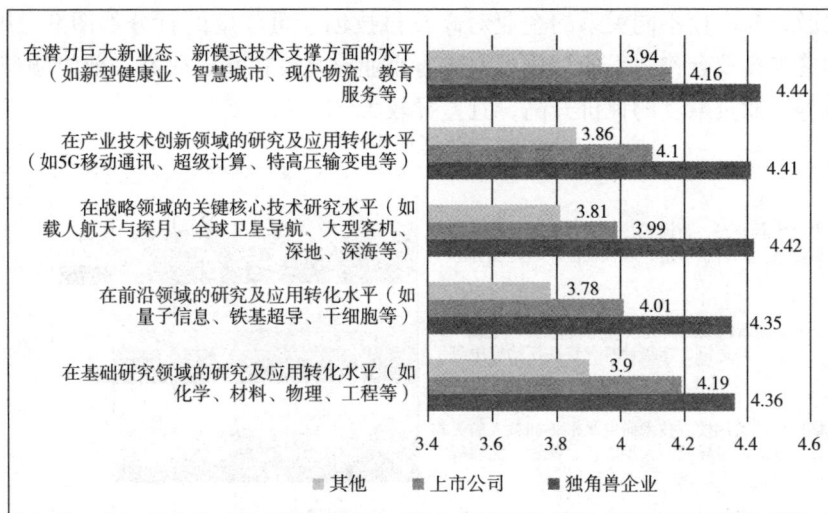

图9-291 安徽省不同类型企业对高校科技创新贡献度的打分

力巨大新业态、新模式技术支撑方面的水平"的反馈差异（0.33分）最大。

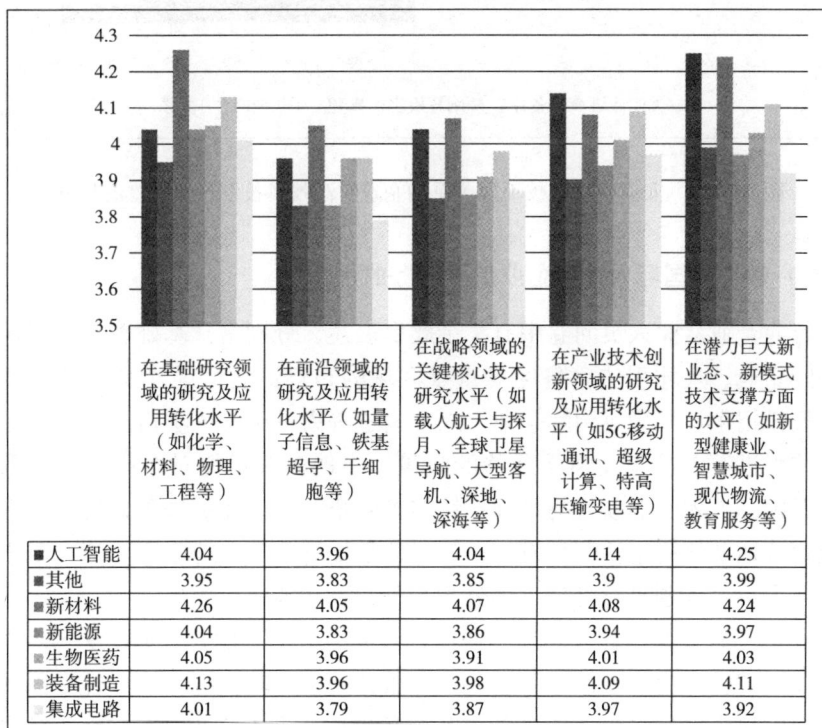

	在基础研究领域的研究及应用转化水平（如化学、材料、物理、工程等）	在前沿领域的研究及应用转化水平（如量子信息、铁基超导、干细胞等）	在战略领域的关键核心技术研究水平（如载人航天与探月、全球卫星导航、大型客机、深地、深海等）	在产业技术创新领域的研究及应用转化水平（如5G移动通讯、超级计算、特高压输变电等）	在潜力巨大新业态、新模式技术支撑方面的水平（如新型健康业、智慧城市、现代物流、教育服务等）
人工智能	4.04	3.96	4.04	4.14	4.25
其他	3.95	3.83	3.85	3.9	3.99
新材料	4.26	4.05	4.07	4.08	4.24
新能源	4.04	3.83	3.86	3.94	3.97
生物医药	4.05	3.96	3.91	4.01	4.03
装备制造	4.13	3.96	3.98	4.09	4.11
集成电路	4.01	3.79	3.87	3.97	3.92

图9-292 安徽省不同业务企业对高校科技创新贡献度的打分

安徽省与高校不同关系的企业对高校科技创新贡献度的打分如图 9 - 293 所示。随着与高校合作关系的深化，安徽省企业对高校在基础研究、前沿领域、战略领域等方面贡献度的评价升高，且差异较大。

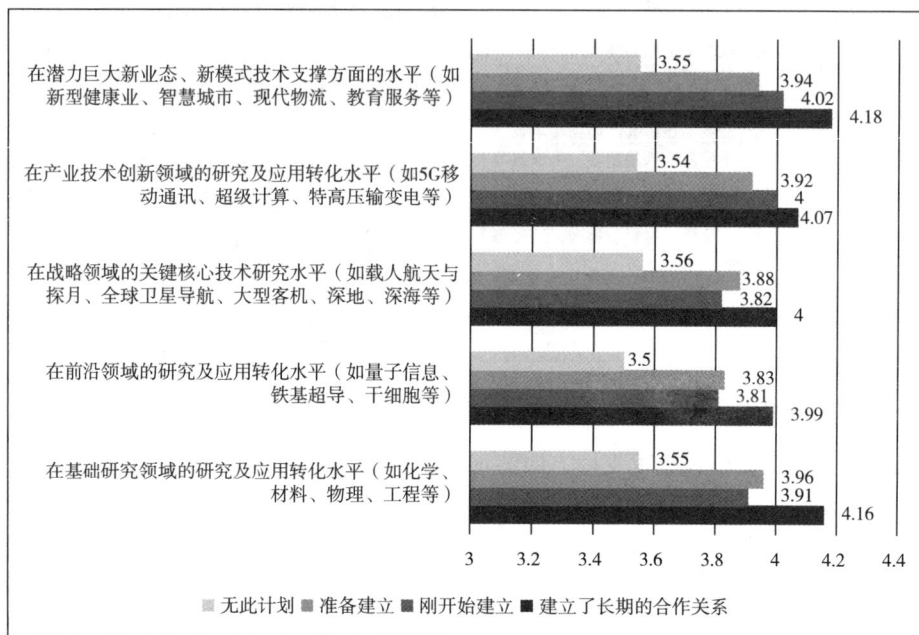

图 9 - 293　安徽省与高校不同关系的企业对高校科技创新贡献度的打分

（五）教育为国际人才和企业综合服务的水平

在行业企业从业人员问卷中有 7 个题目表述，分别是：基础教育阶段国际学校在国际企业、人才引进密集区等重点区域的布局；居住区（县、市）的入学方案和安排招生计划满足国际企业、人才引进等人员子女入学需求；针对国际企业、人才引进等人员子女学籍迁移的政策；当地教育机构对企业员工培训的支持；针对国际人才赋能项目的培训；针对国际企业、人才引进等人员子女在校园外的教育营地及便捷生活配套设施；针对留学生就业的支持政策。调查要求行业企业从业人员对各题进行打分，满分为 5 分，统计各题平均分。

企业对"教育为国际人才和企业综合服务的水平"的打分如图 9 - 294 所示。企业对安徽省教育为国际人才和企业综合服务的水平较认可。除"针对国际人才赋能项目的培训"得分低于 4 分外，其余题目均达到 4 分及以上，企业对"当地教育机构对企业员工培训的支持"打分最高，其次是"基础教育阶段国际学校布局""居住区入学方案和安排招生计划满足入学需求";安徽省略低于长三角地区整体水平。

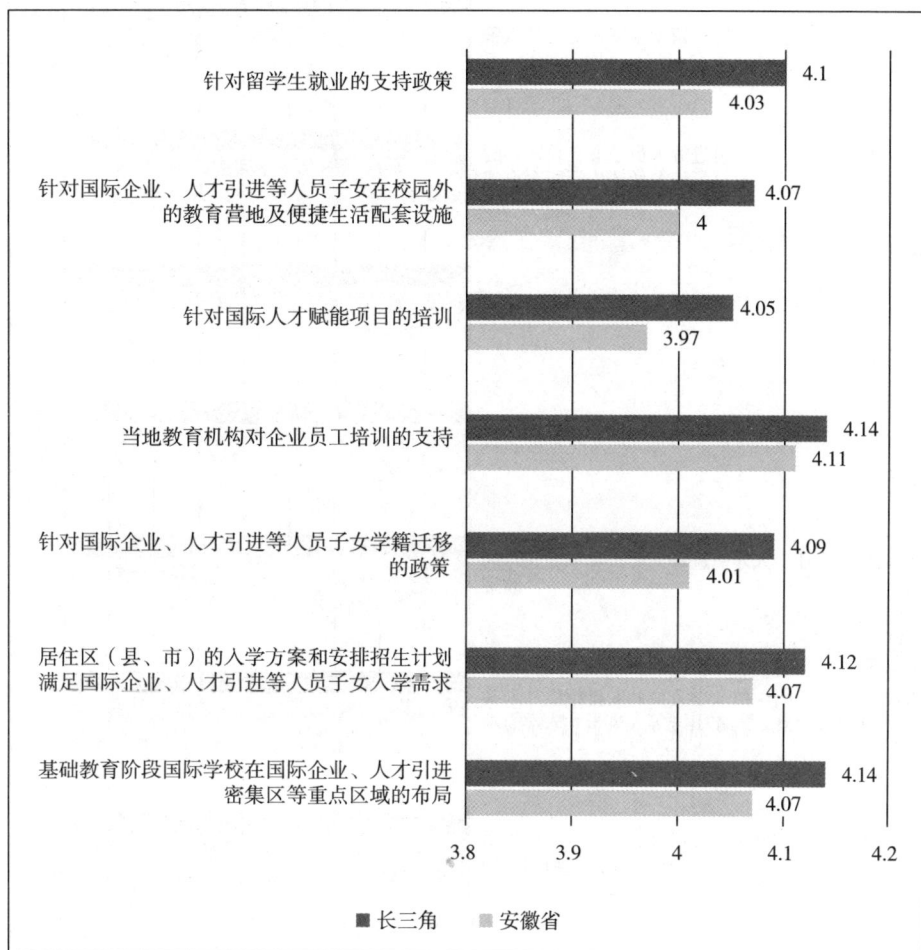

图9-294　企业对"教育为国际人才和企业综合服务的水平"的打分

安徽省不同类型企业对"教育为国际人才和企业综合服务的水平"的打分如图9-295所示。独角兽企业对教育为国际人才和企业综合服务水平的评价显著高于上市公司、其他企业。

安徽省不同业务企业对"教育为国际人才和企业综合服务的水平"的打分如图9-296所示。人工智能企业对教育为国际人才和企业综合服务水平的评价最高,新能源企业评价最低。企业对"居住区入学方案和安排招生计划满足入学需求"的反馈差异(0.31分)最大。

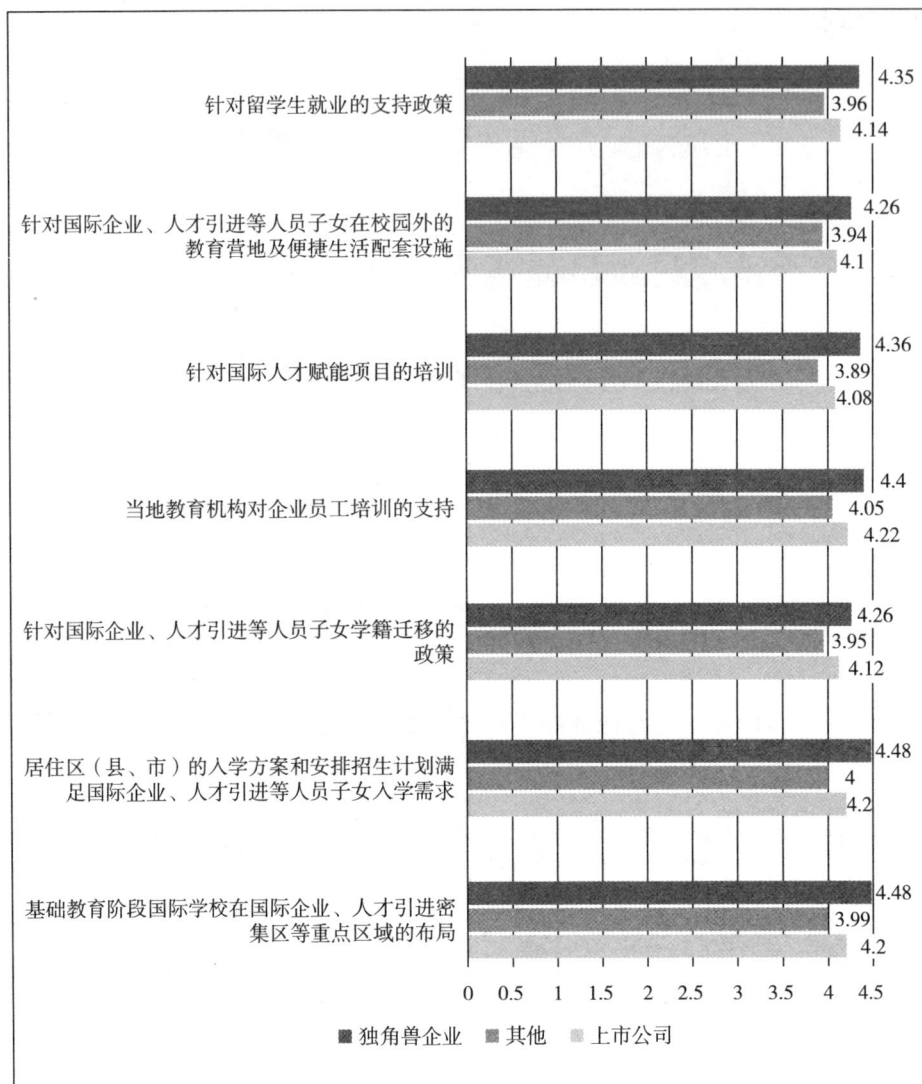

图 9-295　安徽省不同类型企业对"教育为国际人才和企业综合服务的水平"的打分

　　安徽省与高校不同关系的企业对"教育为国际人才和企业综合服务的水平"的打分如图 9-297 所示。随着与高校合作关系的深化，企业对教育为国际人才和企业综合服务水平的评价升高，且差异较大。企业对"基础教育阶段国际学校在国际企业、人才引进密集区等重点区域的布局"的反馈差异（0.49分）最大。

	基础教育阶段国际学校在国际企业、人才引进密集区等重点区域的布局	居住区（县、市）的入学方案和安排招生计划满足国际企业、人才引进等人员子女入学需求	针对国际企业、人才引进等人员子女学籍迁移的政策	当地教育机构对企业员工培训的支持	针对国际人才赋能项目的培训	针对国际企业、人才引进等人员子女在校园外的教育营地及便捷生活配套设施	针对留学生就业的支持政策
人工智能	4.23	4.23	4.13	4.2	4.18	4.19	4.18
其他	4.04	4.06	3.98	4.09	3.93	3.98	4
新材料	4.25	4.22	4.15	4.2	4.05	4.12	4.12
新能源	4	3.92	3.93	4.07	3.92	3.91	3.98
生物医药	4.14	4.1	4.05	4.14	4.02	4.03	4.02
装备制造	4.07	4.1	4.07	4.16	4.05	4.02	4.12
集成电路	4.08	4.05	4.05	4.13	3.92	4.01	3.99

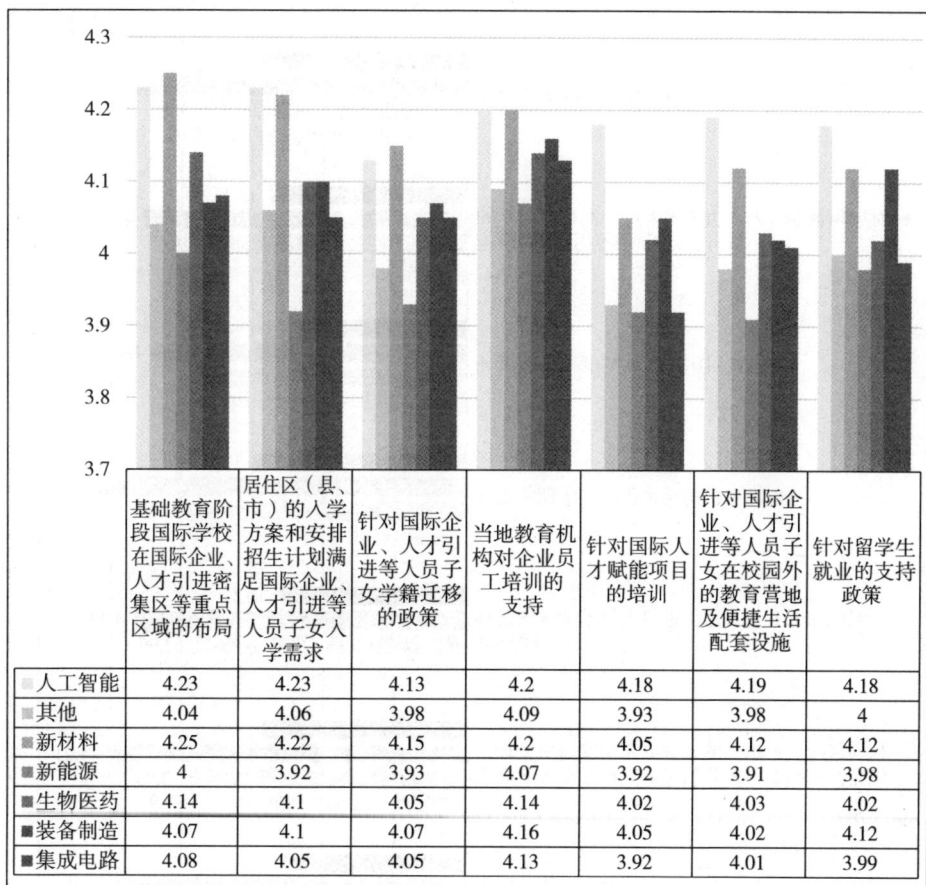

图9-296　安徽省不同业务企业对"教育为国际人才和企业综合服务的水平"的打分

（六）区域职业教育一体化协同发展平台建设成效

在行业企业从业人员问卷中有2个题目表述，分别是：您是否了解长三角职业教育一体化协同发展平台（如长三角院校联盟/职教集团/产教集团等）；与长三角域内职业院校开展了有效的跨省份校企合作（如师资人员互聘、专业与课程设置、实习实训等）。

1. 企业对长三角职业教育一体化协同发展平台的知晓度偏低

各类群体了解长三角职业教育一体化协同发展平台的比例如图9-298所示。安徽省行业企业从业人员反馈了解长三角职业教育一体化协同发展平台的比例为38.67%，略低于长三角地区整体水平。结合对中职、职业本科、高职高专学生及教师的调查，几类群体反馈了解长三角职业教育一体化协同发展平台的比例均

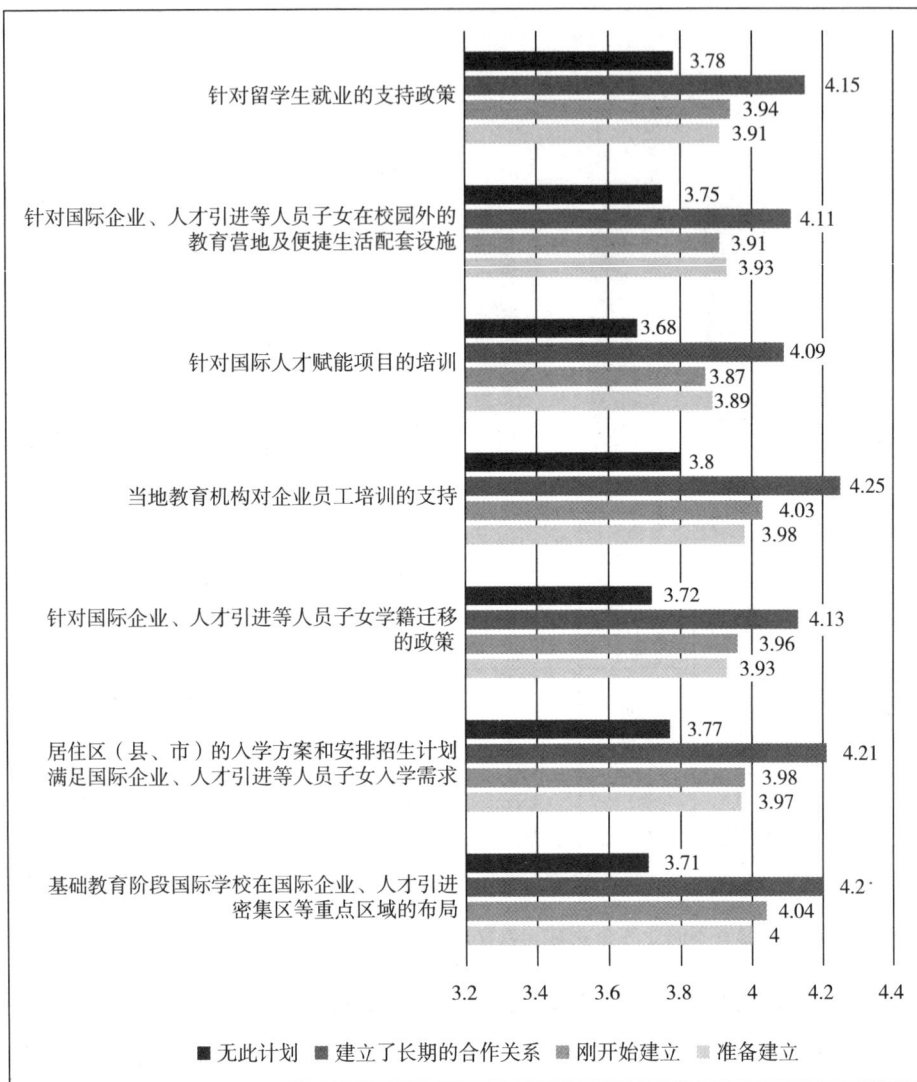

图9-297 安徽省与高校不同关系的企业对"教育为国际人才和企业综合服务的水平"的打分

不高,最高的是中职学生(超过60%),其次是中职教师(超过一半),高校教师、高校学生和行业企业人员均在40%左右;与长三角地区整体情况基本一致。

安徽省不同类型企业人员了解长三角职业教育一体化协同发展平台的比例如图9-299所示。独角兽企业人员反馈了解长三角职业教育一体化协同发展平台的比例超过一半,其次是上市公司(44.88%),其他企业人员反馈了解长三角职业教育一体化协同发展平台的比例最低。

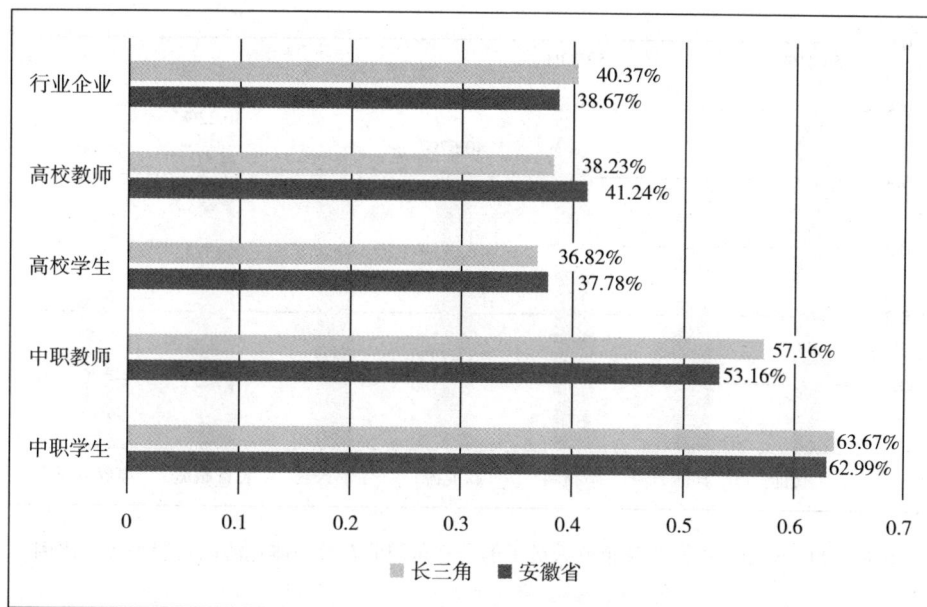

图9-298 各类群体了解长三角职业教育一体化协同发展平台的比例

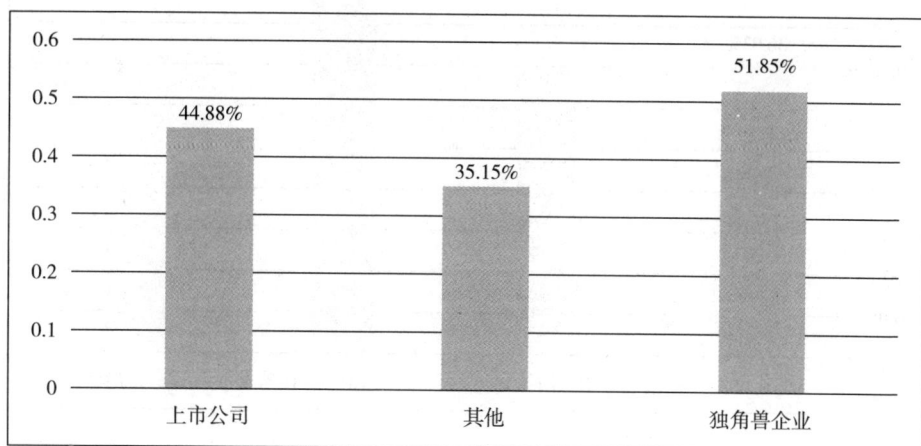

图9-299 安徽省不同类型企业人员了解长三角职业教育一体化协同发展平台的比例

安徽省不同业务企业人员了解长三角职业教育一体化协同发展平台的比例如图9-300所示。人工智能、新材料企业人员反馈了解长三角职业教育一体化协同发展平台的比例超过一半,新能源、装备制造企业人员这一比例达到40%以上。

安徽省与高校不同关系企业的人员了解长三角职业教育一体化协同发展平台的比例如图9-301所示。随着与高校合作关系的深化,安徽省企业人员了解长

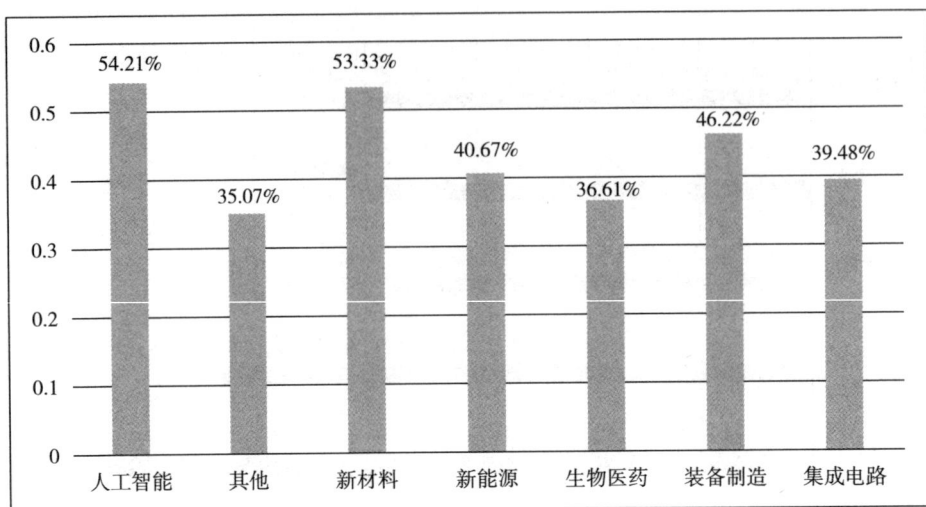

图 9-300　安徽省不同业务企业人员了解长三角职业教育一体化协同发展平台的比例

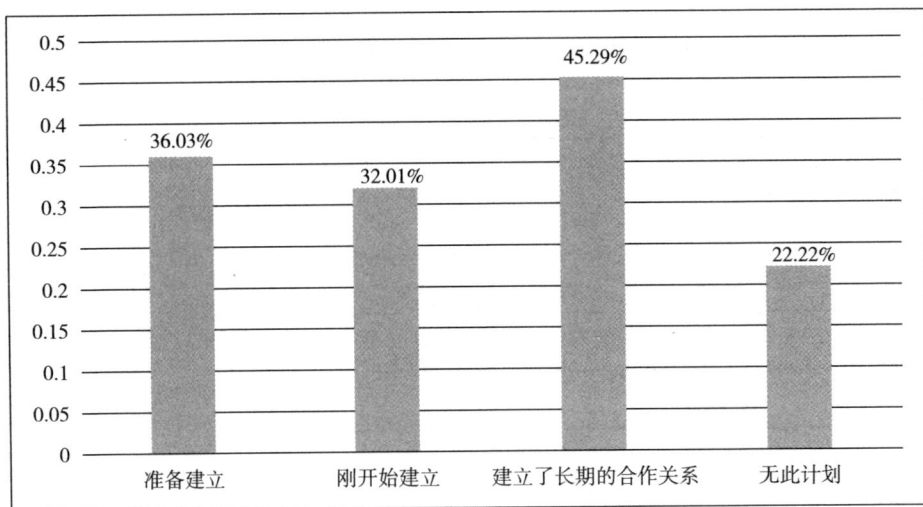

图 9-301　安徽省与高校不同关系企业的人员了解长三角职业教育一体化协同发展平台的比例

三角职业教育一体化协同发展平台的比例升高，且差异较大。

2. 行业企业与长三角域内职业院校开展跨省合作效果有待提高

行业企业人员对"与长三角职业院校开展有效跨省合作"的反馈如图9-302所示。安徽省38.67%的行业企业人员反馈"与长三角域内职业院校开展了有效的跨省份校企合作（如师资人员互聘、专业与课程设置、实习实训等）"，低于长三角地区整体水平。

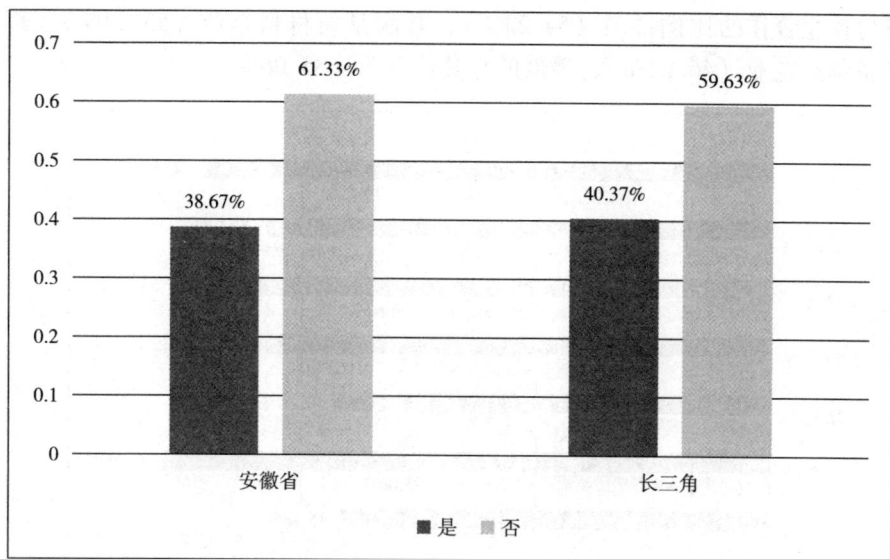

图 9 - 302　行业企业人员对"与长三角职业院校开展有效跨省合作"的反馈

安徽省不同类型企业人员对"与长三角职业院校开展有效跨省合作"的反馈如图 9 - 303 所示。独角兽企业人员反馈与长三角域内职业院校开展有效的跨省份校企合作的比例最高（51.85%），其次是上市公司（44.87%），远超过其他类型的企业。

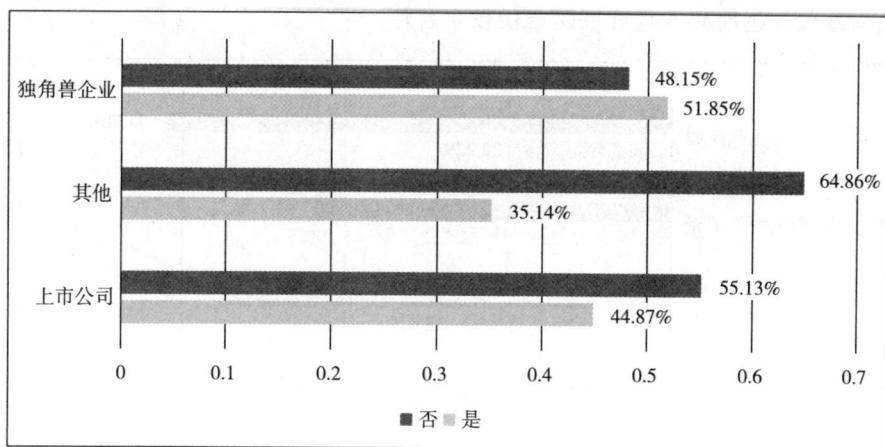

图 9 - 303　安徽省不同类型企业人员对"与长三角职业院校开展有效跨省合作"的反馈

安徽省不同业务企业人员对"与长三角职业院校开展有效跨省合作"的反馈如图 9 - 304 所示。人工智能企业人员反馈与长三角域内职业院校开展有效的跨省份校企合作的比例最高（54.22%），其次是新材料企业（53.33%），再次是装备制造企业（46.22%），最低的是其他企业（35.06%）。

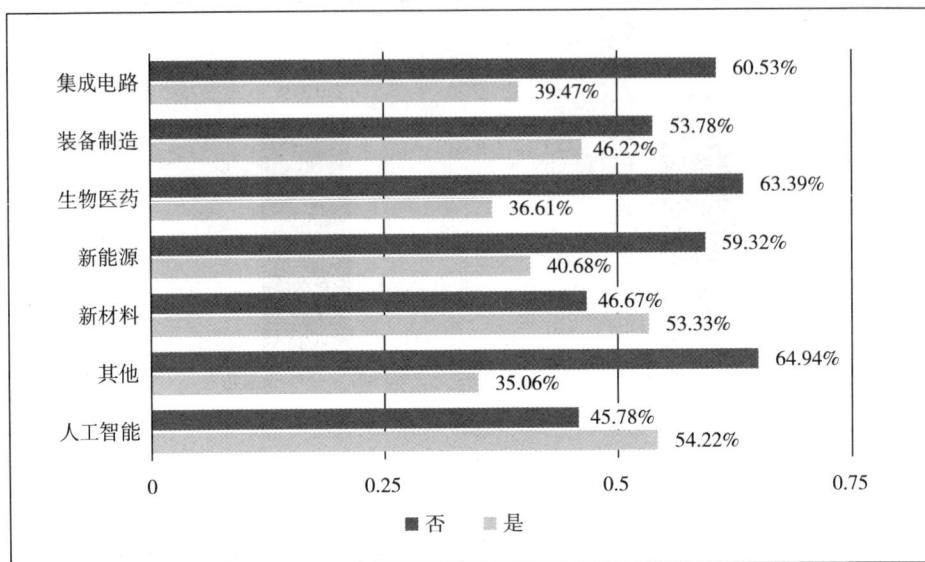

图9-304 安徽省不同业务企业人员对"与长三角职业院校开展有效跨省合作"的反馈

安徽省与高校不同关系企业的人员对"与长三角职业院校开展有效跨省合作"的反馈如图9-305所示。企业人员的反馈表明，安徽省企业与高校建立合作关系越久，越能有效地开展跨省份校企合作。

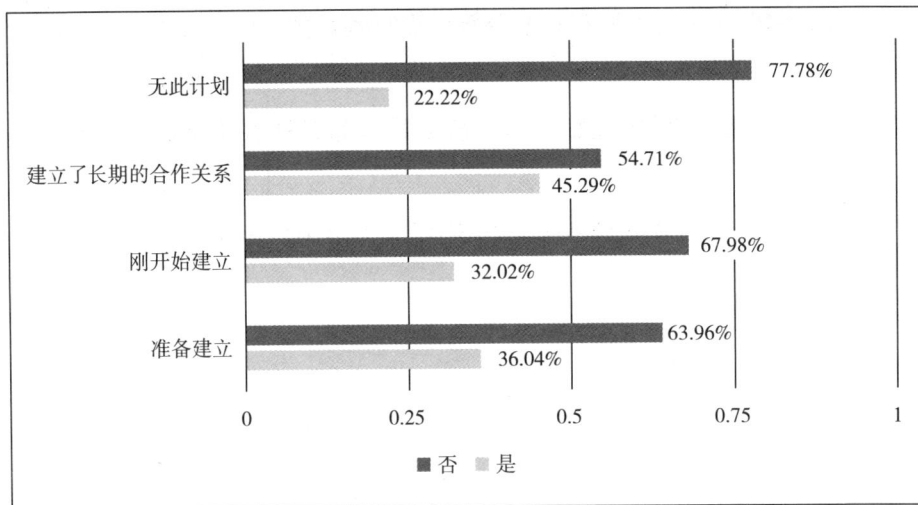

图9-305 安徽省与高校不同关系企业的人员对"与长三角职业院校开展有效跨省合作"的反馈

七、政策建议

本研究综合长三角教育现代化监测评估及已开展的相关教育监测评估情况，坚持从严从实和问题导向，发现优势、寻找差距、弥补短板，为教育决策提供参考。根据问卷调查发现的主要问题，提出以下建议：

（一）进一步优化基础教育资源配置，构建优质均衡的基本公共教育服务体系

科学预测人口变化趋势，建立与常住人口相协调的基本公共教育服务体系，保障足够的公办学校学位供给，办好乡村小规模学校和乡镇寄宿制学校，解决"城镇挤、乡村弱"问题。把发展学前教育纳入新型城镇化和美丽乡村建设规划，严格落实小区配套幼儿园建设，多渠道发展农村学前教育，大力扶持普惠性民办园，破解"入园难""入园贵"问题。完善随迁子女就学保障机制，落实以居住证为主要依据的入学政策，将随迁子女教育纳入流入地教育发展规划和财政保障范围，提高随迁子女在公办学校的就读比例，解决部分特殊群体平等享受优质教育资源程度不高的问题。推进县域内城乡教育一体化发展，扩大教师、校长交流轮岗范围，推动优秀教师在区域内合理有序流动，推广以名校为龙头的集团化办学成功经验，适时试行"多校划片"政策，化解择校热和学区房问题。充分利用信息技术赋能，挖掘省级基础教育资源应用平台和管理平台潜力，形成课程建设、教学研究、教育评价等一体化发展机制，有效扩大优质教育资源覆盖面，补齐基础教育短板。

（二）进一步优化学校治理结构，推动学校治理体系和治理能力现代化

进一步完善党组织领导下的校长负责制，构建民主管理、依法治校、社会参与的现代学校治理结构，形成权责清晰、流程规范、运作高效的组织机制。明确教师和学生在学校管理中的权利，调动教师、学生参与学校管理的积极性和责任感，注重发挥学术委员会、教职工代表大会、工会、学生会、学生社团等作用，畅通教师、学生表达诉求、建言献策的渠道，及时研究解决师生反映问题。加强中小幼学校家长学校建设，提高家长学校覆盖面及家校沟通质量，畅通家长了解、监督、参与学校管理的渠道，及时回应和解答家长关注问题。

（三）继续推进整省国家智慧教育平台试点，提高师生数字素养

推进智慧教育整省试点，改善学校尤其是高校信息化设备配备，加强数字校园建设、应用、管理和评价，为师生提供良好的信息化硬件条件和数字教育软环境。教育行政部门制定教师数字素养提升计划，开展教师信息技术轮训，实现全覆盖和周期化，帮助教师转变教育理念，提高教师独立解决信息技术常见问题能力和应用最新信息技术能力，激发教师运用信息技术优化教学、管理和评价的主动性和创造力，以信息技术赋能教师专业发展。学校开好开足信息技术课程，培养学生利用信息技术获取、甄别和使用数字资源的能力，提高中小学生对常用软件的运用能力，培养大学生对常用分析软件的使用能力。

（四）推动中小幼校长（园长）多途径参与学习培训和课程实践，着力提升中小幼校长（园长）课程领导力

充分发挥各类培训平台功能，综合运用理论讲授、案例教学、影子培训、研讨互动等方式，在课程研究、规划、开发、建设、管理、评价等方面，对中小幼校长（园长）进行全方位培训。各级教研机构加强调研和智力支持，针对制订学校课程实施规划、建构凸显学校特色的课程体系、引导全体教师开发拓展性课程、联合校外力量共同开发课程等重难点问题，指导中小幼校长（园长）大胆探索、寻找路径、总结经验并形成有效机制。进一步开展长三角教师联合培训项目，提高安徽省中小幼校长（园长）参与长三角区域跨省学习交流比例，采取挂职锻炼、双向互派方式，学习教育发达地区校长（园长）课程领导经验，缩小与沪苏浙中小幼校长（园长）课程领导力差距。

（五）加强学校体育工作，全面提升学生体育素养

市县教育行政部门统筹谋划本区域内学校、学生体育工作，强化督导评估和问责机制，健全学校体育工作保障机制。按照《国家学校体育卫生条件试行基本标准》，加大体育专项经费投入，确保体育场地器材达标；配足配齐体育专职教师，加强体育教师培养培训，提高体育教师专业化水平。鼓励学校引进优质校外体育资源，开展丰富多样的体育活动，落实学生每天校内体育运动锻炼不低于一小时，提升学生体育知识、兴趣和技能，塑造健康体魄和积极向上的体育精神。宣传科学的教育观和质量观，持续推动"双减"提质增效，引导学校、家庭、社会形成合力，落实学生每天校外体育运动锻炼不低于一小时，营造良好体育氛围。

（六）全面深化校企合作，推进产教深度融合，提高教育链、人才链与产业链、创新链有机衔接水平

当地政府搭建区域性产教融合信息服务平台，对接产业集群，统筹专业集群发展，推动企业与高校建立长期稳定的合作关系，促进教育资源、产业资源、企业资源有效配置与优势相融。依托职教集团、产业学院、企业学院，建立高质量、具有示范带动性的校企合作机制，实行区域内学科专业动态调整、课程教材共建、学生共育、人才双向交流、产教融合集团实体化运作等。高校主动作为、积极争取，拓展校企合作形式，除输送学生去企业学习实践外，定期输送教师去企业实践锻炼，邀请企业技术人员、技能大师参与学校实践教学或专题讲座，与企业共建实习实训基地；尤其在设立市场化运作的产教融合新型研发机构上发力，针对企业技术升级的痛点难点，与企业开展实质性科研合作，加强高校研究成果高质量转化。

长三角教育现代化监测评估安徽问卷调查课题组
执笔人：杨　鼻

第十章　安徽省学位与研究生教育
质量报告（2019 年）

　　为深入贯彻落实国家和安徽省中长期教育改革与发展规划纲要，促进研究生培养单位加强质量自律，完善研究生教育质量保障和监督体系，安徽省教育厅印发了《关于编制 2019 年学位与研究生教育质量报告的通知》（皖教秘科〔2020〕65 号），委托安徽省教育评估中心承担报告编制工作，旨在通过呈现发展数据和典型案例，客观反映省属研究生培养单位在招生培养、学科建设、学位授予、质量保障及国际合作交流等方面的创新举措、亮点特色和突出成绩，分析研究存在问题并提出改进建议，为安徽省研究生教育事业健康发展及省属高校（科研机构）研究生培养质量全面提升提供科学依据。[①]

一、学位授权点情况

　　2019 年，安徽省共有省属研究生培养单位 19 个，其中科研机构 1 个、省属高校 18 个，不包括军队院校及部委所属的中国科学技术大学、合肥工业大学。博士学位授予单位共 7 个，其中设有学术博士学位授权点的单位有 7 个，设有专业博士学位授权点的单位仅有 1 个，设有二级学科博士学位授权点的单位有 3 个。硕士学位授予单位共 19 个，其中设有学术硕士学位授权点的单位有 17 个，设有专业硕士学位授权点的单位有 18 个，设有二级学科硕士学位授权点的单位有 7 个。全省现有一级学科博士学位授权点 46 个，二级学科博士学位授权点 3 个，专业学位博士授权点 1 个；一级学科硕士学位授权点 219 个，二级学科硕士学位授权点 11 个，专业硕士学位授权点 147 个。省属研究生培养单位学位授权点一览表见表 10－1 所列。

---

　　① 本报告数据主要来自各研究生培养单位在"安徽省研究生教育质量管理平台"的填报数据；因缺乏全国和其他省（市）权威来源数据，故未作充分比较分析。

表 10-1 省属研究生培养单位学位授权点一览表

培养单位	一级学科博士学位授权点	二级学科博士学位授权点	专业博士学位授权点	一级学科硕士学位授权点	二级学科硕士学位授权点	专业硕士学位授权点
安徽大学	15	1		32	2	23
安徽师范大学	8	1		30		14
安徽农业大学	8			25	1	8
安徽理工大学	6	1		21	3	9
安徽医科大学	4		1	13		8
安徽中医药大学	3			5		4
安徽工业大学	2			17	1	14
淮北师范大学				15	1	7
安徽工程大学				12	1	10
安徽建筑大学				11		10
安庆师范大学				11		7
安徽财经大学				9		14
蚌埠医学院				6		5
阜阳师范学院				5		4
皖南医学院				5	2	5
合肥学院				1		3
安徽科技学院						1
合肥师范学院						1
中钢集团马鞍山矿山研究院				1		
合计	46	3		219	11	147

(一) 博士研究生学位授权点

1. 学术博士学位授权点

省属博士研究生培养单位共 7 个，覆盖了农林类、师范类、理工类、医药类和综合类高等院校，不含艺术类、财经类等院校。学术博士学位授权点数量最多的是安徽大学，设有一级学科博士学位授权点 15 个、二级学科博士学位授权点 1 个；其次是安徽师范大学，设有一级学科博士学位授权点 8 个、二级学科博士学位授权点 1 个；再次是安徽农业大学，设有一级学科博士学位授权点 8 个。设有二级学科博士学位授权点的单位仅 3 个，分别为安徽大学、安徽师范大学、安徽理工大学，各设有 1 个二级学科博士学位授权点。省属研究生培养单位学术博士学位授权点分布如图 10－1 所示。

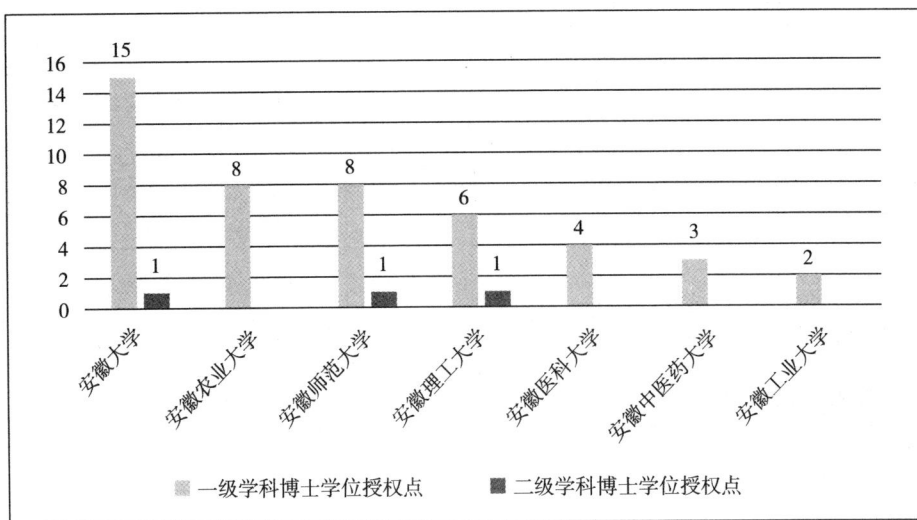

图 10－1　省属研究生培养单位学术博士学位授权点分布

2. 专业博士学位授权点

省属专业博士研究生培养单位仅有安徽医科大学 1 个，设有专业博士学位授权点 1 个，即临床医学博士专业学位。

(二) 硕士研究生学位授权点

1. 学术硕士学位授权点

省属学术硕士研究生培养单位共 17 个、占比为 89.47%，其中 4 个单位学术硕士学位授权点数量在 20 个以上，分别为安徽大学（34 个）、安徽师范大学（30 个）、安徽农业大学（26 个）、安徽理工大学（24 个）；6 个单位学术硕士学位授权点数量在10~20个之间，分别为安徽工业大学（18个）、淮北师范大学（16个）、安徽医科大学（14个）、安徽工程大学（12个）、安徽建筑大学（11个）、安庆师范大学（11个）；7个单位学术硕士学位授权点在10个以下。

一级学科硕士学位授权点数量超过15个的单位有6个，分别为安徽大学（32个）、安徽师范大学（30个）、安徽农业大学（25个）、安徽理工大学（21个）、安徽工业大学（17个）、淮北师范大学（15个）；一级学科硕士学位授权点数量在15个以下的单位有11个。设有二级学科硕士学位授权点的单位仅7个，分别为安徽大学、安徽农业大学、安徽理工大学、安徽工业大学、淮北师范大学、安徽医科大学、皖南医学院；安徽理工大学二级学科硕士学位授权点最多（3个）。省属研究生培养单位学术硕士学位授权点分布如图10-2所示。

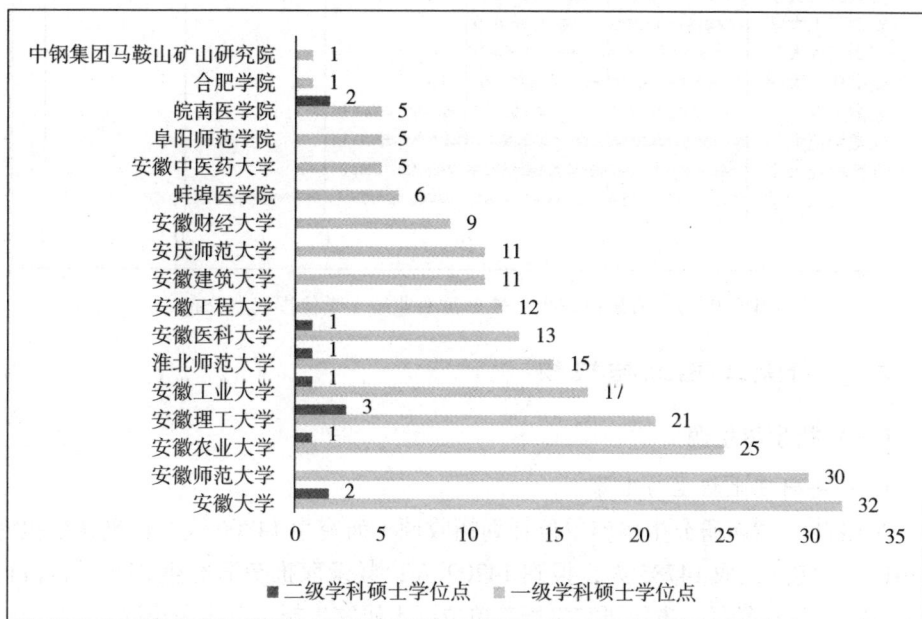

图10-2 省属研究生培养单位学术硕士学位授权点分布

2. 专业硕士学位授权点

省属研究生培养单位中，设有专业硕士学位授权点的共18个、占比为94.74%，仅中钢集团马鞍山矿山研究院没有专业硕士学位授权点。省属研究生培养单位共设专业硕士学位授权点147个，其中授权点最多的是安徽大学（23个）；授权点数量在10~14个之间的单位有5个，分别是安徽财经大学、安徽师范大学、安徽工业大学、安徽建筑大学、安徽工程大学；授权点数量在10个以下的单位有 12 个。省属研究生培养单位专业硕士学位授权点分布如图 10－3 所示。

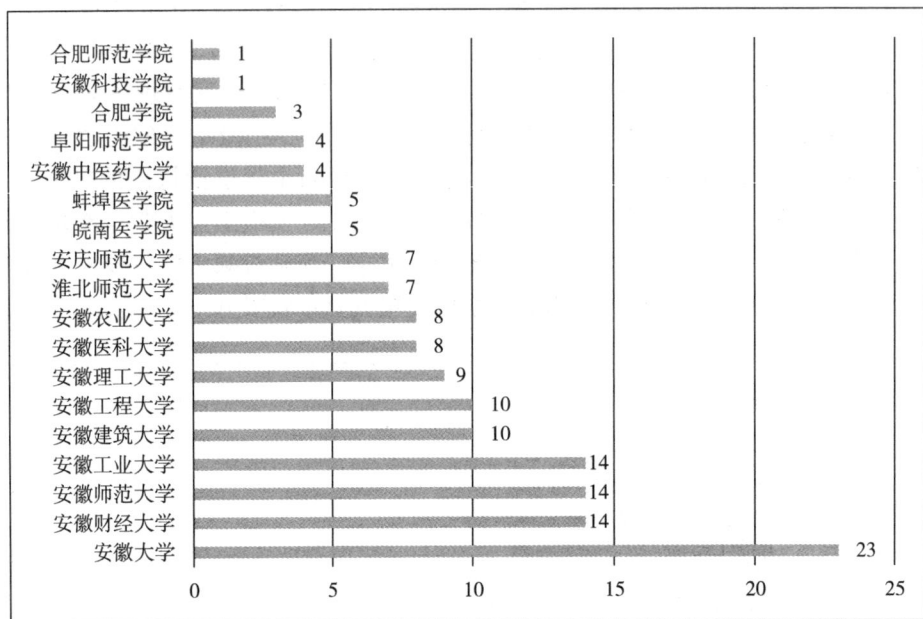

图 10－3　省属研究生培养单位专业硕士学位授权点分布

二、研究生招生与规模

（一）招生与生源

1. 硕士研究生招生与生源

2019 年，省属研究生培养单位计划招收硕士研究生 14806 人，经确认后报考 49461 人，实际录取 14785 人，报到 14709 人；共录取推免研究生 311 人，占比约 2.10%、比例较低。省属研究生培养单位硕士研究生招生及生源情况见表 10－2 所列。

表 10－2　省属研究生培养单位硕士研究生招生及生源情况

学校名称	招生计划数	经确认后报考人数	录取人数	报到人数	第一志愿录取人数	第一志愿录取率	录取推免生人数	推免生占比
安徽大学	2773	17259	2773	2757	2218	79.99%	76	2.74%
安徽财经大学	936	3321	936	925	658	70.30%	6	0.64%
安徽工程大学	689	1633	689	681	453	65.75%	0	

（续表）

学校名称	招生计划数	经确认后报考人数	录取人数	报到人数	第一志愿录取人数	第一志愿录取率	录取推免生人数	推免生占比
安徽工业大学	1008	2014	1007	992	596	59.19%	45	4.47%
安徽建筑大学	547	1285	547	533	314	57.40%		
安徽科技学院	125	209	125	123	90	72.00%	0	
安徽理工大学	1157	2377	1150	1129	594	51.65%	75	6.52%
安徽农业大学	1348	2013	1346	1334	610	45.32%	33	2.45%
安徽师范大学	1930	7136	1930	2018	1306	67.67%	29	1.50%
安徽医科大学	1502	4426	1493	1482	587	39.32%	28	1.88%
安徽中医药大学	515	1800	515	509	417	80.97%	19	3.69%
安庆师范大学	256	629	256	244	149	58.20%	0	
蚌埠医学院	470	2005	470	465	312	66.38%	0	
阜阳师范学院	232	332	232	230	49	21.12%		
合肥师范学院	115	363	115	113	28	24.35%		
合肥学院	100	46	100	96	9	9.00%	0	
淮北师范大学	732	1120	730	714	211	28.90%	0	
皖南医学院	363	1489	363	356	240	66.12%	0	
中钢集团马鞍山矿山研究院	8	4	8	8	2	25.00%	0	
合计	14806	49461	14785	14709	8843	59.81%	311	2.10%

省属研究生培养单位第一志愿录取8843人，第一志愿录取率为59.81%。第一志愿录取率在60%以上的共8个单位，第一志愿录取率最高的是安徽中医药大学（80.97%），其次为安徽大学（79.99%），再次为安徽科技学院、安徽财经大学、安徽师范大学、蚌埠医学院、皖南医学院和安徽工程大学；4个单位第一志愿录取率在50%～60%之间，7个单位第一志愿录取率在50%以下，省属研究生培养单位第一志愿录取率整体不高。部分省属研究生培养单位硕士研究生第一志愿录取率如图10－4所示。

省属研究生培养单位中，接收推免研究生的有8个单位。推免研究生比例最

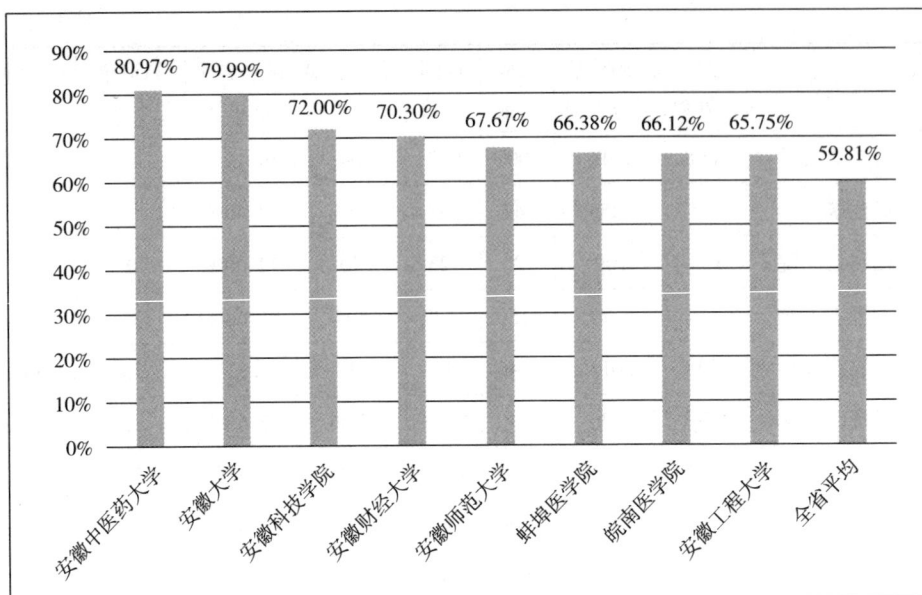

图 10-4　部分省属研究生培养单位硕士研究生第一志愿录取率

高的为安徽理工大学（6.52%），其次为安徽工业大学（4.47%），再次为安徽中医药大学（3.69%），11 个单位无推免生。省属研究生培养单位推免生占比如图 10-5 所示。

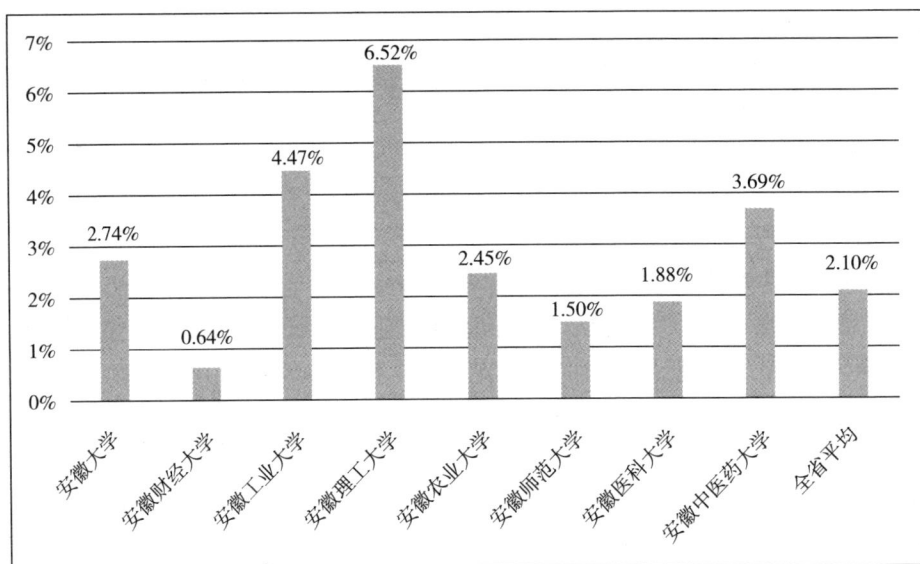

图 10-5　省属研究生培养单位推免生占比

2. 博士研究生招生与生源

2019 年，省属研究生培养单位计划招收博生研究生 556 人，经确认后报考 1710 人，实际录取 556 人，报到 551 人；第一志愿录取 556 人、占比为 100%，录取推免生 142 人、占比为 25.54%。推免生占比最高的是安徽大学 (76.76%)，其次是安徽理工大学（46.97%）。4 个单位无推免生。省属研究生培养单位博士研究生招生及生源情况见表 10-3 所列。

表 10-3 省属研究生培养单位博士研究生招生及生源情况

学校名称	招生计划数	经确认后报考人数	录取人数	报到人数	第一志愿录取人数	第一志愿录取率	录取推免生人数	推免生占比
安徽大学	142	566	142	141	142	100%	109	76.76%
安徽工业大学	28	99	28	28	28	100%	2	7.14%
安徽理工大学	66	74	66	66	66	100%	31	46.97%
安徽农业大学	88	200	88	88	88	100%	0	
安徽师范大学	88	338	88	88	88	100%	0	
安徽医科大学	116	268	116	112	116	100%	0	
安徽中医药大学	28	165	28	28	28	100%	0	
合计	556	1710	556	551	556	100%	142	25.54%

（二）规模与结构

1. 在校研究生规模

省属研究生培养单位在校（院）研究生总人数为 39006 人（不含军队院校和部委所属高校）。硕士研究生共 37035 人，其中学术学位硕士研究生 16812 人、专业学位硕士研究生 20223 人；博士研究生 1971 人，其中学术学位博士研究生 1896 人、专业学位博士研究生 75 人。省属研究生培养单位在读研究生类别与规模见表 10-4 所列。

表 10-4 省属研究生培养单位在读研究生类别与规模

培养单位	学术学位博士研究生人数	专业学位博士研究生人数	学术学位硕士研究生人数	专业学位硕士研究生人数	合计
安徽大学	544		3784	3878	8206
安徽农业大学	359		1862	1460	3681
安徽师范大学	342		2741	2274	5357

（续表）

培养单位	学术学位博士研究生人数	专业学位博士研究生人数	学术学位硕士研究生人数	专业学位硕士研究生人数	合计
安徽医科大学	262	75	1942	2303	4582
安徽理工大学	223		1256	1636	3115
安徽工业大学	91		1045	1606	2742
安徽中医药大学	75		601	827	1503
安徽财经大学			934	1450	2384
蚌埠医学院			391	815	1206
安徽建筑大学			422	1101	1523
淮北师范大学			526	575	1101
皖南医学院			317	656	973
安徽工程大学			418	546	964
安庆师范大学			357	255	612
阜阳师范学院			160	266	426
安徽科技学院				224	224
合肥师范学院				212	212
合肥学院			40	139	179
中钢集团马鞍山矿山研究院			16		16
合计	1896	75	16812	20223	39006

省属研究生培养单位中，研究生规模超过3000人的有5个单位，超过2000人的有7个单位，超过1000人的有11个单位，不足1000人的有8个单位。安徽大学研究生规模最大（8206人），其次为安徽师范大学（5357人）、安徽医科大学（4582人）。省属研究生培养单位研究生培养规模总体偏小。省属研究生培养单位在读研究生规模如图10-6所示。

省属研究生培养单位共有博士研究生1971人，按规模排序依次为安徽大学、

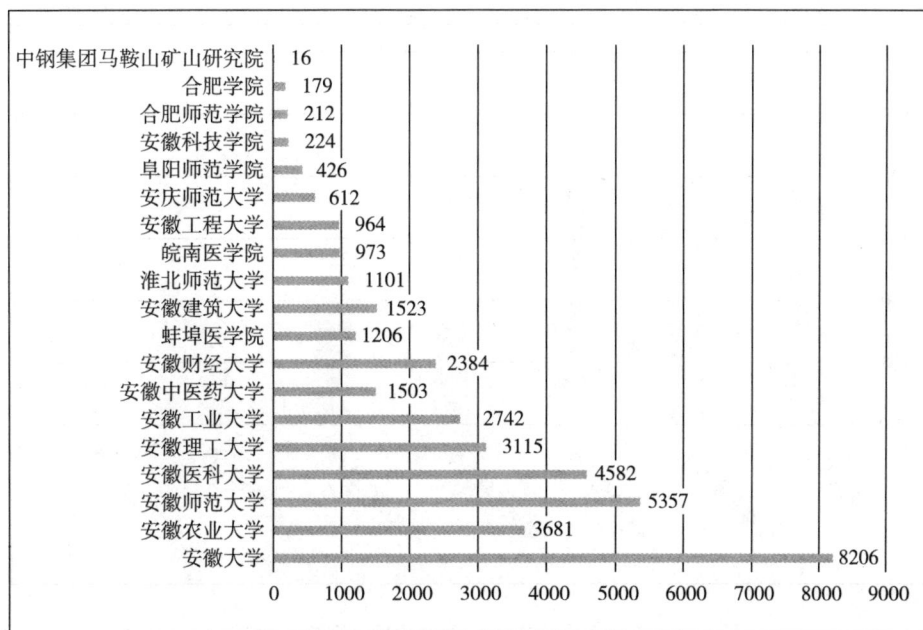

图 10-6 省属研究生培养单位在读研究生规模

安徽农业大学、安徽师范大学、安徽医科大学、安徽理工大学、安徽工业大学、安徽中医药大学，安徽大学博士研究生人数超过全省总数的四分之一。学术学位博士研究生按规模排序与上述顺序一致。专业学位博士研究生招生单位仅有安徽医科大学，在校生 75 人。省属研究生培养单位中，在校博士研究生人数最多的是安徽大学（544 人）；同为 211、"双一流"建设高校的合肥工业大学为 1569 人，中国科学技术大学为 6415 人。可见，省属研究生培养单位博士研究生体量较小，与在皖部委所属高校存在显著差距。省属研究生培养单位博士研究生规模如图 10-7 所示。

省属研究生培养单位共有硕士研究生 37035 人，按规模排序依次为安徽大学、安徽师范大学、安徽医科大学、安徽农业大学、安徽理工大学。硕士研究生规模超过 3000 人的有 4 个单位，超过 2000 人的有 7 个单位，超过 1000 人的有 11 个单位，不足 1000 人的有 8 个单位。安徽大学硕士研究生规模最大（7662 人），其次为安徽师范大学（5015 人），再次为安徽医科大学（4245 人）。总体来看，省属研究生培养单位硕士研究生培养规模偏小。省属研究生培养单位硕士研究生规模如图 10-8 所示。

学术学位硕士研究生培养规模超过 3000 人的单位仅有安徽大学（3784 人），

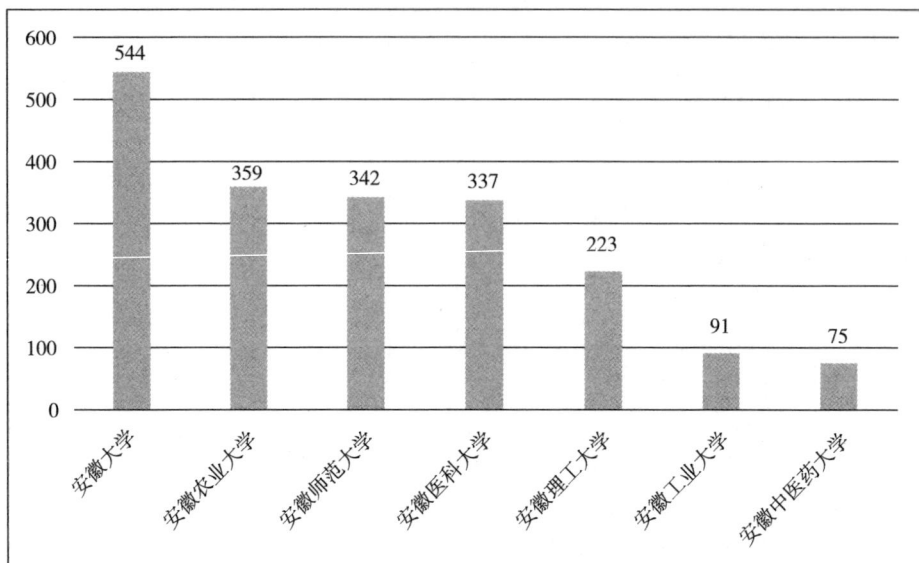

图 10-7 省属研究生培养单位博士研究生规模

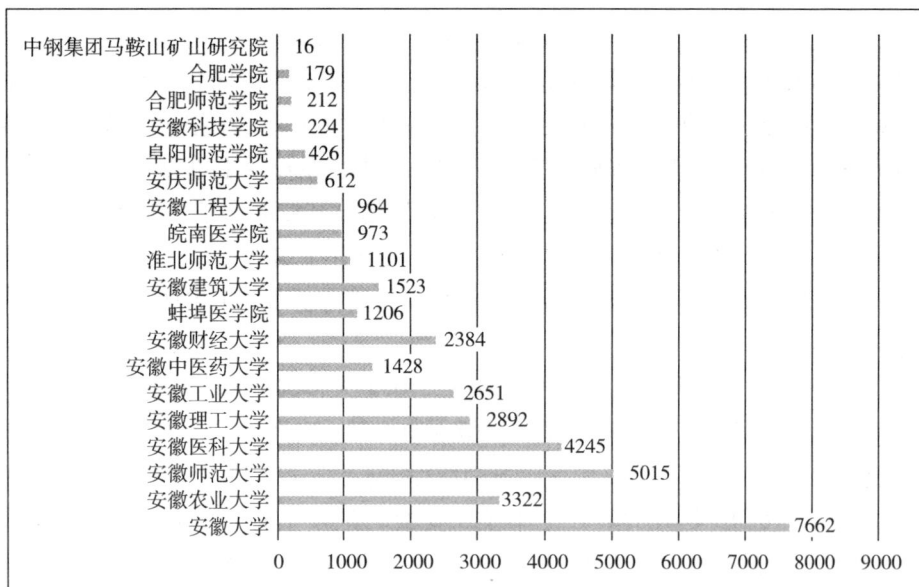

图 10-8 省属研究生培养单位硕士研究生规模

规模在2000～3000人之间的单位有安徽师范大学，规模在1000～2000人之间的有安徽医科大学、安徽农业大学、安徽理工大学、安徽工业大学4个单位，规模在500～1000人之间的有安徽财经大学、安徽中医药大学、淮北师范大学3个单位，不足500人的有10个单位。省属研究生培养单位学术硕士研究生规模如图10－9所示。

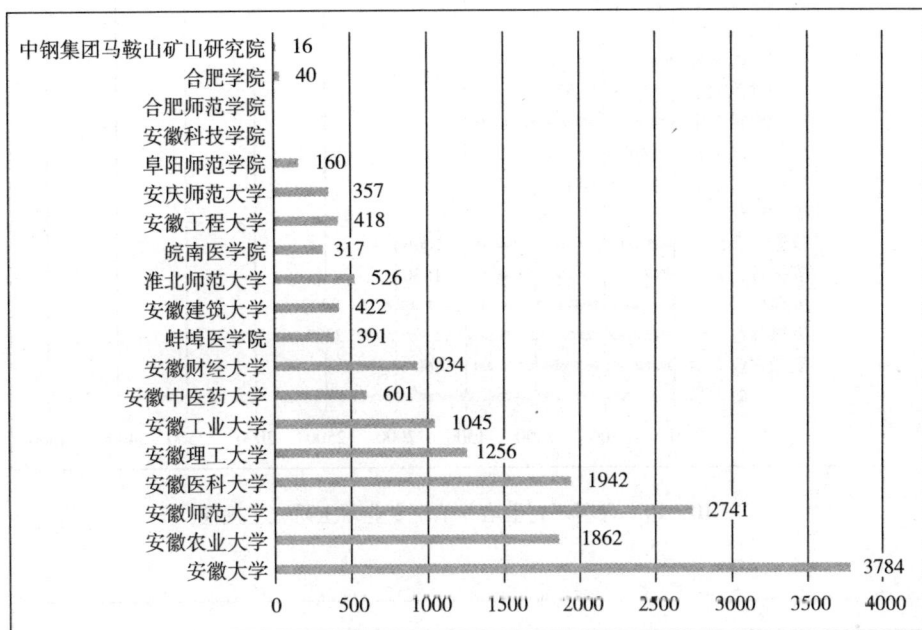

图10－9 省属研究生培养单位学术硕士研究生规模

专业学位硕士研究生培养规模超过3000人的单位仅有安徽大学（3878人），规模在2000～3000人之间的有安徽师范大学、安徽医科大学，规模在1000～2000人之间的单位有安徽理工大学、安徽工业大学、安徽农业大学、安徽财经大学、安徽建筑大学5个，规模在500～1000人之间的单位有安徽中医药大学、蚌埠医学院、皖南医学院、淮北师范大学、安徽工程大学5个，不足500人的有6个单位。省属研究生培养单位专业硕士研究生规模如图10－10所示。

2. 学位学历与学科结构

省属研究生培养单位硕士研究生占比为94.95%，博士研究生占比为5.05%，省属研究生培养单位在校研究生学历构成如图10－11所示。博士研究生中，学术学位博士研究生1896人、占比为96.19%，专业学位博士研究生75人、占比为3.81%。硕士研究生中，学术学位硕士研究生16812人、占比为

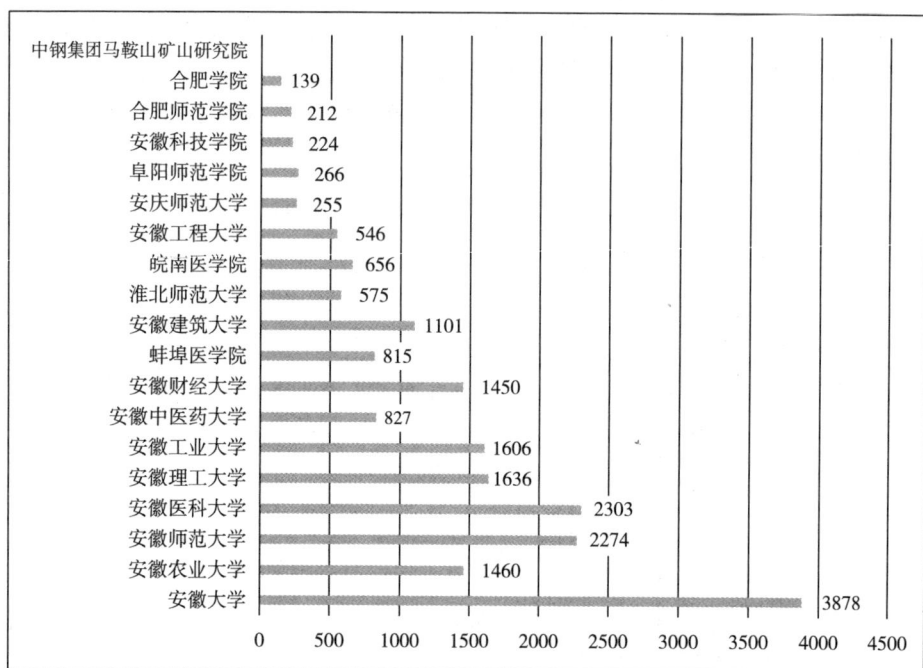

图 10－10　省属研究生培养单位专业硕士研究生规模

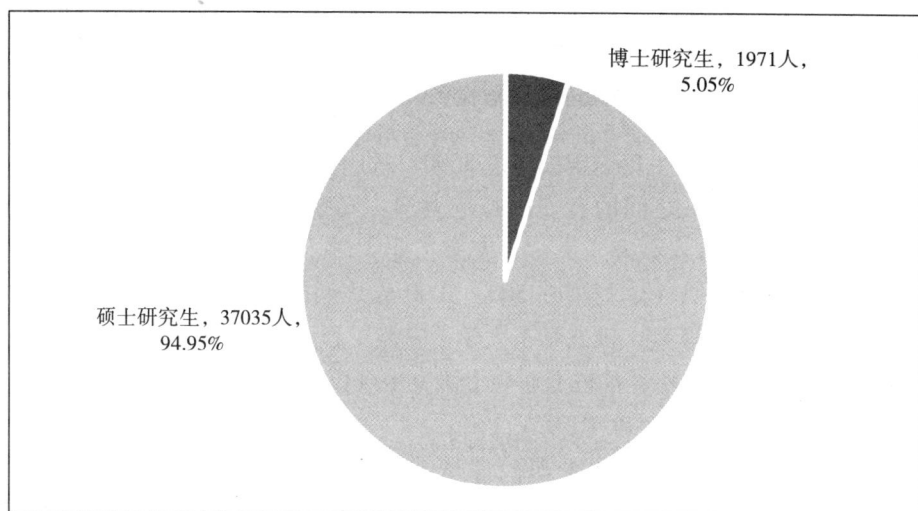

图 10－11　省属研究生培养单位在校研究生学历构成

45.39%，专业学位硕士研究生 20223 人、占比为 54.61%。可见，省属研究生培养单位博士研究生体量偏小，专业学位博士研究生培养严重不足。

同时是博士、硕士研究生培养单位的 7 所省属高校，博士研究生占比为3.32%~9.75%，安徽农业大学博士研究生占比最高，其次是安徽医科大学，安徽工业大学博士研究生占比最低。部分省属研究生培养单位学位学历结构如图10-12 所示。

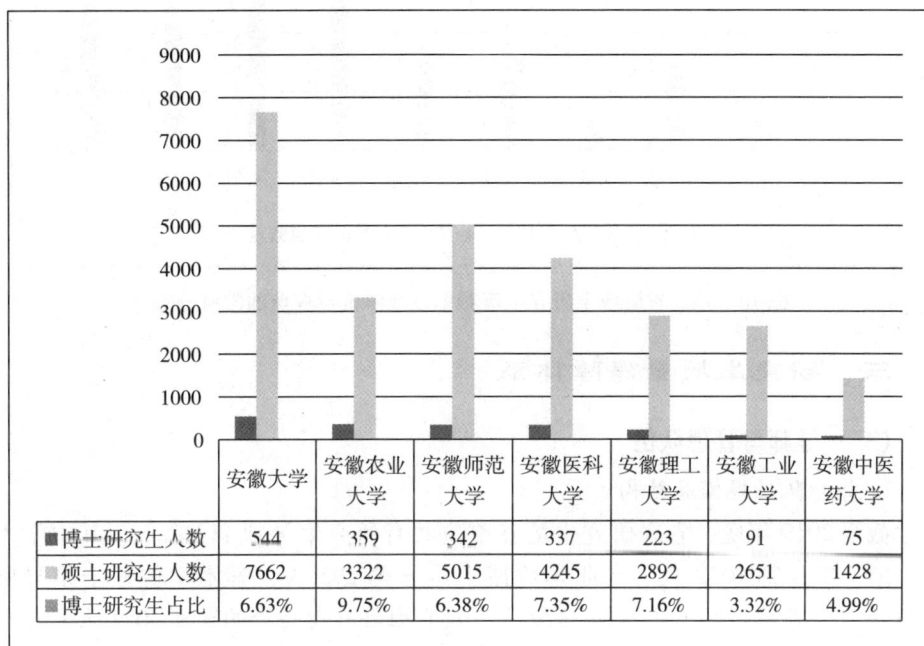

	安徽大学	安徽农业大学	安徽师范大学	安徽医科大学	安徽理工大学	安徽工业大学	安徽中医药大学
■博士研究生人数	544	359	342	337	223	91	75
▨硕士研究生人数	7662	3322	5015	4245	2892	2651	1428
■博士研究生占比	6.63%	9.75%	6.38%	7.35%	7.16%	3.32%	4.99%

图 10-12　部分省属研究生培养单位学位学历结构

从学科来看，省属研究生培养单位一级学科博士学位授权点分布在哲学、经济学、法学、教育学、文学、历史学、理学、工学、农学、医学等 10 个学科，无艺术学、管理学。从培养单位数量来看，工学类博士学位培养单位数量最多（4 个），其次是理学（3 个），再次是法学、文学、历史学、医学（各 2 个），哲学、经济学、教育学、农学数量最少（各 1 个）。从学位授权点数量来看，工学一级学科博士学位授权点最多（12 个），其次是理学（10 个）、医学（7 个）、农学（5 个）；再次是法学、文学、历史学（各 3 个）；哲学、经济学和教育学数量最少（各 1 个）。省属博士研究生培养单位及学位授权点的学科分布如图10-13所示。

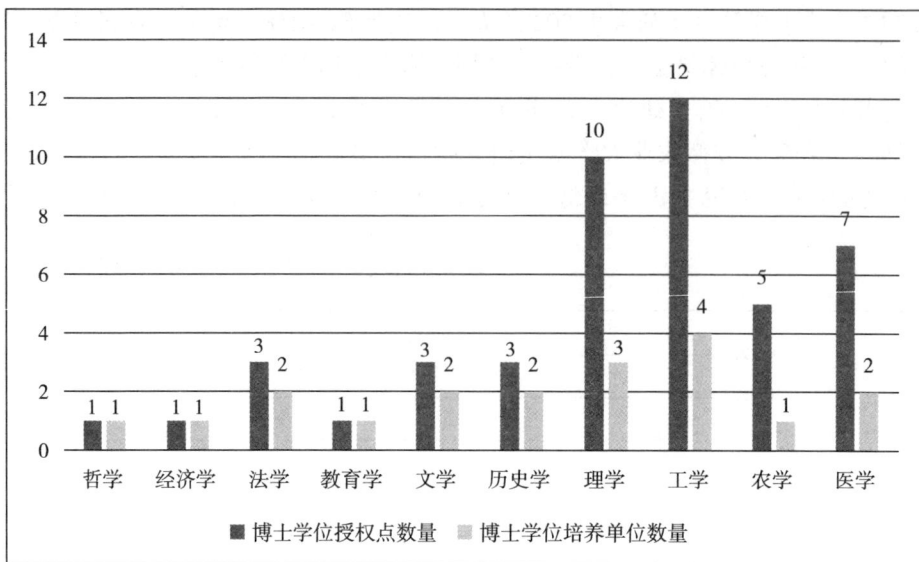

图 10-13　省属博士研究生培养单位及学位授权点的学科分布

三、研究生质量保障体系

（一）导师与管理队伍

1. 导师队伍规模及结构

截至 2019 年底，省属研究生培养单位共有研究生导师 11312 人，其中学术学位博士生导师 1032 人、专业学位博士生导师 295 人，学术学位硕士生导师 6893 人、专业学位硕士生导师 7329 人。具有海外教育背景的导师 3041 人、占比为 26.88%，具有正高职称的导师 4855 人、占比为 42.92%，年龄在 45 岁以下的导师 5104 人、占比为 45.12%，各类杰出人才 45 人，校外兼职导师 3898 人、占比为 34.46%。省属研究生培养单位导师队伍规模与结构如图 10-14 所示。

省属研究生培养单位共有杰出人才 45 人，其中两院院士 2 人、"千人计划" 5 人、长江学者 4 人、国家杰出青年科学基金获得者 7 人、"973" 项目首席科学家 2 人、新世纪百千万人才工程入选者 25 人。省属研究生培养单位杰出人才最多的是安徽大学（14 人），其次是安徽理工大学和安徽师范大学（各 6 人），安徽理工大学和中钢集团马鞍山矿山研究院各有院士 1 人。省属研究生培养单位杰出人才所占比例整体偏低，多数类别的杰出人才是个位数。省属研究生培养单位杰出人才分布如图 10-15 所示。

省属研究生培养单位生师比均值为 3.5∶1，生师比最高的是安徽大学（10.6∶1），其次是安徽师范大学（6.19∶1），再次是安徽工业大学（4.62∶1）。

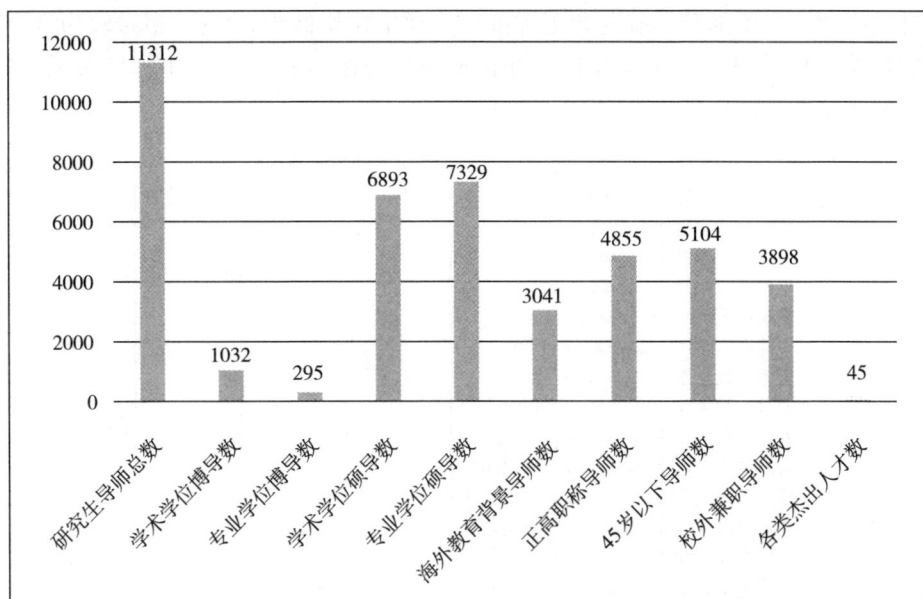

图 10－14　省属研究生培养单位导师队伍规模与结构

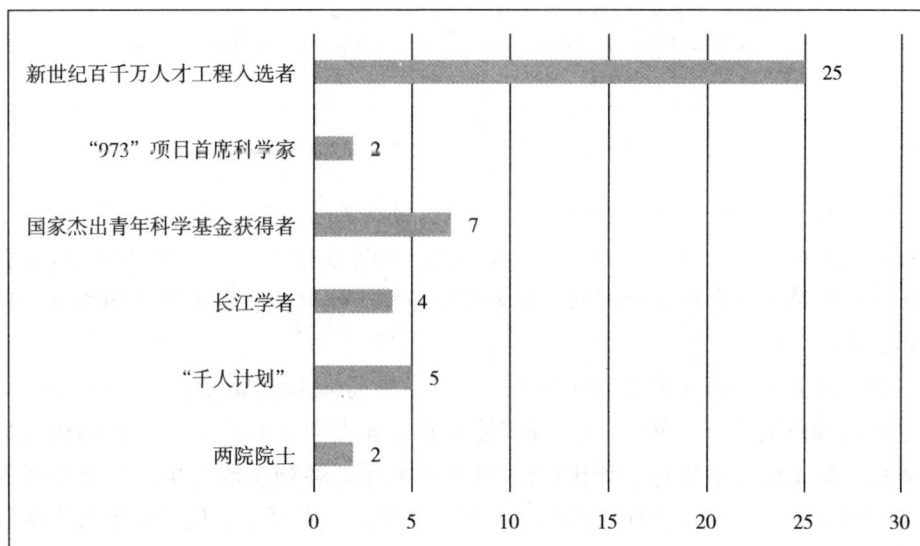

图 10－15　省属研究生培养单位杰出人才分布

安徽建筑大学、安徽财经大学、淮北师范大学和安徽农业大学 4 个单位生师比均在 3∶1 以上。蚌埠医学院、安徽中医药大学、安徽理工大学、安徽医科大学 4 个单位生师比均在 2∶1 以上。安徽工程大学、安徽科技学院、皖南医学院、安庆师范大学、阜阳师范学院、合肥师范学院师生比均低于 2∶1，相对较为合理。合肥学院（1∶1.37）、中钢集团马鞍山矿山研究院（1∶1.5）生师比最低。省属研究生培养单位生师比如图 10-16 所示。

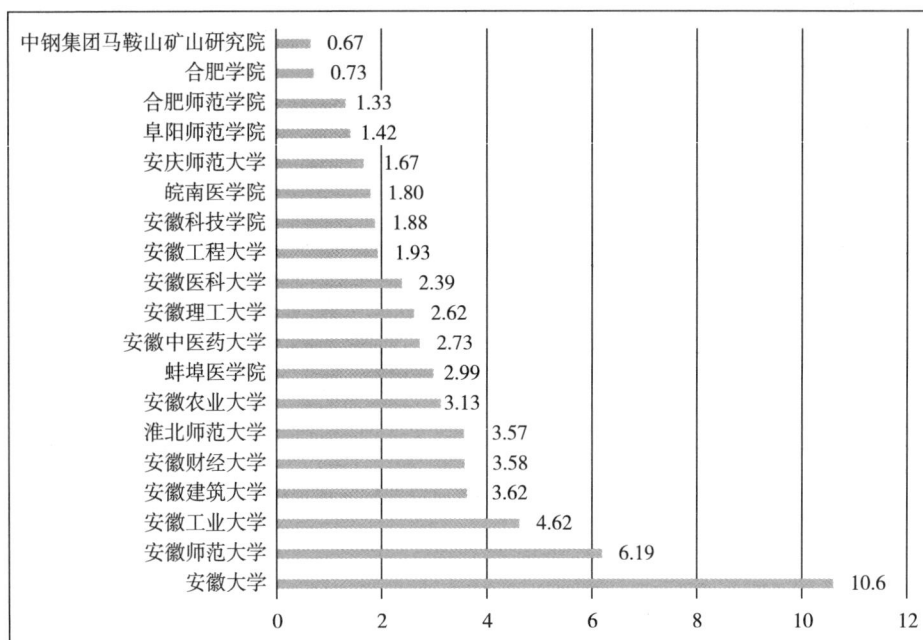

图 10-16　省属研究生培养单位生师比

博士研究生教育生师比均值为 1.49∶1，最高的是安徽农业大学（4.13∶1），最低的是安徽工业大学（1.30∶1）。学术博士和专业博士研究生教育的生师比相差不大，整体较为合理。省属研究生培养单位博士研究生教育生师比如图 10-17 所示。

硕士研究生教育生师比均值为 3.51∶1，最高的是安徽大学（9.9∶1），其次是安徽师范大学（5.80∶1），再次是安徽工业大学（4.47∶1）。省属研究生培养单位硕士研究生教育生师比如图 10-18 所示。各硕士研究生培养单位生师比排序基本上与研究生生师比总排序一致。其中，学术硕士学位研究生教育生师比均值为 2.44∶1，最高的是安徽师范大学（7.79∶1），其次是安徽大学（5.18∶1），再次是安徽农业大学（3.74∶1）；专业硕士学位研究生教育生师比均值为 2.84∶1，最高的是安徽大学（6.74∶1），其次是安徽财经大学（4.56∶1），再次是安徽师范大学（4.43∶1）。

从正高职称研究生导师比例来看，比例在 30% 及以上有 4 个单位，最高的是

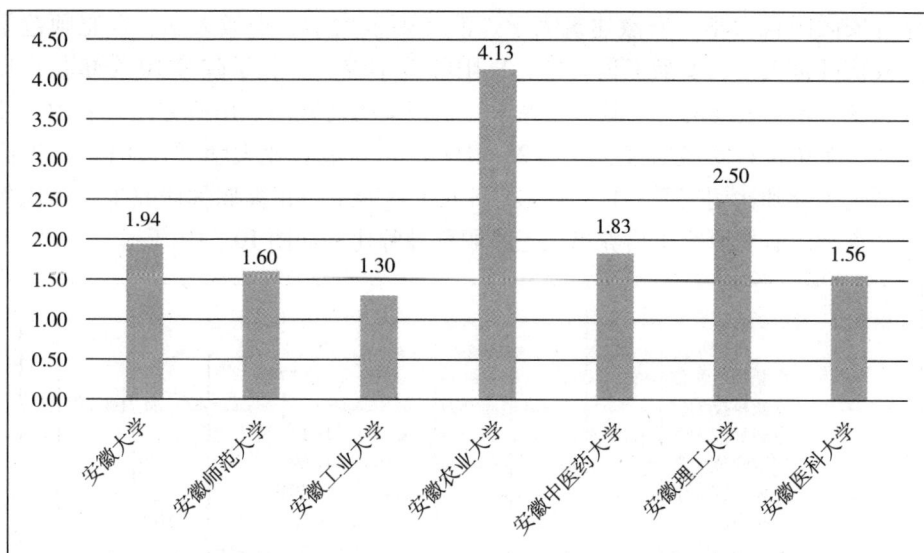

图 10-17 省属研究生培养单位博士研究生教育生师比

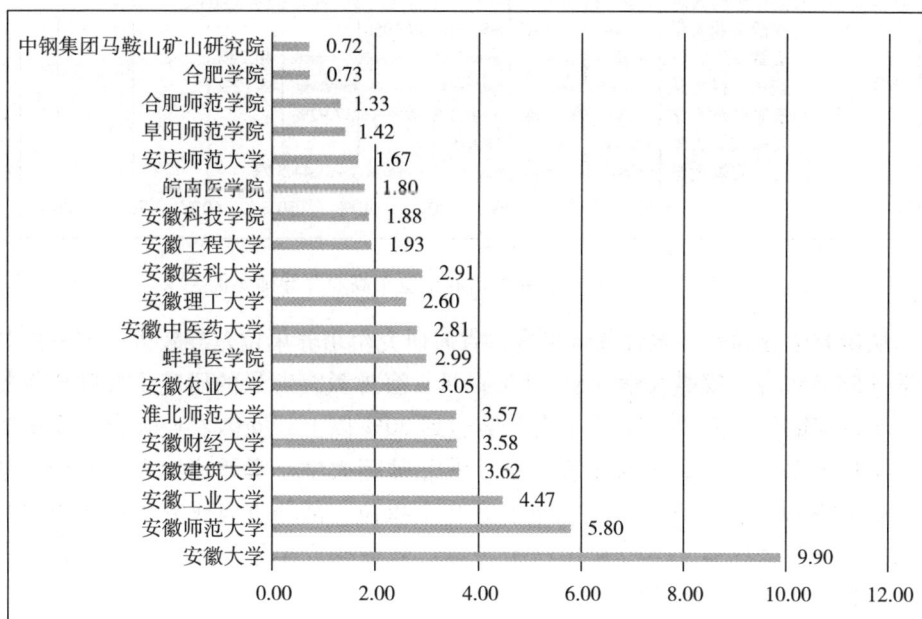

图 10-18 省属研究生培养单位硕士研究生教育生师比

蚌埠医学院（68.44%），其次是安徽科技学院（64.71%），再次是皖南医学院（56.56%）、安徽中医药大学（53.64%）；比例在40%~50%之间的有安徽理工大学、安徽医科大学、安徽建筑大学、淮北师范大学、安徽大学、合肥师范学院、安庆师范大学、安徽工程大学、阜阳师范学院、合肥学院等 10 个单位；比例在 30%~40% 之间的有安徽师范大学、中钢集团马鞍山矿山研究院、安徽工业大学等 3 个单位；安徽财经大学（25.71%）和安徽农业大学（18.81%）正高职称研究生导师比例较低。4 个医学类研究生培养单位正高职称研究生导师比例均排在前列。省属研究生培养单位正高职称导师比例如图 10-19 所示。

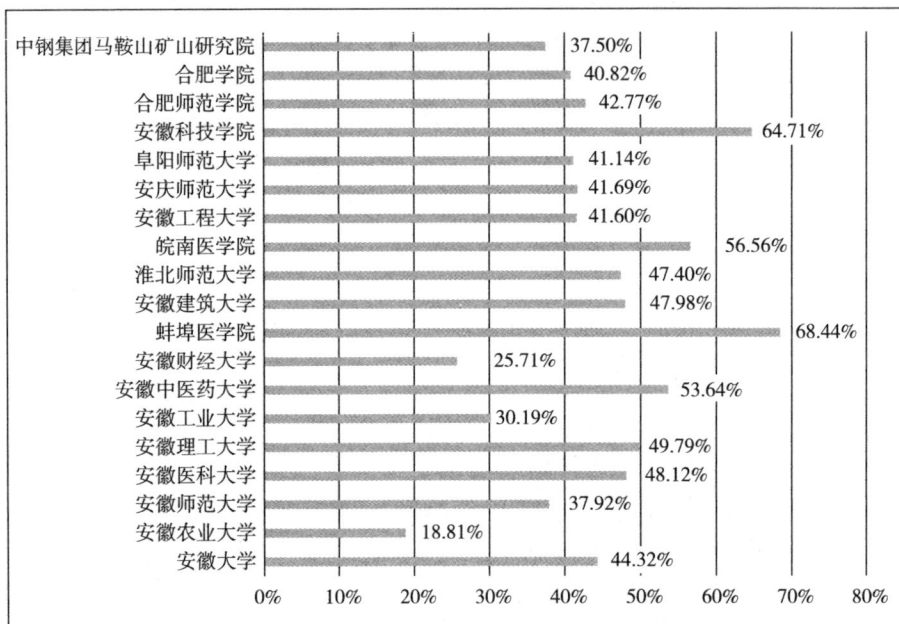

图 10-19 省属研究生培养单位正高职称导师比例

从研究生导师海外教育背景来看，省属研究生培养单位差异较大。安徽医科大学（58.55%）、安徽大学（54.91%）具有海外教育背景的研究生导师比例超过一半；安徽理工大学、安徽师范大学达到 30% 以上；安徽农业大学、安徽工业大学达到 20% 以上；安徽工程大学、淮北师范大学、安徽建筑大学、合肥学院达到 10% 以上；比例在 10% 以下的有 9 个单位。部分省属研究生培养单位具有海外教育背景导师比例如图 10-20 所示。省属研究生培养单位具有海外教育背景导师人数比例整体偏低。

从年龄结构来看，45 岁以下研究生导师比例在 50% 及以上的有安徽工业大学、安徽建筑大学、中钢集团马鞍山矿山研究院、阜阳师范学院、安庆师范大学、安徽科技学院、安徽师范大学、淮北师范大学等 8 个单位；比例 40%~50% 之间的有皖南医学院、安徽财经大学、安徽中医药大学、安徽医科大学、合肥学

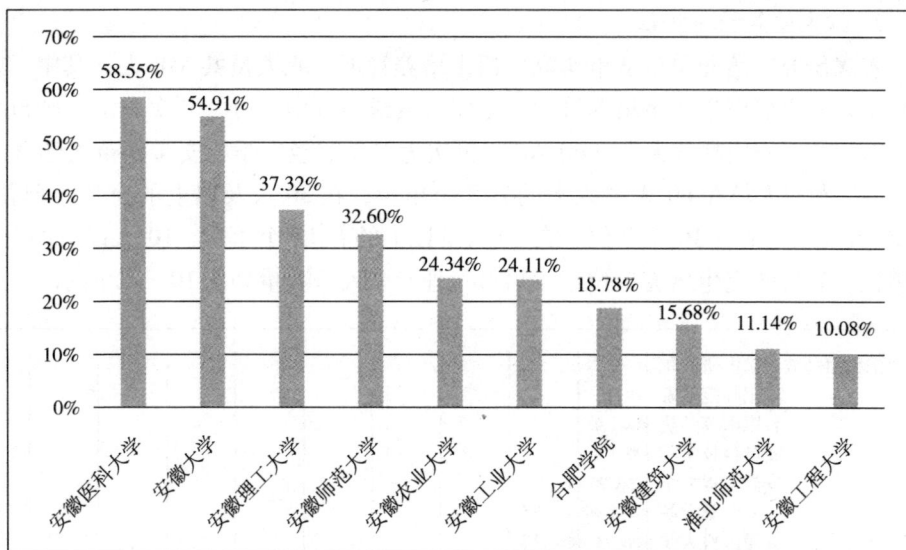

图 10 - 20 部分省属研究生培养单位具有海外教育背景导师比例

院、安徽工程大学、蚌埠医学院等 7 个单位。安徽大学、安徽农业大学和合肥师范学院研究生导师队伍年龄结构相对老化。省属研究生培养单位 45 岁以下研究生导师比例如图 10 - 21 所示。

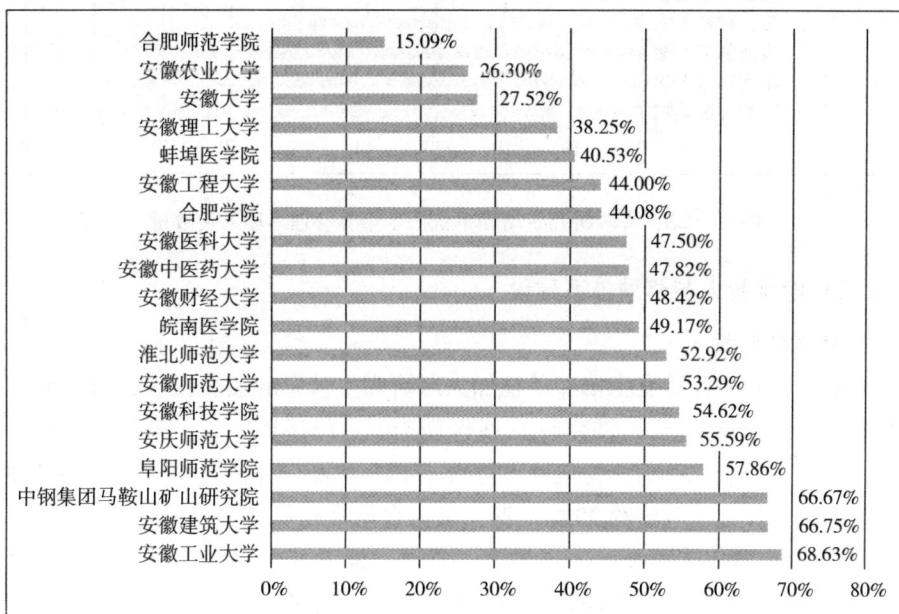

图 10 - 21 省属研究生培养单位 45 岁以下研究生导师比例

2. 招生培养管理队伍

省属研究生培养单位从事研究生招生培养管理专职人员共 548 人。其中，蚌埠医学院从事研究生招生培养管理的专职人员最多（81 人），其次为淮北师范大学（77 人）、安庆师范大学（60 人），再次为安徽财经大学、安徽师范大学（各49 人）。专职人员在 60 人及以上的有 3 个单位，在 30 人及以上的有 7 个单位，在 20 人及以上的有 10 个单位，在 10 人及以上的有 15 个单位，10 人以下的有 4个单位。省属研究生培养单位招生培养管理专职人员数量如图 10－22 所示。

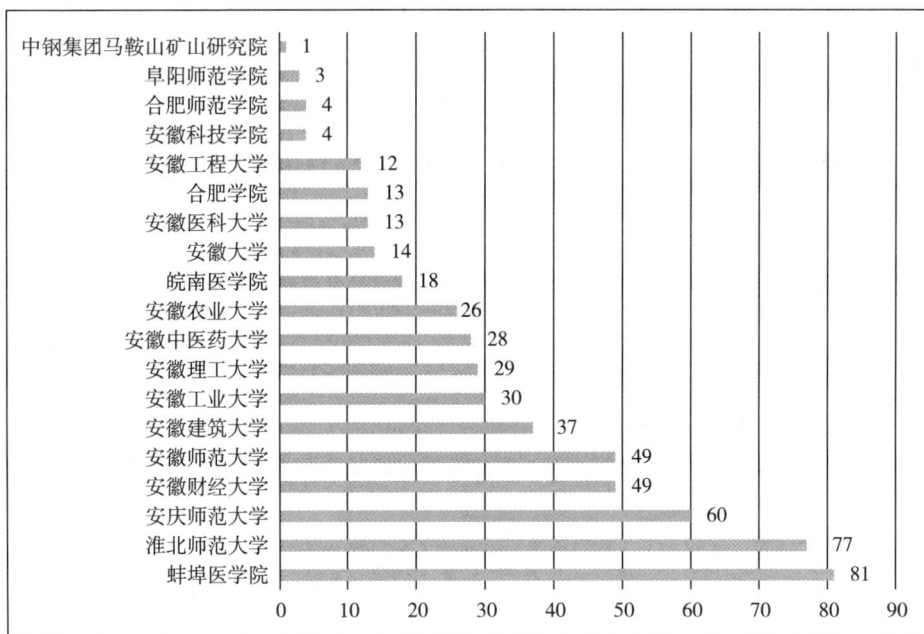

图 10－22　省属研究生培养单位招生培养管理专职人员数量

（二）经费投入与奖助体系建设

1. 教育经费投入

国家、地方和各研究生培养单位加大对研究生教育的经费投入，省属研究生培养单位全年争取并投入研究与发展经费合计 142464 万元。其中，省厅经费49221 万元、占比约 35%，其他地方经费 47123 万元、占比约 33%，中央其他部门经费 41931 万元、占比约 29%，省、市、自治区社科基金 3397 万元、占比约2%，教育部经费 792 万元、占比最小。省厅、地方及中央其他部门成为省属研究生培养单位最主要的三大经费来源，其他经费来源所占比例较小。省属研究生培养单位教育经费投入比例如图 10－23 所示。

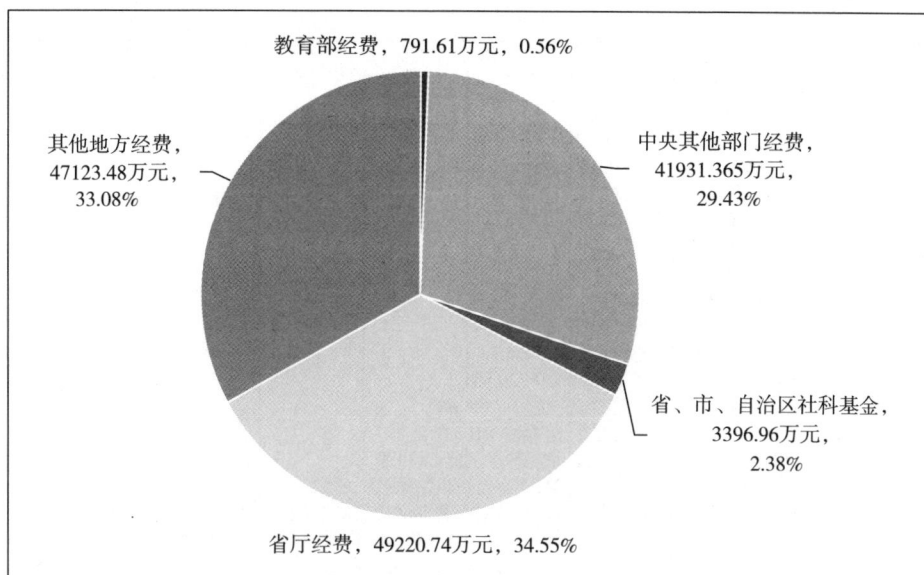

图 10-23　省属研究生培养单位教育经费投入比例

省属研究生培养单位中，研究与发展经费排在前五位的分别是安徽农业大学、安徽理工大学、安徽建筑大学、安徽大学和淮北师范大学。研究与发展经费在 25000 万元以上的仅有安徽农业大学；在 15000～20000 万元之间的有 3 个单位，分别是安徽理工大学、安徽建筑大学、安徽大学；在 10000～15000 万元之间的仅有淮北帅范大学；在 10000 万元以下的有 14 个单位、占比为 73.68%。省属研究生培养单位经费投入如图 10-24 所示。

2. 奖助体系建设

省属研究生培养单位研究生资助经费主要由国家奖学金、国家基本助学金、学业奖学金、三助津贴、校内奖学金和社会捐助奖学金六类构成，分别由政府、社会、学校和导师按比例分摊，基本上建立了相对完善的研究生奖助体系。2019 年省属研究生培养单位共投入资助经费 56005 万元，人均 1.41 万元。其中，占比最高的是国家基本助学金（34.49%）、学业奖学金（34.40%），其次是三助津贴（14.04%）和社会捐助奖学金（13.17%），校内奖学金占比最低（1.61%）。省属研究生培养单位奖助经费构成如图 10-25 所示。

从研究生培养单位奖助经费绝对值来看，最高的是安徽师范大学（14343.39 万元），其次是安徽大学（9235.63 万元），再次是安徽医科大学（6061.02 万元）、安徽农业大学（5378.26 万元），以上 4 个单位均在 5000 万元以上。安徽师范大学主要得益于该校本年度社会捐助奖学金较高、达到 7171.7 万元，占全

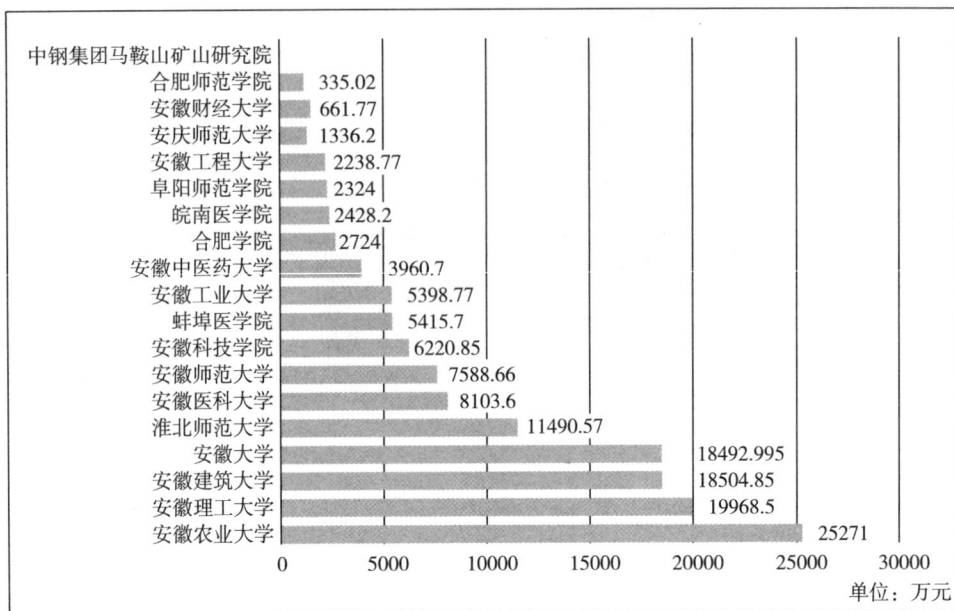

图 10-24 省属研究生培养单位经费投入

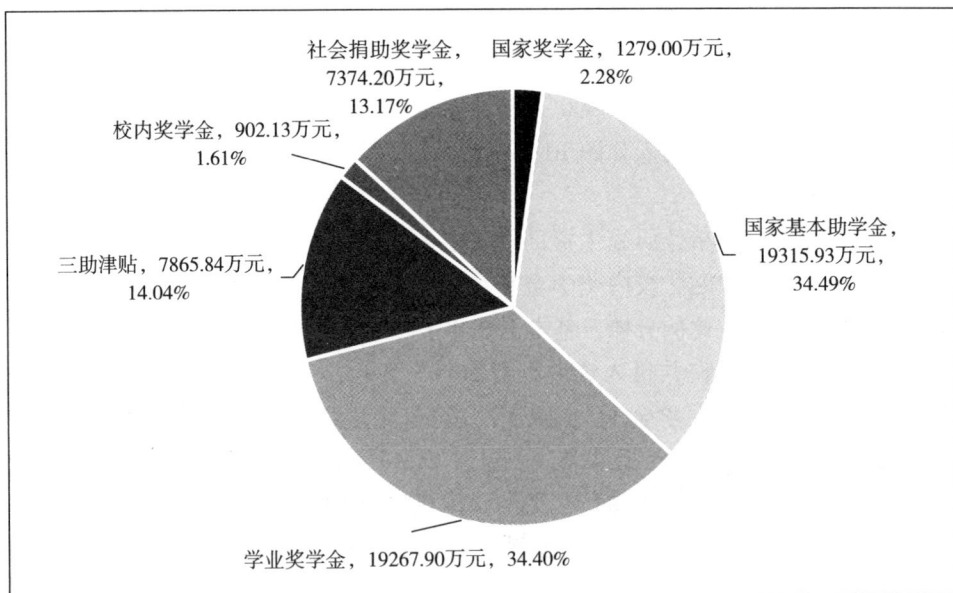

图 10-25 省属研究生培养单位奖助经费构成

省 2019 年社会捐助奖学金的 97%。省属研究生培养单位奖助学金一览表见表
10-5 所列。

从人均奖助经费来看，最高的是安徽师范大学（2.68 万元）、中钢集团马鞍
山矿山研究院（2.09 万元），均高达 2 万元以上；其次为安徽科技学院（1.77 万
元）、合肥学院（1.55 万元），均在 1.5 万元以上；人均较低的是淮北师范大学
（0.92 万元）、蚌埠医学院（0.90 万元）、合肥师范学院（0.88 万元），均低于 1
万元，距离全省平均水平有一定差距。

表 10-5 省属研究生培养单位奖助学金一览表

培养单位	国家奖学金（万元）	国家基本助学金（万元）	学业奖学金（万元）	三助津贴（万元）	校内奖学金（万元）	社会捐助奖学金（万元）	小计（万元）	人均金额（万元）
安徽师范大学	184.00	2892.06	2427.80	1402.69	265.15	7171.70	14343.39	2.68
安徽大学	285.00	4069.05	2452.80	2064.08	281.00	83.70	9235.63	1.13
安徽医科大学	163.00	2566.97	2900.80	225.25	158.50	46.50	6061.02	1.32
安徽农业大学	133.00	1896.01	1933.20	1394.05	0.00	22.00	5378.26	1.46
安徽理工大学	95.00	1425.55	2429.90	611.59	7.60	0.00	4569.64	1.47
安徽工业大学	88.00	1155.40	1291.20	283.67	101.25	8.00	2927.52	1.07
安徽财经大学	66.00	901.80	1153.60	310.60		5.00	2437.00	1.02
安徽中医药大学	49.00	863.25	532.90	248.94	6.00	5.30	1705.39	1.13
安徽建筑大学	42.00	636.90	939.60	26.65	9.75	16.00	1670.90	1.10
蚌埠医学院	38.00	625.20	333.60	611.45	0.00	5.00	1613.25	0.90
安徽工程大学	30.00	476.10	728.40	118.59	0.00	3.00	1356.09	1.41
皖南医学院	30.00	534.72	523.60	249.82			1338.14	1.38
淮北师范大学	32.00	497.04	373.40	102.02	8.10	0.00	1012.56	0.92
安庆师范大学	20.00	323.40	502.80	20.00			866.20	1.42
阜阳师范学院	10.00	195.66	308.80	81.96			596.42	1.40
安徽科技学院	6.00	95.40	174.60	68.23	53.30	0.00	397.53	1.77
合肥学院	4.00	89.90	167.50	6.71	4.75	4.00	276.86	1.55

（续表）

培养单位	国家奖学金（万元）	国家基本助学金（万元）	学业奖学金（万元）	三助津贴（万元）	校内奖学金（万元）	社会捐助奖学金（万元）	小计（万元）	人均金额（万元）
合肥师范学院	4.00	71.52	92.60	6.90	6.73	4.00	185.75	0.88
中钢集团马鞍山矿山研究院			0.80	32.64			33.44	2.09
合计	1279.00	19315.93	19267.90	7865.84	902.13	7374.20	56004.99	1.41

安徽师范大学研究生资助工作走在全省前列。注重资助育人效果，开展研究生新生入学教育、毕业研究生文明离校教育，宣传研究生奖学金获得者风采，加强研究生诚信、感恩和励志教育。2019 年向 271 名建档立卡家庭经济困难研究生发放资助资金达 269.05 万元，实现全覆盖、最高档、无遗漏。公平公正开展奖助学金评审，88 人获研究生国家奖学金、4437 人获研究生国家助学金、176 人获优秀研究生新生奖学金、4396 人获学业奖学金、63 人获朱敬文奖助学金，评选出科研与实践创新奖学金 37 项、安徽省品学兼优毕业研究生 66 人。奖助学金获得者更加积极进取、刻苦学习、发挥先进示范作用，53 名研究生在省部级以上学科竞赛中获奖。

（三）研究平台与项目建设

1. 研究平台建设

省属研究生培养单位共有各级各类重点研究平台 370 个，其中国家重点实验室 3 个、教育部重点研究基地 15 个、省部共建基地 16 个、教育部重点实验室 10 个、省级基地 326 个，国家实验室及中国科学院重点实验室或研究中心均为 0 个。省属研究生培养单位研究平台建设情况如图 10-26 所示。

2. 科研项目支持

2019 年，省属研究生培养单位自然科学研究项目立项 7137 项，在研项目 13333 项；人文社科研究项目立项 2583 项，在研项目 6491 项。

自然科学研究项目方面，省属研究生培养单位在研"937"计划 1 项，国家重点研发计划 137 项，国家科技支撑计划 5 项，科技部重大专项 7 项，国家自然科学基金 1614 项，国家部委其他科技项目 114 项，省、市、自治区科技项目 1173 项，主管部门科技项目 846 项；企事业单位委托科技项目数量最多（6118项），其次为省教育厅科技项目（1726 项）；另有国际合作项目 23 项和若干其他项目。省属研究生培养单位自然科学研究项目分布情况如图 10 27 所示。

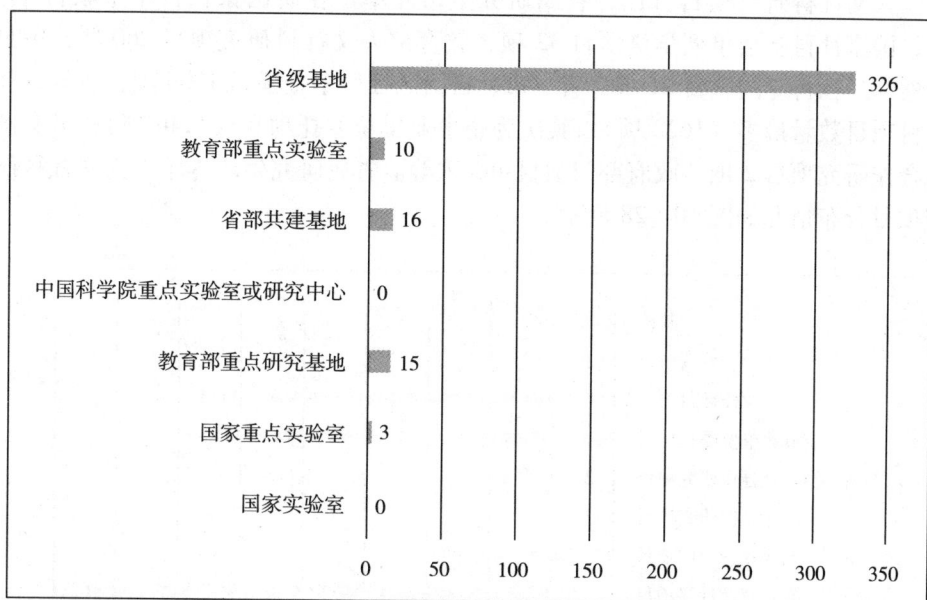

图 10-26 省属研究生培养单位研究平台建设情况

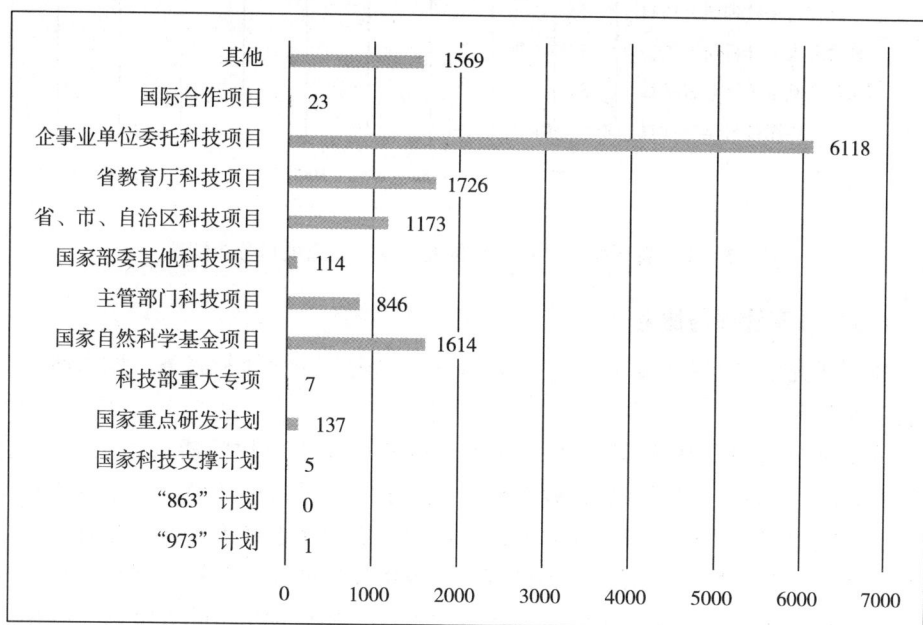

图 10-27 省属研究生培养单位自然科学研究项目分布情况

人文社科研究项目方面，省属研究生培养单位在研国家社科基金项目 448 项，国家社科基金单列学科项目 32 项，教育部人文社科研究项目 260 项，中央其他部门社科专门项目 91 项，省、市、自治区社科基金项目 1006 项；省教育厅社科项目数量最多（1622 项），其次为企事业单位委托项目（1246 项）；另有国际合作研究项目 2 项、政府部门项目 465 项等。省属研究生培养单位人文社科研究项目分布情况如图 10‑28 所示。

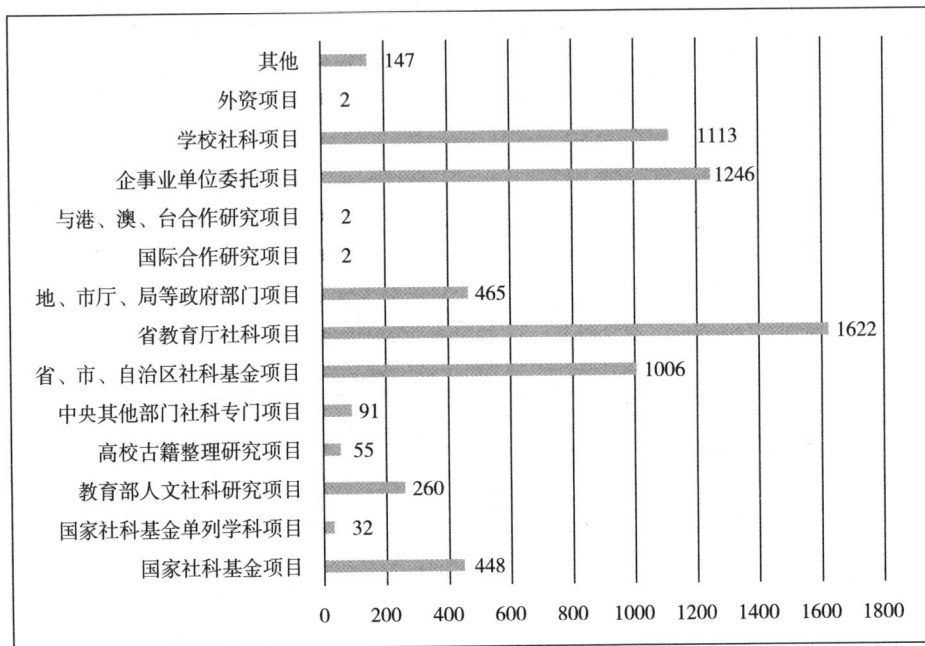

图 10‑28　省属研究生培养单位人文社科研究项目分布情况

（四）教育管理与服务

省属研究生培养单位以制度建设为抓手，优化教育管理和服务，助力研究生教育质量提升。

安徽师范大学 2019 年修订了《学术学位研究生指导教师遴选办法》，出台《安徽师范大学研究生指导教师考核办法（试行）》，深入推进导师考核评价机制改革，切实改变单一以科研为导向的评价机制，更加注重把思想政治教育、学术道德教育、学业指导、学术交流和科研训练等作为重要评价指标。强化责任与质量意识，进一步完善了研究生院—学院—学位点—导师—学生的五级管理模式。

安徽财经大学研究生院全面梳理办事流程，聚焦问题、补齐短板，修订了 5 项相关管理制度，截至 2019 年底共计制定教育质量保障相关规章制度 33 项，涵盖招生、培养、学籍、学位、师资队伍、奖惩资助等研究生培养全过程，进一步完善了以质量为导向的研究生教育治理体系，提升研究生教育治理能力。成立安徽财经大学第二届一级学科研究生教学指导委员会，进一步强化研究生培养监督、指导和评估工作。研究生教学督查小组深入课堂检查研究生教学情况，召开研究生期中教学检查学生座谈会，深入了解教学管理、学术论文、学生就业、后勤保障等方面存在的问题并提供咨询建议。

合肥学院成立了环境工程硕士专业指导委员会、研究生教育督导工作组等机构，建立专业学位研究生教育各主要教学环节的质量标准和指标体系，实施全面监控和重点监控相结合的全过程监控。教学环节实施督导、学校领导和管理人员的三级听课和教学检查制度；企业实习环节采用研究生企业实习校内外双导师负责制，从实习计划、实习过程、实习考核等角度保证实习效果；学位论文环节采用开题报告、中期检查、100%原创性检查、100%双盲评审、预答辩等制度进行管理，实现人才培养质量各环节的监控、管理、反馈和提升。

中钢集团马鞍山矿山研究院作为培养研究生的科研机构，在教育管理和服务方面有其特点。采取集中委托培养模式，将第一学年设为基础课程培养阶段，根据专业研究方向，委托中国矿业大学、中南大学、河海大学、武汉理工大学、南京理工大学、西安建筑科技大学等高校代为授课。研究生第二学年回院进行实践、论文环节培养，同院内专业技术人员一同参加院内外、行业、协会、高校、继续教育机构等组织的各类专业技能、知识和能力培训。在院研究生与正式职工同等福利待遇，享受防暑降温费、重大节假日福利等，寒暑假报销仕返交通费，就读期间住宿费、书本费报销，免费参加大学生医保，免费入住单身宿舍，寒暑期实习发放实习工资，毕业优先留院工作并不设见习期。

（五）学位论文盲审及抽检

1. 论文盲审情况

2019 年，省属研究生培养单位全部开展学位论文盲审工作，共 11240 篇论文参与盲审，盲审异议 323 篇，盲审异议比例为 2.87%。省属研究生培养单位学位论文盲审情况见表 10 - 6 所列。

硕士学位论文盲审 10689 篇，盲审异议 288 篇，占比为 2.69%。盲审异议比例超过平均值的有 7 个单位，分别是安徽建筑大学、安徽中医药大学、蚌埠医学院、安徽理工大学、安徽农业大学、合肥学院、安庆师范大学。安徽工程大学、合肥师范学院、安徽科技学院、阜阳师范学院、中钢集团马鞍山矿山研究院盲审异议比例均为 0%。安徽工程大学盲审硕士论文 255 篇，无存在异议论文，表现最好。

博士学位论文盲审 551 篇，盲审异议论文 35 篇，占比为 6.35%，远高于硕士学位论文盲审异议比例。盲审异议比例超过平均值的有 2 个单位,分别是安徽医科大学、安徽中医药大学。安徽师范大学盲审博士学位论文 31 篇,无存在异议论文,表现最好。

表10－6　省属研究生培养单位学位论文盲审情况

学校	硕士学位论文盲审数	盲审异议篇数	博士学位论文盲审数	盲审异议篇数
安徽大学	2319	41	106	4
安徽农业大学	650	31	171	8
安徽师范大学	1593	25	31	0
安徽医科大学	1236	7	69	11
安徽理工大学	923	48	136	8
安徽工业大学	890	18	5	0
安徽中医药大学	813	62	33	4
安徽财经大学	521	2		
蚌埠医学院	318	18		
安徽建筑大学	220	22		
淮北师范大学	325	6		
皖南医学院	296	1		
安徽工程大学	255	0		
安庆师范大学	184	6		
阜阳师范大学	33	0		
安徽科技学院	43	0		
合肥师范学院	45	0		
合肥学院	24	1		
中钢集团马鞍山矿山研究院	1	0		

2. 论文抽检情况

省属研究生培养单位中,有 18 个单位开展学位论文抽检(不含安徽农业大学),按比例共抽检硕博士论文 735 篇,其中硕士论文 703 篇、博士论文 32 篇。论文抽检异议 13 篇,占比为 1.77%,全部为硕士论文。抽检数量排在前五位的高校依次是安庆师范大学(184 篇)、安徽大学(107 篇)、安徽师范大学(81

篇）、安徽医科大学（71 篇）、合肥师范学院（45 篇）。抽检硕士学位论文异议比例较高的单位依次是安徽建筑大学、安庆师范大学、安徽理工大学、安徽工业大学、安徽师范大学，其他单位无存在异议论文。博士学位论文共抽检 32 篇，无存在异议论文。安徽大学共抽检硕士学位论文 107 篇、博士学位论文 11 篇，无存在异议论文，表现最好。省属研究生培养单位硕士学位论文抽检情况如图 10－29 所示。

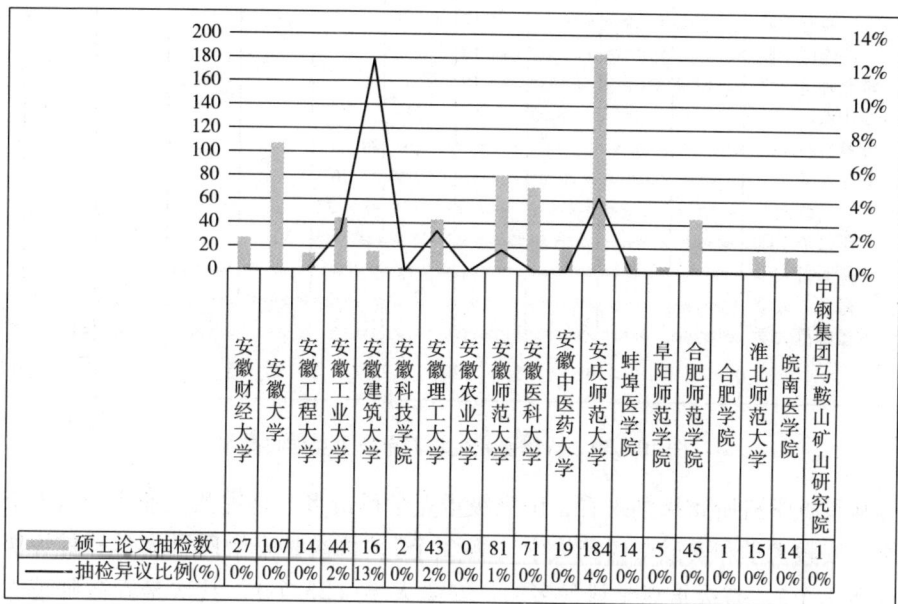

	安徽财经大学	安徽大学	安徽工程大学	安徽工业大学	安徽建筑大学	安徽科技学院	安徽理工大学	安徽农业大学	安徽师范大学	安徽医科大学	安徽中医药大学	安庆师范大学	蚌埠医学院	阜阳师范学院	合肥师范学院	合肥学院	淮北师范大学	皖南医学院	中钢集团马鞍山矿山研究院
硕士论文抽检数	27	107	14	44	16	2	43	0	81	71	19	184	14	5	45	1	15	14	1
抽检异议比例(%)	0%	0%	0%	2%	13%	0%	2%	0%	1%	0%	0%	4%	0%	0%	0%	0%	0%	0%	0%

图 10－29　省属研究生培养单位硕士学位论文抽检情况

四、研究生培养过程及成效

（一）学科与课程建设

1. 重点学科建设

省属研究生培养单位共建设重点学科 366 个，包括一级学科（75 个）、二级学科（203 个）、重点培养学科（88 个）三种类型；含国家级学科（9 个）、省级学科（189 个）、校级学科（168 个）三个级别。

从重点学科建设数量来看，最多的是安徽师范大学（44 个），其次是安徽理工大学（41 个）；再次是安徽医科大学（38 个）和阜阳师范学院（30 个）。重点学科建设数超过 40 个的有 2 个单位，超过 30 个的有 4 个单位，超过 20 个的有 8 个单位，超过 10 个的有 14 个单位，10 个以下的有 5 个单位。省属研究生培养单位重点学科数量如图 10－30 所示。

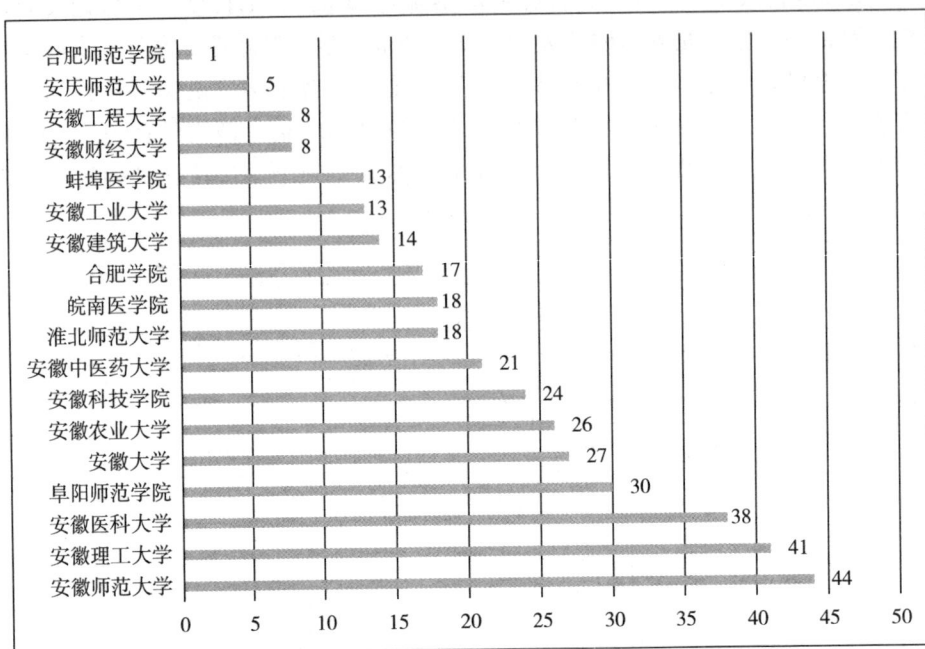

图 10-30 省属研究生培养单位重点学科数量

从重点学科所属级别来看，国家级重点学科最多的是安徽农业大学（3 个），其次是安徽大学和安徽中医药大学（各 2 个），再次是安徽医科大学和蚌埠医学院（各 1 个）。省级重点学科最多的是安徽大学（25 个），其次是安徽师范大学和安徽农业大学（各 23 个）、安徽理工大学和安徽医科大学（各 18 个），再次是安徽工业大学（13 个）、蚌埠医学院（12 个）、安徽中医药大学（10 个），省级重点学科在 10 个以下的有 11 个单位。整体来看，省属研究生培养单位国家级重点学科数量较少，且主要集中在农学、医学类。省属研究生培养单位重点学科类型、级别一览表见表 10-7 所列。

表 10-7 省属研究生培养单位重点学科类型、级别一览表

学校	一级学科	二级学科	重点培育学科	国家级	省级	校级	总数
安徽师范大学	6	38	0	0	23	21	44
安徽理工大学	15	20	6	0	18	23	41
安徽医科大学	3	35		1	18	19	38
阜阳师范学院	10	20	0	0	4	26	30

（续表）

学校	一级学科	二级学科	重点培育学科	国家级	省级	校级	总数
安徽大学	0	2	25	2	25	0	27
安徽农业大学	0	0	26	3	23	0	26
安徽科技学院	3	0	21	0	6	18	24
安徽中医药大学	5	16	0	2	10	9	21
淮北师范大学	13	5	0	0	6	12	18
皖南医学院	3	15	0	0	0	18	18
合肥学院	6	1	10	0	1	16	17
安徽建筑大学	5	9	0	0	8	6	14
安徽工业大学	1	12	0	0	13	0	13
蚌埠医学院	0	13	0	1	12	0	13
安徽财经大学	1	7	0	0	8	0	8
安徽工程大学	4	4	0	0	8	0	8
安庆师范大学	0	5	0	0	5	0	5
合肥师范学院	0	1	0	0	1	0	1
总数	75	203	88	9	189	168	366

2. 课程建设

课程是人才培养的抓手，也是研究生教育的主阵地。依据《中华人民共和国学位条例》第五条关于硕士研究生的规定与第六条关于博士研究生的规定，结合学科专业特点和经济社会需求，各省属研究生培养单位加强研究生课程体系建设，科学设置研究生培养课程，创新建构培养模式，不断加强对研究生课程的监控与管理，提高研究生课程质量。2019 年，省属研究生培养单位共开设 7284 门研究生学位课程，其中开设课程 500 门以上的有 5 个单位，分别是安徽大学（1755 门）、安徽师范大学（1093 门）、安徽工程大学（966 门）、安徽工业大学（609 门）和安徽农业大学（514 门）。省属研究生培养单位学位课程开设数量如图 10 - 31 所示。各研究生培养单位开设的研究生学位课程数，基本上与其学位授权点数、研究生培养规模等相吻合。

安徽师范大学以"提高质量，服务需求"为宗旨，适应社会需求多元化趋势，实行了一级学科培养模式改革，在基础理论和系统专业知识培养基础上，整

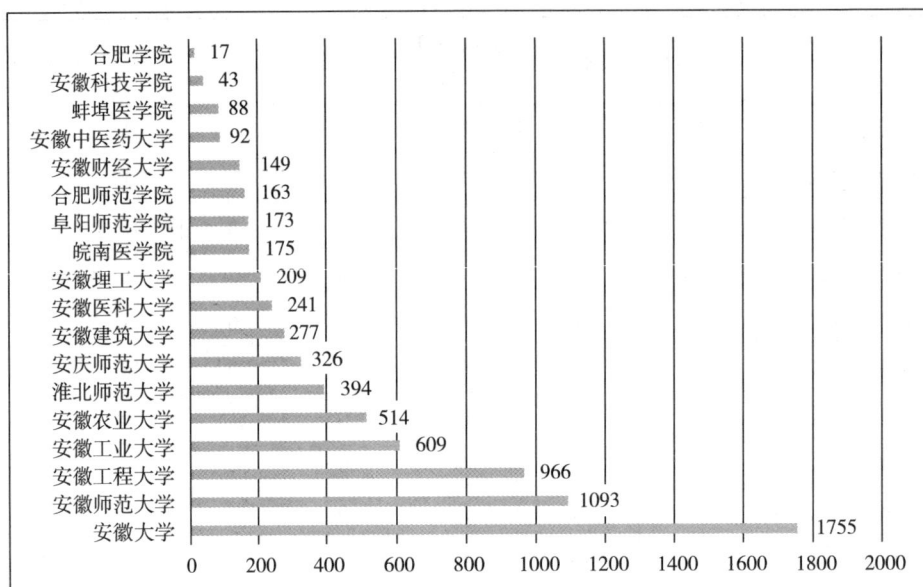

图 10-31 省属研究生培养单位学位课程开设数量

合优化课程体系、统筹开课，一级学科内课程实现最大化通开通选，增强相关交叉学科知识的融会贯通，培养综合素质高、知识面宽和创新能力强的高层次人才；学术学位研究生课程按公共课程、学科基础课程、分向核心课程、方向拓展课程、跨学科课程和实践（实验）类课程六类课程模块设置。

安徽大学制定《关于修（制）订研究生培养方案的指导意见》，2019 年博士研究生培养方案报送"双一流"高校同行专家进行评审，参考评审意见对培养方案进行调整和优化，切实提高研究生培养方案的科学性、前瞻性、国际性。学校通过公共课、一级学科通用课及专业课三个层次课程建设，注重配套课件、试题库、网站、教材建设以及考核方式改革，提升课堂教学效果，进一步夯实研究生专业知识。加强研究生教学改革和研究，从注重知识学习转变为知识学习和能力培养并重，重点建设一批实践性课程、系列讲座。鼓励有条件的培养单位、教师使用本学科国际优秀原版教材，用全英文或双语进行课堂教学，采用与国际接轨的教学方式开拓研究生的国际化视野。

安徽中医药大学自 2014 年起开展研究生教育质量工程建设，5 年投入近 100 万元，资助 28 个项目，内容涉及中医药研究生培养质量保障体系构建、中医中药专业学位培养模式改革、核心课程建设、研究生思政课研究和中医药研究生英语教学改革等。2019 年获得省级研究生教学成果奖 7 项，其中一等奖 2 项、二等奖 3 项、三等奖 2 项。

安徽农业大学以完善人才培养方案为依托，构建符合实际的创新培养课程体系；以精品课程建设为依托，扎实推进课程改革和质量提升；以学科前沿讲座、Seminar 为依托，推进教学方法改革与创新。

（二）学术活动与基地建设

1. 学术活动

2019 年，省属研究生培养单位举办国际学术会议或论坛共 74 场，举办省级及以上学术论坛共 458 场。举办国际学术会议或论坛最多的是安徽医科大学（36 场），其次是安徽大学（17 场），9 个单位未举办国际学术会议或论坛。举办省级及以上学术论坛最多的也是安徽医科大学（224 场），其次是安徽大学（89 场），再次是安徽师范大学（40 场），3 个单位未举办省级及以上学术论坛。省属研究生培养单位举办学术活动情况见表 10 - 8 所列。

表 10 - 8　省属研究生培养单位举办学术活动情况

培养单位	举办国际学术会议或论坛数	举办省级及以上学术论坛数
安徽大学	17	89
安徽工程大学	2	10
安徽工业大学	2	4
安徽建筑大学	3	7
安徽科技学院	2	6
安徽理工大学	6	29
安徽农业大学	2	17
安徽师范大学	3	40
安徽医科大学	36	224
安徽中医药大学	0	5
安庆师范大学	0	8
蚌埠医学院	0	3
合肥师范学院	0	2
合肥学院	1	1
淮北师范大学	0	4
安徽财经大学	0	0

（续表）

培养单位	举办国际学术会议或论坛数	举办省级及以上学术论坛数
皖南医学院	0	0
阜阳师范学院	0	0
中钢集团马鞍山矿山研究院	0	9
合计	74	458

2019 年，省属研究生培养单位共 890 名学生参与境外国际学术会议或论坛，共 9051 名学生参与省级及以上学术论坛。参与境外国际学术会议或论坛学生最多的是安徽建筑大学（356 人），其次是安徽理工大学（279 人），再次是安徽师范大学（93 人），8 个单位无研究生参与境外国际学术会议或论坛。参与省级及以上学术论坛学生最多的 5 个单位分别是安徽大学（1529 人）、安徽农业大学（1139 人）、安徽中医药大学（1080 人）、安徽理工大学（1059 人）、安徽师范大学（931 人）。省属研究生培养单位研究生参与学术活动情况见表 10-9 所列。

表 10-9　省属研究生培养单位研究生参与学术活动情况

培养单位	参与境外国际学术会议或论坛学生数	参与省级及以上学术论坛学生数
安徽财经大学	0	91
安徽大学	87	1529
安徽工程大学	3	798
安徽工业大学	1	99
安徽建筑大学	356	543
安徽科技学院	0	120
安徽理工大学	279	1059
安徽农业大学	16	1139
安徽师范大学	93	931
安徽医科大学	8	200
安徽中医药大学	0	1080
安庆师范大学	0	102
蚌埠医学院	43	252
阜阳师范学院	0	26

（续表）

培养单位	参与境外国际学术会议或论坛学生数	参与省级及以上学术论坛学生数
合肥师范学院	0	161
合肥学院	0	242
淮北师范大学	0	410
皖南医学院	3	253
中钢集团马鞍山矿山研究院	1	16
合计	890	9051

2. 实践基地建设

省属研究生培养单位重视并继续加强专业学位研究生教育实践基地建设工作。

安徽理工大学用好院所企业资源，在大院大所大企业建立联合培养基地近200个，搭建创新人才培养平台。学校获评全国示范性工程专业学位研究生联合培养基地1个，安徽省同类基地2个，5人获评全国工程教指委"做出突出贡献的工程硕士学位获得者"荣誉称号。联合组建14个工程实验室（中心）以及"矿山机电装备""生物医药"产业协同创新中心，与赛摩智能科技集团公司合作成立自动化工厂，共同实施教育部产学合作协同育人项目，科研平台面向全体研究生开放，统筹设计创新性实践教学和开放性实验课程体系。实施"双导师制"，校企联合制定研究生培养方案。研究生完成基础课学习后即进入企业，在企业导师指导下开展至少半年以上的工程实践，形成了"两课堂、双导师"培养特色。

安徽师范大学建成1个全国教育硕士联合培养示范基地、1个省级联合培养示范实践基地和27个校级实践基地。学校与企事业单位成立实践基地领导小组，负责日常的校地沟通、实践基地运行。为保障实践基地日常运行和规范化管理，学校出台了《安徽师范大学全日制硕士专业学位研究生实践教学经费管理办法（试行）》《安徽师范大学全日制硕士专业学位研究生实践教学实施方案（试行）》等规章制度。实践基地实行校内外双导师负责制，共同负责对研究生的指导和管理。规定实践教学专项经费应不少于学院分成比例总额的30%，实践单位指导费按400元/生计算。实践基地建设3年后接受评估，评估等级分为优秀、合格、整改。评估为"优秀"的实践基地，可获得荣誉称号和经费奖励；评估为"合格"的实践基地，可自愿参加下一年度的评估工作；

评估为"整改"的实践基地，须进行为期一年的整改，仍未通过评估将酌情减少实习人数或者直接撤销。

安徽大学各专业学位研究生培养单位与相关实务部门深度合作，加强实践基地建设。如经济学院与合肥科技农村商业银行、合肥兴泰金融控股（集团）有限公司、徽商期货有限责任公司等多家金融企业签订协议，共建金融硕士研究生实践教学基地，每年派送金融专业硕士生到联合培养单位实践学习。社会与政治学院与深圳、北京、江苏、合肥等地建立了社会工作专业学位研究生教育实践基地；法学院与省内公安、检察院、法院等建立了法律硕士专业学位研究生教育实践基地；新闻传播学院与澳大利亚华厦传媒集团建立新闻与传播硕士专业学位研究生教育实践基地；艺术学院与安徽文化旅游集团投资有限公司、南京市园林规划设计院有限责任公司合肥分院等多家设计公司建立教育实践基地。

合肥学院为适应专业学位人才培养实践性、职业性要求，在专业学位研究生人才培养方案的设计，特别是实践教学环节做了有益的探索和实践。实行双导师制，组建由相关学科领域专家和行（企）业专家组成的导师团队，共同指导研究生。校企共建专业指导委员会，为产教深度融合提供组织保障；协同共建实践教学平台、实践教学课程体系、应用型师资队伍。积极搭建校企（院所）合作育人平台、国际合作育人平台、校校合作育人平台。2019 年该校组织申报的《双导师—多主体—多平台：基于应用型视角的实践教育体系的探索与实践》被评为省级教学成果奖特等奖。

淮北师范大学针对教育硕士特点，统筹整合全校优质资源，联合淮北市优质教育资源，建立教育硕士专业学位研究生联合培养示范基地。探索"双导师""双课堂"培养模式，采取"双导师同堂上课"的教学模式，建立教育硕士研究生协同创新、共同发展的新模式，实现教育硕士研究生培养与基础教育发展深度融合。淮北师范大学附属实验中学成功入选第三届"全国教育硕士专业学位研究生联合培养示范基地"。学校设立研究生教育质量工程项目，为实践基地建设项目提供多方位支持。

阜阳师范大学自 2015 年招收会计硕士专业学位研究生以来，按照全国会计硕士教指委指导性培养方案的要求，先后建设校外实践基地 20 多个、实行"双导师制"，有力地支持了会计硕士研究生的培养，2019 年会计硕士研究生的就业率超过 90%。2018 年新增工程（电子信息）硕士、体育硕士、教育硕士等专业校外实践基地超过 40 家。专业硕士研究生参与省级以上竞赛获奖 10 余项，其中会计硕士研究生在 2018 年度全国"互联网+"大学生创新创业大赛中荣获国家级铜奖，体育硕士研究生获 2019 年度安徽省大学生体育联赛健美操比赛省级一等奖。

安徽科技学院充分利用高校与科技创新企业等优质资源，共同打造创新性、复合型、职业化的高层次科研创新人才示范平台，实现"产、学、研、用"的良性互动，与安徽隆平高科种业有限公司等59家行业企业建立农业硕士专业学位研究生联合培养基地。创新了多层次、多形式培养模式，如以"研究生自主创业+政府+学校"的模式建立"凤阳县东陵村新农村建设资金互助合作社"；以"中国农大+政府+安徽科技学院"模式建立"农业科技小院"；以"政府+学校"模式建立"县域农业经济发展研究工作室"；以"学校+行政村"模式建立"新农村科技服务工作站"；逐步形成了"学校—基地管理部门—研究生导师—基地导师—研究生"之间的相互联动、相互协调、相互沟通的局面。

安徽理工大学与安徽矿山机电装备协同创新中心、中国科学院大气物理研究所、中国科学院武汉岩土力学研究所、中国科学院等离子物理研究所等共建省级产学研联合培养研究生基地。

安徽建筑大学与安徽公共资源交易集团、安徽新时代建筑设计有限公司和成都基准方中建筑设计有限公司共建研究生就业实践基地，与清华大学合肥公共安全研究院等建立联合培养教育基地，对相关专业学生开展科研与实践能力的教育。

安徽医科大学实行双导师制，加强培养基地建设和实践导师师资建设。在公共卫生、护理、药学、中药学、公共管理、生物医药工程、应用心理等专业硕士学位点，聘任了144名校外实践合作导师。

（三）思想政治教育工作

省属研究生培养单位以立德树人为根本遵循，高度重视研究生思想政治教育，创新研究生思想政治教育方法和模式，不断开拓研究生思想政治教育的新境界，培养又红又专的高素质人才。

安庆师范大学充分发掘大别山革命老区和皖西南红色文化资源，依托安徽红色文化传承创新中心，深入推进思想政治课改革，开展革命传统思想教育。大力建设国家大学生文化素质教育基地，成功入选首批全国普通高校中华优秀传统文化传承基地。《光明日报》以"政治理论课成为大学生的最爱"为题，报道其思政课教学改革成果。新华网以"安庆师大思政课开展红色文化实践育人"为题进行专题报道。学校在网络思想政治教育方面处于全省高校前列，入选全省首批"易班"建设试点高校、全省首批网络思想政治工作中心试点高校；以政治学省级重点学科为平台，入选全省重点马克思主义学院，获批"安徽省大学生思想动态分析研究中心"。

安徽大学加强研究生公共政治课教学改革，围绕马克思主义学科发展前沿问题进行分层教学、开展专题讲座。博士生阶段的讲座突出多学科的交叉性与互动性，凸显中国马克思主义理论一级学科视野和理论价值；硕士生阶段突出马克思主义中国化二级学科视野，系统阐释中国特色社会主义理论、道路、制度、文化，以研究生喜闻乐见的话语增强理论的吸引力，融全球视野、中国特色、时代精神、青年风格为一体，凸显专题教学的学术性与应用性特点。

安徽农业大学强化党建引领，创新党建工作形式，组织开展研究生党支部活动项目化管理、优秀党员先进事迹报告会、党建知识竞赛、微党课、思政微课堂等主题教育活动。构建学校党委统筹、党委研工部统管、基层党委统抓、研究生导师指导、专兼职辅导员具体负责的研究生思政工作队伍体系，建立思想政治课、专业素养课、专业教育课程三位一体的研究生思政教育体系。注重对研究生各培养环节的思政教育工作，大力开展以理想信念、责任意识以及学术道德诚信为主的教育活动。打造以品格养成和能力提升双促进的教育氛围，大力开展主题辩论、主题征文、学术科技文化节、科技服务等活动，提高思政工作实效。《农林高校研究生思政课"一懂两爱"人才培养模式与实践》获省级教学成果一等奖。

安徽财经大学以全面修订人才培养方案为契机，融入思政教育元素，实现知识传授与价值导向的有机结合。组织召开研究生课程思政建设研讨会，深入探讨研究生专业课程与思政教育的融合内容、路径、方法以及融合效果评价等问题。组织研究生认真学习习近平新时代中国特色社会主义思想和党的十九大精神，引导研究生以新思想武装头脑、坚定信念。增设"安徽财经大学研究生会"公众号，适时开展爱国爱校教育活动，引导研究生正确理解和把握社会热点、焦点问题。围绕十九大主题学习、国情社情观察等，组建多种类型团队，开展寒暑假社会实践。开展"不忘初心、牢记使命"主题教育系列活动，通过线上线下全面覆盖，实现上下联动、点面结合的网格化宣传教育矩阵。

（四）研究生教育创新计划实施及成效

省属研究生培养单位积极实施研究生教育创新计划，提高研究生创新意识和能力。

安徽大学实施科教协同联合培养，与地方政府、科研院所、行业企业联合培养研究生占比55%，与中国科学院微生物研究所等7个高水平科研院（所）和合肥综合性国家科学中心人工智能研究院等联合培养研究生，合作成果发表在Cell、Advance Materials、Nature Communication等国际顶级期刊上，《"走出去，请进来，强融合，提质量"——材料类研究生联合培养模式探索与实践》获2019年安徽省教学成果特等奖。创新校地合作模式，深化与省直厅局和地方政府合作，通过基地共建、导师联培、顶岗实习，2019 年有千余名研究生深入法治建设、政府治理、社会服务、民生保障第一线，在创新实践中培育高水平成果，研究生培养质量得到有效提升。

安徽建筑大学持续推进研究生教育创新计划实施，积极引导在校研究生参加各类创新创业实践和学科竞赛。2019 年在校研究生在第十二届"电工杯"全国大学生数学建模竞赛、"华为杯"第 16 届中国研究生数学建模竞赛、第四届海尔磁悬浮杯绿色设计与节能运营大赛、"互联网+"大学生创新创业大赛、安徽省大学生职业规划设计大赛暨大学生创业大赛、安徽省百万大学生科普创意创新大赛、"创青春"大学生创业大赛、"挑战杯"系列科技作品竞赛等学科竞赛中获得多个奖项。

安徽工业大学设立创新研究基金，引导和鼓励研究生开展创新课题研究、发表高水平学术论文、申报发明专利、参加各类竞赛和进行学术交流。组织开展研究生科技学术报告会、模拟国际学术会议、中国研究生创新实践大赛、数学建模比赛、挑战杯、互联网+、三创大赛等多项赛事活动。设立优秀研究生奖励基金，对研究生署名第一作者的高水平学术论文进行奖励，促进高水平创新成果的产生。

（五）科学道德教育和学风建设

2019 年省属研究生培养单位面向研究生开展科学道德和学风建设宣讲活动共 159 场，参与学生近 4 万人次。开展宣讲活动次数排名前五位的单位分别是安徽理工大学（42 场）、蚌埠医学院（30 场）、安庆师范大学（22 场）、安徽科技学院（12 场）、安徽财经大学（11 场）。省属研究生培养单位科学道德和学风建设宣讲情况如图 10－32 所示。

安徽农业大学出台《学术不端行为预防与处理办法》《研究生学术道德规范管理条例》，成立了学校科学道德和学风建设领导小组，将学术道德情况纳入年度研究生教育工作考核，在评奖评优中实行学术不端一票否决。组织开展科学道德与学风建设宣讲报告会、学术诚信承诺践诺活动、学术不端警示教育等活动。以"新生入学教育""研究生学术论坛""研究生学术科技文化节"等活动为载体，将科学道德和学风建设纳入研究生常态化教育管理中。注重过程审查，对各类学术作品和论文严格要求，明确课程教师、导师、学院和学校责任。对论文查重、送审、答辩等环节规范操作、全程监管，培养良好学风，倡导学术诚信。注重发挥导师在研究生教育中第一责任人的作用，导师与研究生定期开展科学道德与学风教育的主题谈话、谈心活动，提高研究生科学道德意识，发挥同门传帮带作用，打造同门师生共同体，营造良好学术氛围。

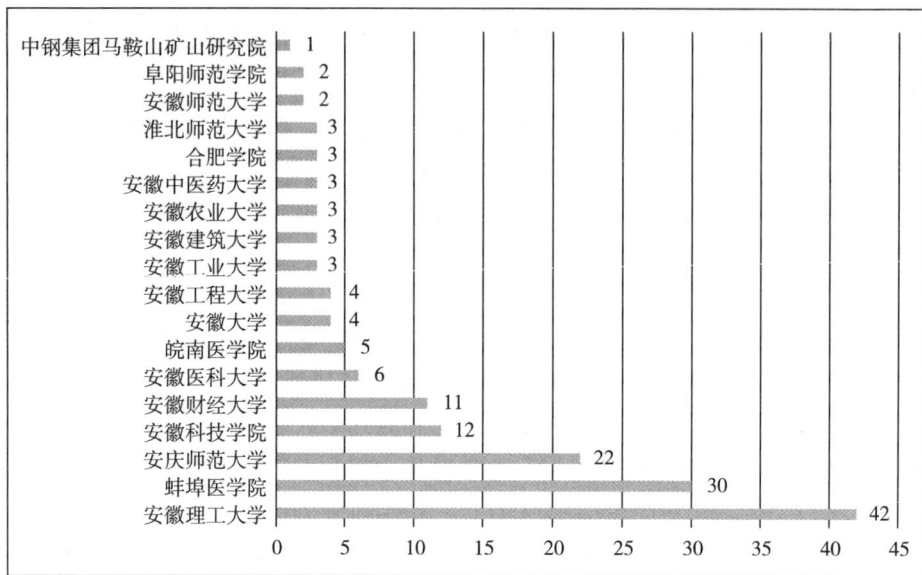

图 10-32　省属研究生培养单位科学道德和学风建设宣讲情况

安徽中医药大学健全学风建设和科学道德长效机制，制定了《安徽中医药大学研究生学术道德规范》《安徽中医药大学学位论文抽检办法》《安徽中医药大学申请博士、硕士学位学术成果规定》等制度文件。以"全覆盖、制度化、重实效"为目标，在新生入学、研究生导师双选、研究生开题、学位论文撰写指导会、学位论文送审、答辩、学位授予等关键时间点，通过新生入学教育、主题班会、博士生学术报告会、"十大"学术之星报告会、研究生学术论坛专题讲座、官方微信平台信息推送等形式，多层次、多途径在全校范围内开展学风建设与科学道德宣讲活动，严格学位授予审核，实行学术不端惩戒制度，确保学位授予质量，加强对研究生违反学术纪律行为的教育与引导，提升研究生科学精神和学术诚信度。

安徽大学通过组织开展"沐墨林之风，行诚信之路"学术诚信系列主题活动及学术诚信知识竞答、绘画比赛等活动，有效地向研究生传递学术诚信的重要理念，倡导研究生坚守学术道德规范，积极投身优良学风建设。

五、研究生培养质量

（一）学位授予情况

2019 年，省属研究生培养单位严格按照《中华人民共和国学位条例》及其实施办法，以及各研究生培养单位制定的学位实施细则，依法依规完成学位授予工作，全年共授予学位 10901 人。授予研究生学位最多的是安徽大学（2324人），其次是安徽医科大学（1574 人），再次是安徽师范大学（1525 人）。授予研究生学位在 2000 人以上的单位仅有安徽大学，在 1000 人以上的有 3 个单位，在 500 人以上的有 7 个单位，不到 500 人的有 12 个单位、占比为 63.16%，不到300 人的有 9 个单位、占比为 47.37%。省属研究生培养单位学位授予人数如图10-33 所示。

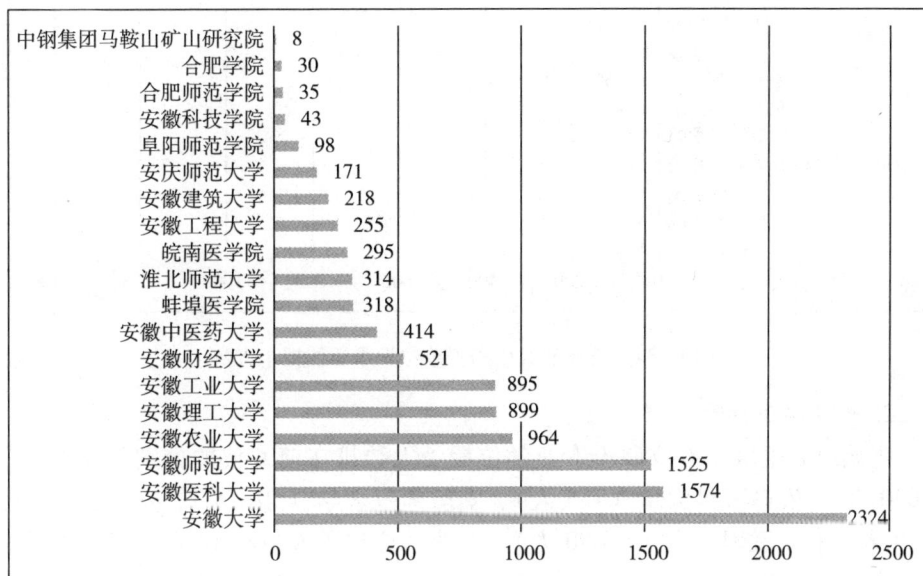

图 10-33　省属研究生培养单位学位授予人数

1. 学术学位授予

省属研究生培养单位学术学位授予人数排在前五位的单位分别是安徽大学（1294 人）、安徽师范大学（930 人）、安徽医科大学（819 人）、安徽农业大学（513 人）、安徽理工大学（409 人）。学术学位授予人数在 1000 人以上仅有安徽大学，在 500 人以上的有 4 个单位，在 300 人以上的有 6 个单位，在 200 人以上的有 7 个单位，在 200 人以下的有 12 个单位、占比为 63.16%。博士研究生学术学位授予人数最多的是安徽大学（106 人），其次是安徽医科大学（63 人）、安徽农业大学（57 人）、安徽师范大学（46 人），再次是安徽理工大学（23 人）、安徽中医药大学（11 人）、安徽工业大学（5 人）。省属研究生培养单位学术学位授予人数如图 10-34 所示。

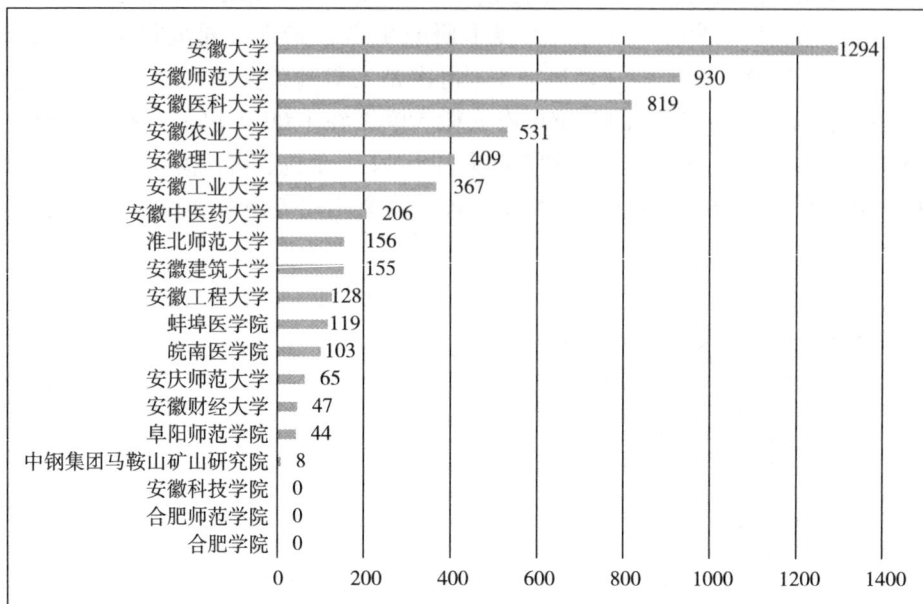

图 10-34 省属研究生培养单位学术学位授予人数

2. 专业学位授予

省属研究生培养单位硕士专业学位授予人数排在前五位的分别是安徽大学（1030 人）、安徽医科大学（755 人）、安徽师范大学（595 人）、安徽工业大学（528 人）和安徽理工大学（490 人）。专业学位授予人数在 1000 人以上的仅有安徽大学，在 400~800 人之间的有 6 个单位，在 200~400 人之间的有 1 个单位，在 200 人以下的有 11 个单位、占比为 57.89%。省属博士专业学位授予单位仅有安徽医科大学，博士专业学位授予人数为 69 人。省属研究生培养单位专业学位授予人数如图 10-35 所示。

3. 硕士与博士学位授予对比

2019 年，省属研究生培养单位授予 380 人博士研究生学位、占比为 3.49%，授予 10521 人硕士研究生学位、占比为 96.51%。其中，授予 311 人学术博士学位、占比为 2.86%，授予 69 人专业博士学位、占比为 0.63%，授予 5070 人学术硕士学位、占比为 46.51%，授予 5451 人专业硕士学位、占比为 50.00%。省属研究生培养单位各类研究生学位授予占比如图 10-36 所示。

（二）学术论文发表

2019 年，省属研究生培养单位研究生共发表学术论文 10501 篇，其中硕士研究生发表论文 9809 篇，博士研究生发表论文 692 篇；SCI 或 SSCI 论文 2512 篇

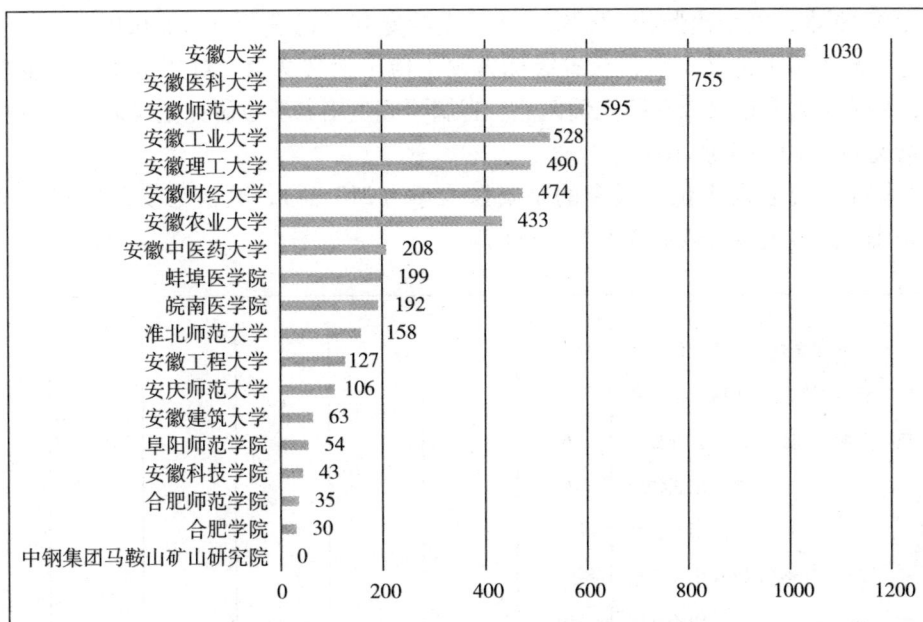

图 10-35 省属研究生培养单位专业学位授予人数

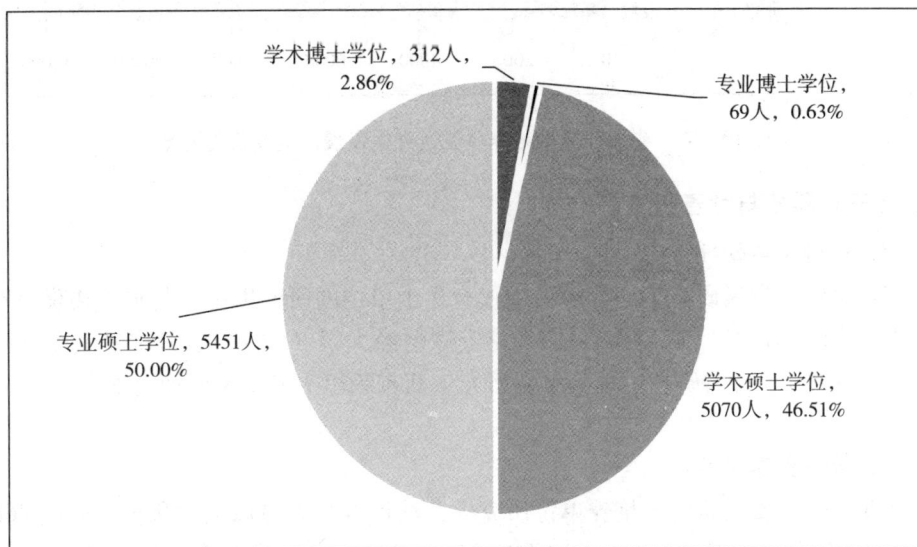

图 10-36 省属研究生培养单位各类研究生学位授予占比

（其中一区和二区论文 921 篇），EI 论文 359 篇，CSSCI 或 CSCD 论文 901 篇，出版专著 19 本，电子出版物 116 篇，获得发明专利（已获公开号）639 个；获全国优秀硕士博士论文 1 篇，获省级优秀硕士博士论文 9 篇。对比全省研究生总量，研究生发表论文及获奖比例偏低。省属研究生培养单位研究生发表论文及获奖情况如图 10－37 所示。

博士研究生发表论文最多的是安徽大学（213 篇），其次为安徽医科大学（196 篇），再次为安徽师范大学（111 篇）。

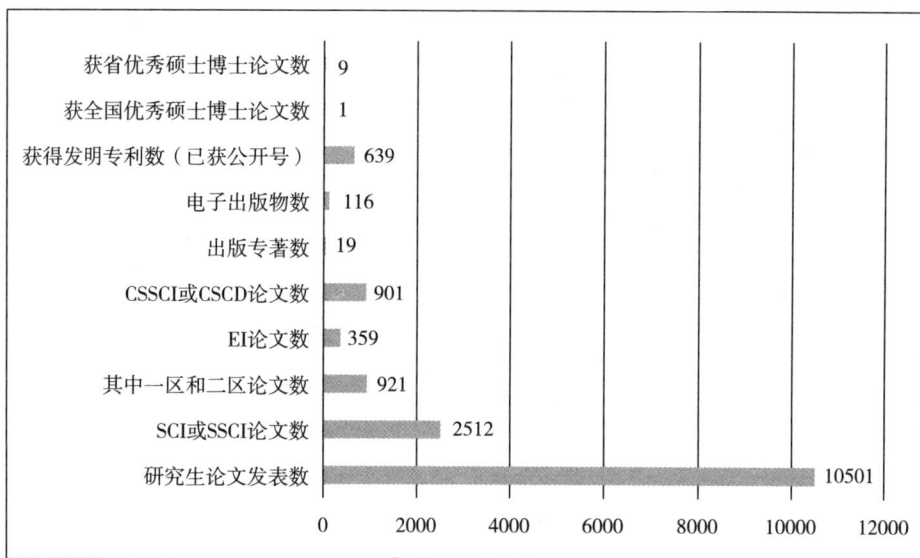

图 10－37　省属研究生培养单位研究生发表论文及获奖情况

（三）科研与竞赛获奖

1. 科研获奖情况

2019 年，省属研究生培养单位中仅有 9 个单位的研究生科研获奖，共获得省级以上科研奖励 214 项，获奖最多的是安徽财经大学（87 项），其次是安徽师范大学（75 项）。省属研究生培养单位研究生获省级以上科研奖励情况如图 10－38 所示。

2. 学科竞赛获奖情况

2019 年，省属研究生培养单位研究生共获得各类省级以上学科竞赛奖励 668 项，其中国际级奖项 11 项、占比不到 2%，国家级 200 项、占比约为 30%，省部级 457 项、占比约为 68%。省属研究生培养单位研究生学科竞赛获奖层次分布如图 10　39 所示。

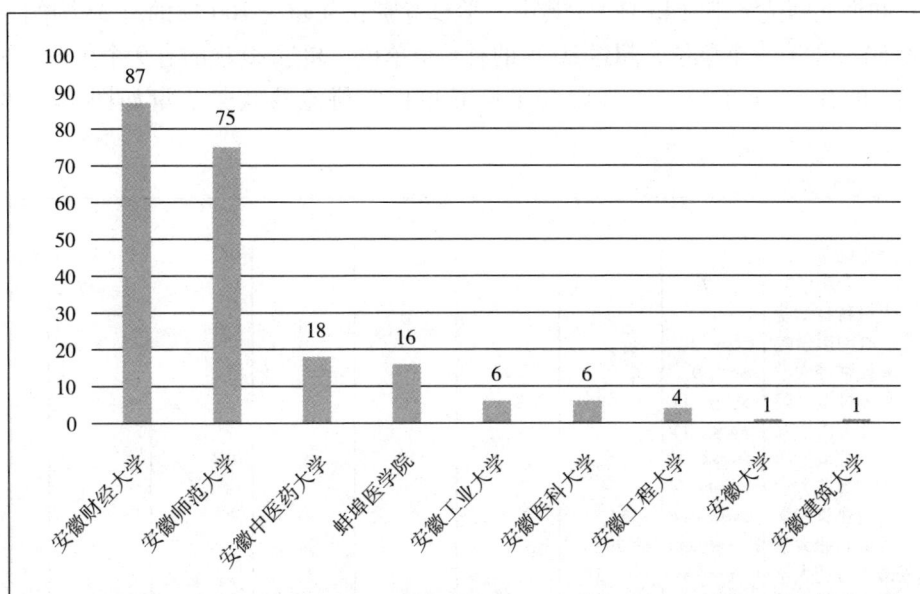

图 10-38 省属研究生培养单位研究生获省级以上科研奖励情况

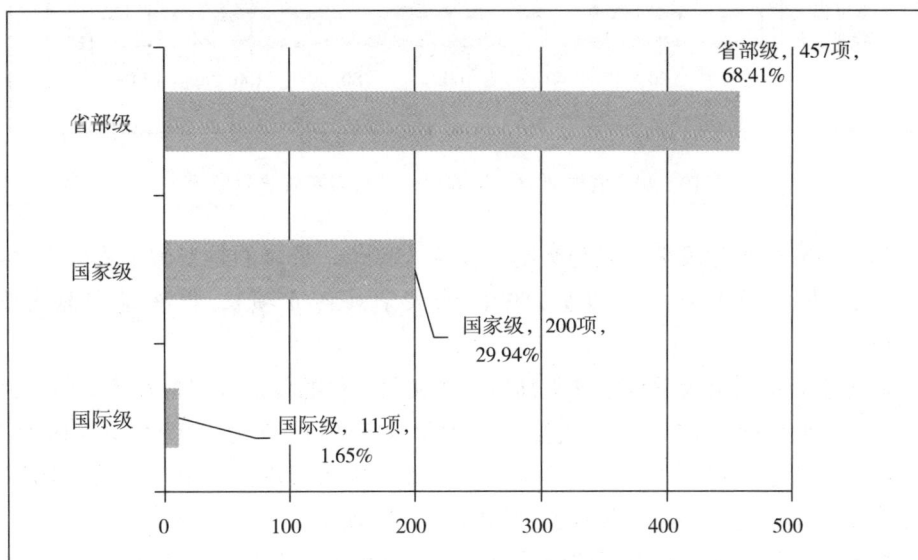

图 10-39 省属研究生培养单位研究生学科竞赛获奖层次分布

研究生学科竞赛获奖数量前五位的研究生培养单位分别是安徽理工大学（127 项）、安徽工程大学（120 项）、安徽大学（118 项）、安徽工业大学（65

项）和淮北师范大学（45 项）。其中，学科竞赛获奖超过 100 项的有 3 个单位，超过 50 项的有 4 个单位，超过 30 项的有 6 个单位，超过 20 项的有 9 个单位，20 项以下的有 10 个单位。省属研究生培养单位学科竞赛获奖数量如图 10－40 所示。

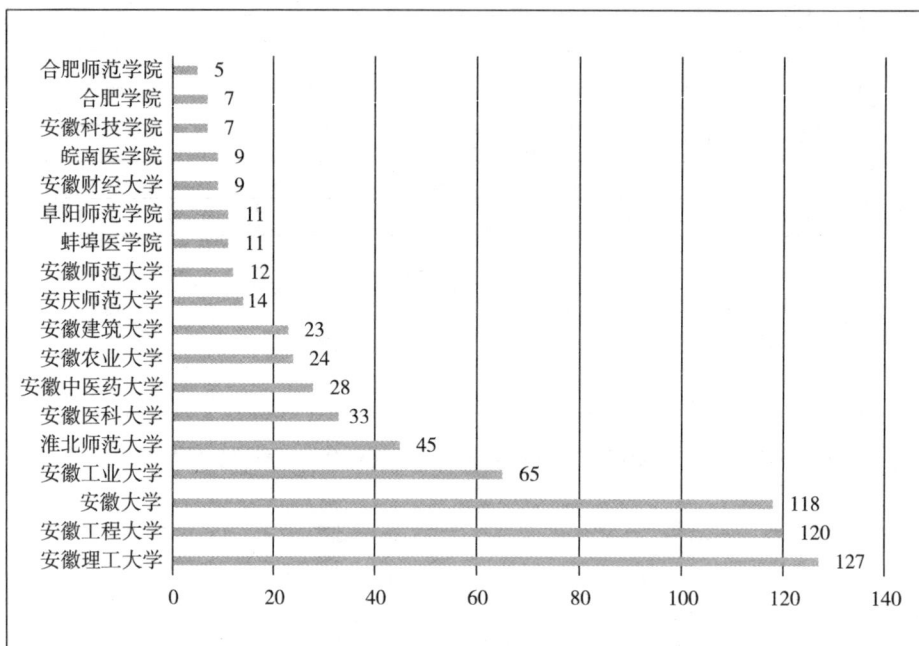

图 10－40　省属研究生培养单位学科竞赛获奖数量

研究生获得国际级学科竞赛奖励的仅 4 个单位，最多的是安徽工程大学（4 项），其次是安徽工业大学和安徽中医药大学（各 3 项），再次是安徽大学（1 项）。

研究生获得国家级学科竞赛奖励数量排在前五位的单位分别是安徽大学（50 项）、安徽理工大学（44 项）、安徽工业大学（25 项）、安徽工程大学（19 项）和安徽农业大学（12 项）。其他单位获国家级奖励数量均低于 10 项。省属研究生培养单位国家级学科竞赛获奖数量如图 10－41 所示。

研究生获得省级学科竞赛奖励数量最多是安徽工程大学（97 项），其次是安徽理工大学（83 项）、安徽大学（67 项）、安徽工业大学（37 项）、淮北师范大学（35 项）。其他单位获省级奖励数量均低于 30 项。省属研究生培养单位省级学科竞赛获奖数量如图 10－42 所示。

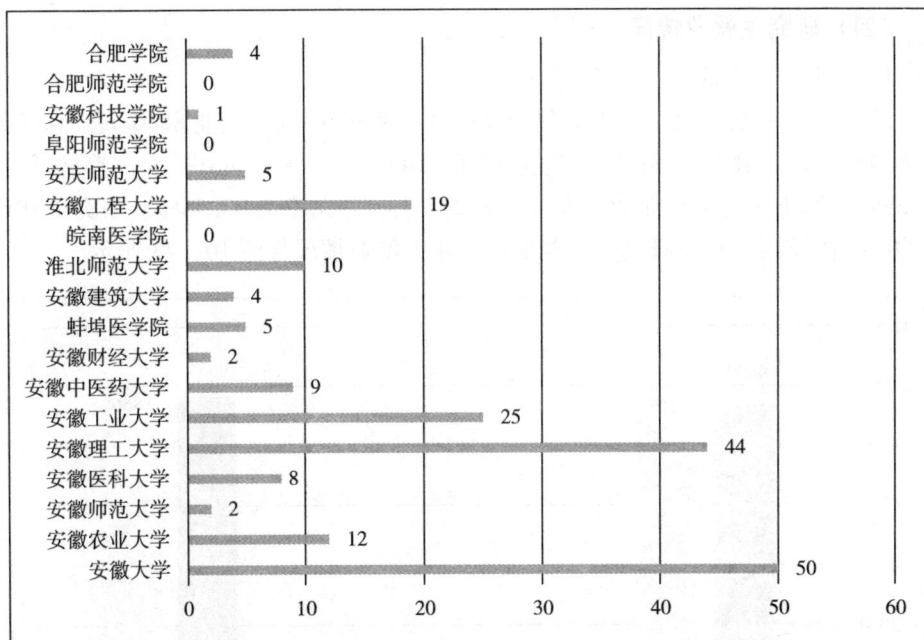

图 10－41　省属研究生培养单位国家级学科竞赛获奖数量

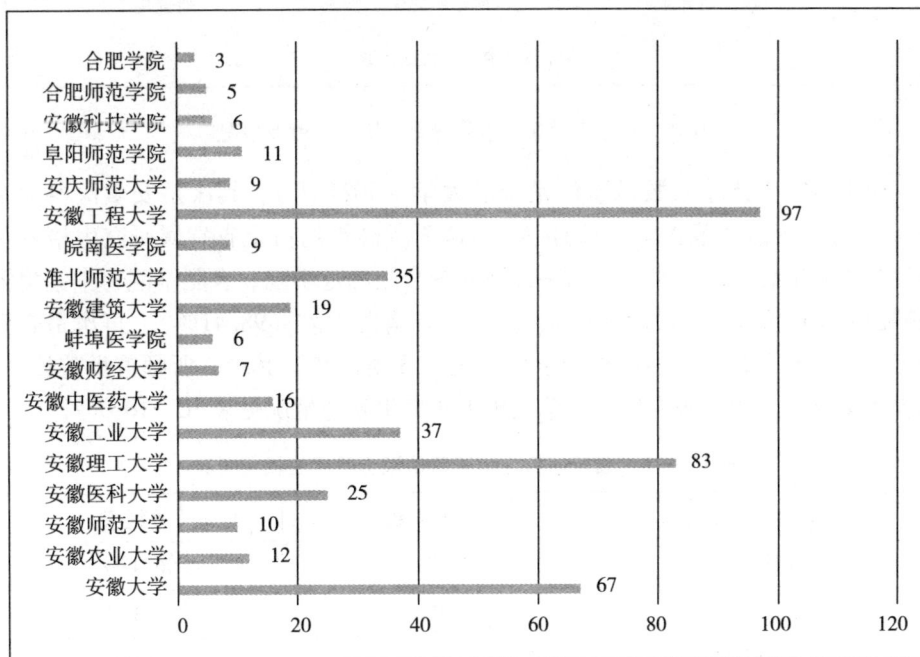

图 10－42　省属研究生培养单位省级学科竞赛获奖数量

（四）研究生就业情况

1. 毕业生就业情况

2019 年，省属研究生培养单位研究生共毕业 9664 人、就业 8866 人，总签约率为 91.74%。其中，硕士研究生毕业 9400 人，就业 8619 人，签约率为 91.69%；博士研究生毕业 264 人，就业 247 人，签约率为 93.56%。研究生就业签约率整体较高。省属研究生培养单位毕业生就业情况如图 10 - 43 所示。

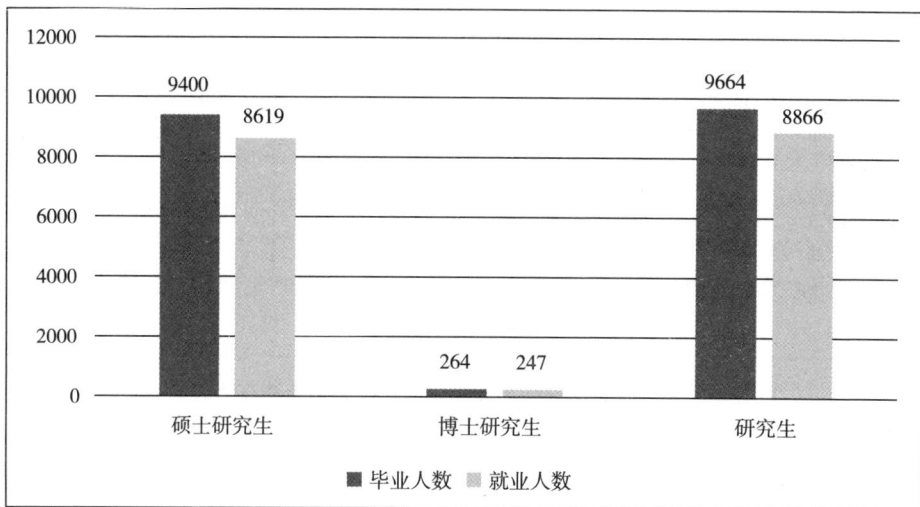

图 10 - 43 省属研究生培养单位毕业生就业情况

硕士研究生就业人数最多的是安徽大学（2021 人），其次是安徽医科大学（1167 人）、安徽师范大学（1041 人），这 3 所高校约占全省省属研究生培养单位就业研究生总数的一半。签约率最高的是合肥师范学院、合肥学院、中钢集团马鞍山矿山研究院（均为 100%），其次是皖南医学院（98.41%），再次是安徽理工大学（97.72%）。签约率低于 90% 的有 3 所高校，其中 2 所师范类院校、1 所农林类院校。省属研究生培养单位硕士研究生就业情况见表 10 - 10 所列。

表 10 - 10 省属研究生培养单位硕士研究生就业情况

研究生培养单位	就业人数	签约率
安徽财经大学	297	96.43%
安徽大学	2021	96.38%
安徽工程大学	238	97.54%
安徽工业大学	746	96.76%

（续表）

研究生培养单位	就业人数	签约率
安徽建筑大学	302	94.08%
安徽科技学院	41	95.35%
安徽理工大学	790	97.72%
安徽农业大学	506	78.93%
安徽师范大学	1041	78.10%
安徽医科大学	1167	91.67%
安徽中医药大学	372	94.90%
安庆师范大学	145	84.80%
蚌埠医学院	282	95.27%
阜阳师范学院	89	90.81%
合肥师范学院	35	100%
合肥学院	30	100%
淮北师范大学	261	93.54%
皖南医学院	248	98.41%
中钢集团马鞍山矿山研究院	8	100%
合计	8619	91.69%

博士研究生就业人数最多的是安徽大学（95 人），其次是安徽医科大学（59 人），再次是安徽师范大学（46 人）。安徽理工大学、安徽农业大学、安徽中医药大学签约率均为 100%。安徽医科大学签约率低于 90%。省属研究生培养单位博士研究生就业情况见表 10－11 所列。

表 10－11　省属研究生培养单位博士研究生就业情况

研究生培养单位	就业人数	签约率
安徽大学	95	96.94%
安徽理工大学	13	100.00%
安徽农业大学	24	100.00%
安徽师范大学	46	90.20%
安徽医科大学	59	85.92%
安徽中医药大学	10	100.00%
合计	247	93.56%

安徽工业大学专业学位研究生就业率稳定在95%以上，主要面向人工智能、钢铁冶金、化工、物流、公务员等行业企业，受到了用人单位的一致好评，吸引了中冶华天、上海宝冶等企业主动上门招揽人才。国内排名前三的会计师事务所（瑞华、致同等），马钢股份、上海钢联等上市公司均与学校合作，通过订单式联合培养会计硕士。

安徽建筑大学近年来研究生就业率均为90%以上，实现了"就业人数稳步增长、就业率基本稳定、就业质量逐步提高"的目标。在2019届毕业生就业招聘活动中，学校举办了1场冬季大型供需见面会、9场小型供需见面会，吸引了400多家企业参会。另有400多家单位来校举办专场招聘会，千余家单位在学校就业工作处网页发布需求、提供研究生就业岗位700余个。2019届毕业研究生就业率为94.08%。

安徽理工大学2019届毕业生就业区域广泛，分布在全国30个省、市和自治区，以华东地区为主；毕业生在省内就业选择省会城市和本地比例较高。安徽信通信息服务有限公司第三方调查显示，毕业生就业岗位与专业完全对口和比较对口的比例达到80.76%；毕业生对签约单位很满意和比较满意的占比为85.46%，对就业指导与服务的满意度为93.88%，对创新创业工作的满意度为89.16%；用人单位对学校就业服务工作整体水平的满意度为99.39%。

2. 毕业生从业情况

2019年，省属研究生培养单位毕业生签约人数最多的是其他事业单位，其余去向由高到低依次为国有企业、三资企业、高校、其他教学单位、升学、机关、国家地方基层项目、科研设计单位、出国出境、自主创业。其中，硕士研究生就业签约人数最高的是其他事业单位，其次是国有企业和三资企业，最低的是自主创业。博士研究生就业签约人数最多的是高校，其次是其他事业单位，最低的是国家地方基层项目和自主创业、人数均为0。整体而言，省属研究生培养单位毕业生自主创业率低。

皖南医学院毕业研究生以较好的综合素质和从业表现，受到了省内外单位的普遍认可。根据麦可思公司《皖南医学院2019年度毕业生就业质量年度报告》调查数据，2019届硕士毕业生的月收入为6326.39元，硕士毕业生从事与专业相关工作的比例为94.39%，毕业生的就业岗位与自己所学专业吻合度高，77.05%硕士毕业生对目前就业现状较为满意，用人单位对该校毕业研究生满意度达100%。

淮北师范大学近年来为国家和地方培养了一大批公务员和基础教育教师人才，有200余名毕业研究生在高等学校工作，百余名毕业研究生在国家和地方政府机关工作，近700名研究生从事地方基础教育事业。毕业研究生从业表现良好，用人单位反馈毕业生培养质量好、政治意识强、业务水平高。毕业研究生在工作岗位上均取得了一定的成绩，涌现出一批优秀人才。

六、研究生教育国际化

2019 年，省属研究生培养单位共招收外国留学生 584 人，派出境外交流研究生 196 人次，接收境外来华交流研究生 182 人次，担任研究生教育的外籍教师 26 人。省属研究生培养单位研究生教育国际化情况如图 10-44 所示。

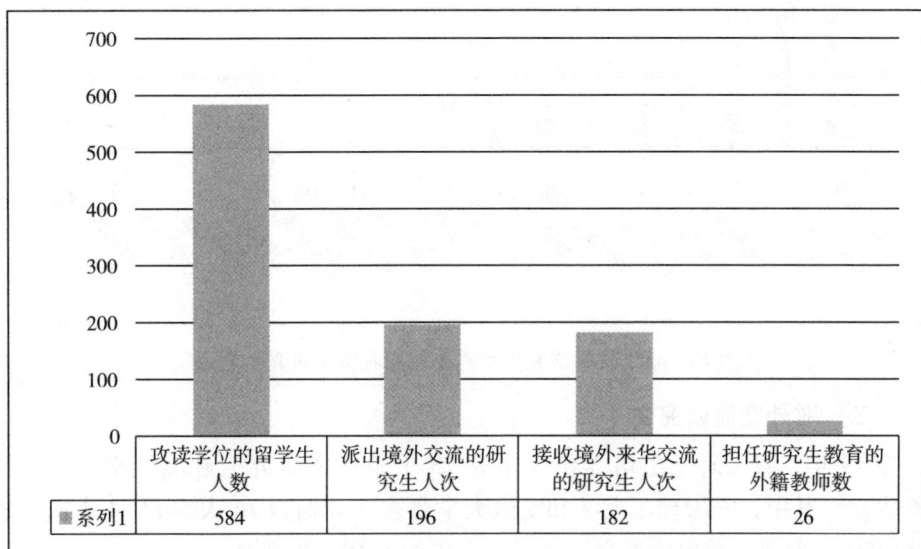

	攻读学位的留学生人数	派出境外交流的研究生人次	接收境外来华交流的研究生人次	担任研究生教育的外籍教师数
■系列1	584	196	182	26

图 10-44 省属研究生培养单位研究生教育国际化情况

（一）在校攻读学位留学生

2019 年，省属研究生培养单位中有 12 个单位招收攻读学位的留学生，总计 584 人。其中，安徽大学人数最多（202 人），占比高达 34.5%；其次是安徽农业大学（146 人），占比达 25%；再次是安徽理工大学、安徽师范大学，人数均在 50 人以上。安徽财经大学、安徽工业大学、安徽中医药大学攻读学位留学生人数均在 20 人以上；蚌埠医学院、安徽工程大学、合肥学院、安徽医科大学、淮北师范大学等均在 20 人以下；其余单位无攻读学位留学生。省属研究生培养单位招收留学研究生数量如图 10-45 所示。

安徽大学 2019 年在校攻读硕、博士外籍留学生共有 202 名，分别来自巴基斯坦、老挝、泰国、越南、印尼、俄罗斯、乌克兰、阿塞拜疆、韩国、贝宁等 39 个国家，就读于国际贸易学、语言学及应用语言学、汉语国际教育、工商管理、生态学、旅游管理、计算机科学与技术、企业管理、政治经济学、数学等近 50 个学科专业。

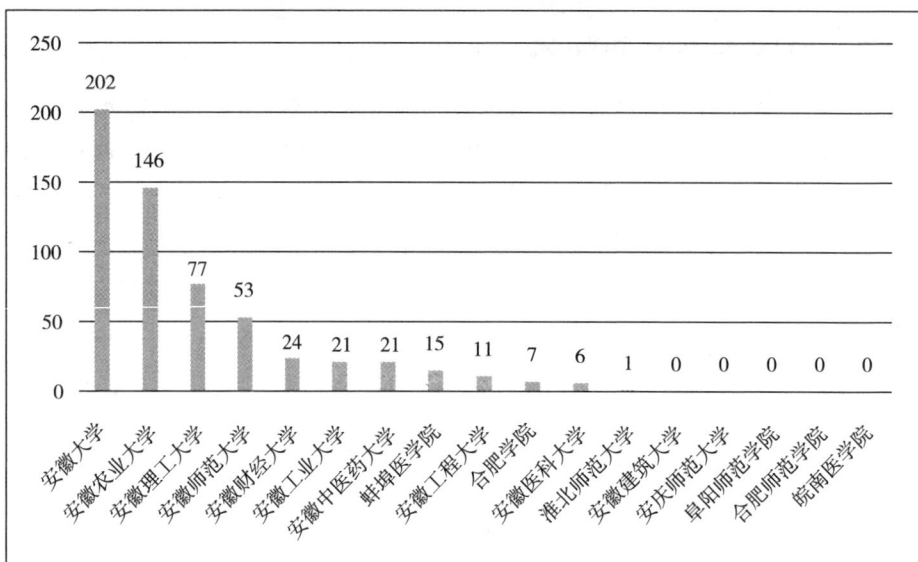

图 10-45 省属研究生培养单位招收留学研究生数量

（二）对外交流研究生

2019 年，省属研究生培养单位中有 13 个单位派研究生赴境外交流，共计 196 人次。其中，安徽理工大学和安徽大学最多，分别为 76 人次和 54 人次。省属研究生培养单位派出境外交流研究生人次如图 10-46 所示。

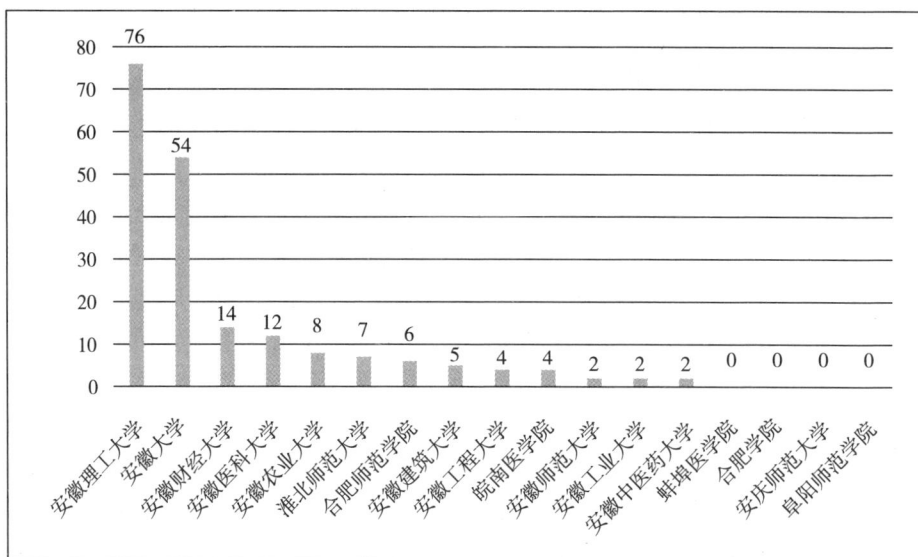

图 10-46 省属研究生培养单位派出境外交流研究生人次

安徽理工大学 2019 年出国（境）研究生人数达到历史新高，公派研究生人数在省属高校中位居前列。土木建筑学院、地球与环境学院各 1 名博士研究生获国家建设高水平大学公派联合培养博士研究生项目资助；化学工程学院 1 名硕士研究生获得国家建设高水平大学公派攻读博士学位研究生资助。全年共选派 6 批 70 余名研究生赴美国、德国、韩国、日本等国（境）外大学和企业交流、学习和参会。

（三）境外来华交流研究生

2019 年，省属研究生培养单位中有 11 个单位接收境外研究生来华交流，共182 人次。其中，安徽中医药大学人次最多（95 人次），占比高达 52.3%；其次是安徽大学和安徽财经大学，均在 20 人次以上；安徽理工大学、安徽建筑大学、安徽农业大学、淮北师范大学、安徽医科大学、安徽师范大学、安徽工业大学、合肥学院等均在 10 人次以下；其余单位未接收境外研究生来华交流。省属研究生培养单位接收境外来华交流研究生人次如图 10－47 所示。

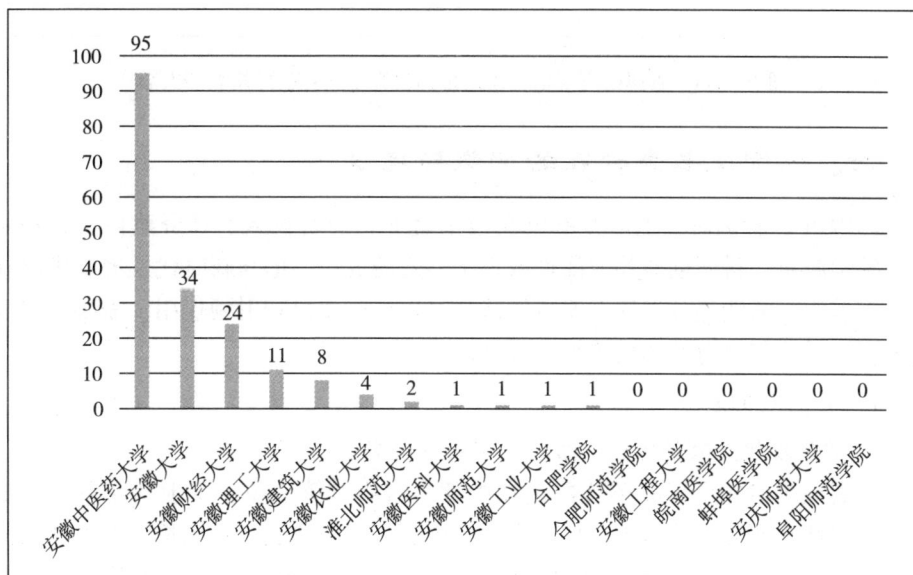

图 10－47 省属研究生培养单位接收境外来华交流研究生人次

（四）承担研究生教育的外籍教师

2019 年，省属研究生培养单位中有 12 个单位共聘请了 26 名外籍教师承担研究生教学任务。其中，安徽大学外籍教师数最多（8 人），其次为安徽理工大学（5 人）、安徽财经大学（4 人），其余 9 个单位均 1 人。省属研究生培养单位承担研究生教育的外籍教师人数如图 10－48 所示。

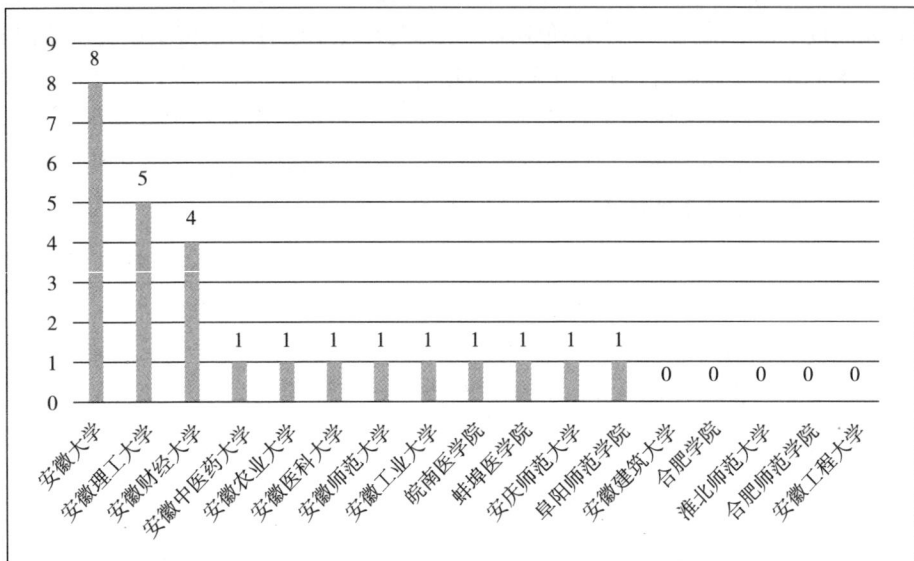

图 10-48　省属研究生培养单位承担研究生教育的外籍教师人数

七、研究生教育存在的问题与建议

2019 年，省属研究生培养单位在招生就业、经费投入、师资建设、管理水平、教学改革、科研创新等方面均取得了一定的成绩，但与新时代发展要求存在着一定差距，未能充分发挥对安徽经济社会发展的支撑和引领作用，需要引起高度重视，采取切实有效的措施加以改进。

（一）存在问题

1. 学位授权点数量偏少、结构及布局不均衡

省属硕士研究生培养单位数量在中部六省中排第三位，少于湖北省和河南省；省属博士研究生培养单位仅 7 个，在中部六省中垫底；对比长三角发达地区差距则更加明显，省属博士研究生培养单位、学位授权点数量分别是江苏省的 37.5%、30.2%，上海市的 45%、36.9%，浙江省的 75%、76.2%；具体到省属高校，布点最多的安徽大学拥有一级学科博士学位授权点 15 个，其他 6 所高校均是个位数。比较邻省高校研究生学位授权点数量，曾经与安徽大学实力相当的苏州大学、郑州大学等已远远领先安徽大学；之前实力稍弱的扬州大学、江苏大学、广西大学、云南大学等也整体超越了安徽大学。安徽大学研究生学位授权点与省外部分高校对比见表 10-12 所列。重点建设的安徽大学尚且如此，其他省属高校的情况更不容乐观。从学科结构来看，省属高校博士学位授权点主要集

中在理学、工学、医学、农学类，哲学、经济学和教育学类数量较少，艺术学、管理学类尚无博士学位授权点；从类型结构来看，应用性较强的专业博士学位授权点几乎空白。从空间布局来看，博士学位授权点主要集中在合肥、芜湖、马鞍山、淮南等江淮部分城市，其他地级市无布点；皖北地区研究生教育资源匮乏，硕士学位授权点数量最多的淮北师范大学在全省仅排第六位。

表 10－12　安徽大学研究生学位授权点与省外部分高校对比

培养单位	一级学科博士学位授权点	二级学科博士学位授权点	专业博士学位授权点	一级学科硕士学位授权点	二级学科硕士学位授权点	专业硕士学位授权点	合计
安徽大学	15	1		32	2	23	73
苏州大学	28		1	49		33	111
扬州大学	21		3	50		27	101
江苏大学	14			44		20	78
郑州大学	30		3	59	9	32	133
河南大学	20			43		25	88
青岛大学	13		2	38		28	81
南昌大学	15		1	47		29	92
湖南师范大学	20		1	34		24	79
河北大学	15			46		30	91
山西大学	19	6		35	6	24	90
贵州大学	17			52		24	93
广西大学	17			37		25	79
云南大学	21			42		22	85

2. 研究生尤其博士研究生培养规模小、增量有限

安徽省研究生教育规模偏小，与全国均值、长三角甚至是中部邻省有明显差距。有学者曾把我国高等教育层次规模与高等教育强国美国作比较，我国博士、硕士、本科生的比例为 1%、8%、91%，美国这一比例为 4.65%、20.64%、74.71%。[①] 安徽省博士、硕士、本科生的比例为 1.33%、8.04%、90.63%，略

---

① 张炜．我国高等教育的层次、结构和国际比较［C］．2020 高等教育国际论坛年会论文集，2020：20-22.

优于全国平均水平；排除部委所属高校和科研机构，省属高校博士、硕士、本科生的比例为 0.29%、5.45%、94.26%，远远落后于全国平均水平，博士研究生规模问题尤其突出，在读博士研究生不足 2000 人，每年毕业生仅数百人，高端人才自主培养和供给能力严重不足。2020 年，安徽省博士研究生招生指标为 3109 人，其中中国科学技术大学、合肥工业大学约占 80%，省属高校招生指标仅 600 余人；长三角地区平均招生指标为 6615 人，安徽省不到长三角平均值的一半；在中部六省中，安徽省大幅落后于湖北省（6883 人）、湖南省（3391 人）。博士研究生招生数量少，硕士研究生第一志愿生源不足、录取率不高（低于60%）、推免生比例小（仅为2%），省属研究生培养单位对优秀生源的吸引力和吸纳能力有限，导致高等教育本身发展严重受限，制约研究生培养规模、效益提升，无法满足全省经济社会转型升级和快速发展需要。

3. 专业学位研究生教育存在薄弱环节

安徽省专业学位研究生招生人数虽然不断增加，但是承担"服务国家特殊需求人才培养项目"专业博士和专业硕士学位研究生培养的省属高校不多；博士专业学位发展严重滞后，类别设置单一，规模太小，不能适应安徽省行业产业对博士层次应用型专门人才的需求。专业博士和专业硕士招生方式单一，生源质量普遍不高。学术学位和专业学位研究生培养区分度不高，专业学位研究生培养存在学术化倾向，学科前沿、方法论类课程开设不多，课程教材和教学活动不能充分体现专业学位特点，未能真正将解决实践问题的意识和能力放在人才培养的首位。尽管各研究生培养单位在实践基地建设和双导师模式等方面做了有益尝试，但联合培养存在重形式、轻实质问题，双导师培养制度不完善，校内外导师教学交流合作不多，校内外课程教学没有实现有机整合和有效联动，校外导师在培养计划制定、课程学习、专业研修、实习见习、论文选题和答辩等环节尚未真正发挥实践引领作用。

4. 导师及专职管理队伍建设有待加强

随着研究生招生数量逐年增加，省属高校研究生导师数量相对偏少、生师比例不合理等问题日益突出，正高职称导师占比不到43%，个别高校导师年龄结构老化严重。导师队伍中高层次人才整体不足，对比在皖部属院校，中国科学技术大学有两院院士76人、"千人计划"35人、长江学者27人、国家杰出青年科学基金获得者152人、"973"项目首席科学家6人、新世纪百千万人才工程入选者14人，各类杰出人才共310人，是省属研究生培养单位杰出人才总数的近7倍。省属高校高水平研究生导师严重缺乏，难以胜任高素质创新创业人才培养的需要。导师责权机制尚未真正建立，有关教师管理制度滞后，难以激发研究生导师爱生敬业的积极性和创造性；教师科研水平和信息素养也需要进一步提高。与本科生教育管理队伍相比，近一半的研究生培养单位存在专职人员不足、专业化程度不高等问题。

5. 学科、课程、研究平台建设有待优化

省属研究生培养单位国家级重点学科数量较少，主要集中在农学、医学类和少数几所高校，新的经济增长点和新兴产业领域学科建设缺乏，不能满足知识经济和信息化社会发展需要。在课程结构方面，学术学位和专业学位精品课程建设力度不够，一级学科通用基础课程门数较少，二级学科专业及方向类课程开设较多，跨专业乃至面向全校研究生选修的公选课程很少，国际化课程建设滞后，课程体系与新时代人才培养目标之间的匹配度不高。高层次研究平台数量不多，国字头的研究平台仅3个，无国家实验室及中国科学院重点实验室，教育部及省部共建的研究平台较少。

6. 国际化视野有待拓展

省属研究生培养单位重视对外交流与合作，与国外高校或科研机构签订合作办学意向，接收国外学生来校攻读博士、硕士学位，选派部分研究生赴境外联合培养、短期访学、实习和参加国际学术会议论坛，聘用外籍教师参与研究生教育等。但是，省属高校研究生教育对外开放总体水平不高、国际合作广度和深度有限，利用国外研究生课程资源意识不强，研究生参与国际学术交流机会不多、参加国际学科竞赛获奖较少，省属研究生培养单位外籍教师数量为个位数甚至为零，省属研究生教育对留学生吸引力不足，研究生教育国际化还停留在初级阶段，与长三角发达地区差距较人。

（二）改进建议

研究生教育是卓越创新人才培养的主阵地。为深入贯彻落实习近平总书记关于研究生教育的重要指示精神和全国研究生教育会议精神，坚持以立德树人、服务需求、提高质量为主线，推动安徽省研究生教育高质量内涵发展，现提出以下建议。

1. 优化研究生教育结构和布局，扩大研究生培养规模

在新一轮区域协调发展战略下，适应长三角一体化发展要求和我省发展急需，面向世界科技竞争最前沿、经济社会发展主战场、人民群众新需求，重点培育符合国家政策取向、突破较易的学科，争取国家和教育部支持，获批更多的研究生学位授权点特别是博士学位授权点。加大对皖北地区及薄弱学科学位授权点申报支持力度，在"十四五"期间实现研究生学位授权点数量和布局迈上新台阶。瞄准长三角发达地区，争取增加研究生尤其是博士研究生招生指标。优化考试招生制度，完善招生指标动态调整机制，招生计划向优势学科、基础学科、前

沿学科和生源质量好、毕业生就业前景好的学科专业倾斜。做好研究生招生宣传工作，完善研究生奖助政策和激励机制，吸引不同省份、院校、专业优秀学生报考，扩大生源覆盖面。健全硕博连读和申请审核选拔机制，切实改善博士研究生生源结构。提高硕士研究生推免生比例，鼓励动员更多本省优秀应届本科毕业生报考本省高校，鼓励更多优秀社会人员报考专业学位研究生。

2. 推进专业学位研究生教育扩容提质

贯彻落实国务院学位委员会、教育部印发的《专业学位研究生教育发展方案（2020—2025）》，紧密服务区域、行业产业发展，增设符合安徽省支柱产业、新兴产业需求的专业学位授权点。以临床医学博士专业学位、工程类博士专业学位、教育博士专业学位为重点，培育、增设一批博士专业学位授权点，快速提升培养能力；稳步扩大硕士专业学位授权布局，逐步形成门类齐全、规模适当、结构合理、职业领域普遍欢迎、毕业生充分就业的专业硕士学位研究生培养体系。优化人才培养结构，硕士研究生招生计划增量主要用于专业学位，大幅增加博士专业学位研究生招生数量。深化专业学位研究生培养模式改革，加强科学精神和职业伦理教育，着力培养研究生创新意识和实践能力。加强产教融合，深化校企合作，鼓励设立用人单位"定制化人才培养项目"，推进培养单位与行业产业共同制定培养方案，共同开设实践课程，共同编写精品教材。建立稳定规范的联合培养基地，加强案例库建设和案例教学，拓展"双师型"导师资源，推进课程设置与专业技术能力考核有机衔接。紧密结合行业改革与发展实际，探索实施"专业学位+能力拓展"育人模式，提升专业学位研究生职业胜任力。

3. 加强导师和专职管理队伍建设

健全导师责权机制，落实导师是研究生培养第一责任人，推进立德树人首要职责落地生根。实施导师年度考核和动态管理，师德问题"一票否决"，重视导师的教书育人表现和科研能力，考核结果与指导研究生数量紧密挂钩，打破导师身份"终身制"。加大国内外高水平人才引进力度，集聚一支优秀的学科领军人才、学科带头人和学术骨干队伍，发挥双聘院士"塔尖"效应和特聘教授学术引领作用。鼓励有条件的高校建立研究生导师合作制度，支持研究生导师开展国际交流和跨学科合作。人才引进与自主培养相结合，扩大导师数量，改善导师年龄、职称结构及生师比例。拓展校外导师来源渠道，推动地方领导干部、"两院"院士、国企骨干、劳动模范等上讲台。健全专业学位研究生导师选聘和管理制度，推动培养单位和行业产业之间人才交流与共享，校内导师定期到行业产业实践锻炼，行业产业导师深度参与研究生培养各个重要环节，激发校内外导师协同指导的倍增效应。重视研究生管理队伍建设，根据各类研究生培养特点及在校生人数，配齐校、院二级研究生专职管理人员。定期加强研究生管理人员的业务学习与培训，提供必要的时间和经费等保障。

4. 加强学科、课程和质量保障体系建设

健全完善学科设置及动态调整机制，对接我省重大支柱产业或战略性新兴产业发展，瞄准科技前沿和关键领域，对全省高校优势突出、重点发展、特色鲜明的学科领域进行统筹规划，重点建设一批需求旺盛、培养质量高、优势特色明显的一流学科和高峰学科。支持符合长三角地区和我省经济社会发展急需的学科发展建设。系统推进研究生课程改革，促进思政教育与专业教育有机融合，增加公共选修课、基础课程、实践性课程和学科交叉课程，专业课程及时更新学科最新成果及发展动态，开设研究生创新创业课程。积极培育和分类建设省级、国家级研究生精品课程，学术学位精品课程强调研讨和互动式教学，专业学位精品课程突出案例教学和实践教学。采用"互联网+教育"技术，引进和用好国际国内优秀课程资源。建立优胜劣汰的课程竞争机制，提供跨专业、跨学校选课机会。加强研究平台建设，支持申报建设国家级、中国科学院、教育部、省部共建的实验室、研究基地和研究中心，优化研究生教育科研条件。

强化研究生培养全过程的管理和监督。研究生培养单位建立研究生培养分流退出机制，加强研究生课程学习、中期考核、论文开题及抽检送审、（预）答辩和学位评定等关键环节的质量监控，健全研究生招生、培养、学位授予等全过程质量保障制度。完善督导评价机制，加强对研究生培养单位的监督考核，强化研究生培养单位的主体责任，将监测评估结果作为培养单位招生计划分配及导师指导研究生数量的重要依据。建立学风监管与惩戒机制，严肃处理学术不端行为。

5. 深化产学研用合作，高质量融入长三角一体化发展

以服务区域经济社会发展为重点，推进长三角地区研究生教育联盟建设，探索跨区域研究生联合培养、硕博士研究生贯通培养，争取与更多中央部委所属高水平大学或科研机构联合招收研究生。充分发挥合肥国家级综合科学中心的作用，依托中国科学院合肥物质科学研究院和中国科学技术大学，联合长三角区域高水平大学共同开展科学研究，鼓励广大师生参加国家重大科研任务。举办长三角研究生学术论坛、开设研究生暑期学校等，搭建多层次、多学科研究生学术交流平台。深化科教融合、产教融合，在长三角区域建设研究生创新基地、联合培养示范基地、研究生工作站等，广泛利用社会资源培养研究生，提升协同育人成效。加强产学研合作，引导学术学位研究生开展应用科学研究，提高创新实践能力。积极推行专业学位研究生入学即进项目、进团队、进企业，以项目成果、发明专利、成果转化应用等作为毕业的重要依据。

6. 深化国际交流合作，提高国际化水平

以新一轮教育对外开放和"一带一路"教育行动计划为契机，推动省属研

究生培养单位全面提高国际化水平。支持有条件的高校与境外高水平大学开展"双学位""联合学位"项目，推进研究生课程共建、联合授课、学分学位互认。加强与国际知名企业和科研院所合作，建立研究生海外联合培养基地，聘请海外专家担任联合培养导师，提高研究生跨文化学习、交流和工作能力。建设国际化研究生导师队伍，支持导师赴海外参加学术交流，构建导师出国访学研修长效机制，加大外籍教师引进力度，提高具有海外教育背景的导师比例，利用中国科学技术大学等海外校友资源招募海外院士、领军人才、知名学者来皖工作交流。增加研究生国际化教育经费，加大对研究生海外访学、交换、短期交流、实习实践等的支持力度，扩大国家公派研究生留学项目的规模和覆盖面，提高资助研究生海外学习、学术交流的质量和效益。依托优势学科举办高水平国际学术会议和论坛，扩大外籍教师承担研究生教育的覆盖面，建设国际化研究生课程体系，增加外文原版教材使用比例，鼓励教师采取双语或全英文授课，实现研究生教育在地国际化。

安徽省教育评估中心、安徽省高校管理大数据研究中心联合课题组
执笔人：杨　舅

第十一章 安徽省高等教育满意度调查 研究报告(2021年)

一、引言

(一)调查背景

习近平总书记多次强调,要"办好人民满意的教育",这是坚持以人民为中心的根本立场在教育领域的集中体现。学生满意是人民教育的基础和前提,是教育质量高低的重要衡量标准[①],高等教育应当坚持"以生为本"、服务大学生全面发展。

当今世界的竞争说到底是人才竞争、教育竞争,为党育人、为国育才是高等教育的初心使命。党的十九大报告指出,加快一流大学和一流学科建设,实现高等教育内涵式发展,全面提高人才培养能力,提升我国高等教育整体水平。人才培养是一个系统性的工程,需要高等学校提供高水平的教师队伍、优质的教育资源、优美的教育环境及良好的育人机制等。

安徽省高度重视高等教育事业发展,近年来出台了一系列政策措施。在教育综合领域,启动安徽教育现代化2035,出台《加快推进安徽教育现代化实施方案(2018—2022年)》,强调高等教育地位作用,要求优化高等教育结构、建设高水平人才培养体系。在高等教育领域,2020年7月,安徽省人民政府办公厅印发《安徽省高等学校高峰学科建设五年规划(2020—2024年)》(皖政办〔2020〕11号);2021年5月,教育部、安徽省人民政府印发《推动结构优化建设高质量高等教育体系共同行动方案》(皖政〔2021〕30号)等;进一步提高高等教育财政投入力度、大力实施高等教育质量工程、深入推进高峰学科建设,促进高等教育内涵式发展。

高等教育满意度调查为我们提供了一个管窥高等教育发展水平的重要视角,既能直观地描述师生对我国高等教育质量的满意程度,又能折射高等教育学校人才培养的现状;既能反映新时代中国高等教育发展的亮点和优势,也能发现存在

[①] 黄海军. 全国本科教育满意度调查报告 [J]. 大学(研究版),2017 (10):40-54.

的各种问题和原因。开展全国高等教育满意度调查至少有三重意义，一是以调查为"锚点"，关注教育获得感，服务大学生全面发展；二是以调查为"基点"，关注教育要素配置，促进高等教育绩效改善；三是以调查为"着力点"，关注政策制定及落实，推动高等教育决策科学化。2021年，教育部再次委托中国教育科学研究院组织开展第三次全国高等教育满意度调查工作。安徽省2016年、2018年和2021年连续三次参与该调查，本报告是在2021年我省高等教育满意度调查数据分析和研究基础上形成的成果。

（二）理论依据与内容维度

中国教育科学研究院借鉴顾客满意度理论模型和大学生学习与发展理论，构建了我国高等教育满意度理论模型。满意度调查维度分为教育期望、教育质量、教育环境、教育公平和教育总体满意度五个方面。教育质量、教育公平、教育环境分别对总体满意度有直接正向影响；教育期望值除直接对总体满意度有正向影响外，还通过教育质量、教育公平、教育环境三个变量对总体满意度有正向影响。

调查问卷分为满意度调查和背景信息调查两部分。2021年调查问卷在2018年基础上进行了修订和完善。一方面，精简了问题数量，如本科学生问卷减少了9个问题；另一方面，问卷内容有所变化，更加体现新时代教育改革的特点，如有些题目融入了家国情怀、课程思政、抗疫背景、在线教学等。题目设计采用李克特式七点量表，问卷信度和效度良好。问卷维度与主要内容见表11-1所列。

表11-1　问卷维度与主要内容

问卷维度	具体内容
教育期望	总体期望，对本校的期望，个体需求期望
教育质量	人才培养，课程组织，教师教学
教育公平	权利公平，机会公平，规则公平
教育环境	学校管理，校园文化，环境与资源
教育总体满意度	总体满意度，与期望比较的满意度，教育信心

（三）调查实施

安徽省高等教育满意度调查由安徽省教育评估中心具体组织实施，采用抽样问卷调查方式。抽样按照院校类型、在校生人数以及区域高等教育规模，采用分层随机抽样和目的抽样相结合。调查时间为2021年5月—6月，问卷填答采用

PC 互联网或移动客户端填答方式。

（四）调查对象与样本情况

全国高等教育满意度调查的调查对象为毕业年级的学生、在岗教职工及社会公众。

安徽省共抽取 28 所样本高校，占全国样本学校总数的 5.54%，其中本科院校 18 所、高职院校 10 所（名单见附件）。样本学校在我省高校分布中具有典型性和代表性：从学校层次来看，包含一本、二本批次的普通本科院校和高职院校；从学校类型来看，包含"双一流"建设高校、国家示范性高职院校和其他高校；从学校属性来看，包含公办和民办高校；从地域分布上来看，皖北、江淮和皖南地区均有高校参与调查。2021 年安徽省样本校数量与全国的比较见表 11－2 所列。

表 11－2　2021 年安徽省样本校数量与全国的比较

抽样高校类别	安徽样本校数（所）	全国样本校数（所）	占比（%）
普通本科院校	18	335	5.37
高职院校	10	170	5.88
合计	28	505	5.54

高校教师、学生样本由安徽省组织抽取。每所本科院校抽取本科学生 140 人、本科教师 50 人、研究生 80 人、研究生导师 40 人，每所高职院校抽取学生 140 人、教师 50 人。安徽省 18 所本科样本院校中仅有 8 所开设研究生教育，分别是中国科学技术大学、安徽医科大学、安徽建筑大学、安徽工业大学、安徽科技学院、安庆师范大学、淮北师范大学、合肥师范学院，因样本量较小且本年度为首次试点调查，故研究生教育问卷调查不纳入本次调查分析。社会公众由中国教育科学研究院统一抽取，不区分地域，故不纳入本次调查分析。安徽省师生样本基本情况见表 11－3 所列。安徽省共发放问卷 5320 份，回收有效问卷 5036 份，有效问卷回收率为 94.66%，各样本类别有效问卷回收率均超过 90%，本科学生有效问卷回收率远高于其他三类群体。

表 11－3　2021 年安徽省师生样本基本情况

样本类别	样本数（人）	有效问卷数（份）	有效问卷回收率（%）
本科学生	2520	2485	98.61
高职学生	1400	1277	91.21

（续表）

样本类别	样本数（人）	有效问卷数（份）	有效问卷回收率（%）
本科教师	900	823	91.44
高职教师	500	451	90.2
合计	5320	5036	94.66

统计有效学生问卷学生背景信息数据，从学生样本的性别来看，男生占56.03%，女生占43.97%；从样本家庭居住地城乡结构来看，城镇学生占45.56%，农村学生占54.44%，高校学生生源居住地在农村的比例较高，符合我省农业大省的省情。

（五）分析研究方法

高校学生是高等教育的主要受众，也是高等教育的主要评价者。本调查将我省高校学生问卷调查结果作为高等教育满意度调查结果，以满意度指数来呈现；将高校教师问卷调查结果作为重要参照，以便更加全面地了解高等教育的发展现状和存在问题。

运用结构方程模型计算教育满意度指数，模型达到适配合理的标准，数据结果采用百分制呈现。采取加权平均值的方法获得高等教育满意度指数和教师高等教育满意度指数。采取显著性检验比较各类群体或者两轮满意度调查各维度指数是否具有统计学上的显著差异。运用质性方法分析开放性问答题，通过编码分析和关键词提取，从学生、教师建议中提炼出关注度最高、迫切需要学校改进的问题。

因未掌握全国高等教育满意度调查数据，故相关数据比较仅限于安徽省域。另外，满意度是主体的主观性感受，不同生源地、家庭背景、求学经历以及性别学生群体存在一定的感知差异，导致对不同办学层次、类型、性质、地理区域高校的调查结果与其发展实际可能存在一定的偏差，故本研究不涉及具体高校的满意度指数及比较。

二、学生问卷的调查结果与分析

（一）高等教育满意度状况

1. 高等教育满意度调查结果概述

2021年安徽省高等教育总体满意度指数为74.32，教育质量满意度指数为76.66，教育公平满意度指数为74.70，教育环境满意度指数为75.06，教育期望值指数为70.91。2021年安徽省高等教育满意度状况如图11-1所示。满意度指数从高到低分别为：教育质量满意度指数>教育环境满意度指数>教育公平满意度指数>总体满意度指数>教育期望值指数。高等教育总体满意度指数比教育期望值指数高 4.8 个百分点，教育质量、教育公平和教育环境满意度指数均显著高于教育期望值指数，表明相较入学前对学校与个体需求适配度的预期，学生毕业时对高等教育的评价显著提升，高等教育获得感大于其入学前的期望值。

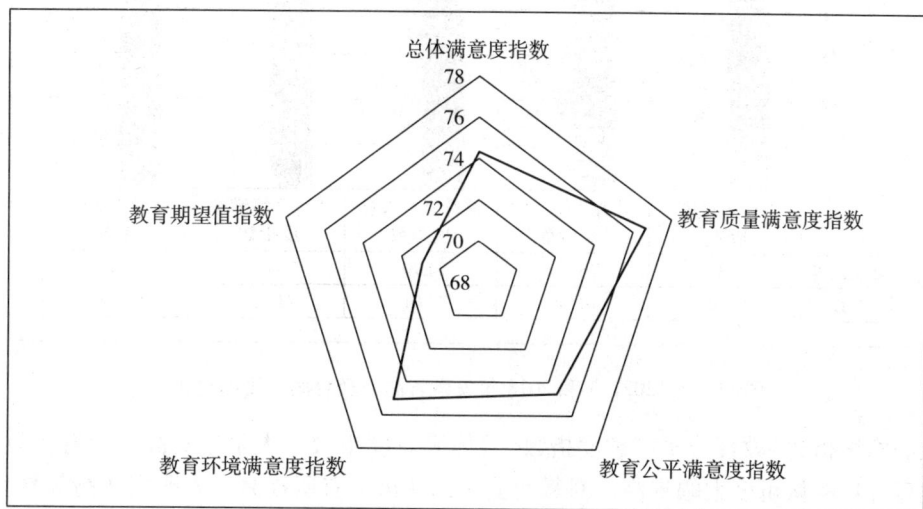

图 11 - 1　2021 年安徽省高等教育满意度状况

2. 2021 年和 2018 年高等教育满意度的对比分析

2021 年高等教育总体满意度指数为 74.32，比 2018 年提高了 0.2 个百分点，大学生对个体成长发展、就业预期的认可度较高，对所在学校表达了较强的信心；教育质量满意度指数为 76.66，比 2018 年提高了 8.3 个百分点，我省近三年来高等教育质量保障体系建设取得了积极成效，后续效应将持续显现；教育公平满意度指数为 74.70，比 2018 年提高了 2.3 个百分点，高校在学生民主化管理、评优评奖体系和学习锻炼机会等方面所做的工作得到了大学生的认可；教育环境满意度指数为 75.06，比 2018 年提高了 5.0 个百分点，大学生对所在高校的校园文化、软硬件办学条件等比较认可，尤其新冠疫情期间教育信息化建设提速，为大学生提供了良好的学习环境；教育期望值指数为 70.91，比 2018 年提高了 5.3 个百分点，大学生入学前对高等教育的未来期待和信心显著增强。2021 年和 2018 年安徽省高等教育满意度的对比如图 11 - 2 所示。

2021 年安徽省高等教育满意度各项指数相较于 2018 年均有所提高，满意度指数提高程度从高到低分别为：教育质量满意度指数>教育期望值指数>教育环

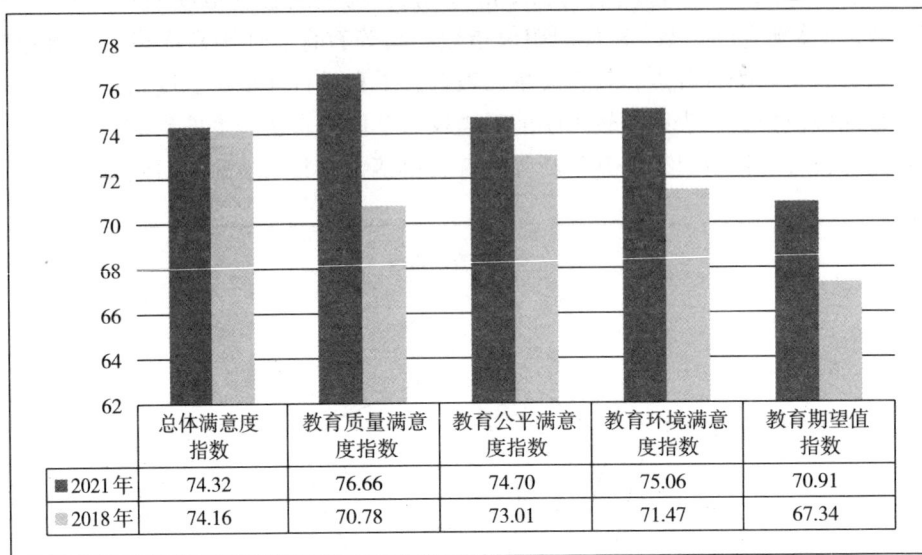

图 11 - 2 2021 年和 2018 年安徽省高等教育满意度的对比

境满意度指数>教育公平满意度指数>总体满意度指数。大学生对高等教育质量、教育环境的认可度大幅提高，对教育公平的认可度有所提高，表明安徽高等教育近年来在质量提升、育人环境、内涵建设等方面取得了一定的成绩，安徽高等教育吸引力和美誉度不断提升，大学生在高校获得了较满意的学习体验，高等教育获得感和幸福感持续增强。

（二）高等教育满意度调查主要类别的比较

1. 本科学生和高职学生高等教育满意度的对比分析

2021 年安徽省本科学生和高职学生高等教育满意度状况如图 11 - 3 所示。本科学生各维度高等教育满意度指数均超过 73；高职学生除教育期望值指数外，其他满意度指数均超过 75。从数值上看，高职学生总体满意度指数、教育质量满意度指数、教育公平满意度指数、教育环境满意度指数均高于本科学生，教育期望值指数则显著低于本科学生。在其各维度满意度中，本科学生、高职学生的教育质量满意度指数均为最高，说明本科和高职院校高度重视质量建设并得到了大学生的肯定。

独立样本 t 检验结果发现，在总体满意度指数（$t=-3.29$，$p<0.01$）、教育质量满意度指数（$t=-2.02$，$p<0.05$）、教育公平满意度指数（$t=-5.37$，$p<0.001$）和教育环境满意度指数（$t=-5.16$，$p<0.001$）上，本科学生均显著低于高职学生；在教育期望值指数方面，本科学生显著高于高职学生（$t=14.76$，$p<$

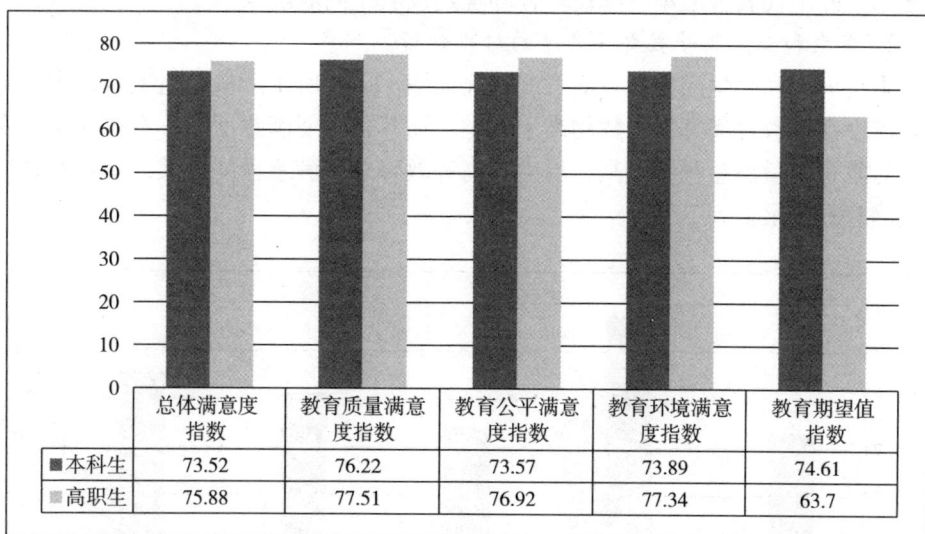

	总体满意度 指数	教育质量满意 度指数	教育公平满意 度指数	教育环境满意 度指数	教育期望值 指数
■本科生	73.52	76.22	73.57	73.89	74.61
■高职生	75.88	77.51	76.92	77.34	63.7

图 11-3　2021 年安徽省本科学生和高职学生高等教育满意度状况

0.001）。2021 年安徽省本科学生和高职学生高等教育满意度的对比分析见表
11-4所列。

表 11-4　2021 年安徽省本科学生和高职学生高等教育满意度的对比分析

	总体满意度 指数	教育质量 满意度指数	教育公平 满意度指数	教育环境 满意度指数	教育期望值 指数
本科学生	73.52	76.22	73.57	73.89	74.61
高职学生	75.88	77.51	76.92	77.34	63.70
t	−3.29 **	−2.02 *	−5.37 ***	−5.16 ***	14.76 ***

注：* 表示 $p<0.05$，** 表示 $p<0.01$，*** 表示 $p<0.001$，下同。

出现这种情况，可能因为学生所处的学校办学层次不同。目前，本科院校高
考录取分数线总体大幅高于高职院校，造成高职学生对自己学校的教育期望相对
较低。随着政府对职业教育的重视程度不断提升，高职院校经费投入、教育环
境、专业建设、人才培养质量等方面不断改善和优化，导致高职学生总体满意
度、教育质量、教育公平以及教育环境满意度显著高于教育期望值。相反，本科
学生对学校的教育期待更加理想化，对学校各方面工作有更高的要求，导致本科
学生出现教育期望高、教育满意度相对低的情况。需要指出的是，满意度是主体
的主观性感受，不同群体存在一定的差异，本科学生教育环境满意度指数低于高

职学生，并不代表普通本科院校教育环境建设弱于高职院校。

2. 男生和女生高等教育满意度的对比分析

本科男生和女生高等教育满意度状况如图11-4所示。从数值上看，本科男生各维度高等教育满意度指数均高于女生。在其各维度满意度中，本科男生、女生均对教育质量满意程度最高，男生对高等教育总体满意程度最低，女生对教育环境满意程度最低。

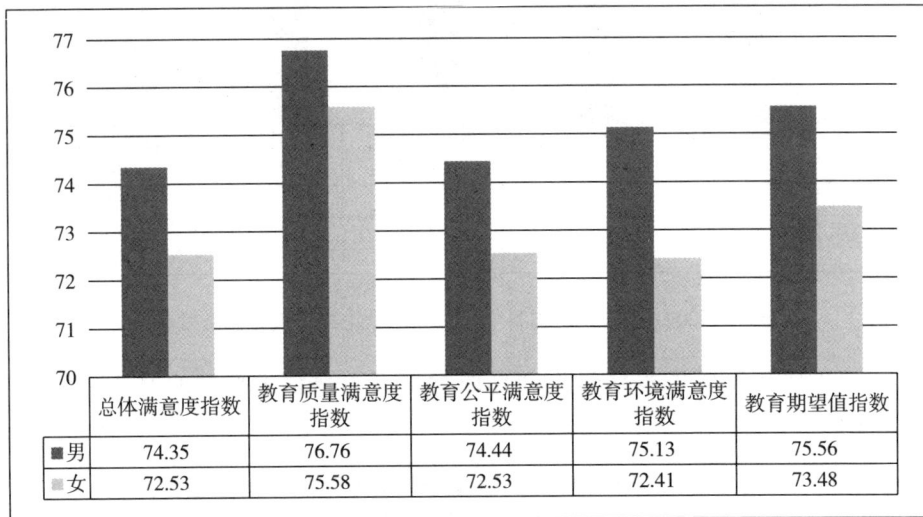

	总体满意度指数	教育质量满意度指数	教育公平满意度指数	教育环境满意度指数	教育期望值指数
■男	74.35	76.76	74.44	75.13	75.56
□女	72.53	75.58	72.53	72.41	73.48

图11-4 本科男生和女生高等教育满意度状况

进一步使用独立样本 t 检验进行分析发现，除教育质量满意度指数外，在总体满意度指数、教育公平满意度指数、教育环境满意度指数和教育期望值指数方面，男生均显著高于女生（$t=2.28$，$p<0.05$；$t=2.73$，$p<0.01$；$t=3.66$，$p<0.001$；$t=3.05$，$p<0.01$）。本科男生和女生高等教育满意度的对比分析见表11-5所列。

表11-5 本科男生和女生高等教育满意度的对比分析

	总体满意度指数	教育质量满意度指数	教育公平满意度指数	教育环境满意度指数	教育期望值指数
男	74.35	76.76	74.44	75.13	75.56
女	72.53	75.58	72.53	72.41	73.48
t	2.28*	1.73	2.73**	3.66***	3.05**

高职男生和女生高等教育满意度状况如图 11-5 所示。和本科生相反，从数值上看，除教育期望值指数外，高职男生各维度高等教育满意度指数均低于女生。在其各维度满意度中，高职男生对教育质量满意程度最高，女生对教育环境满意程度最高。

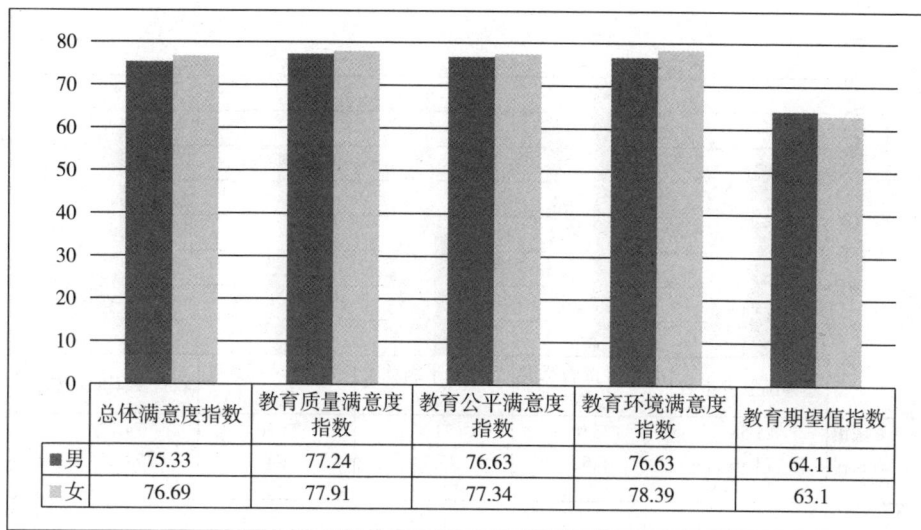

	总体满意度指数	教育质量满意度指数	教育公平满意度指数	教育环境满意度指数	教育期望值指数
■男	75.33	77.24	76.63	76.63	64.11
女	76.69	77.91	77.34	78.39	63.1

图 11-5　高职男生和女生高等教育满意度状况

进一步使用独立样本 t 检验进行分析发现，高职男生和女生各维度高等教育满意度指数均无显著差异。高职男生和女生高等教育满意度的对比分析见表 11-6 所列。

表 11-6　高职男生和女生高等教育满意度的对比分析

	总体满意度指数	教育质量满意度指数	教育公平满意度指数	教育环境满意度指数	教育期望值指数
男	75.33	77.24	76.63	76.63	64.11
女	76.69	77.91	77.34	78.39	63.10
t	-1.13	-0.61	-0.68	-1.58	0.77

3. 城镇和农村生源学生高等教育满意度的对比分析

本科城镇和农村生源学生高等教育满意度状况如图 11-6 所示。从数值上看，在高等教育总体满意度指数和教育期望值指数方面，本科城镇生源学生略高于农村生源学生；在教育质量满意度指数、教育公平满意度指数和教育环境满意度指数方面，本科城镇生源学生均低于农村生源学生。在其各维度满意度中，本科城镇、农村生源学生均对教育质量满意程度最高，城镇生源学生对教育公平满意程度最低，农村生源学生对高等教育总体满意程度最低。

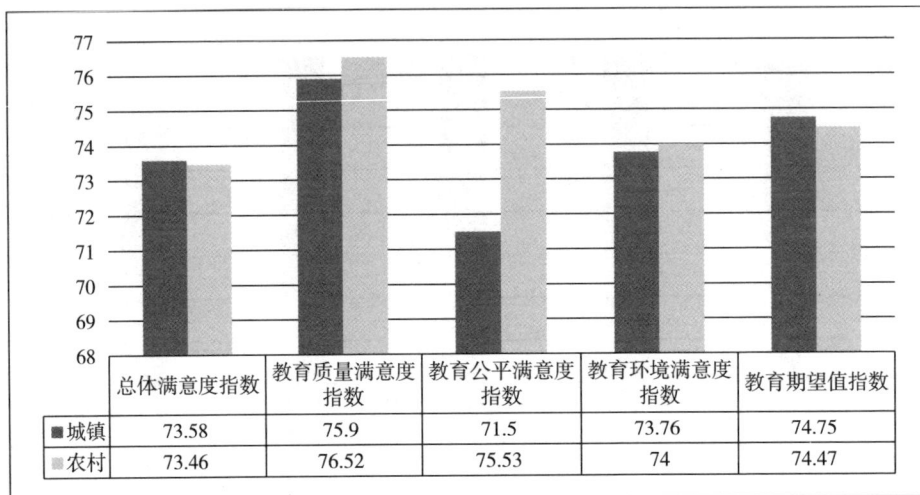

	总体满意度指数	教育质量满意度指数	教育公平满意度指数	教育环境满意度指数	教育期望值指数
■城镇	73.58	75.9	71.5	73.76	74.75
农村	73.46	76.52	75.53	74	74.47

图 11 - 6　本科城镇和农村生源学生高等教育满意度状况

进一步使用独立样本 t 检验进行分析发现，在教育公平满意度指数方面，本科城镇生源学生显著低于农村生源学生（$t=-5.83$，$p<0.001$）。本科城镇和农村生源学生高等教育满意度的对比分析见表 11 - 7 所列。

表 11 - 7　本科城镇和农村生源学生高等教育满意度的对比分析

	总体满意度指数	教育质量满意度指数	教育公平满意度指数	教育环境满意度指数	教育期望值指数
城镇	73.58	75.90	71.50	73.76	74.75
农村	73.46	76.52	75.53	74.00	74.47
t	0.15	−0.92	−5.83 ***	−0.32	0.42

高职城镇和农村生源学生高等教育满意度状况如图 11 - 7 所示。从数值上看，高职城镇生源学生各维度高等教育满意度指数均低于农村生源学生。在其各维度满意度中，高职城镇生源学生对教育质量满意程度最高，农村生源学生对教育公平满意程度最高。

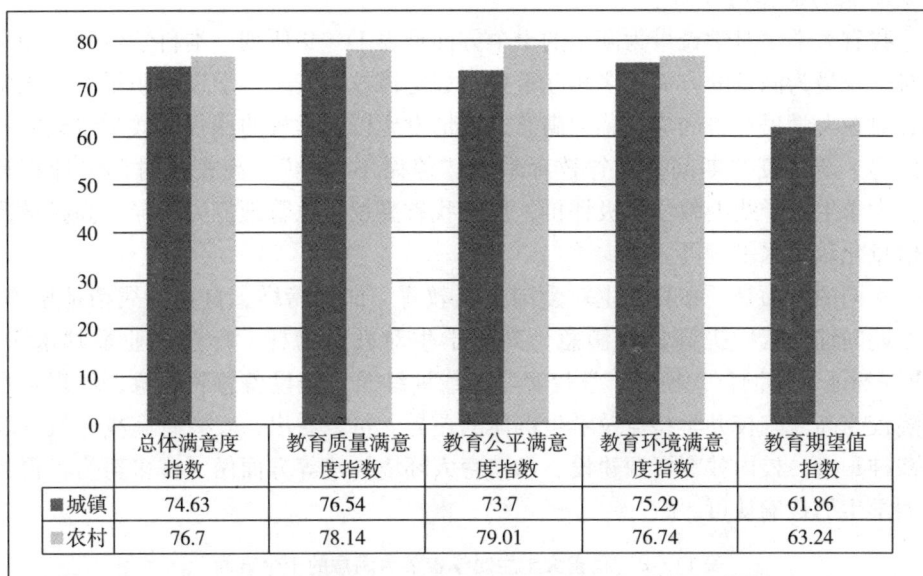

	总体满意度 指数	教育质量满意 度指数	教育公平满意 度指数	教育环境满意 度指数	教育期望值 指数
■城镇	74.63	76.54	73.7	75.29	61.86
□农村	76.7	78.14	79.01	76.74	63.24

图 11-7　高职城镇和农村生源学生高等教育满意度状况

进一步使用独立样本 t 检验进行分析发现，在教育公平满意度指数和教育期望值指数方面，高职城镇生源学生显著低于农村生源学生（$t=-4.94$，$p<0.001$；$t=-1.99$，$p<0.05$）。高职城镇和农村生源学生高等教育满意度的对比分析见表 11-8 所列。

表 11-8　高职城镇和农村生源学生高等教育满意度的对比分析

	总体满意度 指数	教育质量 满意度指数	教育公平 满意度指数	教育环境 满意度指数	教育期望值 指数
城镇	74.63	76.54	73.70	75.29	61.86
农村	76.70	78.14	79.01	76.74	63.24
t	-1.65	-1.42	-4.94 ***	-1.78	-1.99 *

（三）大学生最为满意和认为最需要改进方面的分析

统计普通本科院校和高职院校学生问卷中各题项数据，按照相应得分进行排序，获得我省大学生在学校教学、管理和后勤服务等方面最为满意和认为最需要改进的十个方面。

1. 最为满意的方面

我省大学生对学校最为满意的十个方面见表11-9所列。本科学生和高职学生对学校最为满意的方面大多相互重叠，如觉得校园安全、学校尽职尽责的老师多、对在大学里获得的成长感到满意、疫情发生以来学校的课程及教学调整安排得好等。新冠疫情期间，我省教育系统"停课不停学"，高校及时调整课程计划，大学生给予线上教学积极评价，反映我省高校应急管理能力较强、高校教师的信息化教学水平较高。

不同的方面是，本科学生对爱国主义教育、同伴榜样、自我挑战精神培养、学习期间综合素质提高比较满意，高职学生对教师榜样、行业企业教师水平、"岗课赛证"协同育人模式、学校实习实践训练及设施设备感到满意，体现了本科院校与高职院校办学特点及学生群体的差异。可以看出，安徽省高校在教师职业精神塑造、校内教育资源建设、和谐育人环境构建等方面做了许多努力，得到了大学生的普遍认可。

表11-9　我省大学生对学校最为满意的十个方面

本科院校学生对学校最为满意的十个方面	高职院校学生对学校最为满意的十个方面
觉得校园安全	觉得校园安全
本科教育增强了家国情怀	学校尽职尽责的老师多
本科教育对提升综合素养帮助大	疫情发生以来，学校的课程及教学调整安排得好
学校里努力学习的学生多	学校里你愿意视为榜样的老师多
教师的教学态度好	来自行业企业的教师教学水平高
学校尽职尽责的老师多	学校安排的实训/实习等操作课程足够
本科教育给予了不断挑战自我的力量	学校的心理健康教育开展得很好
疫情发生以来，学校的课程及教学调整安排得好	对在大学里获得的成长感到满意
学校的学习场所能满足学习需求	学校重视"岗课赛证"协同育人
对在大学里获得的成长感到满意	学校实习/实训的设施设备能满足专业学习需要

2. 最需要改进的方面

我省大学生认为学校最需要改进的十个方面见表11-10所列。本科学生与高职学生认为学校最需要改进的共性问题较多，如学校为学生提供开阔国际视野的机会不够多，任课老师课外与学生沟通的时间不够多，从校友资源中获益不大，学校里热爱自己所学专业的学生不多。另外，本科学生对参与科研机会、学校就业指导、校企共同育人、教师教学方法、建言渠道、后勤管理等表示不满意；高职学生对职业信念和素养提升、参与企业技术创新机会、实践操作原理掌握、自我挑战精神培养等表示不满意。以上问题值得高等教育政策制定者、管理者和教学工作者重视。

表 11－10　我省大学生认为学校最需要改进的十个方面

本科院校学生认为学校 最需要改进的十个方面	高职院校学生认为学校 最需要改进的十个方面
学校为学生提供开阔国际视野的机会不够多	学校为学生提供开阔国际视野的机会不够多
任课老师课外与学生沟通的时间不够多	任课老师课外与学生沟通的时间不够多
学校安排本科生参与课题研究或 学术讨论的机会不够多	高职教育不太能增强自己成为 "能工巧匠"的信念
学校对学生就业指导的精准性不够	从校友资源中获益不大
从校友资源中获益不大	学校安排学生参与企业技改/ 工艺创新的活动不多
参与学校人才培养的企业不多	对实践操作的原理掌握得不好
教学方法能吸引学生的老师不多	学校里热爱自己所学专业的学生不多
学校里热爱自己所学专业的学生不多	高职教育给予学生不断挑战自我的力量不多
学生向学校反映意见和建议的渠道不够畅通	身边的农村学生多
学校的后勤管理工作（食堂/宿舍/ 生活服务等）做得不够好	高职教育对提升学生的职业素养帮助不大

（四）大学生教育获得感方面的分析

教育获得感是习近平总书记"以人民为中心"治国理政的新理念新思想在教育领域的集中体现，是受教育者对教育过程及结果的全方位体验和感受。高等教育满意度调查在学生问卷中设置了"个人能力提升""个人品质养成"两个关于获得感的题项。

1. 个人能力的提升

问卷调查大学生在大学期间哪些方面能力得到提升，统计各项能力被大学生选中的百分比。学生在大学期间能力提升的分布情况如图 11－8 所示。大学生自主学习能力、社会适应能力、团队合作能力、实践能力提升位居前列；信息技术应用能力、专注力、外语能力和写作能力处在靠后位置。高职学生与本科学生在学校期间大部分能力提升差异不大；本科学生的自主学习能力和逻辑思维能力提升超出高职学生，社会适应能力、团队合作能力和实践能力方面则低于高职学生。位于中间位置的能力，如口头表达能力、逻辑思维能力、组织管理能力和批判创新能力是 21 世纪核心素养比较重要的能力组合，是沟通、思维、管理和创新的体现，高校应给予足够重视。

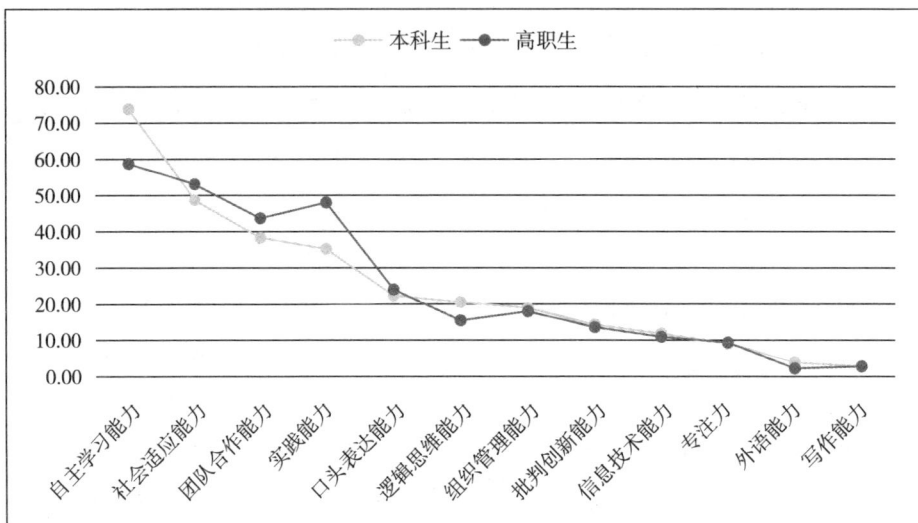

图 11-8　学生在大学期间能力提升的分布情况

2. 个人品质的养成

问卷调查学生在大学期间哪些品质得到了培养和锻炼，统计各种品质被大学生选中的百分比。学生在大学期间品质养成的分布情况如图 11-9 所示。责任心、主动性、集体意识和规则意识被认为得到较大程度的培养；自信心、尊重、勤俭和好奇心则排在后列。本科学生的主动性、规则意识、乐观、包容、坚韧、自信心和好奇心超出高职学生；责任心、集体意识、诚信度和勤俭方面则低于高职学生。近几年，虽然高校思想政治工作成效明显，课程思政提高了大学生的政治觉悟，教师榜样的力量不断彰显，但与其他课程教学相比较，本科学生和高职学生对思想政治课程教学的评价相对较低，说明需要进一步改进高校思想政治教育的质量。大学生好奇心养成处在最低水平，容易形成被动接受知识技能传授的惯性思维和行为模式，与其批判创新能力水平较低相互印证，体现了高校在人才培养方面的突出短板。

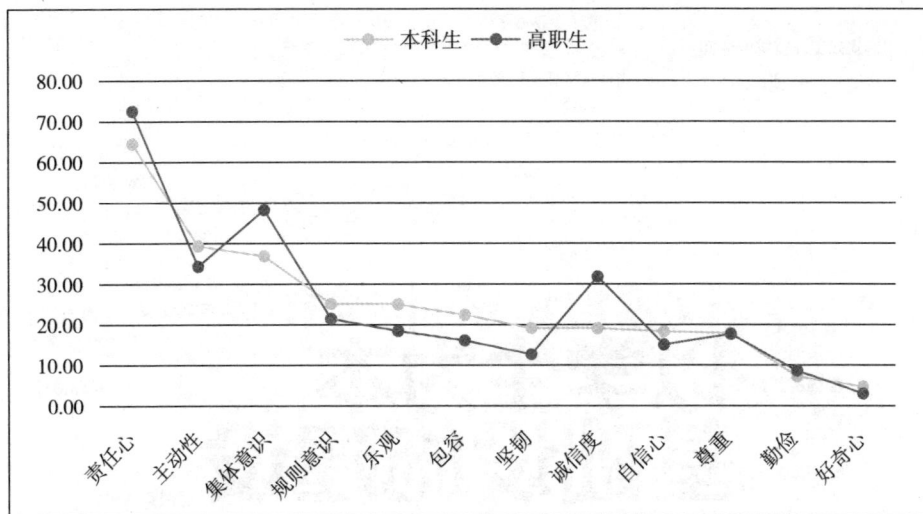

图 11-9　学生在大学期间品质养成的分布情况

（五）大学生意见和建议的分析

为了更好地探寻和解决高等教育存在的问题，为高校改进工作征求策略或建议，高等教育满意度调查问卷设计了相应的开放题，题目是"你对改进学校工作有什么意见和建议？"。

1. 本科学生建议的分析

采用词频分析法，将本科学生回答导入文本文件，删去虚词、形容词、副词等与实质性建议无关的词语，合并近义词或同义词等，利用软件生成云图。本科学生意见和建议云图如图 11-10 所示。云图中文字大小代表该关键词的排名位置，文字越大说明该问题被大学生关注越多。

可以看出，本科学生提出的建议主要集中在以下几个方面：加强基础设施建设、贯彻"以学生为中心"的理念、提高后勤管理水平、改善食堂和宿舍条件、完善教师队伍、提高教学水平、课程安排合理化、加强师生交流、增加实践课程、加强专业建设等。

为了从内容上验证词频分析结果，选择具有一定代表性的建议如下：

"学校缺少管理型人才，诸多事务管理上缺乏统筹性。且各部门工作对学生依赖过重，如缺少学生甚至无法运行。部分老师过于关注业绩与政绩，常无视学生需求，至诸多申请上报流程冗长，不了了之者甚多。学校在教师资源上虽不乏，但教学资源有限，教室实验室自习室皆不足用，且甚至有盲目扩招之嫌，学生往往多次被迫搬寝甚至租房。"

"学校后勤部做得不够好，食堂价格高质量不好。学校内超市定价高。由于

图 11-10　本科学生意见和建议云图

学校地理位置原因，学校周边并无较方便的日常用品的购物场所，因此就算学校内超市定价高，也会有很多学生去购买。后勤问题对学生造成了非常大的困扰！"

"希望学校工作多脚踏实地和接近学生，避免流于表面形式化的东西。简化学生办事流程，从而减少无意义的时间浪费。不强迫毕业生签就业协议，增加学生的选择空间。"

"希望多关注学生，把学生的事情放在第一位，而不是搞形式主义、踢皮球。专项整治慵懒散软的现象，把学生放在第一位，改善住宿条件，关注学生的心理健康教育。"

"完善基础设施服务，例如学生公寓里的开水机、厕所等相关设施。更加注重学生实践能力培养，循序渐进地开展实践。校园文化更加百花齐放，积极推动社团建设。"

　　尽管本科学生的建议比较个性化具体化，但也反映了我省本科高校在教育质量、教育环境、学校管理、后勤保障等方面存在的具有普遍性、常态性的问题，降低了大学生的教育获得感。

　　2. 高职学生建议的分析

　　通过词频分析，高职学生意见和建议云图如图 11 - 11 所示。

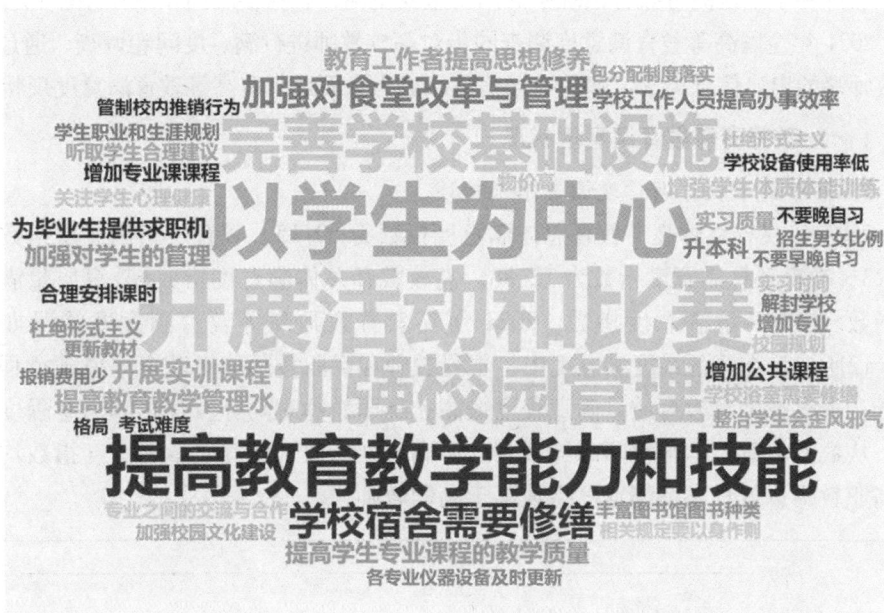

图 11 - 11　高职学生意见和建议云图

　　可以看出，高职学生提出的建议主要集中在以下几个方面：以学生为中心、开展活动和比赛、加强校园管理、提高教育教学能力和技能、完善学校的基础设施、加强对食堂改革与管理、修缮学校宿舍、开展实训课程、提高课程教学质量等。

　　为了从内容上验证词频分析结果，选择具有一定代表性的建议如下：

　　"多开展一些有益于学生、老师的文体活动，加强学生之间、学生与老师之间的沟通交流，促进师生之间更有效的交流。"

　　"着重抓好学校图书馆、实验室、计算机房的建设和管理工作，为学生提供最大的便利就是最大的支持。"

　　"希望加强基础设施建设。希望学校基础设施经费提高一些。"

　　"希望学校能够一如既往地为学生提供接触社会、了解社会的各种活动，能多办一些社会主题实践活动，让学生多关注一些学习外的其他知识。充分发挥学生的创造性。尽量多加锻炼学生的口才以及反应能力。希望学校能提高一下住宿条件和教学质量。让学生在校时间更多些，注重学历、学识提升。"

"注重学院教学质量，提高基础设施水平。"

和本科学生类似，高职学生的建议也比较个性化具体化，同时具有普遍性特征。

三、教师问卷的调查结果与分析

教师和学生是高等教育系统中的两个重要主体，教与学之间相互作用、相互影响。2021 年全国高等教育满意度调查同步对高校教师进行满意度问卷调查，通过比对教师端的出口信息与学生端的数据信息，更为全面地了解高等教育满意度现状。

（一）教师高等教育满意度状况

1. 教师高等教育满意度调查结果概述

2021 年我省教师高等教育总体满意度指数为 80.15，教育质量满意度指数为 78.23，教育环境满意度指数为 72.88。高校教师总体满意度指数>教育质量满意度指数>教育环境满意度指数。2021 年安徽省教师高等教育满意度状况如图 11－12 所示。在其各维度满意度中，本科教师和高职教师均对教育环境满意程度最低；本科教师对教育质量满意程度最高；高职教师对高等教育总体满意程度最高。从数值上看，本科教师高等教育总体满意度指数、教育质量满意度指数均低于高职教师；教育环境满意度指数高于高职教师。

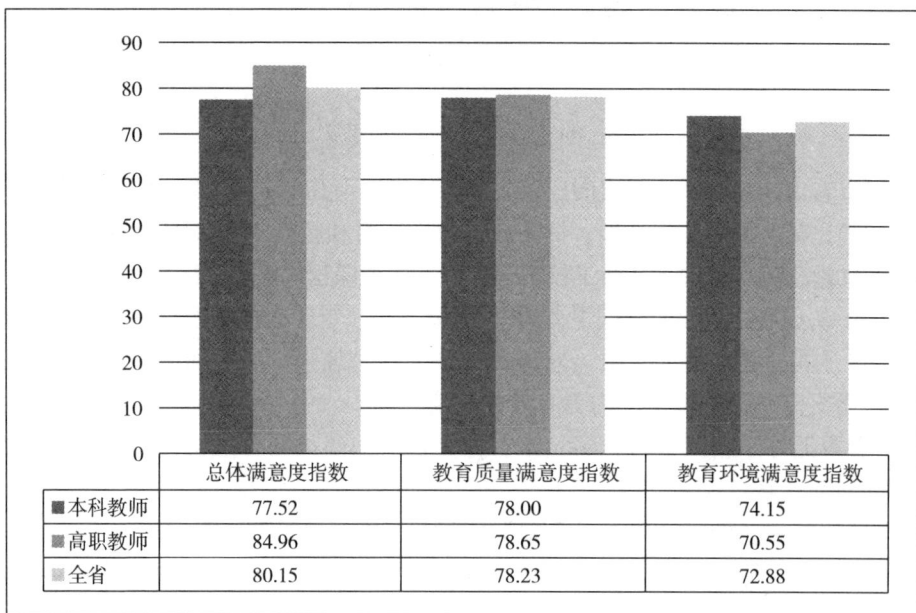

	总体满意度指数	教育质量满意度指数	教育环境满意度指数
■本科教师	77.52	78.00	74.15
■高职教师	84.96	78.65	70.55
全省	80.15	78.23	72.88

图 11－12　2021 年安徽省教师高等教育满意度状况

通过独立样本 t 检验进行分析发现，在总体满意度指数方面，本科教师显著低于高职教师（$t=-6.49$，$p<0.01$），在教育环境满意度指数方面，本科教师显著高于高职教师（$t=3.40$，$p<0.001$）。安徽省本科和高职教师高等教育满意度的对比分析见表 11-11 所列。

表 11-11　安徽省本科和高职教师高等教育满意度的对比分析

	总体满意度指数	教育质量满意度指数	教育环境满意度指数
本科教师	77.52	78.00	74.15
高职教师	84.96	78.65	70.55
t	-6.49 ***	-0.70	3.40 ***

2. 2021 年和 2018 年教师高等教育满意度的对比分析

2021 年和 2018 年安徽省教师高等教育满意度状况如图 11-13 所示。相较于 2018 年调查结果，教师高等教育总体满意度指数提高了 4.9 个百分点，教育质量满意度指数提高了 5.9 个百分点，教育环境满意度指数下降了 3.4 个百分点，满意度指数提高程度从高到低分别为：教育质量满意度指数>总体满意度指数>教育环境满意度指数。

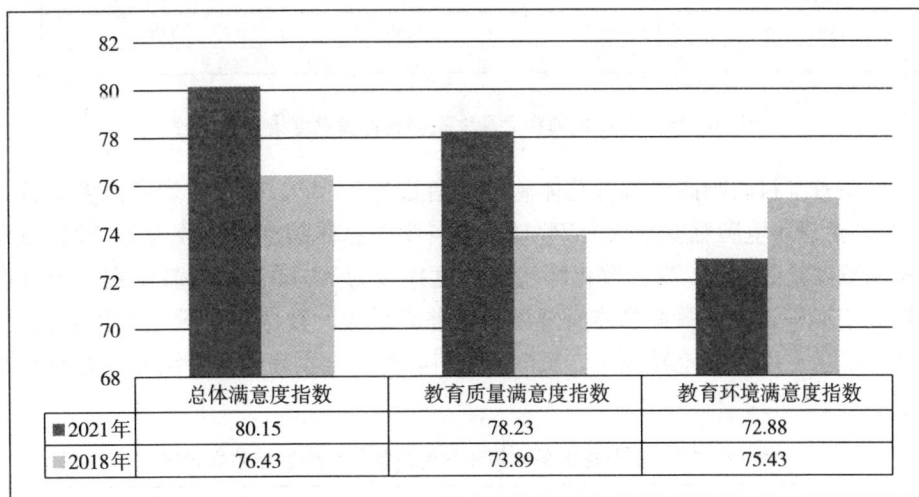

	总体满意度指数	教育质量满意度指数	教育环境满意度指数
2021年	80.15	78.23	72.88
2018年	76.43	73.89	75.43

图 11-13　2021 年和 2018 年安徽省教师高等教育满意度状况

教育总体满意度指数和教育质量满意度指数大幅度提高说明我省高等教育内涵发展得到教师越来越多的认可。教育环境满意度指数有所下降，提示我省高校要在提高办学条件、改善教师工作环境、加强校园管理工作、为师生提供更多开阔国际视野的机会等方面多下功夫。

3. 高校师生教育满意度三个维度的比较

高校教师和大学生高等教育满意度指数的比较如图 11-14 所示。高校教师高等教育总体满意度指数、教育质量满意度指数高于大学生，教育环境满意度指数低于大学生。

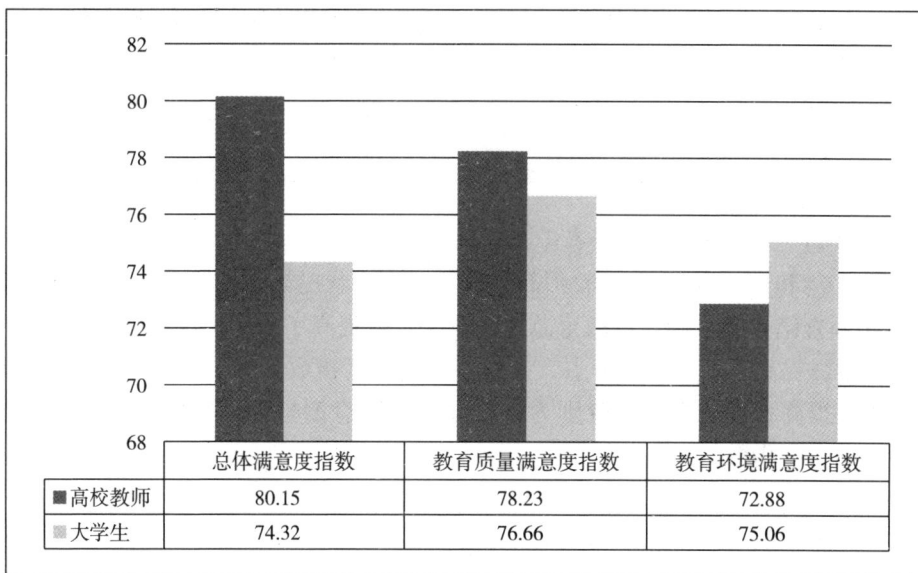

	总体满意度指数	教育质量满意度指数	教育环境满意度指数
■高校教师	80.15	78.23	72.88
大学生	74.32	76.66	75.06

图 11-14　高校教师和大学生高等教育满意度指数的比较

安徽省本科教师高等教育总体满意度指数为 77.52，教育质量满意度指数为 78.00，教育环境满意度指数为 74.15。本科学生总体满意度指数为 73.52，教育质量满意度指数为 76.22，教育环境满意度指数为 73.89。本科教师在三个维度上均高于本科学生。两者总体满意度指数差异最大，教育质量满意度指数次之，教育环境满意度指数差异最小。安徽省本科教师和学生高等教育满意度差异状况见表 11-12 所列。

表 11-12　安徽省本科教师和学生高等教育满意度差异状况

	总体满意度指数	教育质量满意度指数	教育环境满意度指数
本科教师	77.52	78.00	74.15
本科学生	73.52	76.22	73.89
差异程度	4.00	1.78	0.26

安徽省高职教师高等教育总体满意度指数为 84.96，教育质量满意度指数为 78.65，教育环境满意度指数为 70.55。高职学生总体满意度指数为 75.88，教育质量满意度指数为 77.51，教育环境满意度指数为 77.34。高职教师高等教育总体满意度指数和教育质量满意度指数高于学生，教育环境满意度指数低于学生。安徽省高职教师和学生高等教育满意度差异状况见表 11 – 13 所列。

表 11 – 13　安徽省高职教师和学生高等教育满意度差异状况

	总体满意度指数	教育质量满意度指数	教育环境满意度指数
高职教师	84.96	78.65	70.55
高职学生	75.88	77.51	77.34
差异程度	9.08	1.14	−6.79

4. 本科和高职教师对大学生能力提升的反馈及比较

教师问卷调查教师认为大学生在大学期间哪些方面能力得到了提升，统计各项能力被教师选中的百分比。教师认为，大学生的自主学习能力、团队合作能力、社会适应能力、实践能力提升位居前列；专注力、外语能力和写作能力则处在落后位置。本科教师对学生的自主学习能力、逻辑思维能力、批判创新能力等方面的评价明显高于高职教师；高职教师对学生的团队合作能力、社会适应能力、实践能力等方面的评价明显高于本科教师。教师认为学生在大学期间能力提升的分布情况如图 11 – 15 所示。

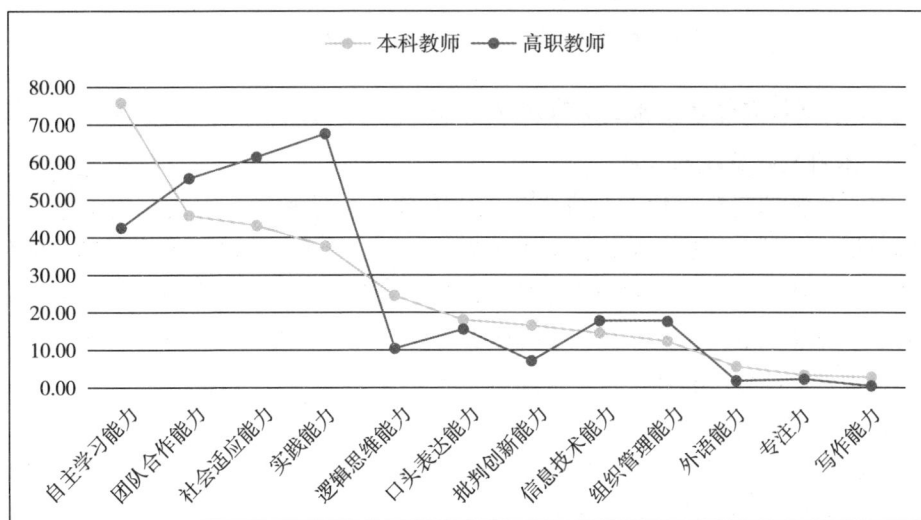

图 11 – 15　教师认为学生在大学期间能力提升的分布情况

5. 本科和高职教师对大学生品质养成的反馈及比较

教师问卷调查教师认为大学生在大学期间哪些方面品质得到了培养和锻炼，统计各项品质被教师选中的百分比。教师认为，大学生的责任心、集体意识、规则意识、主动性等品质养成位居前列；好奇心、乐观和勤俭则居后列。本科教师对学生的主动性、自信心、包容等方面的评价明显高于高职教师；高职教师对学生的集体意识、规则意识、诚信度等方面的评价明显高于本科教师。教师认为学生在大学期间品质养成的分布情况如图 11 - 16 所示。

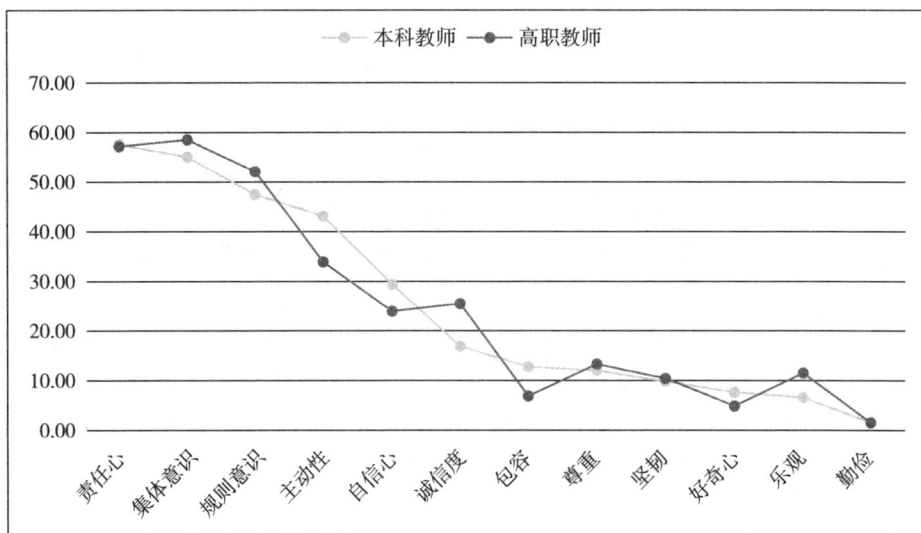

图 11 - 16　教师认为学生在大学期间品质养成的分布情况

（二）高校教师意见和建议的分析

1. 本科教师建议的分析

对本科教师问卷"你对改进学校工作有什么意见和建议"的回答文本进行词频分析。本科教师意见和建议云图如图 11 - 17 所示。可以看出，本科教师的建议主要包括提高教师薪酬待遇、提高管理能力和效率、加强学风建设、重视教学质量、避免走形式主义、加大基础建设力度、尊重一线教师、重视青年教师培养、合理建立绩效考核体系、引进高层次人才等。

比较典型的建议如：

"重视教师的作用，进一步提高教师的待遇，激发教师的积极性，教学是主体，教师和学生是主体，进一步做好服务工作等。"

"重复的填表不要再来了，例如我发一篇文章，每年被不同日的地统计若十遍，每次还是要我填表。职能部门要多听取教授的意见，放低姿态服务教授群体。给人才的家属更方便的医疗保障。"

"以本为本，重视本科教育，改革教师激励制度，提高未享受人才政策教师待遇，重视校园文化，改善基础设施建设。"

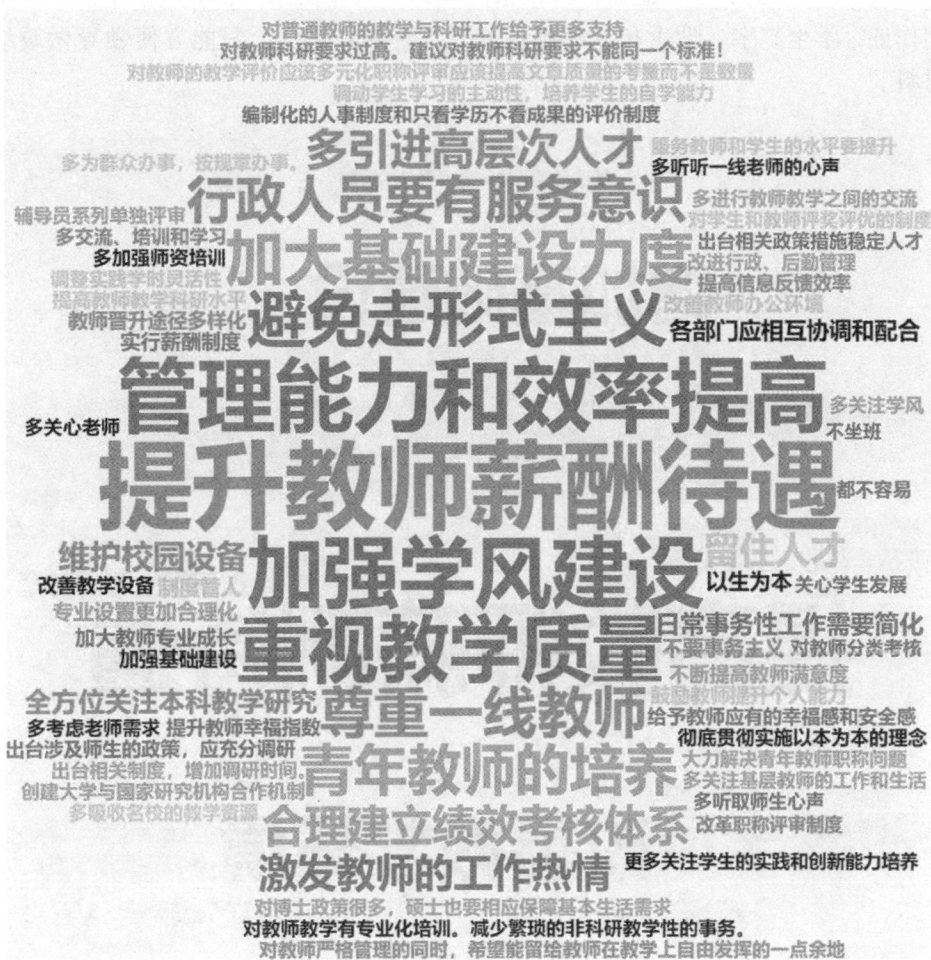

图 11-17　本科教师意见和建议云图

2. 高职教师的建议分析

对高职教师问卷"你对改进学校工作有什么意见和建议"的回答文本进行词频分析。高职教师意见和建议云图如图 11-18 所示。可以看出，高职教师的建议主要包括以学生为本、提高教师薪酬待遇、加强师资队伍建设、改革职称评定、改善教学环境、加强学风建设、提高行政管理水平、增加基础建设等。

比较典型的建议如：

"提高教师待遇和改善教师职称评审制度。"

"建立以教学为核心的管理和教学体系，育人为主，科研为辅；建立量化考核机制。"

"工作中少提交一些证明材料，相信教师的职业操守，和学生谈个话还得拍照作证，学生签字。学生和老师都很反感这种形式主义。只能方便领导做政绩材料。"

图 11-18　高职教师意见和建议云图

四、主要问题

通过对 2021 年我省高等教育满意度调查进行分析和研究，获得了较丰富客观的高校师生反馈信息，高等教育满意度总体明显提升，但也存在不足之处，主要集中在课程教学、资源环境、教育治理、管理服务等方面。

（一）高校服务大学生全面发展水平有待提高

2018 年和 2021 年两次调查均发现，大学生外语、写作、信息技术能力提升不大，高校在大学生基础能力培养方面没有明显改善。大学生逻辑思维能力和批判创新能力发展水平较低，高校服务大学生核心素养和可持续发展能力不足，人才培养未能适应当今社会对人力素质的要求。大学生对高校思想政治教育效果评价不高，高校在大学生品质养成方面短板较多，尤其是乐观、勤俭、包容等核心价值培育有所欠缺。

（二）高校专业、课程吸引力不足

除了家庭影响、个人兴趣等主观因素外，专业建设水平、就业前景、课程质量、教学方法、学习氛围等都会影响学生对专业的信心和喜爱程度。大学生反映热爱所学专业的学生不多；本科学生高度关注专业和课程建设、教学方法改进，要求增加实践课程；高职学生认为学校未能有效帮助提升职业信念和职业素养，建议优化公共课程、专业课程和实训课程并提高课程教学质量等。专业吸引力低、课程体系不合理与大学生高等教育期望值低恰好相互印证。

（三）高校资源环境建设相对滞后

尽管我省高等教育投入大幅度增长，但历史欠账较多，与长三角发达省市相比差距较大，高校硬件设施、软件环境、实践支撑体系功能不强。"学校基础设施""食宿条件""图书馆"等成为师生关注的热点问题。学风建设有待加强，教师普遍要求"改善学风""加强教学管理"。高校育人资源整合能力有限，校友资源作用发挥不足，本科学生参与实践活动、课题研究、学术讨论机会较少，高职学生参与企业技术创新机会较少。

（四）高校教师队伍建设有较大进步空间

科学合理的教师发展支持体系、评价考核体系和内部激励机制有待进一步健全。大学生建议提高教师教学水平和能力，高校教师普遍要求加强教师队伍建设。在教师队伍结构、层次优化方面，本科教师建议重视青年教师培养、引进高层次人才，高职教师提出大力引进高素质技术技能人才。在教师发展支持保障方面，教师建议重视一线教师、建立合理绩效考核体系、改革职称评定、加强教师培训、提高教师待遇、改善教学环境等。

（五）高校内部治理体系不完善

安徽省高校内部治理存在"行政化"现象。大学生"以学生为本""以学习为中心"的建议位居前列，本科学生反馈学生向学校反映意见和建议的渠道不够畅通，高职学生建议"听取学生合理建议""学校工作人员提高办事效率"。高校教师反映存在用行政管理代替学术管理，普遍要求"提高管理能力和效率""避免形式主义"等。师生诉求本质上是一体两面，表明高校治理体系、治理能力与新时代高等教育发展目标不匹配。

（六）高校交流互动机制尚未建立

大学生反映学校为学生提供开阔国际视野的机会不多、任课老师课外与学生沟通的时间较少，与2018年第二轮调查相比，这两个问题仍然较为突出。除新冠疫情影响外，我省大多数高校对外交流层次和频次不高，学生参与国际会议、论坛、访问、实践的机会少。多数高校没有固定的师生交流场所，互动交流大多局限于课间休息时间，大学生主动与教师进行交流意愿不足，师生线上交流频率低、对课外交流满意度低。

五、政策建议

"十四五"时期是我省加快建设高等教育强省的重要时期。高等教育要坚持"四个回归""学生中心"的初心，担当起"为党育人、为国育才"的使命。安徽省应以高等教育满意度调查为契机，推动政府宏观政策维度、高校中观管理维度以及师生一线微观实务维度改革创新，促进高等教育更高水平、更高质量发展。课题组提出以下建议。

（一）立足国家区域发展战略，优化高校专业设置，增强专业影响力和吸引力

服务长三角一体化发展国家战略，动态调整专业布局，鼓励高校新设服务我省和长三角地区重点产业、战略性新兴产业相关专业，加强交叉型专业建设，加快传统专业改造升级，提升专业与区域经济社会发展匹配度。持续发布高校专业布局和需求分析报告，推进专业认证工作，完善专业预警与退出机制，指导高校削减与经济社会需求脱节、重复建设、水平较低的专业，大力发展人力需求旺盛、就业前景良好的专业，鼓励本科院校建设新工科、新医科、新农科、新文科专业，支持高职院校在现代农业、先进制造业、现代服务业等技术技能人才紧缺领域建设优势专业群。指导高校通过各种渠道宣传推广专业建设情况，展示学校专业特色和教学成果，提升专业的社会知晓度和影响力。深化新高考、高校自主

招生、专本衔接改革，引导学生理性报考专业，增加入学后专业二次选择机会。加强对大学生的职业生涯指导，本科院校重点加强就业指导的实效性，高职院校重点加强"工匠精神"宣传教育，提高专业吸引力和职业认同感。

（二）聚焦新时代人才素质要求，深化课程教学改革，服务大学生全面可持续发展

根据创新型、复合型、应用型人才需求，结合各专业人才培养目标，与时俱进构建科学合理的课程体系，调整思想政治课程、通识课程、专业课程、实践实训课程、素质拓展课程等结构比例。体现多学科思维融合、跨专业能力融合，及时更新课程内容，反映学科前沿知识、科技进步成果、社会发展实际等，强化过程管理和绩效评价，打造一批一流课程。挖潜课程思政资源，坚持知识传授与价值引领相统一，践行"三全育人"，培育社会主义核心价值观。完善校企合作育人机制，邀请行业企业参与人才培养方案制定、课程研发、实习辅导、教学评价。改革教学模式，鼓励师生互动、生生互动，采取头脑风暴、探究作业、项目实践等策略，激发学生好奇心、求知欲和探索精神，锻炼学生专注度、辩证批判思维、沟通合作能力、创新解决问题能力等。改革大学外语、语文、信息技术教学，扭转应试不良倾向，以能力运用为核心，加强语言交流、阅读分析、写作训练、信息技术实操，提升大学生通用基础能力和综合素质。

（三）优化资源要素配置与整合，加强育人环境建设，改善高校硬条件和软实力

依托合肥综合性国家科学中心，整合"双一流"高校、行业企业、科研院所优质资源，搭建科研平台、工程中心、技术孵化基地、成果转化基地等，加强实习实训基地、"双创"示范基地建设，为大学生提供参与科学研究、技术创新、专业实践、社会锻炼等机会。加强图书馆、实验室、自习室、智慧教室、运动场馆等建设，优化校园网络环境，丰富数字学习资源，满足多元化、个性化学习需求。响应大学生心声，改善学生宿舍、食堂、超市等条件，提高服务质量及性价比，推动智慧后勤建设，切实提高学生生活品质。建立常态化师生交流机制，提供固定的师生面对面交流场所，鼓励师生利用各类社交媒体平台互动交流。关注大学生心理健康，支持各类学生社团发展，开展丰富多彩的校园活动，营造积极向上、健康阳光的校园文化。利用校友返校日、杰出校友分享会等形式凝聚校友资源和智慧。利用学校公众号、网站、论坛、广播、宣传栏等载体，加强校训、校纪、教风、学风宣传，营造尊师重教、乐学善教、求真务实的教育生态。

（四）强化高校人才政策支持，完善高校教师评价机制，推进教师队伍高素质专业化发展

学习借鉴沪苏浙高校人才队伍建设先进经验，出台高校人才队伍高质量发展支持政策，加强高端人才引育力度。支持高校从沪苏浙及其他地区重点大学引进高层次人才担任校级领导或学科带头人，支持应用型本科院校和职业院校聘用企业专业人才兼职任教，鼓励高校培育学术领军人才、创新团队及具有发展潜力的青年教师。对高层次人才给予专项津贴和政策倾斜，提供住房、子女教育、医疗等生活保障，解决人才后顾之忧。弘扬教育家精神，持续开展教师培训研修、交流轮岗、实践锻炼、社会服务等工作，培养"四有好老师"。重视教师合理诉求，完善分配激励机制，提高教师收入水平，改善教学条件和工作环境，保障教师职业尊严与合法权益，提升教师荣誉感和幸福感。完善高校教师评价机制，坚持师德师风第一标准和"以人为本"基本理念，树立教学成就、科研成果、技术创新、社会贡献等多元评价导向，破除"五唯"顽瘴痼疾，拓宽教师发展机会和上升通道，激发教师的积极性和创造性。

（五）尊重高校师生主体地位，完善现代大学治理体系，提升高校治理现代化水平

坚持党委领导下的校长负责制，尊重师生主体地位，完善依法治校、民主监督、多元参与的现代大学治理体系。规范内部权力运行机制，健全规章制度、议事规则和决策程序，保障学术组织相对独立行使职权，健全教职工代表大会等制度，发挥群团组织在学校治理中的作用。完善校内民主管理和监督机制，加强日常管理与信息技术的融合，加大信息公开力度，保障教职工、学生对学校重大事项的知情权，畅通师生发表意见和参与重要决策的渠道，调动教师、学生参与学校管理的积极性、主动性和责任感。建设常态化、规范化、制度化的师生共治机制，尤其鼓励学生在校园学习和生活中加强自我管理、自我监督、自我评价。积极推行"放管服"改革，力戒形式主义，实行人性化管理，优化办事流程，明确办事时限，特殊情况开放绿色通道，定期通过问卷调查、座谈访谈等向师生征询工作建议，提高行政管理办事效率和服务能力。

（六）加强国内外教育深度合作，推动高等教育高水平开放，培养大学生全球视野和国际竞争力

联合沪苏浙建立教育国际化战略联盟，定期举办国际教育论坛，邀请国内外知名高校及中外合作办学机构参会，广泛寻找国际教育合作伙伴。学习上海纽约大学、温州肯恩大学、昆山杜克大学等长三角高等教育国际化先进经验，推广合肥学院（现名"合肥大学"）国际交流合作成功模式。支持我省高校与境外高校共同举办大学或中外合作教育机构（项目），开展多种形式的国际联合人才培养，深化跨境资源共享、课程共建、学生共育，扩大教师互派、学生互换、学分互认和学位互授联授的范围。设立专项经费，鼓励高校为学生提供国际会议、国际竞赛、科研项目、短期交流、社会实践等多样化的跨境学习和跨文化体验机会。扩大中外学生融合教育规模，打造"留学安徽"品牌，通过举办国际学生夏令营、赴"一带一路"国家宣传招生、加大奖学金支持力度等方式，吸引更多留学生来安徽高校深造。探索在地国际化教育，借鉴国外先进教育理念和经验，引进优秀外籍教师、国际课程和教材，加强实用外语教育和多元文化教育，提升学生国际视野和竞争能力。

附件：安徽省抽样高校名单

安徽省教育评估中心、安徽省高校管理大数据研究中心联合课题组
执笔人：杨　昺

附件

安徽省抽样高校名单

本科院校：

中国科学技术大学

安徽医科大学

安徽工业大学

淮北师范大学

安徽建筑大学

安庆师范大学

安徽科技学院

合肥师范学院

皖西学院

黄山学院

滁州学院

池州学院

安徽信息工程学院

皖江工学院

马鞍山学院

合肥经济学院

蚌埠工商学院

合肥城市学院

高职院校：

芜湖职业技术学院

淮南职业技术学院

安徽水利水电职业技术学院

安徽警官职业学院

安徽交通职业技术学院

安徽商贸职业技术学院

安徽工商职业学院

安徽新闻出版职业技术学院

合肥经济技术职业学院

安徽扬子职业技术学院

第十二章　安徽省本科毕业论文（设计）抽检研究报告（2022 年）

一、引言

（一）工作背景

2020 年 10 月，中共中央、国务院印发了《深化新时代教育评价改革总体方案》，提出"探索学士学位论文（毕业设计）抽检试点工作"。2020 年 12 月，教育部印发《本科毕业论文（设计）抽检办法（试行）》（教督〔2020〕5 号），对抽检工作原则、评议要素和重点、工作程序、结果反馈与使用、监督与保障等进行了规定，要求省级教育行政部门结合地方实际制定本地区本科毕业论文抽检工作实施细则。2022 年 7 月，国务院教育督导委员会办公室印发《关于做好本科毕业论文（设计）抽检工作的通知》（国教督办函〔2022〕23 号），正式在全国范围部署开展首次本科毕业论文（设计）抽检工作。

为进一步推进新时代教育评价改革，加强学士学位授予监督，提升本科人才培养质量，安徽省教育厅（以下简称"省教育厅"）组织开展了 2022 年度安徽省本科毕业论文（设计）抽检工作。抽检工作由省级教育督导部门牵头；教育评估监测专业机构——安徽省教育评估中心具体承担，负责安徽省本科毕业论文（设计）抽检实施细则（含评议要素）研发、抽检实施及结果分析。

（二）抽检实施

省教育厅依托全国本科毕业论文（设计）抽检信息平台组织开展年度论文（设计）抽检工作。抽检对象为 2021—2022 学年度授予学士学位的论文。抽检工作遵循独立、客观、科学、公正原则，任何单位和个人不得以任何方式干扰抽检工作的正常进行。具体程序为：

（1）省教育厅根据教育部统一部署，制定 2022 年度本科毕业论文（设计）抽检工作的具体要求。除各学科评议要素外，建立否决性指标，存在以下情况直接判定为存在问题论文：在政治方向上有违背党和国家相关政策方针、法律法规，或违背社会主义核心价值观、立德树人要求，或其他违背社会公序良俗的内容；在学术诚信上出现抄袭、剽窃、伪造、篡改、买卖、代写等学术不端行为。

（2）省教育厅组织高校按照要求上传数据信息。指导高校将本校学位授予信息、本科毕业论文（设计）等材料准确完整地上传至抽检信息平台；指导高校按照政治表现、工作作风、专业水平、敬业精神等标准遴选符合条件的专家，共推荐2.8万名安徽省专家进入全国本科毕业论文（设计）抽检评审专家信息系统。

（3）省教育厅采取随机抽取的方式确定参检名单，抽检比例原则上不低于2%，抽检范围覆盖全省所有本科层次普通高校（军事院校除外）及其全部本科专业。

（4）省教育厅从抽检评审专家信息系统中抽取论文评议专家，按照同行评议、异校送审等规则，将每篇论文通过系统随机匹配至评议专家。

（5）论文评议专家从选题意义、写作安排、逻辑构建、专业能力、学术规范、否决性指标等方面开展论文评议并反馈意见。

（6）省教育厅按照教育部要求，对专家反馈意见进行形式审查。

（7）省教育厅下载论文评议结果，以一定方式反馈给学位授予单位。

二、学位授予信息及论文报送情况

安徽省参与报送2021—2022学年度本科毕业论文（设计）的学位授予单位有46个，其中中科院直属高校1所、教育部直属高校1所、地方属高校44所。共涉及12个学科门类、330个专业，学位授予信息共209036条，其中普通高等教育193090条、成人高等教育15635条、来华留学156条、学士专业学位155条；共报送毕业论文（设计）原文209036篇，其中毕业论文141106篇、毕业设计53838篇，无或涉密论文14092篇。本科毕业论文（设计）报送情况如图12－1所示。

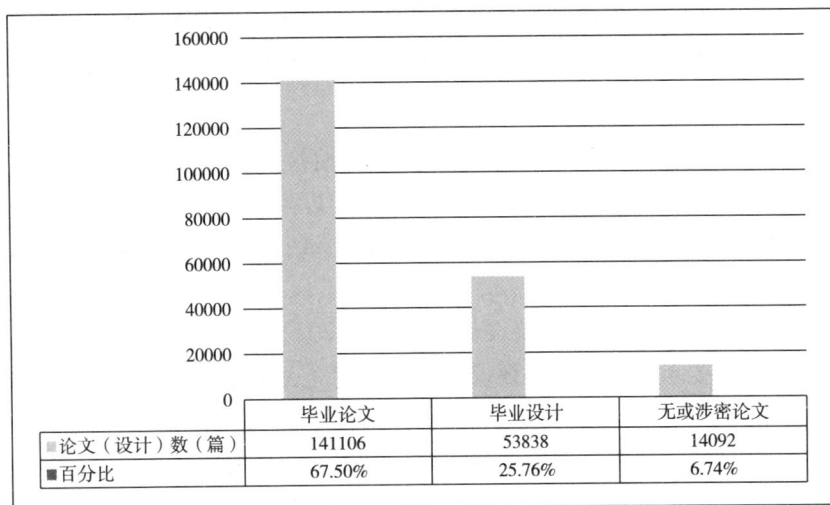

	毕业论文	毕业设计	无或涉密论文
论文（设计）数（篇）	141106	53838	14092
百分比	67.50%	25.76%	6.74%

图12－1　本科毕业论文（设计）报送情况

根据《普通高等学校本科专业类教学质量国家标准》，临床医学、中医学、针灸推拿学、法医学、医学影像技术、康复医疗学、听力与言语康复学、中西医临床医学、藏医学、蒙医学、维医学、壮医学、哈医学、傣医学等 14 个专业视为无论文要求。按照国务院教育督导委员会办公室要求，以上 14 个专业不参与2022 年度本科毕业论文（设计）抽检，安徽省不参与抽检的学位授予信息为5754 条，参与抽检毕业论文（设计）203282 篇。

各学位授予单位参与抽检的学位授予信息数量反映了其本科人才培养规模。安徽医科大学临床医学院、安徽艺术学院、阜阳师范大学信息工程学院、淮北师范大学信息学院、安徽大学江淮学院、中国科学技术大学 2021—2022 学年度学士学位授予信息均不到 2000 条，安徽医科大学临床医学院仅 576 条；除中国科学技术大学为中科院直属、"双一流"建设高校外，其余均为地方属的新设本科院校或独立学院（民办高校）。安徽工程大学、安徽财经大学、合肥工业大学、安徽大学、安徽师范大学学位授予信息均超过 7000 条，安徽师范大学最多（10418 条）。2021—2022 学年度学士学位授予数量较多和较少的高校如图 12－2 所示。

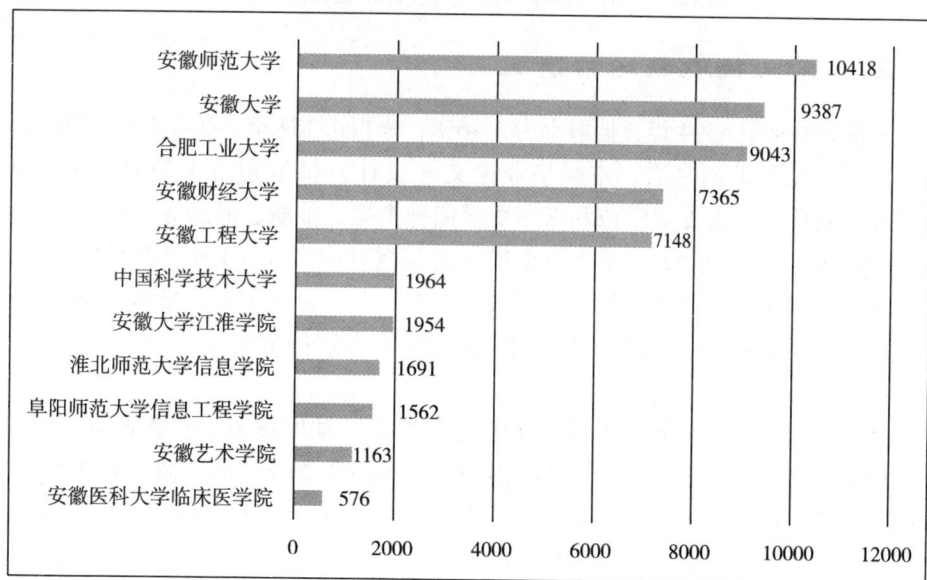

图 12－2　2021—2022 学年度学士学位授予数量较多和较少的高校

各学科类型参与抽检的专业数量反映了安徽省本科专业结构情况。工学类参与抽检的专业最多，达到 123 个，其次是管理学类（39 个）、医学类和理学类（各 30 个）、艺术学类（29 个），哲学类（1 个）、历史学类（3 个）、法学类（6个）专业较少。各学科参与论文（设计）抽检的专业数如图 12－3 所示。

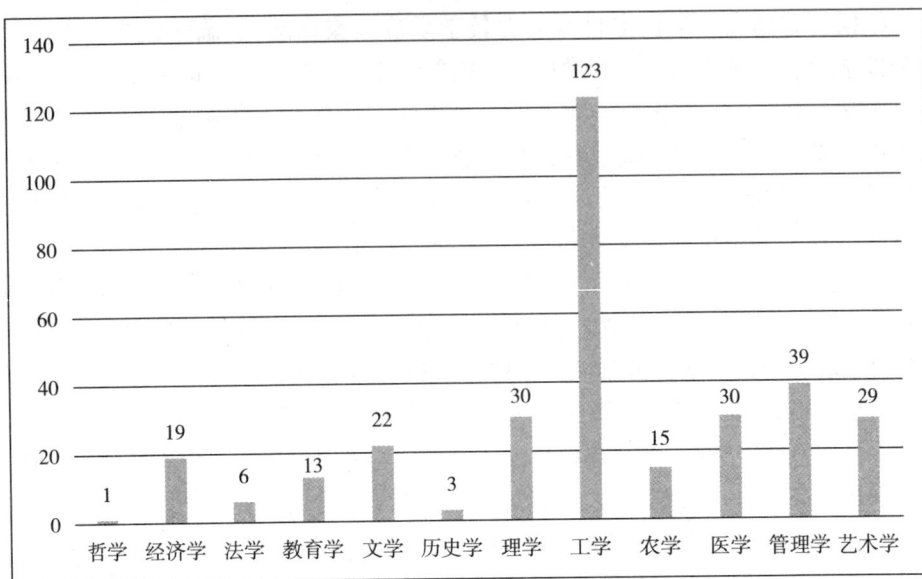

图 12-3　各学科参与论文（设计）抽检的专业数

三、论文抽取及送检情况

安徽省共抽取 4394 篇，抽取率为 2.16%；未报送 184 篇，实际送检 4210 篇。

从学位授予类型来看，本科毕业论文（设计）抽取覆盖了普通高等教育、成人高等教育、学士专业学位和来华留学四种类型。抽取普通高等教育论文（设计）4071 篇、占比为 92.65%，抽取成人高等教育论文（设计）319 篇、占比为 7.26%，抽取学士专业学位论文（设计）3 篇、占比为 0.07%，抽取来华留学论文（设计）1 篇、占比为 0.02%。各学位授予类别抽取论文（设计）数如图 12-4 所示。

从学位授予单位来看，本科毕业论文（设计）抽取覆盖了安徽省 46 个学士学位授予单位，各学位授予单位抽取比例在 1.36%~2.26% 之间，抽取数量在 13~224 篇之间。皖南医学院、安徽医科大学、蚌埠医学院、安徽中医药大学抽取比例较低，均在 1.7% 以下；安徽医科大学临床医学院、安徽艺术学院、安徽大学江淮学院抽取比例较高，均在 2.2% 以上。论文（设计）抽检比例较高和较低的高校如图 12-5 所示。安徽医科大学临床医学院、安徽艺术学院、阜阳师范大学信息工程学院、淮北师范大学信息学院抽取篇数较少，均在 40 篇以下；安徽工程大学、安徽财经大学、合肥工业大学、安徽大学、安徽师范大学抽取篇数较多，均在 150 篇以上，安徽师范大学最多（224 篇）。论文（设计）抽检数量较多和较少的高校如图 12-6 所示。

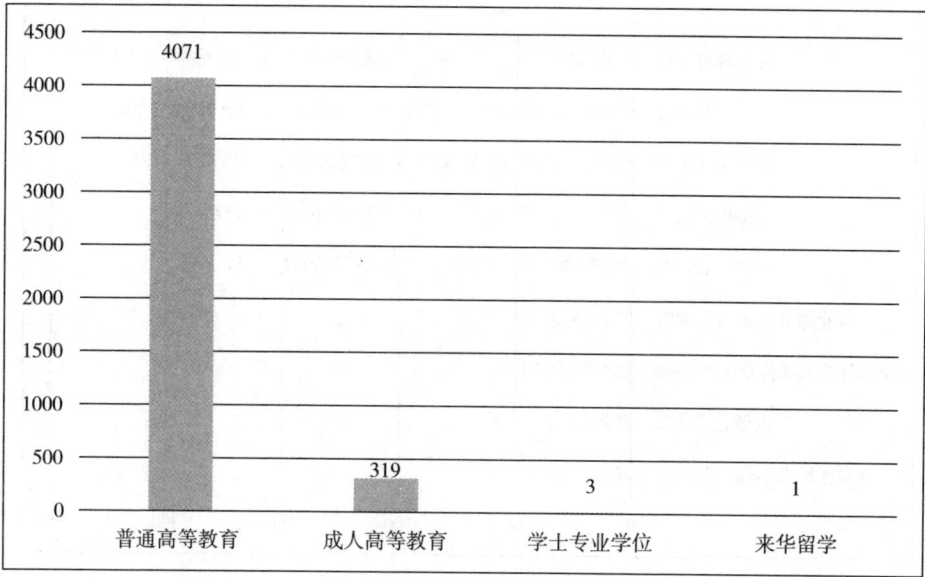

图 12-4 各学位授予类别抽取论文（设计）数

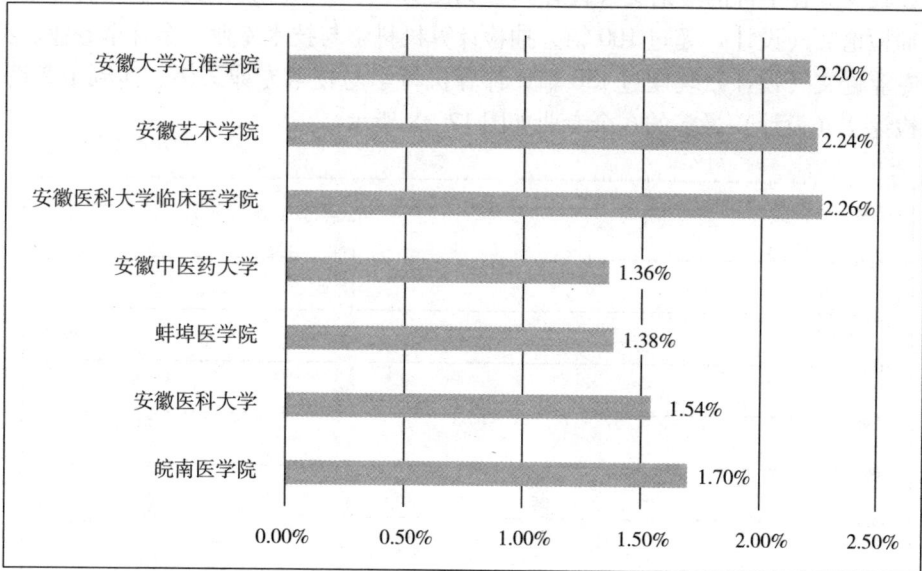

图 12-5 论文（设计）抽检比例较高和较低的高校

从学科、专业来看，论文（设计）抽取数量反映了安徽省学科、专业规模情况。工学类抽检论文最多，达到 1496 篇；其次是管理学类（868 篇）；再次是文学类（485 篇）；哲学类（1 篇）、历史学类（13 篇）、农学类（68 篇）抽检

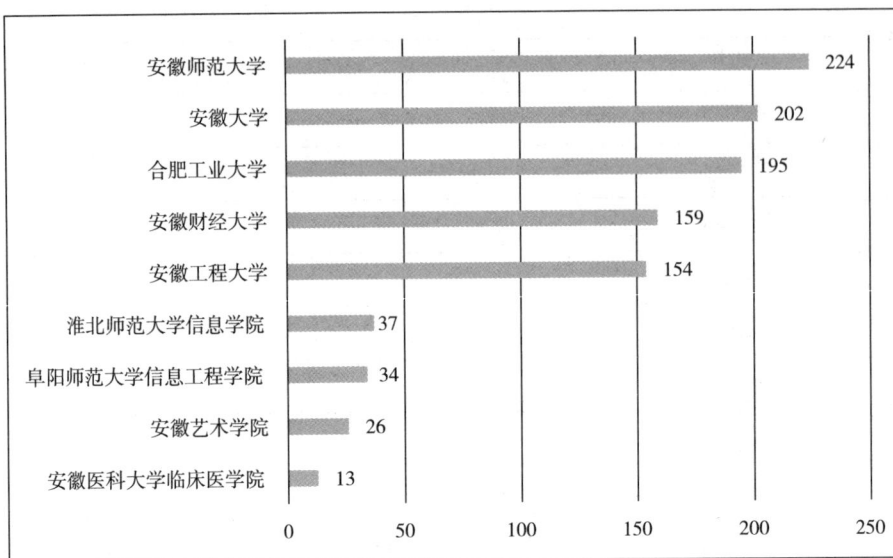

图 12-6 论文（设计）抽检数量较多和较少的高校

篇数较少。各学科抽检论文（设计）数如图 12-7 所示。具体到专业，有 6 个专业抽检论文（设计）超过 100 篇；抽检计算机科学与技术专业、会计学专业、英语专业论文（设计）均超过 150 篇；计算机科学与技术专业最多、达到 162 篇。抽检论文（设计）最多的 6 个专业如图 12-8 所示。

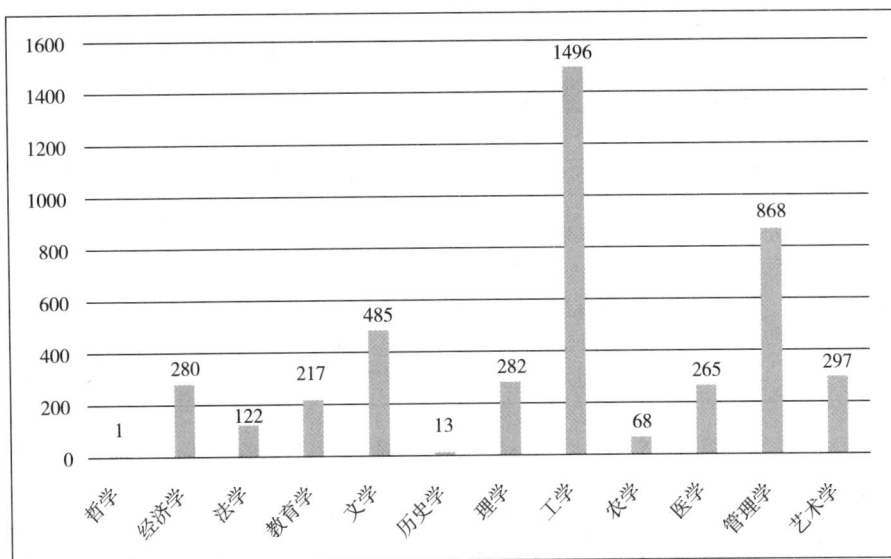

图 12-7 各学科抽检论文（设计）数

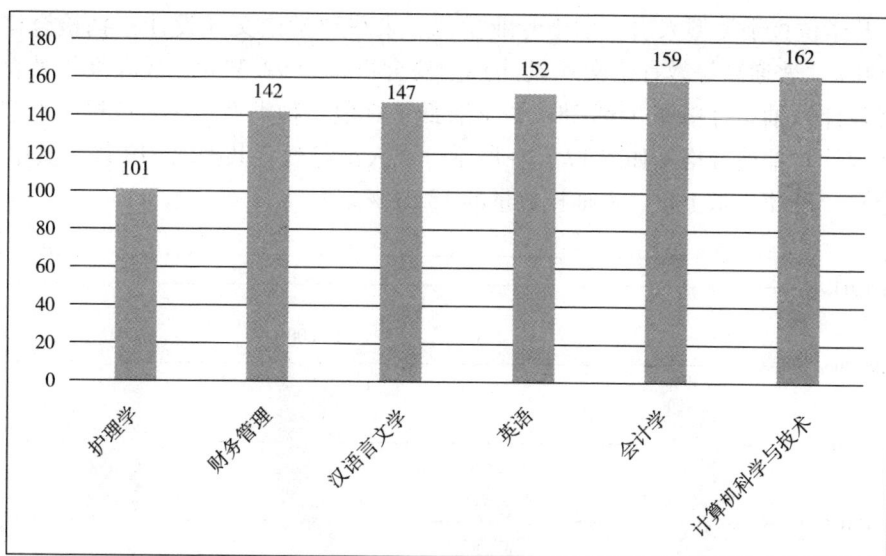

图 12－8　抽检论文（设计）最多的 6 个专业

四、安徽省抽检结果与分析

安徽省共抽取论文（设计）4394 篇，存在问题论文（设计）408 篇，含未报送 184 篇。实际送检论文中的存在问题论文（设计）224 篇，合格论文（设计）3986 篇；实际送检论文（设计）的合格率为 94.68%，存在问题论文（设计）比例为 5.32%。实际送检论文（设计）评议结果如图 12－9 所示。

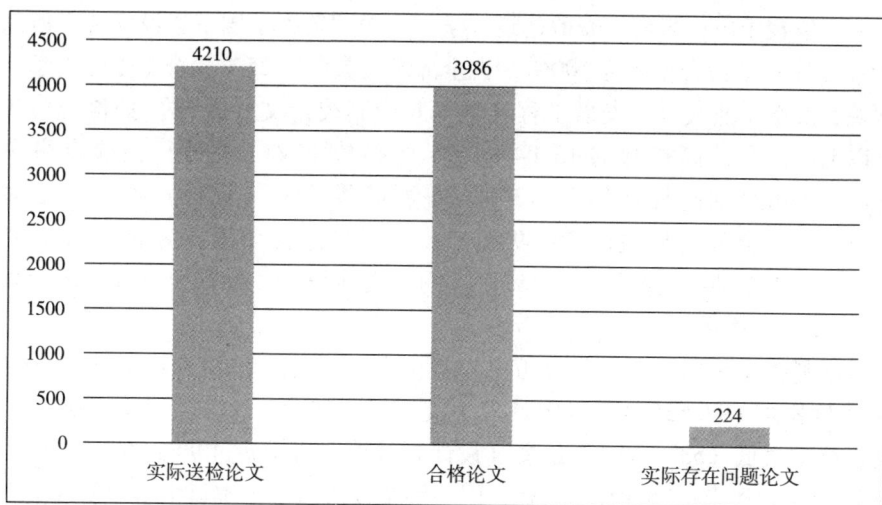

图 12－9　实际送检论文（设计）评议结果

从学位授予类型来看，学士专业学位、来华留学论文（设计）抽检合格率为100%，普通高等教育论文（设计）抽检合格率为92.39%，成人高等教育论文（设计）抽检合格率（69.28%）显著低于其他三种类型。各学位授予类型论文（设计）抽检合格率如图12-10所示。成人高等教育共抽取319篇，其中59篇论文（设计）未上报，占抽检数量的18.50%。

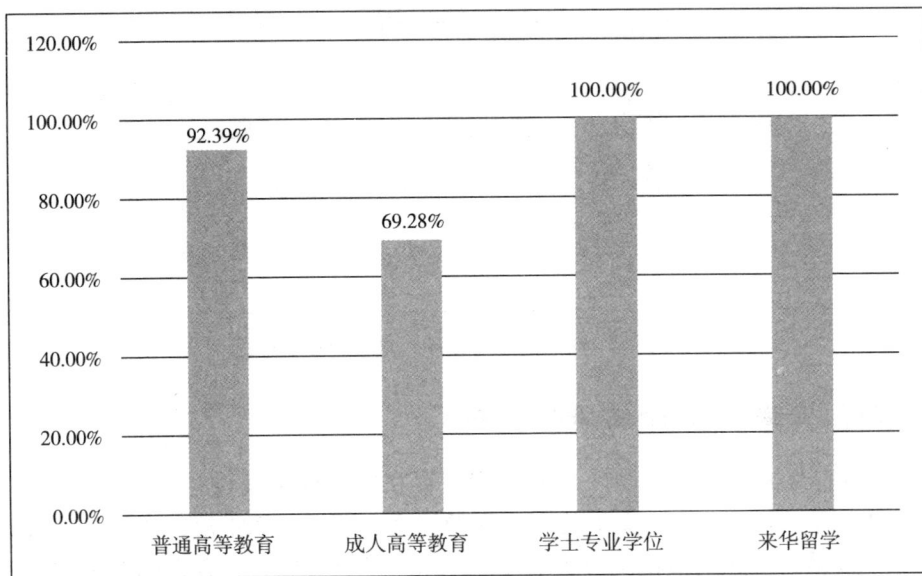

图12-10 各学位授予类型论文（设计）抽检合格率

从学位授予单位来看，安徽建筑大学、安徽建筑大学城市建设学院2所高校论文（设计）抽检合格率为100%，占全部高校数的4.35%；合肥工业大学、蚌埠学院、安徽工业大学、安徽工程大学等6所高校论文（设计）抽检合格率在98%以上，占全部高校数的13.04%；18所高校论文（设计）抽检合格率在95%以上，占全部高校数的39.13%；35所高校论文（设计）抽检合格率在90%以上，占全部高校数的76.09%；11所高校论文（设计）抽检合格率在90%以下，占全部高校数的23.91%。不同论文（设计）抽检合格率范围的高校数如图12-11所示。

从学科类型来看，哲学类、历史学类论文（设计）抽检合格率均为100%，其次是农学类（98.53%），再次是理学类（97.52%）、文学类（96.70%），医学类合格率最低（53.21%）。论文（设计）抽检合格率超过90%的学科有9类，占比为75%。医学类共抽检265篇，因一些学校对医学类本科生毕业要求集中在实践层面、未对毕业论文（设计）有具体要求，仅上报和送审151篇，合格141

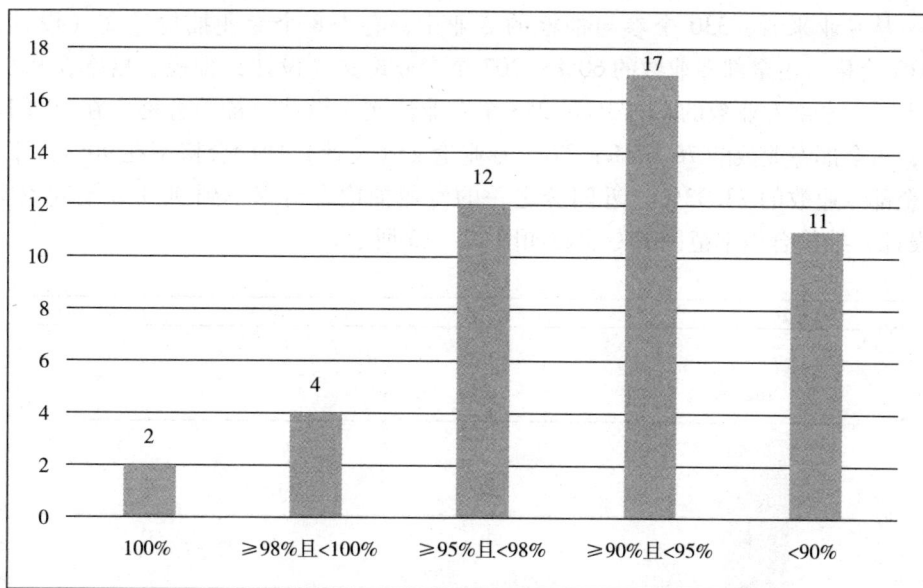

图 12 - 11　不同论文（设计）抽检合格率范围的高校数

篇，未上报论文（设计）纳入存在问题论文（设计），造成抽检合格率偏低。各学科论文（设计）抽检合格率如图 12 - 12 所示。

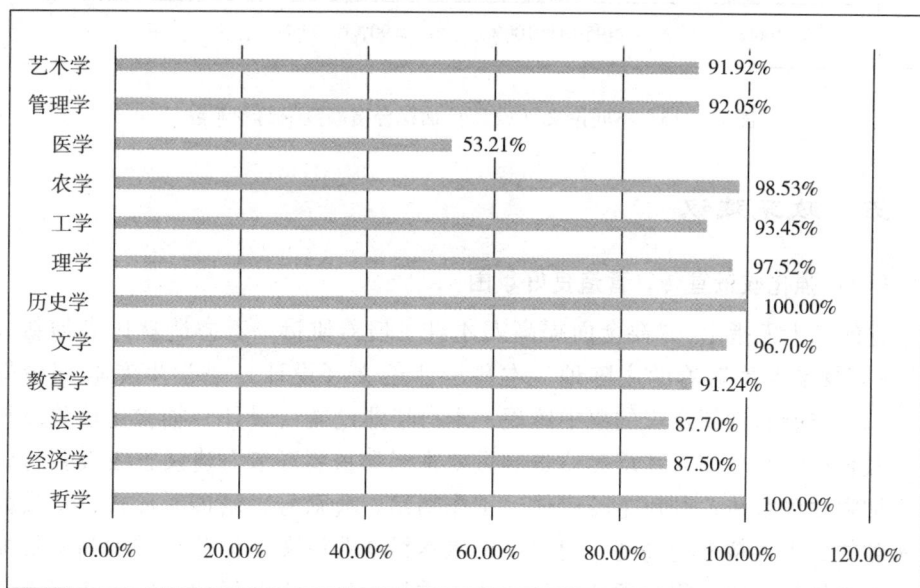

图 12 - 12　各学科论文（设计）抽检合格率

从专业来看，330 个参与抽检的专业中，有 198 个专业抽检论文（设计）100% 合格，占全部专业数的 60%；207 个专业论文（设计）抽检合格率在 95% 以上，占全部专业数的 62.73%；253 个专业论文（设计）抽检合格率在 90% 以上，占全部专业数的 76.67%；77 个专业论文（设计）抽检合格率在 90% 以下，占全部专业数的 23.33%。近四分之一的专业抽检合格率不到 90%。不同论文（设计）抽检合格率范围的专业数如图 12-13 所示。

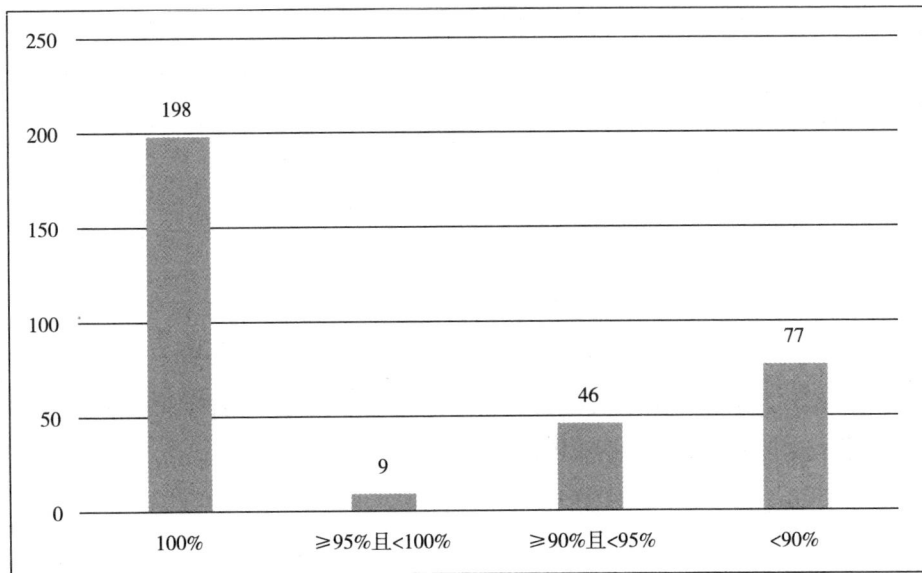

图 12-13　不同论文（设计）抽检合格率范围的专业数

五、政策建议

（一）强化政策宣传，营造良好氛围

党的二十大指出，"要全面提高人才自主培养质量，着力造就拔尖创新人才"。高校是人才培养的主阵地，本科毕业论文（设计）是学生专业理论知识、基本技能和创新意识的集中体现，本科毕业论文（设计）抽检是检验高校本科教育教学水平和人才培养质量的重要指标和重要环节。建议省级教育行政部门加强政策宣传，利用主流媒体、工作网站、公众号、培训等形式，从贯彻落实党的二十大精神的高度，引导高校以本科毕业论文（设计）抽检为重要抓手，全面加强学业过程管理和本科毕业生质量管理，提升行动自觉、守好人才培养质量底线，进而推动教育教学改革、加快形成全链条全方位质量监控

体系。

(二) 构建"三位一体"机制，凝聚工作合力

进一步明确责任分工，教育督导部门、学位部门、高校共同推进，形成省校协同、三位一体抽检机制。省级教育督导部门负责统筹推进抽检工作，保障抽检工作经费，牵头制定年度抽检工作方案、修订完善实施细则及评价要素，指导高校按要求报送学位授予信息和论文（设计）等材料，组织高校积极参与推荐评议专家，建立评议专家考核和退出机制，审核专家评议意见，分析研究抽检结果并向高校反馈，督促高校提升本科毕业论文（设计）质量，受理高校抽检咨询及结果申诉等。省政府学位委员会办公室负责协助提供学位授予单位相关信息，协助提供学士学位授予有关数据信息，协助解释普通高等学校本科专业类教学质量国家标准等。本科高校完善内部质量控制，把好论文质量关，积极配合并按要求上报抽检相关数据信息等。

(三) 优化抽检顶层设计，提升科学规范性

加强省校沟通和省部沟通，优化省级制度设计。省级教育行政部门开展本科毕业论文（设计）抽检工作专题调研，梳理分析抽检面临的困难和存在问题，争取教育部政策指导和业务支持，兼顾科学性、规范性和可操作性，制定既符合人才培养规律和教育部抽检重点又切合安徽地方实际的相关要求。

针对第一轮抽检各学位授予单位抽检比例存在一定差距的情况，在全省抽取比例不低于2%的基础上，进一步强化比例要求，各高校抽取论文比例不低于2%；除国标对毕业论文（设计）不做要求的专业以外，覆盖所有高校的所有专业，每所高校的每个专业至少抽取1篇论文（设计）。

针对高校反映较多的医学类论文（设计）缺失问题，结合省内医学类专业设置和教育教学实际，积极与教育部汇报沟通，争取适度扩大医学类不参与论文（设计）抽检的专业范围，如护理学、眼视光医学、精神医学、放射医学、儿科学、麻醉学、医学影像学等。要求学校提交该专业的人才培养方案、毕业综合考试原始成绩、医院实习鉴定等过程性支撑材料，便于评议专家根据支撑材料评议人才培养质量。

针对成人高等教育抽检合格率较低及论文（设计）缺失问题，进一步严格高等学历继续教育学位授予标准，对全省高等学历继续教育开展督查，要求学位授予信息、学位论文（设计）信息按时按标准录入信息系统，否则追究相关人员责任，视情况取消高校高等学历继续教育学位授予资格。

针对实践要求比较高的专业，积极向教育部争取，实行差异化抽检。允许毕业论文（设计）向多元化转变，以"其他形式成果"如毕业作品、发明、专利

等替代论文（设计）。省级教育督导部门参照《普通高等学校本科专业类教学质量国家标准》等相关要求，适时出台相应评议要素，明确设计（发明）思路、作品（发明）阐述、功能及价值等指标，供专家评议此类成果使用。

针对中外合作办学项目中外双方毕业要求不同的情况，建议中方高校牵头摸排合作项目人才培养方案，与外方高校沟通制定符合专业特点和项目实际的本科毕业要求，高校上传体现学生达到本科毕业要求的相关资料供专家评议。

（四）注重结果分析运用，更好服务质量改进

建立省级抽检结果分析反馈机制。省级教育行政部门以"一对一"的形式向高校反馈抽检结果，适时向全社会公开全省抽检情况及各高校抽检结果。约谈抽检存在严重问题的高校，督促学校深入查找问题原因、找准薄弱环节、切实有效整改。对于专家反馈涉嫌存在学术不端行为的论文（设计），按照相关程序进行调查核实，并向高校反馈结论。

建议省级教育行政部门研究出台本科毕业论文（设计）抽检结果具体使用办法。将抽检结果与高等教育资源配置、评奖评优以及绩效考核等紧密挂钩。如，抽检结果作为专业申报本科专业认证、省级和国家级一流本科专业建设、招生计划分配、研究生推免等的重要参考；并作为学校本科教育教学审核评估、高校分类考核、新专业申请、学位点申报、实验室建设、经费投入等教育资源配置的重要依据。

建议高校用好抽检结果。针对抽检反映的问题，进一步修订本科人才培养方案，严格学生学业过程考核，加强学生写作规范训练和论文质量管理，推动本科人才培养质量整体提升。常态化开展学术诚信教育，严格质量标准，对学术不端行为坚持"零容忍"。论文（设计）抽检不合格的毕业生，依法依规撤销已授予学位。

附件：安徽省本科毕业论文（设计）抽检工作实施细则（试行）及评议要素

执笔人：杨　昇

附件

安徽省本科毕业论文（设计）抽检工作实施细则（试行）

第一章 总则

第一条 为贯彻落实中共中央、国务院《深化新时代教育评价改革总体方案》和中共中央办公厅、国务院办公厅《关于深化新时代教育督导体制机制改革的意见》精神，改进教育督导评估监测，加强学士学位授予监督，保证本科人才培养基本质量，根据教育部《本科毕业论文（设计）抽检办法（试行）》要求，结合我省实际，制定本实施细则。

第二条 本科毕业论文（设计）（以下简称"本科毕业论文"）是检验学生专业理论知识、基本技能和创新意识的重要环节，也是检验高校本科教育教学水平和人才培养质量的重要指标。开展本科毕业论文抽检，目的在于引导高校规范和加强毕业论文环节管理，严格毕业标准，把好毕业出口关，建立健全本科毕业环节质量保障体系。

第三条 安徽省教育厅（以下简称"省教育厅"）负责全省本科毕业论文抽检工作的组织实施。各有关高校按照本科毕业论文抽检工作要求，积极配合做好相关工作。

第四条 本科毕业论文抽检工作遵循独立、客观、科学、公正原则，任何单位和个人都不得以任何方式干扰抽检工作的正常进行。

第二章 抽检要求

第五条 抽检工作每年进行一次，抽检对象为上一学年度授予学士学位的论文，抽检比例原则上不低于2%。抽检论文应覆盖全省所有本科层次普通高校（军事院校除外）及其全部本科专业。

第六条 省教育厅根据教育部统一部署，制定当年度本科毕业论文抽检工作的具体要求，依托全国本科毕业论文（设计）抽检信息平台（以下简称"抽检信息平台"）组织开展年度论文抽检工作。

第七条 各有关高校按要求在抽检信息平台报送本校学位授予信息、本科毕业论文原文及相关附件材料等。

无毕业论文撰写要求的（如部分医学类专业），或有特殊培养要求的（如部分中外合作办学、高水平运动队），或满足成果替代的（如允许以论文专著、学科竞赛等替代本科毕业论文），须提供制度性文件、经学校学术委员会或相关部门通过的专业培养方案、替代性材料等授予学位的依据和支撑性材料。涉密的本科毕业论文不得通过抽检平台上传，但须提供符合《中华人民共和国保守国家秘密法》《涉密研究生与涉密学位论文管理办法》规定的定密证明材料。

第八条　省教育厅依托抽检信息平台和高校上报的学士学位授予信息，采取随机抽取的方式确定参检名单。

第三章　论文评议

第九条　省教育厅参照《普通高等学校本科专业类教学质量国家标准》等要求，结合我省实际，按照《普通高等学校本科专业目录（2020年版）》学科门类分别制定本科毕业论文抽检评议要素。

第十条　评议要素重点对选题意义、写作安排、逻辑构建、专业能力以及学术规范等进行考察。

第十一条　省教育厅从抽检信息平台专家库中抽取论文评议专家，按照同行评议、异校送审等规则，将每篇论文通过系统随机匹配至评议专家。

第十二条　评议专家依托抽检信息平台提取论文及附件材料，根据评议要素，参照《普通高等学校本科专业类教学质量国家标准》等要求开展通讯评议，提出评议意见。

第十三条　抽取的论文依托抽检信息平台进行学术不端行为检测，检测结果供专家评议时参考。

第十四条　论文评议分"合格"和"不合格"两档。其中，评议为"不合格"的毕业论文，评议专家须明确指出存在的问题。

每篇论文送3位同行专家，3位专家中有2位以上（含2位）专家评议意见为"不合格"的，将认定为"存在问题毕业论文"。3位专家中有1位专家评议意见为"不合格"的，将再送2位同行专家进行复评。2位复评专家中有1位以上（含1位）专家评议意见为"不合格"，将认定为"存在问题毕业论文"。

第四章　结果反馈与使用

第十五条　本科毕业论文抽检结果由省教育厅向有关高校反馈，抄送省学位委员会，同时报教育部备案。

第十六条　本科毕业论文抽检结果的使用。

（一）抽检结果以适当方式向社会公开。

（二）对年度抽检发现同一高校同一专业有"存在问题毕业论文"且比例较高或篇数较多的，该专业下一年度抽检比例不低于3%，增加抽检篇数不足1篇的，按1篇计算。

（三）对连续2年均有"存在问题毕业论文"且比例较高或篇数较多的高校，省教育厅将在全省范围内予以通报，减少其招生计划，并进行质量约谈，提出限期整改要求。高校应对有关部门、学院和个人的人才培养责任落实情况进行调查，依据有关规定予以追责。

（四）对连续3年抽检存在问题较多的本科专业，经整改仍无法达到要求者，视为不能保证培养质量，省教育厅依据有关规定责令其暂停招生，或由省学位委员会撤销其学士学位授权点。

（五）对涉嫌存在抄袭、剽窃、伪造、篡改、买卖、代写等学术不端行为的毕业论文，由相关高校按照相应程序进行调查核实，对查实的应依法撤销已授予学位，并注销学位证书。各高校应将处理结果报省教育厅，并抄送省学位委员会办公室。

（六）抽检结果将作为本科教育教学评估、一流本科专业建设、本科专业认证、招生计划分配以及专业建设经费投入等教育资源配置的重要参考依据。

第五章　条件保障

第十七条　省教育厅设立本科毕业论文抽检工作专项经费，保障省级抽检工作有序实施。各有关高校应为本科毕业论文抽检工作提供必要的经费和条件保障，确保校级抽检工作顺利开展。

第十八条　各有关高校应按照相关要求，积极配合本科毕业论文抽检工作，准确完整地提供本科毕业论文、学位授予信息等材料。

第十九条　省教育厅建立高校申诉机制，受理高校对毕业论文评议结果的异议，就高校申诉事项进行复核。各有关高校应建立和完善学生申诉机制，妥善处理学生毕业论文申诉事项。

第六章　附则

第二十条　本实施细则由省教育厅负责解释。

第二十一条　本实施细则自印发之日起施行。

安徽省本科毕业论文（设计）抽检评议要素（哲学）

序号	评议指标	观察点
1	选题意义	1.1 选题目的。选题符合哲学类学科专业研究方向和培养目标设定，与毕业要求紧密相关；能立足于哲学专业领域的理论或现实问题，体现哲学专业综合训练基本要求
		1.2 研究意义。面向哲学专业领域的学术或实际问题进行理论分析，并具有一定的理论或实际价值
2	写作安排	2.1 文献调研。具有一定的文献收集、整理和分析能力；文献资料能呈现本领域研究现状；收集的资料及主要参考文献达到写作要求
		2.2 工作量与写作形式。工作量饱满，难易程度适当，论文字数符合所在专业相关规定要求；写作形式符合哲学类专业特点和选题需要
3	逻辑构建	3.1 层次体系。论文体例与选题相匹配，体系完整、层次清晰、结构合理、重点突出
		3.2 逻辑结构。论文思路清晰、逻辑严谨、结构完整，论据恰当充分，论证科学合理，结论可信
4	专业能力	4.1 综合应用知识能力。掌握所在专业的专业知识和理论基础，能合理应用到研究过程，体现出一定的专业能力和素养
		4.2 分析解决问题能力。具备发现问题、分析问题和解决实际问题的基本能力和水平，能够批判分析哲学及相关领域现象和问题
		4.3 创新与特色。具有一定的特色或新意，能创新性地应用经典理论，或合理化地提出新见解，或指导性地阐释现实意义
5	学术规范	5.1 行文规范。要素完备，文字表达准确，格式符合通行学术规范要求
		5.2 引用规范。严格遵守科研诚信规则，资料引证和参考文献等方面符合通行学术规范

安徽省本科毕业论文（设计）抽检评议要素（经济学）

序号	评议指标	观察点
1	选题意义	1.1 选题目的。论文选题立足于经济类学科专业领域的理论问题或现实问题，符合所在专业研究方向和培养目标要求
		1.2 研究意义。论文选题具有一定的理论价值或实际应用参考价值
2	写作安排	2.1 文献调研。具有一定的查阅、整理、分析中外文献资料的能力，收集的资料及主要参考文献达到写作要求；能按照一定逻辑梳理阐述文献，并对现有研究理论、方法或相关研究进展等情况进行一定的评价
		2.2 工作量与写作形式。论文工作量饱满，难易程度适当，论文字数符合所在专业相关规定要求；写作形式符合经济学类专业特点和选题需要
3	逻辑构建	3.1 层次体系。论文的主题和内容框架明确，做到体系完整、层次分明、重点突出
		3.2 逻辑结构。论文逻辑严谨、结构完整，能体现所在专业领域的专门知识、专业能力和职业素养
4	专业能力	4.1 综合应用知识能力。能综合运用专业知识进行理论研究或解决实际问题，达到所在专业的培养目标及毕业要求
		4.2 分析解决问题能力。论文论证分析严谨合理，能够综合运用本专业知识开展研究；能够做到发现问题、分析问题，并用合理的路径解决实际问题
		4.3 创新与特色。论文具有一定特色或新意，能体现作者的独立思考，达到所属专业培养方案中对知识、能力、素质的要求
5	学术规范	5.1 行文规范。论文的文字表达、书写格式、图表注释、公式符号、缩略词等规范准确
		5.2 引用规范。论文在资料引证、参考文献等方面符合通行学术规范和知识产权相关规定

安徽省本科毕业论文（设计）抽检评议要素（法学）

序号	评议指标	观察点
1	选题意义	1.1 选题目的。选题属于法学类学科专业研究方向，符合本专业培养目标设定，与本专业毕业要求紧密相关；研究问题明确，研究范围适度
		1.2 研究意义。论文选题具有一定的理论价值或实际应用参考价值
2	写作安排	2.1 文献调研。基本掌握文献检索方法，所综述或引证的文献能反映本专业对该问题的学术动态；调研方法适当、科学
		2.2 工作量与写作形式。工作量饱满，难易程度适当，论文字数符合所在专业相关规定要求；写作形式符合法学类专业特点和选题需要
3	逻辑构建	3.1 层次体系。论文结构完整合理、层次分明、详略得当、重点突出
		3.2 逻辑结构。文章的内容组织逻辑严谨、条理清晰，研究方案可行，论证科学充分，结论可信
4	专业能力	4.1 综合应用知识能力。掌握本专业的基础理论和研究方法，掌握本专业相关领域的系统性专业知识和专业能力，并能合理运用到研究过程
		4.2 分析解决问题能力。能够综合运用本专业知识开展研究；能够做到发现问题、分析问题，并用合理的路径解决实际问题
		4.3 创新与特色。论文具有一定的特色或新意，体现出作者的独立思考，达到所属专业培养方案中对知识、能力、素质的要求
5	学术规范	5.1 行文规范。论文的文字表达、书写格式、图表注释、公式符号、缩略词等规范准确
		5.2 引用规范。论文中的引用、注释和图表使用等符合通行学术规范

安徽省本科毕业论文（设计）抽检评议要素（教育学）

序号	评议指标	观察点
1	选题意义	1.1 选题目的。选题属于教育类学科专业研究方向，符合本专业培养目标的设定，与毕业要求紧密相关
		1.2 研究意义。选题立足于当前教育领域的理论或现实问题，对教育理论研究有一定的拓展或深化，或对解决教育实际问题具有一定的应用与参考价值
2	写作安排	2.1 文献综述。具备一定的教育文献检索及梳理能力，了解相关领域研究进展及最新研究动态，收集的资料及主要参考文献达到写作要求
		2.2 工作量与写作形式。工作量饱满，难易程度适当，论文字数符合所在专业相关规定要求；写作形式符合教育学类专业特点和选题需要
3	逻辑构建	3.1 层次体系。论文核心模块完备，层次分明，详略得当，重点突出
		3.2 逻辑结构。论文内容紧扣研究主题，基本观点阐述明确充分，理论运用恰当，论述科学合理；论文篇章结构合理，各部分之间的逻辑关系清晰
4	专业能力	4.1 综合应用知识能力。具备一定的教育专业理论知识，体现出对教育专业基本概念、基本原理和基本理论的准确把握；掌握实证调研等基本的教育研究方法，并能够运用这些方法获取有效的第一手材料；研究路径设计科学合理，研究结论可信；概念表述准确，语言通顺流畅，条理清晰
		4.2 分析解决问题能力。能够运用教育专业理论知识研究和探讨教育实际问题，提出有价值的观点和意见；分析和论证严谨科学，所表达的观点体现出一定的思辨水平以及独立和深入剖析问题的素养，达到所在专业的培养目标及毕业要求
		4.3 创新与特色。论文具有一定的特色或新意，体现出作者的独立思考，达到所属专业培养方案中对知识、能力、素质的要求
5	学术规范	5.1 行文规范。格式规范，摘要、关键词、注释（或参考文献）等要素完备；图表绘制、数据统计等符合学术规范；文字表达通顺，符合学术论文的文体要求
		5.2 引用规范。资料引证、参考文献、注释等方面严谨规范准确，符合通行学术规范和知识产权相关规定

安徽省本科毕业论文（设计）抽检评议要素（文学）

序号	评议指标	观察点
1	选题意义	1.1 选题目的。符合文学类学科专业研究方向和专业培养目标设定，达到综合训练基本要求
		1.2 研究意义。具有一定的理论价值或现实意义，能对本专业学术问题有基本的认识和判断，相较于已有的研究成果，有一定程度的拓展或深化
2	写作安排	2.1 文献调研。资料搜集全面，能支撑论文选题；能综合分析国内外相关研究文献，研究现状梳理体现基本的学术史意识
		2.2 工作量与写作形式。工作量饱满，难易程度适当，论文字数符合所在专业相关规定要求；写作形式符合文学类专业特点和选题需要
3	逻辑构建	3.1 层次体系。层次清楚、体系合理，符合问题认知的基本逻辑；详略得当、重点突出，符合论文写作的基本常识
		3.2 逻辑结构。结构完整、逻辑清晰，各部分之间联系比较紧密；论点集中，论据充分，论证合理
4	专业能力	4.1 综合应用知识能力。能运用本专业知识、基础理论进行研究，具有一定的概括、提炼能力，体现出专业能力和素养，达到毕业要求
		4.2 分析解决问题能力。掌握本专业的基本研究方法，有一定的方法论意识；论证分析有条理，结论客观，有一定的理论意识；体现出分析、解决问题的基本能力和素养
		4.3 创新与特色。论文具有一定的特色或新意，体现出作者的独立思考，达到所属专业培养方案中对知识、能力、素质的要求
5	学术规范	5.1 行文规范。格式规范，摘要、关键词、注释（或参考文献）等要素完备；核心概念、术语界定准确，理解到位；图表绘制、数据统计等符合学术规范；文字表达通顺，符合学术论文的文体要求
		5.2 引用规范。尊重他人的研究成果，做到"凡引必注"；观点参考、资料引证、参考文献等符合学术规范及知识产权的相关规定

安徽省本科毕业论文（设计）抽检评议要素（历史学）

序号	评议指标	观察点
1	选题意义	1.1 选题目的。符合历史类学科专业研究方向和培养目标设定，体现专业毕业要求
		1.2 研究意义。面向历史学专业领域的学术与现实问题，具有一定的理论或实用价值
2	写作安排	2.1 文献调研。体现历史学专业领域研究现状，并进行动态追踪与分析总结，能支撑论文的选题
		2.2 工作量与写作形式。工作量饱满，难易程度适当，论文字数符合所在专业相关规定要求；写作形式符合历史学类专业特点和选题需要
3	逻辑构建	3.1 层次体系。叙述体系完整，有相关的学术史分析回顾、基本的史料解读与分析，行文层次分明、重点突出
		3.2 逻辑结构。体现明确的观点，论据确凿，论证充分，有相应的史料支撑，符合历史学专业领域的基本要求
4	专业能力	4.1 综合应用知识能力。体现历史学相关领域的基础理论素养，专业知识合理应用于研究过程，能够调动相关史料
		4.2 分析解决问题能力。研究方法合理，论证分析严谨，体现基本的史料分析解读能力
		4.3 创新与特色。能够在学界研究基础上提出合理结论，体现思辨性和创新性
5	学术规范	5.1 行文规范。文字表达、书写格式、史料文献征引、图表、公式符号、缩略词等方面符合通行学术规范
		5.2 引用规范。史料引证、参考文献等符合通行学术规范和知识产权相关规定

安徽省本科毕业论文（设计）抽检评议要素（理学）

序号	评议指标	观察点
1	选题意义	1.1 选题目的。立足于理学学科专业领域的理论基础或现实问题，符合专业培养目标设定，与本专业毕业要求紧密相关
		1.2 研究意义。具有一定的理论价值或实际应用价值，能针对所在专业领域学术问题或实际问题，进行理论分析、拓展深化或模型设计解决问题
2	写作安排	2.1 文献调研。掌握文献检索整理方法，能收集来自国内外数据资料，追踪本领域研究现状或专业动态并综合分析，收集的资料及主要参考文献达到写作要求
		2.2 工作量与写作形式。工作量饱满，难易程度适当，论文字数符合所在专业相关规定要求；写作形式符合理学类专业特点和选题需要
3	逻辑构建	3.1 层次体系。论文体系完整，内容组织层次分明，研究结论重点突出
		3.2 逻辑结构。论点鲜明、论据确凿、论证充分，达到所在专业领域要求，体现本专业领域知识和能力的积累
4	专业能力	4.1 综合应用知识能力。掌握所在专业领域的专业知识和理论基础，能合理应用到研究过程，体现出一定的专业能力和素养
		4.2 分析解决问题能力。善于发现和分析问题，解决问题的研究方法合理，论证分析严谨，数据记录规范，能体现一定的分析、解决本专业领域理论或实际问题的能力和素养
		4.3 创新与特色。体现学科研究特征，具有一定的特色或新意，能将经典理论收集整理、创新性应用或提出合理化的独到见解，具有一定的理论深化或实际应用参考价值
5	学术规范	5.1 行文规范。文字表达、中英文书写格式、图表（图纸）、公式符号、缩略词等方面符合通行学术规范
		5.2 引用规范。在资料引证、参考文献、数据收集等方面符合通行学术规范和知识产权相关规定

安徽省本科毕业论文（设计）抽检评议要素（工学）

序号	评议指标	观察点
1	选题意义	1.1 选题目的。选题源于工程实践或科学研究，符合工学学科专业培养目标要求，体现了训练解决工程问题的能力
		1.2 研究意义。选题能在理论研究上有一定拓展或深化，或在工程实践领域具有一定的应用参考价值
2	写作安排	2.1 文献调研。具有一定的查阅、整理、分析中外文献资料的能力，并基本了解本领域学术前沿动态和发展趋势，收集的资料及主要参考文献达到写作要求
		2.2 工作量与写作形式。工作量饱满，难易程度适当，论文字数符合所在专业相关规定要求；写作形式符合工学类专业特点和选题需要
3	逻辑构建	3.1 层次体系。撰写体系符合论文选题，章节安排合理，层次分明，核心模块完备
		3.2 逻辑结构。论点表述明确，技术方案合理可行，研究或设计方法科学；数据或结果分析严谨，论证充分，结论可信
4	专业能力	4.1 综合应用知识能力。具备一定的理论基础和专业知识，并能合理应用到研究过程，能体现所在专业领域的能力和素养，达到所在专业人才培养的要求
		4.2 分析解决问题能力。能够综合运用所学专业知识，采取恰当的研究（设计）方法或路径进行研究或设计；设计参数符合相关技术规范要求，计算正确规范，具备发现问题、分析问题、解决实际工程问题的能力和水平
		4.3 创新与特色。论文（设计）过程、方法或结果中具有一定特色或新意，达到本专业培养方案中对知识、能力、素质的要求
5	学术规范	5.1 行文规范。格式符合要求，中外文用词准确，语法规范；设计成果及相关过程材料完整，图表（图纸）、公式符号、缩略词等方面符合通行学术规范
		5.2 引用规范。严格遵守科研诚信规则，承认和尊重他人科研成果，资料引证、参考文献等符合通行学术规范和知识产权相关规定

安徽省本科毕业论文（设计）抽检评议要素（农学）

序号	评议指标	观察点
1	选题意义	1.1 选题目的。选题符合农学类学科专业研究方向和专业培养目标设定，与毕业要求密切相关，体现综合训练基本要求
		1.2 研究意义。面向农业发展前沿或"三农"实际问题，能对本专业的问题进行理论分析，具有一定的理论意义或实践参考价值
2	写作安排	2.1 文献调研。掌握文献检索方法，具有综合分析国内外文献的能力，能追踪所在领域研究现状或农业发展动态。参考文献的质量、类型、时效符合专业要求，能支撑论文的选题
		2.2 工作量与写作形式。工作量饱满，难易程度适当，论文字数符合所在专业相关规定要求；写作形式符合农学类专业特点和选题需要
3	逻辑构建	3.1 层次体系。论文形式规范，结构完整，层次分明，重点突出
		3.2 逻辑结构。论文围绕选题开展，论点鲜明，论据确凿，论证充分，符合所在专业领域要求
4	专业能力	4.1 综合应用知识能力。具备一定的理论基础和专业知识，并能合理应用到研究过程，能体现所在专业领域的能力和素养，达到所在专业人才培养的要求
		4.2 分析解决问题能力。具备一定的分析、解决农业领域实际问题的能力和素养，能根据选题采取恰当合理的研究方法或路径，数据记录规范，论证分析严谨
		4.3 创新与特色。具有一定的特色或新意，能创新性应用经典理论，或提出合理化的独到见解，或科学解决实际问题
5	学术规范	5.1 行文规范。文字表达、书写格式、图表（图纸）、公式符号、缩略词等方面符合通行写作规范
		5.2 引用规范。在资料引证、参考文献等方面客观、公正，符合通行学术规范和知识产权相关规定

安徽省本科毕业论文（设计）抽检评议要素（医学）

序号	评议指标	观察点
1	选题意义	1.1 选题目的。选题符合医学类专业培养目标，体现了本专业综合素养训练的基本要求
		1.2 研究意义。选题面向所在专业领域的理论问题或社会实际问题，有一定的理论或实际应用价值
2	写作安排	2.1 文献调研。基本掌握文献检索方法，能综合分析国内外文献，追踪本专业领域的研究现状和发展动态，收集的资料及主要参考文献达到写作要求
		2.2 工作量与写作形式。工作量饱满，难易程度适当，论文字数符合所在专业相关规定要求；写作形式符合医学类专业特点和选题需要
3	逻辑构建	3.1 层次体系。论文体系完整、层次分明、重点突出
		3.2 逻辑结构。论文思路清晰、逻辑严谨、结构完整，论据恰当充分，论证科学合理，结论可信
4	专业能力	4.1 综合应用知识能力。能将相关领域的基础理论、专业知识合理应用到研究过程，体现出一定的专业能力和素养；论文条理清晰、文字表达流畅、论述严谨
		4.2 分析解决问题能力。研究方法科学，研究设计合理，统计分析恰当，结果可信，能体现一定的分析、解决本专业领域问题的能力和素养
		4.3 创新与特色。论文具有一定特色或新意，体现出作者的独立思考，达到所属专业培养方案中对知识、能力、素质的要求
5	学术规范	5.1 行文规范。书写格式、图表（图纸）、公式符号、缩略词等方面符合通行学术规范
		5.2 引用规范。在资料引证、参考文献等方面符合通行学术规范和知识产权相关规定
		5.3 伦理规范。论文符合人体伦理或动物伦理规范

安徽省本科毕业论文（设计）抽检评议要素（管理学）

序号	评议指标	观察点
1	选题意义	1.1 选题目的。选题符合管理学学科专业研究方向和专业培养目标设定，能与专业毕业要求紧密相关
		1.2 研究意义。选题围绕本学科专业的某一问题展开研究，具有一定的理论意义或实践价值
2	写作安排	2.1 文献调研。具有一定的查阅、整理、分析中外文献资料的能力；基本掌握选题所涉及领域的研究现状或行业发展动态；参考文献的数量、质量、类型、时效符合专业要求，能支撑该论文的选题
		2.2 工作量与写作形式。工作量饱满，难易程度适当，论文字数符合所在专业相关规定要求；写作形式符合管理学类专业特点和选题需要
3	逻辑构建	3.1 层次体系。论文的主体框架完整清晰，层次分明，重点突出
		3.2 逻辑结构。论文结构合理，具有逻辑性；观点表述明确，论述语言严谨，结论可信
4	专业能力	4.1 综合应用知识能力。具备一定的理论基础和专业知识，并能合理应用到研究过程，能体现所在专业领域的能力和素养，达到所在专业人才培养的要求
		4.2 分析解决问题能力。具备了一定的发现问题、分析问题和解决问题的能力与水平，能根据选题采取适当的理论、方法和工具开展研究，研究设计合理，研究方法科学
		4.3 创新与特色。论文具有一定的特色或新意，体现出作者的独立思考，达到所属专业培养方案中对知识、能力、素质的要求
5	学术规范	5.1 行文规范。论文格式符合相关规定的要求；中外文用词、语言语法、图表、公式符号、排版等符合通行学术规范
		5.2 引用规范。资料引证、参考文献等符合通行学术规范和知识产权相关规定

安徽省本科毕业论文（设计）抽检评议要素（艺术学）

序号	评议指标	观察点
1	选题意义	1.1 选题目的。符合艺术类学科专业研究方向及专业培养目标设定，体现了我国社会主义精神文明建设和文化艺术事业发展要求
		1.2 研究意义。选题面向所在专业领域学术问题、现实问题或行业社会实际问题，紧密联系本专业艺术创作和实践，体现了一定的理论或实用价值
2	写作安排	2.1 文献调研。掌握基本的文献检索方法，具有一定的查阅、整理、分析中外文献资料的能力；能按照一定逻辑梳理阐述文献，文献资料比较充分新颖
		2.2 工作量与写作形式。工作量饱满，难易程度适当，论文字数符合所在专业相关规定要求；写作形式符合艺术学类专业特点和选题需要
3	逻辑构建	3.1 层次体系。论文的主题和内容框架明确，组织体系完整，层次分明，重点突出
		3.2 逻辑结构。论文遵循艺术发展规律，作品结构完整，要素齐备，整体内容具有说服力；论文论点明确，论述条理清晰，达到基本的艺术行业规范及专业技术要求
4	专业能力	4.1 综合应用知识能力。能基本了解本专业艺术创作与实践领域发展现状，掌握现有创作与实践方法；能综合运用所学专业知识，采取恰当的研究方法或路径进行理论研究或艺术创作实践
		4.2 分析解决问题能力。论文研究方法合理、论证分析严谨、数据记录规范，能体现一定的发现问题、分析问题，并解决实际问题的能力和水平
		4.3 创新与特色。具有一定的特色或新意，体现作者的独立思考，能将经典理论创新性应用或提出合理化的独到见解，具有一定的实用（参考）价值；能在一定程度上触及艺术发展前沿，创作可行性较高，能体现一定的专业基本素养和相应的审美感知力及艺术想象力
5	学术规范	5.1 行文规范。文字表达、书写格式、插图、图表（图纸）、公式符号、缩略词等方面符合通行学术规范
		5.2 引用规范。在资料引证、参考文献等方面符合通行学术规范和知识产权相关规定

第四编　安徽教育现代化对策研究

第十三章　基于监测评估的安徽教育现代化若干短板分析与政策建议

监测评估和研究情况表明，安徽教育现代化在若干指标方面，如义务教育发展基本均衡县比例达成程度、民办教育发展水平、小学和初中百名学生教学用终端数达成程度有亮眼的成果；特别是在一些指标的进步程度方面在全国有较好的表现，如学前教育毛入园率进步程度、九年义务教育巩固率进步程度、中等职业学校双师型教师比例进步程度、小学基本办学条件达标学校比例进步程度等。这说明安徽教育现代化发展进步较快，潜力较大，具有后发优势。我们的研究也发现，安徽教育现代化进程中存在一些困难和问题，本文就几个突出的短板作相关分析研究，提出对策建议。

一、学前教育短板

安徽学前教育毛入园率进步程度与目标达成程度虽然已进入第一方阵，但学前教育毛入园率仍然偏低。安徽学前教育问题突出，总体资源不足，政府财政投入相对缺位，公办园数量不足，保育质量堪忧。

2011—2016年全省学前教育财政性经费逐年提高，2011年21.54亿元、2012年43.48亿元、2013年46.79亿元、2014年53.26亿元、2015年61.34亿元、2016年72.82亿元。[1]但学前教育公共教育支出占全省公共教育支出比例偏低，以2015年为例仅占3.01%、明显偏低。全省普通幼儿园生均教育经费总支出偏低，2011年仅为2674.56元，为全省普通小学生均教育经费总支出（5684.98元）的47.05%，不足一半；2014年为5052.93元，为全省普通小学生均教育经费总支出（8315.24）的60.76%、有所改善，但总量仍偏低。2011—2016年安徽民办幼儿园在校生占在校生总数的比例分别为48.90%、52.64%、53.81%、56.12%、58.47%、62%，2016年的占比比2011年高出了13.10%，其中不少是看护点在校生。看护点中的幼儿占全省在园幼儿的17.3%，看护点在办园条件、办园质量上与合格幼儿园标准有一定差距。据统计，目前安徽公办幼儿园占比为40.2%，远低于北京、天津、河北等省市60%以上的公办园比例。公办幼儿园、普惠幼儿园数量明显不足，"入园难、入园贵"的问题没有从根本上解决。安徽学前教育与经济社会发展及二孩政策放开后入园需求不相适应，二孩政策放开后幼儿教育成为刚性需求，随着新生人口的逐年增长，幼儿园入园人口呈不断增加趋势，必须加大供给。据测算，按照2020年学前三年毛入园率达到90%计算，安徽需要增加62.3万个学位（其中城镇学位短缺约10.2万个）。因此，财政投入的结构需要调整，有必要向学前教育倾斜。

二、高中教育短板

安徽高中阶段教育爬坡前行，但与周边及经济水平相近的省份相比仍有较大的差距。安徽与相关省份高中阶段毛入学率对比见表13-1所列。安徽高中阶段教育进步很快，高中阶段毛入学率由2011年的83.56%上升到2015年的92.00%，增幅为8.44%。但总体上看，高中阶段教育仍是安徽教育体系一个薄弱环节，安徽与周边及经济发展水平相近省份的高中阶段毛入学率对比来看，虽奋力追赶但仍有差距。

表13-1　安徽与相关省份高中阶段毛入学率对比

省份 分年情况	2011年高中阶段毛入学率（%）	2012年高中阶段毛入学率（%）	2013年高中阶段毛入学率（%）	2014年高中阶段毛入学率（%）	2015年高中阶段毛入学率（%）
江苏	93.60	94.88	94.62	93.86	94.05
浙江	96.98	97.16	96.07	96.83	97.03
山东	95.47	96.63	96.26	97.30	97.50
湖南	88.08	91.32	91.71	91.78	91.95
河南	92.42	93.42	92.15	92.61	92.79
安徽	83.56	86.52	90.00	91.90	92.00

2011 年安徽与江苏高中阶段毛入学率相差 10.04%，2015 年差距缩小到 2.05%；2011 年安徽与浙江高中阶段毛入学率相差 13.42%，2015 年差距缩小到 5.03%；2011 年安徽与山东高中阶段毛入学率相差 11.91%，2015 年差距缩小到 5.5%。2015 年安徽与湖南、河南高中阶段毛入学率接近。总体来看，安徽高中阶段教育需要持续发力，优化存量，做足增量，提高质量，转型发展，在高中阶段要继续赶超浙江、江苏、山东，不能落后于河南、湖南。安徽省"十三五"教育事业发展规划设定到 2020 年高中阶段毛入学率达到 92%，这个指标需要修订或目标达成上浮 3% 左右。

中等职业教育存在普职比不合理，以及专业结构与安徽产业发展要求不相适应的供给侧问题。据统计，2011—2015 年高中阶段招生职普比分别为 4.8∶5.2、4.8∶5.2、4.9∶5.1、4.7∶5.3、4.6∶5.4，都没有达到 1∶1 的要求。2016 年安徽第一、第二、第三产业比例分别为 10.6∶48.4∶41，而安徽中等职业教育相应产业专业点数比例为 10.1∶25.9∶64[2]，相比而言，二产专业比二产产业少 22.5%，三产专业比三产产业多 23%，中等职业学校缺乏对区域经济发展和产业结构变化的深度前瞻性分析，中等职业教育主动适应工业等实体经济发展不够，结构性矛盾突出。

三、高等教育短板

高等教育整体实力有待提升，高端一流大学和一流学科建设有待进一步加强，专业建设同质化严重，高校对经济社会发展服务与贡献度不高。

据统计，目前安徽普通高校数量居全国第 6 位，本专科招生、在校生数居全国第 9 位，但安徽高等教育绝不能走外延扩张的老路，必须实现内涵式发展。已评定的 39 所全国 985 高校，上海 4 所，湖南 3 所，江苏、湖北均为 2 所，安徽仅 1 所；已评定的 112 所全国 211 高校，上海 9 所，江苏 11 所，湖北 7 所，湖南 4 所，安徽仅 3 所。2017 年公布的 42 所一流大学建设高校，上海 4 所，湖南 3 所，江苏、湖北均为 2 所，安徽 1 所；95 所一流学科建设高校，上海 9 所，江苏 13 所，湖北 5 所，湖南 1 所，安徽为 2 所。综合来看，安徽与上海、江苏差距较大，稍弱于湖北、湖南。

安徽省属高校学科建设整体偏弱。根据世界大学学术排名（ARWU）机构 2017 "中国最好学科排名"[3]，安徽高校学科建设亟待加强。世界大学学术排名（ARWU）2017 "中国最好学科排名" 安徽与相关省份比较见表 13-2 所列。

表 13－2　世界大学学术排名（ARWU）2017 "中国最好学科排名" 安徽与相关省份比较

省份	前1%学科数	前5%学科数	前10%学科数	前25%学科数	前50%学科数
上海	9	66	116	226	358
江苏	0	46	103	267	527
湖北	3	30	72	155	280
湖南	0	6	31	95	195
安徽	1	9	14	56	132

上海、江苏的前5%学科数至前50%学科数遥遥领先，学科整体优势凸显。湖北拔尖学科数量超过安徽一倍以上，湖南前10%学科数至前50%学科数都超过安徽很多。

全国第四轮学科评估及我中心 2015 年、2016 年学位与研究生教育质量评价均显示，安徽高等教育质量亟待提高。在全国第四轮学科评估中，安徽在全国31 个省份中排名第 16 位（其中北京、江苏、上海位居前三，浙江第9），在中部六省中排名第 4 位（湖北全国第4，湖南全国第10，河南全国第12），与长三角相邻省份差距明显。

安徽高等教育趋同化发展与经济社会发展多样化需求矛盾突出，专业设置具有趋同性，面对经济结构调整、产业升级对人才的需求适应能力不足。数据显示，截至 2017 年 6 月，安徽33 所普通本科高校、10 所独立学院，重复布点、布点数量较多的本科专业有英语（37 个）、计算机科学与技术（36 个）、财务管理（36 个）、信息管理与信息系统（22 个）等。[4] 高等教育同质化严重，有"产能过剩"问题，亟待在专业结构上进行供给侧改革。

四、政策建议

综合教育部教育现代化进程监测及我中心已开展的相关教育评估监测情况，坚持问题导向，坚持从严从实，提出以下建议：

（一）着力补齐学前教育短板，扩大学前教育资源总量，以"幼有所育"为目标发展面向大众、收费合理、质量合格、在家门口的普惠性幼儿园

健全教育投入和保障机制。省级层面尽快制定公办幼儿园和高中生均经费标准、生均财政拨款标准。将学前教育发展列入省政府对各级政府目标考核指标体系，督促各级政府将学前教育和高中阶段教育经费纳入财政预算，明确其占教育经费的比例并逐年提高，建立长效经费保障机制。把发展学前教育纳入各级政府民生工程，纳入新型城镇化和美丽乡村建设规划，多渠道发展农村学前教育，统筹推进城乡学前教育一体化发展。

安徽省"十三五"教育事业发展规划设定到 2020 年，学前教育毛入园率达到 90%，目前在数量上还有一定的差距。为此，安徽各地应根据常住人口、流动人口等数据科学测算适龄儿童规模，加大财政投入，加大公办幼儿园建设步伐。实施第三期学前教育三年行动计划，采取城市小区建设配套幼儿园，新建、改扩建城区公办幼儿园和公办乡（镇）中心幼儿园，盘活闲置资产加快公办幼儿园建设，进一步扩大公办学前教育比例，尽快达到目前天津、河北等省份 60% 以上公办园比例，建议"十三五"末公办园比例不低于 70%。创新体制机制，扶持普惠性幼儿园发展，丰富学前教育供给，鼓励公有民办，倡导"合格+特色"。

（二）以"新高考"为目标，有质量普及高中阶段教育，为人才的多样化发展奠基

合理规划高中阶段学校布局，根据人口变化趋势、新型城镇化规划，整合高中阶段教育资源，新建、改扩建一批办学条件达标的普通高中，逐步撤销规模效益小、办学条件差、办学质量低的小规模学校，控制超大规模普通高中学校发展。参照周边及经济发展水平相近省份标准，加快研究制定普通高中教育与中等职业教育生均公用经费标准和生均财政拨款标准。对大别山革命老区、贫困地区、皖北地区高中教育资源不足、普及程度不高的地区实行倾斜政策。

探索普通高中实现"多样化"和"特色化"的途径与形式。应试教育背景下追求的是知识型教育，素质教育条件下要求的是个性化教育。新高考的理念在于尊重学生成长的多元化需求，采取 3+X 菜单式培养，建立多元录取机制，学生可以根据自己的职业规划和兴趣特长进行选择。安徽要适应高考综合改革对学生选课走班等教育教学改革的要求，推进普通高中选课走班，满足学生多样化需求。

中等职业教育是高中阶段供给侧改革的重要增量。一方面，要进一步加大中等职业教育建设力度，完善财政供给机制，实现真正意义上的普职大体相当。另一方面，普通高中教育和中等职业教育要协调发展、贯通发展。建立普通高中和中等职业学校合作机制，发展综合高中。在经济新常态下，适应区域产业结构调整和安徽经济发展，完善中等职业教育专业动态调整机制和专业动态退出机制，果断取消限制类产业、淘汰类产业的相关专业。

（三）坚持高等教育内涵式发展，提高安徽高等教育对经济发展的贡献度及与安徽经济社会发展吻合度

安徽要瞄准国家加强高等教育"双一流"建设目标，加强国家批准建设的安徽区域内的一流大学和一流学科；与全国有关一流大学建设高校和一流学科建设高校特别是上海、江苏等长三角一流高校和科研院所深度合作，在安徽各市建立分校（校区）、研究院、基地。安徽高等教育要实施"走出去"战略，推进与发达国家高等教育合作，安徽高校要与世界一流大学举办中外合作教育机构，进行高水平人才联合培养，实现"不出国的留学"。

深化研究生教育改革，解决研究生教育质量不高问题。争取国家支持，继续增加研究生学位授予点特别是博士点，统筹调整学位授权布局，优化专业结构，扩大招生规模。补齐专业学位研究生教育短板，提倡交叉学科和新兴学科培养，加强实践基地建设，推进联合培养。加强研究生教育过程监控，强化研究生培养单位主体责任，完善教育质量保障体系。深化研究生教育对外交流，扩大国家公派研究生留学规模，为研究生参与联合培养、国际学术会议、短期访学、海外实习提供更多机会。

高等教育与经济发展结合最紧密，政府层面要根据安徽经济社会发展和市场需求制定相应发展规划，研究发布全省研究生、本专科专业布局分析报告，建立预警机制。高校要主动对接地方产业结构调整和产业组织创新，着力提升社会服务能力，注重服务经济转型升级、创新驱动发展需要，抓好应用研发、成果转化、人才培养等各项工作；要在专业设置上引领新趋势、新前沿，创造条件设立大数据、人工智能、云计算、物联网等新专业，精准施策，对传统专业要以"壮士断腕"的决心淘汰"落后产能"。要以人才培养模式改革为抓手，深化高等职业教育供给侧结构改革，集中力量建设一批高水平职业院校。

（四）重视对教育现代化监测指标体系的研究，深度参与长三角区域教育现代化监测评估工作

组建省级专兼结合的研究推进团队，进一步明晰教育现代化进程监测评价指标体系的内涵、统计口径与测量方法等，广泛了解全国、各省教育现代化进程及发展水平，找到安徽教育现代化发展的差距，摸清安徽教育现代化的努力方向与实现路径，为教育决策提供智力支撑。积极参与长三角区域教育现代化监测评估工作，服务支撑长三角教育高质量一体化发展。

参考文献：

［1］数据来源于2011—2018年全国教育事业发展统计公报、2011—2018年安徽省教育经费执行情况公告及官方公布的数据。本文数据除另外标注的外均出自以上文献或计算而得。

［2］2016年安徽省中等职业教育专业情况分析报告［EB/OL］.（2017-03-14）［2020-01-20］. http：//www.ahzcj.gov.cn/show.asp? id=3643.

［3］2017 中国最好学科排名发布［EB/OL］.（2017－10－13）［2020－01－20］. http：//media. china. com. cn/cmjujiao/2017－10－13/1152333. html.

［4］陈婉婉. 安徽省高校本科专业"体检报告"出炉［N］. 安徽日报，2017－07－07（6）.

作者汪开寿，发表于《教育文汇》2020 年第 3 期。

第十四章 长三角教育现代化监测教育经费指标安徽短板与对策建议

2021 年 4 月教育部印发《长三角教育现代化指标体系（试行）》，委托长三角教育现代化监测评估中心开展监测工作。纳入 2021 年度教育现代化监测评估目标总达成度分析的监测点共有 54 个，其中教育经费指标 2 个，监测结果显示，安徽差距明显，处于预警状态。

一、长三角教育现代化监测教育经费指标安徽短板分析

（一）监测点"一般公共预算教育支出"，从总量来看与长三角兄弟省市差距明显

该监测点监测教育经费保障水平。从监测结果来看，安徽一般公共预算中对教育经费的投入做到了"逐年只增不减"，达到《指标体系》中 2025 年监测目标值。但由于安徽基础条件薄弱、一般公共预算总量不大、各级各类学校学生数较多等原因，安徽公共财政教育经费短缺、供给不足问题明显。监测数据显示：2015—2020 年间，安徽一般公共预算教育经费分别为 856.73 亿元、910.87 亿元、1012.52 亿元、1111.49 亿元、1219.37 亿元和 1260.11 亿元，增长额度分别为 54.14 亿元、101.65 亿元、98.97 亿元、107.88 亿元、40.74 亿元。以 2020 年为例，安徽一般公共预算教育经费总量要落后于江苏的 2200.58 亿元和浙江的 1758.08 亿元，占江苏的 57.26%、浙江的 71.68%。四地中安徽的总量略高于上海，这与人口及经济体量有关。

（二）监测点"大中小学校及幼儿园生均一般公共预算教育支出及城乡区域差距"，处于预警状态

该监测点监测各级各类学校生均一般公共预算教育支出及城乡区域差距。2025 年的监测目标值为大中小学校及幼儿园生均一般公共预算教育支出只增不减，城乡区域差距逐步缩小。安徽的达成度为 60.71%，属于达成困难水平，处于预警状态。

1. 各级各类教育生均一般公共预算教育支出与上海、江苏、浙江三地监测值的差距较大

以 2020 年监测值为例，上海、江苏、浙江三地普通高等本科学校生均一般

公共预算教育经费的监测值分别为 41053 元、23440 元、28717 元，安徽监测值为 15651 元，仅占上海的 38.12%、江苏的 66.77%、浙江的 54.50%；上海、江苏、浙江三地普通高职高专学校生均一般公共预算教育经费监测值分别为 27113 元、18950 元、18167 元，安徽监测值为 14590 元，仅占上海的 53.81%；上海、江苏、浙江三地中等职业学校生均一般公共预算教育经费监测值分别为 62185 元、21723 元、27006 元，安徽为 15764 元，仅占上海的 25.35%；2020 年安徽普通高中生均一般公共预算支出为 15241 元，远低于长三角各省市水平（上海 58847 元、江苏 30965 元、浙江 33189 元）；初中的监测值安徽为 17416 元，上海、江苏、浙江分别为 45036 元、25071 元、27258 元；小学的监测值安徽为 11428 元，上海、江苏、浙江分别为 30766 元、15258 元、18716 元；幼儿园上海、江苏、浙江的监测值分别为 30943 元、10007 元、15516 元，安徽仅为 7581 元，分别为三地的 24.50%、75.76%、48.86%，差距过大。

2. 基础教育生均一般公共预算教育支出城乡区域差距有拉大趋势

监测数据表明，幼儿园一直是城市幼儿园高于农村幼儿园，差距是所有学段里面最大的，安徽幼儿园生均一般公共预算教育支出城乡区域差距 2015—2020 年监测值分别为 4921.44 元、4904.06 元、5383.84 元、5212.79 元、4952.25 元、4772.91 元。在普通高中学校，城乡差距在不断扩大，高中生均一般公共预算教育支出城乡区域差距 2015—2020 年监测值分别为 1969.82 元、2597.82 元、4122.49 元、3297.02 元、4441.79 元、4678.44 元。初中阶段，初中生均一般公共预算教育支出城乡区域差距 2015—2020 年监测值分别为 −160.3 元、−1667.46 元、142.77 元、1618.39 元、3528.02 元、481.4 元，经历了最初两年的农村投入高于城市投入后，城市与农村教育差距开始不断拉大，到 2020 年又缩小；小学阶段的差距也是越来越大，小学生均一般公共预算教育支出城乡区域差距 2015—2020 年监测值分别为 456.64 元、−528.23 元、−502.17 元、950.82 元、1699.99 元、1975.11 元。

3. 高等教育生均一般公共预算教育支出的波动幅度较大

监测数据表明，普通高职高专学校生均一般公共预算教育支出在 2015—2018 年间不断增加，在 2019 年小幅度下降后（从 2018 年的 16297 元下降为 16262 元）；2020 年大幅度下降至 14590 元，下降幅度达 1672 元。普通高等本科学校生均一般公共预算教育支出则在 2016 年和 2020 年经历两次大的波动式下降：2016 年由 2015 年的 14621 元大幅下降至 12901 元，下降幅度 1360 元；2017 年开始又大幅度上升，到 2019 年已逐步增加至 16255 元，在 2020 年又下降至 15651 元。

二、政策建议

（一）建议实施安徽生均教育经费投入倍增计划

安徽有必要研究实施"生均教育经费投入倍增计划"重大战略决策，举全省之力重点针对目前的突出短板如学前教育、高中阶段教育和高校学科建设，建立逐年增长的具体计划举措。要建立健全生均教育经费投入长效保障机制，改革教育财政支出模式，变财政向教育机构拨款为直接补贴学生，做实生均公共预算经费，并根据年度监测情况及时调整生均财政预算经费。落实公办幼儿园生均公用经费拨款标准和生均财政拨款标准；民生工程项目和其他公益性项目优先向学前教育倾斜。省级财政应设立高等学校学科建设等专项。

（二）创新教育投融资机制，鼓励教育捐赠

要发挥企业对高等教育成本分担的重要作用，企业作为高等教育成果的主要获取者和高等教育投资的主要受益者之一，理应根据其收益分担高等教育成本。建议发行专项债券，视情做好向有关企业征收教育税，或者向用人企业征收毕业生税的政策储备。建立良好的企业捐赠制度，鼓励企业和社会各界通过捐赠投资高等教育和职业教育及幼儿教育，并实行相应税收减免。

（三）适当提高高等教育阶段学费标准，增加教育事业收入

从权益与义务对等这一公平角度看，个人应负担部分高等教育投资。非义务教育阶段公办学校学费标准长期未调整，或者调整增长不能适应办学需要。我省高校学费标准明显低于长三角其他省份。应根据高校层次和类型的不同以及专业的不同实行不同的收费；对于私人收益率较高的热门专业，收费标准提高；而对于那些社会效益较高而私人收益率相对较低的专业，收费标准则不变或适当降低，由政府给予补贴。

（四）建立相应的协调预警机制

建立省财政、教育等相关部门协调机制和省、市、县（区）教育经费分析预警机制。研究开发教育需求大数据，建立数据模型，确定指标体系，设置系数、权重。根据区域经济学原理，可结合经济社会发展和各类教育发展情况将各县分成四类（发展强、发展较强、发展较弱、发展弱），分别给予不同的投入强度。建立对落后地区教育补偿机制，有计划地向皖北地区、原国家和省扶贫开发重点县等教育基础薄弱地区加大精准投入。加强长三角教育经费预警的监测评价，发挥第三方力量开展教育经费的预测、论证和绩效评价。

本章内容系汪开寿在 2022 年 10 月 18 日上海市教育科学研究院区域教育现代化监测评价前沿学术研讨会上的学术报告。

第十五章　长三角高校分类评价指标体系构建策略

　　中共中央、国务院印发的《深化新时代教育评价改革总体方案》提出：推进高校分类评价，引导不同类型高校科学定位，办出特色和水平。长三角一市三省积极探索建立高校分类管理评价体系，上海对所属普通高校进行分类管理，将高校划分为"学术研究、应用研究、应用技术和应用技能"四种类型，评价指标体系分为四套。安徽设立安徽省地方应用型本科院校建设标准、地方行业特色高水平大学建设标准等。评价是指挥棒，随着分类评价的制度设计和实施，许多高校克服长期以来一味追求综合性、研究型的思维惯性，对标同类型高校、对标行业兄弟学校、对标长三角经济社会发展需求，通过与自己过去比、与同类项比，在本省域乃至长三角同类高校大家庭中，扬长避短，取长补短，拉长长版、补齐短板、厚实底板，得到发展。评价的指标体系相当于考试的题目，十分关键。笔者提出长三角高校分类评价指标体系构建策略如下。

　　一是指标体系的构建要有系统性和开放性。要树立系统思维，提升长三角高校分类评价水平，注重一体化评价改革。教育行政部门要加强高校分类的顶层设计，按照高校定位类型实行差别化评价，既要避免千校一面，又要避免同类一面，在指标设计中强化系统性，将评价指标体系看作一个整体，而不是评价的某一个环节，各指标体系之间界限分明，又相互联系、相互制约形成逻辑关联，相互印证。加强和完善高等教育主管部门对高校分类的支持、指导和服务；同时注重与教育部学科评估、本科教学审核评估、专业认证等其他评价体系的衔接。指标体系要有开放性，设置柔性指标，要有容余度，有张力，做到边制定边修改完善。长三角区域联动，如安徽等相对落后省可以赋予进步性指标，分别设计，有所差异，开展增值评价、效益评价。行政部门在运用评价结果时要避免以量化排序方式。需要关注综合测评结果与现实评判匹配度出现裂痕情况，这有两种可能性：一是劣指标，需要修正；二是优指标，指标真正诊断出问题，特别提醒我们教育行政部门避免用固有眼光和有色眼镜看所管辖学校。

　　二是强化特色评价，提高特色指标的分量。鼓励不同层次、不同领域高校办出特色。上海的做法值得称道，其指标设计坚持规定动作与自选动作的结合。安徽的标准专门设立办学特色一级指标，让高校自选自证。分类管理，特色化是应有之意，特色应当是必答题，而不是选择题，特色化是分类评价的必然结果，特色化是学校区别于其他学校的显著成效，要加大办学特色指标权重。如商科类高校作为高校专业类群，有别于培养学术型人才的综合高校，有其鲜明的特色，大都规模适中或者不追求规模，在学科上有一门或若干门特别突出的学科或学科群，在商科类行业领域得到普遍认可，在社会上具有广泛的影响。走特色化办学之路，明晰办学理念和风格，优化高校内部治理，提升办学水平和人才培养质量，在品牌化和质量文化方面深耕。在专业特色类高校评价中，要避免贪大求洋，应当坚持产出导向，应当把解决企业、产业发展面临的实际问题、人才培养的质量、水平、效益以及师生和社会满意度作为主要考量。

三是设计可量化的指标，推进长三角区域内数据共享。可量化的指标体系，科学适用，具有可操作性。可量化性要求指标的设计能够被数量化，能够被测量；一级指标细化为二级指标，二级指标细化为三级指标，其指标细化过程就是评价体系的可度量的过程。从长三角的视角，加强数据共享整合及大数据运行和分析，数据特别是关键数据还要具有可比性，有助于增值性评价。

四是发挥多元评价作用。评价主体由政府一元化向多元主体迈进，长三角高校分类评价要形成在长三角区域内联动，由省级教育行政部门主导，高校师生积极参与，督导评估机构具体实施，全社会参与评价的"大评价"格局。可以说是多声部的大歌、合奏和协奏曲。要发挥专家智力作用，多角度多技术进行评价；专家意见起到导向和诊断作用，不仅要发现问题，还有分析问题的成因，提出整改建议。注重评价的满意度，学生对学校教育的满意度、毕业生对就业的满意度、用人单位对毕业生的满意度；在社会参与方面，企业、用人单位和社会公众的参与和知晓度是必须关切的，不然就会数据和评价失真。

五是放大高校分类评价结果的效用。评价首要解决的是"为什么评价""评价为了谁"的问题，然后才是"如何评价"。评价都是为了高校更好的持续发展。高校分类评价要为党委政府决策服务，发挥对党委和政府的资政作用，形成研究分析报告。评价研究结果要在政府层面得到运用，如高校党政干部考核、招生计划、人事编制、重大专项、高校经费分配、绩效工资分配动态调整。学校层面要形成分校分析报告，兼顾同类型学校间的横向对比分析和学校历年对比分析，兼顾总体情况分析和单项指标分析，侧重原因分析和改进建议，将持续改进进行到底。分类评价还要通过课题研究、论坛交流、典型案例，促进高校的经验交流。高校分类评价结果也要适时向社会发布。

本章内容系汪开寿 2022 年 12 月 9 日在长三角新商科教育联盟成立仪式暨第二届新商科人才培养论坛上的学术报告。

第十六章 教育信息化的理念与安徽实证研究

一、教育信息化的理念思考

1. 国际数字化浪潮和国际教育信息化发展态势

21世纪，是一个数字化时代。纵观大千世界，彩电推出了数字产品，电视节目以数字信号播出，手机有了数字产品，就连微波炉、照相机也进入了数字化，似乎一夜之间，一切都从模拟走向了数字，进入了一个数字世界。世界各国特别是发达国家都非常重视发展以数字化和网络化为核心的信息产业，希望以信息带动综合国力的增强，数字化和网络化技术是信息产业的核心领域，从某种程度上代表了一个国家信息产业的发展水平。

教育信息化的概念是在20世纪90年代伴随着信息高速公路的兴建而提出来的。美国克林顿政府于1993年9月正式提出"信息高速公路"（Information Superhighway）的建设计划，其核心是发展以Internet为核心的综合化信息服务体系和推进信息技术（Information Technology，简称IT）在社会各领域的广泛应用，特别是把IT在教育中应用作为实施面向21世纪教育改革的重要途径。1997年2月4日，时任总统克林顿在国会演讲国情咨文，提出了未来教育的奋斗目标：使每一个人到8岁会阅读，到12岁学会使用电脑上网，到18岁能上大学，以及每个美国公民必须不停地学习。[1]美国的这一举动引起世界各国的积极反应，许多国家的政府相继制定了推进本国教育信息化的计划。

面对滚滚而来的信息化浪潮，世界上发达国家和地区高度重视信息技术对社会、对教育的影响和作用，重视调整教育的培养目标，制定教育改革方案，采取相应措施，加快推进教育信息化的建设，以全面提高公民特别是青少年的信息素质，培养适应信息化社会的人才，增强本国或本地区的综合国力和国际竞争力，迎接新世纪的挑战。

英国政府于1998年4月16日公布了题为《我们信息时代》的政策宣言。宣言指出，政府应改革教育，在教育中利用新技术，使得人们能够获得信息时代所必需的知识和技能，以及扩大信息受益面，确保信息时代在有利于所有百姓等方面起主要作用。[2]

1996年7月19日，日本第15届中央教育审议会提出的第一次咨询报告，从信息社会对人才培养的要求以及基础教育现实发展中存在的问题出发，把培养学生的"生存能力"作为 21 世纪教育的发展方向。[3]日本开通使用的互联网络"百校工程"，就是建立适应高度信息化社会的新型学校的一种尝试。这 100 所试验学校均要求利用联机系统加入国际互联网。

1995 年韩国教育改革委员会制定公布了"建立主导世界化、信息化时代新教育体制的教育改革方案"。[4]该方案首先强调，只有把尖端信息通讯技术引进教育，才能使韩国进入未来知识、信息社会的前列；其次指出，信息通讯技术及交通的大发展，"使全世界变成一个生活圈"，教育必须面向世界，赶上世界水平，只有这样才能实现韩国经济社会的世界化。

发达国家和地区在教育信息化方面的做法和经验，对于我国以及不少地区正在实施的教育现代化工程、教育信息化工程不无启迪，有许多地方值得我们借鉴。

2. 教育信息化与教育思想和教育观念的变革

教育信息化带来了教育思想和教育观念的深刻变革。教育信息化，最根本的是改革我们的教育观念。从教育观念、课程结构到教学模式，从教育评价、考试模式到师资培养培训模式、学校管理模式，是一个全方位的变化。

传统教育观强调的是知识的传授，专业设置、课程建设、教学组织、教学方法等都环绕着传授知识这个中心展开。但在进入信息社会的今天，掌握知识的多少已经不再重要，重要的是获取知识的能力。因为，人类进入信息社会后，知识的更新周期大大缩短，英国技术预测专家詹姆斯·马丁的测算结果表明：人类的知识在 19 世纪是每 50 年增加一倍，20 世纪初是每 10 年增加一倍，而近 10 年大约每 3 年增加一倍。[5]也就是说，一个大学生在一年级学到的知识，到毕业的时候说不定就已经过时了。信息社会对新型人才的要求促使我们改变传统的教育思想和教育观念，在教育的"知识观""学习观"和"人才观"上进行根本的变革，将教育从传统的"传授知识"转到"培养能力"这个轨道上来。

传统模式是以教师授课为主，新模式是以学生探讨为主。以学生为中心的教学模式，则是随着多媒体和网络技术的日益普及（特别是基于 Internet 的教育网络的广泛应用），才逐渐发展起来的。传统教学是说教式的教学，信息时代是交互式的学习。教育信息化给教育模式带来的深刻变革，还体现在办学开放化、学习社会化、教学个别化、教育终身化等方面。教育信息化的发展，使教育从象牙之塔走向了社会，学校与学校，学校与社会之间的界限越来越模糊，办学机制越来越透明，人们可以按需所取地选择学校、教师乃至课程，这是教育办学开放化的一面。另一方面，信息社会知识更新周期加快，竞争压力增加，促使人们更加重视学习，接受高等教育和继续教育的需要已经成为社会性的需求，未来的社会将是学习的社会，人们需要随时随地学习新的知识，学校将更加社会化、终身化。教育信息化也使教学个别化成为可能，现代信息技术的应用，新的教育思想的引入，将使教学的组织形式更加灵活，教育计划更加柔性，教学更加有针对性、可设计性，"因材施教"的教育理念将得到更好的体现。

3. 教育信息化与教育内容和评价制度的变革

教育信息化给教学内容和教学方法带来了深刻的变革。在教学内容上，可以用"新、大、综"三个字来概括。借助于信息化时代的网络检索功能和资源共享，我们的每门课程可以吸收本学科最新、最前沿的知识，充实到课堂教学中来，使学生学到最新的知识。现代信息技术的应用，使我们摆脱了一支粉笔一张嘴的传统教学方式，通过借助网络、多媒体等技术，更好、更便捷、更精练地表达教学内容，从而增大了每节课的课容量。同时，学科之间互相交叉、渗透，教学内容博收众长，更具综合性。在教学方法上，传统的教学方法是言传身教，而借助于现代信息技术，我们可以创设良好的学习情景，突出双向性、参与性、互动性，通过合作、交流、对话、商讨、辩论等活动，更多地开展启发式教学和协作式学习，更好地培养学生的综合能力。

教育信息化给教育评价制度带来了深刻的变革。在我国，对学校教育评价的主体是政府，教育评价主要由政府有关部门来组织实施。随着信息化时代的到来，学校的办学行为更加透明、更具有开放性，社会对学校的关注也将更紧密、更加深入。教育评价的内容有两个方面，一是对学校办学条件的评价，将由以前的重建筑面积、仪器设备等硬件指标转到更多地侧重资源建设等柔性指标；二是对学生的评价，将由以前的注重知识向注重能力转变，由单纯的以考试为主，向考试、实践等多种方式相结合转变。

4. 教育信息化与终身教育体系构建

在我国社会主义初级阶段，教育需求不断增长，教育资源相对短缺。虽然近年来我国各级各类教育取得了很大成绩，但教育发展不能满足现代化建设需要的状况并没有根本性改变。按现有我国各级各类教育生均经费，用增加投入、扩大现有学校规模的办法，显然是很难缓解这种供需矛盾的。中国要面对这么大的受教育人口，需要有一个终身教育的体系来满足这样一种社会需求，仅仅靠学校是不够的，所以需要发展社会化的教育网络和教育系统。现代远程教育是传统教育与现代网络技术结合的产物，它具有整合优秀教学资源、学习时间方便灵活、教学内容丰富多彩、教学方式新颖有趣等独特的优势。远程教育手段不仅弥补了现有学校教育不能延伸的部分，能够扩大受教育人口，特别能满足广大农村、贫困地区学生学习和继续教育的需求。充分利用现代信息技术，通过实施"现代远程教育工程"，可以有效地发挥现有各种教育资源的优势。这种开放式教育网的建立和终身学习体系的形成，必将为社会每一个成员提供学习机会和可能。

对中国未来教育来说，网络教育不仅满足更多人口受教育的需求，而且会对中国教育的现代化起到很大的促进作用。继续教育和终身教育通过现代化信息网络教学手段，可以使教育更加开放，可以为学习者提供随意的学习时间和满意高效的学习方式，可以使教育从课堂和校园进入到社会和家庭，使人们接受教育更加快捷、方便。

5. 科学发展观和教育信息化的发展

教育在现代化事业中具有基础性、先导性和全局性的重要战略地位，只有发展教育，才能把沉重的人口压力变为巨大的人才优势。教育信息化推动教育的改革和发展，是实现教育全面、协调、可持续健康发展和教育现代化的必由之路。同时，教育信息化本身必须树立全面、协调、可持续的发展观。

现代信息技术发展非常迅速，常常超出人们的想象。因而，教育信息化建设必须适度超前，来引导并促进信息技术在教育教学中的应用。同时，教育信息化建设要坚持科学规划，分步实施，协调发展的原则。教育信息化是一项复杂的系统工程，涉及教育系统的方方面面，必须从全省教育系统的整体利益和教育现代化建设的需要出发，统筹规划，合理分工，分步实施，正确把握教育信息化建设的方向，确保教育信息化的各个方面协调发展，形成整体效益和整体优势，防止重复建设，避免资源浪费。坚持做到网络建设与资源库建设并举，更加重视资源库建设；硬件建设与软件开发并举，更加重视软件开发；提高技术水平和管理水平并举，更加注重提高管理水平。教育信息化建设要坚持"以建促用，以用促建，建用结合，注重实效"的原则。要建立一套完善的质量保证体系，加强对信息化建设的监督和指导，切实增进创新能力的培养，实施素质教育。

二、"数字安徽"背景下安徽教育信息化

"数字安徽"建设，是安徽省委、省政府适应国民经济和社会信息化发展趋势作出的一项重大战略部署，是全面建设小康社会、提高人民生活水平的需要。现阶段我省数字化应用重点示范项目共 15 项，其中包括网络教育示范工程。网络教育示范工程是"数字安徽"建设的重要组成部分，是教育信息化建设的重点工程，对构建学习型社会和终身教育体系具有重要意义。网络教育示范工程建设包括网络教育的基础设施建设、网络教育教学资源建设、网络教育教学过程、网络教育队伍建设和网络教育信息系统与服务体系建设等。

1. 安徽省教育工作信息化取得了一定的成绩

加强了教育信息化的领导与统筹规划工作。安徽省教育厅于 2001 年 10 月成立了教育信息化工作领导小组，加快了教育信息化政策措施的制定。安徽省教育

厅先后制定印发了《安徽省教育信息化三年实施意见》《安徽省中小学普及信息技术教育"十五"计划实施意见》《安徽省现代远程教育工程实施意见》《安徽省网上远程教育管理实施细则》《安徽省教育电子政务建设实施意见》《安徽教育网管理办法》等指导性文件，对全省教育信息网络的规划、建设、技术标准和要求等作了明确的要求和指导。信息技术人才培养成效明显，教育部批准了中国科学技术大学、安徽工业大学开办软件学院，为我省网络教育软件人才的培养提供更大的帮助。全省建立了9个教育软件制作基地，承担11个学科以上的教育软件制作任务。安徽电子信息职业技术学院获准试办国家级示范性软件职业技术学院。

加快了教育信息化网络平台和资源建设。安徽教育和科研计算机网在我省各类教育教学单位的教学和科研工作中发挥了积极的作用。教育信息城域网和学校校园网建设达到一定规模。目前全省17个市已全部开通了教育城域网，105个县区基本建成教育城域网。普及中小学信息技术教育，全面实施"校校通"工程。根据安徽省情，为解决"校校通"建设资金问题，教育厅会同省物价局等部门，引入市场机制，建设多媒体网络电脑教室，探索出了一条加快全省普教信息化工作的可行之路，成为企业、政府、社会、学生家长都满意的工程。安徽省教育资源中心建成，高等学校文献信息保障系统建设取得良好的效益，并向全省教育科研网用户免费开放，已经取得良好的经济和社会效益。全省学历文凭查验系统的查验范围包括我省辖区内恢复高考以来录取的普通高校、成人高校、自学考试、中等专业学校毕业生信息，发挥了重大的社会效益。

2. 安徽教育信息化发展目标建议

以安徽教育和科研计算机网省级主干网和市级分节点建设为主线，构建全省教育信息化的统一平台；教育信息化平台基本覆盖市县教育行政部门、高等学校、重点中专学校、省级示范中学和其他教育机构；实现省教育厅与市、县、高校教育电子政务系统的连接与互通。各级各类学校都能开设信息技术教育课程，推进信息技术与学科教学的整合，实现中小学信息技术教育和实施"校校通"工程阶段性目标。教育信息资源得到充分开发与整合，并在教育教学中得到广泛应用。教师教育网络初步形成；广大教师初步掌握信息化环境下的教育教学规律；实现各级各类学校教师的远程继续教育培训和考核。提供内容丰富的网上教学资源，使人们可以不受时间和地域的限制自主地进行学习；形成开放式办学机制，建立较为完善的网络教育教学模式、管理模式和运行机制；开展各类学历教育和非学历教育，为全体社会成员提供终身学习的支持和服务。

3. 安徽教育信息化实施方略

加强领导，统筹协调，逐步健全教育信息化管理与服务体系。各级领导要充分认识教育信息化工作的重要性和紧迫性，把它作为本地区、本单位教育改革和发展以及现代化建设的重要战略措施。各级教育行政部门和学校的主要领导要亲自抓好教育信息化的统筹协调和管理，并明确专人负责，逐步形成相应组织管理体系。建立教育信息化工程专家咨询组织，负责工程规划和相关项目的咨询、论证和教学过程、教学评价的质量监督，保证决策的科学性和有效性。

改革经费投入方法，以市场化手段促进全省教育信息化平台的建设。总结我省中小学"校校通"建设经验，进一步加大对省主干网的投入，以市场化手段改革省网中心的运行方式，改革经费投入办法，鼓励各级各类学校充分利用网络资源。各级教育主管部门要把教育信息化建设所需经费列入教育经费预算中，保证经费投入；并通过开展融资、租赁、合作等方式建设教育信息化工程。做到建设与管理并重、硬件建设与软件建设并重、网络建设与资源开发并重，保证教育信息化基础设施的正常运行、维护和升级，并使之逐步走上良性发展道路。

提高教师素养，积极开展网络教育教学活动，为素质教育服务。教育信息化建设有利于共享优质教育教学资源，提供教师相互之间学习、交流的平台，有利于提高教师素质，推动全面实施素质教育的进程。推行"教师教育网络联盟计划"，充分利用教育信息化的基础设施和网络教育手段，开展各级各类的网上远程教师交流和培训活动。对45岁以下的教师进行以网络操作和课件制作为基本内容的网络教育培训。实行信息技术教师考试上岗制度，以保证教学质量。鼓励各级各类学校积极探索网络环境下新的教育教学模式和教育教学的规律，积累一批优秀的网上教育教学资源，培养并锻炼一支适应在现代网络环境下进行教育活动的师资队伍。通过网络教育试点工程实施，积累一定的网上教学经验，建设一批高质量的网络课程，构建全省网络教育课件资源库；组织高水平的师资进行讲授，逐步实现教育资源共享，向各行业的管理人员和专业人员提供多种继续教育课程，特别是为农村中小学提供优质教学资源。

整合教育信息资源，实现互连互通。全省教育信息网络平台建设统一使用省教育和科研计算机网网络平台，并与省市教育网、校园网、远程教育、"校校通"工程等软硬件资源进行整合并信息共享。积极构建具有各自特色的资源库，引入市场机制，实行市场化运作，因地制宜，形成若干个有特色的资源开发基地。全省教育系统分工合作，建设网络教育资源库，形成良性循环的机制。适应不同条件学校的需要，逐步形成各级不同教育类型、不同专业门类的网络教育教学资源中心。建设一大批基于网络的助教型、助学型和提供学习者自主学习的教育教学信息资源。建立国家、省和高校三级精品课程体系，建成省级精品课程网站。进一步加强安徽省高校文献信息保障系统建设，在全省高校图书馆形成结构优化、布局合理、配置精当的文献信息保障系统；建成安徽省高校书目数据库和一批具有特色的专题文献数据库，构成全省较为完整的数据库体系。

加快培养和造就一批适应教育信息化的人才队伍。通过教师队伍的再教育和广泛的技术培训，尽快培养和造就一支具有现代教育观念、掌握现代教育方法、能够在信息化环境下开展教育教学活动的教师队伍；优先进行各类师范院校的网络教育工程建设，培养一批深刻理解和掌握现代教育思想和信息技术手段的学科教育专家；建立一支网络教育基础设施运行、维护和管理工作队伍。加强对校园网管理队伍的培训，不断提高其技术水平，确保网络安全有效地运行并能为学校的教学和科研工作提供优质服务。在重点高校开办网络技术学院或相应专业，培养信息技术高级专业人才；在专科院校和中等职业技术学校将信息技术应用作为重要基础课程，加快培养信息技术实用人才；在师范院校开设信息技术教育课程，全面提高教师信息技术水平。

加强理论研究，积极探索教育信息化教学与管理的客观规律。要在现代教育思想的指导下，深入研究教育信息化的理论和实际问题。对信息技术在教育领域应用的发展变化进行跟踪研究，确保教育信息化的可持续发展。同时注意引进和借鉴发达国家和地区的经验，积极开展对外合作与交流，为全省教育信息化建设服务。对教育信息化研究立项和科技成果评奖方面给予一定的倾斜。

参考文献：

[1] 萧琛. 全球网络经济 [M]. 北京：华夏出版社，1998：45-47.

[2] 毛新勇. 建构主义学习环境的设计 [J]. 外国教育资料，1999（1）：59-62.

[3] 陈学飞. 美国、德国、法国、日本当代高等教育思想研究 [M]. 上海：上海教育出版社，1998：146-168.

[4] 刘微. 韩国：信息素养创造性地应用在生活中 [N]. 中国教育报，2002-12-12（3）.

[5] 钟义信. 信息时代宣言 [C] //第二届全国高等学校理科 CAI 学术会议论文集. 广州：暨南大学出版社，1997：58-60.

作者汪开寿，发表于《淮北煤炭师范学院学报（哲学社会科学版）》2009年第2期。

参 考 文 献

专著

罗荣渠：《现代化新论——世界与中国的现代化进程（增订本）》，商务印书馆 2004 年版。

中国现代化战略研究课题组：《中国现代化报告 2003——现代化理论、进程与展望》，北京大学出版社 2003 年版。

何传启主编：《中国现代化报告 2011：现代化科学概论》，北京大学出版社 2011 年版。

褚宏启：《教育现代化的路径——现代教育导论》，教育科学出版社 2013 年版。

高书国：《国家学习 中国教育现代化演进叙事（1840—2049）》，广东高等教育出版社 2021 年版。

江海燕：《教育现代化的理论和实践探索》，中国社会科学出版社 2019 年版。

联合国教科文组织国际教育发展委员会：《学会生存——教育世界的今天和明天》，教育科学出版社 1996 年版。

联合国教科文组织：《教育——财富蕴藏其中》，教育科学出版社 2014 年版。

联合国教科文组织：《反思教育：走向全球共同利益》，教育科学出版社 2017 年版。

胡斌武、吴向明：《浙江教育现代化研究》，浙江大学出版社 2020 年版。

高耀丽、应望江主编：《迈向教育现代化之路 上海市教育综合改革进展报告（2014—2019）》，上海教育出版社 2021 年版。

马骥雄：《外国教育史略》，人民教育出版社 1993 年版。

［美］克劳迪娅·戈尔丁、劳伦斯·F.卡茨：《教育和技术的赛跑》，贾拥民、傅瑞蓉译，格致出版社、上海三联书店、上海人民出版社 2023 年版。

［意］艾伯特·马蒂内利：《全球现代化——重思现代性事业》，李国武译，商务印书馆 2010 年版。

［美］塞缪尔·P.亨廷顿：《变化社会中的政治秩序》，王冠华、刘为等译，

生活·读书·新知三联书店 1989 年版。

[美] 卡扎米亚斯、马西亚拉斯：《教育的传统与变革》，福建师范大学教育系译，文化教育出版社 1981 年版。

[美] 阿历克斯·英格尔斯：《人的现代化》，殷陆君编译，四川人民出版社 1985 年版。

马克思、恩格斯：《马克思恩格斯文集（第 8 卷）》，中共中央马克思恩格斯列宁斯大林著作编译局编译，人民出版社 2009 年版。

毛泽东：《毛泽东选集：第 1 卷》，人民出版社 1991 年版。

毛泽东：《毛泽东选集：第 3 卷》，人民出版社 1991 年版。

毛泽东：《毛泽东文集：第 7 卷》，人民出版社 1993 年版。

邓小平：《邓小平文选：第 3 卷》，人民出版社 1993 年版。

习近平：《习近平谈治国理政：第二卷》，外文出版社 2018 年版。

中央教育科学研究所：《老解放区教育资料（一）》，教育科学出版社 1981 年版。

《中国教育年鉴》编辑部：《中国教育年鉴（1949—1981）》，中国大百科全书出版社 1984 年版。

中共中央文献研究室编：《建国以来重要文献选编：第一册》，中央文献出版社 1992 年版。

何东昌主编：《中华人民共和国重要教育文献（1976—1990）》，海南出版社 1998 年版。

梅兵、桑标等编：《长三角教育现代化监测评估专题研究（第 2 辑）》，华东师范大学出版社 2024 年版。

萧琛：《全球网络经济》，华夏出版社 1998 年版。

陈学飞：《美国、德国、法国、日本当代高等教育思想研究》，上海教育出版社 1998 年版。

期刊、报告、报纸

习近平：《推动形成优势互补高质量发展的区域经济布局》，《实践（思想理论版）》2020 年第 1 期，第 5 页。

习近平：《扎实推动教育强国建设》，《当代广西》2023 年第 18 期，第 4 - 6 页。

何传启：《知识经济与第二次现代化》，《科技导报》1998 年第 6 期，第 3 - 4 页。

何传启：《现代化概念的二维定义》，《管理评论》2003 年第 3 期，第 10 页。

何传启：《世界教育现代化的历史事实和理论假设》，《教育学术月刊》2013年第 8 期，第 3－8 页。

李铁映：《社会主义现代化建设的奠基工程——认真学习、宣传和实施〈中国教育改革和发展纲要〉》，《人民教育》1993 年第 4 期，第 12－16 页。

顾明远：《关于教育现代化的几个问题》，《中国教育学刊》1997 年第 3 期，第 10－16 页。

冯增俊：《论我国教育现代化的基本任务及主要特征》，《中国教育学刊》1995 年第 4 期，第 5－8 页。

杨东平：《教育现代化：一种价值选择》，《中国教育学刊》1994 年第 2 期，第 19－21 页。

曹青阳：《稳步迈向教育现代化》，《教育研究》1995 年第 3 期，第 13－20 页。

李锐：《教育现代化与人的现代化略论》，《教学与管理》1999 年第 1 期，第 6 页。

郑金洲：《教育现代化与教育本土化》，《华东师范大学学报（教育科学版）》1997 年第 3 期，第 1－11 页。

褚宏启：《教育现代化的起点与过程》，《教育科学》1998 年第 4 期，第 4－6 页。

褚宏启：《教育现代化的本质与评价——我们需要什么样的教育现代化》，《教育研究》2013 年第 11 期，第 4－10 页。

刘尧：《对教育现代化若干问题的思考》，《上海教育科研》1999 年第 5 期，第 18 页。

徐辉：《内源发展与中国教育现代化》，《教育科学》1998 年第 1 期，第 1－5 页。

王志强：《教育现代化理论：嬗变与思考》，《国家教育行政学院学报》2013 年第 10 期，第 50 页。

喻聪舟、温恒福：《现代化理论视角下教育现代化问题研究述评》，《现代教育管理》2018 年第 8 期，第 14－19 页。

冯建军：《超越"现代性"的中国教育现代化：人的现代化视角》，《南京社会科学》2019 年第 9 期，第 133－134 页。

戴木才：《世界现代化理论研究综述》，《长安大学学报（社会科学版）》2023 年第 1 期，第 6 页。

蔡亮：《论"教育现代化"概念的三维向度》，《当代教育论坛》2022 年第 4 期，第 3－6 页。

郑刚、宋晓波：《自觉内生型：中国教育现代化的新特征》，《中国教育学刊》2023 年第 5 期，第 9 页。

课题组：《坚持优先发展教育事业——习近平总书记关于教育的重要论述学习研究之九》，《教育研究》2022 年第 9 期，第 14－15 页。

课题组：《建设教育强国：世界中的中国》，《教育研究》2023 年第 2 期，第 9 页。

陈鹏：《中国式现代化是世界现代化理论和实践的重大创新》，《人民论坛》2023 年第 3 期，第 29 页。

李安琪：《经合组织国家教育立法的逻辑起点与结构特征——兼谈对我国教育法法典化的启示》，《外国教育研究》2023 年第 11 期，第 123－125 页。

张智：《人的现代化：内涵、动因、规律及经验——从历史唯物主义的视角看》，《理论探讨》2016 年第 2 期，第 21 页。

范国睿：《教育现代化与人的现代化：基于高质量发展的思考》，《上海教育》2023 年第 1 期，第 43 页。

李立国：《探寻教育现代化的历史源头——兼论工业化不是教育现代化的起点》，《清华大学教育研究》2003 年第 4 期，第 81 页。

李立国：《宗教改革与西方教育现代化的起源》，《清华大学教育研究》2003 年第 6 期，第 67－72 页。

朱旭东：《西方早期教育现代化的比较研究》，《清华大学教育研究》1999 年第 2 期，第 97－100 页。

刘朝晖、扈中平：《对西方教育现代化历程的回顾与思考》，《比较教育研究》1998 年第 5 期，第 7－8 页。

李日兰：《为什么说人文教育是近代教育的开端》，《教育理论与实践》2006 年第 7 期，第 1－3 页。

刘钦腾：《启蒙理性抑或民族主义——18 世纪法国国民教育思想起源探寻》，《集美大学学报》2009 年第 4 期，第 37－42 页。

王智慧：《论公民教育与思想政治教育的关系》，《思想理论教育》2011 年第 8 期，第 42 页。

胡艳：《从西方国家的经验看影响教师教育模式变革的因素》，《教师教育研究》2009 年第 1 期，第 73 页。

褚宏启：《历史上英国教育现代化进程的渐进式特征》，《比较教育研究》2000 年第 3 期，第 59 页。

谢勇旗：《工业革命前后英国职业教育的发展》，《职业技术教育》2009 年第 10 期，第 90－93 页。

王晓阳：《美国教育现代化的历史经验及其启示》，《教育发展研究》2008 年第 12 期，第 65－66 页。

胡劲松：《20 世纪上半叶的德国教育现代化进程》，《华南师范大学学报（社会科学版)》2005 年第 3 期，第 105－112 页。

徐雪英：《教育现代化的不同演变路径——欧美、日本与中国模式的比较》，《江南大学学报》2007 年第 4 期，第 105－106 页。

唐盈盈：《终身教育·全民教育·全纳教育——对战后三大国际教育思潮的剖析》，《教育与教学研究》2009 年第 6 期，第 14－16 页。

於荣、张斌贤：《繁荣与调整：战后美国高等教育发展的历史轨迹》，《清华大学教育研究》2017 年第 4 期，第 21－24 页。

魏建国：《美国〈高等教育法〉修订与高等教育财政改革》，《北京大学教育评论》2008 年第 4 期，第 15 页。

刘幸、姜星海、钟秉林：《日本战后人口变迁与教育变革的关系研究》，《教育科学研究》2021 年第 12 期，第 68－73 页。

王爱芬：《论二战后日本高等教育的改革历程与发展特点》，《教育理论与实践》2004 年第 5 期，第 34－36 页。

李文英：《战后日本职业教育的发展与特点》，《职业技术教育》2009 年第 25 期，第 79－83 页。

王德峰、邓和平：《战后德国教育与社会发展浅议》，《高等教育研究》1999 年第 3 期，第 94－97 页。

张丽：《现代化冲击下的法国教育》，《史学月刊》2003 年第 12 期，第 79－86 页。

王晓辉：《简评法国的〈课程宪章〉》，《课程·教材·教法》1994 年第 6 期，第 53－56 页。

姚文清：《教育公平——战后英国高等教育大众化及其启示》，《长春工业大学学报（高教研究版)》2007 年第 3 期，第 91－94 页。

实言：《战后英国教育改革实践对我们的启示》，《外国教育资料》1999 年第 2 期，第 7－8 页。

黄日强、胡淑坤、孙菲：《战后英国发展职业教育的基本经验》，《武汉职业技术学院学报》2010 年第 2 期，第 87－90 页。

冯增俊：《亚洲"四小龙"办教兴邦的基本经验以及对中国教育现代化的启示》，《比较教育研究》1995 年第 2 期，第 2 页。

卢心然：《韩国经济发展中的教育改革研究综述》，《东南大学学报（哲学社会科学版)》2022 年第 6 期，第 178－180 页。

王建梁、卢宇峥：《新加坡教育现代化：背景、进程及经验》，《比较教育学报》2020 年第 4 期，第 29 - 41 页。

王依杉、张珏：《中国式教育现代化的区域表达——长三角教育一体化的探索与实践》，《教育发展研究》2023 年第 9 期，第 21 页。

陈露茜：《西方各主要国家教育现代化的基本类型及其反思》，《终身教育研究》2023 年第 1 期，第 19 - 24 页。

卢祖元：《中、美、日三国现代教育立法之比较》，《江苏高教》2002 年第 5 期，第 118 - 119 页。

王建梁、王银平：《1910 年—1919 年的中国教育发展》，《成人高教学刊》1998 年第 4 期，第 63 - 64 页。

郑涵慧：《抗日战争时期陕甘宁边区教育方针研讨》，《西北大学学报（哲学社会科学版)》1984 年第 2 期，第 91 页。

李永、任越：《革命根据地关于教育与生产劳动相结合的探索》，《沈阳师范大学学报》2022 年第 7 期，第 94 页。

袁玉芝、赵伽诺：《培养干部为革命战争与革命根据地建设服务——土地革命后期至中共"七大"的教育方针政策研究》，《中国人民大学教育学刊》2022 年第 9 期，第 23 - 35 页。

贾永堂、李娜：《中国式教育现代化的历史成就和主要经验》，《高等教育研究》2022 年第 12 期，第 25 页。

李文：《新中国 70 年社会治理取得显著成就的制度优势》，《中国党政干部论坛》2019 年第 12 期，第 62 页。

中华人民共和国国家统计局：《关于 1956 年度国民经济计划执行结果的公报》，《统计工作》1957 年第 8 期，第 7 页。

郝和国：《新中国扫除文盲运动》，《党的文献》2001 年第 2 期，第 73 页。

余小波、刘潇华、黄好：《改革开放四十年：我国高等教育改革发展的基本脉络》，《江苏高教》2019 年第 3 期，第 1 - 8 页。

高奇：《改革开放后教育的标志性改革与成就》，《中国职业技术教育》2010 年第 28 期，第 62 页。

桑锦龙：《以教育现代化支撑中国式现代化：历史进程及发展主题》，《清华大学教育研究》2022 年第 6 期，第 10 页。

高书国、杨晓明：《东升西降：全球人力资源竞争力评价 2020 年总报告——中国即将进入人力资源强国行列》，《现代教育管理》2022 年第 2 期，第 17 - 28 页。

杨文杰、张珏：《以教育现代化支撑与驱动国家现代化——兼论我国教育现代化的发展愿景》，《教育发展研究》2021 年第 3 期，第 6 页。

周恩来：《中央人民政府政务院关于改进和发展高等师范教育的指示》，《人民教育》1954 年第 1 期，第 5 页。

《中华苏维埃共和国宪法大纲——一九三四年一月第二次全国苏维埃代表大会通过》，《江西社会科学》1981 年第 S1 期，第 123－125 页。

《一九五四年文化教育工作的方针和任务》，《江西政报》1954 年第 12 期，第 1－9 页。

《中共中央、国务院关于教育工作的指示》，《山西政报》1958 年第 18 期，第 1－6 页。

何曼：《同题共答 推动学分银行建设走深走实》，《在线学习》2023 年第 11 期，第 48 页。

朱永国：《安徽高等教育分类发展的探索与实践》，《合肥学院学报》2022 年第 2 期，第 122－123 页。

闫明圣：《强化管理 突出应用 促进城乡义务教育优质均衡发展》，《教育与装备研究》2021 年第 7 期，第 7 页。

汪婷婷：《以教育数字化助推教育强省建设》，《教育文汇》2023 年第 6 期，第 4－6 页。

邢晖、佛朝晖：《新时代职业教育教师队伍建设新成果与新趋势——2022 年职业教育国家级教学成果奖"教师培养培训"主题获奖成果分析》，《中国职业技术教育》2023 年第 26 期，第 84 页。

吴志成：《深刻理解全人类共同价值的丰富内涵》，《国际问题研究》2022 年第 5 期，第 14 页。

黄荣怀：《论科技与教育的系统性融合》，《中国远程教育》2022 年第 7 期，第 4－12 页。

孙斌栋：《长三角一体化高质量发展的理论与实践》，《人民论坛·学术前沿》2022 年第 11 期，第 45 页。

张炜、王良、张维佳：《教育、科技、人才一体化统筹推进中国式现代化的科学内涵与多重逻辑》，《北京教育》2023 年第 10 期，第 37 页。

解平：《服务区域经济社会发展，做好高校毕业生就业工作的思考与实践》，《中国大学生就业》2023 年第 1 期，第 12 页。

吴河江：《区域教育现代化的深层认识、有益探索与推进策略》，《中国教育学刊》2022 年第 8 期，第 50 页。

杨晓波：《长三角一体化背景下区域优质职业教育资源共享的现实困境与推进策略》，《职教通讯》2023 年第 6 期，第 100－105 页。

钱桂仑：《锚定基点　聚焦关键　扎实推进基础教育扩优提质》，《人民教育》2024年第7期，第35－36页。

周春光、党耀国等：《基于改进灰色关联分析模型的高职院校"双师型"教师绩效评价——以江苏旅游职业学院为例》，《职业技术教育》2020年第3期，第23页。

江丽、朱彤：《新时代背景下开放大学老年教育实施路径——以安徽开放大学为例》，《安徽开放大学学报》2021年第4期，第22页。

方晓东：《教育五十年的巨大成就》，《纪念教育史研究创刊二十周年论文集（9）——中华人民共和国教育史研究》，2009年，第241页。

张炜：《我国高等教育的层次、结构和国际比较》，《2020高等教育国际论坛年会论文集》，第20－22页。

黄海军：《全国本科教育满意度调查报告》，《大学（研究版）》2017年第10期，第40－54页。

曹燕：《长三角区域高等教育协同发展政策优化研究》，博士学位论文，华东师范大学，2020年，第56、130页。

汪楚雄：《"新教育运动"述论（1912—1927）》，硕士学位论文，华中师范大学，2006年，第3－18页。

毛新勇：《建构主义学习环境的设计》，《外国教育资料》1999年第1期，第59－62页。

钟义信：《信息时代宣言》，《第二届全国高等学校理科CAI学术会议论文集》，暨南大学出版社1997年版，第58－60页。

教育部：《中国职业教育发展报告（2012—2022年)》，2022年8月23日。

《习近平主持召开二十届中央财经委员会第一次会议强调　加快建设以实体经济为支撑的现代化产业体系　以人口高质量发展支撑中国式现代化》，《人民日报》，2023年5月6日。

赵婀娜、吴月强：《基础研究育拔尖人才》，《人民日报》，2022年3月18日。

张珏：《推动构建中国特色教育治理体系——长三角教育现代化监测评估》，《中国教育报》，2022年7月28日。

赵秀红：《教育70年　与共和国同向而行》，《中国教育报》，2019年9月4日。

刘敏：《法国以教育改革推动国家振兴》，《中国教育报》，2023年7月6日。

郑翘、高毅哲：《数字教育　引领未来——我国教育数字化工作取得积极成效综述》，《中国教育报》，2024年1月30日。

孙和保：《促进优质均衡　实施扩优提质》，《中国教师报》，2023年9月

6 日。

本报特别报道组：《"强省"之问：安徽为什么能？》，《安徽日报》，2023 年 10 月 30 日。

何书瑶：《发展攥指成拳 协同可感可知》，《解放日报》，2023 年 6 月 6 日。

徐浩：《锚定"三地一区"建设"7 个强省"》，《安徽经济报》，2023 年 7 月 29 日。

华铭、张海帝：《安徽提出今后 5 年建设"7 个强省"》，《中国改革报》，2023 年 8 月 4 日。

《安徽省中长期教育改革和发展规划纲要》，《安徽日报》，2011 年 2 月 28 日。

王弘毅：《全省汽车产销快速增长》，《安徽日报》，2024 年 1 月 2 日。

陈婉婉：《榜单三连增 高校聚焦需求做科研》，《安徽日报》，2023 年 11 月 3 日。

陈婉婉：《上好"关键课程"奏响青春之歌》，《安徽日报》，2024 年 3 月 18 日。

陈婉婉：《一体化发展造就"皖字号"巧匠》，《安徽日报》，2020 年 12 月 16 日。

陈婉婉：《安徽省高校本科专业"体检报告"出炉》，《安徽日报》，2017 年 7 月 7 日。

张敬波、陈红平：《宣城多举措提升课后服务能力》，《安徽日报》，2023 年 9 月 14 日。

张岳：《我省全面建设高素质产业工人队伍》，《安徽日报》，2020 年 12 月 20 日。

刘畅、司晨、蒋瑜香：《安徽多个项目获国家科技奖》，《合肥晚报》，2021 年 11 月 4 日。

李东华：《让每一名幼儿拥有金色的童年》，《淮南日报》，2023 年 12 月 20 日。

刘微：《韩国：信息素养创造性地应用在生活中》，《中国教育报》，2002 年 12 月 12 日。

网络资源

《习近平：决胜全面建成小康社会 夺取新时代中国特色社会主义伟大胜利——在中国共产党第十九次全国代表大会上的报告》（https：//www. gov. cn/ zhuanti/2017－10/27/content_5234876. htm）

《习近平：高举中国特色社会主义伟大旗帜　为全面建设社会主义现代化国家而团结奋斗——在中国共产党第二十次全国代表大会上的报告》（https：//www. gov. cn/xinwen/2022－10/25/content_5721685. htm）

《习近平主持中央政治局第五次集体学习并发表重要讲话》（https：//www. gov. cn/yaowen/liebiao/202305/content_6883632. htm？device＝app&eqid＝eb971fc50 000693b000000046475a66c）

《习近平在参加青海代表团审议时强调：坚定不移走高质量发展之路　坚定不移增进民生福祉》（https：//www. gov. cn/xinwen/2021－03/07/content_5591271. htm）

《习近平总书记来安徽考察纪实：在中部崛起中闯出新路》（http：//news. cnr. cn/native/gd/20160503/t20160503_522048872. shtml）

《习近平出席首届中国国际进口博览会开幕式并发表主旨演讲》（https：//www. gov. cn/xinwen/2018－11/05/content_5337594. htm）

《中共中央　国务院印发〈长江三角洲区域一体化发展规划纲要〉》（https：//www. gov. cn/zhengce/2019－12/01/content_5457442. htm）

《中共中央　国务院关于新时代推动中部地区高质量发展的意见》（https：//www. gov. cn/zhengce/2021－07/22/content_5626642. htm）

《长三角一体化发展规划"十四五"实施方案》（https：//yjt. ah. gov. cn/ztzl/zsjyjglzthz/zcwj/146124741. html）

《习近平总书记谋划推动长三角一体化发展纪事》（https：//www. gov. cn/yaowen/liebiao/202312/content_6918100. htm）

《培养德智体美劳全面发展的社会主义建设者和接班人》（http：//www. moe. gov. cn/jyb_xwfb/xw_zt/moe_357/jyzt_2018n/2018_zt18/zt1818_pl/mtpl/201809/t20180919_349377. html）

《引领科教领域的拨乱反正：1977年科教工作座谈会》（http：//dangshi. people. com. cn/n/2015/0212/c85037－26555906. html）

《1978年4月22日，邓小平在全国教育工作会议开幕式上讲话》（http：//cpc. people. com. cn/n1/2016/0909/c69113－28702564. html？ivk_sa＝1024320u&wd ＝&eqid＝e2d357ac00000e6d000000046436a421）

《国务院关于基础教育改革与发展的决定》（https：//www. gov. cn/gongbao/content/2001/content_60920. htm）

《中共中央　国务院关于深化教育改革全面推进素质教育的决定》（https：//www. nmg. gov. cn/zwgk/zfgb/1999n＿5236/199907/199906/t19990613＿309013. html）

《国家中长期教育改革和发展规划纲要（2010—2020年）》（http：//www.

moe. gov. cn/srcsite/A01/s7048/201007/t20100729_171904. html)

《中共中央、国务院印发〈中国教育现代化 2035〉》（https：//www. gov. cn/zhengce/2019－02/23/content_5367987. htm)

《关于安徽省 2023 年国民经济和社会发展计划执行情况与 2024 年计划草案的报告》（https：//fzggw. ah. gov. cn/public/7011/149166331. html)

《2005 年教育统计数据》（http：//www. moe. gov. cn/jyb_sjzl/moe_560/moe_1651/)

《2009 年全国教育事业发展统计公报》（http：//www. moe. gov. cn/srcsite/A03/s180/moe_633/201008/t20100803_93763. html)

《2011 年全国教育事业发展统计公报》（http：//www. moe. gov. cn/srcsite/A03/s180/moe_633/201208/t20120830_141305. html)

《2022 年全国教育事业发展统计公报》（http：//www. moe. gov. cn/jyb_sjzl/sjzl_fztjgb/202307/t20230705_1067278. html)

《扎根中国大地　奋进强国征程——新中国 70 年高等教育改革发展历程》（http：//www. moe. gov. cn/jyb_xwfb/s5147/201909/t20190924_400593. html)

中共教育部党组：《奋力谱写新时代新征程教育改革发展新篇章》（http：//www. moe. gov. cn/jyb_xwfb/moe_176/202209/t20220916_661700. html)

《教育部：国家智慧教育平台累计注册用户突破 1 亿》（http：//www. moe. gov. cn/jyb_xwfb/xw_zt/moe_357/2024/2024_zt02/mtbd/202401/t20240129_1113178. html)

《"教育丝路"助力共建"一带一路"国家实现高质量发展》（http：//news. china. com. cn/2023－10/08/content_116730261. html)

《教育部：教育对外开放呈现新格局》（http：//www. moe. gov. cn/fbh/live/2022/54875/mtbd/202209/t20220927_665338. html)

《在新时代中奋进　在大变局中前行——"十三五"教育对外开放回顾》（http：//www. moe. gov. cn/fbh/live/2020/52834/sfcl/202012/t20201222_506785. html)

《阔步迈进在建设教育强国的大路上——写在全国教育大会召开五周年之际》（http：//www. moe. gov. cn/jyb_xwfb/s5147/202309/t20230911_1079606. html)

《教育公平的中国之路》（http：//www. moe. gov. cn/jyb_xwfb/moe_2082/zl_2019n/2019_zl69/201909/t20190920_399882. html)

《人类教育史上的奇迹——来自中国普及九年义务教育和扫除青壮年文盲的报告》（http：//www. moe. gov. cn/jyb_xwfb/s5147/201209/t20120910_142013. html)

《王萍萍：人口总量略有下降　城镇化水平继续提高》（http：//www. stats. gov. cn/xxgk/jd/sjjd2020/202301/t20230118_1892285. html)

《高等教育助力劳动力素质升级》（https：//www. gov. cn/lianbo/bumen/202307/content_6890406. htm）

《健全服务体系为稳就业"搭桥铺路"》（https：//news. gmw. cn/2023－02/09/content_36354924. htm）

《全球人才竞争力指数：中国成为最具人才竞争力中高收入国家》（http：//finance. sina. com. cn/roll/2022－11－03/doc-imqqsmrp4800371. shtml）

《教育部：我国工程教育规模居世界第一，整体实力在世界第一方阵中靠前》（http：//www. moe. gov. cn/fbh/live/2022/54453/mtbd/202205/t20220518_628489. html）

《加快建设教育强国（认真学习宣传贯彻党的二十大精神）》（http：//theory. people. com. cn/n1/2022/1221/c40531－32590774. html）

《习近平：在庆祝中国共产党成立100周年大会上的讲话》（https：//www. gov. cn/xinwen/2021－07/15/content_5625254. htm）

《在中国式现代化新征程上谱写更加壮丽的安徽篇章》（https：//www. ah. gov. cn/zwyw/jryw/564253581. html）

《2023长三角区域协同创新指数发布》（https：//www. ah. gov. cn/zwyw/ztzl/zstjzsjythfz/ythcx/565302511. html）

《长三角一体化这五年：勇当科技和产业创新先锋》（http：//zj. people. com. cn/n2/2023/1205/c186327－40666610. html）

《2024年政府工作报告》（https：//www. ah. gov. cn/zwyw/ztzl/jjlh2024/lhdt/565300981. html）

《2019年政府工作报告》（https：//www. ah. gov. cn/public/1681/7965131. html）

《安徽省创新强师惠师举措　着力打造新时代高素质专业化教师队伍》（http：//www. moe. gov. cn/jyb_xwfb/s6192/s222/moe_1743/202403/t20240301_1117685. html）

《2023年安徽省教育事业发展基本情况》（http：//jyt. ah. gov. cn/ztzl/2024nslhjyxxfwzl/rdwt/40689869. html）

《"辉煌40年—安徽改革开放发展成就"系列新闻发布会（第九场）》（http：//jyt. ah. gov. cn/public/7071/39718544. html）

《教育部公布首批全国义务教育优质均衡发展县（市、区）名单　获批地方创建积累了哪些经验》（https：//china. cnr. cn/yaowen/20240508/t20240508_526697079. shtml）

《2023年全国教育事业发展基本情况》（http：//www. moe. gov. cn/fbh/live/2024/55831/sfcl/202403/t20240301_1117517. html）

《深化教育综合改革　办好人民满意的教育——访教育部党组书记、部长怀进鹏》（http：//www. moe. gov. cn/jyb_sy/sy_jyyw/202408/t20240802_1143873. html）

《每年超 500 万 STEM 毕业生，全球领先！——读懂中国经济新优势》（https：//www. gov. cn/yaowen/liebiao/202404/content_6942783. htm）

《构建高水平办学体系，培养复合型创新型人才》（http：//theory. people. com. cn/n1/2024/0724/c40531-40284209. html）

《2016 年安徽省中等职业教育专业情况分析报告》（http：//www. ahzcj. gov. cn/show. asp？id=3643）

《2017 中国最好学科排名发布》（http：//media. china. com. cn/cmjujiao/2017-10-13/1152333. html）

《学习进行时 | 谱写美好安徽新篇章——习近平总书记和安徽的故事》（http：//www. xinhuanet. com/politics/xxjxs/20241018/3e0c35fff15343faa91cef466d1ee543/c. html）

后　记

　　长三角一体化发展是习近平总书记亲自谋划、部署、推动的国家重大战略。2019 年 12 月，中共中央、国务院印发《长江三角洲区域一体化发展规划纲要》，提出长三角"率先实现区域教育现代化"的重要目标任务。按照国家推动长三角一体化发展领导小组办公室的部署，教育部牵头，会同国家发展改革委、上海市、江苏省、浙江省、安徽省，依托三省一市教育研究机构联合研发了长三角教育现代化指标及 2025 年监测目标值。2021 年起，在长三角教育现代化监测评估领导小组办公室的协调推动下，三省一市教育行政部门协同开展年度长三角教育现代化监测评估。安徽省教育评估中心骨干研究人员有幸承担了我省监测评估组织实施及相关研究工作。

　　在安徽省委教育工委、安徽省教育厅的关心和支持下，在开展长三角教育现代化监测评估及相关教育评估工作的基础上，我们撰写并出版《基于长三角教育现代化监测评估的安徽教育发展研究》，系统回顾近年来安徽教育现代化发展的举措和成就，直面存在的问题和短板，分析挑战及可行策略，以期为安徽教育高质量发展及领先实现教育现代化提供资政参考。本书代序（长三角教育公共服务供给新需求）、第四编（安徽教育现代化对策研究）为汪开寿同志撰写；第一编（教育现代化的历史经验与逻辑理路）、第二编（长三角教育现代化进程安徽实证研究）、第三编（安徽教育现代化监测评估研究）为杨慕同志撰写。

　　云程发轫，万里可期。在国家推进长三角一体化发展和教育现代化 2035 的时代背景下，安徽教育人奋楫争先、赓续前行，教育事业发生了格局性变化，深度融入长三角教育一体化发展迈出了坚实的步伐。我们坚信，安徽教育会有更加光明的未来！

杨慕

2024 年 11 月 26 日